설교의 길잡이

본문에서 설교까지 여정

© 2019 by Abraham Kuruvilla
Originally published in English as *A Manual for Preaching:*
The Journey from Text to Sermon
by Baker Academic, Grand Rapids, MI., U.S.A.
All right reserved.

This Korean translation edition © 2025 by Bible Baptist Theological
Seminary Press, Icheon-si, Republic of Korea.

This Korean edition is published by arrangement of Baker Academic
through rMaeng2, Seoul, Republic of Korea.

이 한국어판의 저작권은 알맹2 에이전시를 통해 Baker Academic과 독점 계약한 성서침례대학원대학교출판부에 있습니다. 「신저작권법」에 따라 한국에서 보호받는 저작물이므로, 무단 전재와 무단 복제를 금하며 저작권자와 성서침례대학원대학교출판부의 동의를 얻어야 내용의 전부 또는 일부를 이용할 수 있습니다.

설교의 길잡이

본문에서 설교까지 여정

아브라함 쿠루빌라 지음

김택수 옮김

성서침례대학원대학교출판부

설교의 길잡이—본문에서 설교까지 여정

초판발행　2025년 5월 5일
지 은 이　**아브라함 쿠루빌라**
옮 긴 이　**김택수**

펴 낸 이　김택수
엮 은 이　김광모
펴 낸 곳　성서침례대학원대학교출판부
등록번호　제2015-4호
등 록 지　경기도 이천시 대월면 대평로 548-123
전화번호　031) 634-1258
누 리 집　bbts.ac.kr

ISBN　979-11-89118-23-5 93230
판 권　성서침례대학원대학교출판부, 2025

※ 파본은 교환해 드립니다.

차례

추천하는 말 어윈 W. 루처, 제리 바인스, 허셸 W. 요크,　　　　7
　　레이 프리처드, 월터 C. 카이저 Jr.,
　　권호, 박정근, 엄태항, 이승진, 이재기, 임도균

옮긴이 인사말, 읽을수록 감동을 넘어 감탄　　　　21

지은이 한국어판 인사말　　　　23

지은이 인사말, 은혜를 기억하며　　　　25

설교 여정을 연다_Introduction　　　　29

1　설교 여정을 갖춘다_Getting Ready　　　　37

2　페리코페에서 신학을 알아낸다_Discerning Theology　　　　77

3　페리코페 신학에서 적용을 긷는다_Deriving Application　　　　125

4　설교 이동 지도를 깁는다_Creating Maps　　　　169

5　설교 이동에 생동감을 더한다_Fleshing Moves　　　　205

6　설교 사상을 예화로 그린다_Illustrating Ideas　　　　253

7　설교 서론과 결론을 가꾼다_Crafting Introductions and Conclusions　　　　297

8　설교 원고를 숨 쉬는 언어로 빚는다_Producing Manuscripts　　　　347

9　설교 전달로 말씀 형상을 새긴다_Delivering Sermons　　　　387

설교 여정을 되돌아본다_Conclusion　　　　417

부록 1. 빅 아이디어 대 신학적 초점   423

2. 설교—논증 대 시연   431

3. 설교 원고 설명—에베소서 1:1~14   439

4. 설교 원고 설명—창세기 26:1~33   459

참고 자료   477

찾아보기   495

엮은이 말.

❏ 한글과 영어는 나눔체를, 헬라어와 히브리어는 BibleWorks 폰트를 씁니다.
❏ 각주는 완전 각주에 이어 약식 각주로 바꿨습니다.
❏ 헬라어와 히브리어 표기는 엮은이가 덧붙였습니다.
❏ 주요 번역서 서지 정보 및 세부 사항도 엮은이가 덧붙였습니다.
❏ 페리코페 신학을 추릴 때 **더하는 표현**은 엮은이가 **진하게** 했습니다.

추천하는 말

"설교 여정 어디에 있든지, 우리는 설교학 전문가 아브라함 쿠루빌라 박사에게서 배울 수 있습니다. 이분 설교를 들으면 신선한 통찰력과 명쾌한 적용에 늘 감동한다고 자신 있게 말합니다. 세심한 주의를 기울이면서도 오늘 청중과 연관성을 제시하는 능력에 주목할 수밖에 없습니다. 이 책에서는 2천 년 전부터 오늘날까지 본문에서 설교로 이어지는 여정을 이해하기 쉽도록 예시하며 설명합니다."

—어윈 W. 루처_Erwin W. Lutzer
시카고 무디교회 명예목사

"에드워드 F. 허튼(Edward. F. Hutton)이 미국 증권가를 이끌듯이, 아브라함 쿠루빌라 교수가 강해설교계를 이끕니다. 그가 글을 쓰면, 교수와 설교자가 읽습니다! 저는 그분이 쓰신 설교에 관한 다른 책들, 곧 『본문의 특권(Privilege the Text)』과 『설교의 비전(A Vision for Preaching)』을 읽으며 큰 도움과 경이로운 감동을 경험했습니다. 이 책은 제목 그대로 설교 길잡이입니다. 가독성이 뛰어난 이 책에서, 쿠루빌라 박사는 설교 준비부터 설교 전달까지 여정을 안내합니다. 교수님들은 학생들과 공유할 개념들이 이 책에 가득 차 있다는 사실을 확인하며, 설교자는 하나님의 말씀을 더 효과적으로 전하는 법을 배우는 일에 이 책이 매우 유용함을 깨닫습니다. 쿠루빌라 박사가 이 탁월한 안내서를 썼으니, 이제 읽고 적용합시다!"

—제리 바인스_Jerry Vines
플로리다주 잭슨빌 제일침례교회 명예목사, 남침례교단 총회장 역임

"아브라함 쿠루빌라는 제가 가장 좋아하는 설교자이자 강해자 중 한 분인데, 제가 아는 그 누구보다도 풍부한 주해와 매력적인 해설을 일관성 있으며 아름답게 어우러지게 해서 설교하기 때문입니다. 강의실에서든 강단에서든 그가 말씀을 전달하기 시작할 때마다, 성경 저자가 살아 숨 쉬는 듯합니다. 『설교의 길잡이』는 한 세대의 설교자들이 거장과 함께 성서 본문에서 현대 상황으로 여정을 거치면서 설교하는 방법을 제시합니다."

―허셸 W. 요크_Hershael W. York
켄터키주 루이빌 서던침례신학대학원 대학원장·설교학 교수

"아브라함 쿠루빌라는 본문에서 설교로 이어지는 여정이 일직선이 아님을 잘 알고 있습니다. 설교자는 매주 새로운 도전에 맞닥뜨립니다. 어떻게 하면 이 특정 본문에서 성경적으로 충실하고 신학적으로 정확하며 삶을 변화시키는 설교로 나아가게 할 수 있을까? 이 책은 그 일이 가능함을 설교자에게 제시함으로써 용기를 북돋아 주는 믿을 만한 안내서입니다. 『설교의 길잡이』는 이름 그대로 설교 사역을 돕는 책입니다. 이 책에는 매주 자신감 있게 강단에 설 수 있도록 여러모로 돕습니다. 읽어 보십시오! 공부하십시오! 동료와 공유하십시오!"

―레이 프리처드_Ray Pritchard
Keep Believing Ministries 대표

"설교자와 강해자는 아브라함 쿠루빌라 박사의 속이 꽉 찬 저작을 기대하는 데 익숙합니다. 이 책도 그 기대에 부응합니다. 따라서 『설교의 길잡이』을 기꺼이 추천한다. 저는 쿠루빌라 박사의 『본문의 특권』을 읽은 이후로 그분을 적극 지지합니다. 이 책은 이전 책과 맥락을 같이 합니다. 목회자, 학생, 그리스도인도 이 새로운 작품을 즐길 수 있으리라고 여기며, 이 책에 최고 찬사를 보냅니다."

―월터 C. 카이저 주니어_Walter C. Kaiser Jr.
고든-콘웰신학대학원 명예총장

추천하는 말

권호 박사, 합동신학대학원대학교 설교학 교수
본문이 살아있는 설교 공동대표
PhD, Southwestern Baptist Theological Seminary

아브라함 쿠루빌라가 쓴 책은 독자를 절대 실망하게 하지 않습니다. 이 책 『설교의 길라잡이―본문에서 설교까지 여정』은 원제 *A Manual for Preaching: The Journey from Text to Sermon*이 나타내듯이, 설교 작성 단계를 친절하며 자세하게, 무엇보다 체계를 잡아 설명합니다.

쿠루빌라는 핵심 사상, 곧 '문단 신학(pericopal theology)'을 어떻게 실제 설교로 만들 수 있는지를 세밀하게 제시합니다. 이른바 문단 신학에서 '문단'은 'pericope'를 번역한 용어인데, 하나님께서 성경 저자를 통해 전하시려는 의미가 담긴, 성경 본문의 '최소 단위 또는 구분'이라고 정의합니다. 그에 따르면, 설교자는 문단을 통해 '본문 앞에 있는 세상(the world in front of the text)'을 청중에게 투사, 곧 생생하게 보여줌으로써 그들이 하나님 나라에 참여하게 하고 그분께서 바라시는 삶을 살도록 합니다.

쿠루빌라가 폴 리쾨르(Paul Ricoeur)의 사상과 화행론(pragmatics)을 결합해 만든 자기 해석학과 설교 방향을 이 책에서 실제로 풀어나가는 연구를 보노라면, 참으로 놀랍습니다. 이론의 깊이가 어떻게 설교의 풍성함으로 나타날 수 있는지 보여줄 학자가 꼭 필요한데, 바로 그가 쿠루빌라입니다. 이 책을 탐독하는 신학생과 목회자는 성경 문단에 담긴 고유의 깊고 소중한 의미를 어떻게 살아 움직이는 선명한 설교로 작성할 수 있는지를 배울 수 있습니다.

이 책은 설교자가 알아야 할 구체적 단계를 잘 제시할 뿐만 아니라, 현대 강해설교에 꼭 필요한 두 가지 방향을 탁월하게 제시합니다. 첫째는 '연관성(relevance)'을 강조합니다. 쿠루빌라는 설교자가 문단에 있는 풍부한 의미와 신학을 발견해야 할 뿐만 아니라, 그것이 현대 청중의 삶에 어떻게 연결되는지를 반드시 제시해야 한다고 강조합니다. 둘째는 문단의 고유한 의미와 신학에 집중하게 함으로써 모든 본문을 반드시 그리스도와 연결하려는 그리스도 일원적 설교(Christomonic preaching)라는 위험성에 빠지지 않게 돕습니다. 그는 모든 본문을 그리스도와 연결하지 않고도 본문 앞 세상을 향한 성도의 구체적 실천을 위해 어떻게 '그리스도 형상적(Christoiconic)' 해석과 적용을 할 수 있는지를 제시합니다.

마지막으로, 쿠루빌라가 이 책에서 교회 현장 이야기와 기도를 강조하기에 매우 기쁩니다. 설교학 교과서가 건조한 이론만을 수집하다가 끝날 때가 많습니다. 사실, 쿠루빌라가 다루는 해석학적 접근과 신학적 논의가 절대 가볍지 않기에 그러한 위험에 빠질 수도 있습니다만, 그의 가슴은 교회 현장을 매우 사랑하며 때로는 지성을 내려놓고 기도하는 영성이 있습니다. 그래서 이 책은 지성과 영성의 조화로 다가옵니다. 이 책을 꼭 사십시오! 쿠루빌라의 설교 가르침은 여러분의 배움에 대한 열정을 절대 실망하게 하지 않습니다.

추천하는 말

박정근 원로목사, 영안교회
PhD과정수료, Dallas Theological Seminary

아브라함 쿠루빌라 교수의 또 다른 걸작 『설교의 길잡이—본문에서 설교까지 여정』이 한국어판으로 출판을 진심으로 환영합니다.

쿠루빌라 교수가 주장하는 설교 이론에서 가장 눈에 띄는 특징은 바로 본문을 진정으로 강조한다는 점입니다. 모든 강해설교자가 본문을 강조하는데 무슨 소리냐고 말씀하실 수도 있지만, 쿠루빌라 교수가 본문에 쏟는 관심과 천착은 사뭇 남다릅니다. 그는 본문을 지나치게 많이 요리하기보다, 본문 자체를 그대로 드러내어 설교하려고 꾸준하게 잇대어 애씁니다.

우리 설교자가 쿠루빌라 교수가 제시하는 설교 방법에 따라 성경의 한 책을 설교한다면, 청중은 그 책 설교를 듣고서 책 전체를 아주 환하게 이해합니다.

저는 작년에 그분을 만났습니다. 그때 그분께 "제가 당신 책을 좀 더 일찍 만났더라면, 제 설교가 많이 바뀌었을 텐데요"라고 말했습니다. 그렇습니다, 이 말은 제 진심입니다. 저도 책별 설교를 많이 했는데, 그분 설교학 책과 주석을 뒤늦게 읽고서 후회한 점이 있습니다. 곧, 저는 본문을 너무 잘게 나누어 설교했기에, 책 전체가 살아나도록 설교하지 못했습니다. 책 전체에서 단락을 나누고 그 단락을 앞뒤 문맥과 연관을 지어 설교해야 했는데, 제 설교는 그렇지 못했습니다.

저는 은퇴 목회자로서 현직에 있는 모든 설교자에게 이 책을 꼭 읽으시라고 권합니다. 이 책과 그분이 집필하신 여러 주석을 참고하여 설교하시면, 설교자 여러분 그리고 여러분께서 설교로 섬기시는 성도는 본문이 살아 움직여 발휘하는 영적 감화력을 느끼며 그리스도 형상을 닮아 가시리라 확신합니다.

추천하는 말

엄태항 박사, 성서침례대학원대학교 구약학 교수
PhD, University of Aberdeen

설교 사역은 영광스러워도 고통스러운 과정을 동반합니다. 설교자가 내면에서 말씀으로 잉태와 분만을 생략한다면, 오히려 청중은 설교자가 치르지 않은 대가로 더 큰 괴로움을 견뎌야 합니다. 지은이 아브라함 쿠루빌라 교수님은 설교가 무엇인지, 그 기초와 본질을 다시 점검합니다. 그렇다고 이 책을 기존 설교학 교재와 동일 선상에서 생각해서는 안 됩니다. 기존 설교학 교재가 놓치고 있는 해석학 기반을 튼실히 하면서 신학이 있는 설교를 하도록 안내하기 때문입니다.

우리는 본문을 숙고해서 읽으면 자연스럽게 적용을 발견할 수 있다는 막연한 기대감으로 다음 단계로 넘어가곤 합니다. 그러나 쿠루빌라 교수님은 본문에서 적용으로 나아가는 데서 발생하는 절망과 불가해성을 제대로 간파합니다. 이를 극복하려고, 의미의 사다리를 현대 언어학의 화용론과 해석학에서 말한 '본문 앞 세계'라는 개념에서 빌려와 의미 발견과 적용 가능성을 설득력 있게 제시합니다. 아울러 이른바 본문의 중심 사상(Big Idea)을 찾아내어 논증하려는 기존 설교학 전제들과는 달리, 본문 자체가 품고 있는 고유한 생김새와 결을 찾아 드러내도록 강조합니다. 이를 페리코페 신학(pericopal theology)이라 합니다. 우리는 성경에 관해서가 아니라, 성경 자체를 읽어야 합니다! 이렇게 본문으로 들어가 본문 앞에 펼쳐진 의미의 문을 두드리다 보면, 텍스트의 표층이 아니라 심층에서 울리는 행위 언설을 터득할 수 있습니다. 바로 이것이 페리코페에서 적용으로 나아가는 화용론에 입각한 소통 과정입니다. 이 작업으로, 설교자는 성경 말씀에 펼쳐진 하나님의 세계로 진입해 거기서 새롭게 건축되는 그리스도의 형상을 발견할 수 있습니다. 성도가 이렇게 발견한 그 영광스러운 하나님 나라를 살아내도록 안내하는 일이 설교자가 할 역할이라고 강조합니다.

이렇게 보면 이 책을 자칫 지루한 이론서로 오해할 수 있겠지만, 이 책은 철저하게 목회 현장을 중심으로 하기에 실용서입니다. 쿠루빌라 교수님은 현장에서 설교하는 목회자로서 목회자를 돕고자 설교를 작성하고, 정보를 검색해 관리하고, 자신을 잃지 않으며 재치 있게 말씀을 선포하도록 경험에 기반한 비결을 공개합니다. 이 책은 단순한 설교학을 넘어서 어떻게 사고해야 하는가에 관한 방향을 제시합니다. 그래서 설교가 신학이 결핍한 공허한 경험론 제시가 아니라, 거부할 수 없는 하나님의 음성을 소환하는 과정이라는 사실을 깨닫게 합니다. 설교 작성 과정에 담긴 세심한 배려를 읽다 보면, 이 책은 이론만이 아니라 현장에서 탄생한 실행의 결과물임을 알 수 있습니다.

이 책 출간으로, 그간 여러 설교학 책이 해소하지 못한 여러 불만이 사라지는 후련함을 느낍니다. 지은이 쿠루빌라 교수님이 에버딘대학교 동문이라, 매우 자랑스럽습니다!

추천하는 말

이승진 박사, 합동신학대학원대학교 설교학 교수
ThD, Stellenbosch University

해돈 로빈슨(Haddon Robinson)이 『강해설교(*Biblical Preaching*)』을 1980에 출판한 이래, 지난 30년 동안 '강해설교학(expository homiletics)'은 '본문이 주도하는(text-driven)' 강해설교로 발전을 거듭하고 있으나, 설교학에서 성경해석학은 주경신학자가 여전히 주도하고 있으며 설교학자나 설교자는 주경신학자가 주석한 결과물을 가져다 설교 메시지로 전달하는 전령에 불과할 뿐인 실정입니다. 그러다 보니 설교 목적으로 성경 본문을 깊이 묵상하고 기도하는 마음으로 성경 본문을 매개로 하나님의 말씀을 경청한 다음에, 그 말씀을 자기 인격에 적용하고서 특정 회중에게 하나님의 말씀을 전달하려는 '설교학적 이동(homiletical move)' 목표에 어울리는 설교학적 성경해석학(homiletical hermeneutics)이 늘 아쉬웠습니다.

그러던 차에 아브라함 쿠루빌라 교수는 『텍스트에서 프락시스로(*Text to Praxis: Hermeneutics and Homiletics in Dialogue*)』(2009)와 『본문의 특권(*Privilege the Text! A Theological Hermeneutic for Preaching*)』(2013)에서 설교학적 해석학에 기반한 본문이 주도하는 강해설교를 위한 새로운 설교학 모델을 제시했습니다. 해돈 로빈슨 이후 최고 설교학자 쿠루빌라 교수가 제시하는 본문 주도적인 설교학의 이동(text-driven homiletical move)에서 주목할 설교학적 탁월성은 다음 몇 가지입니다.

첫째, 쿠루빌라 교수는 전통적 강해설교자가 '본문 앞에 펼쳐진 세계'에 집중하지 않는 성경해석 문제를 비판하고서, 그 대안으로 폴 리쾨르의 '본문 앞에 펼쳐진 세계(the world in front of the text)'의 관점을 설교학에 적용한 '문단 신학(pericopal theology)'을 제안했습니다. 쿠루빌라 교수에 따르면, 성경의 특정 문단에 있는 수사 패턴, 문단 전체 구조, 일반 수사 패턴 변화 등은 저자의 고유한 의도를 반영하고, 저자가 독특하게 말하는 수사법으로 독자에게 다른 문단으로는 실행할 수 없는 독특한 수사적 목적을 실행합니다.

둘째, 쿠루빌라 교수는 전통적 강해설교자가 '그리스도 중심적 해석(Christocentric interpretation)'에 과도하게 집착하느라 알레고리 해석으로 변질한다고 비판하고서, 그 대안으로 구약 내러티브 본문의 독특한 문단 신학으로 독자에게 그리스도의 형상을 닮아가도록 추구하는 화행론적인 해석으로서 그리스도 형상적 해석과 설교(Christiconic interpretation and Preaching)를 제안했습니다.

이 책 『설교의 길잡이』는 설교 사역에 관한 장기·단기 계획 수립에서 시작하여, 다양한 성경 문단(pericope)의 핵심 요지(thrust)를 분별하는 법, 설교 전체 구조와 논리적인 흐름, 예화의 기능과 유형, 설교 메시지의 적용과 모든 '설교학 이동(homiletical move)'에 관한 관련 쟁점들을 총망라합니다. 성경적 설교를 추구하는 모든 설교자에게 이 시대 최고 설교학자 아브라함 쿠루빌라 교수의 『설교의 길잡이』를 설교학 필독서로 추천합니다.

추천하는 말

이재기 박사, 성서침례대학원대학교 설교학 명예교수
사랑빛는교회 담임
PhD과정수료, Dallas Theological Seminary
DMin, Liberty Baptist Theological Seminary

목회자와 말씀 사역자는 설교 중요성을 익히 압니다. 설교는 하나님께서 설교자로 부르심과 연관하여 최우선 사역이며 성도가 가장 기대하는 사역입니다. 설교는 교회 방문자가 교회에 정착하기로 결정하는 가장 주된 요인이며, 또한 교회를 성숙하게 하며 성장하게 하는 가장 중요한 요소입니다.

그런데 설교하기가 정말이지 쉽지가 않습니다. 많은 목회자가 설교 본문 선정부터 설교 전달에 이르기까지 청중을 그리스도의 형상으로 변화하게 하는 성경적 설교를 어떻게 준비하고 시행해야 할지에 어려움을 겪습니다. 이런 고민에 빠진 수많은 설교자에게, 이 책은 거의 '복음'으로 다가옵니다. 이 책 제목과 부제처럼, 『설교의 길잡이—본문에서 설교까지 여정』에서 이 책은 친절하고 사려 깊은 '길잡이' 역할을 하리라 믿어 의심치 않습니다. 아브라함 쿠루빌라는 설교학자, 설교학 교수, 탁월한 설교자로서 지식과 오랜 경험에서 터득한 통찰력으로 노련한 큐레이터처럼 독자를 본문 선택부터 신학적 초점 그리고 적용을 지나 실제 강단에서 전달하는 지점까지 여정을 능숙하게 안내합니다.

이 책의 가장 큰 장점은 구체적인 예시입니다. 그저 이론만 서술하지 않고, 설교를 준비하는 모든 단계마다 에베소서와 야곱 이야기 본문으로 (그리고 간간이 잠언의 짧은 본문으로) 어떻게 하는지를 예시합니다.

그리고 이 책 끝부분에는 에베소서와 야곱 이야기를 본문으로 작성한 설교 원고에 간략한 설명을 포함함으로, 자기 방법에 따라 작성한 설교가 실제 어떤 결과물인지 확인하게 합니다.

또 다른 장점은 매우 실제적입니다. 앞에서도 언급했듯이, 쿠루빌라는 설교학자 겸 설교학 교수이면서도 수십 년 동안 여러 환경에서 정기적으로 설교한 설교자입니다. 그분 설교를 들으면 얼마나 탁월한 설교자인지를 곧바로 알 수 있습니다. 그러한 경험과 전문성으로 동료 또는 후배 설교자에게 설교 작성과 전달의 각 단계에 실제로 유익한 조언을 합니다. 이를테면 설교의 장기 준비를 위해 언제부터 시작해야 하며 일주일에 몇 시간 정도를 할당해야 할지부터 예화는 어떻게 수집하고 관리하는지, 설교 본문 외에 다른 미디어는 어떻게 사용하는 것이 지혜로운지, 심지어 설교 전과 설교 후 루틴까지 세밀하게 제시합니다. 따라서 독자는 숙련된 설교학자이자 설교자인 저자에게 1대1로 설교 코칭을 받는다고 느낍니다.

마지막으로 이 책은 가독성이 뛰어납니다. 그렇다고 오해하진 마십시오. 이 책은 절대 가벼운 책이 아닙니다. 쿠루빌라는 시종일관 설교학자로서 지식과 전문성을 이 책에 녹여내고 있으며, 전통 설교학 주장에 맞서기를 두려워하지 않고 깊이 있고 설득력 있게 자기주장을 펼치기도 합니다. 이를테면, 해돈 로빈슨 이래로 강해설교학에서 가장 지배적인 개념인 '빅 아이디어(Big Idea)' 이론에 도전하여 '페리코페의 신학적 초점' 이론을 제시합니다. 이처럼 '속이 꽉 찬' 내용이 가득함에도 그냥 술술 읽히도록 저술함은 웬만한 '글쟁이'가 아니면 해내기 힘든 과업인데도, 탁월하게 해냅니다.

먼저 이 책에 흠뻑 빠져 단숨에 읽은 독자로서 그리고 쿠루빌라처럼 오랜 시간 많은 설교 후보생에게 설교를 가르쳐왔으며 주마다 설교하는 설교자로서, 더 나은 설교자가 되려고 고군분투하는 모든 분에게 이 책을 기쁘게 추천합니다. 이 책을 사서 읽으십시오. 절대 후회하지 않습니다.

추천하는 말

임도균 박사, 한국침례신학대학교 설교학 교수
PhD, Southwestern Baptist Theological Seminary

지은이 아브라함 쿠루빌라 박사님을 미국 Natioanl Conference on Preaching, Text-Driven Preaching Conference, Evangelical Homiletic Sociecty 등에서 강사로 또는 발표자로 함께 참여하면서 여러 차례 만난 적이 있습니다. 쿠루빌라 박사님은 성경에 충실하면서도 신학적으로 깊고 현장에 와닿은 설교를 추구하십니다. 설교는 단순한 말하기가 아니라, 성경의 진리를 생동감 있게 선포하고 청중의 삶과 연결하는 깊이 있는 과정입니다. 이 책 『설교의 길잡이』는 이러한 설교 여정을 효과적으로 안내하는 실질적이며 체계적인 지침서로, 설교자가 성경 본문에서 설교로 나아가는 길을 명확히 제시합니다.

이 책은 먼저 설교 준비의 기초를 다루며, 장기·단기 설교 계획이 중요하다고 강조합니다. 단계별 접근 방식으로 설교자가 일관성 있으며 체계 있게 설교를 준비할 수 있도록 안내하며, 설교 초보자뿐만 아니라 경험 많은 설교자에게도 유용한 방향성을 제공합니다. 이어서 해석학, 곧 성경 본문을 어떻게 읽고 해석해야 하는지를 설명합니다. 다양한 예시로 성경 문단(pericope)의 핵심 메시지를 파악하는 방법을 제시하며, 설교의 신학적 기초를 더욱 견고하게 다지도록 돕습니다. 설교에서 중요한 요소인 적용은 이 책의 핵심 강점 중 하나입니다. 성경 본문의 신학적 원리를 실천적 적용으로 전환하는 방법을 설명하며, 다양한 적용 방식과 그 특성을 상세히 분석합니다. 설교자는 이런 식으로 청중의 삶에 실제로 영향을 미치는 메시지를 효과적으로 전달할 수 있습니다.

이 책 중반부에서는 설교 구성을 다루며, 설교의 논리적 이동을 체계적으로 설계하는 방법을 제시합니다. 설교의 각 움직임(movements)에 깊이를 더하는 과정과 청중과 연관성을 고려하는 원칙을 강조합니다. 특히 '뼈에 살을 붙이는 과정'이라는 비유로, 설교가 단순한 논리적 구성에 그치지 않고 살아 숨 쉬는 메시지가 되도록 돕습니다. 예화 활용에 관한 부분도 주목할 만합니다. 효과적인 예화를 찾고 구성하는 방법을 설명하며, 이야기와 이미지가 설교의 명확성과 설득력을 높이는 데 중요한 역할을 한다고 강조합니다. 또한, 설교의 시작과 마무리 효과를 강력하게 구성하는 전략을 제시하며, 설교 도입과 결론이 청중에게 미치는 영향을 극대화하는 방안을 다룹니다.

이 책은 현대적 설교 환경을 고려하여 설교 전달 방식도 다룹니다. 원고 설교, 개요 설교, 즉흥 설교의 장단점을 비교하며, 설교자가 자기 스타일과 사역 환경에 맞는 방식을 선택하도록 안내합니다. 디지털 도구 활용과 설교 도용에 관한 윤리적 고려도 다루며, 현대 설교자에게 실질적으로 조언합니다. 마지막으로, 설교 전달에 관한 실천적 요소를 다루며, 설교 연습, 긴장감 조절, 설교 직전과 직후에 준비 방법을 상세히 설명합니다. 이는 단순한 내용 전달을 넘어, 설교자가 더 효과적으로 메시지를 전달할 수 있도록 돕습니다.

이 귀한 책이 김택수 박사님의 깊이 있는 성경 이해에 기초하여 충실히 번역되어 한국교회에 소개되어 기쁩니다. 성경적으로 충실하고 신학적으로 깊이 있는 설교를 꿈꾸는 분 모두에게 적극적으로 추천합니다!

옮긴이 인사말,
읽을수록 감동을 넘어 감탄

옮긴이가 28세 청년으로, 처음 담임 목회를 시작하고서 기껏해야 석 달 뒤인 1984년 3월 8일 밤, 설교자로서 영감과 열정이 메마른 듯한 절망감에 일기를 썼습니다. "나는 설교에 지쳐있고, 더는 영감이 없는 것 같다. 영혼은 구원받지 않으며, 반응은 냉랭하다. 죽어버릴 것만 같은 마음으로 …." 월터 브루그만(Walter Brueggemann)은 "설교는 하나님이거나 사탄 중에 누구를 믿을 것인지에 대한 양자택일의 성패가 달려 있고, 중간 지대는 없다"[1]라는 말로 설교 중요성을 강조합니다. 그렉 하이슬러(Greg. Heisler)는 설교를 "영적으로 죽은 자를 예수 그리스도 안에 있는 영적 생명으로 소생시키려는 힘든 시도"[2]라고 일깨웁니다.

해석학과 설교학 권위자 아브라함 쿠루빌라는 설교 사역 무게에 짓눌리고 좌절을 겪어온 수많은 목회자와 신학생에게 이 책 『설교의 길잡이』로 설교 사역을 기쁨과 감동이 넘치는 여정으로 즐기도록 친절하게 돕습니다. 설교 준비부터 적용까지 이해하기 쉽게 길잡이 역할을 합니다.

지은이 아브라함 쿠루빌라 박사는 설교자를 마치 미술관의 큐레이터에 비유하여, 성경의 각 페리코페(Pericope)을 한 폭의 작품이라고 설명

---

[1] Walter Brueggemann, 『텍스트가 설교하게 하라』, 홍병룡 옮김 (서울: 성서유니온선교회, 2013), 20.

[2] Greg. Heisler, 『성령이 이끄는 설교』, 홍성철·오태용 옮김 (서울: 베다니출판사, 2008), 33.

합니다. 설교자는 하나님의 명작을 회중 앞에 활짝 펼쳐 놓고, 저자가 거기에 담은 의도 그리고 삶에 적용할, 하나님의 목적을 섬세히 드러내야 한다고 주장합니다. 지은이는 전통 설교 이론인 '핵심 사상(Big Idea)'과 '주요 개념'을 전달하는 익숙함을 뛰어넘어, 성도가 '본문의 세계에 직접 들어가 본문이 투사하는 이상적 세계를 경험하고, 그리스도를 닮아가는 삶으로 안내'를 제안합니다.

지은이는 에베소서 1장과 창세기 26장에서 페리코페를 선택해, 설교 준비 전체 과정을 자세히 설명하면서 한 단계씩 큐레이터처럼 안내합니다. 그리고 완성한 설교 원고에 설명을 덧붙여 〈부록 3〉과 〈부록 4〉에 예시함으로, 이론과 실제를 잇는 견고한 다리를 놓습니다. 따라서 독자는 본문의 깊이를 경험하고 이를 청중의 삶으로 자연스럽게 연결할 수 있다고 확신합니다. 평범함을 뛰어넘는 설교자가 되려면, 이 책을 읽고 또 읽고 곱씹으며 설교에 적용하시기를 바랍니다. 읽을수록 감동을 넘어 감탄할 수밖에 없습니다.

이 좋은 책을 한국교회 목회자와 신학생에게 사랑받을 책으로 출간하는 데 협력하신 분들께 감사드립니다. 여러 후원자와 교회, 동료 교직원, 친구에게 감사합니다. 출판부장 겸 편집장 김광모 교수님과 표지 디자이너 김효경 자매님께도 감사드립니다. 특별히, 아내 김진경 그리고 아들 주영과 딸 이슬은 늘 사랑으로 힘을 불어넣었기에 감사한 마음을 전합니다. 읽을수록 감동을 넘어 감탄하게 하는 이 책으로, 영원하신 하나님께 영광 돌리기를 간절히 기도합니다.

2025년 3월 봄날
대명선지동산에서
옮긴이 **김택수**

지은이 한국어판 인사말

   *A Manual for Preaching: The Journey from Text to Sermon*이 『설교의 길잡이—본문에서 설교까지 여정』으로 번역·출판한다는 소식에 큰 기쁨과 감격을 느낍니다. 저는 이 책에서 설교 준비의 각 과정을 단계별로 명확하며 체계적으로 제시하고자 했습니다. 설교 시리즈를 구상하는 첫 단계부터, 설교 원고를 작성하고 설교를 전달하기까지 모든 과정을 상세히 안내했습니다.

   제가 드리는 간절한 기도는, 이 한국어판으로 한국 설교자들—경험 많은 베테랑 설교자부터 이제 막 시작하는 초보 설교자에 이르기까지—이 체계적인 설교 준비 과정을 통해 다시 한번 설교 사역에 강건하게 세워지는 것입니다. 또한 이렇게 준비한 설교를 듣는, 하나님의 백성이 성령의 은혜로 충만하여, 그 삶이 하나님의 아들 형상을 닮아가고, 아버지 하나님께 영광 돌리기를 소망합니다. 하나님의 말씀을 전하는 사역에 우리 주님의 크신 축복이 있기를 기원합니다.

2025년 3월 11일

아브라함 쿠루빌라 ThM, MD, PhD
칼 E. 베이츠 기독교 설교학 석좌교수
The Southern Baptist Theological Seminary
www.homiletix.com

설교에 매주 자신을 기꺼이 내어 맡기며
하나님의 말씀을 간절히 사모하는 하나님의 백성이여,
하나님의 설교자들을 통해 선포되는 그 말씀을 들으며
성령 하나님의 놀라운 능력으로
여러분의 삶이 하나님의 아들 형상을 닮아
새롭게 변화되기를 간절히 소망합니다.
오직 하나님의 영광을 위하여!

지은이 인사말, 은혜를 기억하며
Acknowledgments

　영국 여류 작가 조앤 K. 롤링(Joanne K. Rowling)이 쓴 장대한 7부작 시리즈에서 가장 매력적인 작품을 꼽으라면, 단연『해리 포터와 마법사의 돌』이다. 이 작품은 주인공 해리 포터(Harry Potter)와 그의 동료들이 호그와트 마법학교에서 펼치는 모험을 생동감 있게 그려낸다. 이야기에는 수많은 마법 도구가 등장하지만, 그중에서도 특히 사람의 기억을 들여다볼 수 있는 '펜시브(Pensieve)'만큼 매혹적인 도구는 드물다. '펜시브'라는 이름은 '깊은 생각에 잠긴(pensive)'과 '체(sieve, 덩어리나 불순물을 걸러내는 도구)'라는 두 단어를 결합한 언어유희로 생겼는데, 그 기능과 의미를 절묘하게 함축한다. 롤링은 탁월한 상상력을 발휘해, '펜시브'를 룬(Rune) 문자와 상징으로 뒤덮인 얕은 석조 대야로 그려낸다. 게르만족이 신들의 기원과 신탁을 기록하는 데 사용한 문자는 마법과 결합했다. 이 신비로운 도구는 사람의 기억을 저장하고, 복구하며, 검토하는 역할을 한다. 마법사들은 자기 기억을 꺼내어 다시 들여다볼 수 있다. 그들은 기억을 가늘고 은빛으로 빛나는 실 형태로 뽑아내어 펜시브에 저장한다. 그 기억은 기체나 액체가 아니라, 신비로운 물질로 존재한다. 그다음, 펜시브의 주인이나 다른 누군가가 그 안에 축적된 기억을 들여다볼 수 있다. 이 과정에서 마치 모든 것을 아는 전지적 시점의 제삼자가 된 듯, 당시 사건을 다시 경험한다. 이는 마법이 만든 일종의 가상현실과도 같아, 기억하는 순간들을 더욱 생생하고 객관적으로 되살려낸다. 한 인터뷰에서 롤링은 펜시브가 단순히 기억을 기록하는 '일기장'과는 본질적으로 다르다고 설명했다. "펜시브는 당신이 경험했던 순간을 그대로 재현한다. 그래서 자기 기억으로 들어가, 당시에는 깨닫지 못했던 것들까지 다시 경험할 수 있다. 우리 모두의 머릿속 어딘가에는 그런 '펜시브의 기억'이 남아있을 수 있다. 만약 그 기억에 접근할 수만 있다면, 당신이 기억하는지조차 몰랐던 일들까지도 그곳 어딘가에 존재한다고 확신한다."[1]

이 책을 집필하는 과정은 마치 내 '설교 펜시브'를 들여다보는 듯했다. 머릿속 깊은 곳, 안개처럼 흐릿했던 설교를 더듬더듬 기억하며, 내가 설교에 관해 품은 모든 생각과 감정, 경험을 끄집어냈다. 그 과정은 참으로 경이로운 경험이었다. 그리고 이 모든 것을 글로 옮기면서, 설교 연구자이자 교사 그리고 설교자로서 내 정체성이 어떻게 형성되고 발전했는지를 더욱 선명하게 마주할 수 있었다. 물론, 이 여정은 여전히 이어지고 있으며, 앞으로도 끊임없이 더 좋아지리라.

이 모든 과정에 베풀어진, 하나님의 섭리와 은혜를 떠올릴 때, 나는 형언할 수 없이 감사한다. 그리고 그 감사는 영원히 변치 않으리라. 그러나 기억이란 자기 혼자 힘으로만 절대 만들어지지 않는다. 내 펜시브를 깊이 들여다보니, 하나님의 공동체가 내 삶에서 기억을 빚어내고 되새길 수 있도록 형성했음을 깨달았다. 그들은 내가 다시 떠올리게 할 순간들을 만들었고, 내 기억의 조각들을 엮어 냈다. 그 속에는 책을 저술한 이들, 도서관을 지키며 학문의 터전을 마련한 이들, 설교를 가르친 스승들, 설교학을 탐구한 학생들, 사고 경계를 넓혀준 이들, 지평을 확장한 이들, 피드백을 한 이들, 예리한 비평을 아끼지 않은 이들, 사랑을 베푼 이들, 은혜를 나눈 이들 그리고 설교를 듣는 이들이 있었다. 이 공동체 덕분에, 내 기억은 형성됐으며 나는 오늘 이 자리에서 설교자로서 서 있을 수 있다. 무엇보다도 하나님의 백성은 하나님의 말씀이 주어진 사람들이고, 그 말씀은 그들에게 속했으며 그들에게 선포해야

---

[1] Anelli and Spartz, "Leaky Cauldron and Mugglenet." 이 작품의 모든 링크는 http://www.homiletix.com/preaching2019/links 에 모여 있다. (옮긴이 덧붙임. 머글넷은 해리포터 팬 사이트로, 1999년부터 마법사 세계에 관한 뉴스, 사설, 인터뷰, 이벤트 보고서 및 정보를 제공한다.)

한다. 그러므로 우리가 하나님의 말씀을 전하는 자로서 또한 하나님의 백성을 섬기는 설교자로서, 그리스도의 몸 된 교회가 우리에게 맡긴 신뢰와 하나님께서 친히 맡기신 청지기 직분에 합당한 사람이 되기를 간절히 바란다. 성령께서 우리에게 능력을 주셔서 맡겨진 사명을 신실하게 감당하게 하시기를 바란다. 그리고 하늘에 오르셔서 다스리시는 그리스도께서 우리가 따를 분이시며, 우리가 설교마다 그리고 페리코페(pericope)마다 그분 형상을 가리킴으로 하나님을 영화롭게 하길 바란다!

아브라함 쿠루빌라
텍사스주 달라스에서
2018년 그리스도께서 승천하신 날에

설교 여정을 연다

Introduction

내가 바비큐(barbecue)에 관해 아는 바를 모두 책 한 권에 담으려는 시도는 무척이나 벅찬 일이다. 그 이유는 내가 바비큐에 관해 많은 것을 알고 있어서가 아니다. 물론, 나는 지금도 여전히 배운다. 오히려 그것은 바비큐라는 요리가 지닌 본질적 특성 때문이다. 활자로 인쇄한 글은 명확하고 정확하며 고정적이지만, 바비큐는 전혀 그렇지 않다. 바비큐는 고정된 틀에 갇히지 않고, 수많은 변수를 품으며, 종종 예상하지 못한 과정을 거친다. 마땅한 표현이 떠오르지 않지만, 바비큐는 느슨하고, 유연하며, 살아 움직이는 과정과 같다. 많은 사람이 완벽한 바비큐 요리법을 원하지만, 바비큐 요리에는 너무도 많은 변수가 생긴다. 그렇기에 누구에게나 통하는 '마법 같은 요리법'은 존재하지 않는다.[1]

텍사스주에 있는 한 요리 명소가 아니라 설교를 이야기하고 있다는 점만 제외하면, 바비큐 대가 아론 프랭클린(Aaron Franklin)[2]가 한 말에

---

[1] Aaron Franklin and Jordon Mackay. *Franklin Barbecue: A Meat-Smoking Manifesto* (Berkeley: Ten Speed, 2015), 1.

[2] 프랭클린 바비큐(Franklin Barbecue)로 유명한데, 900 E. 11th St., Austin, TX 78702에 있으며 (화요일~일요일, 오전 11시에 문을 열고 고기가 다 팔릴

깊이 공감한다. 1세기 고전 수사학자 퀸틸리아누스(Marcus F. Quintilian, A.D. 35~97)는 다음 말로 경고했다. "누구도 기존 많은 교과서 저자가 늘어놓은 규칙을 내게 기대하지 말라. 또한 학생들을 위해 변하지 않는 절대적 법칙들을 필수이듯이 제시하라고 요구하지도 말라. 수사학을 몇 가지 간단한 규칙만으로 완성할 수 있다면, 그것은 너무도 쉽고 하찮은 일에 지나지 않는다." 오히려 퀸틸리아누스는 모든 것이 화자 편에서 많은 방식으로 조정해야 하는 긴급성(exigency)과 편의성(expediency)에 달려 있다고 말한다.3 이러한 맥락에서, 필자도 프랭클린과 마찬가지로 바비큐나 설교 모두에 적용할 수 있는 '마법 같은 요리법'이 존재하지 않는다고 인정한다. 그러므로 이 두 가지 과정에는 실제로 절대적인 옳음이나 그름이 존재하지 않고, 다만 지혜로운 방식과 어리석은 방식, (또는 좋은, 나쁜, 그리고 구접스러운 접근)이 있을 뿐이다.

필자가 설교에 관해 이해하는 바는 거의 전적으로 필자 자신의 깊은 숙고와 실천 경험에서 비롯했다고 솔직히 고백한다. 수십 년 동안 설교학을 연구하고 가르치면서, 여러 시대에 대륙을 가로질러서 여러 교회와 강의실에서 전달된 무수히 많은 설교를 듣고 읽고 분석했다. 그러나 바로 내가 내 자신과 내 설교를 가장 잘 안다고, (또는 적어도 내가 안다고 생각한다). "책 대부분에서 '나(I)', 곧 1인칭은 생략하지만, 이 책에서는 있는 그대로 유지한다. … 내가 내 자신에 관해 이렇게 많이 이야기하는 이유는, 나만큼 나를 잘 아는 이가 없기 때문이다."4 그러나

때까지만 영업한다).

3 Quintilian, *Orator's Education*, vol. I: Books 1~2, ed. and tr. Donald A. Russell, Loeb Classical Library 124 (Cambridge, MA: Harvard University Press, 2002), 341 (2.13.1~3) ‖ 『스피치교육—변론법 수업』, 전영우 옮김 (서울: 민지사, 2014), 196~97 (2.13.1~3).

4 Henry D. Thoreau, *Walden: A Fully Annotated Edition*, edited by Jeffrey S. Cramer (New Haven: Yale University Press, 2004), 1 ‖ 『월든』, 강승영 옮김 (서울: 이레, 1993), 12. (옮긴이 덧붙임. 이 책은 월든 호숫가 숲속에 오두막을 짓고 1845년부터 47까지 2년 2개월 동안 혼자 살았던 경험을 바탕으로 쓴 책이다. 저자는 자기가 옳다고 생각하는 삶을 자기가 의도한 대로 살아야 한다는 메시지를 말한다.)

필자는 그렇지 않다. 이제 여러분이 읽을 내용은 설교가 어떻게 이루어져야 하는지, 곧 설교 실제(practice)에 관해 필자가 이해한 내용이다. 이 이해는 설교가 본디 무엇이어야 하는지, 곧 설교 비전(vision)에 관한 필자 이해에 깊이 뿌리내리고 있다. 설교의 본질에 관해서는 『설교의 비전(A Vision for Preaching)』에서 이미 상세히 살폈다. 그 책에서, 필자는 설교를 다음 말로 정의했다. "성경적 설교란, 교회 지도자가 예배하려고 모인 그리스도인 모임에서 성경 페리코페(pericope)에서 신학적 석의로 분별한 핵심 취지와 그것을 그 특정한 그리스도인 공동체에게 적용한 내용으로 소통해서, 그들이 그리스도의 형상을 닮아 변화함으로 하나님을 영광스럽게 하는 일인데, 이 모든 과정은 성령의 능력으로 한다."5

『설교의 비전』에서, '설교'를 성경적이면서도 목회적이고, 교회 공동체에서 이루어지는 소통이며, 신학적이며 실천적이고, 성도의 변화를 지향하며, 하나님을 영화롭게 하는 영적 사역으로 설명했다. 그리고 그 비전 중심에는 성경을 읽는 방식, 곧 성서 해석학이 자리하고 있는데, 이것이 필자가 설교를 이해하는 방식을 결정했다. 나아가, 그 성서 해석학이 설교가 어떻게 이루어져야 하는지에 관한 필자 이해를 형성하고 있다. 다시 말해, 이 책 『설교의 길잡이』는 『설교의 비전』에서 시작한 여정을 계속 이어가는 작업이다.

독자가 이 책 각 장에서 읽을 내용을 요약하겠다.

- 1장 「**설교 여정을 갖춘다**_Getting Ready」―설교 기초 작업을 다루는데, 설교를 위한 순차적인 장기·단기 계획으로 무대 설정한다. 장기 계획이 이 책의 전체 구조를 이끈다.

- 2장 「**페리코페에서 신학을 알아낸다**_Discerning Theology」―설교 철학의 핵심인 '해석학', 곧 성경 본문을 어떻게 읽고 해석해야 하는

---

5 Abraham Kuruvilla, *A Vision for Preaching: Understanding the Heart of Pastoral Ministry* (Grand Rapids: Baker Academic, 2015), 1 ‖ 『설교의 비전―목회 사역의 심장을 이해하기』, 곽철호·김석근 옮김 (이천: 성서침례대학원대학교출판부, 2018/2025[3쇄수정]), 15.

지에 초점을 맞춰 설명한다. 독자는 예시를 보고서 여러 본문의 핵심 취지, 곧 여러 페리코페(pericope)의 신학을 파악하도록 안내받는다.

- 3장 「**페리코페 신학에서 적용을 긷는다**_Deriving Application」—적용(application) 그리고 페리코페 신학(pericopal theology)에서 적용으로 이동(move)을 정의하고 설명한다. 적용의 주요 특징과 유형을 살피고, 특정 페리코페를 설교할 때 효과적으로 적용을 긷는 방법을 제시한다.
- 4장 「**설교 이동 지도를 긷는다**_Creating Maps」—설교 한 편을 여러 이동으로 긷는 과정을 설명한다.
- 5장 「**설교 이동에 생동감을 더한다**_Fleshing Moves」—이러한 여러 이동을 확장하여 설교를 더욱 풍성하게 만드는 법을 설명한다. 마치 뼈에 살을 붙이는 과정처럼, (본문 국면인) 계시(revelation)와 (청중 국면인) 연관성(relevance)을 균형 있게 고려함이 핵심이다.
- 6장 「**설교 사상을 예화로 그린다**_Illustrating Ideas」—설교에서 예화의 기능과 유형을 탐구하며, 예화를 찾아 구성해서 설교에 효과적으로 활용하는 방법을 제시한다.
- 7장 「**설교 서론과 결론을 가꾼다**_Crafting Introductions and Conclusions」—설교에서 서론 그리고 결론의 구조를 분석하고, 이것들을 더욱 설득력 있게 구성하고 활용하는 실제 지침을 제공한다.
- 8장 「**설교 원고를 숨 쉬는 언어로 빚는다**_Producing Manuscripts」—설교 원고 작성의 유용성을 강조하고, 원고가 있는 설교와 없는 설교 종류를 비교하고, 또한 설교할 때 전자기기를 활용하여 원고를 관리하는 방안도 논의한다. 설교 차용(sermon borrowing)에 관한 신학적·윤리적 관점도 다룬다.
- 9장 「**설교 전달로 말씀 형상을 새긴다**_Delivering Sermons」—설교 전달과 관련한 실제 요소들을 다룬다. 설교 연습, 긴장감 관리, 설교 직전 준비와 설교 직후 마무리를 어떻게 조율할지 등, 설교자로서 실천해야 할 중요한 부분들을 탐구한다.

이 책을 아홉 장으로 구성해 살피는 과정에서, 독자는 에베소서와 야곱 이야기(창 25:19~36:43)의 몇몇 페리코페에 관한 짧은 강해를 만나는데, 이는 각 본문의 핵심 취지와 강조점, 곧 신학적 초점(Theological Focus)을 알아내는 해석이다. (1장에서는 에베소서와 야곱 이야기의 개관을 다루며, 2장에서 9장까지는 이들 페리코페 중 몇 개를 깊이 탐구한다.)6) 본문 해석의 예로 사용한 다른 사례들은 성경의 짧은 구절에서 발췌했으며, 그중 일부는 온전한 페리코페가 아니라 단편 구절들이고, 많은 구절은 잠언에서 가져왔다. 이는 지면상 제약을 고려하면서도 독자에게 직관적 예시를 제시하려는 의도로 선택했다. 더구나, 에베소서와 야곱 이야기로 각각 대표되는 교훈(didactic) 장르와 서사(narrative) 장르가 구약 절반과 신약 거의 절반을 차지하기에, 이 두 본문을 중심으로 논의를 전개함은 아주 적절한 접근이라 할 수 있다.

여기에 실은 예시와 설교 원칙들 대부분은 실생활에서 길어 올렸다. 강의실에서 실험했고, 강단에서 검증했으며, 학생들이 제출하고 동료들이 공유한 경험에서 비롯했다. 필자는 살아계신 분들에게서 그리고 이미 세상을 떠난 분들에게서 많이 배웠고, 지금도 여전히 배운다. 그러므로 독자 여러분도 설교자로서 끊임없이 배우라고 권면한다. 멈추지 않고 성장하며 설교의 깊이를 더해 가기를 바란다. "설교는 평생 다듬어야 하는 기술이다. 서두르지 말아야 한다. 한 걸음씩 천천히, 한 번에 한 가지만 꼼꼼히 쌓아 올려야 설교의 결이 비로소 완성된다."7 그 이유는 명백하다. 설교를 배우며 더 나은 설교자가 되는 일이 평생에 헌신을 요구하는, 절대 쉽지 않은 길이기 때문이다. 12세기 도미니크회 수도사이자 설교자들의 스승이었던 로마인 험버트(Humbert of Romans)

---

6 에베소서와 야곱 이야기의 몇몇 페리코페 해석과 이 책에서 다루지 않은 페리코페 해석은 http://www.homiletix.com/preaching2019/commentaries에서 볼 수 있다. 이 페리코페를 더 체계 있게 연구하려는 독자에게는 필자가 쓴 어엿한 주석, 『에베소서』와 『창세기』를 추천한다.

7 Mark Galli and Craig Brian Larson, *Preaching That Connects: Using the Techniques of Journalists to Add Impact to Your Sermons* (Grand Rapids: Zondervan, 1994), 144.

는 설교론 논고를 다음 말로 시작했다. "무엇보다 먼저 명심해야 할 점은 [설교] 직분이 얼마나 고귀한지, 얼마나 필수적인지, 얼마나 하나님께 기쁨이 되는지, 설교자 자신에게 얼마나 유익한지, 또한 사람들에게 얼마나 유용한지, 그리고 무엇보다도 **그 직분을 제대로 감당하는 일**이 얼마나 어려운지를 아는 일이다."8 하지만 잠시 멈추어 생각해 보라. 설교만큼 우리 마음을 강렬히 사로잡는 소통이 또 있을까? 이만큼 가슴 벅찬 사역이 있을까? 이만큼 보람찬 영적 섬김이 또 있을까? 페리코페마다 설교마다 사람들 삶이 그리스도를 닮아 변화되는 과정에서 하나님께 쓰임은 실로 놀라운 특권이다. 그러니 이 특권을 마음껏 누리라!

요약하면, 이 책은 필자가 설교하는 실제 방식을 설명하고, 수십 년간 배우고 깨달은 바를 공유하려고 시도한다. 나는 내가 가르치는 대로 설교한다고 자신 있게 말할 수 있으면 좋겠다. 그러나 아아, "자기 가르침 대로 따르는 사람이야말로 참된 신학자이다. 스무 명에게 바른길을 가르치는 일보다, 스스로 그 스무 명 중 한 사람이 되어 자기 가르침을 따르는 일이 훨씬 더 어렵다."9 하지만 어쨌든 이렇게 출판한다. 이 책에 담긴 내용은 필자가 설교에 관한 비전을 세우고 목표를 이루려고 합리적이며 적절하다고 여겼던 제안일 뿐이다. 여기 담긴 권고는 어디까지나 유용한 지침이지, 반드시 지켜야 할 규칙은 절대 아니다(물론 몇 가지 경험법칙은 예외일 수 있다). 따라서 독자는 자기 설교 경험과 역량을 쌓아가면서 이 지침들을 얼마든지 넘어설 수도, 또 깨뜨릴 수도 있다. 맞다, **규칙을 깨라!** 베토벤의 친구이자 제자였던 페르디난트 리스(Ferdinand Ries)는 바로 그 위대한 거장 베토벤이 규칙을 깨뜨리던 순간을 다음 말로 회상했다.

> 어느 날 산책을 하던 중, 나는 [베토벤]에게 그의 C단조 바이올린 사중주에 나오는 완전 5도 두 개[Op. 18, No. 4; 고전 화성법에서는

---

8 Humbert of Romans, "Treatise on Preaching," 375(필자가 번역했으며 강조도 필자가 했다).

9 Shakespeare, *Merchant of Venice*∥『베니스의 상인』, act 1, scene 2.

절대 용납되지 않는 금기된 평행 진행이었기 때문이다]를 지적했다. ….

그 말을 듣고 베토벤이 물었다. "그런데, 누가 그것을 금지했나?" …

나는 순간 당황하여 제대로 답하지 못하고 머뭇거렸다. 그러자 그는 같은 질문을 몇 번이고 반복했다. 나는 당황한 나머지 이렇게 답했다. "어쨌든 그것이 기본 규칙이잖습니까."

그가 되물었고, 나는 한숨을 쉬며 말했다. "[프리드리히] 마르푸르크, [요한] 키른베르게르, [요한] 푹스 등등, 그 모든 [음악] 이론가가 그렇습니다."

그러자 [베토벤]이 단호하게 말했다. "하지만 **나**는 허용하네."[10]

평범한 사람이라면 이론가가 제시하는 규칙을 고분고분 따르겠지만, 그대 설교자여, 용기 있게 그 규칙들을 깨뜨려라! 여러분이 베토벤처럼 자기 독창적인 목소리를 찾는 데 이 책이 조금이나마 도움이 되기를 바란다. 바로 그날이 올 때까지, 이 책은 따뜻한 조언과 다정한 격려의 눈길로 여러분 설교 여정을 환히 밝히리라.

자, 이제 여러분이 고기를 굽기에 앞서서, 바비큐 달인 아론 프랭클린이 남긴 마지막 한마디를 들어보라.

이 책을 읽다 보면 당장이라도 밖으로 달려 나가서 큼지막한 갈비한 판이나 두툼한 텍사스식 브리스킷을 훈제기에 올리고 싶어 몸이 근질거릴 테다. 그런 여러분에게 내가 해줄 수 있는 말은 딱 한 마

---

[10] Franz Wegeler and Ferdinand Ries, *Biographische Notizen über Ludwig van Beethoven*, 2nd ed. (Leipzig: Schuster and Loeffler, 1906), 104~5(필자가 번역했으며 강조도 필자가 했다). (옮긴이 덧붙임. 『루트비히 판 베토벤에 대한 전기적 기록』은 베토벤과 가까이 지냈던 두 사람이 그의 삶과 음악적 특징을 기록한 전기적 회고록이다. 특히 리스는 베토벤의 제자로서 베토벤의 성격, 작곡 방식, 음악 철학 등을 직접 경험한 일화를 많이 남겼기에, 베토벤 연구 1차 자료로 평가받는다).

디뿐이다—가서 당장 해보라! 나를 성장하게 한 비결, 그리고 여러분에게도 똑같이 적용할 비결은 아주 단순하다. 끊임없이 반복하라. 모든 일이 그렇듯이, 하면 할수록 더 나아지기 마련이다. … 결국 이것이 내가 할 수 있는 최고 조언이다. 직접 해보라. 그리고 또 해보라. 한순간도 집중력을 잃지 마라. 아무리 사소하고 작은 부분이라도 놓치지 않고 공들이면, 어느 순간 가장 노련한 바비큐 장인마저 감탄할 만한 멋진 작품이 빚는다.11

각각 차이를 고려하면, 설교도 이와 다르지 않다.

---

11 Franklin and Mackay, *Franklin Barbecue*, 3. (옮긴이 덧붙임. 텍사스주 브리스킷 바비큐 요리에 관해, Culinary Institute of America에서 요리과학을 전공하는 아들에게 물으니, 이 요리의 특징은 느린 조리의 끝판왕이라고 한다. 저온에서 짧게는 3시간, 보통 8시간, 정성 들일 때는 16시간까지 오래도록 훈제하며 부드럽고 깊은 풍미를 끌어내는 요리라서 제대로 만들려면 인내와 섬세함이 필수라고 한다. 어찌 보면 설교와도 닮았다. 한 편의 설교가 완성되기까지 깊이 묵상하고 다듬는 과정이 필요하듯. 그래서 설교를 '영혼을 위한 느린 조리[slow cooking for the soul]'라고 표현해도 좋겠다).

설교 여정을 갖춘다　1
Getting Ready

개미는 화학 물질을 서로 주고받으면서 행동을 조율하지만, 우리는 서로 마주 보며 눈을 맞추고 손짓을 섞고 입으로 복잡한 소리를 내면서 소통한다. 인간 대 인간의 의사소통은 그 자체로 신비이다. 우리는 이것을 매일 무의식적으로 하는데, 이러한 소통은 그 어떤 방법보다도 강력하다.[1]

우리는 영장류(*Hominidae*)라서, 곤충류(*Formicidae*) 개미와는 전혀 다른 방식으로 의사소통한다. 하지만 하나님의 자녀인 우리에게 주어진 '설교'라는 소통 형태는, 비교할 수 없을 만큼 독특하고 특별한 차원이며, 또한 그 어떤 공식적이든 비공식적이든 대중 연설과도 본질적으로 다르다. 설교란, 하나님의 목자가 하나님의 말씀을 강해해서 전달함으로, 하나님의 백성이 성령의 능력으로 하나님의 아들 형상으로 빚어져, 마침내 하나님께 영광을 돌리는 행진 사건이다. 이는 그 무엇과도 비교할 수 없는 중대한 사건이다! 그러므로 설교자로 부름을 받은 우리에게

---

[1] Chris Anderson, *TED Talks: The Official TED Guide to Public Speaking* (New York: Houghton Mifflin Harcourt, 2016), ix ‖ 『테드 토크—TED 공식 프레젠테이션 가이드』, 박준형 옮김 (파주: 21세기북스, 2016), 5.

이 의사소통 형태, 곧 설교는 결정적으로 중요하다. 우리가 성경 말씀을 살펴서 전달할 때, 듣는 이는 그리스도를 닮아가기(Christlikeness) 때문이다.2 설교는 중대한 책임이자, 존엄과 특별함이 깃든 사역이다. 단연코 고귀한 과업이다. 설교자는 "하나님의 말씀을 그대로"(벧전 4:11) 말하는 사람이다.3 바울은 에베소에서 "말씀과 가르침에 수고하는" 이들은 "두 배나 존경을 받을 이들"(딤전 5:17)이라고 선언한다. 또한 장로의 직무, 곧 "가르칠 자격을 갖춘"(딤전 3:2) 이의 직무는 "선한 일"(3:1)로 칭찬받는다. 디모데는 자기에게 맡겨진 설교 사명을 감당했기에, "그리스도 예수의 선한 일꾼"(딤전 4:6)으로 기억에 남는다. 그러므로 골로새서 1:28은 선포한다. "우리는 그분을 전파하며, 모든 사람을 권면하고 모든 사람을 모든 지혜로 가르치니, 이는 모든 사람을 그리스도 안에서 온전한 자로 세우려 함이다." 하나님의 백성이 이렇게 그분 거룩함, (곧 그리스도를 닮은 모습)을 드러내고 세상에 하나님의 대표자로 설 때, 하나님께서 영광을 받으신다. 이는 곧 "예수 그리스도로 의의 열매가 가득하여, 하나님의 영광과 찬송이 되는 일"(빌 1:11)이다.4 만물을 예수 그리스도 안에서 하나로 모으시려는(엡 1:9~10), 하나님의 위대한 계획을 실행하는 데 동역할 수 있다니, 이 얼마나 영광스러운 특권인가!5

---

2 설교 사역에서 이 중요한 요소에 관한 자세한 내용은 Abraham Kuruvilla, *A Vision for Preaching: Understanding the Heart of Pastoral Ministry* (Grand Rapids: Baker Academic, 2015) ‖『설교의 비전—목회 사역의 심장을 이해하기』, 곽철호·김석근 옮김 (이천: 성서침례대학원대학교출판부, 2018/2025[3쇄수정])을 참고하라.

3 특별히 언급하지 않으면, 성경 번역은 필자가 직접 했다.

4 마태복음 5:16; 베드로전서 2:12도 참조하라.

5 하나님과 더불어 이런 막중한 사역을 하려는 설교자는 검증돼야 한다. 이에 관해서는 Kuruvilla, "Preaching Is Pastoral," in *A Vision for Preaching*, 31~49 ‖「설교는 목회적인 것이다」, 『설교의 비전』, 59~84; "Preaching Is Spiritual," in *A Vision for Preaching*, 167~85 ‖「설교는 영적인 것이다」, 245~70를 참조하라. 그리고 설교의 궁극적 목적에 관해서는 "Preaching Is Doxological," in *A Vision for Preaching*, 149~66 ‖「설교는 하나님의 영광을 위한 것이다」, 219~44를 참조하라.

준비 단계(Preliminaries)

본문에서 설교로 나아가는 여정을 시작하기에 앞서, 먼저 몇 가지 중요한 사항을 짚고자 한다.

교화 대 전도(Edification versus Evangelism)

설교는 하나님과 이미 관계를 맺고 있는 사람을 대상으로 한다.6 이러한 주장에는 설교자가 명심해야 할 중요한 귀결이 있다.

설교 목적은 인간이 그리스도의 형상을 닮도록 돕는 일이기에 그리고 그 과정에서 첫째 단계는 그리스도를 유일한 하나님이자 구세주로 믿는 일이기에, 구원의 복음 선포도 전통적으로 설교 범주에 속한다. 그러나 성경에서 복음 전도 선포(evangelistic proclamation)는, 성경 특정 본문의 의미를 문맥에서 해석하고 페리코페(pericope)7에 담긴, 저자의 의도를 명확히 드러내어 그것으로부터 적용을 찾아내는 방식을 일반 강해(formal exposition)와는 사뭇 다르다. 오히려 복음 전도 선포는 이미 이루어진 사건, 곧 그리스도의 속죄 사역을 불신자에게 알리는 데 초점을 맞춘다. 따라서 복음 전도 선포에서 **성경 본문**(text)은 보조 역할을 한다. 다시 말해, 본문은 실존적 갈급함을 환기하거나, 부활의 진실성을 입증하거나, 하나님과 관계가 주는 유익을 설명하거나, 하나님으로부터 멀어졌을 때 겪는 부정적 결과를 경고하는 데 도약대 역할만 한다. 이

---

6 Kuruvilla, "Preaching Is Ecclesial," in *Vision for Preaching*, 51~69 ‖ 「설교는 교회에서 이뤄지는 것이다」, 『설교의 비전』, 85~110을 참조하라. 어디에서 전파해야 하는지에 관한 문제도 다루고 있다.

7 '페리코페(pericope, 발음 pə-ri-kə-pē, 헬라어 περικοπή[*perikopē*]에서 파생 = 단편[section], 구절[passage]; 옮긴이·엮은이 덧붙임. 설교학계에서는 pericope를 흔히 '문단'으로 옮기나, 지은이가 전문어로 쓰기에 또한 엮은이가 덧붙인 헬라어 περικοπή 소리에 따라서 '페리코페'로 옮김'는, 교회 상황에서 설교와 의례에 다룰 수 있는 적절한 길이의 본문을 가리킨다. 페리코페에 관한 더 자세한 내용은 아래를 보라.

렇듯 복음 전도 선포에서 핵심 **메시지**(message)는 언제 어디서나 똑같다. 예수 그리스도, 곧 성육신하신 하나님께서 죽으시고 부활하심으로써 인류 죗값을 완전히 최종적으로 치르셨다는 내용이다. 또한 복음 전도 선포에서 요구하는 **적용**(application)도 어느 본문으로 설교하든 그리고 청중이 누구이든 언제나 똑같다. 그것은 바로 **"예수 그리스도를 당신의 유일한 하나님이시자 구원자로 믿으십시오!"**[8]라는 초청이다. 물론 전도적 복음 선포의 **청중**은 믿지 않는 이들뿐이다.

하지만, 성도를 교화하려는 설교(edifying preaching)에서는 성경 특정 페리코페를 강해하는 일이 그 중심이라서, **본문**만이 핵심 역할을 하고 다른 모든 요소는 부차적 역할을 한다. 설교자는 그 본문의 취지/의미, (곧 그 특정 페리코페 신학)을 분별해서 전달하기에, 그러한 설교 **메시지**는 모든 설교 사건에서 독창적일 수밖에 없다.[9] 본문에서 찾아낸 **적용**도 그 본문의 신학적 메시지에 근거하여 구체적이다. 나아가, 이러한 적용은 특정 청중을 염두에 두고 그들에게 세밀히 맞춘다. **청중**(audience)은 이미 하나님과 관계를 맺고 있으면서도 그리스도의 형상을 닮으려는 이들, (예를 들어, 신자)이다.

본문 활용, 메시지 방향성, 적용 구체성, 청중 정체성 등에서 차이를 고려해, 복음 전도 설교와 교화 설교를 명확히 구분함이 아주 좋다. 이 책에서도 이렇게 계속 구분하겠으며, 우리 초점은 전적으로 설교, 곧 특정 페리코페를 중심으로 신자를 교화하는 기독교 의사소통에 맞추겠다.

필자는 모든 성경 본문이 설교마다 반드시 구원의 복음을 언급해야 한다는 **해석학적** 제약(hermeneutical constraint)은 존재하지 않는다고 주장한다.[10] 그러나 복음을 말해야 하는 **실용적** 제약(pragmatic constraint)

---

[8] 이 책에서 **적용**은 **진하게** 강조하며 느낌표(!)로 마친다.

[9] 특정 페리코페 신학에 관한 더 자세한 내용은 Kuruvilla, "Preaching Is Communicational," in *A Vision for Preaching*, 71~89 ∥ 「설교는 소통을 위한 것이다」, 『설교의 비전』, 111~39; "Preaching Is Theological," in *A Vision for Preaching*, 91~109 ∥ 「설교는 신학적인 것이다」, 『설교의 비전』, 141~66; 그리고 이 책 『설교의 길잡이』에서 2장 「페리코페에서 신학을 알아낸다」를 보라.

이 있는데, 설교자는 자기 모든 청중이 구원됐다고 확신할 수 없기 때문이다. 따라서 설교가 우선 하나님의 백성을 대상으로 해도, 모든 예배에서는 복음을 반드시 제시**해야 한다**. 다만, 복음을 반드시 설교에서만 선포해야 한다는 제약은 없다. 복음은 예배 시간 중 **어느 순간**에라도 (꼭 설교 시간이 아닐 수도 있고), **누군가** (설교자가 아닐 수도 있고), **어떤 형식**으로라도 (정해진 형식이 아닐 수도 있고) 선포할 수 있다. 그러므로 이 중요한 요소를 예배에 어떻게 포함할지를 예배팀과 충분히 논의하고, 창의적으로 접근하려 해야 한다.

본문 선택—책 그리고 페리코페(Choosing a Text: Book and Pericope)

설교하겠다고 결정했으니, 설교할 본문을 가장 먼저 선택해야 한다. 설교 사역을 장기로 감당할 계획이라고 가정하고서, '잇따라 읽기(lectio continua)' 방식, 곧, 성경의 한 책을 선정하여 페리코페에서 페리코페로 잇따라 읽어서 성경 저자의 사상 궤적과 논지 전개 방향성을 존중하며 읽어 설교하는 방식을 강력히 추천한다. 이를 '설교(preaching)'라고만 이름하고, 본문(textual), 주제(topical), 강해(expository) 등 수식어는 붙이지는 않겠다.[11] 오직 이러한 설교 방식만이 청중으로 하여금 저자가 각

---

[10] Abraham Kuruvilla, *Privilege the Text!: A Theological Hermeneutic for Preaching* (Chicago: Moody, 2013), 238~69 ‖ 『본문의 특권!—설교를 위한 신학적 해석학』, 이승진 옮김 (서울: 기독교문서선교회, 2023), 395~449; Kuruvilla, 『설교의 비전』, 75~84; Abraham Kuruvilla, "Christiconic View", in *Homiletics and Hermeneutics: Four Views on Preaching Today*, edited by Scott M. Gibson and Matthew D. Kim (Grand Rapids: Baker Academic, 2018), 43~70; 그리고 같은 책에서 다른 기고자에 반응 부분, 곧 30~34, 111~12, 150~53을 보라.

[11] Walter C. Kaiser, *Toward an Exegetical Theology: Biblical Exegesis for Preaching and Teaching* (Grand Rapids: Baker, 1981), 19 ‖ 『(구문론적 분석) 새로운 주경신학 연구』, 김의원 옮김 (서울: 양서각, 1988), 19에서는 학생들에게 다음 말로 조언한다. "5년에 한 번만 주제 설교를 하되, 그 즉시 회개하고 하나님의 용서를 구하라." 필자도 전적으로 동의한다. 여러 본문에서 주제를 끌어와 설교 한 편을 구성하는 주제 설교(예를 들어, 마태복음 28:19~20에서 삼위일체 교리를 끌어내는 방식)를 전혀 좋아하지 않는다. 이러한 방식은 본문의

페리코페에서 무엇을 의도했으며, 그 의도가 책 전체에서 어떻게 연결되고 전개되는지를 정확히 이해하도록 돕는다. 나아가 청중은 이를 통해 그리스도를 닮아가는 삶을 지향하는 저자의 신학적 의도가 어떤 방식으로 발전해 가는지를 더욱 선명하게 파악할 수 있다.12

'연속' 설교할지를 결정할 때, 성경의 어느 책을 다룰지를 먼저 고민해야 한다.13 이는 청중 상황에 따라 달라질 수 있다. "그들은 영적 여정에서 어디쯤 와 있는가?" "돌보는 공동체에 특별히 해결해야 할 문제나 관심사가 있는가?" "공동체 굳은 버릇과 영적 성장 궤도를 새로운 방향으로 이끌어가려 하는가?" 그렇다면 성경의 특정 책이 그들 필요나 상황에 맞는지 생각할 수가 있다. 이는 연속 설교 방식에서 청중의 필요가 본문(여기서는 성경의 특정 책) 선택보다 **앞서는** 유일한 경우일 수 있다. 그러나 일단 책을 결정했다면, 그 책 저자가 청중을 이끌게 해야 한다. 이제 살펴볼 텐데, 이후에도 청중의 필요를 고려할 수 있지만, 어

핵심(thrust)과 꼭 맞아떨어지지 않을 수도 있다. 이것이 바로 '골라서 읽기(*lectio selecta*)'인데, Fred B. Craddock, *As One without Authority* (Nashville: Abingdon, 1979), 56 ‖ 『권위 없는 자처럼—귀납적 설교의 이론과 실제』, 김운용 옮김 (서울: 예배와설교 아카데미, 2003), 111에서는 이는 '겉으로 보기엔 통일성을 이루지만, 실제로는 그렇지 않다'라고 지적한다. 또한 이 책 『설교의 길잡이』에서 5장 「설교 이동에 생동감을 더한다_Fleshing Moves」을 참조하라. 주제 설교가 이따금 유용하지만, 이는 즉석 음식과 같기에 하나님의 자녀가 주로 먹는 양식이어서는 안 된다. 그래서 나름의 원칙을 세웠다. 주제 설교는 부활절, 추수감사절, 성탄절 등 특별한 절기를 포함해 1년에 5회 이상 하지 않는다는 원칙이다. 여기에 더해 신학적 주제, 시사 문제, 또는 교회 필요에 따라 진행하는 주제 설교 시리즈를 최대 5주로 제한함이 좋다. 또한, 휴가로 다른 설교자가 여러 본문과 주제로 6~8주 정도 설교한다고 치면, 결국 매년 약 36주는 책을 '잇따라 읽기'로 설교할 수가 있다.

12 Kuruvilla, *A Vision for Preaching*, 23~25 ‖ 『설교의 비전』, 47~51.

13 필자는 어느 교회에서도 전임으로 섬기거나 설교 사역팀에 소속하지 않기에, 주로 설교자로 초청받아 한 차례만 설교하는 경우가 잦다. 여러분도 이런 상황이면, 먼저 청중이 무엇을 필요로 하는지를 파악해야 한다. 또한 주어진 준비 시간 제약에서 자기 역량과 효율성을 고려하여 감당할 수 있는 설교가 무엇인지 신중히 판단해야 한다. 그런 다음, 적합한 본문을 선택한다.

디까지나 본문의 신학적 메시지를 분별한 이후에야 가능하다. 또한 설교할 책을 선택할 때는 설교 일정도 중요한 고려 요소이다. "최근에 어느 책을 설교했는가?" "다가오는 설교 시기가 교회력의 어느 절기인가?" 이러한 요소들을 염두에 두고 결정해야 한다.14

이 책의 나머지 부분에서는 설교자가 매주 성경의 한 권 또는 그 상당 부분을 설교한다고 가정하겠다. 그리고 예시를 위해, '에베소서' 그리고 창세기 25:19~36:43에 있는 '야곱 이야기'를 본문으로 설교한다고 가정하겠다. 사실, 이 두 본문은 이 책에서 다루는 주요 본문이다. 이제 여러분이 제 어깨 너머로 지켜보는 가운데, 에베소서 그리고 야곱 이야기의 여러 페리코페 신학을 분석하겠다.15 그러면 구약(이야기)과 신약(서신)에 각각 나타나는 '진주 목걸이'가 어떤 모습인지 이해할 수 있다. 그 책 저자는 각 페리코페라는 '진주'를 신중하게 선택하고 세심하게 꿰어 '목걸이'를 완성했다.

이쯤에서 '페리코페(pericope)'에 관해 조금 자세히 말하고자 한다. 용어 페리코페는 전문적으로 복음서 서사에서 한 장면이나 일부를 가리키지만, 여기서는 장르나 길이와 관계없이 '설교 한 편 본문(a preaching text)'으로 정의하기에, 실용적 정의이다. 필자가 정의한 바에 따르면, 페리코페 범위는 설교자가 연속 본문에서 따로 나눠서 개별 연속 설교를 구성하려는 필요에 따라 정해진다. 곧, 한 페리코페는 본문에서 따로 나눈 한 부분인데, 인접한 여러 페리코페에 기반해 전달한 설교 여러 편에서 그것을 기반으로 신학적 핵심/의미 및 적용이 따로 나뉘는 설교 한 편을 할 수 있다. 가시광선 스펙트럼에 빗대어 말하면, 가시광

---

14 임시 설교자라면, 정규 설교자나 초청 설교자가 최근 어떤 내용을 설교했는지 파악하고 준비해야 유익하다.

15 이 본문의 페리코페에 관한 간략한 주석은 이 책 장마다 끝부분에서 확인할 수 있다(이 장에서는 에베소서와 야곱 이야기를 소개한다). 이 책에서 다루지 않은 페리코페에 관한 주석을 포함한 전체 내용은 http://www.homiletix.com/preaching2019/commentaries 에서 확인할 수 있다. 아울러 우리는 잠언에서 짤막한 여러 예를 살펴보겠으며, 성경 여러 본문뿐만 아니라 성경 외 자료들도 함께 고찰하겠다.

선은 400나노미터(nm)에서 700나노미터까지 파장으로 구성돼 있으며, 보라색에서 빨간색까지 다양한 색조가 펼쳐진다. 그런데 거기에는 서로 다른 빨간색이 몇 가지나 있을까? 그리고 우리는 그 차이를 얼마나 세밀하게 구별할 수 있을까? 필자는 색을 보는 감각이 그리 좋지 않아서 연한 빨간색, 중간 빨간색, 진한 빨간색 정도만 구분할 수 있다. 하지만 여러분은 체리(cherry), 장미(rose), 짙은 자줏빛 메를로(merlot), 진홍색의 크림슨(crimson), 선홍색 루비(ruby), 붉은 갈색 벽돌(brick), 핏빛(blood), 연한 분홍빛 블러시(blush), 화려한 붉은빛 스칼렛(scarlet) 같은 섬세한 색 차이를 식별할 수도 있다. 이와 마찬가지로, 여러분은 페리코페를 저와는 다르게 나눌 수 있다. 여러분은 세밀하게 나눈 페리코페들 사이에서도 신학적 취지/의미를 뚜렷하게 분별하고, 거기에서 구체적인 적용을 찾아낼 수도 있다. 하지만 필자는 다른 신학적 핵심/의미와 적용을 필자가 나눈 여러 페리코페마다에서 분명하게 따로 인식할 수 있다. 그러나 페리코페를 너무 잘게 나누면, 결국 비슷한 신학적 핵심과 적용을 반복해서 설교할 위험에 빠질 수 있다. 마치 680나노미터 빨간색과 681나노미터 빨간색이 거의 구별되지 않듯이, 한두 절 단위로 잘게 나눈 페리코페 사이에서는 설교 차별성을 분명히 드러내기가 어려울 수 있다. 필자는 거의 25년 넘게 설교하면서, 이제는 본문을 더 큰 단위로 묶어 설교하는 편이 훨씬 더 안전하고 효과적이라는 결론에 이르렀다. 다음 장에서 살펴볼 에베소서와 야곱 이야기의 페리코페 크기를 직접 확인해 보라. 그것들은 절대 좁지 않다.

도구 및 자료(Tools and Resources)

설교자 서재에 관한 논의는 오래전부터 이어졌다. 종이에 찍힌 잉크든 디지털 형태의 0과 1이든, 서재는 중요한 역할을 한다. 하나님의 영은 과거에도 많은 이(지금은 대부분 고인)를 통해 말씀하셨고, 현재에도 많은 이(지금 대부분[!] 살아 있는 사람)를 통해 계속해서 말씀하신다. 그러므로 설교자는 자기 깨달음에만 의존하지 않고, 성경 저자가 여러 다른 이를 통해 말씀하심에도 귀 기울여야 한다. 그러나 책과 전자 자료에 대한 집착—화려할수록 더 좋다—은 실제 필요성에 근거하지 않는다.

설교자로서 우리가 감당해야 할 주요한 사명은 성경 저자가 페리코페마다에서 무엇을 말하는지를 파악하고서 그 말로 무엇을 **실행하려는지**(doing)를 밝히는 일, 곧 페리코페 신학을 드러내기이다. 이 주요한 사명을 수행하는 데 가장 유익한 자료는, 청중이 신학을 분별해 듣도록 돕는 설교자 역할을 지원하는 책들인데, 특히 페리코페 신학을 분별하도록 안내하는 책이 설교자에게 정말 절실하다. 다시 말해, 우리 설교자에게는 페리코페 신학을 찾아내는 해석, 곧 **신학적** 해석(theological interpretation)이 절실하다. 그러나 안타깝게도, 성경 본문을 신학으로 연결하는 분석적 연구는 매우 부족한 실정이다. 이에 우리는 칼 바르트(Karl Barth)와 더불어 탄식한다.

> 나는 최근 주석가들이 자기 역할을 본문 해석에 제한함에 불만인데, 이는 주석이라 할 수 없고 다만 주석으로 가는 첫 단계일 뿐이다. 최근 주석들은 본문의 재구성, 헬라어 단어와 구절을 정확히 대응하도록 번역, 고고학적·언어학적 자료를 모은 자료, 그리고 순수한 실용주의적 관점에서 본문을 역사적·심리적으로 설명하려는 그럴듯한 시도들로만 채워져 있다.[16]

이는, 얼굴에 생긴 발진 때문에 피부과 전문의(필자의 또 다른 직업)인 나를 찾아온 환자에게 내가 관찰한 내용을 하나하나 목록으로 기록하는 일과 같다. 예를 들면, 59세 남성, 거북이 등, 무늬가 있는 뿔테 안경, 앞머리 부분에 탈모 진행, 귀 두 개, 파란색 넥타이, 몸무게 약 77kg 등. 그러나 이렇게 관찰한다고 해서 반드시 더 정확히 진단하지는 않는다. 나는 이 환자의 광대뼈 부위에 붉은 구진과 반점이 있으며, 해당

---

16 Karl Barth, "Preface to the Second Edition," in *The Epistle to the Romans, 2~15*, 6th ed., translated by Edwyn C. Hoskyns (London: Oxford University Press, 1933), 6 ∥『로마서』, 손성현 옮김, 신준호 감수 (서울: 복 있는 사람, 2017), 94~95.

부위에 전반적인 홍반(피부가 붉어짐)이 있다는 점에 주목해야 한다. 아, 이제야 중요한 **단서**가 잡힌다. 환자의 체중이나 탈모, 안경, 넥타이가 그의 얼굴 발진과 전혀 관계가 없다고 말하는 게 아니다. 어쩌면 관련이 있을 수도 있다. 마찬가지로, 환자의 다양한 이력들도 단서를 제공할 수 있다. 예를 들어, 가족력(유전 요인과 친족 질환), 사회 이력(생활 습관과 무의식적 행동), 개인 이력(직업과 인구 통계적 요인), 그리고 병력(과거 질병 및 기존 건강 상태) 등이 그렇다. 그러나 이러한 요소들은 어디까지나 지금 문제인 '안면 발진'에 영향을 미치는 경우에만 의미가 있다. 역사적 배경, 문화적 맥락, 언어적 표현 등이 필요할 수 있다. 그러나 그것만으로는 올바른 진단과 치료(=페리코페 신학을 분별하고, 그에 따른 적용을 찾아내기)에 이르기에 충분하지 않다. 올바른 적용에 이르려면, 페리코페를 최우선으로 삼고, 저자가 이 본문으로 무엇을 **실행**하려는지를 분별하며, 결국 페리코페 신학을 발견해야 한다. 이 일을 하지 않으면, 온전히 적용할 수도 없다.

오히려 우리 설교자는 이른바 '발굴 해석학(hermeneutic of excavation)'에 몰두한다. 흙더미, 돌멩이, 솥뚜껑, 화살촉, 낚싯바늘까지 닥치는 대로 퍼내게 훈련받았다. 그리고 우리는 이 모든 것을 책상 위에 마구 쏟아놓는다. 본문에 있는 모든 요소가 동등하게 중요하고 결정적인 듯하지만, 정작 저자가 하려는 **실행**, 곧 페리코페 신학을 분별하는 통찰과 통합은 거의 이루지 않는다. 들판에서 풀을 뜯어 먹는 소처럼, 우리는 본문에서 발견할 수 있는 모든 정보를 마구 씹어 삼킨다. 주석서들은 그런 우리에게 끊임없이 풀을 제공하며, 우리는 끝도 없이 풀을 뜯어 먹고서 되새김질한다.[17] 우리가 발굴하거나 (주석이 제공하는) 온갖 단편적 정보들의 가치를 과대평가하다가는, 해석 작업이 자주 엉뚱한 방향으로 치닫는다. 그래서 토요일 밤이 닥치면 우리는 절박한 마음으로 묻는다. "이 많은 자료를 가지고 이번 주일 오전 예배에 도대체 무엇을 해야 한단 말인가? 저자가 여기서 하려는 **실행**이 무엇인가? 무엇이 중

---

[17] Medawar, *Induction and Intuition*, 29를 풀어서 쓴다.

요하고, 무엇이 중요하지 않은가? 이제 어떻게 설교를 만들고 올바른 적용을 찾아낼 것인가?"

그런데 주석들은 설교자에게 저자가 하려는 **실행**을 발견하기, 곧 페리코페 신학을 분별하는 데 도움을 주지 못하고, 오히려 설교자를 실망하게 한다. "많은 주석은 신학적 성찰을 전혀 제공하지 않거나 단순히 석의를 요약하는 데 그치고 적용 부재 현상을 보임으로써 참된 신학적 성찰로 나아가지 못한다."18 다시 말하지만, 우리 설교자에게 필요한 것은 본문 저자가 하려는 **실행**, (곧 페리코페 신학)를 분별할 수 있도록 돕는 **신학적** 석의(theological exegesis)이다. 그래야만 우리와 우리 청중인 하나님의 백성이 올바른 적용으로 나아갈 수 있다. 조니 캐시(Johnny Cash)는 20세기 지혜로운 가수였는데, 그가 바울 서신에 관한 수많은 주석을 검토하고서 이렇게 말함도 무리가 아니다. "주석이 엄청나게 쏟아졌지만, 나는 성경이 그 많은 주석에 빛을 비출 수 있다는 사실을 깨달았다."19 그렇다. 본문을 주의 깊게 읽어야 본문을 이해할 수 있으며 본문 신학도 분명하게 드러낼 수가 있다.

그러므로 필자는 현재 설교자에게 넘쳐나는 수많은 자료를 그리 탐탁하게 여기지 않는다. 그래서 자료 선택을 신중히 하라고 충고한다. 성경의 특정 책을 연구할 때는 주석을 한두 권만, 특히 각 페리코페에서 저자가 말하는 내용으로 무엇을 **실행**하려는 지를 명확히 밝히려는 주석만을 선택하기를 바란다.20 말할 필요도 없이, 주석을 쓰는 성경학

---

18 Duane F. Watson, "Why We Need Socio-Rhetorical Commentary and What It Might Look Like," in *Rhetorical Criticism and the Bible*, eds. Stanley E. Porter and Dennis L. Stamps, Journal for the Study of the New Testament Supplement Series 195 (Sheffield: Sheffield Academic Press, 2002), 138.

19 Johnny Cash, *Man in White* (New York: Harper & Row, 1986), xvi.

20 필자는 설교자를 돕고자 10년 넘게 주석을 썼는데, 성경을 페리코페로 나누어 설교자가 활용하도록 정리하는 방식으로 한다. 지금까지 *Genesis*, *Judges*, *Mark*∥『마가복음』, *Ephesians* 주석을 출간했으며, 남은 62권도 앞으로 100년쯤 지나면 모두 완성할 수 있으리라! (엮은이 덧붙임. *1 and 2 Timothy, Titus*[2021], *Psalms*[2024]을 집필했다.) 필자가 그동안 집필한 주석 일부 장

자는 대개 설교자가 아니기에, 필자가 추천하는 방식으로 설교하는 데 유익한 주석을 찾으려면 아마도 오랜 시간 공들여야 한다.21 그렇다고

(chapter)을 무료로 내려받을 수 있으니, http://www.homiletix.com에서 확인하라. 그런데 이 주석을 활용할 때는 한 가지 점에 유의해야 한다. 이 주석은 설교를 듣는 청중이 아니라 설교를 준비하는 설교자를 돕고자 썼다. 다시 말해, 주석에 담긴 내용 중 80~85%는 설교에 직접 쓰지 말아야 한다. 주석에서 상세한 내용은 설교 준비를 도우려고 해석 견해를 뒷받침하는 자료일 뿐이다. 어쨌든 이 주석들에 있는 내용은 자유롭게 활용해도 좋다. 심지어 그대로 사용해도 좋다. 애초에 설교자를 돕고자 썼으니까. (다만, 표절에 관한 필자 견해는 8장 「설교 원고를 숨 쉬는 언어로 빚는다」에서 꼭 확인하기를 바란다.) 한편, 일반 전통적 주석들은 대부분 '저자가 말하는 내용(sayings)'에 집중할 뿐이지, '저자가 그 말로 하려는 **실행**'은 거의 다루지 않는다. 그런 주석을 선택할 때는 https://www.bestcommentaries.com/에서 평점을 고려하라. (참고로, 이 책에 나오는 모든 링크는 http://www.homiletix.com/preaching2019/links에서도 확인할 수 있다.)

21 다음 연구자가 쓴 자료는 무엇이든 참고하라고 강력히 추천한다(밝힘. 연구자 다음에 자료는 엮은이가 덧붙였는데, 한국어 자료를 중심으로 하되 없으면 영서를 덧붙이며 공저인데도 대표 저자만 표기하기도 한다).

Daniel Block, 『에스겔 1』, 신윤수 옮김 (서울: 부흥과개혁사, 2019); 『영광의 회복―성경적인 예배 신학의 회복』, 전남식 옮김 (서울: 성서유니온, 2019); 『구약 설교, 어떻게 할 것인가?―구약 설교의 이론과 실제』, 차준희 옮김 (서울: 새물결플러스, 2019).

Robert Chisholm, 『구약원어성경 주석에서 강해까지』, 류근상 옮김 (고양: 크리스챤출판사, 2003); 『예언서 개론』, 강성열 옮김 (고양: 크리스챤출판사, 2006).

Dale Ralph Davis, 『다니엘 강해―하나님의 실패하지 않는 나라』, 안종희 옮김 (서울: IVP, 2018).

Timothy Gombis, 『약한 자의 능력―바울의 변화된 목회 비전』, 이성하 옮김 (서울: 감은사, 2023).

John Paul Heil, *Paul's Letter to the Romans: A Reader-Response Commentary* (Paulist Press, 1987); *The Death and Resurrection of Jesus A Narrative-Critical Reading of Matthew 26~28* (Minneapolis: Fortress Press, 1991); *The Gospel of Mark as a Model for Action A Reader-Response Commentary* (New York: Paulist Press, 1992); *Ephesians: Empowerment to Walk in Love for the Unity of All in Christ*, Studies in Biblical Literature 13 (Atlanta: SBL, 2007).

Kenneth Mathews, 『창세기』, 권대영 옮김 (서울: 부흥과개혁사, 2018~19).
John Walton, 『차트 구약』, 김명호 옮김 (서울: CLC, 1992); 『구약개론』, 유선명 · 정종성 옮김 (서울: 은성, 1994); 『(IVP) 성경배경 주석—구약』, 정옥배 옮김 (서울: IVP, 2002); 『창세기』, NIV 적용주석, 김일우 · 전광규 옮김 (서울: IVP, 2007); 『창조 기사 논쟁—복음주의자들과 대화』, 최정호 옮김 (서울: 새물결플러스, 2016); 『고대 근동 사상과 구약성경』, 신득일 · 김백석 옮김 (서울: CLC, 2017); 『창세기 1장과 고대 근동 우주론』, 강성열 옮김 (서울: 새물결플러스, 2017); 『아담과 하와의 잃어버린 세계—역사적 아담의 기원과 정체에 관한 논쟁』, 김광남 옮김 (서울: 새물결플러스, 2018); 『고대 근동 문화와 구약의 배경—구약의 숨겨진 이야기』, 김은호 · 우택주 옮김 (서울: CLC, 2020); 『창세기 격론—창세기를 읽을 때 피해 갈 수 없는 11가지 질문』, 김태범 옮김 (서울: IVP, 2020); 『토라의 잃어버린 세계—고대 세계 맥락에서 언약과 지혜로서 (율)법』, 안영미 옮김 (서울: 새물결플러스, 2020); 『(교회를 위한) 구약성서 신학—고대의 맥락에서 불변의 신앙으로』, 왕희광 옮김 (서울: 새물결플러스, 2021); 『노아 홍수의 잃어버린 세계—신화, 신학, 홍수 논쟁』, 이용중 옮김 (서울: 새물결플러스, 2021); 『기원 이론—현대 과학과 신학이 말하는 우주와 생명의 시작에 관한 이야기』, 노동래 옮김 (서울: 새물결플러스, 2023); 『가나안 정복의 잃어버린 세계—언약과 응보 그리고 가나안 족속의 운명』, 안영미 옮김 (서울: 새물결플러스, 2023).
Gordon Wenham, 『창세기 1, 2』, WBC 성경주석, 박영호 · 윤상문 · 황수철 옮김 (서울: 솔로몬, 2001~06); 『모세오경』, 박대영 옮김 (서울: IVP, 2007); 『레위기』, 김귀탁 옮김 (서울: 부흥과개혁사, 2014); 『토라로서의 시편—윤리적 차원에서 시편 읽기』, 방정열 옮김 (서울: 대서, 2017); 『모세오경』, 김순영 외 5인 옮김 (서울: IVP, 2019); 『성경 전체를 여는 문 창세기 1장~11장 다시 읽기—창세기 원형역사 속의 하나님, 인간, 세계』, 차준희 옮김 (서울: IVP, 2020); 『창세기 원역사 논쟁—창세기 1~11장의 장르에 대한 세 가지 견해』, 주현규 옮김 (서울: 새물결플러스, 2020); 『IVP 성경연구주석 구약—오경 · 역사서 · 시가서』, 강성열 옮김 (서울: IVP, 2023).

더 학문적 차원에서는 다음 저자가 쓴 저작도 특히 구약성서 연구에 유용하다.

Robert Alter, 『성서의 이야기 기술』, 황규홍 외 2인 옮김 (서울: 마모르문디, 2023).
Adele Berlin, 『성경 평행법의 역동성』, 이희성 옮김 (서울: 그리심, 2013).
Jan Fokkelman, *Reading Biblical Poetry* (Louisville, Ky.: Westminster John Knox, 2001); *Reading Biblical Narrative* (Louisville, Ky.: Westminster John Knox, 2005).
Meir Sternberg, *The Poetics of Biblical Narrative: Ideological Literature and*

희망이 없지는 않다. 우리는 더 잘 읽는 법을 배움으로써 스스로 많은 일을 이룰 수 있다. 이에 관해서는 다음 장, 곧 「페리코페에서 신학을 알아낸다」에서 더 자세히 살피겠다. 지금은 이 말만 하겠다. 책과 방대한 자료를 쌓다가 거기에 파묻히지 말라. 힘들게 번 돈을 아껴라. 좋은 책 몇 권만 신중히 선택하여 그것으로 공부할 때, 성경과 끊임없이 대조하고 스스로 연구하고 분별하는 법을 배워라.22

여러분에게는 히브리어와 헬라어를 원활하게 다루는 좋은 성경 소프트웨어 프로그램이 필요할 **텐데**, 그렇다고 반드시 고대 언어에 능통할 필요는 없다(아래를 참고하라). 필자가 추천하는 성경 원어 프로그램은 Logos, Accordance, BibleWorks 등이다.23 다만 주의할 점이 있다. 온갖 경적과 장식이 열차 기관사에게는 유용하겠으나, 설교자에게는 그렇지 않다. 소프트웨어에서 중요하게 여기는 기능은 구문을 곧바로 분석, 사전 및 번역본(때때로 문법서)에 접근성, 연구하는 책이나 성경 전체(구약, 신약, 칠십인역)에서 특정 단어 어근이 어떻게 쓰이는지 한눈에 볼

---

the Drama of Reading, Indiana Series in Biblical Literature (Indiana University Press, 1987).

Gregory Wong, Commentary on Judges: From The Baker Illustrated Bible Commentary, Kindle Edition, 2019; Commentary on Joshua: From The Baker Illustrated Bible Commentary, Kindle Edition, 2019.

22 이 책의 목표 중 하나, 특히 에베소서의 여러 페리코페와 야곱 이야기를 다루는 설명 부분, (더 나아가 필자가 쓴 모든 주석의 목표)은, 필자가 길잡이가 되어 여러분을 페리코페(pericope)라는 화랑으로 안내하는 일이다. 본문의 취지/의미, 곧 페리코페 신학을 분별하는 중요한 방법은 그것을 '포착하기(catching)'이다. 이 방법은 가르침 받기보다는 스스로 익혀야 한다.

23 https://www.logos.com/; https://www.accordancebible.com/; https://bibleworks.com/를 참조하라. (BibleWorks는 2018년 중반에 운영을 중단했다. 이미 해당 소프트웨어를 보유하고 있다면 여전히 사용할 수 있지만, 더는 지원하지 않는다.) Logos에서는 검색할 수 있는 방대한 전자도서관을 쉽게 구축할 수가 있다. 하지만 Logos 패키지에는 가치가 불분명한 자료도 많아서, 무작정 스크롤 하며 훑어보기가 과연 유익한지 의문스럽다. 불필요한 정보는 독이 될 수 있으며, 이런 산만한 요소들—엉뚱한 단서, 쓸데없는 추적, 한눈팔기—은 저자가 본문으로 **실행하려는 바**를 분별하려는 연구 과정에 오히려 해를 끼친다.

수 있는 기능 등이다. 물론, 대부분 성경 소프트웨어에는 여러 영어 번역본이 기본으로 있다. 여기에 탈굼, 요세푸스, 필론의 저작까지 있다면 금상첨화다. 성경 소프트웨어가 이 정도면, 이미 제대로 가고 있다. 나머지는 겉치레에 지나지 않으며, 그것도 별 맛없는 장식일 뿐이다.24

설교하는 데, 히브리어와 헬라어는 얼마나 필요할까? 이 문제에 필자는 꽤 비주류 견해인데, 동료 성서 언어학자를 실망하게 할 위험을 감수하고서라도, 히브리어와 그리스어를 각각 두세 학기 정도만 공부하면 충분하다고 말하고 싶다. 요즘은 컴퓨터에서 사용할 수 있는 뛰어난 언어 도구가 많기에, 이를 활용할 능력이 더 중요하다. 물론, 언어학자들은 반론을 제기할 테다. (실제로 그랬고, 그들과 논쟁한 적도 있다.) 그들은 컴퓨터 자료나 주석에 결코 오류가 없지는 않다고 주장하며, 설교자가 직접 본문을 해석해야 한다고 말한다.25 그러나 필자는 이렇게 반박한다. "히브리어와 그리스어를 몇 학기 배운 실력으로 직접 석의하다가는 잘못 해석할 가능성이, 수십 년을 연구한 학자가 쓴 주석이나 컴퓨터 프로그램이 실수할 가능성보다 훨씬 더 크다."

이런 말로 헬라어·히브리어를 전공한 거의 모든 학자와 관련 연구자를 불편하게 했으니, 이제 표준 주석이 유용한 세 가지 영역을 살피겠다.

---

24 미국 신학도서관 협회(American Theological Library Association, ATLA; http://www.atla.com)에 유료 회원으로 가입해 학술 논문과 기사 데이터베이스 이용은 또 하나 가치 있는 투자이다. 많은 자료가 PDF 형식의 원문(full text)으로 제공된다. 키워드, 저자, 성경 구절 등으로 검색할 수 있어, 분명 맞닥뜨릴 난해한 본문을 연구할 때 특히 쓸모 있다. 신학 기관 졸업생이라면 해당 학교에서 ATLA 이용 권한을 제공할 가능성이 크다. (참고로, Dallas Theological Seminary에서는 동문에게 이런 도서관 자원을 제공한다: http://library.dts.edu/Pages/ER/alum_menu.shtml). 또한, 가능하다면 기관장을 설득해 비용을 지원받아도 좋겠다. 물론, 기본적인 Google 검색이나 Google Scholar 검색(https://scholar.google.com/)도 잊지 말자.

25 Abraham Kuruvilla, "'What Is the Author *Doing* with What He Is Saying?' Pragmatics and Preaching—An Appeal!" *Journal of the Evangelical Theological Society* 60 (2017): 557~80를 참조하라. 이 글과 함께 동료 신약학자 Buist Fanning이 한 논평 그리고 논평에 재답변은 다음 링크에서 다운로드해 살펴볼 수 있다: http://www.homiletix.com/KuruvillaJETS2017.

본문 비평(Textual Criticism). 본문 비평이 설교자에게는 핵심 문제는 아니지만, 전문가 의견을 참고함으로 도움을 받을 수 있다. 예를 들어, 필사본이 서로 차이가 있으면, 어떤 필사본을 선택해야 할지 (또는 선택할 수 있는지, 선택해도 되는지) 판단하는 데 도움을 받을 수 있다. 이는 기존 헬라어·히브리어 합본 성경(Nestle-Aland 헬라어 성경 및 *Biblia Hebraica Stuttgartensia*)과 다른 판본을 고려해야 하는 이유를 이해하는 데도 유용하다. 다만, 본문 비평이라는 미로에서 길을 잃기 쉽다는 점을 명심해야 한다. 또한 설교자로서 하나님의 백성이 사용하는 번역 성경을 함부로 깎아내리지 않도록 주의해야 한다. 번역 성경을 깎아내리다간 성경 원어를 참고하지 않은 채 연구하려는 성도의 신뢰를 떨어뜨릴 수 있기 때문이다.

배경 자료(Background Material). 수준 높은 주석은 설교자에게 역사, 인물 생애, 문화 요소, 관용 표현 등을 풍부하게 제공하여 저자가 자기 말로 하려는 **실행**을 파악하는 데 도움을 줄 수 있다. 따라서 이러한 요소들은 페리코페 신학을 분별하는 데도 유익할 수 있다(물론 항상 그렇지는 않다). 이는 마치 환자의 개인적, 사회적, 가족적 이력이 의사가 진단을 내리는 데 단서를 제공할 수 있음과 같다(하지만 언제나 그렇지는 않다). 그러나 아쉽게도 배경 자료라는 숲에 갇혀 길을 잃곤 한다. 대개 표준 주석서들이 제공하는 지나치게 상세한 정보가 설교자에게 꼭 필요하지는 않다.[26]

석의 세부 사항(Exegetical Detail). 좋은 주석은 성경 저자가 말하는 내용으로 무엇을 **실행**하는지에 관한 주석 저자의 결론을 입증할 수 있을 만큼 충분한 해석적 세부 사항을 제공한다. 그러나 그런 종류의 주석은 거의 없기에, 설교자는 일반적으로 이용할 주석을 신중하게 사용해야 한다. 흔히 볼 수 있듯이, 모든 단어와 문장을 무차별적으로 파헤치는 해석(발굴 해석학)은, 유익하지 않다. 따라서 이렇게 분석하다가는

---

[26] 필자는 내 책들과 이 장의 주석에서 제공하는 에베소서와 야곱 이야기의 서론이 설교 목적을 이루는 데 충분한 배경 자료를 제공한다고 주장한다.

가라지와 쭉정이 사이에서 길을 잃기 쉽다. 설교자는 신중하게 선별하는 법을 배워야 하며, 본문으로 저자가 무엇을 **실행**하는지 보여주는 단서를 제공하는 **신학적** 해석(페리코페 신학)을 사용해야 한다. 이는 탐정 작업과도 같다. 범죄 현장에서 찾은 단서가 모두 중요하지는 않다. 우리 설교자는 신학적 탐구 기술을 익혀야 하는데, 이를 배우는 가장 좋은 방법은 아마도 그것을 잘하는 사람에게서 직접 배우거나 그들 저작을 보고서 익히는 노력이다. 페리코페 신학을 분별하는 법은 가르침 받기보다는 스스로 익혀야 한다.

어떤 경우든, 강단에서 사용할 성경 번역본을 미리미리 정해야 한다. 개인적으로, 필자는 New American Standard Bible(NASB)을 사용한다. 가끔 표준 번역본들이 원문의 특정 언어유희를 충분히 살리지 못하는 경우가 있어, 필요에 따라 NASB를 수정하여 회중을 위한 별도 번역을 출력해 제공하기도 한다. 필자는 가능한 한 원문에 충실한 직역본으로 설교하기를 더 좋아한다. 본문 뒤에 있는 사건을 설교하기도 아니고, 본문에서 추출한 어떤 개념을 설교하기도 아님을 기억하라. **본문 자체**를 설교해야 한다. 저자가 하려는 **실행**을 파악하려면, 본문이 어떻게 쓰였는지, 이야기가 어떤 방식으로 전달되는지, 시가 어떻게 구성되었는지를 세심하게 살펴야 한다. 여기에 직역 성경은 매우 중요한 도구다. 원문 대조 성경에서도 도움을 받을 수 있다. Blue Letter Bible은 히브리어와 헬라어 단어 모두를 분석해 줄 뿐만 아니라 발음까지 제공하는 훌륭한 도구다. Lumina Bible은 클릭 한 번으로 본문에 쓰인 특정 단어의 어근을 모두 강조 표시한다. 두 가지 모두 무료이다.[27]

이제 여러분이 에베소서나 야곱 이야기로 설교할 마음 먹었기를 바란다. 그렇다면, 설교 준비하는 시간을 어떻게 나누어야 할까?

---

[27] https://www.blueletterbible.org/ 및 https://lumina.bible.org/를 참조하라. 또한 Lumina에서 NET Bible의 훌륭한 주석도 꼭 살펴보라. (번역보다 주석이 더 유용하다.)

시간 관리—장기 및 단기 설교 준비
(Managing Time: Long-Term and Short-Term Sermon Preparation)

설교 준비가 고된 작업이지만, 하나님의 말씀 그리고 하나님께서 설교로 맺게 하시는 열매는 그 수고에 합당한 가치가 있다. 그러므로 설교 준비에 필요한 시간을 최우선으로 여기고, 자기 일정에서 설교 준비에 집중할 수 있는 시간을 반드시 확보해야 한다.[28]

정기 연구 시간을 확보함이 좋다. 상담이나 회의를 하지 않는 시간대를 정해두고, 그 시간만큼은 온전히 연구에 집중한다. 연구할 때는 스마트폰과 기타 전자기기의 알림을 끄거나 비행기 모드로 설정하기를 바란다. 또한 사무실이든, 커피숍이든, 필요한 자료를 쉽게 이용할 수 있는 일정한 연구 공간도 마련하라.[29] 누군가가 설교 준비자의 가장 좋은 친구는 관습(custom), 습관(habit), 일상(routine)이라고 말했다. 정말 그렇다! 장기 설교 준비(설교하기 훨씬 전에 하는 준비)와 단기 설교 준비(설교하는 주간에 하는 준비)에 있어 올바른 습관과 체계를 세우고 그것을 유지한다면, 설교 문제 대부분을 자연스럽게 해결할 수 있다.

교회에서 전임 사역자(full-time preacher)로 섬기고 있다면, 설교하고 설교를 준비하는 일 외에도 해야 할 일이 많을 수 있다. 목회 사역에는 요구 사항이 많고 그 형태도 다양하다. 여러분은 하나님께서 맡기신 모든 일에 충분히 시간을 선뜻 내어놓기를 바란다. 게다가 가족을 책임감 있게 돌보고, 취미 생활도 하고, 자기 계발에도 힘써야 한다. 설교는 여러분이 돌려야 할 여러 개 접시 중 하나일 뿐이다. 그 어떤 접시도 떨어뜨리지 않기를 바란다. 그리고 이 모든 접시를 공중에서 균형 있게

---

[28] 필자는 1시간 이상 여유가 있을 때마다 설교 준비하기를 실천한다.

[29] 필자에게는 집이 가장 적합하다. 아주 조용하며 노트북에 연결한 대형 모니터 두 개(하나는 성경 소프트웨어용이며, 다른 하나는 Microsoft Word용이다)가 필요하다. 책상에는 언제나 책 한 권만 펼쳐 놓는다. 여러 설교자의 설교 준비 방식이 궁금하다면, "How I Preach" 인터뷰 시리즈를 http://homiletix.com/how-i-preach-archives/에서 확인하라.

돌리는 방법이 있는데, 그것은 바로 장기 계획을 세워 설교를 미리미리 준비하는 방법이다. 설교 준비를 계획하지 않으면, 설교 실패를 계획함이나 다름없다. 일찍 준비하기 시작하면 불필요한 조급함과 지침에서 벗어날 수 있고, 마지막 순간에 본문을 대충 훑고 지름길을 찾으려는 유혹도 피할 수 있다. 또한, 장기 준비는 본문과 메시지를 충분히 곱씹으며 지낼 수 있는 여유를 제공한다. 그 과정에서 여러분은 메시지를 더욱 깊이 내면화할 수 있고, 무엇보다도 말씀이 먼저 여러분 삶을 변하게 함을 경험한다. 그리고 그 변화가 있어야만, 다른 이들에게 설교할 때 생명력이 깃들 수 있다. "메시지와 **함께**(with) 보내는 시간은, 메시지를 **위한**(for) 시간만큼이나 중요하다."30 설교는 숙성할수록 창의성이 넘친다. 시간을 두고서 설교가 깊어지게 하자. 덜 익은 설교라도 충분한 시간을 주어 숙성하게 하라. 말할 것도 없이, 미리 계획하면 설교 준비 과정을 더 즐길 수 있으며 스트레스를 줄이고 탈진도 막는다.31

에베소서 (또는 야곱 이야기)와 같은 12회 설교 시리즈를 준비하려면, 최소한 3개월 전부터 시작하자. 좋은 결과를 낸 경험으로 말하면, 설교 한 편을 하려면 한 주 동안 준비해야 한다. 따라서 설교 12편을 준비하려면, 본격적으로 설교를 시작하기 **전에**(before) 12주 동안 미리 준비함이 이상적이다.32 장기 설교 준비 방법을 하나 소개하겠다. 이는

---

30 Stephen F. Olford and David L. Olford, *Anointed Expository Preaching* (Nashville: Broadman & Holman, 1998), 106.

31 미리미리 잘 계획한 설교 일정은 장기적으로 다루고 싶은 성경의 책 (또는 주제)에 관한 개요를 세우는 데 도움을 주며, 휴가나 컨퍼런스 일정을 계획할 수 있게 하고, 특별한 날과 절기 주일을 미리 대비하게 하며, 초청 설교자를 미리 확보하게 하는 등 여러 면에서 유익하다. 또한, 사전에 계획을 세우면 의미 있고 의도적이며 조화로운 예배를 형성하는 데 도움이 된다. 예배팀이 설교자 여러분과 효과적으로 협력하게 하려면, 충분한 시간을 두고 계획을 공유해야 한다. 자세한 내용은 Stephen Nelson Rummage, *Planning Your Preaching: A Step-by-Step Guide for Developing a One-Year Preaching Calendar* (Grand Rapids: Kregel, 2002), 25~32를 참조하라.

32 설교 시리즈 길이에 관해, 제임스 몽고메리 보이스(James Montgomery Boice; 필라델피아 제10장로교회에서 사역함)는 다음 책 서문에서 로마서 설교를 239회에

필자에게 효과가 있었고, 필자가 가장 잘 아는 방법이다.[33]

미리 설교를 준비하려면 시간 관리 측면에서 해야 할 일이 있다. 매주 장기 설교를 준비하는 데 12시간을 확보하는 일이다. 그것이 전부다. 주마다 12시간을 들여야 한다. 예를 들어, 월요일 오전 8시부터 정오까지, 오후 1시부터 5시까지, 그리고 화요일 오전 8시부터 정오까지 시간을 할애한다고 가정하자. 이렇게 하면 12시간이다. 물론 이 12시간을 한 주 동안 다른 방식으로 확보할 수도 있다. 중요한 점은, 12주간 설교 시리즈를 준비하려면 주마다 12시간씩 계획적으로 투자해야 함이다.[34] 여기에 한 주를 더 추가하겠다. 이를 '마이너스 1주(week −1)' 또

걸쳐 8년 동안 했다고 고백했다(*Romans 1: Justification by Faith* [*Romans 1~4*], An Expositional Commentary [Baker, 1992] ‖ 로마서 1 [로마서 1~4]―믿음으로 의롭다함, 김덕천 옮김, 서울: 줄과 추, 1997). John F. MacArthur, "Frequently Asked Questions about Expository Preaching," in *Rediscovering Expository Preaching*, edited by John F. MacArthur, Richard L. Mayhue, and Robert L. Thomas (Dallas: Word Pub., 1992), 340 ‖ 「강해설교에 관한 질문」, 『강해 설교의 재발견』, 김동완 옮김 (서울: 생명의말씀사, 1993), 468에서는 마태복음을 8년 동안 설교하며 "휴식이 거의 필요하지 않았다"라고 말했다. 하지만 필자는 그들 방식을 그대로 따르라고 권하지 않는다. 수년간 경험에서, 더 큰 단락을 중심으로 설교하기가 성경 한 권 전체의 이동('목걸이')을 이해하고, 페리코페('진주 하나하나')를 조화롭게 연결하는 가장 좋은 방법임을 깨달았다. 물론 성경 책에 자연스러운 구분이 존재한다면, 예를 들어 창세기의 주요 구분을 아래와 같이 전환 지점에서 새로운 설교 시리즈를 시작하거나, 몇 주 동안 주제별 설교를 진행함도 좋은 방법일 수 있다.

- 창세기 1:1~11:26 (원역사)
- 창세기 11:27~25:18 (아브라함 이야기)
- 창세기 25:19~36:43 (야곱 이야기)
- 창세기 37:1~50:26 (요셉 이야기)

[33] Dallas Theological Seminary의 설교 커리큘럼에서도 이와 유사한 방법을 가르친다. 물론, 자기 편안함, 역량, 마음 등에 맞게 자유롭게 조정해도 좋다.

[34] 말할 것도 없이, 설교를 준비하는 모든 과정은 기도로 채워져야 한다. 설교할 책이나 시리즈를 선택하는 데 지혜를 구하기부터 시작하여, 여러분 자신과 설교를 들을 청중을 위해 기도하라. 설교 준비를 영적 훈련으로 여기면, 히브리어와 헬라어를 깊이 연구하고, '설교 이동 지도를 긁고(creating sermon maps)', 적용을 고민하는 비교적 단조로운 과정에서도 하나님과 관계가 더욱 깊어진다.

는 사전 준비 주간이라고 부르자. 추가한 이 한 주는 설교 준비하는 데 기초 작업하는 시간인데, 마찬가지로 12시간을 할애해야 한다. 이제 이를 단계별로 나누어 살펴보겠다.

장기 준비 사전 준비 주간(Week -1), 설교 여정을 갖춘다(Getting Ready)

사전 준비 주간은 장기 설교 준비를 시작하기 **전에** 진행하지만, 12주 준비 기간과 너무 멀지 않은 시점이 적절하다. 예를 들어, 안식월, 수양회, 또는 일주일 휴식 기간에 진행할 수도 있다. 또한, 사전 준비 주간에 12시간을 한 주에 걸쳐 나눠서 사용할 수도 있다. 물론, 여러분 일정과 성향, 그리고 설교할 본문에 따라 12시간보다 더 많은 시간을 들이거나, 여러 주에 걸쳐 나눌 수도 있다.

사전 준비 주간에 해야 할 일은 다음과 같다.
- 자료를 모은다(위를 보라).
- 설교할 책 전체 (또는 그중 주요 부분)을 여러 차례 정독한다.
- 페리코페를 구분하고 그 이동을 정리한다.
- 기록하기 시작한다.
- 신뢰할 만한 주석 한(두) 권에서 서론 부분을 훑어본다.

기도하는 마음으로 천천히 그리고 주의 깊게, 설교할 본문을 다양한 번역본으로 최소 네 번 이상 읽어라.35 원어 성경을 해석할 수 있다면, 최소한 한 번은 히브리어나 헬라어 본문으로 읽어라. 또한, 큰 소리로 읽거나, 녹음한 것을 듣거나, 다른 사람이 읽을 때 듣기도 유익하다. 이렇게 여러 번 반복해서 읽을 때, 본문 이동과 리듬에 익숙해지고, 전체

그런데, 여러분의 설교와 삶, 그리고 설교 준비 과정을 위해 꾸준히 기도해 주는 사람이 있는가? 없다면, 신뢰할 수 있는 몇몇 사람을 찾아 그들에게 기도를 요청하자. 기도로 헌신하는 친구들과 그들 기도에 하나님께서 신실하게 응답하셔서 여러분과 여러분 설교에 얼마나 놀라운 일을 이루실지 경험하리라.

35 각 반복을 한 번에 완료하도록 노력하라. 여러분 모국어로 에베소서 1~6장을 읽는 데는 약 30분 걸리고, 창세기 25~36장을 읽는 데는 약 60분 걸린다.

적인 느낌을 파악하며, 본문의 '중심(center of gravity)'36이 어디에 있는지, 페리코페가 어디에서 시작되고 끝나는지, 그리고 설교 단위를 어떻게 나눌 수 있을지 감각을 익히라. 본문에 깊이 빠져들라. 온몸으로 흡수하라. 러닝머신을 타면서, 산책하면서, 샤워하면서, 운전하면서도 본문을 계속 생각하라. 닭이 알을 품듯, 본문을 품어라!

그리고 진행하면서 기록한다. 사전 준비 주간에도 글을 쓰기 시작하라. 첫 번째 장, 예를 들어 에베소서 1장에 관한 텍스트 파일(text file)을 만든다. (나중에 첫째 페리코페로 1:1~14를 설교하기로 할 가능성이 크다. 그러면 그때 가서 에베소서 1 파일로 나눌 수 있다.)37 필자는

---

36 Thomas G. Long, *The Witness of Preaching*, 3rd ed (Louisville: Westminster John Knox, 2016), 97 ‖ 『증언 설교』, 3판, 이우제·황의무 옮김 (서울: 기독교문서선교회, 2019), 167. 필자는 에베소서와 야곱 이야기를 각각 12개 페리코페로 이미 나누어 준비했다.

37 필자는 Mac에서 Microsoft Word 2016을 사용하며, 파일 이름은 예를 들어 'Eph 1 180101'로 지정한다. 여기서 마지막 숫자 여섯 자리는 파일 이름 붙이기 규칙인 연월일을 나타낸다. 곧, 이 파일은 2018년 1월 1일에 만들었다. 설교 준비 기간 동안 같은 파일을 계속 업데이트하며, 파일 이름을 변경하는 경우는 두 가지뿐이다. 2018년 2월 1일에 파일을 나누어 'Eph 1_1~14 180201'과 'Eph 1_15~23 180201'로 나누는 경우, 2018년 3월 15일에 기존 파일에서 일부 내용을 삭제하고, 더 짧은 문서인 'Eph 1 180315'로 저장하는 경우이다. 이렇게 삭제하고서 파일 이름을 변경하는 이유는, 필요할 때 언제든지 이전 버전, (곧 더 긴 원본 파일)으로 돌아가 삭제한 내용을 복구하려 함이다. 이는 일종의 '버전 관리(versioning)' 방식으로, 한 번 작성한 내용을 절대 완전히 삭제하지 않는다. 오래전 누군가 말했던 것처럼, *gegrapha, gegrapha*—"내가 쓴 것은 내가 썼다"(요한복음 19:22; 엮은이 덧붙임. ὃ γέγραφα, γέγραφα). 어떤 파일을 삭제하고 한참 지나서야 그 내용이 필요하다는 사실을 깨닫고 후회한 적이 있는가? 그렇다면 필자가 하는 이 말이 얼마나 중요한지 실감하리라. 그러니 반드시 모든 파일을 백업하라. 더 나아가, 컴퓨터 자료 전체도 정기적으로 백업하라. 백업 솔루션으로는 CrashPlan(https://www.crashplan.com/en-us/)이 훌륭하며, Time Machine(https://support.apple.com/en-us/HT201250), Carbon Copy Cloner for Mac(https://bombich.com/), Acronis for Windows(https://www.acronis.com/en-us/)도 선택할 수 있다. 언젠가는 이 조언에 감사할 것이다. 중복 백업에 관한 말이 나왔으니 덧붙이자면, 필자는 CrashPlan, Time Machine, Carbon Copy Cloner를 모두 사용하며, 중요한 파일들은 Dropbox(https://www.dropbox.com)를 써서 클라우드에도 보관한다. Dropbox Plus는 연간 $99에 1TB의 클라우드 저장 공간을 제공하며, 자체 버전

보통 페리코페마다 텍스트 파일을 만들고, 읽고 공부하고 생각하면서, 기억하고 싶은 내용을 덧붙인다. 본문에 관한 통찰, 관찰, 우연히 떠오른 관련된 생각, 활용할 예화 등을 모두 기록한다. 이 순간에는 사소해 보이는 것도 빠뜨리지 않고 적어둬야 한다. 읽는 동안 질문이 생기면, 적는다. 뭔가 어울리지 않거나 어색해 보여도, 적는다. 반복하는 단어, 구절, 개념을 찾아보고 (필요하면 히브리어/헬라어를 간단히 점검하라), 나중에 더 깊이 탐구할 수 있도록 한다. 어려운 부분 때문에 너무 고민할 필요는 없다. 이후 몇 주 동안 더욱 깊이 다룰 테니, 지금은 부담 없이 본문에 익숙해지는 데 집중하라.

이 시점에서 좋은 주석을 훑어보면, 페리코페 경계를 가늠하는 데 유익하다. 책이나 특정 부분을 설교할 페리코페로 나누고, 진행하면서 솔기를 세밀하게 다듬는다.38 성경의 한 책 서론 내용(저자와 청중, 저작 시기와 배경, 기타 관련 사항)을 적절히 이해함도 유익하다. 그러나 전통 주석들은 이러한 내용을 지나치게 다루는 경향이 있다. 그런 자료를 읽을 때는 성경 저자가 하려는 **실행**을 파악하는 데 정말 필요한 정보인지 스스로 계속 질문하라. 대부분 경우, 필요하지 않을 테다. (필자 주석에서는 이러한 부분을 더 선별적으로 다루려 했다.) 어쨌든, 계속 쓴다. 쓰기는 사전 준비 주간뿐만 아니라 이후 12주간에 장기 준비 기간에도 계속 해야 한다.

필자는 여기서 12주 동안 준비 과정(에베소서 또는 야곱 이야기의 12개 페리코페 준비)에 관해 간략히 다루겠다. 주마다 준비 과정은 이후 장에서 더 자세히 설명하겠다.

관리 기능도 있다. (다른 옵션으로는 Apple iCloud, Amazon Cloud Drive, Google Drive 등이 있다). 이렇게 대비함은 절대 지나치지 않다. 중요한 파일을 잃어버리는 순간은 언젠가 반드시 찾아온다. 그것은 '혹시'가 아니라, '언제' 문제일 뿐이다.

38 분량이 더 많은 책은, 큰 부분과 더 작은 부분을 파악하면 페리코페를 좁히는 데 도움이 된다. 앞서 언급했듯이, 예를 들어 창세기는 네 개의 주요 부분으로 나뉜다: 1~11장, 12~25장, 25~36장, 37~50장.

장기 준비 1~8주, 페리코페에서 신학을 알아낸다(Discerning Theology)

1~8주 동안,[39] 매주 12시간씩 같은 일정으로 진행한다. 이 장기 준비 기간 동안, 이틀 연속(월요일과 화요일) 12시간을 집중해서 준비가 가장 효율적이었다. 물론, 개인 일정에 맞게 조정할 수도 있다. 이 12시간 동안, 선택한 번역본으로 성경 본문을 반복해서 읽어 나간다(에베소서나 야곱 이야기의 12개 페리코페를, 매주 12시간씩 8주 동안 진행). 그러나 이때는 단순한 읽기가 아니라, 본문 핵심을 파악하고 저자가 본문으로 하려는 **실행**, (곧 페리코페 신학)을 발견하는 일이 핵심이다. 이것이야말로 본문 작업에서 가장 어렵고 중요한 과정이다. 본문이 그 열매를 맺을 때까지 절대 포기하지 말라. 의심할 여지 없이, 어떤 페리코페는 다른 페리코페보다 더 많은 시간을 들여 집중해서 살펴야 한다. 따라서 1~8주 동안 96시간을 12개 페리코페에 어떻게 배분할지는 여러분 몫이다. (페리코페마다 평균 8시간 정도를 예상할 수 있다.)

장기 준비 9~12주, 페리코페 신학에서 적용을 긷는다(Deriving Application), 설교 이동 지도를 긷는다(Creating Maps), 설교 이동에 생동감을 더한다(Fleshing Moves)

페리코페 신학을 분별했으니, 이제 본문에서 적용을 긷고, 설교 이동을 구성하고, 설교 이동에 생동감을 더하는 등 구체화 작업을 시작할 차례다(각각 이 책 3장, 4장, 5장을 참조하라). 가능하면 1~8주와 같은 요일에, 주마다 3개 페리코페를 선택해 각각 4시간씩 집중적으로 연구함이 좋다. 이렇게 하면 장기 준비 과정에 일관성이 생기고, 설교 준비하는 좋은 습관을 들인다. 이 단계에서 본질적으로 던져야 할 질문이 있다. "페리코페 신학을 바탕으로, 나는 (그리고 내 양 떼는) 어떤 부분에서 부족한가?" "본문이 요구하는 바를 이루려면 우리는 어떤 이동 과정을 어떻게 시작할 수 있는가?" 이와 동시에, 설교 이동을 어떻게 전개할 것

---

[39] 이 책 2장을 보라.

인지, (곧 설교 이동을 구성하는 일) 그리고 그 이동을 어떻게 구체화할 것인지도 고민해야 한다. 무엇보다 중요한 일은, 계속해서 글쓰기이다.

여기에 사전 준비 주간과 12주 동안에 할 계획을 정리했다. 0주(설교하는 주)에 관한 설명은 아래를 참고하라.

장기 설교 준비

-1주 (12시간)	1~8주 (96시간)	9~12주 (48시간)	0주 (설교하는 주)
1장 「설교 여정을 갖춘다」	2장 「페리코페에서 신학을 알아낸다」	3장 「페리코페 신학에서 적용을 긷는다」	단기 준비
		4장 「설교 이동 지도를 깁는다」	
		5장 「설교 이동에 생동감을 더한다」	

12주간 긴 준비 과정이 끝나고, 이제 해산하는 고통을 시작할 때다. 곧 0주차—첫째 페리코페로 설교 시리즈를 시작하는 주—에 이르렀다. 첫 설교를 전할 주일이 다가왔다. 0주는 본격적인 단기 준비 시간이다.

단기 준비 0주, 설교 사상을 예화로 그린다(Illustrating Ideas), **설교 서론과 결론을 가꾼다**(Crafting Introductions and Conclusions), **설교 원고를 숨쉬는 언어로 빚는다**(Producing Manuscripts)

0주, 곧 단기 준비 기간[40]은 그 주에 전할 설교를 최종적으로 완성하

---

[40] 각각에 해당하는 내용은 이 책의 6, 7, 8장을 보라.

는 시간이다. 이 계획에서는 마지막 한 주(0주) 동안 총 8시간을 이 작업에 할당한다. 하지만 0주에도 미래를 위한 장기 준비는 계속한다. 예를 들어, 월요일과 화요일에 표준 12시간을 투자하여 앞으로 전할 설교 시리즈를 준비한다.[41] 곧, 장기 준비(사전 준비 주부터 12주까지)와 단기 준비(0주)는 항상 동시에 한다. 주마다 현재 설교 시리즈의 0주인 동시에, 다가올 설교 시리즈를 준비하는 장기 준비의 한 주이기도 하다. 다음은 0주의 하루하루를 어떻게 보내야 할지에 관한 구체적인 계획이다.

월요일~화요일(다음 설교 시리즈 준비 12시간)

다음 설교 시리즈를 위한 장기 준비로 다시 돌아간다. 예를 들어, 월요일과 화요일에 할당한 12시간은, 앞서 설명한 대로 장기 설교 준비를 하는 고정된 시간이다. 이 시간에는 장기 준비에만 집중한다. 이번 주일에 전할 설교는 잠시 잊고, 다음 설교 시리즈를 깊이 있게 연구하고 준비하는 데 몰두한다.

수요일-금요일(이번 주 설교 준비 6시간)

수요일부터 금요일까지 총 6시간을 자유롭게 배분하여, 이번 주일에 전할 설교를 단기로 준비한다. 이 시간에는 예화를 찾고(지난 몇 주 동안 이미 눈여겨본 것이 있을 수도 있다), 서론과 결론을 정리하며(아마도 어느 정도 구상했으리라), 오랜 준비 과정을 거치며 점차 형태를 갖춰 온 설교 원고를 완성하는 작업을 한다. 지금까지 해 온 모든 기록 작업이 이 과정에 크게 유익하다.

토요일(주일에 전할 설교 준비 마무리 2시간)

집안일하고, 아이들과 놀고, 쇼핑하고, 잔디를 깎고, 요리를 하고, 넷플릭스를 보는 틈새 시간을 활용해 마지막 단기 준비하는 2시간을 확

---

41 월요일부터 일요일까지 일주일을 가정하고, 일요일에 설교한다고 가정한다. 그렇지 않다면, 적절히 조정한다.

보한다. 이 시간에는 설교 원고를 내면화하고, 핵심을 잘 정리한 요약본으로 압축하거나 설교하기 적합한 형태로 정리한다. 자기에게 가장 편한 방식이 가장 좋다(8장 「설교 원고를 숨 쉬는 언어로 빚는다」를 참조하라). 두어 시간이면 충분하다. 그러고서 충분히 쉬고, 많이 기도한다.42

설교 주간 일정은 다음과 같다(단기 준비).

단기 설교 준비 (0주)			
월요일~화요일 (12시간)	수요일~금요일 (6시간)	토요일 (2시간)	주일
장기 준비	6장 「설교 사상을 예화로 그린다」	집안일, 쉼, 기도	9장 「설교 전달로 말씀 형상을 새긴다」
	7장 「설교 서론과 결론을 가꾼다」		
	8장 「설교 원고를 숨 쉬는 언어로 빚는다」		

이제까지 내용을 정리하면, 설교 한 편을 준비하는 데 (장기 준비와 단기 준비를 합쳐서) 총 21시간이 든다.43 열심히 준비한 설교자 여러분에게 진심 어린 축하를 보낸다. 이제 여러분은 분만실에 들어섰고, 설교를 순산할 준비를 마쳤다! 물론, 필요에 따라 시간을 조정할 수 있다.

---

42 설교 전후 일과는 이 책 9장 「설교 전달로 말씀 형상을 새긴다」를 참조하라.

43 위에서 설명한 12회 시리즈 설교를 준비하는 데 드는 시간을 분석하면, 사전 -1주 = 12시간, 1~12주 = 144시간(12시간 x 12주), 설교하는 주 = 96시간(8시간 x 12회 설교)이다. 설교 한 편마다 21시간을 들임은 평균보다 많은 편이지만, 경험이 쌓이면 점점 더 효율적으로 준비할 수 있다. 요즘 평균 설교 시간은 약 30분인데, 그 이상을 넘기지 않아야 좋다. 결국, 1분 설교하는 데 42분가량을 준비하는 셈이다.

12주 동안 매주 12시간이 아니라, 10시간을 투자할 수도 있고, 주당 12시간을 하루 4시간씩 3일에 걸쳐 나눌 수도 있다. 또한, 본문이나 책 길이에 따라 전체 일정을 조정해야 할 수도 있다. 그리고 시간이 지남에 따라 더 효율적으로 준비할 수도 있다. 그러나 가장 중요한 원칙은 이것이다. 미리 계획하고 미리 준비하라, 그렇지 않으면 낭패한다.[44]

여러분이 주일 아침뿐만 아니라 주일 저녁과 수요일 저녁까지, 일주일에 여러 번 설교하도록 요청받았다면, 단호하게 한 마디로 경고한다. "하지 마시라!" 여기서 제시하는 수준으로 설교 준비하면서 매주 두 편 이상 고품질 설교를 꾸준히 작성하기는 **누구도**(anyone) 할 수 없다. 게다가, 청중도 강력한 메시지와 즉각적인 적용을 요구하는 설교를 일주일에 한 번 이상 온전히 소화하기가 어렵다. 따라서 나는 주일 아침 예배를 **설교**의 중심 무대로 삼으라고 권한다. **주일 저녁 예배**에는 성경 공부 형식으로 진행도 좋다. 예를 들어,

- 다음 주일 아침 설교 본문에 관한 해석 과정을 미리 나누거나,
- 성경의 역사적 이동을 살펴보거나,
- 영적 삶을 살아가는 법에 관한 시리즈를 진행하거나,
- 양 떼에게 필요한 주제를 다룸도 좋은 방법이다(이때 주제별 설교가 효과적일 수 있다).
- 또는 그날 아침 설교에 관한 질문 및 대답 시간을 마련하여, 저녁

---

[44] 또한, 연중 36주간 연속 설교(*lectio continua*)를 하고, 나머지 기간은 주제 설교, 휴가, 초청 설교 등을 염두에 두고 남겨두라고 조언했다. 따라서 일정에 어느 정도 유연성을 가질 수 있으며, 설교 준비를 따라잡을 시간을 확보할 수도 있다. 여러분이 매주 설교한다고 가정하고, 설교 준비에 주당 20시간을 할애하라고 권장한다. 그러나 목회자는 끊임없는 요구에 시간이 부족하기에, 설교 준비에 이만한 시간을 들이기가 쉽지 않은 현실이다. 그러니 이것을 이상적인 기준으로 삼고, 여러분만의 출발점으로 활용하기를 바란다. 곧, 자기 강점과 한계를 파악하고 준비 과정을 다듬으면서 더 효율적으로 설교를 준비할 수가 있다. 또한, 설교 시리즈별로 그리고 성경책별로 상황에 맞게 조정하는 능력도 기를 수 있다. 설교자 자신에게 맞는 준비 시스템을 구축하고, 그것을 꾸준히 유지하기를 바란다. 이 책에서는 설교자 여러분이 실제로 행동에 옮길 수 있도록 충분한 아이디어를 제공하고자 한다.

모임에 참석한 성도들과 깊이 있게 대화함도 의미가 아주 크다.

수요일 저녁 예배에는,

- 신뢰하는 조직신학 교과서에서 핵심 내용을 발췌하여 20분 정도 강의하고,
- 성경 구절과 요약이 담긴 인쇄물을 나눠도 더욱 유익할 수 있다.
- 이후에는 토론하고, 함께 기도하는 시간으로 마무리해도 충분하다.

에베소서 그리고 야곱 이야기

이제, 설교 사전 준비 주간(week -1)으로 돌아가자. 여러분은 이미 에베소서 (또는 야곱 이야기)를 적어도 네 차례 정독했다. 또한, 필자 주석『에베소서』(또는『창세기』)를 살피며 페리코페 경계를 파악하는 감각도 익혔다. 이제 두 설교 시리즈―에베소서와 야곱 이야기―를 준비하는 데 도움을 줄 서론 자료를 제시하고자 한다. 이 서론으로 전체를 더 분명하게 파악할 수가 있다.45

에베소서 서론(Introduction to Ephesians)

이 서신이 목적하는 바를 간략히 살피고서, 그 여러 페리코페를 요약하겠다.

목적(Purpose)

에베소서 주제는 시작하는 부분에서부터 아주 도드라진다. "하늘에 있는 것들과 땅에 있는 것들이 그리스도 안에서 완성되게 하려 하심이라"(엡 1:9~10). 이는 하나님의 거대한 계획이 온 우주를 아우른다는 사실을 보여준다. 그러나 더욱 놀라운 점은, 하나님의 백성이 이 광대하고 영광스러운 드라마의 일부라는 점이다.

인류 역사, 특히 하나님의 백성 역사는 단순한 사건의 연속이 아니다. 그것은 우주적 전쟁이 벌어지는 전장이며, 이 전쟁은 하나님과 그

---

45 http://www.homiletix.com/preaching2019/commentaries에는 이 서론을 더 확장한 형태가 있으니 참조하라. 더 심도 있는 논의를 원한다면, Abraham Kuruvilla, *Ephesians: A Theological Commentary for Preachers* (Eugene, OR: Cascade, 2015), 7~19; Abraham Kuruvilla, *Genesis: A Theological Commentary for Preachers* (Eugene, OR: Resource, 2014), 1~26을 살펴보라. 이 자료들 그리고 기타 주석을 읽을 때는, 각 성경 구절을 직접 확인하며 그 해석이 타당한지 신중하게 판단함이 중요하다.

리스도 안에서 만물을 완성하시려는 하나님의 계획에 맞서 대적하는 악한 세력 사이에서 벌어진다. 그러므로 하나님의 자녀는 자기들 삶이 미미하고 사소하다고 느낄 때, 에베소서의 메시지에 귀를 기울여야 한다. 하나님의 자녀는 하나님의 승리를 드러내는 존재이며, 그들 영적 싸움에서 승리는 곧 하나님의 승리를 증거함이다.

이처럼 에베소서가 펼치는 비전은 우주만큼이나 광대하다. 거대한 캔버스에 하나님의 위대한 걸작을 그리는 일과 같다. 죄로 깨진 이 세계를 온전히 회복하시려는, 하나님의 필연적 계획에서 예수 그리스도는 모든 것의 머리로서 만물을 새롭게 하신다. 그리고 하나님의 충만하심이 그분 안에서 성령으로 온 세상에 가득 차게 된다.

페리코페 요약(Summaries of Pericopes)[46]

1. 에베소서 1:1~14. 첫째 페리코페는 우주 차원에서 펼쳐지는, 하나님의 위대한 구속 계획, 곧 그리스도 안에서 만물을 완성하시려는 경이로운 비전을 선포하며 그 막을 올린다. 이 장엄하고 영광스러운 계획으로 모든 믿는 이가 부름을 받았으며, 이 일은 영원한 과거에서 영원한 미래까지 이어지는, 하나님의 신비로운 섭리로 이루어진다. 복되신 하나님께서는 당신 아들 안에서 당신 백성을 은혜, 사랑, 기쁨으로 충만하게 하신다.

2. 에베소서 1:15~23. 바울은 믿는 이들이 하나님의 장엄한 계획에 동참할 때 하나님 능력—죽음과 우주의 모든 적대적인 권세를 이기시고 그리스도를 높이시는 일에 관여한 능력—이 그들을 위해 역사함을 확신하게 하는데, 믿는 이들은 그리스도의 몸이자 충만함이며, 우주에 그분 신적 통치를 표현하는 존재이다.

3. 에베소서 2:1~10. 한때 죄에 빠져 길을 잃고, 세상에, 악한 권세에, 그리고 자기 육체적 본성에 이끌려 하나님의 진노를 받을 수밖에 없었으나, 그리스도인은 이제는 믿음을 통한 은혜로 구원됐다. 그들은

---

[46] 개별 페리코페를 자세히 살펴보기에 앞서서, 더 큰 본문 범위의 궤적을 전체적으로 파악함이 유익하다.

구원된 상태에 머물지 않고 그들 구원자의 높아짐에 참여해, 죄에서 그들 구원 그리고 선한 일에 그들 성화로 하나님의 자비, 사랑, 은혜, 선하심을 우주에 선포한다.

4. 에베소서 2:11~22. 한때 하나님을 알지 못한 채 멀리 떨어져 있던 이방인이 이제는 하나님과 화해한 신자로서 그분 백성 공동체에 속했다. 이제 하나님의 백성은 모든 인류, 곧 그리스도―평화의 의인화이자 창조자―를 믿는 모든 이를 아우른다. 그분께서는 율법이 인류를 죄로 정죄한 바로 그 장벽을 허무셨고, 모든 믿는 이에게 하나님께 나아갈 길을 열어 주셔서 그들이 거룩한 성전, 곧 성령 안에서 하나님께서 거하시는 처소가 되게 하셨다.

5. 에베소서 3:1~13. 하나님께서는 지금까지 감춰진 교회의 보편성이라는 신비를 관리하시는 과정에서 바울에게 특별한 사명, 곧 모든 믿는 이를 하나님의 백성 공동체로 안내하는 사역을 맡기셨다. 이는 실로 장엄한 역할이었지만 역설적으로 바울은 당시 죄수 상태였고, 자기를 "모든 성도 중에 가장 작은 자보다도 작은 자"라고 여겼으나 그의 이러한 사역은 모든 신자가 따라야 할 사역 패러다임이다. 하나님께서는 세상에서 하찮고, 영향력이 없으며, 중요하지 않게 보이는 사람을 통해서도 당신의 영원하며 영광스러운 계획을 이루시기 때문이다.

6. 에베소서 3:14~21. 하나님께서는 믿는 이들을 사용하셔서 당신 계획을 이루시며, 이렇게 하시려고 성령으로 믿는 이들을 강건하게 하시고, 그리스도를 믿음으로 점점 더 닮아가게 하신다. 이는 단순히 개인 변화에 그치지 않고, 신앙 공동체에서도 이뤄진다. 믿는 이들이 그리스도의 사랑이 지닌 크기와 깊이를 더불어 깨달을 때, 교회는 하나님의 충만함으로 가득 찬다. 곧, 하나님께서 교회에서 영광을 받으시며, 교회에 거하신다. 이렇게 해서 교회는 하나님의 거룩한 성전으로 점점 세워지며, 그분 영광을 드러내는 공동체가 된다.

7. 에베소서 4:1~16. 그리스도인은 하나님의 삼위일체적 연합을 반영하는 하나 됨을 이루게 하는 이타적 사랑을 실천하도록 부름을 받았기

에, 그리스도께서 각 사람에게 주신 은혜의 선물을 적극적으로 활용해야 한다. 이 은사는 교회 지도자들과 모든 신자에게 적절하게 주어졌으며, 지도자들은 이를 통해 성도들의 사역을 원활히 도움으로 교회가 하나 되어 머리이신 그리스도의 장성한 분량에까지 자라게 한다.

8. 에베소서 4:17~32. 믿는 이는 이제 방탕하며 무지하며 하나님의 생명과 단절된 삶을 더는 살지 않고, 오히려 그리스도를 배우며 하나님의 형상을 따라 신적으로 새로워진다. 이제 믿는 이는 하나님의 성품을 드러내며, 공동체를 세우고 성장시키는 삶을 살아야 한다. 곧, 분노를 버리고, 자기 것을 나누며, 은혜로운 말을 하고, 감정을 절제하며, 하나님께서 용서하셨듯이 서로 용서해야 한다.

9. 에베소서 5:1~20. 믿는 이는 하나님을 본받아 그리스도의 자기희생적 사랑을 따라 살아야 하는데, 이는 세상의 거짓된 '사랑'(예를 들어, 말과 행동에서 성적 부도덕)을 단호히 버린다는 뜻인데, 이러한 행위는 하나님의 진노를 불러올 뿐이다. 믿는 이는 하나님의 신적 충만함이 그리스도 안에서 성령으로 충만케 됨을 누려야 하며, 하나님의 기쁨을 구하는 지혜롭고 경건한 삶을 살아야 한다.

10. 에베소서 5:21~33. 교회에서 하나님의 충만함은, 믿는 이가 그리스도를 경외하며 서로 순종함으로 드러나며, 그리스도와 교회의 관계를 본받아 남편과 아내가 서로에게 맡겨진 역할을 할 때 더욱 분명히 드러난다. 하나님의 충만함은 남편이 그리스도를 본받아 아내에게 희생해서 사랑을 베풀고 아내가 하나님께서 세우신 권위를 존중하며 순종할 때 드러난다.

11. 에베소서 6:1~9. 권위 있는 이와 권위 아래 있는 이는 각자 자기 책임을 다해야 한다. 자녀는 부모에게 순종하고, 부모는 자녀를 온유함으로 훈육해야 한다. 또한, 종과 주인은 서로를 진실한 마음으로 대하며, 하나님의 뜻을 행하고, 모든 인류의 참된 주인이신 하나님을 섬겨야 한다. 마침내, 각 사람은 심판의 날에 합당한 보상을 하나님께 받는다.

12. 에베소서 6:10~24. 하나님과 그의 백성을 항상 대적하는 초자연적 적들과 싸움에서 승리하려면, 하나님의 능력만으로 강건해야 한다.

하나님께서는 믿는 이에게 당신 갑옷을 입히시는데, 이는 그분 속성(진리의 허리띠, 의의 흉갑), 활동(평화의 신발, 믿음의 방패, 구원의 투구), 그리고 말씀(성령의 검, 곧 하나님의 말씀)과 맞닿아 있다. 인생을 하나님 능력으로 싸워 나가는 영적 전투로 이해하는 총체적 관점은, 믿는 이가 모든 일에서 하나님께 철저히 의존해야 함을 나타낸다. 이를 실천하는 구체적 방편은 깨어서 성령으로 모든 성도를 위해 끊임없이 기도함이다.

에베소서의 광범위한 신학적 취지는 다음 한 (긴) 문장으로 요약할 수 있다.

복되신 하나님께서는 사랑하는 아들 안에서 당신 백성을 은혜와 사랑으로 복 주시며, 그들을 당신 소유로 삼아 구속하시고, 신적 능력을 부여하셔서 선한 일을 행하게 하시는데, 이를 통해 모든 (믿는) 인류가 연합된 몸으로서 하나님의 능력과 영광을 드러내며, 은혜 은사를 활용하여 서로를 세우고 그리스도의 형상을 닮아가게 하시며, 사심 없는 사랑으로 공동체를 해치는 모든 행위를 버리고, 하나님을 기쁘시게 하는 지혜롭고 경건한 삶을 살아가도록 하시는데, 곧 하나님의 신적 충만함이 그리스도 안에서 성령으로 충만하여, 서로에게 복종하고, 그리스도와 교회의 관계를 본받아 결혼 관계를 이루며, 하나님의 뜻에 따라 가정을 세우며, 신적 능력을 힘입어 초자연적 대적과 영적 전쟁에서 승리를 거두게 하시니, 이 모든 것이 곧 그리스도 안에서 만물을 완성하시려는 하나님의 위대하고 영광스러운 계획의 필수 요소다.

이렇게 하여 하나님은 영화롭게 되신다. 이것이 설교 목표인데, 특히 에베소서를 설교하는 목표이다. 얼마나 고귀한 사명인가!

야곱 이야기 서론

창세기는 하나님께서 인류에게 복을 베푸시려는 사역을 시작하셨다는 내용을 말하는 책이라 할 수 있다. 이 책은 네 개의 주요 부분으로 이뤄졌으며, 각각은 하나님의 복이 나타나는 여러 측면을 다룬다.

본문	단락	주제
창세기 1:1~11:26	원역사	복을 위한 창조
창세기 11:27~25:18	아브라함 이야기	복을 향한 여정
창세기 25:19~36:43	야곱 이야기	복을 체험
창세기 37:1~50:26	요셉 이야기	복이 되는 삶

목적

야곱 이야기(창세기 25:19~36:43)는, 이 책에서 초점을 맞추는 이야기로 복을 체험하는 과정을 말한다. 이 내러티브 순환은 '한 인물이 잘못된 곳에서, 잘못된 방식으로 끊임없이 복을 좇음'을 그려낸다. 마침내 그는 오직 하나님만이 복의 참된 근원임을 깨닫는다. 야곱이 자기 꾀와 책략으로는 복을 얻을 수 없음을 깨닫고, 하나님의 복을 경험하려면 무엇을 해야 하는지를 인식하는 과정—바로 이것이 야곱 이야기의 원동력이다. 각 페리코페는 다이아몬드의 한 면을 비추듯 또는 목걸이의 진주 한 알처럼, 하나님의 백성이 하나님께서 약속하신 복을 어떻게 경험하고 누릴지를 나타낸다.

페리코페 요약

  1. 창세기 25:19~34. 첫째 페리코페는 야곱 이야기를 리브가가 쌍둥이를 잉태함으로 그리고 동생이 형보다 더 강하다는 신탁으로 시작한다. 이는 하나님의 주권적 섭리로 정한 질서이다. 이어지는 장면에서는 쌍둥이가 태어남으로 비롯한 갈등이 그들이 성인이 되고서도 계속 이어지며, 하나님의 복을 차지하려는 다툼이 치열하게 이어진다고 전개한다. 이 전체 이야기를 들으면, 복을 주시는 분이 하나님이심을 깨닫지 못함과 자기가 받은 복을 가볍게 여기는 태도를 경고하는 이야기이다.

  2. 창세기 26:1~33. 이 페리코페는 얼핏 보면 야곱 이야기에서 벗어난 듯하지만, 사실은 하나님의 분명한 약속, (곧 자손과 번영)에 이삭이 보인 반응을 나타낸다. 이 페리코페 전반부에서 이삭은 하나님을 온전히 신뢰하지 못하고, 자기를 보호하려는 속임수로 아비멜렉에게 아내를 누이라고 속이는 실수를 저지른다. 그러나 후반부에서는 우물 문제로 끊임없이 갈등을 겪으면서도, 보복하지 않고 하나님을 신뢰하며 물러나는 모습이다. 결국 이 페리코페 서사는 하나님께서 신실하게 복을 이루어 가심을 강조하며, 그분 약속을 끝까지 신뢰할 수 있다고 말한다.

  3. 창세기 26:34~28:9. 이 페리코페는 맏아들이 받을 복이 야곱에게 넘어가는 과정을 상세히 말하며, 야곱이 속임수를 써서 그 복을 차지하는 장면을 말한다. 그러나 이 페리코페에서는 이삭, 에서, 리브가, 그리고 야곱까지 모두 잘못을 저지르고 있음을 분명히 드러낸다. 각 인물은 하나님의 복을 자기가 원하는 방향으로 조정하거나 뒤엎으려 한다. 그러나 속임수와 조작을 동원해 복을 광적으로 쟁탈하려 한 결과는 가족과 공동체를 무너뜨리며 끝장낸다.

  4. 창세기 28:10~22. 이 페리코페에서는 형을 피해 도망치는 야곱이 밧단아람에 있는 삼촌 집으로 향하는 장면을 이야기한다. 그는 길을 가던 중 꿈에서 하나님을 만나고, 하나님께서 족장들에게 주신 약속을 그에게도 확증하신다. 그러나 야곱은 하나님을 온전히 신뢰하기보다는, 오

히려 조건을 내걸며 자기 충성을 제한하여 맹세한다. 그러나 하나님의 확실한 약속이 이뤄지든지 이뤄지지 않든지, 신자는 무조건적인 경배로 응답해야 함을 강조한다.

5. **창세기 29:1~30.** 야곱은 마침내 밧단아람에 있는 삼촌 라반의 집에 도착한다. 그는 삼촌의 딸 라헬과 결혼하려고 7년 동안 일했지만, 결혼하는 날 밤에 삼촌 라반에게 속고 말았다. 삼촌은 작은 딸 라헬 대신 큰 딸 레아를 야곱에게 보냈다. 이 이야기에는 야곱이 아버지 이삭을 속인 사건과 평행 구조가 두드러지며, 야곱이 자신이 저질렀던 기만의 대가를 이제 치르고 있음을 말한다. 하나님께서 그에게 무조건적 복을 허락하셨음에도, 하나님께서는 잘못한 일을 징계하심으로도 당신 경륜에서 여전히 이루신다.

6. **창세기 29:31~30:24.** 이 페리코페는 레아와 라헬이 서로 치열하게 경쟁함을 묘사한다. 한 사람은 남편의 사랑을 얻으려고, 다른 한 사람은 자녀를 얻으려고 애쓴다. 라헬은 어떻게든 아들을 얻고자 속임수, 질투 어린 조작, 심지어 수상쩍은 치료법까지 동원하지만, 결국 모두 헛된 노력으로 끝난다. 그러나 그녀가 자기 모든 계략을 내려놓는 순간, 하나님께서 그녀 태를 열어 주신다. 이 이야기는 하나님의 복이 인간의 오만한 자기 주도적 조작이 아니라, 겸손한 의존으로 경험할 수 있음을 나타낸다.

7. **창세기 30:25~31:16.** 이제, 야곱은 가나안으로 돌아가기로 결심한다. 그는 자기 고용주이자 장인인 라반에게 정당한 보상을 요구하지만, 라반은 교활한 속임수로 그의 몫을 가로채려 한다. 그러나 야곱은 동물을 사육하는 지혜와 창의적 방법을 활용하여 양 떼를 크게 번성하게 한다. 이후 야곱은 이 모든 번영이 하나님의 주권적 역사 덕분임을 고백한다. 이는 인간이 자기 책임을 신실하게 감당하는 것과 하나님의 주권이 함께 작용함을 보여주는 사례이다.

8. **창세기 31:17~55.** 야곱과 그의 가족은 약속의 땅으로 돌아가는 길에 오른다. 하지만 라반이 그들을 뒤쫓으며, 야곱이 아내와 자녀들을

데리고 갑자기 야반도주했다고 비난한다. 게다가, 라반 집안의 수호 신상도 사라졌는데, 사실은 라헬이 몰래 훔쳤다. 그러나 이 도난은 끝내 발각되지 않았고, 결국 라반은 야곱과 평화 협정을 맺고서 떠난다. 하나님께서는 충실한 야곱 그리고 모든 신자를, 심지어 그들 죄로 일어난 위험한 결과로부터도 지켜주신다.

9. **창세기 32:1~32.** 이 페리코페는 야곱이 큰 무리를 거느리고 다가오는 형 에서를 맞이할 준비를 하는 모습을 묘사한다. 야곱은 두려움을 느끼며 하나님의 보호를 간구하면서도 엄청난 예물을 보내 형의 마음을 누그러뜨리려 한다. 삶에서 가장 절박한 순간, 그는 밤새 하나님과 씨름하다가 마침내 하나님의 임재를 깨닫고, 하나님만이 참되고 복의 유일한 근원임을 인정한다. 그리고 놀랍게도, 야곱 이야기에서 처음으로 그가 복을 받았다고 선언된다! 이 극적 변화의 순간에 그의 이름은 '이스라엘'로 바뀌며, 그는 더는 스스로 싸울 필요가 없음을 깨닫는다. 이제 하나님께서 그를 대신하여 싸우시는데, 이는 하나님의 모든 자녀에게도 똑같이 적용되는 진리이다.

10. **창세기 33:1~20.** 오랫동안 대립한 형제, 곧 야곱과 에서가 마침내 만난다. 야곱은 에서에게 빼앗은 복을 되돌려 주지만, 에서는 놀랍게도 하나님께서 이미 주신 것에 만족하기에 더는 바라는 바가 없다. 형제는 화해하고 평화롭게 자기 길을 간다. 약속된 복을 온전히 누리려면, 하나님의 공동체에서 서로 틀어진 관계를 회복해야 한다.

11. **창세기 34:1~31.** 이 페리코페에서는 야곱의 딸 디나가 세겜 사람에게 폭행당한 사건과 그 여파를 다룬다. 이에 디나의 오빠들, 곧 야곱의 아들들은 극단적인 폭력, 학살, 약탈로 보복한다. 그런데 이 사건 내내 야곱은 침묵하며, 오직 자기 입지만을 우려하는 모습을 내비친다. 이는 대단히 충격적인 일이다. 악에 무관심은 더 큰 악을 조장할 뿐이며, 결국 평화의 복을 잃게 한다.

12. **창세기 35:1~36:43.** 야곱 이야기의 마지막 페리코페에서, 하나님께서는 야곱이 한 약속―고향으로 무사히 돌아가면 하나님을 예배하겠

다는 서원(창세기 28장)—을 지키도록 촉구하신다. 야곱은 이에 순종하고, 하나님께서는 족장에게 주신 복을 다시금 확인해 주신다. 이 페리코페는 하나님의 백성이 그분 복으로 하나님을 예배하도록 이끌며, 이는 앞으로도 하나님의 복이 어떻게 계속 순환할지를 나타낸다.

이제 여기 "진주들을 한 줄로 꿴 목걸이가 있다." 야곱 이야기의 페리코페마다 핵심을 추렸고, 다시 한 문장으로 요약할 수 있다.

하나님께서 약속하신 복을 누리려면, 하나님께서 각 사람을 다르게 복 주신다는 사실을 인정하고, 자기 복을 경시하지 않아야 하며, 하나님께서 약속을 지키신다고 신뢰하며, 자기 방식과 때를 정하여 억지로 복을 얻으려는 간계를 버리고, 복이 아직 성취되지 않았을 때도 하나님을 예배하며 신뢰하고, 하나님의 복이 부어졌다고 해서 잘못한 일에 대한 하나님의 징계가 면제되지 않음을 인정하며, 오만한 태도를 버리고 어려운 상황에서도 책임감 있고 성실하게 일하며 하나님의 복을 신뢰하고, 하나님의 뜻에 따르며 그분 보호를 받으며, 하나님이 복의 유일한 근원임을 기억하고, 자기가 잘못한 이들에게 보상하고 용서를 구하며, 세상의 악에 맞서 도덕적 기준을 지키고 복이 이루어진 후에는 감사의 마음으로 하나님을 예배하며, 이를 통해 하나님의 복 순환이 미래로 이어지게 해야 한다.

페리코페에서 신학을 알아낸다 2
Discerning Theology

신학은, 하나님께서 주재하시는 세상에서 인간의 포괄적이며 일관된 모습을 '상상력으로 그려내는 창조적 형상화(imaginative construction)'라는 활동이며 항상 이랬다.[1]

몇 년 전, 필자가 방문한 한 교회에서 입구에 흔히 쌓여 있는 『매일 경건』이라는 책자를 만났다. 한가한 틈에 페이지를 넘겨보다가 사도행전 28장에 관한 짧은 설교를 읽었다. 그 내용은 이렇다. 바울이 몰타(Malta)에서 배가 파도에 부서지자, 다른 사람들과 함께 불을 피우려고 나뭇가지를 주워 모았다. 이 일을 근거로 교회에서 하찮은 일이라도 마다하지 말고, 가장 낮은 자리에서 섬길 줄 알아야 한다고 권면한다. 그런데 흥미롭게도, 그 『매일 경건』은 바울이 집어 든 나뭇가지에서 독사가 튀어나와 그를 물은 사건에 관해서는 한마디도 하지 않았다.

이제 필자는, 그 설교자보다 조금 더 '똑똑한' 척하면서, 사도행전 28장을 반대로 적용하겠다. "절대, **절대** 허드렛일하지 마십시오! 누가 압

---

[1] Gordon D. Kaufman, *An Essay on Theological Method*, 3rd ed. (Atlanta: American Academy of Religion, 1995), ix.

니까? 독이 있는 짐승, 아니, 보통은 두 발 달린 짐승(!)이 여러분을 덮쳐 송곳니로 물어버릴지도 모릅니다." 이처럼 설교자의 필요나 의도에 따라, 심지어 순간 기분에 따라, 성경을 얼마든지 자기 방식으로 해석해서 적용할 수도 있다.

그렇다면, 고대 성경 본문을 오늘날 삶에 올바르게 적용하는 방법은 무엇일까? 설교자가 본문에서 설교로 나아가는 과정, 곧 '그때' 말씀을 '지금' 적용하는 과정은 여전히 불가해한 영역으로 남아있다. 어느 설교학자는 이를 두고 "우리는 성경에서 현대 설교로 넘어갈 때, 설명할 수 없는 마법을 사용한다"라고 냉소적으로 말했다.2 필자는 이제, 그 마법을 대신할 덜 신비로운 해결책을 제안하고자 한다.3

사무엘상 15장 이야기를 살펴보자. 이 장에서 예언자 사무엘은 사울 왕에게 아말렉 사람들을 진멸하라는 하나님의 명령을 전한다. 그는 이렇게 말문을 연다. "이제 여호와의 말씀 음성[קוֹל, qol]을 들으라"(15:1). 그런데 안타깝게도, 영어 성경 대부분에서는 '음성(voice)'이라는 단어를 찾아볼 수가 없다. 히브리어를 문자 그대로 옮긴 번역본은 킹 제임스 성경(KJV)과 그 계열 번역본들뿐이다. 다른 주요 영어 번역본들은 '음성'이라는 표현을 불필요한 중복처럼 여겨서인지 생략하고, 단순히 "여호와의 말씀을 들어라"라고 번역하고 만다. 그러나 이 차이는 절대 사소하지 않다. 이 문제의 의미는 다시 다루겠다.

여러분도 알듯이, 사울은 하나님의 명령에 온전히 순종하지 않았다. 그는 모든 사람과 동물을 진멸하라는 명령을 받았지만, 좋은 가축들과 몇몇 주요 인물은 살려줬다. 얼마 지나지 않아, 사무엘이 사울을 만났

---

2 David G. Buttrick, *A Captive Voice: The Liberation of Preaching* (Louisville: Westminster John Knox, 1994), 89.

3 Abraham Kuruvilla, "Preaching Is Theological," in *A Vision for Preaching: Understanding the Heart of Pastoral Ministry* (Grand Rapids: Baker Academic, 2015), 91~109 ‖ 「설교는 신학적인 것이다」, 『설교의 비전—목회 사역의 심장을 이해하기』, 곽철호·김석근 옮김 (이천: 성서침례대학원대학교출판부, 2018/2025[3쇄수정]), 141~66을 참조하라.

다. 그러자 사울은 자기가 하나님께서 명령하신 일을 모두 했다고 주장한다. 하지만 사무엘은 기억에 남을 만한 말로 고발한다. "그렇다면 내 귀에 들리는 이 양의 울음소리와 내가 듣는 소의 울음소리는 도대체 무엇이란 말인가?"(삼상 15:14 NASB, 다른 주요 영어 번역본도 유사). 하지만 히브리어 원문에는 '울음소리(bleating, lowing)'라는 단어가 쓰이지 않는다. 무슨 단어가 쓰였는지 짐작할 수 있는가?

그렇다. 사무엘이 사용한 단어는 바로 '음성[קוֹל, *qol*]'이다. "그렇다면 내 귀에 들리는 이 양의 **음성**과 내가 듣는 소의 음성은 도대체 무엇이란 말인가?"(삼상 15:14). 저자는 여기서 뭔가를 **실행**하는데, 곧 하나님께 헌신한 사람은 세상 유혹이 들려주는 음성이 아니라, 하나님의 음성을 들어야 한다고 말한다. 그런데 영어 번역본 대부분은 사무엘상 15:14에서 '음성(voice)'을 '양의 울음소리(bleating)'와 '소의 울음소리(lowing)'로 바꿨고, 15:1에서는 '음성(voice)'을 아예 생략했다. 그 결과, 본문이 강조하는 메시지가 거의 완전히 사라졌다. 이러한 번역상 실수는 성경 번역자와 학자가 성경 저자가 '무엇을 말하는가(Saying)?'에만 집중할 뿐, '그 말로 무엇을 **실행**(doing)하려는가?'까지는 깊이 고려하지 않았다는 명백한 증거다. 하지만 사무엘상 15장에서 핵심은 분명하다. 그것은 바로 '하나님의 음성에 귀 기울여 순종하라'이다.4

페리코페 신학과 그리스도 형상 닮기 해석
(Pericopal Theology and Christiconic Interpretation)

해석 목표에 따라 성경을 여러 가지 방법으로 해석할 수 있다. 하지만 **설교**하려고(preaching) 본문을 해석할 때(필자는 성서 해석에서 설교가 유일한 관심사라고 강조한다), 청중에게 타당한 적용을 찾아내려면 저자가 특정 본문에서 말하는 내용으로 무엇을 **실행**하려는 지에 초점을 맞춰야 한다. 사실, 언어 철학에서는 경전이든 일반 문헌이든 또는 입말이든 글말이든 모든 종류 의사소통을 전달하는 내용으로 무언가를 **실행**

---

4 히브리어 שָׁמַע(shama')는 "듣다/귀 기울이다"와 "순종하다"를 뜻한다.

하는 소통자로 인식한다. "본문은 단순히 신학적 아이디어를 담는 수동적인 그릇이나 항아리가 아니라, 수사적·문학적 예술성을 지닌 시적 표현으로 여기는데", 무언가를 **실행**하기, 곧 독자에게 영향 끼치기이다.5 따라서 설교자가 본문에서 타당한 적용을 찾아내서 그것으로 청중이 본문 메시지를 온전히 경험하게 하려면, 저자가 **실행**하려는 바(본문 화용론, pragmatics of the text)를 분별하기가, 저자가 말하는 내용(본문 의미론, semantics of the text)를 결정하기보다 더 중요한 목표이어야 한다.6

이를 보는 또 다른 방법이 있다. 저자가 **실행**하려는 바는 초월적 비전을 투사하려 함이다. 폴 리쾨르(Paul Ricoeur)가 **본문 앞에 펼치는 세계**(the world in front of the texts)라고 부른 개념이다.7 성경에서 **본문 앞에 펼치는 세계**는 하나님의 이상적 세계이며, 개별 페리코페는 그 세계의 특정 부분을 묘사한다. 따라서 각 페리코페는 하나님의 은혜로운 초대로, 해당 페리코페의 강조점을 따라 삶으로써 하나님의 이상적 세계에 참여하도록 부른다(예를 들어, 사무엘상 15장에서 오직 하나님의 음성을 듣고 순종하기). 그리고 인류가 이 신적 초대를 받아들이고 페리코페의 핵심 취지를 실천함에 따라, 주마다 그리고 페리코페마다 하나님의

---

5 Thomas G. Long, "The Use of Scripture in Contemporary Preaching," *Interpretation* 44 (1990): 350.

6 필자 논문 시리즈, 곧 "Pericopal Theology," *Bibliotheca Sacra* 173 (2016): 3~17; "Christiconic Interpretation," Bibliotheca Sacra 173 (2016): 131~46; "Theological Exegesis," Bibliotheca Sacra 173 (2016): 259~72; "Applicational Preaching," Bibliotheca Sacra 173 (2016): 387~400을 참조하라. 또한 필자가 쓴 *Genesis, Judges, Mark* ∥『마가복음』, (엮은이 덧붙임. *Ephesians, 1 and 2 Timothy, Titus*[2021], *Psalms*[2024]) 주석에서는 각 페리코페에서 저자가 하려는 **실행**을 차례로 분석한다. 물론, 저자가 무엇을 말하고 있는지를 이해해야만, 저자가 무엇을 실행하려는지를 파악할 수 있다. 그러나 많은 해석자가 전자에서 멈춰버리고, 후자에까지 나아가지 못하는 경우가 아주 잦다.

7 Paul Ricoeur, *Hermeneutics and the Human Sciences: Essays on Language, Action and Interpretation*, ed. & tr. John B. Thompson (Cambridge: Cambridge University Press, 1981), 141~42 ∥『해석학과 인문사회과학 ―언어, 행동, 그리고 해석에 관한 논고』, 윤철호 옮김 (서울: 서광사, 2003), 250~52.

백성은 점진적으로 이 이상적 세계에 거하며 그 가치관을 형성한다.

이 투사된 세계는 하나님께서 당신 창조 세계와 어떻게 관계를 맺으시는지를 묘사하기에, 그 세계의 여러 특징을 '신학(theology)'이라 함은 적절하다. 따라서 각 페리코페가 투사하는 이상적 세계는, 곧 그 페리코페 신학이다. 그러므로 페리코페 신학에 따르는 삶은, 그 이상적 세계의 요구 사항, (곧 해당 페리코페에서 드러나는 하나님의 뜻)에 우리 자신을 맞추어 하나님의 이상적 세계에 거하게 하는 하나님의 은혜로운 초대를 받아들임이다. 이것이 바로 **본문 앞에 펼치는 세계**의 비전, 곧 하나님의 이상적 세계로, 성경이 이를 그려내기에 하나님 왕국을 엿보며 거기로 초대받는데, 이 비전은 충실한 설교로 밝혀진다.8 페리코페 신학을 분별하지 못하면, 타당한 적용을 찾아내기도 불가능하다. (그림 2.1.을 참조하라.)

〈그림 2.1〉

오직 한 분, 곧 주 예수 그리스도만이 죄 없는 분으로서 하나님의 모든 요구를 완벽히 이루셨다(고후 5:21; 히 4:15; 7:26). 그러므로 오직 이분만이 **본문 앞에 펼치는 세계**에 온전히 거하셨는데, 그 모든 요구에

---

8 실제적인 관점에서 볼 때, 문단 신학, 텍스트 앞에 펼치는 세계, 저자가 하려는 실행(화용론) 등은 모두 동의어로 여길 수 있다.

따라 사셨기 때문이다. 예수 그리스도만이 성경의 모든 페리코페 신학을 완벽하게 구현하셨다. 다시 말해, 성경의 각 페리코페는 그리스도의 성품을 실제로 묘사하는데, 곧 그분께서 그리하셨듯이 그 페리코페의 특별한 요구를 온전히 성취함이 무엇을 의미하는지를 드러내기 때문이다. 성경 전체, 곧 모든 페리코페의 집합은 완전한 인간을 생생하게 그리는데, 예수 그리스도, 곧 성육신하신 하나님께서 이를 본 보이셨다. 그분만이 하나님의 세상에 완벽히 거하시며, 오직 그분만이 하나님의 모든 요구를 완전하게 이루신다.

따라서 설교마다 그 적용으로, 하나님의 백성은 페리코페마다에서 드러나는 그리스도의 형상에 자기를 맞추며 점점 더 그리스도를 닮는다. 그러므로 설교는 하나님의 자녀가 하나님의 아들 형상을 닮아 가는 과정을 돕는 역할을 한다. 결국 하나님께서 믿는 이에게 이루고자 하시는 궁극적 목적은 그들이 당신 아들, 곧 예수 그리스도께서 인간으로 사신 모습을 닮게 함이다. 곧, "그분 아들의 형상[εἰκών, eikōn]을 본받게"(롬 8:29) 함이다. 그러므로 이러한 설교 해석 모델을 '그리스도 형상 닮기 해석(christiconic interpretation)'라 한다.9 필자는 성경이 궁극적으로 하나님의 영광스러운 목적을 이루도록 구성되어 있다고 생각한다. 곧, 성경은 각 페리코페를 통해 그리스도를 닮은 삶이 무엇인지 신학적으로 설명하며, 이를 통해 인간 안에 있는 하나님의 형상(imago Dei)을 회복하는 데 초점을 맞추고 있다. 이렇게 해서 주마다 설교마다 하나님의 백성은 그분 형상을 회복한다. 습관이 새롭게 형성되고, 성품이 빚어지며, 인격이 다듬어지고, 그리스도의 형상이 점점 더 그들 안에 자리 잡는다. 이 모든 것은 성령의 능력으로, 성경 말씀을 통해, 그리고 설교자를 도구로 삼아 이뤄진다. "우리는 그분을 전파합니다. … 각 사람을 그리스도 안에서 완전한 자로 세우려 함입니다"(골 1:28).10

---

9 Abraham Kuruvilla, *Privilege the Text!: A Theological Hermeneutic for Preaching* (Chicago: Moody, 2013), 211~69 ‖ 『본문의 특권!』, 이승진 옮김 (서울: 기독교문서선교회, 2023), 346~449; Kuruvilla, "Preaching Is Conformational," in *Vision for Preaching*, 131~48 ‖ 「설교는 신학적인 것이다」, 『설교의 비전』, 193~218.

본문과 그 신학은 나뉠 수 없다. 예를 들어, 승강기에서 제가 당신 곁에 서 있고, 당신은 "여보세요, 제 발을 밟고 있습니다!"라고 항의한다고 치자. 이 말의 핵심 취지('신학')는 당신이 내 발의 현재 위치에 불만을 품고 있으며, 내가 곧바로 발 치우기를 기대함이다(화용론, 저자가 하려는 **실행**). 하지만 당신 말 자체는 단순히 내 발이 당신 발 위에 있다는 사실만을 전달한다(의미론, 저자가 하는 말). 그렇다면 이 발화 신학은 정확히 어디에 있는가? 본문 아래에 있는가, 위에 있는가, 안에 있는가, 아니면 본문과 함께 있는가? 어디에 있든, 신학은 본문의 본질 요소라서 이 둘은 절대 나뉠 수가 없다. 신학은 본문에서 나오고, 본문과 함께하며, 본문의 일부이기 때문이다. 어떤 의미에서 신학은 곧 본문인데(is), 페리코페 신학이란 결국 본문, (곧 그 저자)가 '하려는 **실행**'이기 때문이다. 성경의 경우, 페리코페 신학은 저자가 우리가 깨닫기를 바라는 본문의 핵심 취지이며, 우리가 반응하기를 기대하는 본문의 경험이다. 따라서 본문과 신학은 사실상 하나라서 나뉠 수도 없다. 둘은 하나로 맞물려 있다.11 그러므로 이 통합한 실체를 가리켜 '본문(text) + 신학(theology)'으로 자주 표현하겠다.

페리코페 신학(저자가 이 본문으로 하려는 실행)을 파악하는 일은, 곧 본문이 지닌 모든 힘과 정서를 온전히 경험하는 일이다. 그리고 이는 설교자가 설교로 하려는 바로 그 일이다. 곧, 본문의 중요한 요소를 드러내고 강조하여, 청중이 그 본문을 온전히 그리고 충실하게 경험하게 돕는 일이다. 그렇기에 설교를 본질적으로 청중을 위해 본문을 길잡이(curating)하는 작업으로 이해한다.12 그렇다면 왜 설교자가 하나님의 말

---

10 그리스도 형상 닮기 해석학의 이러한 기본 요소를 설교 때마다 반복해서 설명할 필요는 없다. 때때로, 설교 중 1~2분 정도 그리스도를 닮기가 중요하다고 간단히 말함으로도 충분하다. 필자는 주마다 똑같은 해석학적 기초를 되풀이하기보다, 설교하는 각 페리코페가 지닌 독특성과 구체성에 초점을 맞추는 데 소중한 설교 시간을 사용하고 싶다.

11 아마도 이를 가장 적절하게 표현하면, 페리코페 신학은 본문 위에(on the text) 형성되면서 본문과 하나로 통합한다고 할 수 있다. 마치 마음이 뇌 위에 형성되면서 뇌와 통합하듯이 말이다.

씀과 하나님의 백성 사이에 서야 하는가? 청중이 스스로 페리코페 신학적 핵심과 그 강조점(저자가 의도하는 목적과 효과)을 분별할 수 있다면, 굳이 설교자는 필요하지 않을 수 있다. 그러나 현실은 그렇지 않다. 청중은 언어, 문화, 문학적 형식, 가치관, 신념 등 차이로 본문의 기원과는 멀리 떨어져 있으며, 무엇보다 본문을 읽고 그 강조점을 파악하는 법을 잊어버린 상태이기에, 하나님의 말씀과 그분 백성 사이를 잇는 중재자(mediator)가 필요하다. 그 역할을 감당하는 이가 바로 설교자다. 설교자는 마치 박물관의 길잡이(curator)나 해설자(docent)처럼 본문을 안내한다. 길잡이가 미술관에서 관람객(설교 청취자)에게 특정 그림을 설명할 때, 색채의 배열이나 배경의 형태, 빛과 그림자의 이동(특정 페리코페에서 본문의 단서들)을 짚어주듯이, 설교자는 페리코페의 신학적 강조점을 밝혀 청중이 그 의미를 온전히 경험하도록 돕는다. 이를 통해 청중은 단순히 본문을 '이해하는 것'을 넘어, 그 안에 담긴 힘을 '체험한다'.

　이 논의로, 페리코페 신학이 본문에서 적용으로 나아가는 여정에서 핵심적 중재자 역할을 한다고 분명히 확인했다(그림 2.1. 참조). 페리코페 신학은 완전한 인간이신 그리스도께서 그러하셨듯이, 하나님의 이상적인 세계가 우리에게 요구하는 바와 그 요구를 온전히 이룸이 무엇을 의미하는지를 나타낸다. 따라서 성경 본문을 설교하려는 이에게 페리코페 신학이 가장 중요한 해석 목표임은 자명하다. 그렇다면 질문은 이것이다. 우리는 어떻게 특정 페리코페 신학(저자가 의도하는 목적과 효과, 저자가 이 본문으로 하려는 실행)을 알아낼 수 있을까?

저자가 말하는 내용 그리고 하려는 **실행**(Sayings and *Doings*)

　이제 '사전 준비 주간(week −1주)'이 지나면서, 설교할 본문(1장 「설교 여정을 갖춘다」)에 익숙해졌을 터이다. 이제는 한층 더 깊이 파고들

---

12 Kuruvilla, "Preaching Is Communicational," in *A Vision for Preaching*, 71~89 ‖ 「설교는 소통을 위한 것이다」, 『설교의 비전』, 111~39. 설교가 하는 2차적 역할은 특정 청중에게 페리코페 신학의 구체적인 적용을 제공하는 일이다. 이 책 3장 「페리코페 신학에서 적용을 긷는다」를 참조하라.

차례다. 우리는 1~8주에 페리코페 신학, 곧 저자가 **말하는 내용**(saying)으로 하려는 **실행**(doing)을 알아내려고 한다. 이 작업은 두 단계로 나눈다. 첫째는 저자가 무엇을 말하려고 하는가를 분명히 이해하기이고, 둘째는 저자가 하려는 **실행**, 곧 페리코페 신학을 분별하기이다.13

저자가 말하는 내용을 결정하기(Determining Saying)

먼저, 저자가 본문으로 말하는 내용을 결정해야 한다. 저자가 말하는 내용을 결정하는 일이 중요하다고 강조하는데, 이를 제대로 하지 않으면 저자가 본문으로 하려는 **실행**을 알아낼 수가 없다. 저자가 하려는 **실행**을 알아내지 못하면, 올바로 적용할 수도 없다. 따라서 저자가 말하는 내용을 결정하기는, 본문을 설교할 목적으로 해석하는 데 중요한 부분이다. 저자가 말하는 내용은 본문에서 질문에 대답을 찾고, 중요한 내용과 사소한 내용을 구별함으로 결정된다.

질문과 대답(Questions and Answers)

시작하는 좋은 방법은 본문에 관해 떠오르는 모든 질문을 나열하는 일이다. 이해하기 어려운 단어, 복잡한 문법 구조, 명확하지 않은 구절, 궁금한 개념, 모호한 역사적·문화적 배경, 까다로운 본문 비평 문제, 페리

---

13 Haddon W. Robinson, *Biblical Preaching: The Development and Delivery of Expository Messages* (Grand Rapids: Baker, 1980) ‖ 『강해설교』, 박영호 옮김 (서울: 기독교문서선교회, 1983)으로 대중화한 '빅 아이디어(Big Idea)'를 지지하는 이들은, 본문의 의미를 찾을 때 필자가 제안하는 방식 대신, '주제(subject, 저자는 무엇을 말하는가?)'와 '보충 설명(complement, 저자는 그 주제에 관해 무엇이라고 말하는가?)'라는 두 가지 요소를 구분하여 분석하려 든다. 그러나 주제와 보충 설명을 구분하라고 하고 싶지 않다. 왜냐하면 그것은 정작 중요한 구분, 곧 '저자가 하는 말(saying)과 저자가 하려는 **실행**(doing)'을 구별하지 못하기 때문이다. '빅 아이디어' 접근법은 기껏해야 저자가 하는 말(saying)만 포착하는 데 그친다. '빅 아이디어' 개념을 버려야 하는 몇 가지 추가적인 이유는 Kuruvilla의 "Time to Kill the Big Idea?"(http://homiletix.com/kill-the-big-idea/)에서 확인하고, 이 책에서 〈부록 1〉,「빅 아이디어 대 신학적 초점」을 참고하라.

코페에서 이질적이거나 혼란스럽게 보이는 요소까지 모두 질문에 포함한다. 이렇게 제기한 질문에 스스로 답을 찾아보라(영감을 받은 저자에게 항상 유리하도록 해석하면서). 필자는 먼저 스스로 본문을 연구하는 데, 여러분에게도 그렇게 하라고 강력히 권하고, 그렇지만 스스로 전문가라고 여기는 자만은 떨지 않는다. 본문과 끝없이 씨름하며 시간을 낭비하기보다는, 자기 지식 그리고 자료가 한계에 다다르면, 성경의 원어에 정통하며 역사적 배경을 깊이 연구하고 성경 특정 책을 평생 연구한 학자와 주석가에게 도움을 구하라.14 저자가 말하는 내용을 결정하는 데 가장 유용한 자료는 성경 소프트웨어의 원어 사전과 전통 주석서이다.15 말할 것도 없이, 어떤 주석을 읽든 또는 어떤 자료를 활용하든, 그 주장의 타당성을 신중하게 평가하고, 성경을 기준으로 검토하며, 주석서와 본문을 오가며 자세히 살펴보라. 그리고 무엇보다 성경을 항상 펼쳐 놓고 보라!

(자기 연구와 다른 이들 연구를 활용하여) 질문에 대답을 찾을 때, 해당 페리코페에 관한 내용을 파일에 정리하자. 그러면 나중에 다시 찾아 헤맬 필요가 없다. 저자가 말하는 내용을 결정하는 데 꼭 필요한 정보들을 모아 자료집을 만들라. 그렇게 하면 저자가 하려는 **실행**을 더욱 정확하게 분별할 수 있다. 필자는 분명하지 않은 것, 지금까지 몰랐던 내용, 다른 사람이 통찰력을 제공한 부분, 그리고 나중에 잊을까 봐 걱정되는 것들만 기록한다. 하지만 이미 알고 있고 쉽게 잊지 않을 내용은 따로 적지 않는다.

이제, 본문에 질문하는 일을 시작하자. 에베소서의 처음 여섯 페리코페(에베소서 1~3장)을 살필 때, 떠오를 수 있는 몇 가지 질문을 소개한다.

---

14 그 학자와 현자 중에는 탁월한 성경 소프트웨어를 만든 이들도 있다. 바로 천재들과 괴짜들이다. 그 학자들과 현자들 그리고 천재들과 괴짜들이 틀릴 수 있을까? 물론 그렇다. 그러나 그들이 틀릴 가능성과 우리 나머지가 틀릴 가능성을 비교해 본 적이 있는가? 그러니 망설이지 말고 그들 지혜를 따르라.

15 이러한 표준 주석은 주로 저자가 하는 말(saying, 의미론)과 관련된 문제를 다루지만, 저자가 하려는 **실행**(doing, 화용론)과 관련된 문제에는 그리 큰 도움을 주지는 않는다. 그래서 필자는 이런 주석을 사지 않는다. 대신 도서관에서 빌려서 보고, 필요한 내용만 적고서 반납한다. 여러분도 힘들게 번 돈 아끼기를 바란다.

에베소서 1:1~14

- 1:3에서 '복'이라는 단어가 세 가지 형태로 나오는 이유는 무엇인가?
- "하늘에 속한 곳"(1:3)은 무엇을 의미하는가?
- 1:1~14에서 삼위일체에 초점을 맞추는 이유는 무엇인가?
- '신비'(1:9)란 무엇인가?
- "때가 찬 경륜"과 "그리스도 안에서 만물을 통일하신다"(1:10)라는 말은 무슨 의미인가?
- "[하나님의] 기업이 되었다"(1:11)라는 말은 무엇을 뜻하는가?
- "약속의 성령으로 인치심을 받았다"(1:13)라는 말은 무엇이며, 이것이 왜 "우리 기업의 보증"(1:14)인가?

에베소서 1:15~23

- 바울은 1:15~19에서 정확히 무엇을 기도하는가?
- '통치', '권세', '능력', '주권'은 무엇을 가리키는가(1:21)?
- 교회가 "모든 면에서 모든 것을 충만하게 하시는 이의 충만함"(1:23)이 됨은 무슨 의미인가?

에베소서 2:1~10

- '공중의 권세를 잡은 통치자'와 '[영을 다스리는] 통치자'(2:2)는 누구인가?
- '본성상 진노의 자녀'(2:3)는 무엇을 의미하는가?
- 하나님께서는 누구에게 "당신 은혜의 풍성한 부요함"을 나타내시는가(2:7)?
- 2:8에서 '이것'은 무엇을 가리키는가? 은혜, 믿음, 선물, 또는 다른 것인가?

에베소서 2:11~22

- "육신으로 '할례받은 자'라 불리는 사람들"(2:11)은 누구인가?
- '멀리 있는 이들'과 '가까이 있는 이들'(2:13)은 누구를 가리키는가?
- '가로막힌 중간의 담, 곧 원수'(2:14), '계명의 율법'(2:15), 그리고 다시 쓰이는 '원수'(2:16)는 무엇을 의미하는가?
- 그리스도께서는 그것들을 어떻게 '폐하시고', '무효하게 하시고', '죽이셨는가?'

에베소서 3:1~13

- '하나님 은혜의 경륜'(3:2)과 '비밀의 경륜'(3:9)은 무엇인가?
- '비밀'이 3:3, 4에서도 쓰이는데, 무엇을 의미하는가?
- '모든 성도 중에서 가장 작은 자보다 더 작은 자'(3:8)는 무엇을 뜻하는가?

에베소서 3:14~21

- '그러므로'(3:14)—그 이유는 무엇인가?
- '아버지'(3:15)와 '모든 족속'(3:15)의 관계는 무엇인가?
- 바울은 3:16~19에서 정확히 무엇을 기도하는가?
- 그리스도께서 "믿음으로 말미암아 너희 마음에 거하신다"(3:17)라는 말은 무슨 의미이며, 왜 이것을 기도하는가?
- 우리는 어떻게 "하나님의 모든 충만하신 것으로 충만해지는가?"(3:19)

여러분 스스로 대답을 찾아보라. 어떤 질문은 문법을 깊이 파고들어야 하고, 어떤 질문은 본문을 세심하게 읽어야 하며, 또 어떤 질문은 전통적인 주석에서 전문가의 의견을 참고해야 한다.

중요한 것 그리고 중요하지 않은 것(Significant and Insignificant)

본문에 보이는 모든 토끼를 쫓지 말라. 그러다간 토끼 굴에 갇혀 빠져나올 수도 없으리라. 모든 것이 늘 중요하지는 않다. 중요한 것과 그렇지 않은 것을 구별하는 기술은 시간이 지나면서 길러진다. 이러한 감각을 기르는 노력은 훌륭한 본문 탐정이 되는 비결이다. 선별하라. 처음부터 계속해서 질문하라. "이것을 알아야 저자가 하려는 **실행**을 분별하는 데 유익한가?" "이 본문을 적용하는 데, 이것을 반드시 알아야 하는가?"16 그러면 여러분은 관찰력을 더욱 정밀하게 연마할 수 있다.

어떤 본문 요소가 중요한지는 그것을 포함하는 목적에 달려 있다. 예를 들어, 사무엘상 15:1에서 저자가 '**음성**(voice)', 곧 "야훼의 말씀 음성(the voice of the word of Yahweh)"이라고 쓴 이유는 무엇일까? 이를 의도해서 썼다고 생각하면 (그리고 실제로 의도했다면), 이는 중요한 요소다. 이 요소를 기록하라. 저자가 말하는 내용을 결정하는 이 단계에서는 그 이유를 정확히 알 수 없어도, 저자가 하려는 **실행**을 분별하는 다음 단계에서 따라가야 할 요소로 표시해 두라. 물론, 처음에는 주의를 기울이지 않았던 특정 단어나 문법적 요소를 나중에 더 깊이 탐구해야 할 수도 있다. 하지만 페리코페 신학을 파악하는 데 도움이 되지 않는 의미론적 탐색은 과감히 포기하기를 바란다. 단순한 흥미나 즐거움을 누리려고 단어를 연구하지 말라. 역사나 지리를 살피는 일도 마찬가지다. 언어적 실력을 키우려고 히브리어나 헬라어 모든 구절을 번역할 필요도 없다. 구절 의미가 비교적 명확하면, 그대로 두라. 당신은 이미 그 뜻을 이해했다.17 조각내고, 쪼개고, 분석하고, 원자화할 필요가 없

---

16 어떤 주석은 에베소서 저자 문제를 논의하는 데만 60여 쪽을 할애한다 (예를 들어, Harold Hoehner, *Ephesians: An Exegetical Commentary* [Grand Rapids: Baker Academic, 2002], 1~61). 중요한 문제이긴 하나, 교회가 정경으로 받아들인 본문의 각 페리코페에 관한 신학을 설교하는 데까지 중요하지는 않다. 설교할 목적이라면, 어떤 논의는 그리 중요하지 않을 수도 있다. 저자 문제에 관해서는 Kuruvilla, *Ephesians*, 9~13를 참조하거나, 에베소서 서론을 더 간략히 논의하는 http://www.homiletix.com/preaching2019/commentaries만으로도 충분하다.

다. 귀중한 시간과 에너지를 아껴야 한다.

예를 들어, 에베소서 1장에서 '사도'(1:1)의 의미나 바울의 인사말에서 '은혜'와 '평화'(1:2)가 지닌 뉘앙스 차이를 깊이 파고들 필요는 없다. 설교 관점에서, 전체 이동을 이해했다면 충분하기 때문이다. 하지만 1:1~14에서 핵심 용어인 "복을 주셨다(blessed)"(1:3)는 더 깊이 살펴야 한다. 또한 "때가 찬 경륜"(1:10)처럼 난해한 표현은 설명해야 할 수도 있다. 야곱 이야기의 첫째 페리코페(창 25:19~34)에서는 25:27에서 야곱과 에서를 묘사함이 긍정적인지 부정적인지, '장자권'(창 25:31~34)이 무엇을 의미하는지를 파악해야 한다. 그러나 말하는 내용에 있는 모든 요소가 저자가 하려는 **실행**/신학을 분별하는 데는 중요하지 않다.

여기서 신학교에서 성경 언어를 연구함이 저자가 말하는 내용을 파악하는 데 필수라고 강조하고 싶다. '발(f-o-o-t)'과 '서 있다(s-t-a-n-d-i-n-g)'가 각각 무엇을 의미하는지, 이 단어들이 대명사 '내(my)'와 '네(you)'와 어떻게 연결되는지, 동사 '이다(are)'와 감탄사 '야(hey)!'가 어떤 역할을 하는지를 이해하지 못하면, 승강기에서 누군가가 "여보세요, 제 발을 밟고 있잖아요!"라고 외쳤을 때, 그 말로 상대방에게 기대하는 **실행**을 올바르게 이해할 수 없다. 저자가 말하는 내용을 파악하는 데는 전통 학자들과 표준 주석보다 더 나은 자료가 없다. 그리고 수년간 경험을 가진 주석가들은, 침례식, 장례식, 친교 모임, 상담, 제직회의, 문제 해결, 자원봉사자 독려 등으로 지친 목사-설교자가 할 수 있는 것보다 훨씬 더 정확하고 효율적으로 저자가 말하는 내용을 분별하는 해석을 수행할 수 있으며, 이미 그렇게 해두었다. 하지만 기억하라. 곧, 적용을 위한 본문 해석은 저자가 하려는 **실행**, (곧 페리코페 신학)을 분별하기 전까지는 절대 완성되지 않는다. 설교자에게 필요한 것은 페리코페 의미론

---

17 전통적인 주석가들은 하나같이 문장 도해(diagramming)를 높이 평가한다. 하지만 필자는 그다지 선호하지 않는다. 물론, 끝없이 이어지는 긴 절이 포함을 복잡한 문장이라면 필요할 수도 있다. 에베소서에도 그런 문장이 몇 개 있지만, 그조차도 내게 문장을 도해하도록 강요한 적은 없다. 에베소서에 관한 표준 주석서들만으로도 그런 복잡한 구조를 충분히 이해할 수 있다.

(저자가 말하는 내용)을 파악하는 전통적 해석을 넘어, 페리코페 화용론 (저자가 하려는 **실행**)을 분별하는 **신학적** 해석이다. 그렇게 해야만 설교자 그리고 그들이 목양하는 하나님의 백성이 적용으로 나아갈 수 있다.

의심할 여지 없이, 저자가 말하는 내용을 결정하는 단계(질문과 답변, 의의 구별 포함)는 다음 단계, 곧 저자가 하려는 **실행**을 분별하는 다음 단계와 이미 맞물려 있다. 이는 처음부터 저자가 하려는 **실행**을 염두에 두기 때문이다. 달리 말해, 석의(exegesis)는 저자가 말하는 내용을 파악하기로 시작하지만, 저자가 이 말로 하려는 **실행**을 분별해야 비로소 완성된다.

얼굴에 발진이 증상이 있는 피부과 환자 사례로 다시 돌아가 보자. 필자는 피부과 의사로서 병력을 조사하고 진찰하는데(이는 '저자가 말하는 내용'을 파악하는 과정이다), 또한 동시에 가능한 진단을 고려한다(이는 '저자가 하려는 **실행**'을 분별하는 과정이다). 궁극적 목적은 적절한 치료법 처방, 곧 ('적용'을 찾아내는 과정이다). 이 환자가 성인에게 흔히 발생하는 얼굴 발진의 원인 중 하나인 장미진(rosacea)을 앓고 있을 가능성이 크다고 추측한다. 이를 확인하려고 추가 질문을 한다. "눈이 가렵습니까? 홍조 반응이 자주 나타나나요? [장미진 환자에게 흔한 증상입니다.]" 환자는 단호하게 "아니요."라고 답한다. 내 진단이 틀렸을 가능성이 커졌다. 나는 발진 부위를 더욱 자세히 살펴본다. 만져 보니 발진 부위가 따뜻하고 다소 단단하며 윤기가 난다. 혹시 세균 감염에 의한 피부병인 단독(erysipelas)은 아닐까? 이를 확인하려고 다시 묻는다. "관절이 아프거나 두통이 있거나, 메스껍습니까?" 환자가 답한다. "네, 며칠째 머리가 계속 아파요." 이처럼 증상을 평가하고 예비 진단을 내린 뒤, 추가 징후를 점검하여 진단을 수정하고, 다시 확인하며 정밀하게 조정하는 과정을 반복한다. 이제 확신 있게 치료법을 결정할 수 있다. 이제 (단독이라면 항생제를) 처방할 수가 있다.[18]

---

18 "물론, 중요한 요소(붉어짐, 경화, 두통)와 중요하지 않은 요소(환자의 M자 탈모, 파란색 넥타이, 안경 착용)를 구별한다." Abraham Kuruvilla, "What Is the Author *Doing* with What He Is *Saying*?' Pragmatics and Preaching—An Appeal!" *Journal of the Evangelical Theological Society* 60 (2017): 557~80

정리하면, 진단은 질병 상태를 파악하여 적절한 치료를 제공하는 데 초점을 맞춘다. 마찬가지로 석의, 더 정확히 말해 **신학적** 석의(theological exegesis) 또한 페리코페 신학을 '진단/분별(diagnosing/discerning)'하는 데 집중해야만 유효한 적용을 찾아낼 수 있다. 이제 저자가 하려는 **실행**을 분별하는 단계로 나아가자.

저자가 하려는 실행을 찾아내기(*Discerning* Doing)

불행히도, 저자가 하려는 **실행**을 찾아내는 일(페리코페 신학) 찾기는 대부분 스스로 감당해야 한다. 번역가나 주석가들조차도 본문 화용론(textual pragmatics), 곧 저자가 본문에서 말하는 문자적 의미가 어떤 영향을 미치며 어떤 반응을 의도하는가의 중요성을 깊이 인식하지 못한 채, 본문 의미론(textual semantics)에 머무르는 경향이 있기 때문이다.

저자가 하려는 **실행**을 찾아내는 일은 아마도 설교 준비 과정에서 가장 어려운 단계이리라. 적절한 단추만 누르면 저자가 하려는 **실행**을 자동으로 드러내는 레시피 같은 방법은 없다. 지난 10여 년간 이 개념과 씨름한 끝에, 필자는 본문 화용론—저자가 청중에게 특정한 태도나 행동을 유발하려는 신학적 의도를 분별하는 작업—이 과학이라기보다 예술에 가깝고, 단계별로 공식화하거나 체계적으로 정리하기에는 적합하지 않음을 깨달았다.[19]

해야 할 일 목록 그리고 본문에서 찾아야 할 항목을 나열하는 방식(모든 종류 주해에서 흔히 사용하는 접근법)은 실제로 크게 유익하지 않은 경우가 많다. 그런데도 설교학 교과서에서는 연대 정신으로 이런 방식을 일반적으로 채택하기에, 필자가 쓰는 '주의 깊게 살펴볼 요소' 목록을 제시하고자 한다. 에베소서 1~3장의 처음 여섯 페리코페를 예로 들어, 저자가 하려는 **실행**을 분별하는 데 유익할 중요한 단서들을 살펴보겠다.[20]

에서는 의료 진단이 본문 해석과 어떻게 비슷한지 말한다.

19 Kuruvilla, "Time to Kill the Big Idea?"를 보라. 이 논문은 이 책 〈부록 1〉, 「빅 아이디어 대 신학적 초점」 그리고 〈부록 2〉, "설교—논증 대 주장"에서 요약한다.

구조(Structure)

- 1:10을 중심으로 한 교차 구조(chiasm)
- 1:20을 중심으로 한 교차 구조
- 2:1~10을 '행함'(2:2, 10)으로 감싸는 수미쌍관 구조(bracketing)
- 2:15~16을 중심으로 한 교차 구조
- '그리스도의 사랑'(3:19)을 중심으로 한 교차 구조

특이한 요소(Unusual Elements)

- 신약성서에서 가장 긴 문장(1:3~14)
- 삼위일체 초점이 두드러진 1:3~14
- 해부학 표현(머리, 손, 발, 몸)이 쓰이는 1:20~23
- 여담(digression)인 3:2~13
- 역설—하나님의 위대한 계획에서 바울이 맡은 중요한 역할(3:2~9)에 비추어 바울이 자신을 낮추는 표현들(죄수, 3:1; "지극히 작은 자보다 더 작은 자" 3:8; 그리고 자기 사역을 나타내는 수동태 동사들, 3:2, 3, 5, 7, 8, 9, 10)

강조(Emphases)

- 하나님의 계획과 목적(1:5, 9, 11; 여러 단어 쓰임)
- 능력(1:19)에 네 가지 동의어, 적대적 세력(1:21)에 네 가지 동의어
- '위대함'(1:19), 신약에서 딱 한 차례만 쓰임
- 시간과 공간을 초월한 그리스도의 권능(1:21)

---

20 이러한 단서(증상)는 저자가 하려는 **실행**(진단)을 분별하는 데 얼마나 중요한지는, 이 책과 필자 주석 『에베소서』에서 해당 구절을 설명하는 내용을 참조하라.

대조(Contrasts)

- 과거(2:1~3) ↔ 현재(2:4~9) ↔ 미래(2:10)
- 그때(2:11~12) ↔ 지금(2:6~22)

페리코페 연결(Links between Pericopes)

- 모든 것(1:10, 22)
- 적대적 권세(1:21; 2:2)
- 하나님의 영광이 성전을 채움(1:23; 2:21~22)
- οἰκ-(οἶκος의 어간, '집')을 포함하는 단어들(2:19, 20, 21, 22; 3:2, 9, 17)
- 경륜(1:10; 3:2, 9)
- 권능(1:19~23; 3:7)
- 적대적 세력(1:21; 2:2; 3:10)
- 목적(1:11; 3:11)
- 충만함(1:23; 3:19)

필자는 이러한 점검 목록이 확실히 그리 유용하지 않다고 여긴다. 다만, 해석자는 저자가 하려는 **실행**을 분별하려고 본문 구조, 특이한 요소, 강조점과 대조, 그리고 문단 간의 연결 등을 비롯한 여러 요소를 주의 깊게 살펴봐야 한다는 점은 강조한다.

환자 페리 코페(Perry Cope)씨가 피부 검진을 받으러 온다고 치자. 여러분은 새내기 피부과 의사 프리처(P. R. Eacher, MD)이며, 여러분에게는 따라야 할 검사 목록이 있다. 그중 하나는 점(moles)이다. 하지만 코페씨 피부를 들여다보면 온갖 것들이 있다. 도대체 무엇이 점이고, 무엇이 딱지이며, 무엇이 검버섯이고, 무엇이 낭포(囊胞)일까? 어떤 병변이 점이라고 정확히 판단할 수 있어도, 그것이 양성인지 악성인지, 우려할 만한 것인지 아닌지는 또 어떻게 알 수 있을까? 더 나아가, 더 구체적인 평가 기준을 제공하는 또 다른 검사 목록—"비대칭(Asymmetry), 경계(Border), 색(Color), 직경(Diameter), 변화(Evolution)"(이른바 점 ABCDE 법칙)—이 있어도, 어느 정도 비대칭이 해가 없고, 어떤 경계가 정상이며, 색상 범위는 어디까지가 괜찮은 것인지, 직경이 몇 밀리미터를 넘어서면 위험 신호인지, 점이 어떻게 변하면 우려해야 하는지 등을 어떻게 결정할 것인가?

검사 목록은 분명히 유용하지만, 진단은 단순히 나열된 항목을 기계적으로 점검하는 일 그 이상을 요구한다. 환자 병력(이전에 피부암을 앓은 적이 있는가? 햇빛에 얼마나 노출되었는가? 자외선 차단제를 사용했는가?)과 가족력, 환자 피부 유형, 그리고 이 점을 다른 점들과 비교할 때 어떤 특징을 갖는지(일명 '미운 오리 새끼[ugly duckling]' 검사), 더 정밀한 관찰을 위한 피부경(dermatoscope) 활용 등 다양한 요소를 고려해야 한다. 그러나 무엇보다 중요한 점은, 아무리 병력과 배경이 특별한 의심을 불러일으키지 않더라도, 오랜 임상 경험으로만 얻을 수 있는 섬세한 진단 감각과 통찰력이다. 이것은 다른 어떤 것으로 절대 대체할 수 없다. 본문이 하려는 **실행**을 진단하기와 다르지 않다.

필자가 그 **실행**을 분별하는 방식은 따로 있다. 먼저, 저자가 말하는 내용을 찾아내고서, 본문과 더욱 깊이 씨름함으로 이를 받아들이고 동화하고, 그런 다음에 모든 본문 자료를 가장 잘 설명할, 저자가 하려는 **실행**에 관한 첫째 가설을 세우는데, 이는 본문 자료를 기반으로 가정해서 저자가 하려는 **실행**을 추론하는 과정, (곧 귀납적 추론)이다. 이제 이 첫째 가설을 뒷받침할 추가 검사 증거를 찾는데, (곧 연역적 추론)이다. 그리고 이러한 발견을 모두 종합하여 저자가 하려는 **실행**을 더 정교하게 찾아내는데, (귀납적 추론)이다. 이 과정을 종종 여러 차례 반복하며, 나선형으로 점점 깊어지는 탐구로 이어간다. 이 과정에 일정 부분 과학적 접근을 포함하지만, 궁극적으로는 예술적 통찰을 요구하는 작업이다. 무엇보다, 하나님과 동행하는 이들 안에서 성령께서 조명하시는 활동 없이는 완전할 수 없다.21

---

21 다시 기억하자. 우리 설교자는, 젊든 늙든 또는 초보든 전문가든, 하나님과 함께하는 삶에 늘 세심한 주의를 기울여야 한다. 이는 평생 지속해야 할 헌

'그 **실행**'을 분별하는 법은 배워서 알기보다는 익혀야 한다(의학 교육에서 진단 능력을 익히는 것과 마찬가지다).22 앞서, 설교자를 청중을 안내하는 본문 길잡이/해설자로 비유한 바 있다. 이제, 이 비유를 한 단계 더 확장해 보자. 만약 여러분이 학생으로서 **실행**을 분별하는 법을 배운다면, 먼저 본문이라는 그림과 그 신학적 핵심을 당신을 위해 선명하게 보여줄 수 있는 길잡이(큐레이터)가 필요하다. 길잡이에게 안내받으면, 이후 당신이 설교에서 청중을 위해 그 의미를 전달하는 데 큰 도움을 얻는다. 이것이 바로 이 책에서 에베소서와 야곱 이야기의 각 페리코페를 다루며 시도하는 작업이다―독자와 학생을 위해 본문을 정리하고 안내하는 일이다.23 시간이 지나면서, 여러분에게 페리코페를 안내하고 설명하는 내용을 접하다 보면, 이 작업이 어떻게 이루어지는지 익힐 수 있다. 이는 예술적 뉘앙스와 섬세한 표현, 본문의 색조와 음영을 포착하는 감각을 기르는 과정이다. 필자를 믿어도 좋다. 독서함으로 이를 익히고 독서 경험이 쌓일수록, 저자가 이 본문으로 하려는 **실행**을 분별하는 일은 점점 더 자연스럽게 이뤄진다.24

저자가 하려는 **실행**을 분별하는 데 가장 중요한 조언 한마디 한다. "너무나 빨리 포기하지 말라!" 본문을 여러 번 읽어라, 본문에 몰입하

신이며, 하나님께 더욱 가까이 나아가고 영적으로 성장하고 성숙하는 일을 결코 포기해서는 안 된다. 그 여정 자체가 우리를 더 나은 해석자이자 설교자로 급성장하게 한다.

22 의학은 강의와 책 등으로 많은 내용을 배울 수 있지만, 가장 효과적인 의학 학습은 수습으로 체득이다―임상실습(clerkship), 수련의 과정(internship), 전문의 실습(residency), 특별 연구원(fellowship) 과정에서다. 이 시기에 의학은 단순히 배우지 않고 '체득'한다. 전문가를 가까이에서 따라다니며 그분 지도를 받아 진료하고, 교육상 선별한 임상 사례를 경험한다.

23 이는 필자가 집필한 주석에서 시도하는 방식이기도 하다. 독자가 저자가 하려는 '**실행**'을 감지하는 민감한 눈과 귀를 기를 수 있도록, 페리코페를 하나하나 길잡이 한다. 필자 주석 *Ephesians*, *Genesis* 등을 참고하라.

24 마찬가지로, 의료 실무 경험은 의사의 진단 능력을 더욱 예리하게 다듬는다. 필자 삶의 또 다른 한 부분에서는, 환자 진료로 이 능력을 쌓는 데 무려 20년이 넘는 시간이 걸렸다.

라, 본문과 씨름하라. 그 열매를 맺을 때까지 본문을 붙들고 놓지 말라. 끊임없이 스스로 질문하라. "저자는 왜 이런 말을 했을까? 저자는 이 본문으로 무슨 **실행**을 기대할까?" 그 **실행**을 설명할 수 있는 여러 이유('진단')를 찾아보라. 그리고 이렇게 검토하라. "본문에서 확인한 모든 요소(각종 '증상')가 내가 분별한 그 **실행**('진단')과 조화를 이루는가?" 만약 그렇지 않다면, 방향을 잘못 잡았을 수 있다. 한 걸음 비켜서서 다시 다가가라. 이 과정은 단순한 시행착오나 답을 찾아내는 퍼즐 풀이가 아니다. 오히려, 저자가 하려는 **실행**과 그가 말했다고 결정한 내용이 조화를 이루는지 자세히 평가하는 작업이다. 어떤 '진단'이 '증상'과 맞지 않다면, 분명히 어딘가 잘못이 있다. 예를 들어, 사무엘상 15장은 '목소리(voice)'라는 단어를 중심으로 복잡한 언어유희를 펼친다. 따라서 이 본문은 단순히 '악한 민족 아말렉의 운명'에 관한 논의가 아니며, 또한 "신자도 불성실하게 신앙 생활하면 하나님의 준엄한 심판을 받는다"라는 경고도 아니다. 더 나아가, 하나님은 절대적인 권위를 가지셨기에, 집단 학살로 보일 수 있는 명령도 내릴 수 있는 분이라는 식으로 하나님의 전능성을 주장하는 본문도 아니다. 그러므로, 이 본문에서 단순히 모든 상황에서 하나님의 심판에 복종하라는 교훈을 끌어냄은 저자 의도를 오해함이다.25

저자가 하려는 **실행**을 점차 분별함에 따라, 그것이 서서히 형태를 갖추기 시작함에 따라, 더 진행하게 하는 비결이 있다. 곧, 본문의 핵심 사상을 파악하게 할 '표지(label)'—개념어(conceptual terms), 약어(shorthands), 제목(titles), 실마리(handles)—를 붙여라. 이 표지는 단어, 구, 문장일 수 있는데, 이것들은 여러분이 생각하기에 본문이 무엇을 말하는지, 그리고 저자가 하려는 **실행**이 무엇인지를 표시한다. 그것들을 모두 모아라. 그런 다음, 중요하지 않거나 분명히 잘못된 것들을 걸러내라. 이를 반복하면서 정제하라. 그러고서 남은 단어, 구, 문장을 서로 연결하여, 마침내 하나로

---

25 이러한 여러 문제가 타당하지 않다는 말이 아니다. 분명히 다루어야 할 문제이지만, 설교에서는 적절하지 않다는 말이다. 아마 주일 성경 공부와 같은 다른 자리에서 다루는 편이 더 적합하다.

통합한 문장을 도출하라. (때로는 두세 개 문장이 필요할 수도 있지만, 한 문장이 가장 이상적인데, 한 문장은 그것들 관계를 명확하게 정리해 주기 때문이다.) 이렇게 완성한 문장—필자는 이를 **신학적 초점**(Theological Focus)이라고 한다—은 곧 해당 페리코페에서 저자가 하려는 **실행**, 곧 페리코페 신학(pericopal theology)을 요약한 표현이다.26

잠언의 몇 구절에서 저자가 하려는 **실행**을 분별해 보자. 여러분이 이미 저자가 말하는 내용(saying)을 이미 확정했으며, 이 본문에 있는 어떤 단어나 개념에도 혼란스러워하지 않는다고 가정한다.27

잠언 4:1

아들아, 아버지의 훈계를 잘 들어라,
　명철을 얻도록 귀를 기울여라.

이 본문에서 아이디어 표지(idea label)는 '듣기, 훈계, 아버지, 아들, 또는 이해'일 수 있다.28 이러한 표지를 조금 더 확장해 보라.

- '아버지의 훈계에 귀 기울이기' 표지와 '아이들이 이해한다' 표지는

---

26 신학적 초점은, 표지가 지칭하는 대상과 관계가 있듯이, 페리코페 신학과 관계가 있다. 예를 들어, "d-o-g"는 개가 아니다. 그것은 단순히 개를 가리키는 영어 이름일 뿐이며, 집에서 키우는 개(Canis lupus familiaris)를 지칭하거나 참조하며 그 종을 나타내는 개념어, 약어, 제목, 또는 실마리 역할을 한다. '집에서 키우는 개'라는 제목 자체가 실제 동물을 대신할 수 없다. 마찬가지로, 본문 + 신학을 나타내는 신학적 초점은 그 경험을 대체할 수 없다. 그것은 설교 준비자에게 도구일 뿐이다(〈부록 1〉을 참조하라).

27 필자는 간략히 언급하기에, 저자가 말하는 내용을 결정하기와 저자가 하려는 실행 분별하기를 자세히 나누지 않은 채 다룬다. 이는 일반적으로 신학을 분별하고 진단하는 방식이다. 곧, 최종 진단에 도달할 때까지 증상과 잠정적 결론 사이를 오간다.

28 설교 경력 초기에서는 성경 본문에서 나온 단어들을 표지로 쓰지 않는 게 좋은데, 이는 필자가 방금 한 것과는 반대 방식이다. 성경 단어를 피하는 것은 본문을 단순히 묘사하기보다는 해석하게 한다.

2. 페리코페에서 신학을 알아낸다   99

한 문장으로 묶을 수 있다. 곧, "아버지의 훈계에 귀 기울임으로, 아들은 이해한다."

한 걸음 더 나아가 보자. 여러분은 하나님의 모든 백성을 위해 **본문 앞에 펼치는 세계**에서 일어나는 일을 항상 시각화하려 한다는 사실을 기억하라. "아버지"는 '부모(아버지나 어머니)', '장로(멘토, 목사, 교회 지도자, 교수)', 기타 등으로 여길 수도 있다. 물론, "아들"은 성별과 관계없이 모든 어린이를 포함한다. 이 점을 고려하여 신학적 초점을 이렇게 구성할 수 있다.

- "아이들은 부모의 훈계를 듣고서 이해한다."

    또는 "하나님의 백성은 그들 연장자에게 훈계를 듣고 이해한다."

물론 여기에는 유연성을 발휘할 여지가 충분하다. 하여튼, 위 문장은 잠언 4:1의 신학적 초점이다.[29] 신학적 초점은 어느 형태로나 자유롭게 표현할 수 있으나, 주의할 점도 있다.

1) 명령문은 쓰지 않는다. 설교에서 명령문은 적용 부분에서만 사용해야 한다. 그렇지 않으면 청중은 무엇을 해야 할지 혼란스러워할 수 있다(이 책 3장 「페리코페 신학에서 적용을 긷는다」를 참조하라).
2) 1인칭 대명사나 2인칭 대명사를 사용하지 않는다. 본문이 다루는 이상적인 세계에서는 하나님의 백성 **모두**는 성경의 말씀을 듣는 대상이므로, 그 대상을 제한하는 1인칭이나 2인칭 대명사는 쓰지 않는 게 바람직하다.

예를 들어, "이해하려면 여러분의 장로들에게 들어라"는 2인칭 대명사를 사용한 명령형이므로 신학적 초점을 표현하는 데 적합하지 않다.

처음에 생각한 표현을 적어두고, 최종 결과물이 만족스러울 때까지 계속해서 수정하고 재구성하면 도움을 얻는다. 최종 신학적 초점이 **본문 앞에 펼치는 세계**에서 일어나는 일에 관한 요약 표현(label)으로 만족

---

[29] 우리는 한 구절짜리 페리코페를 다루고 있기에, 신학적 초점이 그 구절보다 더 길어질 수 있다. 그러나 걱정하지 말라, 더 긴 문단에서는 더 길지 않다.

스럽기까지, 쓰고, 수정하고, 반복하라.

이 잠언 구절을 남성 성경 공부 시간에 설교한다고 상상해 보자. 그때는 "자녀"를 '아들'로 좁히고 싶을 수도 있다. 또한, 남성 청소년을 대상으로 설교한다면, "장로"를 '부모'로 바꾸면 더 적절하다. 남성 청소년 모두 독신 아버지의 아들이라면, '아들'과 '아버지'는 잠언 구절처럼 딱 맞아떨어진다. 다시 말해, 저자가 하려는 **실행**을 분별하기 시작한 이 순간에도, 여전히 청중을 염두에 두고 적용 측면에서 어디로 나아갈지 고민해야 한다. 잠언에 있는 다른 구절을 살펴보자.

잠언 15:23

적절한 대답은 사람을 기쁘게 하니 (A)

알맞은 말이 제때 나오면 참 즐겁다. (B)

저자가 말하는 내용을 결정하기(Determining Saying). A행과 B행은 동의 대구, (곧 A = B)이지만, 느슨한 동의 대구이다. 따라서 "적절한 대답은" "제때 한 말"과 같아야 한다.

저자가 하려는 실행 분별하기(Discerning Doing). 여기에서 사상 표현은 적절한 대답이나 적절한 때 한 말에 관한 사람의 기쁨과 선함을 포함한다. 잠언 15:23의 병행법을 염두에 두고, 이를 적절한 때에 적절한 말을 받았을 때 사람이 경험하는 기쁨과 선함으로 확장할 수 있다. 문장으로 표현하면 "사람은 적절한 말에 기뻐한다." 하나님의 이상적인 세계에서 "사람"이라는 표현은 '개인'을 의미하는 환유일 가능성이 크다. 따라서 여기 신학적 초점은 이렇게 구성할 수 있다. "사람은 제때 적절한 말에 기뻐한다."30

다른 예를 들어보자. 이번에는 서사인데, 이솝의 이야기에 있는 좀 지루한 내용일 수 있다.

---

30 이 신학적 초점에 반응이 무엇일지, 곧 적용이 무엇일지 생각함도 정신적 훈련일 수 있다. 다른 이들을 기쁘게 하려고 적절하게 말하는 것일까?

이솝, 「여우와 까마귀」.

옛날 옛적에 까마귀가 큰 치즈 조각을 발견했다. 부리로 치즈를 움켜쥐고 근처 나뭇가지에 앉아 행운을 기뻐했다. 바로 그때 여우가 우연히 지나가다가 나뭇가지에 앉은 까마귀와 부리에 물려 있는 치즈를 보았다. 여우는 치즈를 차지하기로 결심하고서 계략을 꾸몄다.

여우는 나무로 다가가서 까마귀에게 소리쳤다. "정말 아름다운 새군요. 몸매도, 깃털도, 눈도! 와! 그리고 그 모든 아름다움에 걸맞은 정말 아름다운 목소리까지 가지셨네요. 당신 목소리의 아름다움을 제가 즐길 수 있도록 허락해 주시겠어요? 노래 한 곡 불러 주시겠어요?"

까마귀 가슴은 자부심으로 부풀어 올랐다. 그래서 생각했다. "물론이지. 나는 아름답지. 그리고, 맞아. 나는 아름다운 목소리를 가지고 있어. 이 여우에게 내 노래가 얼마나 놀라운지 보여줘야지." 그녀는 입안에 치즈가 있다는 사실을 잊고 까옥거리기 시작했다.

치즈가 떨어졌다. 그래서 여우는 맛있게 먹었다.

이 이솝 우화에서 여러 가지 아이디어 표현을 추출할 수 있다. 예를 들어, 자부심(까마귀에게서), 탐욕(여우에게서), 속기 쉬움(까마귀에게서), 교활함과 아첨(여우에게서), 손실(까마귀에게서), 이득(여우에게서) 등이다. 이 단어들을 더 구체적인 어구나 문장으로 확장해 보자.

- 교활한 여우는 아첨한다.
- 교만한 까마귀는 아첨에 쉽게 속아 굴복한다.
- 까마귀는 전리품을 잃는다.
- 여우는 이득을 본다.

이 아이디어들을 연결해 한 문장으로 표현하자.

- "교만한 까마귀는 교활한 여우의 아첨에 쉽게 속아 굴복하고 여우에게 전리품을 잃는다."

이 문장이 좋은 출발점이나, 사실 이야기를 단순히 요약할 뿐이다. 이는 저자가 말하는 내용일 뿐이다. 동물과 새, 그리고 그들에게 일어난 일에서 벗어나 보자. 치즈와 노래, 아름다움과 깃털(의미론, 곧 '말하는 내용')에서 거리를 두자. 대신, 이솝이 그린 **본문 앞에 펼치는 세계**의 그림을 포착하려고 노력하자(화용론, 곧 저자가 하려는 실행). 저자가 하려는 **실행**은 무엇인가? 그가 투영하는 이상적인 세계는 어떤 모습인가? 저자에 따르면 그 세계의 요구 사항은 무엇인가? "자만심에 사로잡혀 아첨에 속지 않아야 손실을 막는다." 이것이 이솝이 이 본문으로 투사하는 이상 세계에서 일어나는 일이다. 곧, 주민들이 자만심에 사로잡히고 속지 않아서 손실을 피함이 이상 세계이다.

이 이야기에서 (부정적인) 모델인 까마귀 그리고 그 태도와 행동에 초점을 맞췄음을 눈치챘겠다고 생각한다. 왜 필자는 여우가 아니라, 까마귀를 선택했을까? 서사에서 저자가 하려는 **실행**을 포착하려면, 가장 먼저 해야 할 일 중 하나는 저자가 독자에게 어떤 인물과 동일시하기를 바라는지를 결정하는 일이다. 동일시에는 두 가지 방향이 있다. 하나는 부정적 동일시로, "우리는 이 인물처럼 되어서는 안 된다"라는 방식이고, 다른 하나는 긍정적 동일시로, "우리는 이 인물처럼 되어야 한다"라는 방식이다.[31] 물론 이론적으로 이솝이 "아첨과 속임수, 사기를 이용하면 이득을 얻는다"라는 메시지를 전달했을 수도 있다.[32] 하지만 독자가 까마귀와 동일시하도록 의도했을 가능성이 더 크다. 곧, "교만한 마음으로 아첨을 받아들이는 어리석음을 피해야만 손실을 막을 수 있다." 이

---

[31] 몇몇은 이러한 "~처럼 되라"라는 접근법을 깎아내리지만, 성경에는 부정적이든 긍정적이든 그런 본보기가 가득하다. 예를 들어, 야고보서에서 아브라함과 라합(약 2:21~25), 예언자, 욥, 엘리야(약 5:10~11)가 등장하며, 예수님께서도 종종 인물들을 본받으라고 가르치셨다. 마태복음 7장에서는 지혜로운 건축자를, 마가복음 2장에서는 다윗을, 누가복음 10장에서는 선한 사마리아인을 본보기로 제시하시며, "가서 너도 이와 같이 하라"(눅 10:37)라는 명확한 명령으로 마무리하신다. Kuruvilla, *Privilege the Text!*, 242~47 ∥『본문의 특권!』, 401~12을 참조하라.

[32] 또는 "아첨에 교만이 발동되어 속지 않아야 손실을 막을 수 있다."

것이 바로 이 서사의 '신학적 초점'이다. 우리가 궁극적으로 이르려는 데는, 저자가 **본문 앞에 펼치는 이상적 세계**, 곧 저자가 말하는 내용으로 하려는 **실행**의 본질적 특성이다.

요약하면, 본문 사상을 표현하는 핵심 표현(단어나 구)을 정하고 이를 문장으로 구성해서 신학적 초점을 표현한다(표지). 다시 말해, 페리코페 신학, 곧 저자가 하려는 **실행**이다. 두 문장이나 한 문단으로 정리해도 문제가 되지 않지만, 한 문장으로 표현이 신학적 초점을 더욱 명확하게 파악하는 데 유리하다. 왜냐하면 이렇게 정리함으로써,

1) 설교자가 설교의 여러 부분을 준비하고 하나로 엮어 가는 과정에서 중심을 잃지 않도록 돕는다.
2) 적용을 긷는 과정에서 방향을 잡도록 돕는다(3장 「페리코페 신학에서 적용을 긷는다」를 참조하라).
3) 설교를 구성하는 데 유용하다(특히 이 점에서 신학적 초점이 중요한 역할을 한다. 4장 「설교 이동 지도를 깁는다」를 참조하라).33

중요 참고 사항(An Important Note)

우리는 앞서 페리코페 신학이 본문과 나뉠 수 없다는 사실을 살폈다. 이처럼 본문과 신학은 긴밀하게 통합한 한 실체이며, 이를 '본문 + 신학'이라 한다. 신학은 본문과 나눌 수 없는 관계이기에, 본문과 동떨어진 채로는 온전히 표현할 수가 없다. 본문에 있는 모든 단어는 신학을 힘과 감성(pathos)을 담아, 온전히 그리고 충실하게 전달하는 데 필수이다. 예를 들어, 필자는 사무엘상 15장의 신학을 다음 말로 요약한다. "하나님께 헌신한 사람은 세상이 유혹하는 목소리가 아니라, 하나님의 음성을 듣는다." 이것은 신학적 초점으로 아주 타당한 문장이다. 그러나 여기서 무슨 일이 일어났는지 주목해야 한다. 본문 + 신학(사무엘상 15

---

33 필자가 단어 대신 그림으로 신학적 초점을 만들어 본 적은 없지만, 왜 안 되겠는가? 그것이 당신에게 도움이 되고, 이 세 가지 목적을 충족시킨다면, 기꺼이 그려보라.

장 + 저자가 하려는 **실행**)이 담고 있는 힘과 감성 그리고 그 밖에 모든 요소가 이 짧은 요약에서는 상당 부분 사라졌다. 다시 말해, 사무엘상 15장을 없애고 신학적 초점(페리코페 신학을 요약한 문장)만을 사용할 수는 없다. 이 축소 문장이 본문이 하려는 **실행**을 온전히 담아냈으며 이제 본문을 대체할 수 있다고 착각해서는 안 된다. 어떠한 신학적 초점도, 그것이 비롯한 문단을 완벽하게 대체할 수는 없다. 기억하라, '본문 + 신학'을 설교하라고 부름을 받았지, 그것을 단순히 축소하라고 부름을 받지는 않았다. 그렇다면 설교학에서 신학적 초점, 곧 축소한 문장은 무슨 역할을 하는가? 앞서 언급했듯이,

1) 설교 준비자 여러분이 본문 신학을 이해하게 돕는다. 신학적 초점은 축소 불가능한(이 표현이 모순처럼 보일 수도 있지만) 신학을 간결하게 표현한 표지(label)로, 설교 준비 과정에서 방향을 잃지 않게 한다.
2) 적용을 구체화하는 데 유용하다.
3) 설교 구조를 잡도록 돕는다.

다시 말해, 신학적 초점은 설교 준비에 유익한 도구이지만, 그 한계를 인식해야 한다. 곧, 그것이 본문 + 신학을 대체할 수는 없다.

여기 특별하지 않은 페리코페(uninspired pericope)가 하나 있다.

요한 세바스찬 바흐(Johann Sebastian Bach)

음악 천재 요한 세바스찬 바흐는 열 살 때 부모님이 돌아가신 후, 형 요한 크리스토프 바흐와 함께 살았다. 형은 바흐에게 건반 연주를 가르쳤지만, 어떤 이유에서인지 요한 크리스토프는 자기가 소유한, 당시 유명한 거장들의 건반 작품이 모인 책을 요한 세바스찬에게 보여주지 않았다. 자극을 갈구하던 요한 세바스찬는 문으로 만들어 놓은 창살을 통해 잠겨있던 캐비닛에서 그 책을 몰래 꺼내서, 몇 주에 걸쳐 달빛에서 그 책 전체를 베꼈다!

"11~13세 아이가 이 일을 얼마나 힘겹게 해냈는지 완전히 이해하려면, 그를 따라서 해봐야 한다. 악보는 따로 보관해야 하고, 거

위 깃펜을 잘라야 했으며, 달력과 날씨도 고려해야 했다. 그 나이의 아이들은 잠을 자야 하지만, 그는 잘 수 없었다. 그는 집안의 모든 사람이 잠든 후에야 잠시 눈을 붙일 수 있었고, 그때 비로소 창틀에 필기도구를 정리한 뒤 조심스럽게 캐비닛으로 기어가서 책을 꺼낼 수 있었다. 아무 소리도 내지 않으며. 그리고 그는 달빛이 비치는 동안, 그 희미한 빛 아래에서 계속해서 쓰고 또 써야 했다. 달은 매일 한 시간씩 늦게 떴고, 그는 밤이 되어 달이 적어도 반쯤 보일 때까지 기다려야 했다. 글자는 눈을 감고도 어느 정도 쓸 수 있지만, 음표는 그렇지 않다. 음표는 다섯 줄 위와 사이에 정확히 배치되어야 하며, 그 값과 막대선 까지도 세심하게 맞춰야 했다. 그 후 모든 흔적을 지운 뒤, 책은 꺼낼 때와 같은 상태로 조심스럽게 제자리에 돌려놓아야 했다. 그러고서는 다시 잠을 잤다. 왜냐하면 그는 매일 학교에 다니며 좋은 성적을 받아야 했기 때문이다. 또한 큰 형이 그가 쉬지 못하는 것을 눈치채지 않게 해야 했다."[34]

본문을 여러 번 읽으라. 그 안에 숨겨진 의미를 온전히 파악하라. 그 속에 담긴 주요 사상은 무엇인가? 그것들 표지에는 자극을 추구하는 마음, 다른 작곡가들에게 배우는 열정, 그리고 그 무엇보다도 대단한 인내 등이 있을 수 있다. 바흐가 다른 작곡가들의 작품을 배우려고 겪었던 고난에 관한 세밀한 설명이 전체 단락의 3분의 2 이상을 차지하는 만큼, 저자는 바흐와 같은 천재도 성장하고 계발하려고 끊임없이 인내하며 노력했음을 강조하는 듯하다. 그렇다면, 이 글에서 제시하려는 하는 '신학적' 초점은 무엇일까? "무언가를 더 잘하고 싶다면, 혹은 이미 있는 재능을 더욱 발전시키고 싶다면, 끊임없이 노력해야 한다." 그러나 이 문장은 명령문인 데다가 2인칭 대명사를 사용하고 있으며 문장도 조금 길다. 그렇다면 신학적 초점을 간결하고 명확하게 정리하자. 단어 12개 정도로 줄일 수 있으면, 10개로도 충분히 표현할 수 있다.

---

[34] Klaus Eidam, *The True Life of Johann Sebastian Bach*, tr. Hoyt Rogers (New York: Basic Books, 2001), 11.

초점을 간결하게 줄인 예를 들면 이렇다. "재능이 있어도, 계발하려면 끊임없이 노력해야 한다."35

검증(Validation)

저자가 하려는 **실행**을 정확하게 분별했는지 어떻게 알 수 있을까? 저자가 하려는 **실행**을 올바로 분별했는지를 판가름할 때는 두 가지 중요한 요소를 기억한다.

1. **페리코페에서 일관성**(Intrapericopal coherence). 주어진 페리코페에는 여러 본문 요소/단서('증상[symptoms]')가 있다. 여러분이 저자가 의도하는 **실행**을 정확히 진단했다면, 이 모든 요소는 서로 일치하며 그 '진단'을 지지하는 방향으로 모인다. 특정 문단에서 여러 요소가 어떻게 결합해 저자가 하려는 **실행**에 관한 명확한 그림을 그릴 수 있는지 시각적으로 파악할 수 있어야 한다. 다시 말해, '진단'은 문단에서 모든 요소를 가장 합리적으로 설명해야 하며, 이는 여러 '증상'과 일치해야 한다.

2. **페리코페 사이 일관성**(Interpericopal coherence). 페리코페 사이에도 일관성이 있어야 한다. 곧, 책 전체('진주 목걸이') 궤적을 재구성하는 과정에서 문단에서 문단으로('진주'에서 '진주'로) 자연스러운 연결이 이루어져야 한다. 진주와 진주를 이어주는 목걸이가 어떻게 부드럽고, 빛나며, 매끄럽게 이어지는지를 파악할 수 있듯이, 페리코페마다 선택과 배열에서 식별할 수 있는 명확한 디자인이 있어야 한다.36

다음 에베소서와 야곱 이야기의 예에서 필자는 주어진 페리코페의 본문 요소들이 그 페리코페에서 분별한, 저자가 하려는 **행동**/신학에 일치함을 여기서 그리고 내 주석들에서 제시하려고 했다(문단에서 일관성).

---

35 다시 기억하라. 이것은 본문의 '신학적' 초점, 곧 본문의 '신학'을 요약할 뿐이다. 이것이 원래 본문을 대체할 수 없고, 다만 그것을 가리키거나 언급하는 역할만 한다. 표지처럼 말이다.

36 이는 환자의 가족력, 사회적 배경, 또는 그의 삶과 유전적 배경이 진료실에서 실시한 현재 검사에 일관성을 부여함과 비교할 수 있다.

또한, 전체 책(에베소서 1~6장)이나 완전한 부분(창세기 25~36장)의 궤적이 어떻게 일관성을 보이는지를 제시하며, 페리코페에서 페리코페로 이어지는 인식 가능하며 연결된 전개(페리코페 사이 일관성)을 설명하고자 했다. 이러한 일관성과 전개는 성경의 모든 장르에서 분명히 드러나며, 개별 페리코페에서 저자가 하려는 **실행**을 분별하는 과정에서 올바른 길을 가고 있는지 확인하는 중요한 지침이어야 한다.

페리코페에서 일관성과 페리코페 사이에 일관성뿐만 아니라, 오컴의 면도날(Ockham's razor)도 능숙하게 써야 한다. 곧, 주어진 페리코페에 여러 가지 가능한 신학적 해석('진단')이 있는 듯할 때는 모든 본문 요소('증상')를 가장 간단하게 통합하는 해석을 선택해야 한다. 단순함이 항상 승리한다. 불필요한 복잡성이나 난해한 설명은 과감히 배제하라. 또한, '신학적 초점'은 페리코페에서 도출한 신학이 여러분이 따르는 성경신학과 조직신학 체계와 일치하는지 빠르게 점검하는 데 유용하다. 일치하지 않는다면, 페리코페에 대한 신학적 진단을 다시 고민해야 할 수 있다. 비유를 들어보겠다. 결혼한 사람이라면, 결혼 상태가 여러분의 모든 결정을 지배한다. 그 영향을 순간마다 의식하지 않을 수 있어도, 그 영향력은 분명히 존재한다. 예를 들어, 동료들과 점심을 먹을 때 버거킹에 가는지 맥도날드에 가는지는 결혼 생활에 어긋나지 않는다. 하지만 만약 배우자에게 알리지 않고 새로운 은행 계좌를 개설하거나 이성과 가까운 관계를 맺는다면 문제일 수 있다. 곧, 결혼 생활에는 경계가 있지만, 그 경계 내에서 결혼 서약을 어기지 않으면서도 자유롭게 결정할 수 있다. 성경신학과 조직신학도 마찬가지이다. 여러분은 여러분이 지지하는 신학적 전통과 체계를 가르는 경계를 넘지 않아야 한다. 그러나 그 경계 안내에서, 페리코페 신학(성경신학이나 조직신학보다 더 구체적인)은 여러분 삶에 관한 구체적인 지침을 제공하며, 이는 여러분의 더 넓은 교리적 틀을 침해하거나 위반하지 않는다.[37] 하나님께서 그

---

[37] 필자는 다른 곳에서 조직신학과 성경신학을 페리코페 신학과 구분했다. Kuruvilla, "Preaching Is Theological," in *A Vision for Preaching*, 91~109 ‖ Kuruvilla, 「설교는 신학적인 것이다」, 『설교의 비전』, 141~66를 참조하라.

리스도 안에서 모든 것을 완성하시려는 위대하고 영광스러운 계획, 곧 하나님의 백성을 포함하기에 하나님을 찬양함(엡 1:1~14 참조) 그리고 하나님께서 여러분에게 주신 복을 경시하지 않음(창 25:19~34 참조)은 여러분 성경신학이나 조직신학이 어느 견해이더라도 어떤 측면도 위반하지 않는다. 따라서 성경신학과 조직신학은 페리코페 신학을 분별하고 삶에 적용하는 과정에 직접적으로 개입하지 않는다. 설교를 준비하는 과정에서 성경신학과 조직신학은 경고하는 장벽 역할만 한다.[38]

이제 더 많은 본문 분량을 활용하여 진지하게 연습하겠다.

---

[38] 설교 목표는 회중이 본문과 페리코페 신학을 경험하게 하여 삶이 변화하게 일이다. 성경신학과 조직신학의 해석은 기독교적 소통의 다른 형태로, 주제별 설교로 다루거나 설교 강단 밖 교육적 장면, 예를 들어 주일학교에서 다룸이 가장 적합하다. Kuruvilla, "Preaching Is Theological," in *A Vision for Preaching*, 91~109 ∥ 「설교는 신학적인 것이다」, 『설교의 비전』, 141~66를 참조하라.

에베소서 그리고 야곱 이야기

1. 에베소서 1:1~14

본문 윤곽에 익숙할 때까지 여러 번 읽으라. 너무나 빨리 포기해서는 안 됨을 기억하라.[39]

에베소서를 여는 첫 페리코페는 언뜻 보기에 혼란스럽고 장황하다.[40] 하지만 하나님의 위대한 계획을 1:10이 분명히 말한다. "하늘에 있는 것이나 땅에 있는 것이 다 그리스도 안에서 통일되게 하려 하심이라." 지금은 모든 것이 깨어지고, 혼란스럽고, 무질서하다. 그러나 언젠가 하나님의 위대한 계획대로 모든 것이 그리스도와 통합해 조화를 이루어 하나로 정렬한다. 그분은 우주의 궁극적인 목적이다. 이것이 하나님의 목적이며, 하나님의 위대한 계획은 지금 이곳에서 이미 시작했다.

하나님의 위대한 목적,
곧 우주 만물이 그리스도 안에서 하나로 통합.[41]

---

[39] 다시 말하지만, 여러분이 에베소서 1:1~14에서 말하는 내용을 파악했다고 가정한다. 곧, 여러분은 모든 단어와 개념을 이해했다.

[40] 이 본문에 관한 더 자세한 설명은 Kuruvilla, *Ephesians*, 20~37을 참조하라. 이 본문을 바탕으로 한 주석이 달린 설교의 원고는 〈부록 3〉에서 확인할 수 있다.

[41] 음영 처리한 문구는 위 단락에서 논의한 본문 사상을 표현한다. 핵심 표현은 점진적으로 누적되어(밝힘. **누적 내용**에는 엮은이가 **진하게 함**) 단일 문장, 곧 페리코페의 신학적 초점으로 완성된다. 신학적 초점은 본문 신학(본문 + 신학)을 축약한 표현일 뿐이라고 다시 강조한다. 본질적으로, 필자가 여기 (그리고 다른 곳)에서 하는 일은 본문 신학에 관한 단서를 제시하고, 본문과 신학에

이 모든 것은 분명히 하나님의 의도와 관련이 있다. 여기서 하나님의 "기쁘신 뜻", 하나님의 "의지", 하나님의 "목적", 하나님의 "경륜", 그리고 하나님의 "예정"(예를 들어, 하나님의 선택)을 강조함(1:5, 9, 11)을 주목하라. 하나님께서 착수하시는, 그리스도 안에서 만물의 통합은 하나님의 의도적이며 계획적인 활동이다.

하나님의 **의도적이며** 위대한 목적,
곧 우주 만물이 그리스도 안에서 통합.

그리스도 안에서 만물의 통합이 우주, 곧 "하늘에 있는 것과 땅에 있는 것"을 포함하지만, 1인칭 및 2인칭 복수 대명사와 동사(1:3, 4, 5, 6, 7, 8, 9, 11, 12, 13, 14 참조)가 보여주듯, 하나님의 이 위대한 계획은 우리 인간을 포함한다. 놀라운 사실은, 하나님께서 그리스도 안에서 모든 것을 완성하시려는 이 위대한 계획에 당신 백성을 참여하게 하신다는 점이다. 우리는 하나님께서 우리 믿는 이들을 세상의 기초가 놓이기 "전에(before, πρό, pro)" 선택하셨다고 하는데(1:4), 그들이 "예정되었다 (προορίζω[proorizō], predestined/destined-before, 1:5)"는, 하나님의 주권적 선택을 받은 존재임을 표현한다. 그들이 선택된 이유는 "거룩하고 흠이 없게" 하시려 함이며, 이것이 "그분 앞에서"(1:4)라는 표현은 주 예수 그리스도의 날에 교회가 종말론적으로 드러나는 것(5:27 참조)을 의미한다. 이는 하나님께서 당신 백성을 선택하신 기간이 영원 과거에서 마지막 때까지 펼쳐짐을 나타내며, 이는 참으로 위대한 계획이다! (서신 나머지 부분은 인간이 "거룩하고 흠이 없게" 되어야 하는 책임을 구체적으로 설명한다.)

관한 경험을 길잡이 하며, 신학에 관한 분별력을 촉진하는 일이다. 이 과정에서 동시에 (표현할 수 없는) 페리코페 신학에 관한 신학적 초점을 축약한다. 이는 설교 청취자가 본문을 파악함을 대체하려 함이 아니라, 설교 준비자에게 도움이 되는 세 가지 구체적 목적을 제시하려 함이다. 이 목적은 앞서 여우와 까마귀에 관한 이솝 우화 설명에서 언급한 바 있다.

하나님의 의도적이며 위대한 목적,
곧 우주 만물이 그리스도 안에서 통합은 **믿는 이들을 포함한다**.

그래서 하나님은 우리를 당신 목적에 포함하시려고 그리스도를 통해 은혜로 구원하신다(1:6~8). 따라서 하나님은 예정하심에 있어서 은혜로 우셨을 뿐만 아니라(1:6), 구속하심에 있어서도 풍성하게 은혜를 베푸셨으며, 이는 당신 은혜의 풍성함에 상응한다(1:7~8a). 은혜는 우연히 주어지지 않고, 하나님의 백성을 당신 위대한 계획에 포함하시려는 하나님의 역사에 필수 요소이다.

하나님의 의도적이며 위대한 목적,
곧 우주 만물이 그리스도 안에서 통합은 믿는 이들을 포함하는데,
그리스도에 의해 은혜로우며 기쁘게 구원된 이들이다.

이 모든 것은 하나님의 백성을 매우 사랑하신다는 증거이다. 하나님은 믿는 자들을 "사랑으로(in love)" 선택하셨고(1:4), 그들에게 "사랑하시는 이로(in the Beloved)" 은혜를 베푸셨다(1:6). 하나님의 압도적이며 변함없는 사랑이 이 모든 과정에 깔린 주제임을 알 수 있다. 따라서 이 계획은 단지 오래전에 신중하게 마련하신 일이 아니라, 우리를 당신 목적에 포함하시려는 사랑의 뜻에서 비롯했다. 이 계획은 사랑으로 이뤄졌고, 그것은 하나님께 기쁨을 드리는 관계를 이루어낸다("good pleasure, 기쁘신 뜻", 1:5).

하나님의 의도적이며 위대한 목적,
곧 우주 만물이 그리스도 안에서 통합은 믿는 이들을 포함하는데,
그리스도에 의해 **사랑으로** 은혜로우며 기쁘게 구원된 이들이다.

인간이 하나님의 목적에 참여함은 놀라운 축복이다. 하나님은 우리를 당신 위대한 계획에 참여하는 복을 주셨다(1:3). 우리가 성취할 수 있는 유일한 길은 그리스도 안에서 모든 것을 완성하는 그 목적에 참여하는 일이다. 게다가, 하나님의 자녀가 되는 특권("predestined, 예정", 1:5)은 언젠가 하나님의 상속자가 되는 영광으로 이어진다(역시 "예정", 1:11). 하늘과 땅에 있는 모든 것이 그리스도 안에서 통합되겠지만(1:10), 믿는 이들은 여전히 하나님 계획의 중심에 있다. 이 믿는 이들이 하나님의 소유가 되는 영광스러운 특권은 성령께서 보증하신다(1:13~14).

하나님의 의도적이며 위대한 목적,
곧 우주 만물이 그리스도 안에서 통합은 믿는 이들을 포함하는데,
그리스도에 의해 사랑으로 은혜로우며 기쁘게 구원된 이들에게
넘치는 복이다.

이 특권은 너무나 경외심을 불러일으켜 사도는 1:3~14에서 하나님을 찬양한다. 이는 신약에서 가장 긴 문장으로, 202개의 단어로 구성되어 있다. "찬송하리로다 하나님을 …."

하나님의 의도적이며 위대한 목적,
곧 우주 만물이 그리스도 안에서 통합은 믿는 이들을 포함하는데,
그리스도에 의해 사랑으로 은혜로우며 기쁘게 구원된 이들에게
넘치는 복이라서, 하나님을 찬양하게 한다.

단어가 많아서 너무 길다(영어로는 36단어, 한글로는 25단어). 더 간결하게 다듬자.

> 하나님—당신 백성을 축복하셔서 그리스도 안에서 만물을 통합하시려는 당신 위대한 계획을 이루시려고 그들을 구속하셨다—은, 찬양받으시기에 합당하시다.[42]

필자가 여기서 핵심 사상 표현을 모아서 신학적 초점 문장으로 엮었는데, 이는 표현할 수 없는 페리코페 신학을 표현할 수 있는 개념 (또는 축약형, 제목, 실마리)로 다듬는다. 최종 결과물이 만족스럽기까지 다듬고 다듬어서 거듭거듭 쓴다.

이제 구약성서 본문을 다룰 준비를 했는가?

1. 창세기 25:19~34

페리코페를 읽고, 또 읽고, 다시 읽어라.[43] 저자는 우리가 우리 자신을 누구와 동일시하기를 바란다고 생각하는가(부정적으로, '~처럼 되지 말고', 긍정적으로, '~처럼 되라')? 창세기 25:19~26과 25:27~34에 등장인물 동일시에는 어떤 차이가 있는가? 자, 계속 읽자.

이야기는 평범하게 시작한다. 족장이 아이를 배지 못한 일은 창세기에서 처음이 아니며, 야훼께서 태를 여시는 응답도 마찬가지다. 그러나 야곱 이야기의 이 초반 장면과 아브라함 이야기의 중요한 차이를 짚어야 한다. "[그러나] 그 아들들이 …"(25:22). 성경에서 처음으로, 한 태에 두 명의 동등한 존재가 동시에 있다는 사실이 등장한다. 이것이 문제다. 누가 장자로서 주권적 복을 받을까?

---

[42] 22단어가 할 수 있는 최선이다. 이보다 더 잘할 수 있다고 확신하지만, 지나치게 부담스럽지 않으면 그대로 유지한다.

[43] 이 본문에 관한 더 자세한 설명은 Kuruvilla, *Genesis*, 291~303을 참조하라.

하나님께 복 받기.

이 페리코페 중심에는 자녀들의 투쟁과 복의 계보를 정하는 신성한 신탁이 있다. 이야기 구조를 살펴보자.

이삭은 40세에 리브가를 아내로 맞았다(25:20).
    불임—이삭은 아내가 아이를 배지 못하자, 야훼께 "간구했다(עתר, 'atar)"(25:21a).
    잉태—야훼께서 이삭에게 "응답하셔서서(עתר, 'atar)", 리브가가 아이를 뱄다(25:21b).
    자녀들 투쟁—아이들이 뱃속에서 싸우자, 리브가는 야훼께 묻는다. 야훼께서 주권적으로 정하신다(25:22~23).
    임신—임신 기간이 끝나자, 쌍둥이가 태어난다(25:24).
    출산—아이들 출생, 외모, 이름 짓기(25:25~26a).
이삭이 60세 때, 리브가가 아기를 낳았다(25:26b).

장자가 되려는 싸움은 하나님께 복을 받으려는 갈망을 표현하며, 참가자들은 상을 차지하려고 서로 치열하게 다툰다. '투쟁하다'를 나타내는 히브리어 동사(רצץ, ratsats, 25:22)는 심한 폭력을 뜻한다(사사기 9:53에서는 머리뼈를 '부수다'를 뜻한다). 히브리어 동사 히트폴렐(hithpolel) 형태는 서로 격렬히 공격함을 강조한다. 이들은 모두 책임이 있다. (야곱과 에서는 둘 다 부정적 인물이라서, 우리는 그들을 가 닮지 말아야 한다. 그러나 야곱에게 있는 탐욕적인 성향이 이 본문에서 도드라진다. 에서에게 있는 성격적 결함은 이 본문 후반부에서 계속 이어진다). 이 이야기가 새로 태어난 이스라엘 민족을 위한 광범위한 기록의 일부라는 점을 고려할 때, 각자가 하나님의 복을 일방적으로 추구하면서 다른 사람을 희생시키려 한다면 그 공동체에 갈등이 일어나지 않겠는가?

하나님께 복을 받으려는 **열망으로 갈등**.

20년간 기도, 뱃속에서 싸우는 쌍둥이, 하지만 사람이 바라는 대로 복을 주거나 통제할 수 없다. 하나님의 계획은 인간 힘으로 결코 극복할 수 없다. 오직 주권적인 하나님만이 복을 나누어 주실 수 있다. 이것이 이 페리코페의 핵심이다.

하나님께서는 복을 **주권적으로 나누시는데도**, 그 복을 받으려는 열망으로 **갈등이 생긴다**.

따라서 창세기 25:19~26은 하나님께서 주권적으로 복을 나누실 때 발생할 수 있는 인간의 갈등, 특히 같은 태에서 동등한 두 개인이 빚는 갈등을 나타낸다.

하나님께서는 복을 주권적으로 나누시는데도, 그 복을 받으려는 열망으로 **공동체 안에서 동등한 사람들 사이에 갈등이 생긴다**.

두 번째 에피소드인 25:27~34는 에서가 자기 장자권을 경멸하는 것으로 끝맺는다. (분명히, 그는 우리가 초점을 맞춰야 할 부정적 인물이다). 25:34b에 히브리어 동사 미완료 qal형 와우 연속법(waw-consecutives) 다섯 차례는 놀랍고 비난받을 만하다. "먹고, 마시고, 일어나서, 가고, 경멸했다"에서 격정은 마치 스타카토처럼 잔혹하다. 이 이야기를 요약하며 일어난 일에 부정적 평가를 내리는 내레이터의 마지막 논평은, 구약 내러티브에서 매우 드물다. 궁극적으로 에서는 야훼의 주권적인 약속과 복을 경멸했으며, 육체적 욕망의 즉각적인 만족을 위해 귀중한 장기적인 복을 포기한다.

첫 번째 에피소드에서 한 사람(야곱)은 다른 사람의 복을 원하고, 각자 그것을 얻으려고 싸울 의향이 있다.44 두 번째 에피소드에서 다른 사람(에서)은 자기 복을 경멸한다. 아이디어를 종합하고 개인에서 공동체로 넘어가면, 신학적 초점에 이른다.

> 하나님께서는 복을 주권적으로 나눠주시는데도, 그 복을 받으려는 열망으로 공동체에서 동등한 사람들 사이에 갈등을 빚는데, **특히 하나님께 받은 자기 복을 경멸하다간 다 잃는다.**

다음은 축약한 표현이다.

> **하나님께서 복을 주권적으로 나누신다는 사실을 인식하지 못하고 자기 복을 경멸하면 갈등을 빚고, 마침내 다 잃는다.**

그렇다. 필자도 특히 긴 구절에서는 저자가 하려는 **실행**을 분별하기가 처음에는 다소 어렵다고 생각했다. 그러나 포기하지 말자. 이 일은 하면 할수록 점점 쉽다. 기억하자, 저자가 하려는 **실행**을 분별하기는 체득 과정이다. 여기 (그리고 필자 주석)에 따라서 함이 그 방법을 체득하는 좋은 전략이다.

이제 몇 개 페리코페를 더 시도해 보겠다.

2. 에베소서 1:15~23

잠시 이 페리코페에 깊이 잠겨 보자.45 그 의미가 스며들게 하자.46

---

44 우리는 두 형제 모두와 부정적으로 동일시한다. 또는 '발꿈치를 잡는 자'(창 25:26)인 야곱에게만 부정적으로 초점을 맞출 수도 있다.

45 이 본문에 관한 더욱 확장한 설명은 Kuruvilla, *Ephesians*, 38~51을 참조하라.

46 필자는 아직 이것을 시도해 본 적은 없지만, 늘 해보고 싶은 마음이었다.

이 페리코페는 본질적으로 바울이 한 기도이다. 그는 에베소 성도가 세 가지를 알기를 구한다. 곧, 하나님께서 그들을 부르신 소망, 하나님께서 그들 안에 가지신 영광스러운 유산, 그리고 그들을 위해 역사하시는 위대한 능력 등이다(1:18~19).

처음 두 가지—신적 부르심의 소망과 신적 유산의 영광—는 이미 1:1~14에서 다뤘다. 이는 그리스도 안에서 모든 것을 통합하시려는, 하나님의 거대한 계획에 포함된 신자들의 장엄한 특권의 일부로 제시된다(1:4, 5, 11, 12; 1:11, 14 참조). 그러나 여기서 마지막 요소인 '능력(power)'이 특히 도드라진다. 이는 접속사 "그리고(and)"(1:19)로 앞 두 요소와 나뉜다. 그리고 1:15~23에서 이 '능력' 주제가 가장 큰 비중을 차지한다. 또한 이 페리코페에서 1:19에 이르면, 이전까지 사용한 2인칭 복수 대명사가 1인칭 복수 대명사로 바뀐다. 이는 바울 자신을 포함한 모든(all) 신자가 하나님의 놀라운 능력의 역사로부터 유익을 얻는다는 사실을 시사한다.

믿는 이 모두. 하나님의 능력을 경험하기.

또한 1:19에는 '능력'을 나타내는 여러 단어—δύναμις, *dynamis*, '능력'; ἐνέργεια, *energeia*, '역사'; κράτος, *kratos*, '힘'; ἰσχύς, *ischys*, '권능'—가 쓰여, 신적 능력의 비교 불가능성과 포괄적 속성을 강조한다. 바울이 쓴 표현이 얼마나 강렬한지는 1:19에서 그가 쓴 단어들을 보면 알 수 있다. 그는 ὑπερβάλλω, *hyperballō*, '능가하다'(신약에서 단 5회만 쓰임)의 분사형 그리고 명사 μέγεθος, *megethos*, '위대함'(신약에서 여기에만 쓰임)를 사용하여 하나님의 능력이 얼마나 뛰어난지를 강조한

그것은 바로 설교 준비를 시작할 때 본문을 암기하는 일이다. 이렇게 하면 본문과 더욱 깊이 씨름하는 데 유익할 수 있다. 물론 외우려면 시간을 더 들여야 하고, 내러티브 본문에는 더 비효율적인 노력일 수도 있다. 아마도 핵심 구절 몇 개만 암기하는 편이 더 현실적인 방법일 수도 있다.

다. 따라서 '놀라운 능력'은 이 페리코페의 핵심이다(문단에서 일관성).

> 믿는 이 모두. 하나님의 **놀라운 능력을** 경험한다.

그러나 왜 여기에서 능력을 이렇게 선언하기 시작할까? 그리고 왜 지금인가? (우리는 여기서 페리코페 사이 일관성—왜 이 페리코페가 이 주제를 다루며, 왜 페리코페 1(엡 1:1~14) 이후에 이 내용이 등장하는지를 탐색하고 있다.) 이해를 돕는 배경을 살펴보자. 에베소에 있는 초기 기독교인은 수많은 초자연적 존재를 믿는 이교도들 사이에서 살고 있었다. 따라서 바울의 이 선언은 하나님의 능력이 다른 모든 권세를 초월함을 강조하며, 그들을 힘 있게 위로한다. 또한 에베소서 1:21에서는 1:19에 등장한 신적 능력의 네 가지 표현과 균형을 이루도록, 적대 권세를 나타내는 네 가지 실체—ἀρχή, *archē*, '통치'; ἐξουσία, *exousia*, '권세'; δύναμις, *dynamis*, '능력'; κυριότης, *kyriotēs*, '주권'—를 언급한다. 따라서 1:21에서 적대적인 네 가지 권세를 나열함으로 1:19에서 언급한 신적 능력의 네 가지 요소와 대조하려 한다.

> 믿는 이 모두. 하나님의 놀라운 능력을 경험한다. **적대 세력도 활동한다.**

이제 우리는 더 가까워진다. 첫째 페리코페는 인간을 그 영광스러운 계획에 참여하게 하면서, 그리스도 안에서 "하늘에 있는 것이나 땅에 있는 것이나 다" 통일하려는, 하나님의 위대한 계획에 초점을 맞추었다. 그러나 이 신성한 사역은 하나님께 적대적이며, 그분께서 하시는 모든 일에 반대하는 "하늘에 있는" 특정 존재들의 거센 반발에 직면한다. 위대한 계획, 곧 장엄한 계획임은 의심할 여지가 없다. 하지만 어떻게 될까? 그만큼 반대도 크겠으며, 그 반대는 하나님의 계획에 참여한 우리도 겨냥한다.

> 믿는 이 모두. 하나님의 놀라운 능력을 경험한다. **적대 세력이 하나님의 계획과 하나님의 백성을 대적하려고 활동한다.**

그러나 하나님의 능력은 우주에 있는 어떤 존재가 가진 어떤 능력보다도 훨씬 크다. 하나님은 그리스도의 부활과 승천으로 당신 능력의 위대함을 드러내셨으며, 그분을 교회의 머리로 세우시고 모든 적대 세력을 그분 발아래 복종하게 하셨다(1:20~22). 시간을 고려하면, 그리스도의 통치는 영원하다. 곧, "이 세대뿐 아니라 오는 세대에도"(1:21b). 공간을 고려하면, 그리스도는 "그의 [하나님의] 오른편에", "하늘에", 그리고 모든 능력을 "훨씬 뛰어넘어" 앉아 계신다(1:20b~21a). 곧, 그리스도의 권세는 시공간을 초월한다. 그리스도 안에 나타난 하나님 능력은 온 우주의 모든 적대 세력을 영원히 그분 발아래 굴복하게 하며 완전히 압도한다.

> 하나님의 계획과 하나님의 백성을 대적하려고 활동하는 적대 세력은, **그리스도 안에서 그리고 그리스도를 통해 역사하는** 하나님의 놀라운 능력에 철저히 굴복한다.

하나님께서 "그리스도 안에서 역사하신"(1:20) 그 놀라운 능력이 "우리 믿는 자들을 위해"(1:19) 역사한다. 이로써 모든 적대 세력은 그리스도뿐 아니라 그분 몸인 교회에도 복종하는데(1:22),[47] 이는 성도들이 누리는 경이로운 특권의 한 측면을 드러낸다. 이 의미로, 교회는 (그리스도 안에서) 하나님을 반대하는 세력보다 더욱 강력하다.

---

[47] 이것은 좋은 뜻이다. 다른 모든 하급 권력은 "그의 [그리스도의] 발 아래"(1:22) 정복됐다. 따라서 신자가 "그분 몸"(1:23)이라면 모든 권세도 신자의 발 아래에 있다.

> 하나님의 계획과 하나님의 백성을 대적하려고 활동하는 적대 세력은, 그리스도 안에서 그리고 그리스도를 통해 역사하는 하나님의 놀라운 능력, **곧 믿는 이에게 확장하는 능력**에 철저히 굴복한다.

에베소서에서 '충만함(πλήρωμα, plērōma)'(1:23) 개념은 구약의 신성한 임재, 곧 하나님의 쉐키나(shekinah) 영광 개념을 반영한다. 구약에서 하나님은 성소를 채우셨다. 이제 그리스도 안에서 하나님은 교회를 채우시어, 교회가 신성한 충만함에 참여하게 하신다. 그리스도인들은 그리스도 안에서 참으로 능력 받은 존재이다. 하나님께서 우리를 그리스도 안에서 모든 것을 완성하게 하시려는 위대하고 영광스러운 계획에 참여하게 하심으로, 우리는 어떤 적대 세력에도 두려워하지 않는다.

> 하나님의 계획과 하나님의 백성을 대적하려고 활동하는 적대 세력은, **그리스도께서 다스리실 때**, 그리스도 안에서 그리고 그리스도를 통해 역사하는 하나님의 놀라운 능력, 곧 믿는 이, **곧 그리스도의 몸, 곧 그분 충만하심**에 확장하는 능력에 철저히 굴복한다.

다음은 페리코페 신학에 관한 더 편리한 표현 (또는 요약, 제목, 단서)이다.[48]

> **교회는 그리스도의 충만함과 몸으로서 초자연적 적들에 맞서 하나님의 비할 데 없는 능력을 드러낸다.**

---

[48] 다시 강조하지만, 신학적 초점은 설교 준비를 돕고자 페리코페 신학을 축약할 뿐이다. 곧, 설교자가 올바른 방향을 유지하고, 적용을 찾아내며, 설교 구조를 구성하는 데 도움을 주려 함이다. 그러나 신학적 초점(축약된 형태)이 청중에게 전달할 내용은 아니다. 청중은 신학적 초점을 경험하는 게 아니라, 페리코페 신학 그 자체를 경험해야 한다. 따라서 신학적 초점은 본질적으로 설교 준비자를 돕고자 함이지, 설교 청취자를 도우려 함이 아니다(이 책 3장, 4장, 〈부록 1〉, 〈부록 2〉를 참조하라).

이제 야곱 이야기의 둘째 페리코페로 가자.

2. 창세기 26:1~33

이 문단은 회상 장면으로 전환(flashback)인 듯하다.[49] 창세기 26장 사건은 리브가가 아이를 배지 못한 20년 동안에 일어났다. 그렇지 않았다면, 이삭이 리브가를 누이라고 한 거짓말이 그랄 사람들에게 "오랫동안"(창 26:8) 발각되지 않았을 테다. 만약 이삭의 진영에 두 아이가 뛰어다녔더라면, 그 속임수는 곧바로 들통났을 터였다. 또한, 창세기 25:11에서 하나님께서 이삭에게 복을 주셨지만, 그 복은 창세기 26:3에서는 아직 약속일뿐이며, 나중에 창세기 26:12에서야 성취된다. 그러므로 이 본문은 회상 장면으로 전환이다. 그런데 왜 이 회상 장면으로 전환 본문은 두 개 에피소드(26:1~11; 26:12~35)로 구성됐는가?

하나님은 이삭에게 이집트로 가지 말고 "이 땅"에 머무르라고 명령하신다(26:1, 3). 하나님께서 이삭이 그랄에 거주하도록 정하셨으므로(26:3), 이삭은 하나님께서 자기를 보호하신다고 당연히 기대해야 한다. 하나님은 족장과 함께하시겠다고 분명히 약속했기 때문이다(26:3). 나중에 외부인 아비멜렉과 비골도 이 사실을 인정한다(26:28). 그리고 신성한 임재, 복, 땅을 약속 등이 "너와 네 자손에게"(26:3) 주어졌음을 주목하라. 히브리어 자손(זֶרַע, zera')는 26:3~4에 네 번 반복한다. 이삭은 적어도 그런 자손이 생길 때까지 하나님께서 보호하신다고 확신한다.

약속된 복—모호함 없이 명백하다.

그러나 족장은 하나님의 약속을 그다지 중요하게 여기지 않는 듯하다. 26:7~11에서, 이삭은 자기 목숨이 위태로워질까 두려워서 아내 리브가를 누이라고 속이고, 심지어 아내까지 위태롭게 한다. 신성한 맹세

---

[49] 이 본문에 관한 확장된 설명은 Kuruvilla, *Genesis*, 304~15를 참조하라. 이 본문을 바탕으로 한 주석이 달린 설교 원고는 〈부록 4〉를 참조하라.

에 근거한 하나님의 임재 약속(26:3) 이후라면, 이삭의 두려움은 정당하지 않다. 이 사건은 부부가 아직 자식을 갖기 전에 일어난 일이다. 분명히 하나님께서 이삭에게 '자손'을 낳는다고 네 차례나 확증하셨기에, 이삭의 생명은 안전하다.

> 약속된 복—모호함 없이 명백하다. 속임수는 하나님을 믿지 않음을 드러낸다.

따라서 첫째 에피소드에서 하나님과 그분 말씀을 신뢰하지 않는 사람을 본다. 그는 자기 생명과 관련해 두려움과 위협에 반응하여 무너진다.

이 문단의 둘째 에피소드(26:12~35)는 하나님께서 이삭을 축복하심으로 시작한다(26:12~14). 이삭은 100배나 거두는 데, 이는 어느 계절 그리고 어느 곳에서나 놀라운 수확이며, 족장이 처음 씨를 뿌린 해에 일어난 일이다. 또한 이삭은 부유해지고, 더 부유해지며, 한층 더 부유해진다(26:13). 그리하여 그의 진영 밖에 있는 이들은 그를 시기하기 시작한다(26:14). 이 시기심 때문에, 반대자들은 이삭의 우물을 파괴하거나 빼앗는다(26:15, 18~20)! 중동에서는 물이 생존의 근원이므로, 물이 없으면 생존이 위태롭다.

> 약속된 복—모호함 없이 명백하다. 속임수는 하나님을 믿지 않음을 드러낸다. 축복은 반발을 일으킨다.

그러나 놀랍게도 (특히 첫째 에피소드 이후), 이삭은 각각 억압 사례에 보복하지 않고, 오히려 다른 곳으로 이동해 우물을 판다(26:17~18, 21, 22). 이삭에게 대응할 능력이 없지는 않았다. 적들조차도 이삭이 "우리보다 너무 강하다"라고 인정한다(26:16). 게다가, 이삭의 "거대한 집안"(26:14)이 전쟁에 성공한 아브라함처럼 318명의 토착 군대를 키웠다면, 이삭은 분명 어떤 억압에도 맞서 싸울 수 있었을 터이다(창 14장). 실제로 아비멜렉은 이삭을 두려워한 듯하다(26:29).

> 약속된 복—모호함 없이 명백하다. 속임수는 하나님을 믿지 않음을 드러낸다. 축복은 반발을 일으킨다. **보복하지 않는다.**

분명히 이 페리코페의 둘째 에피소드가 나올 무렵, 이삭은 교훈을 얻은 듯하다. 하나님은 신뢰할 수 있는 분이며 격렬한 반대 상황에서도 이삭의 복을 보호하고 확실히 지켜주실 분임을 깨달았다. 그래서 족장은 보복하지 않고 오히려 적들과 화해한다(26:26~31). 왜 그럴 수 있겠는가? 26:3에서 하나님은 미래에 이삭과 함께하시겠다고 약속하시고, 26:24에서는 현재 이삭과 함께하신다고 확신하게 하시며, 26:28에서는 아비멜렉조차도 하나님께서 과거에 이삭과 함께하셨다고 인정한다.

> 약속된 복—모호함 없이 명백하다. 속임수는 하나님을 믿지 않음을 드러낸다. 축복이 반발을 일으킬 때, 보복하지 않고 **화해함은 하나님을 신뢰함을 드러낸다.**

궁극적으로, 이 페리코페—부정적 면과 긍정적 면을 둘 다 지닌 양면 동전—는, 두려움이나 보복으로 복을 확보하려 하지 않아도, 하나님께서 우리에게 약속하신 복을 확실히 보장하심을 신뢰하라고 권면한다. 그러므로 긍정적으로, (더 간결하게) 이를 표현할 수 있다.

> **하나님께서 약속하신 복은 확실하기에, 두려워서 속이거나 반발을 보복함으로 복을 확보하려는 어떠한 시도도 무용지물이니, 오히려 화해한다.**

페리코페 신학에서 적용을 긷는다 3
Deriving Application

> 오직 믿는 이만 순종하고, 오직 순종하는 이만 믿는다.[1]

2장에서 본문이 말하는 내용(saying)을 확정하고, 거기서 저자가 하려는 **실행**(doing), 곧 페리코페 신학(pericopal theology)을 분별했다. 이제, 본문에서 적용을 긷는 단계로 나아가겠다. 아래 〈그림 3.1〉은 2장「페리코페에서 신학을 알아낸다」에서 논의한 체계이다.

성령의 말씀(본문)은 그리스도의 형상(페리코페 신학)을 나타내며, 하나님의 백성이 그분 형상에 일치할 때 아버지의 나라에 거한다(적용)—이미 이루어지는 현실이다! 따라서 성경 페리코페는 단순히 정보 전달에 그치지 않고, 삶을 형성하는(transforming) 힘을 발휘한다. 각 본문의 페리코페 신학에 스스로 맞춤으로써, 우리는 그리스도를 점점 더 닮는다. 이는 그리스도만이 성경의 모든 책에 있는 모든 페리코페 신학을 완전히 성취하신 유일한 분이시기 때문이다. 이것이 바로 하나님의 백성에게 궁극적 목표, 곧 그들이 "하나님의 아들 형상[εἰκών, eikōn]을 본받게"(롬

---

[1] Dietrich Bonhoeffer, *The Cost of Discipleship*, Rev. ed., tr. R. H. Fuller (New York: Macmillan, 1963), 69 ∥『현대인을 위한 제자도의 대가』, 최예자·백요한 옮김 (서울: 프리셉트, 2021), 83.

8:29) 하시는 이유이다. 그러므로 2장에서 언급한 대로, 이것이 설교학을 위한 성경의 그리스도 형상 닮기 해석(christiconic interpretation)이다. 따라서 설교는 우리가 그리스도를 닮아가는 길을 배우는 수단이다. 다시 말해, 성경 본문은 그분 백성이 경건하게 성장하도록 전파되어야 하고, 그래서 교회가 "거룩하고 흠이 없게"(엡 1:4; 5:27) 되어 그리스도의 형상을 닮아서 마침내 하나님을 영화롭게 함이 그 목적이다.

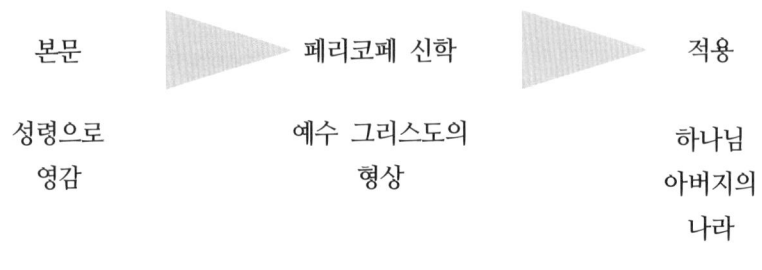

〈그림 3.1〉

적용 중요성(Importance of Application)

설교는 하나님의 말씀을 단순히 설명하기에 그치지 않고, 그 말씀을 삶에 구체적으로 적용하는 사역이다. 이러한 원칙은 모든 시대에 하나님의 백성에게 중대한 가치로 작용했다. 모세가 신명기에서 "두 번째 율법(second law)"을 선포할 때, 그는 바로에게 압제를 경험하지 못한 후손까지도 포함하여 청중에게 이집트 현실을 생생하게 상기하게 했다. "이집트 사람이 **우리**를 학대하며 **우리**를 괴롭히며 **우리**에게 중노동을 시키므로, **우리**가 우리 조상의 하나님 야훼께 부르짖었더니, 야훼께서 **우리** 음성을 들으시고 **우리** 고통과 학대와 압제를 보시고, 강한 손과 편 팔, 큰 위엄과 이적, 기사로 **우리**를 이집트에서 인도하여 내셨도다"(신 26:6~8). 마찬가지로, 바울은 로마에 있는 독자에게 "전에 기록된 모든 것은 **우리** 교훈을 위함이다"(롬 15:4)라고 확언함으로, 과거 사건과 기록을 현재 청중에게 동시대의 것으로 재해석할 수 있다고 말한다.

이러한 과정은 성경을 모든 시대에 적용하게 할 뿐 아니라, 모든 시대에 하나님의 백성 사이에 영속적 공동체 연대를 형성하는 기초이다.

이처럼 성경을 적용하기에 관심은 초기부터 기독교 공동체에서 쭉 이어졌다. 2세기 초, 순교자 저스틴 마터(Justin Martyr)는 로마 시대에 예배를 묘사할 때, 복음서를 낭독하고서 지도자가 구두로 가르치며 "이러한 좋은 일들을 본받도록 권면"한다고 말했다.2 후에 기독교 변증가 테르툴리아누스(Tertullian)는 "우리는 우리 성스러운 글을 읽으려고 모인다. … 하나님의 계명을 심어줌으로써 좋은 습관을 확립한다"라고 기록했다.3 4세기에 아우구스티누스는 성경 해석자의 목표가 "이해와 기쁨과 순종으로 경청하게 하기"—적용이라고 선언했다.4 교회 역사를 통틀어 성경을 적용하기는 해석의 절정이자 설교의 종착점으로 여겼다.

적용함으로, 하나님의 공동체는 점진적으로 그리고 점차 하나님의 뜻에 들어맞아, 하나님의 아들 형상을 닮는다. 또한 "의로 교육하기"(딤후 3:16)가 그리스도 안에서 신자가 "온전하게"(딤후 3:17) 됨으로 이어지며, 이는 성령의 능력 아래 성경이라는 매개체, 설교자라는 대리인, 설교라는 도구로 이루어진다. 다시 말해, 적용은 페리코페 신학의 실현, 곧 청중이 본문에 적절히 반응함이자 본문 + 신학을 경험해 완성함이다.

적용은 하나님을 사랑하는 이라는 표시이며, 신성한 축복을 약속한다. 예수님은 "나의 계명을 마음에 두고 지키는 사람이라야 나를 사랑

---

2 Justin Martyr, *First Apology* 67, Ante-Nicene Fathers(이하 ANF) 1:118.

3 Tertullian, *Apology* 39, ANF 3:65.

4 Augustine, *On Christian Teaching*, tr. R. P. H. Green (Oxford: Oxford University Press, 1997), 141 (4.26.56) ||『그리스도교 교양』, 개정판, 성염 역주 (칠곡: 분도출판사, 2011), 473. 이것은 초기 유대인 공동체에서도 중요한 가치였다. Philo, *On the Special Laws* 2.15.62에서는 "일곱째 날에는 모든 도시의 사람들 앞에 신중함, 절제, 용기, 정의, 그리고 다른 모든 미덕에 관한 수많은 교훈이 펼쳐진다. … 매우 학식이 높은 사람 중 몇몇은 그들에게 매우 중요하고 유용한 것을 설명함으로써, 그들 삶 전체가 향상할 수 있도록 돕는다"라고 했다(*Works of Philo Judaeus* 3:270).

하는 사람이다"(요 14:21)라고 말씀하시며,5 "하나님의 말씀을 듣고 지키는 사람이 복이 있느니라"(눅 11:28)라고 선언하신다.6 설교학에서 적용의 중요성을 부인할 수 없다. 하나님의 백성이 순종으로 하나님의 뜻에 들어맞게 하려면, 적용하려는 설교는 설교자가 반드시 감당해야 할 책임이다. 본디 의도대로 하나님의 말씀을 적용해야 하기에, 하나님의 백성이 말씀을 온전히 경험하도록 돕는 설교는 반드시 적용을 말해야 한다. 다시 말해, 적용은 한 페리코페의 신학적 핵심 취지(문단 신학)가 특정 청중에게 확장되어, 그들 삶이 그리스도를 닮아가게 하는 신성한 부르심을 실현하는 일이다.7

신학에서 적용으로(Theology to Application)

말씀에서 적용을 긷는 일은 절대 쉽지 않다. 본문은 그것이 기록된 시대, 배경 지역, 사용 언어, 내포한 제도와 가치관 등에 뿌리를 두고 있으므로, 이 모든 요소가 시간적, 공간적, 개념적으로 현대 청중과는 거리가 멀다.

예를 들어보자. "염소 새끼를 그 어미의 젖으로 삶지 말라"라는 구체적인 명령이 구약 율법에 세 차례 있다(출 23:19; 34:26; 신 14:21). 우리는 이 고대 본문을 어떻게 적용해야 할까? 일부 사람은 이스라엘의 독특한 상황에 직접 관련된 '의식적' 및 '시민적' 법률은 현시대에 적용할 수 없으며, 오직 '도덕적' 법만이 오늘날 유효하다고 주장한다. 그러나 사실 하나님의 모든 율법은 도덕적이며, 율법 제정자의 도덕성을 반영한다. 그러므로 하나님의 모든 법은 본질적으로 신학적이다. 게다가 성경은 율법을 구분 없이 하나의 단일체(monolithic unit)로 이해한다.

---

5 하나님을 사랑함과 그분께 순종함의 연관성에 관해서는 요한복음 14:15, 23; 15:10; 요한1서 2:3, 5; 3:24; 4:12; 5:2~3; 요한2서 6 등을 참조하라.

6 예수님은 제자들에게 겸손의 모범을 보이시고서, "너희가 이것을 알고 행하면 복이 있다"(요 13:17)라고 권면하셨다.

7 달라스신학대학원 목회사역학과 동료 교수들이 적용 목표를 이렇게 진술하게 의견을 제시했기 그분들께 감사드린다.

"누구든지 온 율법을 지키다가 그 하나에 거치면 모두 범한 자가 된다"(약 2:10). 우리는 성경 중에서 적용할 부분만을 선택적으로 골라낼 수 없다. "**모든** 성경(Every Scripture)은 … 유익하다"(딤후 3:16).8 따라서 "염소 새끼를 그 어미의 젖으로 삶지 말라"라는 금지령이 현대 신자에게는 적용되지 않는다고 말함은 옳지 않다. 적용은 분명히 가능하다. 문제는 과연 **어떻게**(how) 적용하느냐이다.

필자가 달라스에 있는 필자 모교회인 Northwest Bible Church의 성도가 구약에 있는 이 명령을 적용하도록 돕는다고 상상하자. 현대 청중에게 이렇게 적용한다고 가정하자. "**어린 염소를 어미의 젖으로 절대 삶지 마십시오!**" 이는 본문에서 직접 나온 적용이기에 큰 권위가 있겠지만, 21세기에 달라스에 사는 기독교인이 어린 염소를 어미의 젖으로 삶을 일이 없기에 그들 삶과 전혀 연관성이 없다.

같은 본문을 다시 살펴보자. 하지만 이번에는 회중에게 "**치즈버거를 먹지 마십시오!**"라고 말한다고 가정해 보자. (정통 유대교는 고기를 우유와 섞어서는 안 된다는 코셔 입장[kosher stance]을 발전하려고, 고기를 우유에 삶는 일을 금지하는 이 구절을 비롯한 여러 구절을 활용한다[Babylonian Talmud, *Hullin* 113a~15b 참조].) 이제 이 적용은 우리 대부분이 치즈버거를 좋아하기에 현대 청취자와 연관성이 크다. 그러나 고대 본문이 그러한 현대 요리 진미와 관련 있다고 상상하기 어렵기에, 그 권위는 크게 떨어진다.

그렇다면 모든 성경이 유익하다면 (그리고 그것이 사실인데도) 우리는 어떻게 고대 본문에서 현대 청중으로, 또는 "그때"에서 "지금"으로 전환할 수 있을까? 우리는 이 도약이 반드시 페리코페 신학으로 이뤄져야 함을 이미 알고 있다. 곧, 본문에서 페리코페 신학으로, 그리고 적용으로 이동한다. 따라서 첫째 단계는 본문, 곧 페리코페 신학을 분별

---

8 Abraham Kuruvilla, *Privilege the Text!: A Theological Hermeneutic for Preaching* (Chicago: Moody, 2013), 157~58, 163~90 ∥ 『본문의 특권!—설교를 위한 신학적 해석학』, 이승진 옮김 (서울: 기독교문서선교회, 2023), 258~62, 268~313.

하기이다. 이는 저자가 자신이 말하는 내용으로 무엇을 **실행**(doing)하고자 하는지를 알아내는 과정이다(2장 참조). 우리가 염소를 다루는 구절들의 주제를 확신하지 못하는 이유는, 그 맥락과 배경이 오래전 시대의 미스터리에 감춰져 있기 때문이다. 그러나 논의를 위해, 어린 염소를 어미의 젖으로 삶는 일이 고대 가나안 의식 중 하나였다고 가정해 보자. 그렇다면, 우리 해석이 정확하다면, 본문의 신학적 초점은 "하나님의 거룩하심은 당신 백성이 주변 이교도의 의식을 피하도록 요구한다"와 같은 내용일 수 있다.

이 신학적 초점을 발판 삼아 이제 현대 청중인 Northwest Bible Church의 성도가 다소 난해한 고대 본문을 삶에 적용하도록 도울 수 있다. 이 적용은 이웃의 뉴에이지 관행을 따르지 말고, 점성술에 손대지 말며, 위자 보드(Ouija board) 같은 것을 가지고 놀지 말라는 요구일 수 있다. 물론 그 구체적인 내용은 청중과 그들이 위치한 시간과 공간에 따라 다르다. 다른 맥락에서는 우상 숭배, 애니미즘, 샤머니즘, 부두교, 미신, 그리고 이와 유사한 비성경적인 행위에 경고하는 말일 수도 있다.

따라서 〈그림 3.2〉에서 확인할 수 있듯이, 적용을 위해 성경을 해석하는 데는 두 가지 측면이 있다. 하나는 페리코페 신학을 식별하기(신학적 이동—본문에서 신학으로)이고, 다른 하나는 그 신학을 바탕으로 적용을 찾아내기이다(적용적 이동—신학에서 적용으로). 설교에서 둘째 단계, 곧 신학에서 적용으로 전환 과정에서 페리코페 신학은 청중의 맥락과 상황에 맞게 현지화한다. 이것이 바로 성경 본문이 모든 세대 독자와 연관성을 유지하고, 시간과 공간을 초월하여 그 가치를 보존하는 방법이다. 페리코페 신학을 믿는 이들의 구체적인 상황에 적용함으로써, 세상 가치는 점차 약해지고, 하나님의 이상적인 세계의 가치는 공동체의 삶에서 점점 더 확고해진다. 이는 "당신 나라가 임하옵시며!"를 인정한다는 의미 일부이다.

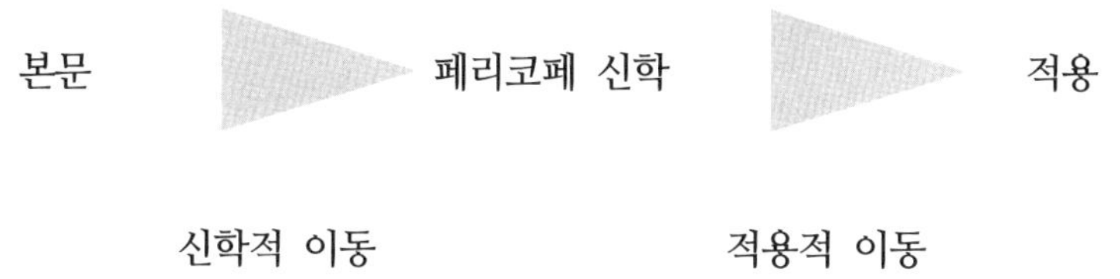

본문　▶　페리코페 신학　▶　적용

　　　신학적 이동　　　　　적용적 이동

〈그림 3.2〉

사무엘상 15장에 관해 앞에서 논의한 바를 다시 생각해 보자. 그때 우리는 '음성'에 관한 언어유희와 함께, 선지자, 왕, 음성들, 적들, 그리고 동물들을 다루는 본문의 세부 사항들이 그 페리코페 신학을 힘과 감동을 담아 전한다고 확인했다. 그러나 적용에서는 본문의 요소뿐 아니라, 특정 청중과 그들 구체적인 상황도 고려해야 한다. 사무엘상 15장 이야기를 단지 기원전 11세기에 선지자 사무엘과 사울 왕 사이에 일어난 사건으로만 보고 오늘날 우리와는 전혀 무관한 것으로 취급한다면, 그 '음성'은 오히려 뭉개진다. 대신, 사무엘상 15장이 교회가 모든 시간 동안, 하나님의 모든 백성에게 구속력 있는 정경의 필수 부분임을 고려할 때, 현대 청중은 그 본문을 지금 여기서 삶의 지침을 제공함으로 경험해야 한다.9 그러므로 만약 설교자의 주된 임무가 본문의 신학을 청취자에게 전달하는 일이라면, 둘째 임무는 그 신학을 그들 삶에 구체적으로 적용하는 방법들을 제시하는 일이다. 이와 같이 본문 + 신학이 청취자의 삶에 적용될 때, 영성 형성(spiritual formation)이 이루어진다.10

---

9 Abraham Kuruvilla, "Preaching Is Theological," in *A Vision for Preaching: Understanding the Heart of Pastoral Ministry* (Grand Rapids: Baker Academic, 2015), 91~109 ‖ 「설교는 신학적인 것이다」, 『설교의 비전—목회 사역의 심장을 이해하기』, 곽철호·김석근 옮김 (이천: 성서침례대학원대학교출판부, 2018/2025[3쇄수정]), 33~58.

10 또는 아마도 청중이 자기 삶에 본문 + 신학을 적용할 때.

적용 유형(Types of Application)

고전 수사학에서, 연설은 세 가지 범주—엮은이 덧붙임. 재판 연설, 심의 연설, 의전 연설— 중 하나에 속하였다.

1) 재판 연설(forensic/judical rhetoric)—과거 사건을 평가하는 연설, 이는 청중의 인지 변화를 유도하려는 연설로, (예를 들어, 검사가 하는 연설—'**이렇게 생각하세요**[Think this way]!').
2) 심의 연설(deliberative rhetoric)—미래 행동을 옹호하는 연설, 이는 의지 변화를 촉구하려는 연설로, (예를 들어, 입법자가 하는 연설—'**이렇게 행동하세요**[Act this way]!').
3) 의전 연설(epideictic rhetoric)—현재 특정 신념이나 가치에 관한 감상을 표현하는 연설, 이는 감정 변화를 심어주려는 연설로, (예를 들어, 추도사 연설—'**이렇게 느끼세요**[Feel this way]!').[11]

설교 적용은, 고전 수사학의 삼중 목적과 병행하여, 다음과 같은 넓은 목표 중 하나 또는 그 이상일 수 있다.

- 마음의 변화를 유도—인지 반응
- 행동의 변화를 촉진—의지 반응
- 감정의 변화를 심기—감정 반응

그리고 이 세 가지 측면 각각에서, 적용은 특정 방식으로 생각하거나, 느끼거나, 행동하기 시작, 계속, 중단하도록 권면하는 일일 수 있다.

- 인지 반응—특정 방식으로 **생각하기**(thinking) 시작, 지속, 또는 중단하기

---

11 Quintilian, *Orator's Education*, vol. II: Books 3~5, ed. and tr. Donald A. Russell, Loeb Classical Library 125 (Cambridge, MA: Harvard University Press, 2002), 3.7~9 ‖ 『스피치교육—변론법 수업』, 전영우 옮김 (서울: 민지사, 2014), 312~46 (3.7~9); Aristotle, *Art of Rhetoric*, tr. J. H. Freese, Loeb Classical Library 193 (Cambridge, MA: Harvard University Press, 1926), 1.3.1 ‖ 『아리스토텔레스의 수사학』, 이종오 옮김 (서울: 한국외국어대학교출판부 지식출판원, 2015), 32; 기타.

- 의지 반응—특정 방식으로 **행동하기**(acting) 시작, 지속, 또는 중단하기
- 감정 반응—특정 방식으로 **느끼기**(feeling) 시작, 지속, 또는 중단하기12

따라서 적용에 관해 9가지 개별 선택을 고려할 수 있으나, 9개를 전체적으로 다루는 방식을 권장한다. 적용은 우리 인간성의 모든 측면—인지, 의지, 감정—을 직·간접적으로 포함해야 한다. 실제로는 설교의 나머지 부분은 (본문의 신학에 따라서) 청중의 생각과 감정을 형성하고, 본격적인 적용 단계에서 구체적인 행동 변화를 촉구하는 방식으로 진행한다.13

적용은 현재 상황과 청중 맥락에 맞게 이루어져야 하며, 설교자는 자기가 말씀을 전하는 대상인 하나님의 백성 특정 공동체에 책임과 책무가 있다. 그러므로 설교는 본문에 충실할 뿐만 아니라, 적용에서 청중에게도 충실해야 한다. 설교자의 이러한 역할의 한 측면은 회중의 영적 상태와 성장을 깊이 있게 이해하기를 요구한다. 그래서 본문 신학이 청중 개개인의 삶에 적절하게 맞춰질 수 있다.14 그리하여 하나님의 백성은 그리스도의 형상을 닮는다.

적용 특징(Characteristics of Application)

적용에는 세 가지 주요 특징이 있다. '구체적(specific)'이어야 하며, '인상적(striking)'이어야 하고, '단일(singular)'해야 한다.15

---

12 Timothy S. Warren, "Purpose, Proposition, and Structures," in *PM103 Class Notes* (Dallas: Dallas Theological Seminary, 2003), 95.

13 설교를 적용 이동(application move)을 포함해 구성하는 방법은 4장 「설교 이동 지도를 깁는다」를 참조하라.

14 연관성 및 청중 적응에 관한 자세한 내용은 5장 「설교 이동에 생동감을 더한다」를 참조하라.

15 또 다른 중요한 특징은 '단순함(simple)'이다. 하지만 설교의 모든 부분이 단순함을 지향해야 하므로, 여기서는 따로 언급하지 않겠다. 단순함이 언제나 최고 효과를 발휘한다는 사실을 기억하라.

구체적 적용(Specific Application)

앞서 언급한 대로, 적용은 청중이 **특정 방식으로** 생각하고, 느끼고, 행동하도록 유도해야 한다. 다시 말해, 청중이 무엇을 해야 하는지를 정확하게 명시할 만큼 **구체적**이어야 한다. 모호한 추상적 개념 대신, **특정** 방식으로 생각하고/느끼며/행동하라는 구체적인 지침이 필수이다.

우리가 앞서 살펴본 사무엘상 15장의 페리코페에서, 저자는 독자에게 "하나님께 헌신한 사람은 세상 유혹의 음성이 아니라, 하나님의 음성에 귀 기울인다"(신학적 초점, 곧 페리코페 신학을 한 문장으로 요약)라고 권고하며 무언가 **실행**하기를 기대했다. 그렇다면 이 본문을 어떻게 적용할 수 있을까? 한 가지 가능성은 "**하나님의 음성을 듣고, 세상의 목소리는 듣지 말라!**"라고 권하는 일이다. 그러나 이는 지나치게 추상적인 명령일 뿐이다. 하나님의 음성이 뭐지? 세상 목소리는 또 뭐지? 어떻게 해야만 하나님의 음성은 듣고 세상 목소리는 안 듣지? 적용이 그저 추상적 명령 수준에 머문다면, 하나님 음성을 듣거나 (세상 소리를 듣지 않는 일이) 실제 삶에서 이뤄지지 않는다. 추상적인 개념은 적용할 수가 없다. 무언가를 시작하려면, 구체적인 정보와 세부 지침이 있어야 한다. 모호한 일반론만 제시함은, 상담가가 결혼 문제를 겪는 부부에게 "**서로 사랑하라!**"라고만 조언하는 셈이다. 물론 상담사가 서로 사랑하라고 권면함은 기본 책임이지만, 서로 사랑이 이 특정한 갈등 상황에서 구체적으로 어떻게 실천할 지도 제시해야 한다. 마찬가지로, 설교자도 추상적인 명령에 그치지 않고, 하나님의 백성인 특정 회중의 삶을 변화시킬 구체적인 방법들을 제시해야 한다.

설교로 삶을 변화하게 하려면, 설교 적용의 구체성이 매우 중요하다. 인기 있는 비즈니스 작가 치프 히스(Chip Heath)와 단 히스(Dan Heath)가 지적한 바와 같이, "삶이나 행동에서 성공적 변화는 모호한 목표를 구체적인 행동으로 전환해야 한다. 곧, 변화를 이루려면 **중요한 행동들을 미리 글로 써야 한다**(script the critical moves)".16 바로 이 "중요한 행동들을 미리 글로 쓰기"—구체적 적용을 상세하게 제시하기—가 설교자가 할 임무이다. 목표는 청중이 설교를 듣고 페리코페 신학에 따라 삶을 변화시키는 평생 여정을 시작하도록 돕기이다. 따라서 설교자 책임은 청중이 움직이게 하여 그 목표를 향한 첫걸음을 내딛게 하는 데 있다. 그 첫걸음이 언젠가는 습관이 되고 기질이 되어 그들 성품의 일부로 자리 잡으면서, 그리스도를 닮아가는 데 이바지하길 바란다. 적용은 영성 형성을 시작해 이어지게 하고, 언젠가는 완성하게 한다.

사무엘상 15장으로 다시 돌아가자. 설교자는 반드시 자문해야 한다. "우리, 곧 설교자와 청중이 하나님 음성은 더욱 예리하게 들어도 세상 소리는 차단하려면, 구체적으로 무슨 일을 시작할 수 있을까? 그리고 월요일 아침이면 페리코페 신학을 어떻게 구체적으로 실천할 것인가?" 청중은 페리코페 신학을 실제 생활에 적용하도록 도움을 받아야 하며, 그 도움은 설교자가 맡아야 하는 책임이다. 이것이 바로 설교자라는 영광스러운 직무에 임명된 이유이다. 설교자는 하나님과 동행하며 그분을 알고, 하나님의 말씀을 깊이 탐구하고 연구하며, 하나님의 백성을 사랑하고 그들을 위해 기도하는 사람이다. 하나님의 방식에 지혜롭고, 세상 방식에 빈틈없이 날카로우며, 성경의 부르심을 분별하고, 양들을 돌보는 데 있어 온화한 설교자가 바로 청중이 적용할 수 있도록 돕고, 부모의 모습, 장로와 목회자의 역할로 그들 삶과 성숙의 여정에서 영적 안내자이어야 한다. 이와 같이, 설교자는 설교하는 페리코페의 신학적 핵심에 기초하여 회중을 **구체적** 적용으로 안내하는 책임을 진다. 그래서 칼 바르트는 신학을 "신문 언어(the language of the newspaper)", 곧 청중의 일상어와 관용구로, 그들 생활 방식과 존재 리듬으로, 그리고 그들 실천과 행동의 구체적인 내용으로 "번역하기(translation)"라고 표현했다.[17]

---

[16] Chip, Heath and Dan Heath, *Switch: How to Change Things When Change Is Hard* (New York: Broadway, 2010), 53~54 ∥ 『스위치—손쉽게 극적인 변화를 이끌어내는 행동설계의 힘』, 안진환 옮김 (서울: 웅진씽크빅, 2010), 84~86.

[17] Karl Barth, *Dogmatics in Outline* (London: SCM, 1966), 32~33 ∥ 『칼 바르트 교의학 개요』, 신경수 옮김 (고양: 크리스챤다이제스트, 2001), 48.

만약 설교에서 이처럼 구체적 적용으로 바꿔 제시하지 않으면, 그리스도를 닮는 점진적 변화라는 목표도 시작할 수가 없다.

청중 알기(Know the Audience)

"햇빛에 노출이 피부암의 원인입니다."라는 적용은, 본문이 없는(text-less) (그리고 창의성 없는) '신학적' 초점이다. 이 내용을 설교한다면, 청중에게 어떻게 적용할 것인가?

여러분이 지금까지 설명에 잘 따라왔다면, 이 시점에서 아마도 "하지만 제 청중은 누구인가요?"라고 손을 들어 질문한다. 좋은 질문이다! 청중이 누구인지 모르면, 구체적인 적용을 제시할 수 없다. 이것이 설교가 목회와 나뉠 수 없는 이유 중 하나이다. 목회자는 하나님과 그분 말씀을 사랑할 뿐만 아니라, 하나님의 백성을 사랑하고 그들 영적 상태, 필요, 갈망, 열망을 잘 알고 있다. 하나님의 백성에 대한 깊은 부담감과 그들 고유한 상황에 민감한 사람은, 청중이 하나님과 동행하는 여정에서 현재 어디에 있는지에 맞춘 구체적인 적용을 설계할 수 있는 적임자이다.[18] 다시 말해, 적용이란 본문 + 신학을 청중에게 적합한 구체적인 방식으로 조정함으로써 설교가 청중과 관련되게 만드는 일이다.

자, 앞서 다룬 피부에 관한 '신학'으로 한 가지 예를 들어보자. 야외활동을 즐기는 고등학생이나 대학생에게는 이 '피부 신학'을 어떻게 적용할 수 있을까?[19] 그렇다면, 매년 열리는 피부과 의사학회에서 연설한

---

[18] Abraham Kuruvilla, *A Vision for Preaching: Understanding the Heart of Pastoral Ministry* (Grand Rapids: Baker Academic, 2015) ∥ 『설교의 비전—목회 사역의 심장을 이해하기』, 곽철호·김석근 옮김 (이천: 성서침례대학원대학교출판부, 2018/2025[3쇄수정])에서, "Preaching Is Pastoral," in *A Vision for Preaching*, 31~49 ∥ 「설교는 목회적인 것이다」, 59~84; "Preaching Is Applicational," in *A Vision for Preaching*, 111~29 ∥ 「설교는 적용을 위한 것이다」, 167~92을 보라. 청중에 적응하기에 관한 자세한 내용은 이 책 5장 「설교 이동에 생동감을 더한다」를 참조하라.

[19] "자외선 차단제를 꼭 바르세요! 또는 오전 10시부터 오후 3시까지는 햇볕을 피하세요!"

다면, 이 '피부 신학'을 어떻게 적용할 수 있을까?20 또 흑색종 생존자 지원 모임에서는 어떻게 적용할까? (이 경우에는 이미 그 문제에 깊은 공감대를 형성한 이들에게 설교하는 셈이다.)21 당신이 제약 회사 CEO 모임에서 주요 연사로 말한다면, 이 '신학적' 초점을 어떻게 활용해야 할까?22 결국, 청중 알기는 정말 중요하다.

본문을 자기에게 적용하기(Apply the Text Personally)

이제 다음 구절을 생각하자.

잠언 13:20

지혜로운 사람과 동행하면 지혜를 얻으나,
    어리석은 자와 어울리면 어려움을 겪는다.

- 신학적 초점—"지혜로운 사람과 동행하는 사람은 지혜롭게 되지만, 어리석은 자와 사귀는 사람은 어려움을 겪는다."

이 구절을 단순하며 추상적으로 적용하면 **"지혜로운/경건한 사람과 함께 다녀라!"**이다. (잠언에서 '지혜'는 경건한 지혜를 의미하므로, 잠언에서 '지혜로운 사람'은 경건한 사람을 지칭하기도 한다.)

구체적인 적용을 찾는 첫째 비결은 바로 본문을 개인적으로, 곧 자기에게 적용하기이다. 지혜로운/경건한 자와 동행하려면, **여러분이** 구체적으로 무엇을 할 수 있는지를 먼저 질문하라. 그리고 자기에게 맞는 구체적인 적용을 찾으면, 그 내용을 설교 준비 과정에서뿐만 아니라 삶에서도 실제로 실천하라. 모든 본문을 설교할 때, 먼저 자기에게 적용이 매우 중요하다. 왜냐하면 자기에게 실천하기로 한 적용은 대개 청중에게도 매우 적합하기 때문이다. 이처럼 **"내가**(I) 무엇을 할 수 있을까?"

---

20 "환자들에게 자외선 차단에 관해 꼼꼼하게 상담하세요!"
21 "가족들과 주변 사람들에게 햇볕에 조심하라고 말해 주세요!"
22 "자외선 차단제 연구에 더 많이 투자해 보는 건 어떨까요?"

라는 1인칭 적용을 스스로 질문함은, 우리 설교자가 모든 청중에게 구체적이고 실행할 수 있는 적용을 제시할 수 있도록 도와줄 뿐만 아니라, 적용을 다른 사람들에게만 떠넘기는 위선자가 되지 않게 막는 역할을 한다. 설교자가 본문을 온전히 그리고 충실하게 경험하려면, 먼저 그 구절의 신학을 자신의 삶에 적용하고 그에 상응하는 삶을 변화하게 하는 적용 결과가 있어야 한다. 우리 설교자도 우리 양 떼와 함께 같은 주 예수 그리스도를 따라 제자도를 걷는 동료 순례자라는 사실을 절대 잊지 않아야 한다. 우리 지도자가 너무 철저하게 적용해서 이제 성경에서 지워버릴 본문은 없다. 곧, 우리 영적 성장의 어떤 단계에서든 성경 본문은 우리 자신에게 반드시 적용해야 한다는 말이다.[23] 그러니 자기 설교를 자기 영성을 형성하는 도구로도 활용하라. 본문이 여러분 영성 성장을 촉진할 때, 그 말씀을 통해 역사하시는 저자의 능력을 직접 체험했기에, 다른 이들에게 전하는 일을 열정적으로 할 수 있다. 다시 말하면, 여러분에게 효과적인 적용은 보통 여러분이 설교하는 청중에게도 잘 통한다. 이것은 실행 가능하고 구체적인 적용을 찾아내는 좋은 전략이다. 예를 들어, 잠언 13:20을 실제로 적용하고자, 매주 일요일 예배 후 (또는 일주일에 한 번) 점심을 함께 먹을 지혜로운 친구 한두 명을 찾기로 결정할 수 있다. 이는 청중 대부분에게도 효과적일 수 있다.

또 다른 예를 보자.

잠언 15:8

　　악인의 제사는 여호와께서 미워하셔도,

　　　　정직한 자의 기도는 그분께서 기뻐하신다.

---

[23] 물론, 설교하기 전에 주어진 페리코페 신학을 자기 삶에 완벽하게 적용해야 한다는 말은 아니다. 만약 그렇다면 설교할 자격이 있는 사람은 아무도 없으리라. 하지만 본문이 요구하는 바를 우리 자신에게 적용하기로 결정은 우리 설교 과정에 일부이어야 한다. 사실, 필자는 때때로 청중에게 본문이 요구하는 바를 아직 적용하지 못했지만, 이제부터 [빈칸 채우기]를 함으로써 그렇게 하기로 결심했다고 솔직하게 이야기한다. 그리고서 회중에게도 함께 그 적용을 실천하자고 요청한다.

- 신학적 초점—하나님은 악인이 하는 예배를 혐오하시지만, 정직한 이가 드리는 예배를 기뻐하신다.

본문과 그 신학에서 나오는 일반적·추상적 적용은 "**정직하게 살아서 하나님께서 기뻐하시는 예배를 드리세요!**"라고 표현할 수 있겠다. 이는 결국 정직함으로 하나님을 기쁘시게 하라는 부르심으로, 개인 예배가 하나님께 기쁨을 드리는 방식이라고 강조한다. 이러한 추상적 적용을 개인적 적용으로 전환하는 첫째 방법은, 매주 일요일 아침 공동 예배를 드리려고 집을 나서기 전에 (아무도 완벽하게 정직할 수 없음을 인식하면서) 고백하는 시간을 따로 마련함이다. 또는 다른 방향으로 접근할 수도 있다. 예를 들어, 우리가 그리스도 안에서 (지위가) 의롭게 됨을 기억하고, 꾸준히 기도함으로써 하나님을 기쁘시게 하는 삶을 살도록 할 수 있다. **기도할 때마다, 기도를 시작하기 전에 잠깐, 단 몇 초 동안이라도 하나님께서 기뻐하신다는 사실을 마음에 새겨라!** 어쩌면 큰 소리로 "주님, 저는 그리스도 안에서 의롭게 되어 주님을 기쁘시게 하려고 주님 앞에 왔습니다."라고 외칠 수도 있다. 실제로, 이러한 개인적인 적용은 청중에게 제안할 수 있는 좋은 방안일 뿐만 아니라, 대체로 우리 설교자에게 효과가 있는 적용은 청중에게도 충분히 효과적이다.[24]

'어떻게'를 세 차례 묻기(Ask the Three Hows)

삶을 변화하게 하는 구체적 적용을 본문에서 길어야 한다고 살폈다. 이 사상은 하나님의 백성이 자기 삶을 페리코페의 신학에 일치해 평생 여정을 시작하게 한다. 설교자이자 양 무리 목자로서 우리 책임은 페리코페 신학을 분별하는 일이며, 또한 청중이 적용하게 돕는 일, 곧 그 신학을 향한 첫걸음을 내딛게 해서 앞서 언급한 대로 습관이 되고 성향이 되고 품성이 되고 그리스도를 닮게 하는 일이다.

---

[24] 물론 기도해야 할 다른 여러 이유가 있지만, 잠언 15:8은 하나님을 기쁘시게 하려 함이 좋은 동기라고 제안한다.

이제 사무엘상 15장을 일반적/추상적으로 적용한 예를 점검하자. "**하나님의 음성은 들어도, 세상 소리는 듣지 말라!**"라는 적용이 분명 유익하지만, 그것만으로는 충분하지 않다. 적용은 반드시 구체적이어야 한다. 추상적 적용을 구체적 적용으로 바꾸는 한 가지 유용한 방법은 바로 '어떻게(how)'를 세 차례 묻는다. 곧, 잠재적 적용을 길었다고 생각하면, 그 적용을 구체적으로 어떻게 실행할 수 있는지를 최소 세 차례는 스스로에게 질문한다. 예를 들어, "**하나님의 음성은 들어도, 세상 소리는 듣지 말라!**"라는 적용은 지나치게 추상적이다. 첫째로 "어떻게 (우리가 그렇게 할 수 있을까)?"라고 질문하면, 대답은 "**성경에 귀 기울이라!**"일 수 있다. 물론 성경에 귀 기울이기가 하나님 음성을 듣는 좋은 방법이지만, 여전히 모호하다. 그러므로 둘째로 "어떻게 (우리가 성경에 잘 귀 기울일 수 있을까)?"라고 묻는다. 이 질문에 둘째 대답은 "**성경을 암송하라!**"일 수 있다. 하지만 이것도 구체성이 부족하다. 그래서 셋째로 "어떻게 (우리가 성경을 암송할 수 있을까)?"라고 질문한다. 그 결과, "**우리가 모두 참여할 수 있는 성경 암송 프로그램을 마련하자—예를 들어, 일주일에 다섯 구절씩 함께 암송합시다!**"라는 구체적이며 실행할 적용을 길는다. 이처럼 '세 차례 어떻게' 질문으로 추상적인 명령을 구체적인 적용으로 바꿀 수 있다. 여러 방향으로 접근할 수 있겠지만, 이 방법은 우리가 설교자로서 청중이 실제로 변화하게 하는 구체적인 실행 방안을 그들에게 제시하는 데 큰 도움이다.25 인터넷 서핑이나 소셜 미디어 사용 시간을 줄일 수 있다. (하지만 "어떻게? 어떻게? 어떻게?"라는 질문으로 구체적 방안을 마련해야 한다.) 웹 브라우징 습관을 개선하려고 서로 도와줄 책임 파트너를 찾을 수도 있다. (이때도 "어떻게? 어떻게? 어떻게?"라고 질문하기를 잊지 말라.) 또한, 하나님의 음성을 듣지 않은 행동을 회개할 수도 있다. ("어떻게? 어떻게? 어떻게?") 이 외에도 다양한 목회적이며 창의적인 권면을 생각할 수 있다. 자유롭게

---

25 그리고 물론, 원하는 만큼 "어떻게?"라는 질문을 더 많이 할 수 있다. 목표는 구체적인 실행 방안에 도달이니, 그 지점에 도달할 때까지 계속 "어떻게?"라고 질문하라.

창의적 발상(brainstorm)을 하여 여러 가지 적용 방안을 끌어낸 후, 적절하지 않은 적용은 걸러내고 가장 효과적인 적용은 채택한다. 라이너스 폴링(Linus Pauling)은 노벨상을 두 차례나 수상한 과학자이자 인도주의자인데, "좋은 아이디어를 얻는 가장 좋은 방법은 많은 아이디어를 얻는 것이다"26라고 말했다. 맞는 말이다.

세 차례 "어떻게"를 활용한 또 다른 예를 살펴보자. 창세기 32:1~32에 관한 설교에서,27 필자는 청중에게 **"하나님께서 여러분을 위해 싸우시니, 그분을 하나님을 신뢰하십시오!"** 라고 심어주고 싶었다.28 그러나 그것은 너무 모호했다. 그래서 나는 세 차례 "어떻게" 질문 중 첫째 질문을 던졌다. 그 대답은 **"하나님께서 여러분을 위해 싸우신다는 사실을 알라!"** 였다. 하지만 이도 여전히 추상적인 영역에 머물러 있었다. 그래서 두 번째로 "어떻게" 질문을 던졌다. 이번에는 청중에게 **"하나님께서 여러분을 위해 싸우신다는 사실을 기억하십시오!"** 라고 전하고자 했다. 그러나 그것조차도 충분히 구체적이지 않았다. 마침내, 세 번째로 "어떻게"를 물었다. "어떻게 하면 하나님이 나를 위해 싸우신다는 사실을 기억할 수 있을까?"라는 질문에 대답은, **"식사 시간마다 십자가 표시를 하면서, 그 네 지점을 따라가며 '하나님께서 나를 위해 싸우신다!'라고 큰 소리로 말하거나 마음속으로 생각하십시오."** 였다. 마침내, 이로써 구체적이며 실천할 적용을 길었다.

의의를 결정하기(Determine Significance)

여러분이 이미 눈치챘겠지만, 말로 풀어 보겠다. 사무엘상 15장으로 돌아가서, 설교를 들을 청중이 인터넷 음란물 중독(세상이 유혹하는 '소

---

26 Tom Kelleyand Jonathan Littman, *The Art of Innovation: Lessons in Creativity from IDEO, America's Leading Design Firm* (New York: Random House, 2001), 55.

27 7장에서 이 페리코페를 자세히 살핀다.

28 이 본문에 관한 설교 지도(7장 참조)에서는 "오직 하나님께 매달려라, 하나님께서 나를 위해 싸우시기 때문이다!"라고 표현했다.

리') 때문에 하나님의 음성을 무시하는 경향이 있다면—예를 들어 그러한 활동에 빠진 젊은이를 대상으로 설교한다고 치자, 목회자 권위로 적용을 "**인터넷 필터링 소프트웨어를 설치하라!**", 또는 "**믿을 수 있는 친구가 언제든지 당신 웹 브라우저 기록을 확인할 수 있도록 허용하라!**"라고 제안할 수 있다. 물론, 이러한 적용은 사무엘상 15장의 신학적 핵심에서 직접 끌어내지 않았다. 수천 년 전에 그 본문을 기록한 저자는 필자가 무슨 말을 하는지 전혀 몰랐다. 그 페리코페 신학에서 직접 끌어낼 수 있는 단일한 적용은 다소 추상적인 "**하나님 음성은 들어도, 세상 음성은 듣지 말라!**"라는 명령이다. 그러나 인터넷 필터링 소프트웨어 프로그램을 설치하고 다른 사람에게 자기 웹 활동을 살피게 함은 현명한 조치이며, 이를 실천하면 청중이 "**하나님 음성을 들어라!**"라는 직접적인 적용을 달성하는 데 큰 도움일 수 있다. 곧, 필터링 소프트웨어 프로그램 설치와 다른 사람에게 지도받기 설정은, 사무엘상 15장의 직접적 부르심에 따라 하나님 백성이 오직 하나님 음성만 듣고 세상적이며 기만적인 음성은 배제하는, 하나님의 이상적인 세계에 온전히 거주할 수 있도록 돕는 적용일 수 있다. 본문이 이러한 선제적 조치를 직접 명령하지는 않아도, 본문이 요구하는 바로 나아가게 하는 데 실질적 도움이다. 이러한 적용을 우리는 '의의(significances)'라고 한다. 곧, 우리 청중에게 시사하는 바가 있으며 직접 영향을 미치는 적용이라는 뜻이다.[29] 이러한 의의는 본문이 요구하는 상태, (이 경우, 하나님의 음성에만 순종하는 상태)에 도달하도록 돕는다. 따라서 의의는 설교자의 설교 화살통에 반드시 포함해야 하며, 적용을 길어낼 때 그 유용성을 항상 염두에 두어야 한다. 다시 말해, 설교가 전달되는 회중을 잘 앎이 매우 중요하다—설교는 목회와 절대로 나뉘어서는 안 된다.

예를 들면서 '의의'를 설명하겠다.

에베소서 5:18

술 취하지 말라.

---

[29] Kuruvilla, *Privilege the Text!*, 63~65 ‖ 『본문의 특권!』, 108~09.

분명히, 한 구절의 일부가 페리코페를 구성하지 않지만, 의의를 설명하기에는 충분하다. 그 구절의 직접적인 적용이 무엇인지 질문을 받으면, **"술 취하지 말라!"**라고 간단히 대답할 수 있다. 그러나 그것이 여러분 청중에게 충분할까? 그럴 수도 있겠으나, 청중의 목사, 장로, 영적 지도자 또는 부모 역할을 하는 설교자는 **오늘**(today) 당장 그것을 어떻게 시작할 수 있는지 훨씬 더 구체적으로 알려주어야 한다.

이제 내가 스코틀랜드에 살고 있고, 매일 퇴근길에 주류 생산 업체(distillery)를 지나며, 그곳에 들러 스카치 한 병을 구매하고 싶은 유혹을 느낀다고 치자. 그 결과, 밤마다 술에 취한다. 에베소서 5:18을 본문으로 한 설교를 듣는다면, 내게 제시할 수 있는 더 구체적인 적용은 무엇일까? 아마도 여러분은 **"이제부터 퇴근할 때 운전 경로를 바꾸어 주류 생산 업체가 있는 길은 피하라!"**라고 적용할 테다. 이 적용, 곧 '운전 경로를 바꾸라!'라는 명령은 내가 주류 업체를 지나지 않게 하고, 그래서 주류 업체를 방문하지 않게 하며, 결국 스카치를 구매하지 못하게 해서, 술에 취하는 상황을 예방한다. 그래서 본문이 요구하는 바에 순종하고, 본문이 제시하는 이상적인 세계에 한 걸음 다가설 수 있다. 물론, 운전 경로를 바꾸기가 본문이 본디 뜻하는 바는 아니다. 바울이 그런 뜻으로 이 구절을 기록하지도 않았다. 그러나 자기 특정 상황과 고유한 맥락에서는, 이것이 본문에 완벽하며 적절하게 반응함이다. 한 걸음 더 구체적인 적용, 곧 운전 경로 바꾸기는 에베소서 5:18이 요구하는 실천적 적용으로 나아가게 한다. **"운전 경로를 바꾸라!"**라는 적용은 내가 첫 번째 구체적인 행동으로 나아가게 하는 '의의'이며, 한 걸음 한 걸음의 구체적 변화가 모여서, 마침내 삶이 변하게 한다. 따라서 이러한 '의의'는 적용을 구체적으로 만드는 데 매우 중요한 역할을 한다.

이러한 의의를 찾는 과정에서 목회자의 지혜와 사랑이 빛난다. 설교자가 특정 청중을 위해, 특히 본문에서 직접 나오지 않는 의의를 적용할 때 그 적용에 어떤 권위가 있는지에 의문을 제기할 수도 있다. 물론 **"술 취하지 말라!"**는 본문 + 신학에서 직접 찾아냈기에, 분명 권위가 있다. 그러나 **"운전 경로를 바꾸라!"**와 같은 의의는 그렇게 권위가 있지 않을 수 있다. 그런데도 이 의의는 목회자가 양 떼를 위해 쏟는 풍부한 지혜와 사랑에서, 그리고 하나님과 인간의 길을 분별하는 데서 비롯한다. 그러므로 적용처럼, 의의는 청중에게 실행 제안 형태로만 제시하더라도, 전혀 권위가 없지는 않다. 지혜로운 멘토, 영적 지도자, 장로, 목사, 부모와 같은, 곧 설교자로 위임받은 이가 하는 말은 언제나 진지하게 받아들여서 최선을 다해 적용해야 한다. 우리는 이미 잠언 4:1에서 이 점을 다뤘으며(이 책 2장 참조; 잠 19:20, 살후 5:12~13, 딤전 5:17, 히 13:7, 17, 벧전 5:5 등도 참조), 설교자에게 직분에 따른 권위가 있더라도 반드시 겸손하게 그리고 부드럽게 그 권위를 써야 한다. 베드로전서 5:3이 말씀하듯이, "자기에게 맡겨진 이들을 통솔하려 들기보다, 양 무리에게 본을 보여야 한다"라는 원칙을 따라야 한다.

인상적 적용(Striking Application)

우리가 제안하는 적용이 구체적이어도 그저 평범한 방식에 머물면, 활력, 열정, 생동감이 부족할 수 있다. 예를 들어, "**아침에 커피를 마시고서, 성경을 읽어라!**", "**일지에 메모를 남겨라!**", 또는 "**욕실 거울에 ~ 에 관해 적은 쪽지를 붙여라!**"[30] 또는 "**교회에 더 많이 기부하라!**"와 같은 적용은 구체적이긴 하나, 너무 진부해서 효과가 그리 없다.[31] 우리는 청중의 마음을 사로잡는, 곧 인상적 적용을 길어내야 한다. 창의력을 마음껏 발휘하고, 그 에너지를 쏟아내라. 바로 여기가 여러분이 양 떼에 책임감과 여러분 창의성이 만나는 지점이다. 물론 쉽지 않다. 필자는 "**식사 시간마다 십자가의 네 지점을 따라가며 '하나님께 나를 위해

---

[30] 이 특정한 적용은, 수업을 듣는 학생 설교자에게 너무나 흔해서, 10년 넘게 설교를 가르친 다음, 내 욕실 거울은 붙임쪽지로 뒤덮였다! (거울을 볼 수가 없기에, 눈 감고도 면도한다.)

[31] 창의력을 촉진하려고, 나는 학생 설교에서 "하나님을 신뢰하십시오. …!" 또는 "기도하십시오. …!"로 시작하는 적용은 하지 못하게 한다. 물론 신뢰와 기도 자체를 반대하지 않지만, 그런 적용은 거의 모든 성경 페리코페를 피하는 용도로 전락할 수 있다.

싸우신다!'라고 크게 말하거나 마음속으로 생각하라!"는 적용을 생각하기까지 며칠이나 깊이 고려했다. 하지만 여러분도 분명 그러한 인상적인 적용을 길어내고 싶을 테다. "예상치 못한 아이디어는 놀라움이 우리로 주의를 기울이고 깊이 생각하게 만들기에, 더욱 오래 기억에 남는다. 그 추가적인 주의와 사고가 예상치 못한 사건들을 우리 기억에 선명하게 새긴다."[32] 내가 십자가 표시를 하라고 촉구한 설교를 한 지 수년이 지났어도, 그 교회를 방문할 때마다 사람들이 다가와 자기들이 아직도 십자가를 표시한다고 고백한다. 필자도 "나도 그렇다"라고 대답한다. 내 설교로 시작한 그 습관은 내 기질의 일부가 되어, 실제로 십자가를 표시하지 않더라도 마음에서는 "하나님께서 나를 위해 싸우신다!"라는 말이 들린다.

(필자에게는) 또 다른 특이한 적용 사례가 있는데, **빵을 먹을 때마다 "하나님의 말씀, 빵보다 낫다**(God's word—better than bread)!"라고 기억하거나 큰 소리로 외친다. (이 적용은 하나님의 말씀을 다루는 마가복음 7장 설교에서 나왔는데, 해당 본문에서는 빵을 여러 차례나 언급한다.) 이 적용은 충분히 인상적이어서 청중에게 놀라움을 선사하고, 그 효과가 오래도록 기억에 남게 했다. 놀라움 요소는 필수이지만, 단순한 기교에 머무르지 않아야 한다. "놀라게 하려면 어떤 사건도 예측할 수 있어서는 안 된다. 놀라움은 예측 가능성의 정반대다. 그러나 만족스러운 놀라움은 그 후에 '아하' 순간을 제공해야 한다. 곧, 그 뒤틀림은 곰곰이 생각하면 타당하지만, 처음에는 전혀 예상하지 못한다."[33] 인상적인 적용은 처음에 사람들의 눈썹을 치켜올리게 하겠지만, "그래, 이제 생각하니 이 본문에 딱 맞는 적용이구나!"라고 곧바로 자연스럽게 동의하게

---

[32] Chip, Heath and Dan Heath, *Made to Stick: Why Some Ideas Survive and Others Die* (New York: Random House, 2007), 68 ‖ 『스틱!』, 개정증보판, 안진환 · 박슬라 옮김 (서울: 웅진윙스, 2010), 109.

[33] Heath and Heath, *Made to Stick*, 71 ‖ 『스틱!』, 113. 빵 먹는 적용에 앞서, 마가복음 7장에 관한 나머지 설교는 암묵적으로 청중이 그 행동을 하도록 준비하게 했다. 예상치 못한 적용이었지만, 결과적으로 '아하!' 순간을 불러일으켰다.

한다. 인상적인 적용은 기억에 오래 남아 실행 가능성을 키우며, 반복해서 실행하면 곧 습관이 되고, 습관은 기질 형성에 한 걸음 더 다가가며, 기질은 결국 성품으로 발전한다. 그렇게 해서 그리스도를 닮는 모습이 스며들게 한다.

인상적인 적용을 제공하는 핵심 요소는 적어도 두 단계로 구축한다. 첫째, 언제 어디서 적용을 실행할지를 알리는 '신호(cue)'를 마련하라—가능하면, 현실에서 자주 발생하는 상황이어야 한다. 둘째, 그 신호에 구체적이고 실행할 행동 단계, 곧 '반응(response)'을 명확히 연결하라. 신호와 반응을 창의적으로 조합해서 적용을 인상적으로 만들고, 실행을 꾸준히 이어지게 한다. 예를 들어, 하나님의 능력이 우리에게 확장되어 있음을 다룬 설교(엡 1:15~23)에서 사용한 예를 소개한다. "**자동차에 휘발유를 넣을 때마다**[신호, 매주 발생할 가능성이 높음], **하나님의 능력이 여러분 삶에 작용함을 기억하라**[반응, 의미심장함]!" 이처럼 인상적인 적용은 청중이 쉽게 이해하고 실천할 수 있도록 신호와 반응 (또는 맥락과 행동)을 제시한다. 그것은 예상치 못하고 예측 불가능해야 하지만, 한 번 듣고 나면 '아하!' 순간이 찾아와야 한다.

적용을 인상적이며 (기억에 오래 남게) 하려면, 그 표어가 아마 10단어 이하일 수도 있다. 설교 적용 부분에서 이 표어를 자주 반복한다. 표어를 만드는 데 너무 신경 쓰지 말고, 적용이 눈에 쉽게 띄게 한 줄로 정리한다. 예를 들어, 고린도후서 8~9장을 설교할 때, 헌금이 "즐거워야 한다"(ἱλαρός, hilaros, 고후 9:7) 그리고 동시에 "희생적이어야 한다"(고후 8:2~3)는 메시지를 전달하려고 "**웃을 때까지 드리세요! 울 때까지 드리세요**(Give till you laugh! Give till you cry)!"라는 표현을 쓴 적이 있다. 또 다른 예로, 마가복음 1:21~45을 설교할 때, 그 복음서에서 그리스도를 섬기는 몇 안 되는 인물 중 한 명인 베드로의 장모(1:31)를 주인공으로 삼아 "**장모가 되세요!**"라는 적용을 제시했고, 그 의미를 구체적으로 설명했다. 이처럼 표어로 인상적인 적용을 만들기는 여러분 창의력을 발휘할 또 다른 좋은 기회이다.[34]

3. 페리코페 신학에서 적용을 긷는다   147

인상적인 적용을 끌어내려면, 설교 본문의 적용 단계에서 이를 충분히 발전시켜야 한다(5장 「설교 이동에 생동감을 더한다」를 참조). 적용 단계는 다음과 같다.

적용(Application)

말하라(Tell)	할 일을 말하라(Say what to do)
보여주라(Show)	누군가가 이를 어떻게 실행하는지 자세히 보여주라 (Detail how it is done by someone)

'말하라'. 청중에게 신호와 반응이 있는 간결한 표어 형태의 명령문으로, 구체적이며 인상적인 적용 또는 의미를 말하라.

'보여주라'. 적용/의의를 어떻게 했는지 자세히 설명함으로, 곧 보통 누군가가 실행하거나 실행할 계획을 설명함으로 적용/의의를 선명하게 보여준다. 청중에게 유익하도록 적용 단계를 명확하게 스케치한다. 아마도 여러분도 직접 참여하기 시작했다. 여러분이 직접 참여했다면, 적용 과정을 청중과 공유하라. 특히 개인 경험과 그로 얻은 유익을 덧붙이면 더 효과가 있다. 본질적으로, '보여주라' 단계는 적용에 구체성과 생동감을 부여한다.35 적용을 '말하기'와 '보여주기'를 제대로 수행하려면, 설교 시간이 길어진다. 설교 본문에서 적절한 시간을 배정해 적용 이동을 전개해야 한다. 그 시간은 오로지 적용 전달과 적용 제시에만 전념한다.36

---

34 본문의 신학적 초점에서 적절한 적용을 끌어낼 수 있다. 하지만 그 적용이 설교의 다른 부분과 나뉜다면, 아무리 인상적이어도 설득력은 떨어진다. 본문의 신학을 온전히 전달하는 설교 전체가 적용의 설득력을 높인다. 청중은 단순한 신학적 초점이 아니라 본문과 신학 전체를 경험하며, 성령의 감동과 확신을 얻는다. 그들이 "목사님, 우리는 무엇을 해야 하나요? 이 신학을 어떻게 실천할까요?"라고 묻는 순간, 구체적이며 인상적인 적용을 제시하면 반드시 설득력이 더해진다.

35 예를 들어, 에베소서 1:1~14을 본문으로 한 필자 설교 원고의 적용 부분을 참조하라〈부록 3〉.

사무엘상 15장을 내 삶에 적용한 또 다른 사례를 소개하겠다. 내게 매우 의미 있고 기억에 남는 적용이었다. 몇 년 전, 나는 노트북에서 애플리케이션 실행기를 사용하곤 했다. 단축키를 눌러 실행기를 불러온 후, 미리 정해진 일련의 키를 입력하면 실행기가 해당 앱을 실행했다. 하나님의 음성을 내 삶에서 더 인식하고자 하는 마음으로, H, I, A라는 글자를 순서대로 입력하면 내 성경 소프트웨어 프로그램이 실행하게 설정했다. HIA는 "Here I am(제가 여기 있습니다)[주님, 당신 음성을 들을 준비를 했습니다]"라는 의미였다. 수년간, 이 습관을 꾸준히 반복한 결과, 성경 공부를 시작할 때마다 하나님의 음성을 들을 수 있는 마음가짐을 가졌다. 물론 사무엘상 15장에서는 애플리케이션 실행기나 단축키를 말하지 않지만, 이러한 의미 부여가 내게 하나님 음성에 더욱 귀 기울일 수 있는 첫 번째 실천의 발걸음을 내딛게 했다. 그 목표는 앞으로 애플리케이션 실행기를 사용하든 사용하지 않든 상관없이, 하나님 음성을 듣는 습관이 자연스러워져 내 기질, 성품, 그리고 그리스도를 닮아가는 데 이바지하게 했다.

단일한 적용(Singular Application)

적용은 구체적이고 인상적이어야 할 뿐 아니라, 단일해야 한다. 이는 무슨 의미일까?

하나님께서 여러분을 그리스도의 몸을 이루는 특정 회중을 섬기는 목회자 겸 설교자로 세우신 중요한 이유 중 하나는, 그 회중에 맞는 적용을 찾아내게 하려 함이다. 성경이 모든 시대, 모든 장소의 모든 개인에게 맞춤형 적용의 모든 세부 사항과 실행 방법을 명시할 수 없음은 자명하다. "[어떠한 정경 저작]이 그 위대한 능력이 허락하는 모든 세부 분류와 실행 방법을 정확히 담으려 하더라도, 그것을 인간 마음으로 온전히 파

---

36 실제 설교에서는 적용 단계가 대개 본문의 마지막 부분에 오며, 결론과 자연스럽게 융합되어 하나의 구성(적용 + 결론)으로 나타나는 경우가 많다. 이러한 적용과 결론의 통합에 관해서는 7장 「설교 서론과 결론을 가꾼다」를 참고하라.

악하기는 어렵다."37 그러한 작업을 상상하는 것조차 불가능할 뿐 아니라, 상상할 수 없을 만큼 방대한 문서를 기록하는 데 충분한 종이와 잉크 (또는 디지털 저장 공간)을 확보하기도 어렵다. 기독교 정경에서 페리코페 신학은 암묵적으로 누구나 어디서든 적용할 모든 합법적인 가능성을 포괄한다. 다시 말해, 페리코페 신학은 특정 성경 구절 해석에서 길어낸 적용의 충실성을 좌우한다. 그러나 하나님과 그분 말씀에 관한 지식, 그리고 양 무리를 사랑함과 그들에게 쏟은 관심을 바탕으로 목사 겸 설교자가 바로 그 회중에게 맞춘 구체적인 적용을 길어내야 한다.

이제는 의심할 여지 없이, 어떤 주어진 페리코페가 여러 적용과 의의를 내포함을 알았을 테다. 그리고 5년 후에 같은 본문으로 설교할 때, 완전히 새로운 적용을 제시할 수도 있을 뿐 아니라, **그렇게 해야 마땅하다.** 이는 양 떼가 예전과는 달리, 영적 순례에서 또 다른 단계에 서 있을 가능성이 크기 때문이다. 다시 말해, 성경 페리코페의 신학적 함의를 하나님의 백성에게 적용하는 방법은 무한히 다양하다. 사무엘상 15장을 설교할 때, 필자는 회중을 위해 성경 읽기·암송 프로그램을 도입할 수도 있고, 여러분은 인터넷 서핑에 관한 소그룹 책임 프로그램을 선택할 수도 있으며, 또 다른 설교자는 회중을 회개 기도로 이끌 수도 있다. 선택 가능성은 무궁무진하다. 여러분은 무엇을 선택할 것인가? 그 결정은 오직 여러분, 성령, 그리고 특정 청중 사이에 있다. 바로 이 순간, 기도하는 마음과 겸손함으로 목회적 지혜, 사랑, 권위를 발휘해 양 떼에게 구체적이고 인상적인 적용·의의를 제시해야 한다. 이것이 바로 여러분이 이 회중, 교구, 성경 공부 모임, 또는 여러분이 목양하도록 부름을 받은 목사 겸 설교자 직무를 맡은 이유이다. 여러 가능한 적용을 하나님께서 주신 복으로 인식하라. 이러한 다양한 잠재적 적용의 풍성함은, 성경이라는 신성한 본문이 시간의 경계를 넘고 한 세대의 요

---

37 John Marshall, *McCulloch v. Maryland*. 17 U.S. 316 (1819), 407. Marshall은 이 말을 미국 헌법에 썼지만, 법률 해석학과 성경 해석학 사이에 유사점은 분명하다. 둘 다 미래에 적용하려는 정경 본문이다. Kuruvilla, *A Vision for Preaching*, 120~22 ∥『설교의 비전』, 180~82를 보라.

구를 넘어서, 모든 시대 독자에게 적용할 수 있는 본질적 특성을 가졌기 때문이다. 그러므로 성경은 앞으로도 모든 시대, 모든 장소에서 하나님의 모든 자녀에게 유익하게 쓰이겠으며, 영속적이고 무게감 있으며 구속력 있는 책으로 그 효용성을 보장받는다. 이는 성경이 "앞으로 오랜 세월을 견디고, 결과적으로 인간사의 다양한 위기에 적응할 수 있도록 의도되었다"[38]는 사실에서 명백히 드러난다.

적용과 의의가 다양하다는 이야기를 모두 나눴지만, 한 가지 조언을 덧붙인다. 주어진 본문-설교-청중의 조합에서 적용은 반드시 **단일**해야 한다. 이상적인 설교는 **단 하나**의 적용, 곧 단일성만을 제시한다. 만약 본질을 찌르는, 정곡을 찌르는, 구체적이고 인상적이며 **그리고** 단일한 적용—모든 이에게 맞는 단 하나의 적용—을 찾아낼 수 있다면, 그야말로 성공한 것이다. "한 주님, 한 믿음, 한 침례"라는 말을 들었겠지만, 필자는 "한 본문, 한 설교, 한 적용(One text, one sermon, one application)"을 강조하고 싶다. 그렇다. 단 하나다! 딱 한 가지의 적용에는, 온 회중이 한 주 이상 함께 그 적용에 몰입할 때 발생하는 놀라운 힘이 있다. 책임감이 늘어난다. 개인 책임감도 세진다. 동기 부여를 촉진한다. 열정이 불타 공동체가 견고하게 세워진다. 그러나 여러 가지 적용을 뷔페처럼 제공하여 청중이 원하는 대로 선택하게 하면, 다양한 방식의 실천이 회중을 분열시킬 뿐 아니라 선택 장애를 불러와 결국 전체 적용을 포기하게 만드는 위험이 있다. 그러므로 구체적이고 인상적이며 단일한 하나의 훌륭한 적용/의의에 집중하라.

물론, 한 설교를 듣고자 모인 수십, 수백, 수천 명의 서로 다른 배경과 경험, 그리고 각기 다른 영적 성장 단계에 있는 사람에게 모두 딱 맞는 단 하나의 적용을 길어내기는 결코 쉬운 일이 아니다. 그러므로 현실적인 기준을 제시하자면, 청중의 약 30%에게 적합한 하나의 적용, 곧 구체적이고 인상적이며 단일한 적용을 찾아내야 한다. 그러면, 나머지 회중 70%는 어떻게 할 것인가? 여러분이 성경에 대한 열정을 드러내고, 여러

---

[38] Marshall, *McCulloch v. Maryland*, at 415.

분 노력이 맺은 결실을 체험하며, 단 30% 청중에게라도 직접적이고 열정적으로 구체적이고 인상적이며 단일한 적용을 제시하는 모습을 보일 때, 모든 청중은 "설교자는 이 적용이 가치 있다고 확신하는구나. 내 상황과 완벽히 들어맞진 않더라도, 나는 그 적용을 내 방식대로 조금씩 조정해서 실천할 수 있겠어."라고 생각하리라. 나는 각자 나름대로 적용을 받아들이고, 가다듬어, 실행하는 이들에게 큰 힘을 주고 싶다.

몇 년 전, 필자 모교회(home church)에서, Evernote 앱을 활용해 하나님께 감사하는 항목들을 기록하는 방법을 적용으로 제시한 적이 있다.[39] 내 뒤에 있는 모니터에는 '감사 포트폴리오'라는 제목을 단 기록물을 실제로 보여주었는데, 그 안에는 카드, 사람, 장소, 물건 등 삶에서 하나님께 감사드린 사건들을 생각하게 하는 다양한 사진들이 담겨 있었다. 나는 청중에게 자기만의 '감사 포트폴리오'를 만들라고 권했다. 몇 주 후, 예배가 끝난 후 한 노부부가 다가와 말했다. "그날 당신이 '네버노트(Nevernote)'에 관해 무슨 말씀을 하신 건지 전혀 이해하지 못했어요. 그래서 저희는 다른 방식으로 했습니다. 실제 바구니를 사용하여 '감사 **바구니**'를 만들었고, 주일마다 하나님께 감사한 이유를 적은 카드를 그 안에 넣고 있습니다. 시작한 이후로 벌써 백 장이 넘는 카드가 모였답니다!" 필자가 청중의 첨단 기술 활용 능력을 다소 낙관했을 수 있지만, 이 부부가 보여준 반응은 설교자가 바라는 바로 그 모습이다. 우리는 청중, 곧 전체의 70%가 제공한 적용을 받아들이고, 각자 상황에 맞게 수정하여 실행하기를 기대한다. (나머지 30%는 그보다 수월하게 할 테다.) 하지만 이러한 변화가 전체 회중에 확산하려면, 설교 전체가 청중의 사고, 감정, 행동에 깊이 작용해 설득력 있게 다가가야 한다. 넘치는 물이 아래로 자연스럽게 흘러내리듯, 우선 일부 청중에게 깊은 영향을 준 훌륭한 적용이 전체로 확산하는 '낙수효과(trickle down effect)'가 일어나야 한다. 청중이 페리코페 신학을 실제 삶에 적용해야 한다는 확신을 갖고, 그 긴급성을 느껴 제시한 적용을 자기 방식으로

---

39 Evernote에 관한 내용은 6장 「설교 사상을 예화로 그린다」를 참조하라.

받아들여 실행할 때, 진정한 변화를 경험할 수 있다. 결국 설교에서는 **단 하나의**, 구체적이고 인상적이며 단일한 적용을 제시해야 한다. 그 **하나의** 훌륭한 적용을 찾을 때까지 인내와 끈기, 기도로 포기하지 말라.

이미 눈치를 채겠지만, 필자가 제시하는 모든 적용은 명령문 형태이다. 이 책의 예시에서 보듯, 적용은 명령문으로 표현할 때가 효과가 가장 크다. (참고로, 필자는 그러한 문장들을 진하게 표시하고 느낌표로 마무리 짓는다.) 특별한 비법은 없지만, 명령문이 청중에게 "**이것이 바로 적용이다**"라는 메시지를 가장 분명하게 전달하기 때문이다. 그러므로 설교 전반에서 의도치 않게 포함한, 적용이 아닌 단순 명령문들―예를 들어 "우리는 ~해야 한다"라는 표현―을 제거하거나 적절히 수정하는 편이 좋다. 이렇게 함으로써 하나의 단일한 적용을 청중에게 혼란 없이 전달할 수 있다. 개인적으로, 필자는 1인칭 복수형을 포함해 "**우리 ~합시다!**"와 같은 권유적 명령문을 선호한다. 이 표현은 때로 목회자의 명령처럼 단호하게 들릴 우려를 누그러뜨리며, 동시에 청중과 설교자 모두에게 우리가 한 몸의 일원임을, 그리고 모두가 하나님의 은혜와 그리스도를 닮아가는 성장을 필요로 한다는 사실을 일깨워 준다. 우리는 모두 이 본문과 그 신학적 힘, 그리고 그 적용으로부터 유익을 얻어, 성령의 능력으로 우리 주님이시며 구세주이신 예수 그리스도를 더욱 닮아갈 수 있다.

적용의 단일성에 관해 한 마디 더 말하자면, 특히 복음주의 진영에서는 적용을 '각 개인과 그 개인의 하나님에 국한한 단일적' 적용으로 인식하는 경향이 있다. 예를 들어, **나는** 지혜롭고 경건한 사람들과 함께하려고 무언가를 시작하고(잠 13:20), **내** 기도로 하나님을 기쁘게 하며(잠 15:8), **나를** 위해 십자가의 표시를 그리고(창 32장), **내가** 성경을 암송하고(삼상 15장), **내** 서재에서 노트북에 HIA("Here I Am.")를 입력하는 등으로 적용한다. 이러한 적용은 개인이 독자적으로 할 뿐이지, 하나님의 백성 공동체와 명백한 연대 관계(corporate connection)를 나타내지 않는다. 물론 영적 삶이 상당 부분 개인 책임이지만, '예수님과 나'만이 전부인 듯 적용을 오로지 개인적(이런 의미의 '단일적')으로 유지하는 고립주의에 빠지지 말아야 한다. 적용의 공동체적 성격은 성경 곳곳에 잘 나타난다. 헬라어 1인칭 복수 가정법이 쓰인 '우리 ~ 합시다!' 구절 중 몇 가지만 말한다. 로마서 13:12~13; 고린도전서 5:8; 고린도후서 7:1; 갈라디아서 5:25~26; 6:9~10; 빌립보서 3:15~16; 데살로니가전서 5:6~8; 히브리서 4:11, 14, 16; 6:1; 10:22-24; 12:1, 28; 13:15; 요한일서 3:18; 4:7.40 적용의 공동체적 성격은 단지 한 개인이 고독한 전사처럼 그리스도인의 삶을 살아가긴 하지만, 설교로 공동체가 만들어지고, 가정이 세워지면, **본문 앞에 펼치는**, 하나님의 이상적인 세계를 함께 누리는 새로운 시민이 탄생하며, 그렇게 하나님의 나라가 임하기 때문이다! 하나님의 백성은 연대해서 그리스도께 신부로 드려지며(고후 11:2), 그리스도의 날까지 함께 견고해지며(고전 1:7~8), 물론 그리스도의 형상 닮기는 단지 개인 변화에 머무르지 않는다. "여러분 안에(복수) 그리스도의 형상이 이루어지고 있다"(갈 4:19)와 같이, "우리가 모두 똑같은 형상으로 변화한다"(고후 3:18). 바울은 데살로니가전서 2:13에서 "이 말씀이 너희 믿는 자들(복수) 가운데 역사하고 있느니라"라고 선포한다. 그리스도의 몸은 "우리가 모두 하나님의 아들을 믿고 아는 일에 하나가 되어 온전한 사람을 이루어, 그리스도의 장성한 분량이 충만한 데까지"(엡 4:13) "하나님의 모든 충만함으로 충만하게"(엡 3:19) 함께 채워지고 있다.41 에베소서 1:1~14을 본문으로 한 설교에서, 필자는 회중에게 그리스도 안에서 만물을 완성하시는 하나님의 위대한 계획을 찬양하기로 결단하도록 요청했다. **"찬송하리라, 하나님…!"** 또한, 그들이 일요일 점심 식사 자리에서 공개적이며 공동체 연대 환경(corporate setting)에서 이 찬양을 나누도록 제안했다.42 따라서 이런 의미에서 적용이 반드시 "단일적"이어야 함은 아니다. 개인 적용과 더불어, '복수적(plural)' 반응도 균형 있게 제시해야 한다.

---

40 물론, 하나로 통합한 적용 방식을 나타내는 2인칭 복수 명령문도 많다.

41 통합한 공동체 형성에 이바지하는 설교의 연관성에 관해서는 5장 「설교 이동에 생동감을 더한다」를 참조하라.

42 이 설교를 주석한 원고는 〈부록 3〉을 참조하라.

말할 것도 없이, 구체적이며 인상적이며 단일한 적용을 찾아내는 일은 결코 쉬운 작업이 아니다. 이를 찾아내려면 상당한 시간, 에너지, 자원은 물론이고, 목회자로서 감수성, 분별력, 지혜의 모든 역량을 동원해야 한다. 그러나 적용이 더 구체적이고 인상적이며 단일적일수록, 그 적용을 실제로 실행해서 삶이 그리스도를 닮는 방향으로 변할 가능성은 더욱 커진다.

의례적 실천, 급진적 열정, 혁명적 힘
(Ritual Practices, Radical Passions, Revolutionary Power)

그리스도의 형상 닮기를 목표로 하는 영성 형성 과정에서, 적용/의의(applications/significances)는 구체적으로 무슨 역할을 할까? 앞서 언급한 바와 같이, 이것들은 주로 습관 형성에 초점을 둔다. 제임스 스미스(James K. A. Smith)는 "습관은, 말하자면, 신체적 실천과 의례를 통해 마음을 단련시켜 특정 목적에 대한 욕망을 불러일으키며, 그 결과 우리 마음에 새겨진다. 이는 단순한 인지적 교육을 넘어, 우리가 자각하지 못하는 사이에 우리를 형성하는 일종의 훈련이다"라고 말한다.[43] 설교의 궁극적인 목표는 하나님의 백성이 설교 본문인 페리코페의 특정한 요구에 맞추어 살게 함이다. 그리고 적용/의의에 따라 형성한 습관은 그 목표를 향한 첫걸음이다. 작게 시작하여 추진력을 쌓고, 전진하여 목표에 도달하라. "작은 목표는 작은 승리로 이어지며, 작은 승리는 긍정적 선순환을 촉발할 수 있다."[44] 하나님의 백성은 본문의 요구, 곧 신학적 진리를 실천하는 첫째 단계를 내디뎌야 한다. 그 한 걸음이 습관이 되고 기질이 되어, 마침내 그리스도를 닮은 성품의 일부가 된다. 미국 대학 농구 역사상 최고의 감독 중 한 명인 UCLA의 존 우든(John

---

[43] James K. A. Smith, *Desiring the Kingdom: Worship, Worldview, and Cultural Formation*, Cultural Liturgies 1 (Grand Rapids: Baker Academic, 2009), 58 ∥ 『하나님 나라를 욕망하라—예배·세계관·문화적 형성』, 박세혁 옮김 (서울: 한국기독학생회출판부, 2016), 85.

[44] Heath and Heath, *Switch*, 146 ∥ 『스위치』, 236.

Wooden)은 이렇게 말한다. "매일 조금씩 발전하면 결국 큰 성과가 나타난다. 내일이나 모레가 아니라, 언젠가는 큰 도약이 이루어진다. 급격하고 거대한 발전을 바라지 말고, 하루하루 작아도 꾸준한 발전을 추구하라. 그것만이 가능한 방법이며, 그렇게 이루어지면 그 효과는 오래도록 지속한다."45

적용을 길어낼 때 기억해야 할 한 구절이 있다. 바로 "의례적 실천은 급진적 열정을 만든다." 곧, 규칙적으로 행하는 습관(의례적 실천)은 제2의 천성이 되어, 한 사람의 기질과 성품, 그리고 궁극적으로는 그리스도를 닮아가는 모습(급진적 열정)의 일부가 된다. 이는 곧, 의례적 실천을 시작하여 점차 '내 안에 그리스도'를 구현하는 급진적 열정으로 자리 잡게 하려는 의도이다. 이처럼 습관을 발전시켜 기질을 만들고, 성품을 형성하며, 그리스도를 닮아가는 모습을 갖춤은 단순한 도덕적 노력이나 행동주의가 아니다. 그것은 가식적 외형이나 인위적 행위가 아니라, 신자들이 그리스도 안에서 실제로 누구인지를 드러내는 삶의 참여이며, 그 정체성을 살아내는 방식이 "믿음으로 성령을 통해 그리스도와 연합한 이들에게 그리스도를 덧입음은 **허구**(what if)가 아니라 **실재**(what is)이다. … 제자들은 그들 **외부** 본보기를 흉내 내려고 그리스도처럼 행동하지 않는다. 오히려 **내면에서부터** 그리스도를 덧입는다."46 이것은 그리스도 안에서 성장하여 "온전한 사람, 곧 그리스도의 장성한 분량이 충만한 데까지"(엡 4:13) 성장이다.

하지만 혹여라도 이 모든 것이 자기 힘으로 들어 올리는 일에 지나지 않는가?47 전혀 그렇지 않다! 이생 (그리고 내세에서 궁극적으로)

---

45 John Wooden and Steve Jamison. *Wooden: A Lifetime of Observations and Reflections on and off the Court* (New York: McGraw-Hill, 1997), 143 ‖ 『(존 우든의) 부드러운 것보다 강한 것은 없다』, 최의창 옮김 (서울: 대한미디어, 2001), 미확인.

46 Kevin J. Vanhoozer, "Putting on Christ: Spiritual Formation and the Drama of Discipleship," *Journal of Spiritual Formation & Soul Care* 8, no. 2 (2015): 161.

그리스도의 형상을 닮아감은, 하나님의 뜻에 순종해야 할 책임이 사람에게 있어도, 전적으로 하나님의 은혜 문제이다. 여기서 N. T. 라이트의 말을 빌려보자.

> 도덕적 노력, 곧 우리 행동 패턴을 의식적으로 형성하는 모든 과정은 오직 은혜라는 틀에서, 단순하고도 전적으로 이루어진다. 그 은혜는 예수님과 그분 죽음과 부활에 구현되었으며, 성령이 충만한 복음 설교에서 활동하고, 신자들 삶에서 계속해서 성령에 의해 작용한다. 하나님께서 우리 구원의 일부만을 담당하시고, 나머지는 우리가 해야 한다는 식이 아니다. 은혜로 믿음을 통해 의롭게 되고서, 홀로 힘 겨루어 거룩한 삶을 완성해야 하는 것도 아니다.[48]

그렇다. 우리는 성령을 통한 은혜로운 능력을 덧입어야 하는데, 우리 자원, 곧 우리 육체로 하는 모든 일은 하나님을 기쁘시게 하지 못하기 때문이다(롬 8:8). 더 자세히 설명하겠다.

성경에서는 하나님과 관계가 항상 그에 따른 책임으로 이어진다. 곧, 우리가 하나님과 관계를 맺으면, 그분 이상적 세계관과 페리코페 신학에 들어맞는 삶을 살아야 한다고 요구한다. 이는 구약 시대에도 마찬가지였다. 하나님께서 당신 백성을 선택하셨다. 그 **다음엔**(then) 그들에게 순종을 요구하셨듯이, 십계명(책임)조차도 "나는 너를 이집트 땅, 종 되었던 집에서 인도하여 낸 네 하나님 여호와이다"(출 20:2)라는 관계 선언으로 시작한다. 그러므로 "너는 ~해야 한다."와 "너는 ~하지 말아야 한다."라

---

[47] Bryan Chapell, *Christ-Centered Preaching: Redeeming the Expository Sermon*, 2nd ed. (Grand Rapids: Baker Books, 2005), 289 ‖ 『그리스도 중심의 설교』, 개정증보판, 엄성옥 옮김 (서울: 은성출판사, 2016), 422에서는 '자력을 강조하는 메시지(*sola bootstrapsa*)'라고 부른다.

[48] N. T. Wright, *After You Believe: Why Christian Character Matters*, (New York: HarperOne, 2012), 60 ‖ 『그리스도인의 미덕—사후에 천국 가는 것만이 그리스도인의 지상과제인가? 회심한 후에도 성품은 왜 중요한가?』, 홍병룡 옮김 (서울: 포이에마, 2010), 110.

는 계명들은 하나님과 관계에서 주어졌다. 하나님의 백성이 거룩하신 하나님과 관계를 맺고 **있었기에**(이 관계는 모세 율법이 주어지기 전부터 맺었다), 그들은 하나님처럼 거룩해야 할 책임을 진다. 마찬가지로 레위기 18:2~4에서는 "나는 여호와 너희 하나님이니라. … 너희는 내 법도를 따르며 내 규례를 지켜 그대로 행하라. 나는 여호와 너희 하나님이니라"라고 말씀한다. 다시 말해, 순종은 이미 작용 중인 하나님의 선행적 은혜에 대한 응답이다. 곧, 관계(하나님의 은혜)가 책임(인간의 의무)에 **선행한다**. "먼저 하나님께서 이스라엘을 이집트에서 구속하시고서, **그다음에**(and then) 율법을 주셨다. 그러므로 율법에 순종은 하나님의 은혜에 응답이지, 행위로 의를 얻으려는 시도가 아니다."[49] 그러므로 하나님을 사랑하는 관계는 그분 계명에 순종함으로 이어져야 한다. 신약에서도 이를 분명히 말한다(요 14:21; 요일 2:3; 3:24; 5:3). 또한, 성경의 각 페리코페는 하나님의 계명이 무엇인지를 명확히 드러내어, 우리가 그것을 지키고 하나님 아버지처럼 거룩하게 살아갈 수 있게 한다. 페리코페 신학은 거룩함을 향한 본문 방향을 제시하며, 설교자 임무는 하나님의 백성이 이 신학을 삶의 구체적인 상황에 적용할 수 있도록 회중에게 구체적이고, 인상적이며, 단일한 적용을 길어내는 일이다. 그리고 적용에 순종할 때, 하나님의 백성이 그분 거룩함을 드러내며 세상에 그분을 나타내기에 하나님께서 영광을 받으신다.[50] 물론, 그러한 순종은 구원을 이루려고 공로 쌓기가 아니다. 칭의 지향이 아니다. **이미**(already) 하나님과 그분 자녀로 관계 맺은 이들에게 성화 지향이다.

게다가, 더욱이, 우리가 하나님께 순종할 수 있도록 능력을 주시는 분은 바로 하나님이시다. 하나님께 순종은 오직 하나님의 능력으로만 가능하다. 성령께서 이제 신자들 안에 거하시어, 그들이 육체를 극복하

---

49 Thomas R. Schreiner, *Paul, Apostle of God's Glory in Christ: A Pauline Theology* (Downers Grove, IL: InterVarsity, 2001), 117~18(강조는 원저자가 함).

50 Kuruvilla, "Preaching Is Doxological," in *A Vision for Preaching*, 149~66 ‖ 「설교는 하나님의 영광을 위한 것이다」, 『설교의 비전』, 219~44.

고 하나님의 '의로운 요구'를 충족할 수 있도록 도우신다. "자기 아들을 죄 있는 육신의 모양으로 보내어 육신에 죄를 정하셔서, 육신을 따르지 않고 성령을 따라 걷는 우리에게 율법의 의로운 요구가 이루어지게 하려 하심이다"(롬 8:3~4). 이것은 새 언약의 필수적인 부분이다. 곧, "내가 내 영을 너희 속에 두어, 너희로 내 율례를 행하게 하겠으니, 너희는 내 규례를 지켜 행하라"(겔 36:27). 하나님의 능력이 성령으로 신자들 안에서 역사하여 순종과 하나님을 기쁘시게 하는 삶을 가능하게 한다. 골로새서 1:10은 신자들에게 "주께 합당하게 행하며 범사에 기쁘시게 하고, 모든 선한 일에 열매를 맺으며 하나님을 아는 데 자라기를" 격려한다. 또한 성경은, 하나님의 백성이 순종함이 하나님의 은혜로운 역사가 그들 안에서 작용한 결과임에도, 하나님을 기쁘시게 함으로써 얻는 유익이 분명하다고 말한다.51

그리스도를 닮아가는 성장이 하나님의 주권과 인간의 책임, 이 두 요소로 어떻게 이루어지는지는 여전히 신비이다. 이 긴장감은 히브리서 13:20~21에서 분명히 드러난다. 성경은 "평강의 하나님이 … 너희에게 모든 선한 일을 행할 능력을 주어, 그분 뜻을 행하게 하시며, 예수 그리스도를 통하여 그분 앞에 기뻐하실 만한 것을 이루게 하시기를 원하노라. 아멘"이라고 기도한다. 여기서 동사 '행하다(ποιέω, poieō, to do)'가 두 번 쓰이는데, 이는 하나님의 백성인 우리가 행함[ποιέω, poieō = our doing] 그리고 하나님께서 역사하심[ποιέω, poieō = God's doing], 곧 양측 모두가 '행함'을 나타낸다. 우리가 행하며 **하나님께서도** 행하신다 (We are doing and God is doing)! 이 개념은 에베소서 2:10—"우리는

---

51 하나님의 복은 하나님께 순종하면서 동행할 때 경험한다(요 13:17; 15:10; 눅 11:28 등). 그러므로 설교는, 설교자가 순종할 때 자기 삶에, 또 다른 이들이 순종하도록 도울 때 그들 삶에, 하나님의 복을 불러온다. 하지만 하나님의 자녀가 불순종하면 그에 따른 결과가 있다. "주께서 그 사랑하시는 자를 징계하시고, 그가 받아들이시는 아들마다 채찍질하신다"(히 12:6). 또한, 순종에는 영원한 상급이 있고(마 6:1~4; 롬 14:10~12; 고전 3:13; 4:5; 9:24; 고후 5:10; 골 3:22~25; 딤후 2:5; 약 5:7~11 등), 불순종에는 그에 따른 상실이 있다(고전 3:15; 10:4~5; 요일 2:28 등).

그분의 만드신 바라, 그리스도 예수 안에서 선한 일을 위하여 창조되었으니, 이 일은 하나님이 예비하사 우리가 행하게 하심이라", 빌립보서 4:13—"내게 능력 주시는 자 안에서 내가 모든 것을 할 수 있느니라", 그리고 갈라디아서 2:20—"내가 그리스도와 함께 십자가에 못 박혔으니, 이제는 내가 사는 것이 아니라 내 안에 그리스도께서 사시는 것이라"—에서도 똑같다. 라이트는 지혜롭게 말한다. "신학을 하다 보면 흔히 경험하듯이 여기서도 우리는 언어 문제에 봉착한다. 마치 하나님이 우리와 같은 또 다른 인물이듯이 보일 수도 있고, 하나님의 일과 우리 일이 상호 작용하는 것을 보고서 두 존재가 같은 프로젝트를 놓고 서로 협력한다고 생각할 수도 있다. 여기에는 …한 신비가 있다"라고 말한다.52 정말 그렇다!

이 모든 내용을 종합하면, 하나님의 자녀는 자기 영광을 추구하거나 육체 본성에 휘둘리면서 자기 공로를 쌓으려고 은혜를 거부하며 믿음을 부정하는 방식으로 하나님의 명령에 순종해서는 안 된다. 그러한 행위는 바로 율법주의(legalism)다. 오히려 그리스도의 사역과 성령의 능력에 온전히 의지할 때, 육체는 굴복하고 하나님의 뜻에 순종하는 삶을 이루며, 그 결과 하나님께서 영광을 받으신다. 하나님께 순종하는 삶은 하나님께 영광을 돌리고, 성령에 이끌리며 자기 공로를 부정한다. 오직 은혜를 받아들이고 믿음을 실천하려고 노력한다. 나아가, 앞서 언급한 대로, (적용하려는) 의례적 실천은 (성령의) **혁명적 능력으로** 점차 (그리스도를 닮은) 급진적 열정으로 변화된다.53

---

52 Wright, *After You Believe*, 197(엮은이 덧붙임. 97을 197로 바꿈; 마지막 부분을 지은이는 ""There are mysteries here."라고 인용하지만, 원저에는 마지막 부분이 "There are mysteries here that we do not need to explore further at this point.", 곧 "여기에는 지금 시점에서 더는 살펴볼 필요가 없는 미스터리가 있다."이다) ‖『그리스도인의 미덕』, 328.

53 의례적 실천, 급진적 열정, 혁명적 힘에 관한 이 모든 내용을 설교마다 반복할 필요는 없으며, 오히려 **그래서도 안 된다.** 다만, 성령의 도움과 능력 없이는 어떤 적용도 실천할 수 없다는 점을 한마디라도 언급함은 좋은 생각이다. 어차피 채 1분도 걸리지 않는다. 실제로, 이는 설교하고서 기도할 때 자연스럽게 할 수도 있다. Augustine, *Confessions* 10.29.40에서는 "아버지, 이 본문에

에베소서 그리고 야곱 이야기

이제 에베소서와 야곱 이야기 시리즈에 뛰어들어, 각 시리즈의 셋째 페리코페를 자세히 살펴보자. 페리코페에 푹 빠져, 핵심 구절 암기도 잊지 말고, 이해하기 어려운 부분은 꼼꼼히 찾아보라. 그런 다음에 이 섹션에서 페리코페 신학을 분별하고, 또한 그 신학적 초점도 표현하자.

3. 에베소서 2:1~10

중생 이전에, 에베소 사람들의 삶은 악한 영향력에 지배됐다(엡 2:2~3). 이 때문에 불신자들은 '불순종의 아들들'[54]이라 불린다. 이들은 불순종하는 삶을 사는 자들로, 하나님께 반역해서 그 운명은 하나님의 징벌―'진노의 자녀들'(엡 2:3)―로 이어진다. 그리스도인이 되기 전, 삶 전반에 죄가 만연함은 그들이 '본질상 죄인'임을 드러낸다. 이는 인간이 하나님 앞에서 영적으로 죽은 채로 태어났기 때문이며, 완전히 상실한 상태임을 나타낸다.

완전히 잃어버린 상태.

2:5~6에는 한 문장인 2:1~7에 쓰인 주요 동사 세 개가 있어, 각각 συν[*syn*]-(영어로는 이 전치사가 "with" 뜻인데, 흔히 'co-'로 번역하고, 한국

서 우리에게 하라고 하신 일을 우리는 우리 도구와 수단으로는 절대 감당할 수 없습니다. 성령을 통하여 아버지께서 원하시는 그 일을 이루어 나갈 수 있는 능력을 주셔서, 우리가 아버지의 영광을 위하여 아버지의 아들처럼 될 수 있도록 하옵소서."(필자가 의역함)라고 기도한다.

54 이 본문에 관한 더 자세한 길잡이는 Kuruvilla, *Ephesians*, 52~65를 보라.

어로는 '함께, 더불어'로 번역한다)이 붙어 세 가지 신적 활동을 나타낸다.

- "함께 살려졌다"(συνεζωοποίησεν, synezōopoiēsen, co-enlivened)
- "함께 일으켜졌다"(συνήγειρεν, synēgeiren, coraised)
- "함께 앉혔다"(συνεκάθισεν, synekathisen, co-seated)

이 모든 동사는 예수 그리스도와 동일시(identification "with" Jesus Christ)를 나타내는데, 신자가 예수 그리스도와 함께 살려지고, 일으켜지고, 앉혔다는 뜻이다. 2:5~6에서 "그리스도와 함께"와 "그리스도 안에서"라는 표현이 이 점을 더욱 강조한다. 그리스도께서 부활하시고서 보좌에 앉으심과 신자가 부활하여 보좌에 앉음은 놀랍게도 비슷하다(1:20; 2:6). 이는 공동 운명으로, 그리스도에게 해당하는 바는 신자에게도 모두 똑같이 해당한다.

완전히 잃어버린 상태와 그리스도와 연합한 특권을 대조한다.

에베소서 2:1~10에는 페리코페 핵심을 더 선명하게 드러내는 여러 대조가 도드라진다. 예를 들어, 죄 가운데 '죽은' 상태(2:1, 5)와 '함께 살려진' 상태(2:5), 이 세상 풍조와 악한 세력의 지배를 따르는 모습(2:2)과 그리스도와 친밀하게 연합해 하늘에서 그분과 함께 높여진 모습(2:5~6), 그리고 하나님의 진노(2:3)와 하나님의 긍휼, 사랑, 은혜, 친절(2:4, 5, 7)이 대조된다. 또한, 운명 지어진 '본성' 상태(2:3)에서 '그리스도 안에서' 높여진 새로운 혈통(2:5~6)으로 변화도 드러난다.

완전히 잃어버린 상태와 그리스도와 연합한 특권을 과거 대 현재로 대조한다.

에베소서 2:8 (그리고 2:9에 암시)에서 "이것"이 가리키는 바는 하나님의 구원 사역 전체 과정으로 여김이 가장 타당하다. 하나님의 영광스

러운 구원은 전적으로 하나님께서 베푸신 선물이다. 바울은 정상적인 어순을 의도적으로 벗어나 2:8c에서 "하나님의 선물"이라는 표현을 사용함으로써 "너희에게서 난 것"과 "하나님에게서 난 것"을 나란히 배치하여, 2:8bc를 "이는 너희에게서 난 것이 아니라, **하나님의**(of God) 선물이다"라고 읽히게 한다.

> 완전히 잃어버린 상태와 그리스도와 연합한 특권을 과거 대 현재로 대조한다. **이는 하나님 은혜의 선물로 가능했다.**

하나님께서 이루신 이 구원은 신성한 은혜와 자비를 공개적으로 드러내는 증거(ἐνδείκνυμι, endeiknymi, "보여주다/증명하다", 2:7)로, 우주적 규모의 영원한 전시라 할 수 있다. 하나님의 관심은 특정 개인이나 그분 백성 공동체에 국한하지 않고, 창조된 만물 전체를 아우른다. 이는 그리스도 안에서 만물이 완성되는, 하나님의 계획(1:9~10)이 오직 하나님의 영광을 위함(1:6, 12, 14)을 분명히 나타낸다.

> 완전히 잃어버린 상태와 그리스도와 연합한 특권을 과거 대 현재로 대조한다. 이는 하나님 은혜의 선물로 가능했는데, **우주적 규모로 증거이다.**

"만드신 바(ποίημα, poiēma)"(2:10)라는 단어는 바울이 로마서 1:20에서 우주 창조를 언급할 때 썼다. 따라서 에베소서 2:10에서는 일종의 **두 번째** 창조(a second creation)이다. 실제로, 여기서 쓰인 동사 κτίζω, ktizō(창조하다)는 에베소서에서 우주의 첫 번째 창조(3:9)와 새 백성의 두 번째 창조(여기, 2:15, 4:24)를 표현하려고 쓴다. 두 경우 모두 전적으로 하나님의 작품임을 나타낸다.

> 완전히 잃어버린 상태와 그리스도와 연합한 특권을 과거 대 현재로 대조한다. 이는 하나님 은혜의 선물로 가능했는데, **새로운 창조**, 우주적 규모로 증거이다.

이 본문 2:1~10은 양쪽 끝에 쓰인 '걷다/살다'라는 단어(περιπατέω, peripatein, 2:2와 2:10)로, 한때 악한 길을 걸었던 사람(2:1~2)과 이제 하나님의 길을 걷는 사람(2:10)의 삶의 방식을 대조한다. 2:1~2에는 "너희가 전에 죄와 허물로 … 걸었던" 모습이, 2:10에는 "우리가 선한 일을 하려고 … 그 가운데서 걷는" 모습이 나타난다. 이로써 구원은 "행위로(of)"(2:9) 되지 않아도, 결과는 "선한 일을 **하라고**(for)"인데, 이는 하나님께서 당신 백성이 하도록 이미 준비하셨다. 이는 신자들이 그리스도 안에서 우주를 위한, 하나님의 장엄한 계획에 참여하는 미래 역할이다. 이는 하나님께서 은혜로 그들을 구원하신 방식이다.

> 완전히 잃어버린 상태와 그리스도와 연합한 특권을 과거 대 현재로 대조한다. 이는 하나님 은혜의 선물로 가능했는데, 새로운 창조, 우주적 규모로 증거이다—신자는 **하나님께서 준비하신 선한 일을 한다.**

이제 신학적 초점으로 표현한다.

> 신자들은 한때 죄와 허물로 죽었으나, 이제는 그리스도께서 높여지심을 함께 누리며, 선한 일을 감당함으로써 우주에 하나님의 자비와 사랑과 은혜를 전시하는 작품이 됐다.

적용(Application). 이 본문에서 직접적으로 길어낼 수 있는 적용은, 하나님의 작품으로서 선한 일을 행하라는 부르심, 곧 하나님의 긍휼, 사랑, 은혜, 친절을 드러내라는 촉구이다. 이제 설교자는 청중에게 가장 적합한 적용/의의를 고민해야 한다. 어떻게 하면 믿는 이가 선한 일을 하는 습관을 갖게 시작할 수 있을까? 단순히 **"선한 일을 행하라!"**라고 말하기로는 부족하다. 어떻게, 어떻게, 어떻게 해야 할까? 이럴 때는 공동체에 적용이 적절하다. 예를 들어, 회중이 매주 한 번씩 다른 사람들을 위해 무언가를 행하도록 하는 새로운 프로그램을 시작한다. 병든 이를 방문하고, 자선기금에 기부하며, 감사 손 편지를 보내는 활동(설교 후 우표가 붙은 엽서를 나눠줌으로써 행동을 촉진할 수도 있다), 탁아소 봉사, 장애인 사역 참여, 차량 지원, 휴가철 봉사 등 다양한 활동으로 회중이 선한 일을 시작하게 할 수 있다.

3. 창세기 26:34~28:9

이 본문에는 이삭의 역기능적이며 불화하는 가족 구성원들이 두 명 이상 동시에 등장하지 않는다.[55] 다양한 장면들은 교차 대구로 배열되어 있으며, 중심에 있는 두 장면(이삭과 야곱/에서가 등장하는 장면, 창세기 27:18~29, 30~41)은 내러티브에서 속임수를 세밀하게 드러낸다.

    A 에서(26:34~35)
       B 이삭과 에서(27:1~4)
          C 리브가(와 이삭?)(27:5)
             D 리브가와 야곱(27:6~17)
                E 이삭과 야곱(27:18~29)
                E' 이삭과 에서(27:30~41)
             D' 리브가와 야곱(27:42~45)
          C' 리브가와 이삭(27:46)
      B' 이삭과 야곱(28:1~5)
    A' 에서(28:6~9)

---

55 이 본문에 관한 자세한 설명은 Kuruvilla, *Genesis*, 316~29를 참조하라.

역기능 가족.

이삭에게는 잘못이 있다. 두 아들 중 에서만 축복하려고 따로 부름은, 특히 그들이 쌍둥이라는 점을 고려할 때 큰 잘못이다. 이삭은 분명 리브가가 받은 신탁(25:23)과 장자권 매매 사건(25:29~34)을 알고 있었어도, 다른 아들이 없는 상황에서 에서만 축복하려 해서는 안 되는 일이었다. 더욱이, 이삭이 축복하려 한 에서는 동족결혼이나 일부일처제에 거의 관심을 보이지 않아 부모에게 큰 슬픔을 안겨주었다. 이삭은 시각(27:1), 촉각(27:16, 21, 23), 후각(27:15, 27), 미각(27:3, 4, 7, 19, 25, 31, 33; 27:9, 14, 25), 청각(27:22) 등 모든 감각이 온전하지 않았다.

리브가 책임도 만만치 않다. 그녀가 이 사건에서 주도함은 구약 전체에서 유일하게 분사 여성형 "명령하다(צִוָּה, tsavah, command)"가 쓰인 27:8에서 드러나는데, 그녀가 자기 아들에게 "명령한다(commanding)." 의심할 바 없이, 리브가는 이삭을 속이는 배후 동력이며, 27:14~17에서 그녀가 모든 일을 도맡지만, 야곱이 한 행동은 겨우 동사 세 개로만 서술한다(27:14).

언급한 대로, 에서는 결혼 결정에 책임이 있다(26:34; 27:46). 그는 부모의 의견을 무시하고 독단적으로 결혼을 진행했으며, 동족결혼을 거부하고서 일부다처제를 선택했다. 에서는 자녀를 낳아 이삭을 압력함으로 족장의 축복을 얻으려 했을 수 있다.

야곱이 저지른 잘못은 따로 설명할 필요가 없다. 그는 27:19와 27:24에서 두 번이나 거짓말을 하여, 아버지에게 자기를 에서도 아니며 장자도 아니라도 속였다. 이 과정에서 야곱은 여호와의 이름을 망령되이 일컫기까지 했다(27:20). 야곱은 치밀하게 계획해서 '속임수(מִרְמָה, mirmah)'(27:35)를 저질렀다.

결국, 이 본문에 등장하는 각 인물은 하나님께서 당신 백성에게 주권적으로 축복을 분배하신다고 신뢰하기보다는, 서로 음모를 꾸미고 속이면서 각자 자기 방식대로 축복을 얻으려 했다. 각 인물은 신성한 축복이 누구에게, 어떻게, 언제 돌아가야 하는지에 자기 나름의 생각만을 고집했다.

역기능 가족은 식구마다 하나님을 신뢰하기는커녕 자기 방식으로 하나님 축복을 얻으려 한다.

그 결과는 혼돈 그 자체이다! 이삭은 야곱에게 속았음을 깨닫고서 극심한 충격과 고통에 빠지고(27:33), 에서도 자기에게 일어난 일을 깨닫고 고통에 잠긴다(27:34). 결국 에서는 야곱을 죽이겠다고 선언한다(27:41). 리브가는 사랑하는 아들의 목숨이 걱정돼 야곱을 '며칠' 동안만(27:44) 밧단아람에 있는 오빠 라반에게 보내려고 꾸미지만(27:41~28:5), 야곱은 가나안으로 돌아오기까지 수십 년(20년, 31:38, 41)이 걸리고, 그때쯤이면 리브가는 이미 세상을 떠나 다시는 아들을 볼 수가 없다. 이것은 창세기에서 리브가의 마지막 장면이다. 속임수는 온 가족/공동체에 재앙만을 가져왔다.

역기능 가족은 식구마다 하나님을 신뢰하기는커녕 자기 방식으로 하나님 축복을 얻으려 하다가, 결국 공동체는 붕괴하고 만다.

이제 **신학적 초점**을 한 문장으로 표현한다.

하나님을 신뢰하기보다 속임수를 써서 하나님의 축복을 얻으려다간 공동체를 파국으로 치닫게 할 뿐이다.

적용(Application). "속이지 마세요!"라고 적용하거나, '어떻게'를 세 차례 써서 구체적이고 인상적이며 단일한 특성의 비슷한 적용을 고려하기

도 한다. 신학생들이 동료 신학생들에게 이 본문을 설교할 때, 종종 이력서 조작, 독서 보고서 위조, 과제 시험 부정행위 등 흔한 속임수를 비판하면서, 청중에게 맞춤형 적용을 제시하곤 한다. 이러한 부정직한 행위를 거부하는 습관을 들임은, 본문이 요구하는 삶에 맞추어 살아가는 좋은 출발점이다.

또한, 이어지는 본문(*lectio continua*)을 설교할 때는, 설교 시리즈 시작 전에 각 페리코페에 관한 잠정적인 적용이 무엇일지 감을 잡고 있어야 한다. 이는 장기 설교 준비의 중요성을 다시 한번 생각하게 한다. 예를 들어, 페리코페 5(창세기 29:1~30; 4장을 참조하라)에서는 야곱이 과거 잘못으로 하나님께 징계를 받는다. 그 설교의 적용은 어떻게 설정해야 할까? "**속이지 마세요!**"라는 적용이 그곳에도 적합할 수 있다. 따라서 조금은 조정해야 한다. 이 페리코페(창 26:34~28:9)의 적용을 미래 잘못, 곧 미래 속임수를 예방하는 데 초점을 맞춘다면("**미래에 속이지 마세요!**"), 페리코페 5(창 29:1~30)의 적용은 과거 잘못, 곧 과거에 저지른 속임수를 회개하라는 적용일 수 있다("**과거에 저지른 속임수를 회개하세요!**").

설교 이동 지도를 집는다
Creating Maps
4

본문의 핵심 취지를 청중에게 논리적으로 전달하는 설교를 구성하기는, 설교를 한 편의 드라마처럼 작성하여 강렬하고 삶을 변화시키는 경험을 불러일으키기와는 전혀 다르다.[1]

14세기까지 거슬러 가면, 베이스본의 로베르트(Robert of Basevorn)가 '삼대지 설교(three-point sermon)'에 관해 농담조로 말한 기록이 있다. "오직 세 개의 요지, 또는 그에 상응하는 것들이 이 주제, (예를 들어, 주해)에 쓰이는데, 이는 아마도 삼위일체 경외심이거나, '세 겹줄은 쉽게 끊어지지 않는다'라는 전도서 4:12의 원리, 또는 이 방식을 12세기 수도원장 클레르보의 베르나르드(Bernard of Clairvaux)가 즐겨 사용했기 때문이거나, 아니면 내 생각에는 이것이 가장 그럴듯한데, 이 방식이 설교 시간을 정하기 더 편리했기 때문이다."[2] 수사학과 설교학 역사를

---

[1] Thomas G. Long, *The Witness of Preaching*, 3rd ed (Louisville: Westminster John Knox, 2016), 122 ||『증언 설교』, 3판, 이우제·황의무 옮김 (서울: 기독교문서선교회, 2019), 206~07.

[2] Robert of Basevorn, *The Form of Preaching*, tr. Leopold Krul, in *Three Medieval Rhetorical Arts*, ed. James J. Murphy (Berkeley: University

통틀어, 설교 개요에서 대지는 설교 전체를 논증으로 구성하는 역할을 하는데, 곧 본문에서 캐낸 빅 아이디어(Big Idea, 중심 사상)을 검증하는 역할을 한다. 하지만 논증 개념도 본문을 빅 아이디어로 추리는 개념도 설교에 효과적이지 않다. 첫째, 설교는 새로운 형태의 수사학이라서, 고전 수사학자는 이를 몰랐다. 설교는 **영감받은** 본문(inspired text)을 바탕으로 한 독특한 연설 형식으로, 설교자의 인도 아래 청중이 본문 + 신학을 직접 체험하도록 돕는 일을 목표로 삼는다. 둘째, 본문을 하나의 빅 아이디어로 축소하다간 본질적 내용을 손상한다. 그러나 전통 설교학은 본문에서 농축된 본질, 곧 빅 아이디어가 본문의 전부라고 여기며 그 빅 아이디어를 설교하는 일이 설교 전부라고 전제한다. 이러한 접근은 본문의 역할을 암묵적으로 축소해, 설교자가 주장하는 빅 아이디어가 본문의 전부임을 청중에게 증명하는 수단으로 전락한다. 결과적으로, 설교는 빅 아이디어를 뒷받침하려고 요점을 하나하나 나열하는 논증으로 전락하고 만다.3

대신에, 필자는 미술관에서 큐레이터가 방문객에게 그림을 설명하며 안내하는 길잡이처럼 설교해야 한다고 생각한다. 각 본문은 하나의 그림이며, 설교자는 큐레이터이고, 설교는 그림-본문의 큐레이션으로 회중이라는 미술관 방문객이 본문 + 신학을 직접 경험하도록 돕는다. 따라서 설교는 빅 아이디어를 검증하는 논증(argument)이라기보다, 본문의 핵심을 생생하게 보여주는 **시연**(demonstration)이다. 설교자는 본문을 창의적으로 석의해서 저자가 이 본문으로 하려는 **실행**(페리코페 신학)을 강단에서 청중에게 분명히 드러낸다.4 곧, 설교자는 청중에게(to) 단순한

---

of California Press, 1971), 138.

3 이 책 〈부록 1〉「빅 아이디어 대 신학적 초점」과 〈부록 2〉「설교—논증 대 주장」, 그리고 Abraham Kuruvilla, "Time to Kill the Big Idea? A Fresh Look at Preaching," *Journal of the Evangelical Theological Society* 61, no. 4 (2018): 825~46를 참조하라.

4 청중을 위해서 신학을 이렇게 큐레이션적으로 분별은 회중을 위한 목회적 적용을 찾아냄으로 이어진다(이 책 2장과 3장을 참조하라).

해설자가 아니라, 청중을 **위해**(for) 본문을 탐구하는 동행자로서 청중이 본문 + 신학을 직접 체험할 수 있도록 돕는다.5

설교 구성하기(Mapping Sermons)

설교 구성은 교회에서 매우 중요한 의사소통 활동, 곧 페리코페 신학 시연 (그리고 적용)에 성공해서, 청중이 본문을 온전히 경험하게 한다. 모든 설교—모든 공식적 의사소통—는 서론, 본론, 결론 등 기본 구조로 만든다. 우선, 설교 경험법칙을 말씀드리면, 서론에는 전체 설교 시간의 약 15%를, 본론에는 75%를, 결론에는 10%를 할당함이 이상적이다. 원고의 단어 수나 페이지 수로 따지더라도 같은 비율이다. 이 비율은 원고 분량 그리고 강단에서 설교 시간 배분 모두에 유효하다.

설교

서론(Introduction)	15%
본론(Body)	75%
결론(conclusion)	10%

이 장에서는 설교 본론을 '이동(move)'으로 구성하는 방법을 탐구한다. (서론과 결론을 구성하는 방법은 7장에서 다룬다.)

설교 지도 구성과 이동(Maps and Moves)

우리가 사물을 부르는 명칭은 그것을 바라보는 관점에 큰 영향을 미친다. 설교를 논증으로 구성하는 방식에서 시연하는 방식으로 패러다임 전환함에 따라, 설교 작성에 쓰는 용어도 재검토해야 한다. 전통 설교학에 따르면, 설교는 본문이 전하려는 빅 아이디어를 논증하는 작업으

---

5 이러한 노력으로, 필자는 주석—*Genesis*; *Judges*; *Mark* ‖ 『마가복음』; *Ephesians*—에서 설교자를 위해 본문-그림을 큐레이션하려고 시도했으니 참조하라.

로, 여러 요점과 명제를 모아 개요, 곧 청사진을 구성함으로써 청중에게 그 빅 아이디어를 확립하고자 한다. 하지만 새로운 설교학에서 설교는 (본문이 하려는 **실행**을) 경험하게 하는 시연이며, 설교 지도—설교자가 본문으로 청중을 끌어들이는 설교 목적을 이루게 하는 참고 기록물—를 이루는 (표지가 붙은) 여러 '이동(move)'으로 만든다.6 따라서 설교에 새롭게 접근하면서 새로운 용어를 사용하겠다. (설교에 접근하는 두 가지 방식을 아래 표로 비교하니 참조하라.)

	전통적 접근법	새로운 접근법
설교는	논증(argumentation)이다	시연(demonstration)이다
~에 관해	(본문이 말하는) 빅 아이디어 (Big Idea)	(본문이 하려는 **실행**을) 경험(Experience)
~로 구성한	(명제로 진술한) 대지들(points)	(신학적 초점을 진술하는) 이동(moves)
~한	체계화한(Organized)	구성한(shaped)
~으로	개요(outline)	지도(map)

---

6 Eugene L. Lowry, *Doing Time in the Pulpit* (Nashville: Abingdon, 1985), 17; Thomas G. Long, "The Distance We Have Traveled: Changing Trends in Preaching," in *A Reader on Preaching: Making Connections*, eds. David Day, Jeff Astley, and Leslie J. Francis (Aldershot, UK: Ashgate, 2005), 15; David G. Buttrick, *Homiletic: Moves and Structures* (Philadelphia: Fortress, 1987), 23을 참조하라. 또한 전통적 설교 **개요**(outline)에는 자체로 부과된 제약들이 있는데, 대지들은 완전한 문장, (곧 흔히 주제와 보충 설명을 갖춘 명제)로 구성하고, 주요 요점이 보조 요점을 포괄하는 등 형식적 규범에 얽매이는데, 이는 본문 + 신학을 설명하고 안내하는 설계도에는 불필요한 형식에 지나지 않는다(아래 참조). 필자는 설교 시연이 사상을 심지어 논증을 다룬다는 점을 부인하지 않으며, 전통 접근법의 지배적인 은유와 그에 얽힌 명명법을 더는 사용하지 않는다. 언어와 뇌가 본문과 말을 이해하는 방식에 빠른 발전을 고려하면, 이러한 요소들은 설교를 바라보는 사고를 지나치게 한정하고 만다. Abraham Kuruvilla, "'What Is the Author *Doing* with What He Is *Saying*?' Pragmatics and Preaching—An Appeal!" *Journal of the Evangelical Theological Society* 60 (2017): 557~80을 참조하라.

필자는 설교 비전을 다음 말로 제시했다. "성경적 설교란, 교회 지도자가 예배하려고 모인 그리스도인 모임에서 성경 페리코페(pericope)에서 신학적 석의로 분별한 핵심 취지와 그것을 그 특정한 그리스도인 공동체에 적용한 내용으로 소통해서, 그들이 그리스도의 형상을 닮아 변화함으로 하나님을 영광스럽게 하는 일인데, 이 모든 과정은 성령의 능력으로 한다."7 설교자에게는 두 가지 중요한 임무가 있다. 하나는 '페리코페 핵심(페리코페 신학)을 전달하기'이고, 다른 하나는 '적용을 [어느] 특정 신자 공동체에 적용을 전달하기'이다. 곧, 설교자는 청중을 위해 본문에서 신학을 분별하고, 그에 따른 적용을 길어내야 한다. 이 두 과정을 결합할 때, 청중은 본문 + 신학을 온전히 경험한다.

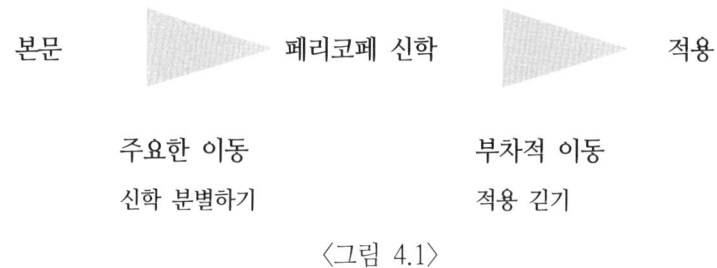

〈그림 4.1〉

물론, 설교자가 해야 할 이 두 가지 임무는 우리 설교 패러다임에서 두 가지 '이동'—본문에서 신학으로 이동 그리고 신학에서 적용으로 이동—에 해당한다(〈그림 4.1〉 참조). 이 중, 필자는 첫째 이동, 곧 본문에서 신학으로 이동이 가장 근본적이며 중요한 단계라고 평가한다. 설교자가 하나님의 말씀과 하나님의 백성 사이에 서 있는 주요한 이유는, 청중이 본문에 내포된 신학적 취지를 분별하도록 도우려 함이다. 현대

---

7 Abraham Kuruvilla, Abraham Kuruvilla, *A Vision for Preaching: Understanding the Heart of Pastoral Ministry* (Grand Rapids: Baker Academic, 2015), 1 || 『설교의 비전—목회 사역의 심장을 이해하기』, 곽철호·김석근 옮김 (이천: 성서침례대학원대학교출판부, 2018/2025[3쇄수정]), 33.

청중이 이를 스스로 수행하기 어려워하므로, 신학을 분별하도록 촉진하는 일이 바로 우리가 설교자로서 감당할 핵심 사명이다.

물론, 설교자가 목회자, 영적 지도자, 장로, 부모, 멘토로서 회중을 섬기는 또 다른 중요한 임무가 있다. 곧, 특정 신자 공동체에 적합한 구체적인 적용을 길어내는 일이다. 설교자는 본문에서 분별한 페리코페 신학을 토대로, 하나님의 백성이 **'본문 앞에 펼치는 세계'**—하나님의 이상적인 세계—에서 살아가게 양 무리를 인도한다. 설교자는 하나님과 동행하는, 곧 하나님을 알며 하나님의 말씀을 깊이 살핀 사람이기에, 그리고 백성과 함께 살고 그들을 사랑하며 그들 짐을 같이 짊어진 사람이기에, 성경 페리코페 신학을 설교함으로 회중의 삶이 변하도록 인도할 자격이 충분하다. 이처럼 청중에게 적합한 적용을 길러내는 일은 설교자가 할 둘째 임무이다.

설교

서론(Introduction)		15%	
본론(Body)	주요 이동 (신학 찾기)	50%	75%
	부차적 이동 (적용 긷기)	25%	
결론(conclusion)		10%	

설교자의 주요 임무와 부차적 임무를 염두에 둠으로, 설교 본론 지도를 설계하는(sermon mapping) 기본 원리가 명확해진다. 설교 본론에서 주요 이동(설교자가 감당할 첫째 임무, 곧 본문에서 신학으로 이동)은 청중이 페리코페 신학을 분별하도록 돕고, 부차적 이동(설교자가 감당할 둘째 임무, 곧 신학에서 적용으로 이동)은 청중을 위해 적용을 길어낸다. 일반적으로, 설교에서 주요 이동, 곧 본문에서 신학으로 이동(신학 분별하기)은 부차적 이동, 곧 신학에서 적용으로 이동(적용 긷기)보다 두 배 정도 길

게 전개한다. 앞서 살펴본 설교 시간 배분 비율을 적용하면, 설교 본론에서 주요 이동과 부차적 이동의 비율은 50:25 정도이며, 이 비율은 원고 분량과 실제 설교 시간 모두에 똑같이 적용된다.

이러한 비율로 본론을 구성하면 균형을 잡지 못하는데, (신학을 찾는) 주요 이동이 (적용을 깁는) 부차적 이동보다 훨씬 더 많은 시간과 공간을 차지하기 때문이다. 또한, 첫째이자 가장 중요한 신학적 이동은 성경 본문 모두가 드러나는 곳임이 분명하다. 이것 자체가 설교에 치명적인 문제는 아니다. 그러나 특히 이제 막 설교 사역을 시작하는 설교자에게는 위험하다. 위에 제시한 본론 구성 비율을 살피면, 청중은 어디에서 드러난다고 생각하는가? 내 삶, 영적 여정, 상황, 세상, 문화, 고민, 관심사, 성공과 실패에 직접적으로 나, 곧 청중을 언급하는 부분은 어디인가? 분명, 청중은 설교에서 둘째 이동(적용 깁기)에서만 고려하는 듯하다. 이는 청중이 설교 본문 대부분에 직접 참여하지 않는다는 말이다. 설교의 2/3 (또는 절반) 동안 청중을 배제한다면, 결국 그들은 관심을 잃는다. 따라서 설교 본론에서 청중을 소홀히 하지 않으려면, 설교자는 신학을 찾는 주요 이동을 적어도 두 개의 개별 이동으로 나누고 각 이동 끝에 청중이 더 직접적으로 참여할 수 있는 연관성의 하위 이동(submove)을 고려해야 한다.

설교 본론

주요 이동 (신학 찾기) 1 (하위 이동 포함—연관성)	25%
주요 이동 (신학 찾기) 2 (하위 이동 포함—연관성)	25%
부차적 이동 (신학 찾기) (하위 이동 포함—연관성)	25%

이렇게 주요 이동을 개별 이동 두 개로 나누면, 설교 본론은 세 개 이동 비율이 25:25:25로 균형을 이룬다. 설교자는 필요에 따라 주요 이

동을 더 나눌 수도 있으며, 그에 따라 적용 부분도 시간과 분량에서 유연하게 조절할 수 있다. 예를 들어, 아래 구성표에서는 주요 이동을 네 개로 나누고, 부차적 이동을 적절히 압축하여 설교 본론 전체가 다섯 개 이동으로 균형을 이루게 수도 있다.

설교 본론

주요 이동 (신학 찾기) 1 (하위 이동 포함—연관성)	15%
주요 이동 (신학 찾기) 2 (하위 이동 포함—연관성)	15%
주요 이동 (신학 찾기) 3 (하위 이동 포함—연관성)	15%
주요 이동 (신학 찾기) 4 (하위 이동 포함—연관성)	15%
부차적 이동 (신학 찾기) (하위 이동 포함—연관성)	15%

이렇게 주요 이동을 나눔으로, 설교자는 연관성 있는 하위 이동으로, 청중이 참여하지 않은 채 너무 멀리 그리고 너무 오래 가지 않도록 생각하게 한다. 앞으로 이 책에서는 설교 본론을 세 개 이동—주요 이동 1, 주요 이동 2, 부차적 이동(적용)—으로 구성하고 그 비율은 25:25:25로 하겠는데, 각 주요 이동은 연관성 하위 이동을 포함한다.[8] 대부분의 복음주의 교회에서 설교 시간이 35~40분 정도로 정해져 있으므로, 설교 본론을 이렇게 세 부분으로 나누는 방식은 매우 적절하다. 무엇보다도, **여러분**이 설교라는 배의 선장임을 잊지 말라. 선택한 본문, 청중, 그리고 여러분만의 독특한 개성, 능력, 목회적 지혜에 따라 설교를 자유롭게 구성하기를 바란다.

---

[8] 연관성에 관한 자세한 내용은 이 책 5장 「설교 이동에 생동감을 더한다」를 참조하라. 설교 본론을 세 개 이동으로 나누기가 절대 법칙은 아니다. 하지만 앞서 지적한 불균형을 피하려면, 적어도 세 개 이동으로 나누기가 좋다.

위 그림에서 보듯, 적용이라는 부차적 이동은 언제나 신학을 찾는 주요 이동 다음에 이어진다. 이는 청중이 설교자의 도움을 받아 페리코페 신학을 이해한 다음에만 자기 삶에 타당하게 적용할 수 있기 때문이다. 따라서 설교에서 적용으로 이동은 페리코페 신학을 충분히 해설한 다음에 자리해야 한다. 이는 보통 설교 본론의 마지막 부분에 있어야 한다는 말이다.9

귀납적 설교(Inductive Sermon) 또는 연역적 설교(Deductive Sermon)?

설교학 교과서에서는 연역적 설교와 귀납적 설교에 관한 내용이 많다. 한편으로, "연역적 설교는 일반적으로 먼저 설교 목적이나 **중심 사상**(main idea)을 선언하고서, 그 목적에 들어맞는 구체적 사실, 명제, 요점 또는 영적 진리를 차례로 설명하는 방식이다." 다른 한편으로, "귀납적 설교는 본문에 있는 구체적인 진리, 사례, 아이디어(구체사항)에서 출발하여 설교의 **일반 진리**(general truth)로 이동하는데, 이는 설교에서 각 단위에 또는 끝에, 또는 설교 끝에 제시한다. 건전한 해석에 기반한다면, 이러한 구체사항들은 올바른 결론이나 진리의 진술에 자연스럽게 이른다."10 연역적 설교 앞부분에 또는 귀납적 설교 후반부에서 제시하는 '중심 사상' 또는 '일반 진리'는 과연 무엇을 의미하는가? 앞서 살펴본 대로, 설교 목적은 두 가지이다. 첫째는 청중이 본문에 담긴 신학을 분별하도록 돕는 일이며, 그 신학은 단순히 '중심 사상'이나 '일반 진리'(예를 들어, 빅 아이디어[Big Idea])로 축소할 수 없다. 둘째는 청중을

---

9 다른 방식으로 구성할 수도 있지만, 필자는 흔히 이 지침을 따른다. 여러분도 그렇게 하길 바란다. (예외인 경우도 있다. 〈부록 4〉에 있는 창세기 26장을 본문으로 한 설교 원고를 참조하라. 그러나 이 경우에도 적용 긷기는 신학을 강해한 다음에 나온다. 다만 적용 부분을 세 개 이동으로 나눴다는 점이 다르다.)

10 Terry G. Carter, J. Scott Duvall, and J. Daniel Hays, *Preaching God's Word: A Hands-On Approach to Preparing, Developing, and Delivering the Sermon* (Grand Rapids: Zondervan, 2005), 34 ‖『성경설교—설교를 준비하고 작성하고 전달하는 실제적 지침서』, 김창훈 옮김 (서울: 한국성서유니온선교회, 2009), 35.

위한 구체적 적용을 길어내는 일이지만, 적용도 '중심 사상'이나 '일반 진리'로 단순하게 만들어서는 안 된다.11 따라서 전통적인 연역적·귀납적 설교 방식에서, 과연 우리가 무엇을 연역하거나 귀납하는지 의문을 제기할 수밖에 없다. 필자가 설교 역할을 이해하기로는, 설교를 단순히 연역적 또는 귀납적으로 분류함은 무의미하다. 오히려 설교자는 청중이 페리코페 신학(축소할 수 없는 실체)을 온전히 힘과 감동으로 분별할 수 있도록 본문을 길잡이 해야 하며, 그 신학에 기반한 적용을 길어내서 청중의 삶이 변하게 해야 한다. 곧, 설교자는 청중이 어떤 주요 요점이나 빅 아이디어에 귀납적으로 도달하게 돕는 일이 아니라, 본문과 그 신학을 온전히 그리고 충실히 체험하도록 돕는 역할을 해야 한다.12

청중을 돕고자 본문 + 신학을 길잡이 하는 큰 장점은, 설교자가 본문을 연구하고 설교를 준비하면서 느꼈던 그 짜릿한 신학 통찰의 기쁨을, 청중도 스스로 경험하게 한다는 점이다. 이는 설교자가 청중 스스로 자기를 설득하도록 유도하게 하려는 시도다. 토마스 G. 롱(Thomas G. Long)은 전통적 설교학에 관해 다음 말로 건조하게 언급한다. "다리 한쪽에서는 설교자가 본문을 발견하는 흥미롭고 자유로운 경험을 하지만, 설교자는 해석적 탐구의 열정을 연구실에 남겨두도록 훈련받았고, 그 열정의 정수를 걸러내어 가공된 명제만을 건너편으로 전달한다. 결

---

11 오히려 적용은 설교 종결부로, 청중이 본문에 보여야 할 반응을 끌어내며, 본문 + 신학을 온전히 체험하는 데 필수 역할을 한다.

12 본문에서 신학으로 이어지는 주요 이동은, 설교자가 청중이 신학을 통찰할 수 있도록 본문에 숨은 단서들을 안내하고 설명하는 길잡이 방식 때문에 겉보기에는 귀납적 방식으로 보일 수 있다(아래 그리고 5장 「설교 이동에 생동감을 더한다」를 참조하라). 그러나 청중이 통찰하도록 돕는 이 신학은, 본문에 있는 단어 외의 다른 언어로 단순히 '빅 아이디어'로 줄지 않는다. 곧, 전형적인 귀납적 이동이 본문의 정수를 도출하려는 데 초점을 맞춤과는 달리, 본문을 길잡이 하는 이 과정은 청중이 본문과 그 신학을 있는 그대로 체험하도록 돕는 역할을 한다. 앞서 언급한 대로, 신학적 초점은 페리코페 신학의 정수를 함축하지만, 이는 설교 준비자들을 위해 신학을 간략한 표제(또는 줄임말, 제목, 실마리)로 표시하는 기능에 불과하다(앞으로도 반복해서 살피겠다). 그러므로 설교할 때, 청중을 위해 이 신학적 초점을 귀납적으로 찾아내지 않아도 좋다.

과적으로 설교에서 '헤유레카(εὕρηκα)!'의 기쁨은 '오늘 아침 설교 주제 [Big Idea]는 ⋯'이라는 지루한 말투로 전락하고 만다."13 본문이 설교자인 우리를 감동한 방식으로 청중도 감동하게 하지 않는가? 이상적으로 말하면, 설교할 때 페리코페 신학의 단서들을 충분히 제시하면, 청중은 본문이 지닌 핵심 취지와 추진력을 스스로 분별한다.14 이처럼, 그림, 시, 사진, 음악 작품, 심지어 본문과 같은 언어 예술 작품까지도 모두 큐레이션 된다. 곧, 설교자는 큐레이터처럼 청중이 본문이라는 예술 작품이 하려는 **실행**을 분별하도록 돕는다.

그러나 영감받은 본문을 매개하는 임무가 중요하긴 하나, 설교자는 단지 하나님의 말씀 큐레이터이자 안내자(또는 시녀이자 조산사)에 불과함을 잊어서는 안 된다. 우리 설교자는 새로운 것 또는 대단한 것을 만들어 내거나 우리만의 예술 작품을 창조하지 않는다. 오히려, 하나님의 말씀을 섬기며, 하나님의 백성이 그 말씀에 담긴 페리코페 신학을 분별하고 그에 따른 적용을 찾아내게 돕는 역할을 한다. 그러므로 하나님의 말씀과 하나님의 백성(곧, 하나님의 말씀이 전달되는 대상) 사이에 우리 자

---

13 Long, *Witness of Preaching*, 118 ‖ 『증언 설교』, 201. 안타깝게도, 이런 일은 아주 많은 설교에서 너무나도 자주 일어난다.

14 우리 뇌는 저자가 하려는 **실행**을 암시하는 단서를 포착하면, 그 발화의 핵심 의도를 알아차리도록 설계돼 있다. 이는 의사소통이 작동하는 방식이다. 우리가 다루는 본문은 고대 산물이며 원문은 청중이 익숙하지 않은 언어로 쓰였기에, 청중이 그 단서를 찾아내려면 도움을 받아야 한다. 이러한 단서들이 드러나면, 본문에 담긴 신학을 자연스럽게 분별할 수 있다—보통 '신학적 초점'이나 '빅 아이디어'로 단순화하지 않고서 말이다. 실제로, 신경과학 연구에 따르면, 효과적인 의사소통이 이루어질 때 청취자의 뇌 활동은 화자의 뇌 활동과 일치하는 '화자-청자 신경 결합(speaker-listener neural coupling)' 현상을 반영한다. 뇌의 여러 같은 영역이 세 가지 뚜렷한 상태에서 활성화한다. 곧, **화자**가 어떤 경험을 할 때, **화자**가 그 경험을 기억하고 이야기할 때, 그리고 **청자**가 화자의 이야기를 들을 때, 그렇다. 다시 말해, 설교자는 자기가 본문을 처음 체험한 방식으로, 청중이 본문을 온전히 경험할 수 있도록 돕는다. Greg J. Stephens, Lauren J. Silbert, and Uri Hasson. "Speaker-Listener Neural Coupling Underlies Successful Communication," *Proceedings of the National Academy of Sciences* 107 (2010): 14, 425~30을 참조하라.

신을 끼워 넣는 역할은 최대한 눈에 띄지 않게 유지해야 한다. 우리에게 요구되는 책임 이상을 지려 하지 말자, 동료 설교 길잡이여!

설교 이동 지도를 제시하는 지침(Guidelines for Presentation of Maps)

교수, 멘토, 또는 설교팀 동료와 같이 다른 사람에게 설교 이동 지도를 제시해야 한다면, 그들이 쉽게 이해할 수 있도록 돕는 몇 가지 표준 지침을 활용해야 한다. 그러나 자기에게만 유익한 설교 지도를 작성하려 한다면, 이러한 지침은 굳이 따르지 않아도 된다.

번호 붙이기(Numbering). 설교의 주요 구성 요소인 서론, 본론, 결론 등에는 번호를 붙이지 않는다. 그러나 본론에는 다음과 같은 방식으로 번호를 매긴다.

    첫째 단계: 로마 숫자 (I, II, III …)

     둘째 단계: 알파벳 대문자 (A, B, C …)

      셋째 단계: 아라비아 숫자 (1, 2, 3 …)

       넷째 단계: 소문자 알파벳 (a, b, c …)

각 단계는 적절한 들여쓰기로 구분한다(위 참조). 이 번호 체계는 전통적 접근에서 개요 작성에 쓰이지만, 설교의 자연스러운 이동을 설계하는 지도 구성에도 유용하기에, 이 책에서도 쓰라고 추천한다. 단, 네 단계 이상으로 세분화는 피해야 한다. 너무 많은 단계가 학문적으로는 흥미로울 수 있으나, 실제 설교에서는 전혀 실용적이지 않다. (필자는 보통 두 단계, 드물게는 세 단계까지만 사용한다.)

이동 표지 구성하기(Structuring of move labels). (이 책의 여러 예시에서 자주 볼 수 있듯이) 이동 표지 구성은 구문 하나 또는 단어 하나로도 충분할 때가 있다.15 그러나 설교 이동을 나타내는 지도를 보여줄 대상이 설교 본문이나 그 본문에서 성경 저자가 시도하는 **실행**을 잘 모

---

15 그림으로 표현해도 괜찮다. 그림에 글을 넣을 수도 있고, 넣지 않을 수도 있다.

른다면, 이동 표지와 하위 이동 표지를 전체 문장으로 표현하는 편이 좋다. 이때, 문장은 모든 단계에서 직설법(indicative mood)으로 작성하되, 적용 진술만은 명령법(imperative)으로 작성해야 한다. 또한, 각 단계에서(적어도 첫째 단계 항목에서) 다루는 참조 구절을 포함하면 좋다. 단, 적용 부분에는 참조 구절이 필요 없다.16

다음 예시는 설교 이동을 설계하는 지도이다.

서론(Introduction)

본론(Body)

    I.

        A.

        B.

    II.

        A.

            1.

            2.

        B.

            1.

            2.

    III.

        A.

            1.

---

16 표준 개요에서는 모든 상위 요점이 하위 요점을 포함해야 하지만, 설교 이동을 보여주는 지도를 만들 때는 이 규칙을 따르지 않아도 괜찮다.

        a.
        b.
    2.
  B.
    1.
    2.

IV. **적용**(Application)!

결론(Conclusion)

물론, 다른 사람과 설교 이동 지도를 공유할 계획이 없다면, 이러한 표준 절차를 꼭 따르지 않아도 좋다. 필자는 혼자 쓸 설교 지도를 작성할 때는 이런 세세한 부분에는 신경 쓰지 않는다.

간편한 설교 지도(Canned Sermon Maps)

필자가 선호하는, 설교 이동을 나타내는 지도 작성법을 설명하기 앞서서, 급한 상황에서 유용하게 쓸 수 있는, 이른바 '간편한 설교 지도' 사례 몇 가지를 먼저 소개하겠다. 간편한 설교 지도는 세 가지 이동을 요소로 구성하는데, 하나는 '문제—해결—적용'이며, 또 다른 하나는 '말하는 내용—하려는 **실행**—적용'이다. 설교 준비에 시간이나 자료가 부족할 때는 이러한 이동으로 구성한 설교 지도를 활용할 수 있다. 그러나 다른 상황에서 억지로 이런 설교 지도를 본문에 적용하라고 강하게 권장하지 않는다. 그렇게 하면 설교 구조가 지나치게 인위적이고 부자연스러워지기 마련이다. 모든 본문에 잔재들이 깔끔하게 한 통에 들어갈 수 없기 때문이다.

간편한 설교 지도 1, 문제(*Problem*)—해결(*Solution*)—적용(*Application*)

'문제—해결—적용'은 간편한 설교 지도이어도, 그 직관성은 눈에 띈다. 필자 생각에, 우리가 의식적으로 노력하지 않더라도, 우리 뇌는 본능적으로 문제—해결책—적용 순서로 사고하도록 설계돼 있다. 이 지도는 다음 질문에 답변 형태를 띤다.

- 본문이 다루는 문제는 무엇인가?
- 그 문제의 해결책은 무엇인가?
- 우리는 무엇을 해야 하는가?

몇몇 본문에 '문제—해결—적용'로 구성하는 설교 지도를 적용하겠다.

잠언 13:20

> The one walking with the **wise** will become **wise**, (A)
>> but the one **dealing** with the foolish will suffer **detriment**. (B)

> **지혜**로운 사람 동행하면 **지혜**를 얻지만, (A)
>> **어리석은** 자와 **어울리면 어려움**을 겪는다. (B)

먼저, 이 본문의 신학적 초점을 결정하자. "지혜로운 사람과 함께하면 지혜로워지지만, 미련한 사람과 함께하면 고통을 겪는다."[17]

몇 가지 주목할 점이 있다. 첫째, 히브리어 평행법(parallelism) 패턴이 A행(13:20a)과 B행(13:20b) 사이에 뚜렷하게 나타나, 두 행이 교차 대구 구조(A x B)이다. 따라서 A행에 제시한 결과는 B행에 제시한 결과를 반박한다고 해석해야 타당하다. 둘째, 히브리어 언어유희(paronomasia)가 (특히 강조 부분에서) 중요한 역할을 한다(밝힘. 아래 히브리어 본문은 엮은이가 덧붙여 한눈에 보게 했다).

---

[17] 이 예시에서 신학적 초점이 실제 본문보다 길어도 신경 쓰지 말자. 단지 우리가 너무 짧은 본문을 다루기 때문이다.

- 13:20a הֹלֵךְ אֶת־חֲכָמִים וַחֲכָם (holek 'et-khakamim wekhkam)
- 13:20b וְרֹעֶה כְסִילִים יֵרוֹעַ (wero'eh kesilim yero'a)

필자는 이 구절을 번역할 때 13:20a에서는 'wise(지혜로운)'과 'wise(지혜로운)'이 평행 표현을 유지했고, 13:20b에서는 두운 de-를 사용해 'dealing(어울림)'과 'detriment(손해)'으로 평행을 유지하게 최대한 노력했다(엮은이 덧붙임. 한글로는 '어-'로 평행을 유지하려고 했다). 이러한 언어 유희는 모든 시에서 의도한 패턴을 암시하는데, 이 장르의 의미는 개별 단어의 미세한 뉘앙스보다도 평행 구조(여기서 A행이 B행과 대조되는 방식)에 더 의존한다. 따라서 '지혜롭게 되기'는 '어리석은 자에게 닥치는 어려움'과 대조 의미로 읽혀야 한다.

본문이 다루는 문제는 무엇일까? '어리석음'이나 '어리석은 자와 어울림' 자체가 문제가 아니다. 실제로 박탈 또는 상실, 곧 분명히 밝히는 부정적 결과를 문제로 도드라지게 함이다. 이 본문에서는 어리석은 자와 어울릴 때 어려움을 겪는다는 점(13:20b)이다. 누구도 어려움을 겪으려 하지 않기에, 이는 심각한 문제일 수 있다. 그렇다면 그 해결책은 무엇일까? 물론, 그 해결책은 대조한 내용, 곧 지혜로운 자와 어울림으로써 어려움을 미리 막을 수 있다(13:20a). 적용은 아주 간단하다. **지혜로운 사람과 어울려라!**

I. **문제**—어리석은 자와 어울리면 어려움을 겪는다(13:20b)
II. **해결**—지혜로운 사람과 어울리면 어려움을 막을 수 있다(13:20a)
III. **적용**—지혜로운 사람과 동행하라![18]

필자는 본문 순서를 바꿔 13:20b를 첫째 이동(문제)에, 그리고 13:20a를 둘째 이동(해결)에 배치했다. 본문 순서를 반드시 따를 필요는

---

[18] 그렇다, 이 지도 그리고 다음 지도에서 적용은 구체적이지도 인상적이지도 않으며, 또한 이상적이지도 않다.

없다. 본문 순서는 저자가 특정 매체(글쓰기)와 청중에게 가장 적합하다고 판단해 정하지만, 설교 구성은 설교자가 또 다른 매체(말하기)와 청중을 위해 최선이라 판단하는 대로 정한다. 이 두 매체, 곧 글쓰기와 말하기는 서로 다르며, 각각 고유한 청중, 곧 독자와 청취자에게 독특하게 기능한다. 따라서 설교 구조가 반드시 본문 구조와 일치해야 한다는 규칙은 없다. 구어체 설교는 기록한 본문과는 다른 미디어 형태이며 대상 청중도 다르므로, 설교 이동이 글의 순서를 반드시 따르거나 병행할 필요는 없다. 청중에게 적합한 설교 지도 유형은 설교 때마다 결정해야 한다. 물론, 청취자가 설교의 이동을 쉽게 따라갈 수 있도록 본문 순서를 최대한 반영하는 설교 지도에는 장점이 있다. 본문과 설교 순서가 일치하면, 설교자가 본문을 여기저기 뛰어다니지 않아도 되어, 그 결과 명확성이 높아지고 청중이 본문 + 신학을 마음, 머리, 그리고 삶에 더욱 확실히 체화할 수 있다.

또한, 필자는 I. 문제와 II. 해결의 핵심 표현(label)에 같은 어휘를 표기하는 방식을 선택했다(위 참조). 이러한 통일성은 설교자와 청취자 모두에게 명료성을 제공하고 기억하기 쉽게 한다. 복잡한 표현은 혼란을 초래하지만, 단순함은 언제나 효과적이다. 다른 예시를 살펴보자.

잠언 10:25

> 폭풍이 일면, 악인은 사라져도 (a)
>   의인에게는 기초가 영원하다 (b)

잠언 10:25a에서 문제는, 삶에 재앙이 닥쳤을 때 악인 (또는 죄인)이 겪는 고통이다. 10:25b에서는 이 문제에 해결책을 무엇이라고 하는가? 의인, 곧 하나님의 사람은 일시적 불행에 두려워할 필요가 없는데, 영원히 안전하기 때문이다. '폭풍'을 하나님의 심판을 상징하는 제유법으로 이해하면(시편 83:15; 이사야 17:13; 29:6; 66:15; 나훔 1:3 참조), 10:25a에서 문제는 불신자의 영원한 운명, 곧 하나님의 임재에서 멀어짐, 시로 표현하면 '소멸'이다. 하지만 10:25b에서 해결책은, 하나님께서 보시기에 (그리스도의 사역으로) 의롭기에 하나님의 심판을 견뎌내고 (영원한 행복을 누린다고) 말한다. 이제 여러분이 신학교 학우들을 청중으로 이 구절을 설교할 설교 실습생이라고 가정하자. 이들 중 불신자가 있을 가능성은 거의 없으므로, 그들에게 적합한 적용은 무엇일까? (힌트, 3장에서 흑색종 생존자 모임에서 "햇빛에 노출이 피부암 원인이다!"라는 적용을 어떻게 사용했는지 기억해 보라.) 잠시 생각해 보고, 스스로 적용을 구상해 보라. (그러고서 아래 각주에서 필자가 한 제안을 보기를 바란다.)19

에베소서 1:15~23

에베소서 1:15~23의 신학적 초점은, 이 책 2장에서 분별한 바 있다. 곧, "하나님의 계획과 하나님의 백성을 대적하려고 활동하는 적대 세력은, 그리스도께서 다스리실 때, 그리스도 안에서 그리고 그리스도를 통해 역사하는 하나님의 놀라운 능력, 곧 믿는 이, 곧 그리스도의 몸, 곧 그분 충만하심에 확장하는 능력에 철저히 굴복한다." 이를 간략히 표현하면, "교회는 그리스도의 충만함과 몸으로서 초자연적 적들에 맞서 하나님의 비교할 수 없는 능력을 드러낸다"라고 정리할 수 있다.

다음은 에베소서 1:15~23에서 자연스럽게 찾아내는 '문제―해결―적용' 형태의 간편한 설교 지도 예이다. 여기서 '문제'에 해당하는 "우리 두려움"은 본문에 명시적으로 드러나지는 않지만, 이 책 2장에서 살펴본 대로, 1:1~14에서 1:15~23으로 이어지는 맥락과 사고의 이동(문단 사이 일관성)에서 암시적으로 전제한다. 또한 1:15~23에서는 교회를 위해 행사하는 하나님의 능력을 확장하여 선언함으로써, 암시한 '문제'에

---

19 신학적 초점은 "불신자는 하나님의 심판을 받지만, 신자는 심판을 피하고 하나님과 관계에서 영원히 굳건히 선다"일 수 있다.
    I. **문제**―불신자는 하나님의 심판을 피하지 못한다(10:25a).
    II. **해결**―믿는 사람은 하나님의 심판을 받지 않고, (하나님과 관계에서 영원히 굳건하다)(10:25b).
    III. (믿는 이) **적용**―믿지 않는 친구/이웃에게 … 말하라!

해결책, (곧 하나님의/그리스도의 능력)을 제시한다.

I. **문제**—강력한 초자연적 적들에 우리 두려움

II. **해결**—모든 적에 맞서는 하나님의 능력, 믿는 자들을 위해 통치하시는 그리스도 안에서 그리고 그리스도를 통해 나타남(1:15~23)

III. **적용**—힘차게 살라!

간편한 설교 지도 2, 내용(*Saying*)—실행(Doing)—적용(*Application*)

내용(Saying)—실행(*Doing*)—적용(Application)으로 구성은 여러 본문에 쓸 수 있는 간편한 설교 지도이다. 특히 본문 내용을 이해하기가 어렵고 자세히 설명해야 할 때 크게 쓸모 있다. 이 간편한 설교 지도를 사용하는 설교자는, 설교에서 (그리고 원고에서) 첫째 이동, 곧 '내용'에 시간을 충분히 할애하여 청중이 본문 내용을, 곧 저자가 무엇을 말하고 있는지 (또는 내러티브 본문에서는 무슨 이야기를 하고 있는지)를 이해하도록 도와야 한다.[20] 둘째 이동, 곧 '하려는 실행'에서는 저자가 무엇을 하려고 하는지—페리코페 신학—을 분별해 청중에게 설명한다. 그리고 마지막 이동인 '적용'에서 본문 메시지를 삶에 어떻게 적용할지 제시한다. 이 형태 설교 지도는 '본문–신학–적용'이라고 부를 수 있다.[21]

이 형태로 구성하는 간편한 설교 지도 몇 개를 예시하겠다.

잠언 21:1

야훼 손에, 왕의 마음이 물길[처럼] 있으니,
그분께서 바라시는 데로, 흐르게 하신다.

---

[20] 본문만 다루는 부분의 단점은 청중이 직접 참여할 수 있는 내용[연관성의 하위 이동]이 없어서 설교 중요한 부분에서 청중을 배제할 수 있다는 점이다.

[21] 내러티브 본문인 경우, I. '저자가 말하는 내용'에서는 청중이 잘 모를 수 있는 내러티브 전개를 설명하면 좋다. 요즘처럼 성경을 잘 모르는 시대에는 더더욱 그렇다.

- 신학적 초점—"야훼께서 절대 주권자이시라, 심지어 왕까지도 주관하신다."

    I. **내용**—[비유적 표현 설명하기, '손'은 능력을, '마음'은 의사 결정을, '물길'은 관개 수로를, 기타 등을 뜻함]

    II. **실행**—하나님은 왕까지도 완전히 주관하신다(21:1).[22]

    III. **적용**—하나님의 절대 주권을 신뢰하라![23]

고린도전서 10:23~33

- 신학적 초점, "믿는 사람은 다른 사람을 사랑하기에 자기 자유를 제한한다."(또는 이와 비슷하게 표현할 수도 있다.)

    고린도전서 10:23~33은 우상에게 바친 고기를 먹는 문제를 다룬다. 이 주제는 현대 독자에게 쉽게 와 닿지 않으며, 오늘날 교회에서 논쟁하는 주제도 아니다. 따라서 본문이 다소 불투명하기에, 자세히 해설해야 한다. 그래서 I. 내용에서는 본문이 말하는 내용을 설명하고, II. **실행**에서는 바울이 무엇을 하려는지를 본문 단서에서 찾아낸다. 마지막으로 III. 적용에서는 본문 메시지를 삶에 어떻게 적용할지를 제시한다.

    I. **내용**—[관행 설명하기. 그 관행이 다른 사람이 죄짓게 하는 이유 등을 설명한다]

    II. **실행**—믿는 이는 다른 사람을 사랑하기에 자기 자유를 제한한다(10:23~33)

    III. **적용**—다른 사람을 위해서 …를 하지 마십시오![24]

---

[22] 이것은 신학적 초점을 수정한 표현이다. 다시 말하지만, 신학적 초점은 (본문에 쓰이지 않은 단어로 표현할 수 없는) 신학이 아니다. 신학적 초점은 페리코페 신학을 표현하는 표지이어야 한다.

[23] 다시 말하지만, 이 적용은 적절하지 않다. 앞서 말했듯이, "신뢰하십시오!" 또는 "기도하십시오!"와 같은 적용은 너무 일반적이어서 어떤 본문에도 적용할 수 있기에, 피해야 한다.

[24] 적용 부분에서 '술'을 언급해서, 그리스도인이 사랑을 실천하려고 자기 자

사무엘상 15장

- 신학적 초점—"하나님께 헌신한 사람은 하나님의 목소리에 귀 기울이지, 세상이 유혹하는 소리에 귀 기울이지 않는다."

앞 장에서 다룬 사무엘상 15장 내러티브는 다소 불투명하므로, 이 내용을 다시 들려줘야 한다. 이는 'I. 내용' 이동에서 할 수 있고, '**실행**' 이동과 '적용' 이동으로 이어간다.

I. **내용**—[이야기를 간략하게 다시 말함]

II. **실행**—하나님께 헌신한 사람은 하나님의 목소리에 귀 기울이지, 세상이 유혹하는 소리에 귀 기울이지 않는다(사무엘상 15)

III. **적용**—하나님의 음성을 들으라![25]

야곱 이야기의 몇몇 페리코페도 '내용—실행—적용' 형태의 간편한 설교 지도로 구성할 수 있다(아래 참조).

초점 분할(Focus Splitting)

우리는 지금까지 간편한 설교 지도 몇 개를 살폈다. 설교 준비 시간이 촉박하거나 급히 설교해야 할 때(물론 게으름 탓에 준비하지 못한 경우는 제외하고!), 간편한 설교 지도를 유용하게 활용할 수 있다는 말로 이 부분을 시작했다. 이러한 상황에서는 두 가지 형태의 간편한 설교 지도가 유용할 수 있다. 하지만 여러분이 만나는 모든 페리코페에 일률적으로 간편한 설교 지도 중 하나를 자유롭게 사용하러 들지 말라, 제발! 간편한 설교 지도 두 가지 형태를 '똑같은 모양으로 찍는 틀(cookie cutter)'로 여기기를 바란다. 이 틀(설교 지도)를 반죽(본문)에 억지로 적용하다간, 낭비가 많아진다. 곧 모든 본문이 그 틀에 딱 들어맞지 않는다.

유를 제한하는 한 예를 들 수 있다.

25 3장에서 논의한 의의 중 하나를 적용함이 더 적절하겠다.

또는 간편한 설교 지도를 기성복에 비유할 수도 있다. 기성복은 저렴하고 편리하긴 하지만, 몸에 꼭 맞게 입으려면 맞춤복을 지어야 한다. 그러므로 간편한 설교 지도에 의지해서 쉬운 길을 선택하려는 유혹에 빠지지 말아야 한다.

그렇다면 오히려 무엇을 해야 할까? 여러분이 설교할 페리코페마다 설교 지도를 직접 만들어야 하는데, 그 지도는 해당 본문에 고유하며 구체적이어야 한다. 이는 여러분이 페리코페 신학을 분별하고, 적용을 긷고, "청중이 본문 + 신학을 온전히 체험하게 하려면 어떤 설교 지도를 사용해야 할까?"라고 묻게 한다. 필자는 이 일에 '초점 분할'이라는 기법을 제안한다. 실제 사례를 들어 설명하겠다.

내가 가장 좋아하는 '신학적'(피부과적) 초점은 "햇빛에 노출이 피부암의 원인이다"이다. 만약 피부과 전문의 권위로 이 주제에 관해 강연해야 하며, 강연에 쓸 세 개 이동 형태(three-move shape)로 구성하라고 부탁받는다면, 마지막 부분은 분명 적용일 텐데, 예를 들어, **"자외선 차단제를 바르세요!"**이거나 (비슷한 적용이다). 그러면 앞 두 개 이동에는 무엇을 넣을 수 있을까? 이 '설교'는 특정 본문에 기반하지 않으므로, 청중이 누구인지, 그리고 이 '신학적' 초점에 어떤 관점인지를 고려하여 자유롭게 아이디어를 구상할 수 있다.

초점 분할 방법은 이렇다. '신학적' 초점을 가져와 반으로 나누고, 이 두 반쪽을 적용 앞에다 두 개 이동으로 나눈다.

- 신학적 초점—"햇빛에 노출이 피부암의 원인이다"
  → 첫째 이동—"햇빛에 노출"
  → 둘째 이동—"피부암의 원인이다"

초점의 절반은 첫째 이동 표지이고, 또 다른 절반은 둘째 이동 표지이다. 그래서 다음과 같다.[26]

---

[26] 대괄호 안 내용은 각 이동에 무엇을 말할지 기억하는 데 유익하다. 결국, 설교 지도는 설교자에게 참고 기록물이다.

I. 피부암 원인인 햇빛 [태양의 자외선은 피부 세포에 암을 유발하는 돌연변이를 일으킨다. 피부암의 유형과 결과]

II. 햇빛에 노출 [얼마나 위험한가? 어떤 피부 유형에? 어떤 지리적 위도에서? 하루 중 언제?]

III. 적용—자외선 차단제를 바르세요!

신학적 초점에서는 '햇빛 노출'을 먼저 제시했으나, 첫째 이동에 '피부암 원인인 태양'을, 둘째 이동에 '햇빛에 노출'을 제시하기로 했다. 이동 순서는 자유롭게 할 수 있다. 청중에게 신학을 쉽고 효과적으로 전달하는 일이 중요하다. (참고로, 이전에 잠언의 한 구절에서도 이와 같은 이동 전환을 시도한 바 있다.)

여러분이 이렇게 세 개 이동으로 구성한 설교 지도를 보면, 네 개 또는 더 많은 이동으로 나눔이 더 적절하다고 판단할 수 있다. 첫째 이동이 둘째 이동보다 설교에서 훨씬 더 많은 시간과 분량을 차지한다면, 전체 균형을 맞추려고 첫째 이동을 두 개의 독립 이동으로 나눠도 좋다. 여기에 하위 이동을 추가하면, 아래 도식에서 보듯이 지도는 더 체계적이며 명확해진다.[27]

I. 피부암 원인인 햇빛 1 [태양의 자외선은 피부 세포에 암을 유발하는 돌연변이를 일으킨다]

II. 피부암 원인인 햇빛 2

    A. 피부암 유형

    B. 피부암 결과

III. 햇빛에 노출

    A. 햇빛에 노출이 위험한 양, 그리고 하루 중 위험한 시간대

---

27 5장 「설교 이동에 생동감을 더한다」에서, 각 이동에 연관성 있는 하위 이동을 추가하는 방법을 설명한다.

B. 영향을 받는 피부 유형, 그리고 지리적 위도
IV. 적용—자외선 차단제를 바르세요!

항상 자유와 창의성을 발휘해 자유롭게 만들 수 있다.

또 다른 예를 들어보자. 이 책 2장에서 살핀 이솝 우화—교활한 여우에게 치즈를 빼앗긴 까마귀— 이야기를 보자.

이솝의 「여우와 까마귀」

- 신학적 초점—"자만 떨다 아첨에 속지 않아야 손실을 막을 수 있다."

먼저, 간편한 설교 지도 형태 중 하나를 사용하겠다. 이 본문/이야기는 굳이 설명하지 않아도 좋다. 한눈에 이해할 수 있으므로, '말하는 내용—하려는 실행—적용' 형태 지도는 잊자. 여기에 문제가 있는가? 물론이다. 곧, 까마귀가 입은 손실이다. 해결책은 무엇일까? 자만 떨다 아첨에 속지 않아야 손실을 예방할 수 있다.[28] 그렇다면 적용은? **교만하지 말라(자만 떨다 아첨에 넘어가지 말라)!**

I. 문제—교만 떨다 아첨에 속으면 손실을 본다[볼 수 있다]

II. 해결—교만 떨다 아첨에 속지 않아야 손실을 막을 수 있다.

III. 적용—교만하지 말라(완전히 속아 아첨에 넘어가지 말라)!

이 설교 지도는 다급할 때 만들어 쓸 수 있는 구조이지만, 이상적 구조라 말할 수는 없다. 전체 이야기는 'I. 문제'에서 해야 한다. 그리 해도 잘못은 아닌데, 그러면 'II. 해결'에서는 무엇을 할 텐가? 전체 부분이 앞 이동 내용과 다르지 않다. 그리고 'III. 적용'도 'II. 해결'과 비슷하다. 그 결과, 설교 지도가 균형을 잃으며 중복한다. 더 나은 방법은 '신학적 초점' 분할이다.

- 신학적 초점—"교만 떨다 아첨에 속지 않아야 손실을 막을 수 있다"
  → "교만 떨다 아첨에 속음"
  → "손실을 본다"[29]

---

[28] '문제-해결-적용' 형태의 설교 지도에서는, 해결이 종종 신학적 초점이다.

I. 교만한 속임수에 대한 자만심 [교만으로 아첨에 쉽게 넘어가는 까마귀; 교만은 사람을 아첨에 굴복하게 만드는 흔한 결함]

II. 손실을 봄 [까마귀가 치즈를 잃음; 교만 떨다 속은 결과]

III. 적용—**교만하지 말라(완전히 속아 아첨에 넘어가지 말라)!**

이 간편한 설교 지도에 장점이 있는데, 이야기 절반(아첨에 굴복하는 까마귀)을 첫째 이동에서 다루고 나머지 절반(아첨에 까마귀가 보인 반응과 그로 본 손실)을 둘째 이동에서 다룸으로써, 두 이동에 균형을 잡을 수 있다는 점이다. 이제 이러한 '초점 분할' 방식을 잠언 구절 몇몇에 적용하겠다.

잠언 15:8

> 악인의 제사는 여호와께 가증하지만,
> 의인의 기도는 그분께 기쁨이다.

- 신학적 초점—"하나님은 악인의 예배에 역겨워하시지만, 정직한 자의 예배에 기뻐하신다."

여기에 문제가 있는가? 하나님께서 누군가의 예배에 역겨워하시면 심각한 결과가 따른다는 암시한다고 '**느낀** 문제(felt Problem)'가 아마 있을 수 있다. 그러나 본문 자체에서 이 문제를 직접 언급하지 않기에, 이를 외부에서 보완해야 한다. 따라서 간편한 설교 지도를 사용하기보다는, '초점 분할' 기법을 적용하자.

I. 하나님은 악인의 예배에 혐오하심(15:8a)

II. 하나님은 의인의 예배에 기뻐하심(15:8b)

III. 적용—**하나님을 기쁘시게 하라!**

---

29 필자는 설교가 까마귀가 입는 손실에 부정적 내러티브를 더 잘 반영하도록 '신학적 초점'을 부정적으로 표현한다. 곧, "교만한 속임수에도 자만심은 손실을 본다."

이와 같이, 본문의 핵심 신학적 메시지를 두 부분으로 나누어 청중에게 명확하고 효과적으로 전달할 수 있다.

잠언 21:16

> 명철한 길에서 떠난 이는
> 죽은 이들 무리에 있다.

"명철한 길"은 지혜로운 삶, 곧 하나님의 방식대로 사는 삶을 의미한다. 하나님의 길을 따르지 않으면, 그 결과는 치명적이다. 그렇다면 신학적 초점은 무엇이어야 할까?[30] 적용은 무엇일까? 간결한 신학적 초점과 적용을 확립하고서, 그 신학적 초점을 둘로 나누고 설교에 처음 두 개 이동으로 구성하라.[31]

이것이 '모든 경우에 들어맞는 획일적 접근(one-size-fits-all approach)'이지는 않을까 걱정한다면, 응원하는 말—"오산이다(You are mistaken)!—을 한다. 우리 설교자는 종종 새로운 걸작—다빈치의 그림처럼—을 창조한다고 생각하려 한다! 그러나 그렇지 않다. 사실 **본문** 그 자체가 이미 예술 작품이다. 우리는 단지 그 예술 작품을 전시하고 설명하는 큐레이터에 지나지 않는다. 우리 주된 임무는, 그 신성한 화가가 무엇을

---

30 예를 들어, "하나님의 길(하나님께서 바라시는 삶의 방식)에서 벗어나면 끔찍한 결과를 겪는다."

31 다음은 한 가지 예시이다.
   I. "명철한 길"에서 벗어남은, 하나님께서 바라시는 삶의 방식을 포기함이다(21:16a).
   II. 하나님께서 바라시는 삶의 방식을 포기하면 치명적인 결과를 겪는다(21:16b).
   III. 적용—**하나님의 길에 머무르라!**

이렇게 구성한 설교 지도는 'Straying(길에서 벗어나기)—Slaying(치명적 결과)—Staying(머무름)' 지도라 할 수 있다. 'Straying(길에서 벗어나기)'(I), Slaying(치명적 결과)'(II), Staying(머무름)'(III)과 같은 핵심어는 두운 효과가 있든 없든, 설교 도입부에서 유용하다(7장 「설교 서론과 결론을 가꾼다」를 참조하라).

그리고 계신지를 청중이 분별할 수 있도록 본문에 있는 단서들을 찾아내는 일이다. 이 일을 하려고, 우리는 화려한 설교 지도를 그리려고 고심할 필요 없이, 단지 신학적 초점을 필요에 따라 두 개 이동 (또는 적절하다면 그 이상)으로 나눌 수 있다. 이렇게 함으로써, 본문 신학이 자연스럽게 설교 구조와 내용을 이루게 한다. 또한, 초점 분할 기법을 사용하면, 각 설교 지도를 서로 독특하게 그릴 수 있다. (단, 적용은 설교 본론에 이어 마지막 이동으로 등장한다.)32 달리 말해, 초점 분할 방식은 획일적이며 식상한 설교 지도를 만들지 않고, 설교하려는 본문에 맞는 독특한 설교 지도를 그려낸다.

앞서 살펴본 몇 개 본문을 설교 지도로 그려보겠다.

에베소서 1:1~14

- 신학적 초점—"하나님—당신 백성을 축복하셔서 그리스도 안에서 만물을 통합하시려는 당신 위대한 계획을 이루시려고 그들을 구속하셨다—은, 찬양받으시기에 합당하시다."

이 신학적 초점은 두 부분으로 나눌 수 있다. 실제로, 세 개로도 나눌 수 있는데, 셋째 부분은 적용이다.33

I. 그리스도 안에서 만물을 완성하시려는 하나님의 위대한 계획(1:9~10)

II. 당신의 위대한 계획을 이루시려고 당신 백성을 축복하시며 구속하시는 하나님(1:1~8, 11~14)

III. 적용—**찬송을 받으시기에 합당하신 하나님을 찬송하라!**

에베소서 1:15~23

- 신학적 초점—"하나님의 계획과 하나님의 백성을 대적하려고 활동

---

32 신학이 처음 몇 개 '이동(move)'에서 충분히 안내됐기에, 적용을 마무리 단계에 적용을 배열함이 자연스럽다.

33 에베소서 1:1~14을 이 설교 지도로 작성한 설교 원고는 〈부록 3〉을 보라.

하는 적대 세력은, 그리스도께서 다스리실 때, 그리스도 안에서 그리고 그리스도를 통해 역사하는 하나님의 놀라운 능력, 곧 믿는 이, 곧 그리스도의 몸, 곧 그분 충만하심에 확장하는 능력에 철저히 굴복한다."[34]

우리는 이미 이 페리코페를 대상으로 한 '문제—해결—적용' 형태의 설교 지도를 그렸다. 이번에는 초점 분할 방식으로 그려보자.

I. 하나님의 계획에 대적하는 적대적 세력(1:21)

II. (그리스도 안에서 드러난) 하나님의 압도적 능력(1:15~20)

III. (그리스도의 몸인) 신자들에게 그리스도 안에서 확장된 능력(1:22-23)

IV. 적용—**능력 있게 살라!**

에베소서 2:1~10

- 신학적 초점—"믿는 이들은 [과거에는] 절망적인 상태였으나, [현재는] 그리스도와 함께 높여졌으며, [미래에는] 선한 행위로 온 우주에 하나님의 자비, 사랑, 은혜, 친절을 나타낸다. 대괄호 내용은 전개를 잘 나타낸다.

I. 죄인의 상태 (과거, 절망적인 상황) (2:1~3)

II. 구원된 이의 위치 (현재, 하나님의 자비, 사랑, 은혜의 결과) (2:4~9)

III. 별들 전략[35] (미래, 선한 행위, 곧 하나님께서 구속하신 백성을 향한 당신 목적) (2:10)

IV. 적용—**선한 일을 하라!**

---

34 때로, 더 길며 (확정하기 이전 상태인) 신학적 초점 표현은 초점 분할에 더 적합할 수 있다. 하지만 더 짧거나 (지나치게 축약한?) 표현은 초점 분할에 필요한 세부 정보를 충분히 제공하지 못할 수 있다. 재량껏 활용하기를 바란다.

35 필자가 사용한 '별들 전략(The strategy of the stars)'은 에베소서 2:10에 쓰인 ποίημα, *poiēma*(하나님의 작품, 창조물, 명작)를 반영하려 함이다.

이 과정이 너무 어렵지 않았기를 바란다. 그러나 연습만이 완벽하게 그려내게 한다. 교회 또는 다른 데서 듣는 다른 페리코페와 본문으로 초점 분할을 연습하라. 본문이 말하는 내용(Saying)를 결정하고, 본문이 하려는 **실행**(Doing)을 분별하며, 신학적 초점을 나눔으로 설교 지도를 만들라.

끊김이 없이 흐르는 설교(Preaching Seamlessly)

필자는 보스턴 필하모닉과 보스턴 필하모닉 청소년 오케스트라의 음악 감독인 벤자민 잰더(Benjamin Zander)가 TED2008에서 한 「고전 음악이 현대에서 인기가 없는 불행한 현실」이라는 강연을 시청했다.36 잰더는 그 이유를 알아내려고, 어린아이가 피아노를 배우는 사례를 들어 설명을 시작했다.37 모차르트의 피아노 소나타 C장조 K.545의 알레그로 악장을 사용하여, 잰더는 한 아이가 하는 연주를 직접 시연하며 설명을 이어갔다. 아이가 7살일 때는 모든 음과 박자를 강하게 끊어서 연주한다고 했다. 8살일 때는 강세를 두 박자마다 주며 연주한다고 설명했다. 9살일 때는 강세를 네 박자마다 주면서 점점 부드럽게 연주한다고 말했다. (이 과정에서 잰더는 열정적으로 고개를 끄덕이며 아이가 어느 박자에 강세를 주어 연주하는지를 표현했다.) 10살일 때는 강세를 여덟 박자마다 한 번씩만 주어 연주한다고 설명했다. 그러다 잰더는 청중을 향해 "아이들은 보통 이 나이에 피아노를 포기합니다! 하지만 1년만 더 기다렸다면, 이런 연주를 들을 수 있었을 텐데요."라고 말했다. 그리고서 소나타 1악장의 첫째 모티프를 연주했는데, 그 연주는 부드럽고 세련되며 마치 노래하는 듯한 자연스럽게 흘렀다. 모티프를 단 한 번의 충동으로 연주했다. 이제는 규칙적으로 박자를 두드리던 강한 강

---

36 Benjamin Zander, "The Transformative Power of Classical Music," TED, video, 20:40, accessed May 1, 2018,
https://www.ted.com/talks/benjamin_zander_on_music_and_passion/transcript. 이 저작에서 언급한 모든 링크는 http://www.homiletix.com/preaching2019/links. 에서 확인할 수 있다.

37 비디오 1:00~4:12를 보라.

조도, 마디마다 불필요하게 강세를 주던 어색한 연주도 사라졌다. 그러고서 잰더는 설명했다. "1년 만에 갑자기 아이가 열정적이고 몰두해서가 아닙니다. 새로운 선생님을 만났거나 사춘기가 와서도 아니죠. 실제로 일어난 변화는 끊기는 연주가 점진적으로 줄어들었을 뿐입니다. 11살 때, 아이는 전체 악절을 작곡가가 의도한 대로 하나로 통합해 연주할 수 있었습니다."

흥미로운 점은 11살 아이가 하는 연주를 시연할 때 젠더 온몸이 모차르트의 음악에 맞춰 자연스럽게 움직였다는 점이다. 상체를 오른쪽으로 기울이며 서정적인 모티프를 끝맺었고, 몸의 모든 무게가 오른쪽 허벅지에 실려 있었다. 음악의 미묘한 뉘앙스가 연주자를 완전히 사로잡은 듯했다. 잰더는 그 불안정한 자세를 유지한 채 고백했다. "내가 어떻게 이런 자세가 되었는지 모르겠습니다. '어깨를 움직이고, 몸을 기울여야지'라고 의도하지 않았습니다. 음악이 나를 이렇게 움직이게 했습니다. 그래서 나는 이것을 '음악에 온몸을 맡기고 몰입하는 연주(one-buttock playing)'이라고 합니다." 이는 마치 하나의 이동, 하나의 동작, 하나의 문장, 하나의 노래처럼, 모든 것을 하나로 이은 연주였다.

필자는 이 비디오를 보고 나서, 교실이나 교회에서 들었던 많은 설교가 왜 듣기 불편했는지 깨달았다. 그것은 마치 초보 운전자가 수동 변속기를 익히며 운전하는 차의 조수석에 앉아 있는 느낌과 같았다. 기어를 바꿀 때마다 몸이 위아래, 앞뒤, 좌우로 심하게 흔들리는 것 같았다. 필자는 설교학에도 온몸을 맡긴 채 몰입하게 하는 설교, 곧 '단 하나 이동으로 전개하는 **설교**(one-buttock preaching, One-B preaching)' 방식이 필요하다는 사실을 깨달았다. 전체 설교는 하나의 이동으로 자연스럽게 이어져야 한다. 마치 여러 개의 짧은 설교를 억지로 붙여 놓은 듯이, 설교가 뚝뚝 끊겨서는 안 된다. '단 하나 이동으로 전개로 전개하는 설교'는 하나의 일관된 이동으로, 곧 여러 개의 단절된 이동으로 나뉘지 않고 하나로 연결한 설교이다. 다시 말해, 신학적 통찰을 자연스럽게 적용으로 이어가는 설교이다.

단 하나 이동으로 전개하는 설교에서 본론(Body in One-B Preaching)

- **단 하나 이동**(Single move; 신학 분별 + 적용 긷기)

필자는 설교에는 단 하나 이동이 이상적 형태라고 믿으며, 여러 해 동안, 이 형태 설교를 작성하려고 노력했다. 더딜지라도 꾸준히 발전하고 있다.38 그렇다면 어떻게 이렇게 설교할 수 있을까? 먼저, '초점 분할'로 만든 설교 지도를 활용하여 '다중-B 설교(multi-B preaching, 일반 설교 방식)'를 연습해서 익숙해지는 과정을 밟아야 한다.

여러 개 이동으로 전개하는 설교에서 본론(Body in Multi-B preaching)

- 주요 이동 (신학 분별) 1
- 주요 이동 (신학 분별) 2
- …
- 주요 이동 (신학 분별) n
- 부차적 이동 (적용 도출)

이 기본 구조를 익힌 후에는 연주하듯 '**단 하나 이동**으로 전개하는 설교(One-B Preaching)' 방식에 적응하면서 연결부를 매끄럽게 다듬어야 한다. 전환을 억지로 연결하거나 과도하게 강조해서는 안 된다. 억지로 연결하려다간 각 부분이 하나의 설교로 이어지지 않고, 오히려 개별적인 작은 설교들처럼 따로 나뉘어 버린다.

> 안목이 있는 [설교자]라면, 자기가 한 설교를 비판적으로 검토하며 일부 설교가 세 개의 짧은 설교를 억지로 붙여 놓았다는 사실을 깨닫는다. 그 요점마다 움직임[설교학 용어로는 '이동']이 있었을 테고, 요점들['이동'] 사이에 어느 정도 유사성이 있더라도 처음부터 끝까지 하나의 유기적인 이동으로 전개하지 못했을 테다. 이러한 설교

---

38 에베소서 1:1~14을 본문으로 한 설교 원고〈부록 3〉이 그 시도이다.

구조는 마치 칠판에 서너 개의 못을 박아 각기 같은 높이에 간격을 두고 배치한 구조와 같다.39

오히려 우리는 단 하나 이동으로 전개하는 설교(one-B preaching)를 해야 한다. 설교는 마치 이야기를 들려주듯이 부드럽게 진행해야 한다. '이런 일이 있었고, 이런 일이 있었으며, 그다음에 이런 일이 일어났습니다.'와 같이, 이동은 자연스럽게 이어져야 한다. 본문을 세밀하게 해석하며 청중을 위해 본문을 설명하고 안내하는 길잡이를 하듯이 천천히 설교를 풀어나가야 한다.40 궁극적으로, 중요한 질문은 청중이 본문 + 신학을 온전히 그리고 충실히 경험하도록 돕는 데 가장 적합한 설교 지도가 무엇인가인데, 필자는 '단 하나 이동으로 전개하는 설교(One-B preaching)'가 그 목적을 이루는 데 가장 효과적인 형태라고 확신한다.

요약하면, 초보 설교자일 때는 '초점 분할(Focus Splitting)'을 활용하여 설교 이동을 설계하고, '여러 개 이동으로 전개하는 설교(Multi-B preaching)' 방식을 연습하라고 권한다. 설교자는 청중이 본문 신학을 올바르게 이해하도록 돕는 일이 중요하며, 신학적 초점 나누기는 설교를 구조화하고 청중이 페리코페 신학을 분별할 수 있도록 돕는 효과적인 방법이다.41

---

39 Fred B. Craddock, *As One without Authority* (Nashville: Abingdon, 1979), 56(엮은이 덧붙임. 47을 56으로 바꿈) ‖ 『권위 없는 자처럼—귀납적 설교의 이론과 실제』, 김운용 옮김 (서울: 예배와설교 아카데미, 2003), 111. "사람과 마찬가지로, 설교에서도 뼈대가 드러나면 기형이거나 영양실조 징후이다"(145). '단 하나 이동으로 전개하는 설교(One-B Preaching)'로만 설교 구조를 눈에 띄지 않게 해서 설교 구조가 배경 역할만 하게 유지할 수 있다. 설교 각 부분을 지나치게 강조하다간, 설교 구조와 연결부를 앙상궂게 드러낼 뿐이다.

40 Long, "Distance We Have Traveled," 16에서는 설교를 이야기처럼 구성하기, 곧 서사적(narratival)으로 만들기에 관해, 다음 말을 한다. "[설교는] 설교자가 성경 본문을 새롭게 접하고, 그 만남을 증언하는 과정, 곧 그 만남의 이야기를 들려준다는 점에서 이야기이다. … 따라서 설교는 논설문, 변호사의 변론, 논객의 반박, 또는 단순한 종교적 수사가 아니라, 하나의 여정이다. … 설교자는 먼저 연구실에서 이 여정을 걸었고, 이제 회중을 그 여정으로 안내한다."

41 다시 말하지만, 신학적 초점은 페리코페 신학의 축소판, 곧 본문 신학을

그리고 경험이 쌓이고 설교 역량을 계발함에 따라, 설교 이동을 자연스럽게 연결하고, 매끄럽게 이야기하는 설교—단 하나 이동으로 전개하는 설교(One-B preaching)—를 전달하려고 노력하기를 바란다.

표현하는 개념적 표지에 지나지 않는다. 이 둘은 같지 않다. 청중이 이해할 점은, (언어로는 완전히 표현할 수 없는) 페리코페 신학일 뿐이지, (표현할 수 있는) 간결하며 축소한 신학적 초점이 아니라는 점이다. 따라서 설교를 준비할 때, 우리는 신학적 초점을 단순히 설교 지도를 만들기 위한 도구로 사용하고, 설교 이동을 자세히 나타내 방향을 잡아줘서 길을 잃지 않게 하는 유용한 도구로 사용한다(5장 「설교 이동에 생동감을 더한다」를 참조하라). 또한, 신학적 초점은 구체적인 적용을 길어내는 데도 유익할 수 있다.

에베소서 그리고 야곱 이야기

에베소서와 야곱 이야기에서 페리코페 두 개씩(각각 페리코페 4와 페리코페 5)을 가져와서 그들 신학적 초점(Theological Foci)을 도출하겠다.[42]

4. 에베소서 2:11~22

- 신학적 초점

> (믿는) 인류 모두는 한 몸에 연합한 상태인데, 그리스도의 사역으로 죄에 대한 율법의 정죄가 제거됐으며, 신자들은 하나님께 나아갈 수 있고, 믿는 이들은 성령으로 하나님의 처소로 세워진다.

다음은 이 페리코페의 신학적 초점을 나눠서 작성한 설교 지도이다.

I. 그리스도 사역, 인류를 한 몸으로 연합하게 하심(2:11~15)[43]

II. 인류가 한 몸으로 연합한 결과(2:16~22)

III. 적용—그리스도께서 이루신 연합을 드러내라!

---

[42] 이 장부터 몇몇 페리코페에 관한 주석은 생략하고, 신학적 초점만을 제시하겠다. 독자가 직접 연구할 기회를 얻도록 하고, 이 책 분량을 적절하게 조정하려 함이다. 이 페리코페에 관한 필자 해석은 http://www.homiletix.com/preaching2019/commentaries 에서 언제든지 확인할 수 있다. 이 페리코페에 관한 더 확장한 해설은 다음 자료를 참조하라: Kuruvilla, *Ephesians*, 66~83, 84~98; 그리고 Kuruvilla, *Genesis*, 330~43, 344~54.

[43] 편의상, 신학적 초점을 나누고서 그 축약한 표현을 I과 II의 표지로 쓴다.

5. 에베소서 3:1~13

- 신학적 초점

바울이 자기 초라한 역설(paradox)에도 하나님의 계획을 하나님 능력으로 수행하는 역할은, 모든 신자가 감당할 사역의 본보기(paradigm)인데, 이 일로 하나님은 교회를 통해 온 우주에 알려지신다.

설교 지도를 다음으로 그릴 수 있다.

I. 역설(Paradox)—하나님의 위대한 계획에 참여하는 그분 백성이 처한 어려운 환경(3:1~2, 8a, 13)

II. 모범(Paradigm)—열악한 상황에서도 하나님의 백성을 위대하게 사용하심(3:3~7, 8b~12)

III. 적용(application)—**하나님께서 여러분에게 주신 목적을 소중히 여기라!**

4. 창세기 28:10~22

- 신학적 초점

하나님께서 보장하신 미래에 대한 약속은 신뢰하는 예배로 반응하기를 기대한다.

설교 지도를 다음으로 그릴 수 있다.

I. 하나님께서 보장하신 미래에 대한 약속(28:10~12)

II. 신뢰하는 예배로 반응 (야곱의 잘못된 반응과 대조) (28:16~22)

III. 적용—하나님의 약속이 이루어지기 전이라도 하나님을 예배하라!

5. 창세기 29:1~30

- 신학적 초점

하나님의 축복은 그릇된 행동에 적절한 징계를 배제하지 않는다.

설교 지도를 다음으로 그릴 수 있다.

I. 하나님의 축복(29:1~14)

II. 하나님의 징계(29:15~30)

III. 적용—하나님의 공의로운 보응을 깨닫고 회개하라!

설교 이동에 생동감을 더한다 5
Fleshing Moves

회중은 머리에 지식 쌓기가 아니라, 마음으로 감동해야 한다. 그리고 회중은 이 목적을 가장 효과적으로 이루는 설교를 가장 절실하게 찾는다.1

설교를 개별 이동(moves)으로 구성해 지도로 그렸다. 그러나 이 지도에 앙상한 뼈대만 있고 살을 붙이지 않으면 아무 소용이 없다. 이 장에서는 설교 지도를 더욱 실용적으로 만들려고 지형지물을 추가하는 작업, 곧 뼈대에 살을 붙이는 과정을 살피겠다.

설교자에게는 중요한 역할이 두 가지이다. 첫째, 본문에 있는 단서들을 근거로 본문 신학을 분별하여 청중에게 설명하는 일이다. 둘째, 청중을 위한 구체적이고, 인상적이며, 명확한 적용을 끌어내는 일이다. 설교자와 청중은 각자 현재 상황에서 삶의 변화를 위해 고군분투한대도, 언뜻 보면 첫째 역할은 본문(예, 계시[revelation])만을 전적으로 다루고, 둘째 역할인 적용에서만 청중과 연결 고리(곧, 연관성[relevance])가 있는 듯하다. 그

---

1 Edwards, Jonathan. "Part III: Showing, in Many Instances, Wherein the Subjects, or Zealous Promoters, of This Work, Have Been Injuriously Blamed," in *The Works of Jonathan Edwards*, A. M., rev. Edward Hickman (London: William Ball, 1839), 1:391.

렇다면, 설교의 많은 부분, 곧 적용 이전 모든 이동이 청중과 직접 연관이 없는데, 이는 바람직하지 않다. 청중의 관심을 사로잡아 설교에 집중하게 하려면, 반드시 연관성이 있어야 한다. 곧, 본문 + 신학을 청중의 삶과 연결하여 그들 마음이 감동하게 해야 한다. 이러한 연관성은 설교의 마지막 부분(적용)에서만 있어서는 안 되고, 설교 이동 전반에 있어야 한다. 달리 말해, 설교 본론에서 모든 이동이 다음과 같아서 **안 된다**.2

I. 주요 신학 이동 (신학을 분별하기) [오직 계시]

II. 주요 신학 이동 (신학을 분별하기) [오직 계시]

III. 부차적 적용 이동 (적용 도출하기) [연관성]

오히려 다음과 같이 구성해야 한다.

I. 주요 신학 이동 (신학을 분별하기)
   A. 계시 하위 이동
   B. 연관성 하위 이동

II. 주요 신학 이동 (신학을 분별하기)
   A. 계시 하위 이동
   B. 연관성 하위 이동

III. 부차적 적용 이동 (적용 도출하기) [연관성]

달리 말해, 각 이동에는 반드시 연관성이 포함되어야 한다. 적용 이동(III.)에는 '연관성'이라는 별도 하위 이동(submove)이 없다. 적용 자체가 청중과 연관한 설교를 구성하는 데 필수 요소이기 때문이다〈그림 5.1 참조〉. 물론, 적용에는 계시, (곧 본문 주해)를 포함하지 않는다(3장에서 논의한 내용을 참고하라).

---

2 특정 본문에 관한 설교 지도에 이동이 세 개 이상일 수 있지만, 여기서는 세 개 이동만으로 제한한다.

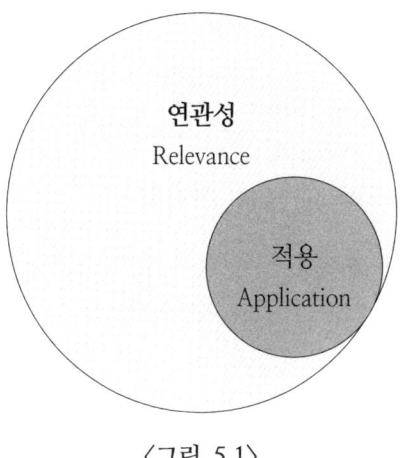

〈그림 5.1〉

다시 말해, 적용 부분 앞에 나오는 각각 주요 신학적 이동(위 구조에서 I과 II)에는 계시와 연관성을 설명하는 하위 이동을 포함해야 한다. 다시 말해, 설교자는 각 이동에서 다루는 페리코페 신학 내용이 청중과 어떻게 연결되는지를 보여줘야 한다. 설교학자 유진 L. 로우리(Eugene L. Lowry)는 이러한 접근 방식을 '스토리 바꾸기(Alternating the Story)'라고 부른다. 이는 본문과 청중을 번갈아 가며 참여하게 하는 일종의 측면이동(lateral movement)이다.[3] 설교 지도를 단순하게 만들자.

I. 신학적 이동
   A. 계시
   B. 연관성
II. 신학적 이동
   A. 계시

---

[3] Eugene L. Lowry, *How to Preach a Parable: Designs for Narrative Sermons* (Nashville: Abingdon, 1989), 40, 133, 136 ∥ 『설교자여, 준비된 스토리텔러가 돼라』, 이주엽 옮김 (서울: 요단출판사, 1999), 47, 141, 146.

B. 연관성
III. 적용

이제, 계시와 연관성을 설명하는 하위 이동을 더 자세히 살피겠다.

계시—말씀에서(Revelation: In the Word)

　위 설교 지도에서 계시 하위 이동(I.A, II.A)은, 4장에서 설명했듯이 I과 II 사이에 신학적 초점을 나눈 데 기반한다. 설교자는 이러한 계시 하위 이동에서 페리코페 신학의 일부(신학적 초점의 분할 부분)를 청중에게 설명한다. 계시 하위 이동마다 설교자는 청중을 위해 본문을 선별하여 설명한다. 곧, 본문을 창의적으로 주해함으로 회중이 페리코페 신학을 이동에 따라 점진적으로 이해하도록 돕는다. I.A 계시에서 한 부분을, II.A 계시에서 또 다른 부분을 설명하는 방식이다(설교가 더 많은 이동으로 구성하면 이 과정은 반복한다). 요약하면, 여기서 설교자는 본문을 연구하는 동안 자기가 경험한 바와 비슷한 방식으로 청중이 본문을 만나고 이해하도록 돕는다. 물론 설교에서는 더 직접적이며 단순한 형태로 전달한다.

　주의할 점은, 청중이 신학을 이해하는 데 쓸모없는 본문 주해는 청중에게 부담을 줄 수 있으므로 피해야 한다. 이 점에서는 단호해야 한다. 청중이 신학을 분별하는 데 이바지하지 않는 계시 하위 이동 내용은 과감히 삭제해야 한다.4 곧, 본문을 **적절하게**—너무 많지도, 너무 적지도 않게— 선별하여 다룸이 중요하다. 현대 문화와 교육 시스템은 매우 언어 중심적이며 정보 지향적이기에, 우리는 자연스럽게 어떤 주제에 관해 장황하게 설명하는 경향이 있다. 그러다 보면 역사, 지리, 인물, 언어 등 본문과 관련된 흥미로운 이야기들을 늘어놓다가 정작 본문의 신학과 저자의 의도에서 벗어나기 쉽다. 길잡이로서 설교자 역할은 청중이 본문에 있는 단서들을 통해 스스로 본문 신학을 깨닫도록 돕는 일이

---

　4 또한, 계시 하위 이동에서 히브리어와 헬라어를 불필요하게 많이 쓰면, 청중이 자기들 성경의 신뢰성을 떨어뜨리게 할 뿐이다.

다. 따라서 설교자는 본문 신학을 드러내는 핵심 단서를 명확하게 보여 주는 데 집중해야 한다.5 본문 신학을 정확하게 분별했다면, 본문에 있는 모든 요소—크든 작든, 중요하든 덜 중요하든—모두 당연히 그 신학을 가리킨다. 그러나 모든 요소가 똑같은 강도로 신학을 드러내지는 않는다. 설교자는 시간 제약과 말로 전달하는 설교 특성을 고려하여, 핵심 단서와 부차 단서를 구별하고, 본문 신학을 이해하는 데 필수인 핵심 단서를 선별하여 설명해야 한다.6

에베소서 1:1~14의 설교 지도 그리고 그 이동 및 계시 하위 이동을 살펴보자.

에베소서 1:1~14

- 신학적 초점, "하나님—당신 백성을 축복하셔서 그리스도 안에서 만물을 통합하시려는 당신 위대한 계획을 이루시려고 그들을 구속하셨다—은, 찬양받으시기에 합당하시다."

I. 신학—그리스도 안에서 만물을 완성하시려는 하나님의 위대한 계획(1:9~10)

---

5 이 책에서 다룬 에베소서와 야곱 이야기에 관한 주석에서 이 주요 단서들을 상세히 설명했고, http://www.homiletix.com/preaching2019/commentaries 에서도 볼 수 있다.

6 성경 페리코페에 있는 모든 내용을 설교에서 말할 필요가 없으며 또 그럴 수도 없는데, 성경 본문은 반복해서 읽을 수 있어도 설교는 반복할 수 없는 일회성 음성 사건이기 때문이다. 또한, 본문에서 답을 알 수 없는 어려운 부분이 있다면, 솔직하게 모른다고 인정함이 좋다. 예를 들어, 마가복음 7장을 설교할 때, 필자는 나는 바리새인이 의례적으로 씻었다는 '잔과 주발과 놋그릇' 옆에 등장하는 '낮은 식사용 긴 의자(couches)'가 왜 있는지 전혀 알 수 없다고 솔직하게 말했다(4절). 또한, 본문과 직접적인 관련은 없지만 중요한 문제를 다룰 시간이 부족할 수도 있다. 예를 들어, 사무엘상 15장에 나오는 아말렉 사람을 멸절하라는 하나님의 명령은 현대인이 이해하기 어려운 부분이다. 이런 경우, 설교 시간에는 다루지 않고 성경 공부나 다른 교육적인 자리에서 논의할 수 있음을 언급할 수도 있다. 설교는 본문의 신학적 의미를 분별하고, 청중들이 삶에 적용할 수 있도록 돕는 데 집중해야 한다. 그리하여 청중들이 그 메시지를 온전히 경험하고 믿음으로 받아들여 삶이 변화되도록 해야 한다.

    A. 계시―그리스도 안에서 만물을 완성하시려는 하나님의 위대한 계획[7]

    B. 연관성

II. 신학―하나님께서 당신 백성을 축복하셔서 구속하시어 당신 위대한 계획에 그들을 (통합하심) (1:1~8, 11~14)

    A. 계시―하나님께서 그의 백성을 복 주시고 그의 위대한 계획을 위해 구속하심

    B. 연관성

III. 적용―**하나님을 찬양하라!**

계시 하위 이동을 만들고 그것을 구체화하는 과정에서, 설교자는 자칫 본문을 단순히 신학적 초점의 분할된 부분을 뒷받침하는 도구로만 사용할 수 있다고 착각하기 쉽다. 하지만 I.A. 계시 하위 이동을 설교할 때, 단순히 "그리스도 안에서 만물을 완성하시려는 하나님의 위대한 계획"을 설명하고 입증하는 일만이 그 목적이 아니다. 그것은 하위 이동을 나타내는 표지일 뿐이라, 여행 지도에서 이정표처럼 설교 방향을 제시하는 역할을 할 뿐이지 그 이상도 그 이하도 아니다. 설교자는 본문을 깊이 파고들어, 청중이 하나님의 위대한 계획에 관한 신학적 의미를 스스로 깨달을 수 있도록 도와야 한다(엡 1:9~10). 본문이 가진 본래의 힘과 감동은 단순한 표지―"그리스도 안에서 만물을 완성하시려는 하나님의 위대한 계획"―로는 온전히 전달할 수 없다. 곧, 설교자는 표지가 아니라 **본문**을 설교해야 한다. 그 표지는 목적지가 아니다. (오직 본문을 통해서만 드러낼 수 있는) 심오한 신학적 진리야말로 설교 목적지이다. 표지는 단지 설교자가 기억하고 방향을 잡는 데 도움을 주는 도구일 뿐이다.

4장에서 설명했듯이, 설교든 에세이든 일반 개요 작성 방식에서는 각 주요 항목이 모든 하위 항목을 포괄한다. 따라서 위 설교 이동이 전통적인 개요라면, I. 신학이라는 표지는 I.A. 계시와 I.B. 연관성이라는 표

---

[7] 신학적 이동(I 및 II)의 제목과 각각 계시 하위 이동(I.A 및 II.A) 제목이 비슷한 이유는 아래에서 설명하겠다.

지를 포함한다. 마찬가지로, II. 신학 개념은 II.A. 계시와 II.B. 연관성이라는 표지를 포함한다. 그러나 우리가 만든 이 설교 지도에서는 I. 신학과 I.A. 계시 표지가 같으며, II. 신학과 II.A. 계시 표지도 같다. 우리 설교 지도는 특정한 구조적 규칙을 따라야 하는 전통적인 개요와 다름을 꼭 기억해야 한다. 우리 설교 지도는 각 이동과 하위 이동에 (대지가 아니라) 표지를 붙여서 다른 목적을 이루려고 구성한 다른 실체이다. 따라서 우리는 학문적 형식에 얽매이지 않고, 설교 이동이라고 목적에 맞게 기존 표준 절차를 조정하여 사용한다.8

설교 지도에서 I.과 I.A. 표지 그리고 II.와 II.A. 표지가 비슷함은 어떻게 해결해야 할까? 간단하다. 주요 이동(I.과 II.) 표지를 없애고, 더 단순한 핵심어나 어구로 바꾼다. 결과는 다음과 같다.

I. 하나님의 위대한 계획

   A. 계시, 그리스도 안에서 만물을 완성하시려는 하나님의 위대한 계획(1:9~10)

   B. 연관성

II. 인류의 영광스러운 위치

   A. 하나님께서 당신 백성을 복 주셔서 당신 위대한 계획을 위해 구속하심(1:1~8, 11~14)

   B. 연관성

III. 적용—**하나님을 찬양하라!**

이러한 핵심어/어구는 설교 준비 과정에서 두 곳에서 핵심 역할을 하는데, 서론에서 설교 주제를 분명하게 소개하는 역할을 하고(7장 참조), 설교 전환에서 중요한 역할을 한다(아래 참조). 지금은 기존 긴 표지를 더 짧고 간결한 핵심어나 어구로 변환하는 단계이다. 이 변환이

---

8 경고, 학생들은 교수님이 요구하는 형식에 맞춰 설교 개념을 개요로 제시해야 할 수도 있다. 필자도 학창 시절에는 그렇게 했지만, 지금은 그 형식적 제약이 불필요하다고 생각한다. 얻는 것보다 잃는 것이 더 많기 때문이다.

왜 유용한지는 계속 진행하면서 더욱 도드라진다.

연관성—세상에서(Relevance: In the World)

본질적으로, 연관성 하위 이동은 계시 하위 이동에서 다룬 내용을 청중의 삶과 연결하는 역할을 한다. 곧, 계시 하위 이동에서 대답하는 질문은, "계시 하위 이동에서 개념은 세상에서 (그리고 우리 삶에서) 어떻게 나타나는가?"이다. 몇몇 연관성 하위 이동에서는 "어디서 (그리고 왜) 계시 하위 이동에서 제시된 개념이 세상에서 (그리고 우리 삶에서) 나타나지 **않는가?**"라고 질문할 수도 있다.9 반드시, 연관성 하위 이동에서는 계시 하위 이동에서 논의한 내용이 실제 삶에서 어떻게 나타나는지를 보여주는 예화를 활용해야 한다(6장 「설교 사상을 예화로 그린다」를 참조하라).

또한, 연관성 하위 이동은 청중이 계시 하위 이동을 들으면서 마음속으로 품었을 수도 있는 의문이나 반론—"네, 그런데 …"와 같은 질문—에 답변하는 기회일 수도 있다. 이러한 반론들은 대개 청중의 경험과 어긋나는 상황이나 경쟁적인 가치관에서 비롯한다. **반대 경험**(Contrary experience). "목사님, 하나님께서 우리를 그리스도 안에서 만물을 완성하시려는 당신 위대한 계획에 참여시키셨다는 말씀은 잘 들었습니다. 하지만 제 삶은 엉망진창입니다. 아무것도 제대로 되는 일이 없는데, 하나님의 계획이 제 삶에서 어떻게 이루어지고 있는지 전혀 모르겠습니다." 만약 많은 청중이 이와 비슷하게 생각한다면, 설교자는 이러한 반응을 다루어야 할 수도 있다. **경쟁적인 가치관**(Competing value). "목사님, 성경에서 그리스도 안에서 만물을 완성하시려는 하나님의 위대한 계획에 동참하라고 말씀하시는 것은 알겠다. 하지만 부자가 되어 큰 집과 좋은 차를 사고 자녀를 명문 학교에 보내는 일이 더 중요하지 않을

---

9 예를 들어, 에베소서 1:1~14 설교 지도에서 I.B. 연관성 부분에서는 하나님의 완성 계획이 우리 삶에서 어떻게 드러나며, 그것이 어떤 모습으로 나타나는지를 질문할 수 있다. 또한, 그리스도 안에서 하나님의 계획이 완성되기 이전 세상을 살펴볼 수도 있다. 곧, 그리스도가 없는 세상에서 나타나는 혼란과 부조화를 지적할 수 있다.

까요?" 필요하다면, 설교자는 이러한 가치관 충돌도 다뤄야 한다.10

연관성을 다룰 때는 유연하고 융통성 있게 접근해야 한다. 근본적으로, 본문 연관성을 효과적으로 전달하려면, 청중에게 깊은 관심을 쏟고 그들을 잘 알아야 한다. 따라서, 어떤 능력으로 목회적 돌봄을 실천하지 않는다면, 설교에서 연관성을 제대로 드러내기란 불가능하다. 필자는 설교와 목회/양육은 결코 나뉠 수 없으며, 반드시 함께해야 한다고까지 말하고 싶다.11 회중을 양육하지 않으면 그들을 충분히 알 수 없으며, 따라서 설교에서 연관성을 효과적으로 전달하기가 어렵다. 연관성 하위 이동을 통해 청중의 상황과 삶, 성숙도와 성장, 그리고 주저함과 의심을 고려해야 한다. 설교자는 마치 목자가 양 떼를 돌보듯, 지혜와 분별력 그리고 사랑으로 청중의 문제를 다루고 그들 질문에 답해야 한다.

이제 에베소서 1:1~14에 관한 설교 지도를 완성했다. I.B. 연관성에 표지를 그리고 II.B. 연관성에 표지를 덧붙였다.12

I. 하나님의 위대한 계획들

  A. 계시—그리스도 안에서 만물을 완성하시려는 하나님의 위대한 계획(1:9~10)

  B. 연관성—하나님의 위대한 계획은 우리가 살아가는 세상의 모든

---

10 Timothy S. Warren, "The Developmental Questions (DQs I & II)," in *PM103 Class Notes* (Dallas: Dallas Theological Seminary, 2003), 84~85를 수정함.

11 Abraham Kuruvilla, "Preaching Is Pastoral," *A Vision for Preaching: Understanding the Heart of Pastoral Ministry* (Grand Rapids: Baker Academic, 2015), 31~49 ∥「설교는 목회적인 것이다」, 『설교의 비전—목회 사역의 심장을 이해하기』, 곽철호·김석근 옮김 (이천: 성서침례대학원대학교출판부, 2018/2025[3쇄수정]), 59~84를 참조하라.

12 앞서 언급했듯이, 필자는 이동마다 표지를 완전 문장으로 표현하지 않는다. 결국, 표지일 뿐이다. 이 본문 설교 원고(주석 포함)는 〈부록 3〉에서 확인할 수 있다. 원고에서 이동(move)마다 계시 및 연관성 부분을 살펴볼 수 있다. 또한, 이 설교의 영상, Abraham Kuruvilla, "God's Grand Plan", Homiletix, April 10, 2018, http://homiletix.com/preaching-resources/abes-videos/gods-grand-plan/에서 시청할 수 있다.

것을 바로잡는다는 뜻이다. [현재 세상이 어떻게 잘못되었는지 설명하고 예화를 사용한다.]

II. 인류의 영광스러운 위치

   A. 계시—하나님께서 당신 백성을 복 주시고 당신 위대한 계획을 이루시려고 구속하심(1:1~8, 11~14)

   B. 연관성—하나님께서 우리를 당신 계획에 참여하게 하셨다는 사실을 깨달을 때, 우리는 삶의 목적과 의미를 발견한다. [하나님의 계획에 우리가 포함됐다는 사실을 이해하지 못하면, 삶의 목적과 의미를 잃고 방황한다; 예화]

III. 적용—**하나님을 찬양하라!**

다른 예시를 몇 개를 살피겠다.

잠언 13:20[13]

　　지혜로운 사람과 동행하면 지혜를 얻으나,

　　　어리석은 자와 어울리면 어려움을 겪는다.

- 신학적 초점—"지혜로운 사람과 동행하는 사람은 지혜롭게 되지만, 어리석은 자와 사귀는 사람은 어려움을 겪는다."

앞에서 그린 '문제(problem)—해결(Solution)—적용(Application)' 설교 지도로 만들겠다.

---

[13] 이런 방식으로 잠언 본문마다 설교하기는 대부분 현실적이지 않다. 잠언 한 구절로는 일반 복음주의 예배에서 30~40분 동안 전달하는 설교 시간을 채우기에 충분하지 않을 수 있기 때문이다. 대신, 잠언에서 같은 주제를 다루는 여러 구절을 주제별 설교를 구성할 수 있다. 따라서 이 책에서 잠언을 활용하는 방식은 다소 인위적인 면이 있다. 그러나 설교 교육 도구로 잠언을 사용하는 데는 많은 장점이 있다. 복잡한 본문과 그 맥락에 고민할 필요 없이, 신학을 분별하고, 적용을 도출하며, 설교 이동을 구성하고, 각 이동을 구체화하는 등 중요한 설교 요소를 논의할 수 있기 때문이다.

I. 문제

　A. 계시―어리석은 사람과 사귀면 어려움을 겪는다(13:20b)

　B. 계시―어리석은 사람과 사귀어서 어려움을 겪는 일은 흔하다.14 [삶에서 어디에서 이런 일이 일어나는가? 왜/어떻게? 예화]

II. 해결

　A. 계시―지혜로운 사람과 동행하면 어려움을 미리 막을 수 있다 (13:20a)

　B. 계시―우리도 지혜로운 사람과 동행함으로써 고통에서 벗어날 수 있다. [삶에서 어디에서 이런 일이 일어나는가? 왜/어떻게? 예화]

III. 적용―**지혜로운 사람과 함께 다니라!**

필자는 이동 I.과 II.의 표지를 각각 '문제'와 '해결'로 간단하게 정했다. 물론 더 창의적인 표지를 사용할 수도 있다. I. 어려움을 겪는 방법, 그리고 II. 어려움을 겪지 않는 방법일 수 있다.

아브라함 쿠루빌라의 피부 신학(Abe's Cutaneous Theology)

• 신학적 초점―"햇빛에 노출은 피부암의 원인이다."

I. 피부암 원인인 햇빛

　A. 계시―자외선은 피부 세포에 암을 유발하는 돌연변이를 일으킬 수 있다.

　B. 연관성―햇빛에 노출로 피부암이 자주 발생한다 [피부암 발생률 통계자료 제시;15 피부암 위험성 설명; 예화]

---

14 어리석은 사람과 사귀어서 겪는 어려움은 우리 모두에게 일어나는 일이다', '… 흔하다', '… 우리 모두에게 일어난다' 등 표현은 연관성 하위 이동에서 반복해서 자주 쓰면 청중이 지루하게 느낄 수 있다. 이에 대한 또 다른 접근 방식 그리고 필자가 선호하는 방법은, 연관성 하위 이동을 나타내는 표지를 명시적으로 언급하지 않고, 대신 이것이 얼마나 흔한 일인지 또는 우리 모두에게 어떻게 일어나는지를 보여주는 예화로 바로 들어간다(아래 참조).

II. 햇빛 노출
   A. 계시—어느 정도 햇빛에 노출이 피부암을 유발하는가?
   B. 연관성—누가, 어디서, 언제 햇빛에 노출로 영향을 받는가? [우리가 사는 위도에서 어떤 피부 유형이 영향을 받는지, 하루 중 언제 영향을 받는지 설명.16 예화]
III. 적용: 자외선 차단제를 발라라!

이솝, 「여우와 까마귀」

- 신학적 초점—"자만 떨다 아첨에 속지 않아야 손실을 막을 수 있다."

I. 태도(Attitude)
   A. 계시—자만 떨다 아첨에 속는 어리석음 [아첨에 넘어가는 까마귀 이야기]
   B. 연관성—자만심은 누구에게나 흔한 문제이며, 우리를 아첨에 취약하게 만든다. [예화]
II. 손실(Loss)
   A. 계시—자만 떨다 아첨에 속으면 손해를 본다. [아첨에 대한 까마귀의 반응과 그 결과, 손실 이야기]
   B. 연관성—우리에게 미치는 자만심 넘치는 속임수의 결과 [예화]
III. 적용(Application)—**자만심을 버리고 아첨에 속지 말라!**

잠언 15:8
악인의 제사는 여호와께 가증하지만,
의인의 기도는 그분께 기쁨이다.

---

15 (이는 피부암이 드물다는 잠재적 반대 의견을 다루는 역할도 한다.)
16 "하지만 그러면 어떻게 햇빛에 노출해 멋진 피부색을 할 수 있죠?"와 같은 경쟁적인 가치관에 관해서도 다룰 수 있다.

- 신학적 초점—"하나님은 악인의 예배에 역겨워하시지만, 정직한 자의 예배에 기뻐하신다."

I. 하나님께 역겨워하심(God's Disgust)

    A. 계시—하나님께서 악인의 예배를 역겨워하신다고 설명(15:8a); 하나님께 역겨운 다른 것은 무엇일까?]17

    B. 연관성—하나님께서 왜 우리 예배를 역겨워하실 수 있을까?

II. 하나님께 기쁨(God's Delight)

    A. 계시—하나님께서 정직한 자의 예배를 기뻐하심(15:8b) [하나님을 기쁘시게 하는 다른 것들]18

    B. 연관성—정직한 기도는 어떤 모습일까? 하나님은 왜 정직한 기도를 기뻐하실까?19

III. 적용—**하나님을 기쁘시게 하라!**

잠언 21:16

명철한 길에서 떠난 이는
    죽은 이들 무리에 있다.

- 신학적 초점—"명철한 길(곧, 하나님이 바라시는 삶의 방식)에서 벗어나면 끔찍한 결과를 맞는다."

---

17 잠언 3:32; 6:16~19; 11:1; 12:22; 15:9, 26; 16:5; 17:15; 20:10, 23; 28:9 참조하라.

18 잠언 8:35; 11:1, 20; 12:2, 22을 참조하라.

19 II.B. 연관성—"정직한 기도는 어떤 모습일까?"는 적용 부분('말하기'와 '보여주기', 4장 참조)과 합칠 수 있다. 적용 부분에서는 기도로 하나님을 기쁘시게 하는 방법을 다룰 수 있다. 이렇게 하면 II.B. 연관성은 생략할 수 있다. 적용의 '말하기'와 '보여주기'는 II.A. 계시에서 논의한 내용을 연관성 있게 만들어서 실제 삶에 적용하는 역할을 한다.

I. Straying(벗어남)

   A. 계시—명철한 길에서 떠남은 하나님께서 바라시는 삶의 방식을 버림이다(21:16a) [본문 설명]

   B. 연관성—우리는 어떻게 그리고 왜 하나님의 길에서 벗어나려 하는가?

     1. 예화—처방 약에 중독된 (또는 불륜 사이트에 가입한) A 목사

II. Slaying(죽음)

   A. 계시—하나님께서 바라시는 삶의 방식을 버리면, 끔찍한 결과를 맞는다(21:16b) [다소 모호한 표현을 설명]

   B. 연관성—길에서 벗어난 우리에게 어떤 결과가 있을까?

     1. 예화—A 목사에게 일어난 결과

III. Staying(머무름)—**하나님의 길에 굳건히 머물라!**

이제, 여러분이 연관성 하위 이동에 생동감을 더하는 예화를 활용하면 청중이 말씀의 연관성을 더욱 생생하게 느낀다는 사실을 깨달았다고 생각한다. 예화는 청중에게 메시지의 연관성을 효과적으로 보여주는 가장 강력한 방법의 하나이다. 물론 계시 부분에서도 예화를 사용할 수 있지만, 일반적으로 연관성 부분에서 예화를 활용함이 더 자연스럽다(예화에 관한 자세한 내용은 6장 「설교 사상을 예화로 그린다」를 참조하라). 예화를 사용할 때는 설교 이동에서 예화가 무엇을 다루는지 간략하게 기록해 둠이 좋다(위 설교 이동에서 I.B.1.과 II.B.1.처럼).[20]

다음 설교 지도는 기본적으로 '문제—해결—적용' 형태를 따르지만, 일반 표지를 없애고 필자가 정한 제목을 사용한다—I. 적들의 힘(Foes' Power), II. 하나님의 힘(God's Power), III. 우리 힘(Our Power).

---

20 앞에서 언급했듯이, 일반 개요에서는 둘째 요점이 없으면 첫째 요점에 번호를 매기지 않는다(예: '2'가 없으면 '1'이 필요하지 않음). 그러나 우리는 일반 개요가 아니라 설교 지도를 다루므로, 설교 준비자인 우리 자신에게 설교 여정의 방향을 명확히 하려고 '1'만 있어도 숫자로 하위 이동을 표시한다.

에베소서 1:15~23

- 신학적 초점—"하나님의 계획과 하나님의 백성을 대적하려고 활동하는 적대 세력은, 그리스도께서 다스리실 때, 그리스도 안에서 그리고 그리스도를 통해 역사하는 하나님의 놀라운 능력, 곧 믿는 이, 곧 그리스도의 몸, 곧 그분 충만하심에 확장하는 능력에 철저히 굴복한다."

I. 적들의 힘
    A. 계시—우리를 대적하는 강력한 초자연적 적들, 그들을 두려워하는 우리(1:21에 나타난 초자연적 적들의 목록; 그들 반대 이유는 1:10을 반영)
    B. 연관성—오늘날 문화에서도 우리를 대적하는 두려운 적들이 활동한다. [예화]

II. 하나님의 힘
    A. 계시—믿는 이들, 곧 그리스도의 몸을 위해 역사하시는 그리스도 안에서 하나님의 놀라운 능력(1:15~21; 1:22~23)
    B. 연관성—그리스도 안에서 나타나는, 하나님의 능력이 우리 삶에서도 역사하고 있다. [예화]

III. 우리 힘—**능력 있게 살라!**

설교 한 편에 여러 본문을(Multiple Texts in a Single Sermon)?

주제 설교가 표면적으로는 관련이 있는 듯하지만, 관련이 없는 본문을 연결해 쓴다.21 물론 주제 설교가 가끔 유익할 때도 있지만, 필자는 우리 설교자가 한 페리코페씩 차례대로 설교하는 방식(*lectio continua*), 곧 본문이 속한 책의 전체 궤적과 특정 구절의 핵심 취지를 존중하면서 페리코페마다 설교하는 방식을 따라야 한다고 주장한다. 다른 모든 설

---

21 필자는 1장 「설교 여정을 갖춘다」에서 주제 설교에 대한 견해를 밝혔다.

교 방식은 즉석 음식(fastfood)과 같다. 어떤 위기 상황에서는 즉석 음식을 먹을 수 있지만, 그것이 영적 주식일 수는 없다. 하지만, 페리코페마다 차례로 설교하는 방식에서는 설교자가 주어진 한 본문에 집중한다.

하지만 한 페리코페를 설교하면서 개별 이동, (흔히 계시 하위 이동)을 구체화하려고 여러 본문을 참조하는 것은 어떨까? 위에서 살핀 잠언 15:8의 설교 지도에서, I.A. 계시 부분에서 '역겨워한다'는 단어를 설명하려고 잠언에서 하나님께서 역겨워하시는 다른 것들을 보여주는 방법을 제안했다(II.A. 계시 부분에서도 '기뻐하시느니라'를 같은 방식으로 설명할 수 있다). 이처럼 단어 '역겨워한다'를 명확히 하려고 다른 구절을 잠깐 언급함도 도움일 수 있다. 예를 들어, 각주 17에 제시한 목록에서 두어 개의 구절을 선택하여 활용할 수도 있다. 그러나 다른 구절을 참조하는 데 너무 많은 시간을 할애해서는 안 되며, 설교 초점이 선택한 문단에서 벗어나서는 안 된다.22 본문 외부 내용을 참조해야 할 때도 있겠으나, 필요할 때만 제한해서 사용해야 한다. 성경 전체를 뒤지며 관련 구절을 샅샅이 찾고 싶은 충동은 반드시 제어해야 한다. 선택한 본문 이외 다른 본문을 언급할 수 있는 또 다른 경우는 연속 설교(lectio continua)를 진행하면서 이전 주에 다룬 내용을 청중이 생각하게 하고 싶을 때이다. 이는 종종 도움이 되지만, 시간이 오래 걸리지 않아야 하며 보통 설교 서론에서 간략하게 언급할 수 있다.

흔히 볼 수 있는 또 다른 경우는 설교자가 구약의 한 페리코페를 설교하면서 여러 본문을 사용하기이다. 이 경우, 구약 본문을 성급하게 신약으로 넘어가는 도약판 역할을 하게 한다. 이는 종종 구약 성경 본문에 구속적 유비(redemptive analogy)를 도입하려는 시도로, 그리스도 중심 설교(Christocentric preaching)의 특징이다. 그러나 그런 설교를 다

---

22 다시 말하지만, 참조 구절은 설교하려는 본문의 핵심 메시지를 뒷받침하는 역할을 해야 한다. 그렇지 않다면, 그러한 참조는 피해야 한다. 또한, 다른 구절을 언급하기로 했다면, 해당 구절을 화면에 띄워 청중이 설교 본문(성경의 해당 페이지)과 그 본문이 주는 영향(청중 마음)에서 시선을 돌리지 않도록 해야 한다. 이렇게 함으로 설교 시간을 절약할 수도 있다.

음 말로 경고한다. "구약이 그 자체로 그리스도인에게 더는 어떤 의미를 전달하지 못하는데도, 그리스도인이 그것에 여전히 주목해야 하며 그들 신앙이 반드시 그것에 기반해야 한다면, 그 중요성을 강조하려고 어떤 수사를 쓰더라도 실제로는 그리스도교 신앙에서 주변적이며 선택적 역할로 전락한다."23 필자는 관심 있는 신약 본문을 설교할 때 그 본문을 다루라고 권장하지만, 구약 본문을 설교할 때는 그 구약 본문을 우선시하고 청중을 위해 그 본문만의 고유한 의도와 신학을 파악해야 한다고 말한다.24

그러나 "하나님께서 인간 저자가 알지 못하는 방식으로 성경 전체에서 어떤 일을 **실행하고** 계시지 않을까? 그렇다면 한 설교에서 별개의 구절들을 사용해도 정당하지 않을까?"라는 질문을 던질 수도 있다. 다음은 성경의 부분들 사이에 이러한 정경 연결로 흔히 인용하는 몇 가지 예로, 의심할 여지 없이 성경의 하나님 저자만의 설계이다.

- '야망', φιλοτιμέομαι, *philotimeomai*, 신약에서 세 군데 쓰인다(롬 15:20; 고후 5:9; 살전 4:11)
- 죄를 짓는 신자의 회복(마 18:15~17; 갈 6:1; 약 5:19~20)

---

23 R. W. L. Moberly, *The Bible, Theology, and Faith: A Study of Abraham and Jesus* (Cambridge: Cambridge University Press, 2000), 140. 그리스도 중심 설교의 문제점에 관해서는 Abraham Kuruvilla, *Privilege the Text!: A Theological Hermeneutic for Preaching* (Chicago: Moody, 2013), 211~69 ‖ 『본문의 특권!―설교를 위한 신학적 해석학』, 이승진 옮김 (서울: 기독교문서선교회, 2023), 346~449에서 자세히 살폈다. 또한 Abraham Kuruvilla, "Christiconic View", in *Homiletics and Hermeneutics: Four Views on Preaching Today*, edited by Scott M. Gibson and Matthew D. Kim (Grand Rapids: Baker Academic, 2018), 그리고 다른 학자들의 견해에 필자가 한 답변을 참조하라.

24 이는 구약 예언 본문이 신약에서 성취를 언급할 수 없다는 말이 아니고, 구약 본문의 신학적 핵심은 보통 신약에서 성취가 아니다. 신약에서 구약을 인용하거나 암시하는 구절 대부분은 구약 본문의 페리코페 신학을 강해함이 아니라, 영감을 받은 새로운 적용과 창의적인 재해석이다. 따라서 그러한 신약 본문을 설교할 때는 이 점을 고려해야 한다. 자세한 내용은 Kuruvilla, *Privilege the Text!*, 220~21 ‖ 『본문의 특권!』, 362~64을 참조하라.

- 복음서에서 인간의 다양한 두려움을 다루는 문맥에서 '용기를 내라', θαρσέω, tharseō가 쓰인다.
    — 마태복음 9:2, 죄 사함을 받지 못할까 해서 두려움
    — 마 9:22, 자기 상태가 드러날까 봐 두려움
    — 마 14:27; 막 6:50, 악령이 두려움
    — 막 10:49, 뒤처질까 봐 두려움
    — 요 16:33, 환난에 두려움
- 갈렙은 자기 삶의 모든 단계에서 하나님을 '온전히 따랐다'(민 14:24; 32:12; 신 1:36; 수 14:8~9, 14—이는 모세, 여호수아, 해설자[narrator], 그리고 하나님 스스로 증언함)25

그러나 이러한 예들은 이 책에서 우리가 논의한 '저자가 하려는 **실행**(doing)'과는 다르다는 점에 주의해야 한다. 이것들은 대부분 '하나님 저자가 본문으로 말하는 내용(Authorial saying)'일 뿐이다.26 그러므로 하나님 저자가 조율하셔서 말씀하시는 바를 설교할 기회가 있겠지만, 말씀하시는 바가 하나님/인간 저자가 하려는 **실행**을 무력하게 해서는 안 되고, 오히려 그 책의 궤적을 따라야 한다. 앞 방법은, 하나님 저자가 말씀하시는 바를 존중하여 서로 다른 본문들을 모아 주제 설교를 만드는 방식이다. 뒤 방법은 하나님/인간 저자가 하려는 **실행**을 존중하면서 특정 페리코페에 초점을 맞춘 설교를 만드는 방식이다. 주제별 설교(또는 정경 중심 설교)를 할 자리도 있지만, 오늘날처럼 페리코페별 설

---

25 이 중 일부는 Timothy S. Warren, "Topical Expository Preaching," in *PM201 Class Notes* (Dallas: Dallas Theological Seminary, 2006), 3, 11~12를 수정했다.

26 그리고 그것들은 본문의 함의(entailments)를 다룬다. 예를 들어, 마태복음 28:19~20에서는 신성(the Godhead)이 삼위일체임을 함의한다. 그러나 이 함의가 지상 대명령 구절의 신학적 핵심은 분명히 아니다. 저자가 말하는 내용에서 파생된 함의는 조직신학이나 성경신학을 정립하는 데는 가치가 있지만, 설교에서는 저자가 하려는 **실행**에 초점을 맞춰야 한다.

교가 거의 사라진 시대에 하나님 백성에게 다른 어떤 설교 방식으로 설교하면 비양심적이라고 생각한다.27

대체로, 주어진 페리코페를 설교할 때 다른 구절을 끌어들이지 말아야 한다. 모든 성경이 똑같이 영감 되어 권위가 있어도, 한 본문을 다른 본문으로 옹호해서는 안 된다. 게다가 한 본문을 다른 본문으로 뒷받침하는 작업은 상상에 불과한데, 각 페리코페 신학은 해당 페리코페에 고유하게 특정되어 있기 때문이다. 나는 성경의 어떤 두 본문도 동일한 페리코페 신학을 가질 수 없다고 확신하며, 따라서 한 본문이 다른 본문을 실질적으로 뒷받침할 수 없다고 확신한다. 각 페리코페의 고유한 표기, 구조, 맥락은 한 페리코페 신학적 핵심이 다른 페리코페 신학적 핵심과 똑같게 표현하지 못하게 한다.28 따라서 한 설교에서 여러 본문을 사용할 때 가장 심각한 위험은 주된 페리코페의 고유한 메시지를 흐릿하며 희미하게 만든다는 점이다. 그래서 그 페리코페의 특유한 신학, 곧 성경 다른 곳에서는 찾아볼 수 없는 신학을 무시하고 만다.29

설교자로서 우리 사명은 주어진 설교에 할당된 한 본문을 충실하게 전달하는 사역이다. 청중이 듣는 마지막 설교이거나 (우리가 전하는 마지막

---

27 해부학자는 사물 구조(말하는 내용)를 설명하고, 생리학자는 사물 기능(하려는 실행)을 설명한다. 설교자는 생리학자처럼 페리코페 기능과 역할을 설명해야 한다! 따라서 주제별 설교는 성경 공부와 같은 비설교 상황에서만 하는 것이 좋다고 생각한다. 예배 시간에 목사가 하는 설교는 주어진 페리코페의 신학적 핵심을 존중하고, 하나님의 영광을 위해 성령의 능력으로 하나님의 백성을 하나님의 아들 형상으로 변화시키는 데 초점을 맞춰야 한다. 이러한 설교는 기독교 의사소통의 특별한 형태이며, 그 고유한 가치와 효과를 훼손해서는 절대 안 된다.

28 이는 구절이 성경의 다른 위치에서 그대로 반복해도 마찬가지이다. 예를 들어, 열왕기하 18:13~20:11과 이사야 36:1~38:8, 시편 14편과 53편 등이 있다. 맥락이 바뀌면 신학적 취지도 달라진다. "Love all!"은 주일 아침 강단에서 선포할 때와 윔블던 센터 코트에서 선언할 때, 전혀 다른 의미이다.

29 필자는 이러한 비판을 매우 심각하게 받아들인다. 한 설교에서 여러 본문을 사용함은 하나님, 그분 말씀, 그분 백성을 푸대접하는 일이다. 또한 세상을 어둡게 만드는 일이기도 하다. 왜냐하면 어두운 세상이 밝아지려면, 하나님의 말씀이 하나님의 백성 안에서 살아 움직여야 하기 때문이다.

설교일 수 있다는) 마음가짐으로 성경 전체를 설교에 담겠다고 생각하지 말아야 한다.30 "한 분 주님, 한 믿음, 한 침례"라는 말씀처럼, 필자는 "한 본문, 한 설교, 한 적용(One text, one sermon, one application)"이라고 설교자 여러분에게 말한다.

청중 적응(Audience Adaptation)

필자가 가장 아끼는 졸업식 사진 중 하나는 몇 년 전 달라스신학대학원 교수 네 명이 찍은 사진이다. 모두 애버딘대학교 동문인 이들은 자기들 모교를 상징하는 화려한 토가 루브라이(togae rubrae, '붉은 가운')와 존 녹스 모자(John Knox caps, 스코틀랜드에서 학위를 받은 이들이 쓰는 독특한 모자)를 멋지게 차려입고 있었다. 그런데 그렇게 엄숙한 졸업식 행사에서 한 학생이 반바지 차림으로 나타났다. 결국, 그는 공식 졸업식에 참석할 수 없었고, 나중에 따로 졸업장을 받아야만 했다. 이 일화가 보여주듯, 우리는 복장을 제대로 갖추려면 청중과 행사의 성격을 미리 파악하고 있어야 한다.

더 중요한 점은, 설교자가 청중의 삶에 밀착한 설교를 하려면 청중을 잘 알아야 한다는 점이다. 소크라테스는 이렇게 말했다. "말의 역할은 설득으로 영혼을 이끄는 일이기에, 뛰어난 연설가가 되려면 영혼의 다양한 모습을 알아야만 한다"(*Phaedrus* 271D).31 19세기 장로교 목사 존 홀(John Hall)은 이와 비슷한 취지로 다음 말로 권면했다. "여러분의 청중에게 가까이 가십시오. 주소 없이 우체통에 넣어진 편지는 결국 반송

---

30 여러분 설교가 이런 식으로 평가받길 바라지 않을 테다. "[그것은] 인간의 타락으로 시작하여 계시의 주요 교리를 다루고, 그리스도인의 경험을 제공하고, 그를 안전하게 천국으로 인도하고, 죽은 자의 부활, 최후 심판, 영원한 형벌, 그리고 주제의 적용으로 마무리했다."(Jeremiah Bell Jeter, *The Recollections of a Long Life* [Richmond: Religious Herald, 1891], 19~20).

31 Plato, *Euthyphro, Apology, Crito, Phaedo, Phaedrus*, tr. Harold North Fowler, Loeb Classical Library 36 (Cambridge, MA: Harvard University Press, 1914), 553.

우편함으로 들어가고 말아, 그 누구에게도 아무런 유익을 주지 못합니다."[32] 청중의 특징과 필요를 제대로 파악하지 못한 채 그들에게 무관심한 설교는 주소 없는 편지와 같다. 아무런 의미도 없고 아무에게도 전달되지 않는다.

각 설교 이동에서 찾아내고 길어낸 계시(revelation) + 연관성(relevance)이라는 이중 접근 방식은, 모든 설교가 본문에 기반해야 할 뿐 아니라(계시를 중시함) 청중의 삶에 밀착해야 함(연관성을 중시함)을 잘 나타낸다. 설교가 본문에만 치중한다면, 풍부한 계시를 담고 있을지는 몰라도 청중에게는 아무런 연관성이 없는 지루한 강의가 되고 만다. 반대로 설교가 오직 청중에게만 치중한다면, 연관성은 충분할지는 몰라도 본문의 계시를 담지 못한 가벼운 수다에 불과하다. 설교가 참된 설교로 자리 잡으려면 계시(본문에 충실성)와 연관성(청중에 충실성)을 함께 담아야 한다.[33] (밝힘. 아래 표에서 설교 부분 강조는 엮은이가 함.)

	강의	설교	잡담
~에 기반한	본문	**본문**	청중
~에 초점을 맞춘	본문	**청중**	청중

설교는 의사소통과는 다른 종류이다. 설교 목적은 단순한 정보 전달이나 본문의 구조, 언어, 배경, 역사를 설명하는 데 있지 않다. 오히려

---

[32] Josiah H. Gilbert, *Dictionary of Burning Words of Brilliant Writers* (New York: Wilbur B. Ketcham, 1895), 479에서 재인용.

[33] Timothy S. Warren, "Definition, Purpose, and Process," in *PM103 Class Notes* (Dallas: Dallas Theological Seminary, 2003), 14~15를 수정함. Johnny Cash의 "No Earthly Good"에는 "너무 천국만 생각해서 이 땅에서는 아무 쓸모 없는 사람"이라는 노랫말이 있는데, 이렇게 되어서는 안 된다. 설교자는 천국(계시)을 염두에 두면서 동시에 이 땅(연관성)에도 관심을 쏟아야 한다.

설교는 철저히 변화를 목표로 한다. 곧, (성령의 능력으로) 듣는 이들에게 동기를 부여하고, 그들 영성을 형성하며, 그리스도를 닮아가도록 이끄는 소통이다.

설교를 청중에 맞춤은 설교에서 거의 모든 영역을 아우른다. 사용하는 언어, 성경 번역본, 입는 옷차림, 선택하는 예화, 적용을 제시하는 방식(앞서 3장에서 살펴본 바와 같이) 등을 모두 포함한다. 설교자는 청중의 규모와 그들이 살아가는 지역의 특징 그리고 경제·문화 배경을 파악해야 한다. 또한 청중이 자주 사용하는 용어, 성별과 연령 분포,[34] 민족성과 국적, 다양한 삶의 경험, 결혼 여부, 교육 수준, 여가 활동, 선호하는 책들, 그리고 무엇보다도 그들 신앙 성숙도를 이해해야 한다. 청중에게는 설교자가 주의 깊게 고려해야 할 인구 통계학적, 심리적, 영적 특성이 많다.

맥스 워렌(Max Warren)의 '4중 사고(quadruple think)' 개념은 설교자가 설교를 청중에게 적합하게 조정하는 데 유익한 통찰을 준다. '4중 사고' 개념은 다음 네 가지를 아우른다. (1) 자기가 무엇을 말할지 생각한다. (2) 그렇게 생각한 내용을 청중이 어떻게 이해할지 생각한다. (3) 자기가 말하려는 내용을 다시 한번 더 숙고한다. (4) 다시 숙고한 내용이 청중에게 어떻게 받아들여질지 한 번 더 헤아린다.[35] 해리 에머슨 포스딕(Harry Emerson Fosdick)이 관찰한 바가 적절하다. 곧, "지혜로운 설교자는 자기 설교를 독단적 독백이 아니라 협력적 대화로 만들 줄 알기에, 청중 마음에 떠오르는 온갖 생각들, 곧 반론과 질문 그리고 의심과 확

---

[34] 주일 아침에 설교를 듣는 사람 중 60% 이상이 여성이다 "In the U.S., Religious Commitment Is High and the Gender Gap Is Wide," Pew Research Center, 2016년 3월 22일, http://www.pewforum.org/2016/03/22/in-the-u-s-religious-commitment-is-high-and-the-gender-gap-is-wide/. 이와 관련하여 Alice P. Mathews, *Preaching That Speaks to Women* (Grand Rapids: Baker Academic, 2003) ∥『여성을 위한 설교』, 장혜영 옮김 (서울: 새물결플러스, 2016)은 을 읽어볼 만하다.

[35] Max Warren, *Crowded Canvas: Some Experiences of a Life-Time* (Kent, UK: Hodder & Stoughton, 1974), 143. 우리는 여러 번 생각하고 다시 생각하는 과정을 반복해야 한다!

신까지 표면 위로 끌어올려 공정하게 다룬다. 이렇게 설교하려는 설교자에게는 청중 생각을 꿰뚫는 통찰력이 있어야 한다. 이런 통찰력이 없다면, 애초에 설교할 자격조차 없다."36 이러한 4중 사고 (또는 통찰력으로 헤아림)은 설교를 개선하는 데 결정적으로 중요하며, 특히 청중과 연관성을 높이는 데 매우 유익하다. "설교자는 언제나 자기 설교 대상인 청중의 삶에 들어가, 그들 자리에서 진리를 들어야 한다. 이는 생각보다 어렵지 않다. 왜냐하면 설교자 자신도 진리를 전하는 사람이기 앞서서, 진리를 듣는 사람이기 때문이다. 그는 자기 청중과 마찬가지로 자기 공허함을 채워주고 자기를 진실하게 만들어 줄 진리를 기다리며 귀를 기울이는 존재이다."37 우리 설교자는 청중이 본문 + 신학을 생생하게 경험하고 그들 삶이 그리스도 형상으로 변화하게 하려고, 죄짓는 일이 아니면 무엇이든지 기꺼이 하면서라도, 최선을 다해야 한다. 이 모든 것은 성령의 능력을 힘입어 하나님께 영광을 돌리려는 일이다. 바울은 이렇게 선언했다. "내가 여러 사람에게 여러 모습을 보였는데, 이는 어떻게 해서든지 몇 사람이라도 구원하려 함입니다"(고전 9:22).

설교에서 계시, (곧 페리코페 신학)의 사상과 개념을 청중의 삶과 연결하는 일은, 단순히 설교 내용을 청중 가까이 가져오는 것 이상의 강력한 효과를 발휘한다. **첫째**, 이는 청중과 설교자를 하나로 묶는다. "설교자가 단순히 설명만 하는 산문적 표현에서 벗어나서 실제 삶에서 모방적 표현(실생활에서 적용)을 사용할 때, 청중은 설교자와 감정을 공유하는 경험으로 함께 들어간다. 이때 설교자는 더는 청중에게 일방적으로 말하

---

36 Harry Emerson Fosdick, "What Is the Matter with Preaching?" *Harper's Magazine* 157 (July 1928): 137.

37 Frederick Buechner, *Telling the Truth: The Gospel as Tragedy, Comedy, and Fairy Tale* (New York: Harper & Row, 1977), 8 ‖ 『설교란?—진실을 말하는 것』, 이봉우 옮김 (칠곡: 분도출판사, 1986), 15. 또는 David L. Larsen, *Telling the Old, Old Story: The Art of Narrative Preaching* (Grand Rapids: Kregel, 1995), 191에서는 "우리 목표는 피부에 주사를 놓듯이, 곧 청중 마음에 깊이 들어가기이다."라고 한다. 필자는 피부과 의사라서, 이 말에 100% 공감한다.

는 사람이 아니라, 청중과 함께 본문 드라마에 휩싸인다. '설교자'와 '청중' 사이 경계가 점점 희미해지다가 마침내 사라진다."[38] 설교자와 청중은 이처럼 하나가 되어, 성경 가르침에 따르면서 하나님과 동행한다.

둘째, 어쩌면 이것이 더 중요할 텐데, 설교 연관성에서 필연적으로 발생하는 정서적 공감과 상상력의 경험으로, 청중은 한 공동체로 결속한다. 설교자가 연관성 하위 단계에서 '우리' 세상에서 일어나는 상황을 묘사하고, '우리' 삶에서 예시들을 제시할 때, 청중은 "우리는 함께 이 일을 겪고 있구나!"라는 깊은 연대감을 느낀다. 신경과학과 인지 심리학 연구는 다음 말을 한다. "집단이 강렬한 감정을 함께 나누는 일은 집단 결속력을 형성하는 데 매우 중요한 역할을 한다. 인간은 본능적으로 주변 사람과 감정적 경험을 공유하도록 설계돼 있으며, 이렇게 공유한 감정적 경험이 우리를 한 집단으로 묶는 핵심 요소이다."[39] 어떤 의미에서 설교자는 성경의 각 페리코페가 투사하는, 하나님의 이상적 세계에서 살아갈 이상적 청중을 형성하는 역할을 하고 있을 수 있다. 설교자는 하나님을 대신하여 청중을 향해 본문 + 신학을 경험하도록 초대한다. "우리 하나님이 이렇게 초대하십니다. '오라, 와서 내 이상적 세계에서 나와 함께 살자.'" 이 초대에 청중이 응답하여, 자기들에게 맞춰진 구체적이고(specific), 인상적이며(striking), 단일한(singular) 적용을 실천하기로 결단할 때, 그들은 하나님의 백성으로서 하나님과 함께 살아가는 공동체라는 정체성을 더욱 깊이 경험한다. 이처럼 설교 언어는 연관성 하위 이동(relevance submoves)에서 모두가 공감할 수 있는 집단적 표현, 결속을 촉진하는 문구, 마음을 연결하는 예화와 적용 등으로 청중이 똑같은 정서적 경험을 하도록 돕는다. 이를 통해 하나님의 백성은 점진적으로, 매 설교를 통해 하나님 나라의 시민으로 성장한다. 실제로 그들은 **이상적** 청중(ideal audience)이 된다.

---

[38] Gary S. Selby, *Not with Wisdom of Words: Nonrational Persuasion in the New Testament* (Grand Rapids: Eerdmans, 2016), 146~47.

[39] Selby, *Not with Wisdom of Words*, 154.

결론적으로, 청중을 깊이 이해하라. "그는 한결같은 마음으로 그들을 기르고, 슬기로운 손길로 그들을 인도했다"(시 78:72). 다윗처럼 목양하려면, 여러분에게 맡겨진 양 떼를 잘 알아야 한다. 진실한 마음과 능숙한 손길로 목회에 헌신하라. 양들을 보살피고, 책임지고 있는 성도를 교회에서, 가정에서, 직장에서 만나라. 교회 주소록을 머릿속에 담아두어, 얼굴과 이름뿐 아니라 그들 삶 이야기까지 기억하라. 진정으로 관심을 쏟고 깊이 공감하고, 따뜻하게 대하라. 또한 청중을 존중하는 태도를 길러라. 가르치려 들거나 아첨하는 태도가 아니라, 진정한 사랑으로 그들을 섬기라. 결국, 그들은 하나님의 백성이고, 하나님의 말씀은 그들을 위해 쓰였다. 우리 설교자는 하나님의 말씀과 그 말씀이 향하는 하나님의 백성 사이에 서 있다. 물론 그것은 선한 목적을 이루려는 중재이지만, 이 방정식에서 궁극적으로 중요한 점은 언제나 하나님의 백성이다. 그러므로 그들을 사랑하고 존중하며, 하나님의 말씀을, 최선을 다해 충실하게 전하라.

무엇보다도 청중을 위해 기도하라. 목자로서 이는 가장 중요한 책임 중 하나이다. 성도의 기도 요청을 목록으로 만들어 꾸준히 기도하고, 교회 기도 모임과 온라인에 올라오는 기도 요청에도 관심을 기울이라. 특히 설교와 관련한 기도를 소홀히 하지 마라. 각 설교를 준비할 때마다, 설교하는 중에, 그리고 설교한 후에 청중이 그 특정 페리코페 말씀으로 삶이 변화하는 강력한 경험을 하도록 기도하라. 바울은 멀리 떨어져 있는 영적 아들 디모데에게 "내가 밤낮으로 기도할 때 쉬지 않고 너를 기억한다"라고 말했다(딤후 1:3).

전환 표현(Transitions)

한 이동/하위 이동에서 다른 이동/하위 이동으로 전환할 때는 전환 기술을 써야, 설교 전체가 매끄러우며 일관되게 흐른다. 설교의 각 부분을 이미 논리적이며 자연스럽게 연결했겠지만, 각 부분 사이에 간략한 전환 문장(brief transition)을 넣으면 전환이 더욱 자연스러워지고, 청중이 설교의 각 부분의 연관성을 더욱 분명하게 이해하도록 도울 수 있다.

전환 표현 유형(Types of Transitions)

전환하는 방법은 여러 가지이다. 다음은 설교에서 흔히 쓰는 전환 유형이다.

어구와 문구(Phrases and Statements)

- "덧붙여 말하면 …"
- "게다가 …"
- "더군다나 …"
- "하지만 …"
- "그런데도 …"
- "이를 바탕으로 …"
- "한 걸음 더 나아가서 …"
- "한 번 더 살피면 …"
- "이를 다시 생각하면 …"
- "정말 중요한 질문은 …"
- "만약 ~라면 어떨까요?"
- "여러분은 이런 생각/질문을 하실 텐데요. …"
- "이제, 이 점에 주목합시다."(핵심 개념에 도달했을 때)
- "다시 본문으로 돌아가 봅시다." 또는 "하나님께서 이렇게 말씀하십니다."(계시 하위 부분으로 전환할 때)
- "이런 모습입니다" 또는 "세상은 이렇게 생각합니다"(연관성 하위 부분으로 전환할 때)
- "이에 우리가 반응해야 할 모습입니다" 또는 "하나님께서 우리에게 이를 실천하라고 하십니다. 이렇게 실천하기로 결단합시다."(적용 부분으로 전환할 때)40

질문(Questions)

- "왜 이럴까요?"(무언가를 설명하고자 할 때)
- "본문은 무엇이라고 말합니까?" 또는 "하나님께서 이것에 관해 무엇이라고 말씀하시는지 아십니까?"(계시 하위 이동으로 전환하려 할 때)
- "그렇다면 우리 삶에서는 어떻게 나타날까요?" 또는 "세상에서 이것을 어디에서 볼 수 있을까요?" 또는 "이것이 우리에게 왜 중요할까요?"(연관성 하위 이동으로 전환하려 할 때)
- "구체적으로 우리는 무엇을 해야 할까요?" 또는 "그렇다면 우리는 어떻게 응답해야 할까요?" 또는 "이것을 어떻게 실천할 수 있을까요?"(적용 이동으로 전환하려 할 때)

대체로 수사 의문문은 설교 중 어디서든 자연스럽게 전환 역할을 하는 유용한 도구이다. 수사 의문문은 청중이 설교자와 더불어 생각하면서 따라오게 한다. 앞서 제시한 표현 외에도 다음 표현도 쓸 수 있다.

- "그런데, 여러분은 제게 …라고 질문하시겠죠?"
- "혹시 이런 경험을 해보신 적이 있나요?"

창의적으로 다양한 표현을 자유롭게 시도해 보라.

청중이 궁금해할 질문에 대답할 때는 다음 표현을 쓸 수 있다.

- "그렇지만 여러분 중 일부는 …라고 반박할 수도 있습니다."
- "여러분은 이렇게 생각하실 수도 있습니다."
- "다른 사람들은 이것이 …에 모순이라고 느낄 수도 있습니다."

---

40 "첫째는 …, 둘째는 …, 셋째는 … "와 같이 번호 매김도 전환 방법으로 사용할 수 있다. 하지만 필자는 번호 매기기를 거의 사용하지 않으며, 여러분에게도 사용하지 말라고 권장한다. 우리는 논리적이며 과학적인 사고방식에 익숙해서 번호를 매기고 (세분화하기)를 좋아하지만, 설교에서는 번호 매기기를 최소화하는 편이 좋다. 번호 매기기는 (독자가 보고 이해하기에는 좋으나), 청중이 듣고 이해하기에 어려우며 설교 이동을 끊는 느낌을 줄 수 있다.

설교의 중심 궤적에서 잠시 벗어날 때는 다음 표현을 쓸 수 있다.

- "잠시만 저와 함께해 주세요. 곧 목적지에 도착할 겁니다. 조금만 집중해서 따라와 주세요."

시간이 촉박할 때는 다음 표현을 써도 좋다.

- "지금부터 속도를 내겠습니다. 모두 안전띠를 매주세요!"

표지판(Signposts)

전환은 새로운 이동으로 들어가기 그리고 완료한 이동에서 자연스럽게 빠져나오기를 포함한다. 입구 표지판은 도착을 알리고, 출구 표지판은 출발을 알린다. 이를 알리는 데 특별히 새로운 표현을 만들 필요가 없다. 설교에서 '이동 표지(label of move)' 자체가 이동으로 진입 그리고 이동에서 출발을 효과적으로 전환하는 표지판이기 때문이다. 예를 들어, 이동 I로 들어갈 때는 그 이동 표지를 미리 언급해서 진입을 알리고, 이동 I에서 벗어나 이동 II로 진입하기 전에는 이전에 사용한 같은 표현을 다시 한번 언급하여 출발을 명확히 알린다.

- "이제 우리는 …을 살피겠습니다. [이동 표지, 곧 진입 표지판을 말한다]"
- "지금까지 우리는 …을 살폈습니다. [이동 표지, 곧 출구 표지판을 말한다]"

이 기본적인 구조를 바탕으로 여러 다른 표현을 만들어 쓸 수 있다. (이러한 입구 표지판과 출구 표지판에 관한 추가 내용은 아래에서 더 자세히 살피겠다.)

위치 옮기기(Movements)

위치 옮기기는 말로 하는 전환은 분명히 아니다. 무대가 아주 넓으면, 설교자가 서 있는 위치를 옮겨서 설교 이동을 구분하는 방법으로 사용할 수 있다. 예컨대, 첫째 위치로 이동은 무대 오른쪽에서(설교자의 관점에서), 둘째 위치로 이동은 무대 왼쪽에서, 셋째 위치로 이동(적용)은 무대 중앙(설교 강단 뒤)에서 진행할 수 있다.

요약하면, 전환을 사용할 때는 건전한 목회적 판단과 (일반) 상식을 활용해야 한다. 전환을 지나치게 자주 사용하거나 너무 강조하다간, 설교가 틀에 박힌 듯하고 현학적으로 느껴질 수 있다. 또한 자연스럽게 드러나지 않아야 할 전환 자체에 오히려 부정적 관심이 쏠리게 할 수도 있다. 전환하는 효과적인 방법의 하나는 침묵인데, 다음 이동이나 하위 이동으로 넘어가기 전 잠시 멈추어 청중의 집중을 유도할 수 있다.

전환은 복잡하지 않으며, 복잡해서도 안 된다. 오히려 전환은 청중이 자연스럽게 "그래, 그것이 바로 I에서 II로 (또는 A에서 B로) 넘어가는 가장 자연스러운 방법이야."라고 생각할 만큼 필연적이고 명료해야 한다. 어떤 경우에도, 꾸밈이나 장식 없이, 자연스러움과 다양성을 추구해야 한다. 단순함이 언제나 최고이다.

명료하게 말하기 및 표지판 달기(Oral Clarity and Signposting)

여러분은 말하기와 듣기(구술-청취 의사 소통[oral-aural communication])를 하지, 쓰기와 읽기(지침-시각 의사 소통[manual-ocular communication])를 하지 않음을 기억해야 한다. 청중에게 설교를 듣고 이해할 기회는 단 한 번뿐이다(설교를 다시 듣거나 시청하는 경우를 제외하면). 실제 설교에는 글을 읽을 때처럼 밑줄, 기울인 글씨, 굵은 글씨 등 시각적으로 강조하는 방법이 없다. 또한 단락 구분이나 들여쓰기, 머리글과 같은 장치도 없어서, 청중은 자신들이 설교의 어느 지점에 있는지를 쉽게 파악하지 못한다.[41]

앞서 살폈듯이, 이동마다 시작과 끝에서는 그 이동 표지를 알리는데, 곧 입구 표지판과 출구 표지판을 세운다. 예컨대, 에베소서 1:15~23 설교 지도(아래 참조)를 기준으로, 이동 I의 시작에서 "이제 우리는 적들의

---

[41] 명료하게 말하기에 관한 유용한 내용은 Donald R. Sunukjian, *Invitation to Biblical Preaching: Proclaiming Truth with Clarity and Relevance* (Grand Rapids: Kregel, 2007), 266~99 ||『성경적 설교의 초대』, 채경락 옮김 (서울: 기독교문서선교회, 2009), 343~84를 참고하라. 잘 들리게 하는 설교 작성에 관한 자세한 내용은 이 책 8장 「설교 원고를 숨 쉬는 언어로 빚는다」에서 확인할 수 있다.

힘을 살펴보겠습니다."(입구 표지판)라고 말할 수 있다. 그리고 이동 I의 끝(I.B. 연관성 부분 이후)에서는 "지금까지 우리는 적들의 힘을 살펴보았습니다."(출구 표지판)라고 말할 수 있다. 이어서 움직임 II에 진입할 때는 그 이동 표지를 분명하게 제시한다. 예를 들어, "이번에는 하나님의 힘을 살펴보겠습니다."(입구 표지판)라고 한다. 그리고 이동 II의 끝부분(II.B. 연관성 부분 이후)에서는 앞서 다룬 두 이동 표지를 모두 언급함이 더 효과적이다. "우리는 지금까지 적들의 힘과 하나님의 힘을 모두 살펴보았습니다."(출구 표지판).42 이제 적용 이동에 들어갈 준비를 마쳤다. "그렇다면 우리는 무엇을 해야 할까요?", "이제 우리는 어떻게 응답해야 할까요?" 등과 같은 전환 표현을 사용하여 부드럽게 연결하고서, 적용 이동 제목을 말한다. "이제 우리 힘을 살펴봅시다. 힘 있게 살아갑시다!"(또 다른 입구 표지판). 이러한 여러 표지판과 그것들 위치는 아래에 제시한다.

에베소서 1:15~23

    [입구 표지판 I. 적의 힘]

    I. 적의 힘(Foes' Power)

        A. 계시—우리를 대적하는 강력한 초자연적 원수들과 그들에 대한 우리 두려움 [초자연적 원수들의 목록(1:21); 그들이 우리를 대적하는 이유(1:10을 반영)]

        B. 연관성—무서운 원수들이 오늘날 우리 문화에서 우리를 대적하며 실제로 활동한다. [예화]

    [출구 표지판 I. 적의 힘]

---

42 여러분이 하고 싶다면 각 표지판을 확장해서 사용할 수도 있다. 시간이 허락하고 필요에 따라, 표지판을 한두 문장이나 몇 개 구절로 길게 표현해도 좋다. 그러나 이동 간 전환을 더욱 자연스럽고, 마치 '한 이동으로 전개하는 설교'로 매끄럽게 만들려고(이 책 4장 「설교 이동 지도를 깁는다」 그리고 〈부록 2〉과 〈부록 4〉에 있는 설교 원고를 참조하라), 표지판 자체를 생략할 수도 있다. 다시 강조하지만, 표지판은 상황과 필요에 따라 유연하게 사용할 수 있다.

[입구 표지판 II. 하나님의 힘]

II. 하나님의 힘(God's Power)
   A. 계시―그리스도 안에서 하나님의 놀라운 능력(1:15~21)이 신자들, 곧 그리스도의 몸을 위해 역사함(22~23절)
   B. 연관성―하나님의 이 놀라운 능력은 지금도 우리 삶에서 드러나고 우리를 위해 역사한다. [예화]

[출구 표지판 I. 적의 힘 및 II. 하나님의 힘]
[진입 표지판 III. 우리의 힘: 힘 있게 삽시다!]

III. 우리 힘(Our Power)―**힘 있게 삽시다!**

위에서 이동 표지를 입구 표지판과 출구 표지판으로 말하는 중요성을 살폈다. 이 모든 전환 방법의 궁극적 목적은 각 이동 (그리고 하위 이동) 사이 전환을 최대한 부드럽고 매끄럽게 해서, 청중이 마찰이나 이질감 없이 설교를 듣게 하려 함이다.[43] 설교의 한 부분으로 갑작스럽게 들어가거나 나가기를 피하고자 한다. 여러분이 말하는 스타일과 청중에게 적합하도록 창의적이며 유연하게 표현하도록 하라. 그리고 융통성을 발휘해 이러한 전환을 만들려고 노력하기를 바란다. 그리고 이러한 전환은 자유롭게 만들 수 있다. 앞서 언급했듯이, 다소 기계적이며 지침 중심으로 숙달한 다음에는 몇몇 이동이 중복하거나 지나치게 반복해서 울퉁불퉁한 이음새를 만든다고 판단하면 자유롭게 생략할 수도 있다.

다음은 창세기 26:1~33의 설교 지도인데(이 책 2장에서 그 신학적 초점을 어떻게 찾아내는지를 참조하라), 이것은 일반 구성 방식을 조금 바꿔서 만들었다. 특히 설교 이동을 나타내는 표지판에 주목하라.[44]

---

[43] 여러분은 적절한 계시 및 연관성 하위 이동에 들어가거나 거기서 나갈 때, 청중이 그 하위 이동 표지를 파악하길 바란다. 하위 이동 표지를 표지판으로 사용하면, 명료성을 더욱 높여 청중과 설교자 모두 설교가 어디로 가는지 방향을 잡는 데 유익하다. 필자는 단 하나 이동으로 전개하는 설교(One B-preaching)에서 목표로 하는 부드러움을 방해한다고 판단해 하위 이동 표지는 거의 사용하지 않는다.

창세기 26:1~33

- 신학적 초점—"하나님께서 약속하신 복은 확실하기에, 두려워서 속이거나 반발을 보복함으로 복을 확보하려는 어떠한 시도도 무용지물이니, 오히려 화해한다."

[진입 표지 I. 하나님께서 보장하신다] 먼저 하나님이 보장하심을 살펴보자. 하나님께서 주시는 복은 안전하며 절대 잃지 않는다.

I. 하나님께서 보장하신다(God Ensures).
   A. 계시—두려운 나머지 속이는 행위는 하나님의 약속을 믿지 못함을 드러낸다(26:1~13).
   B. 연관성—우리도 두려움에 휩싸여 하나님의 약속을 신뢰하지 못할 때가 있다. [예화]
   C. 적용—**하나님의 약속을 기억하자!**

[출구 표지 I. 하나님께서 보장하신다] 하나님께서 당신 백성에게 주신 복을 안전히 지키심을 살폈다. 그러므로 그분 백성은 그 약속을 기억해야 한다.

[진입 표지 II. 세상이 시기한다] 이제 세상이 시기하는 모습을 살피겠다. 하나님의 백성이 복을 받자, 세상이 질투한다.

II. 세상이 시기한다(World Envies).
   A. 계시—반대자를 보복하지 않음은 하나님의 약속을 신뢰한다는 표시이다(26:14~29).
   B. 연관성—부당하게 억압받을 때 보복하려는 유혹을 받는다. [예화]
   C. 적용—**보복을 자제하라!**

---

44 표지판이 설교에 명료성을 많이 제공해도 기계적·반복적이며 지루함을 느끼게 하기도 한다. 따라서 이 설교를 할 때 표지판 중 일부를 생략하기로 했다. (창세기 26장을 설교하려고 필자가 작성한 원고 개요는 〈부록 4〉를 참조하라.)

[출구 표지 I. 하나님께서 보장하신다. II. 세상이 시기한다] 하나님께서는 당신 백성에게 복을 보장하시고, 세상은 그 복을 받은 백성을 시기함을 살폈다. 그러므로 하나님의 백성은 보복하지 말아야 한다.

[진입 표지 III. 이삭은 맡긴다] 이제 반대에 맞닥뜨린 족장 이삭의 태도를 살펴보자. 이삭은 자기를 하나님께 맡긴다.

III. 이삭은 맡긴다(Isaac Entrusts).
    A. 계시—반대자와 화해함은 하나님의 약속을 신뢰한다는 표시이다(26:30~31).
    B. 연관성—우리는 적과 화해하기 어려워한다. [예화]
    C. 적용—은혜로 화해하라!

[출구 표지 I. 하나님께서 보장하신다. II. 세상이 시기한다. III. 이삭은 맡긴다] 우리는 하나님께서 당신 백성에게 복을 보장하시며, 세상은 복 받은 이를 시기하고, 이삭은 반대에 직면했을 때 자기를 하나님께 맡김으로써 우리 본보기임을 살폈다. 이삭처럼 하나님의 백성도 은혜로 화해하는 방식으로 반대자에게 응답할 수 있다.

필자는 초점 분할(Focus Splitting) 기법을 사용하여 이 설교를 세 가지 이동(move)으로 구성했다. 1) 하나님께서 이삭에게 주신 약속과 이삭이 그 약속에 불신앙으로 반응(페리코페에서 부정적 이야기), 2) 이삭은 적을 보복하지 않고 하나님을 신뢰(페리코페에서 긍정적 이야기), 3) 이삭과 반대자는 화해(페리코페 결론) 등이다. 각 이동에 각각 하나씩 계시 하위 이동이 있으며, 그에 대응하는 연관성 하위 이동이 세 개이다. 끝부분에 넷째 이동으로 단일한 적용을 제시하는 대신, 각 이동에서 각각 상황에 맞추어, 다음 세 가지 적용으로 나눠서 제시했다.

- 약속을 기억하라!
- 보복하지 말라!
- 은혜로 화해하라!

이처럼 세 가지 적용으로 나누어 제시함으로써, 각각 적용이 해당 이동의 핵심 메시지와 밀착해 설교 전체가 훨씬 더 응집력 있게 연결하기에, 장점이다.45

절마다 설교(Verse-by-Verse Preaching)?

이 책 2장 「페리코페에서 신학을 알아낸다」에서 본문에서 중요한 것과 그렇지 않은 것을 구별하는 문제를 논의한 바 있다—본문이 기대한 행동(페리코페 신학)을 분별하는 과정에서 본문이 말하는 내용을 결정하는 방법. 여기서 중요성과 중요하지 않음을 조금 더 자세히 살피겠다.

설교에서 우리가 하려는 일은 본문 신학을 분별하고 청중을 위해 적용을 끌어내기인데, 다시 말해 청중이 본문 + 신학을 생생히 경험하도록 돕는 일임을 기억해야 한다. 우리가 반드시 성경을 절 단위로 나누어 한 줄씩 주석하듯 설교할 필요는 없다. 그런데 불행히도, 이것이 설교 강단에서 자주 이루어지는 관행이기도 하다.46 필자는 절 별 강해 설교에 대한 헨리 미첼(Henry Mitchell)의 견해에 전적으로 공감하는데, 그는 이러한 설교 방식이 "다양한 설교 아이디어를 쏟아내기는 하지만, 정작 그 어떤 아이디어도 제대로 다루지 못한다"라고 지적한다.47 이러한 메시지는 강의로 바뀌고 만다. 본문이 말하는 내용은 자세히 분석하지만, 전체 본문으로 하려는 **실행**은 간과한다. 그래서 강의는 타당한 적용을 제시하지 못한다. 그렇다면 설교가 아니다.

예를 들어, 에베소서 3:14~21을 절 별로 설교하는 경우, 설교자는 바울이 무릎을 꿇는 모습을 언급하며(3:14) 그의 겸손한 태도와 마음을

---

45 이제 에베소서 1:1~14 설교 원고〈부록 3〉와 창세기 26:1~33 설교 원고〈부록 4〉에서 전환을 확인하기 좋은 때이다.

46 우리가 설교 지도 만들기에서 보았듯이(4장 「설교 이동 지도를 깁는다」), 설교 지도나 설교에서 반드시 본문 순서를 따라야 한다는 제한은 없다.

47 Henry H. Mitchell, *Black Preaching: The Recovery of a Powerful Art* (Nashville: Abingdon, 1990), 118.

강조할 수 있다. 이어서 하나님 아버지를 언급한 부분을 다루며 기도할 때 필요한, 하나님과의 친밀한 관계를 설명할 수도 있다. 그리고 바울의 구체적인 간구 내용, 하나님 아버지의 풍성한 자원, 우리가 필요로 하는 능력, 삼위일체적 강조점 등 본문이 말하는 다양한 세부 사항들을 하나씩 짚어갈 수 있다. 하지만 이런 식으로 본문을 다루면 각각 요소가 나뉘어 서로 연결되지 않으며, 결국 성경 문단 전체를 통해 저자가 이루려는 신학적 목적을 놓칠 위험성이 크다.48 물론, "하지만 이런 요소들이 본문에 있는데 중요하지 않은가요?"라고 질문할 수 있다. 그렇다, 이 요소들은 분명 본문에 있지만 진정한 질문은 이 요소들이 저자가 본문으로 이루려는 **실행**(doing, 페리코페 신학)에 어떻게 기여하고 있는지, 그리고 그 기여가 얼마나 중요한지(중요한가 대 덜 중요한가)를 분별하는 질문이다. 이 질문에 대답하려면, 본문을 전체적으로 유기적이고 통합된 관점에서 살피는 노력을 해야 한다.

에베소서 3:14~21의 신학적 초점은 "성도가 성령을 통해 믿음으로 그리스도를 점점 더 닮아가고, 공동체에서 그리스도의 헤아릴 수 없는 사랑을 깨달아, 자기들 안에 거하시는 하나님께 영광을 돌리는 일"이다. 따라서 이 본문에서 바울이 무릎을 꿇고 하나님 아버지께 간구하는 모습은 단지 기도할 때 적절한 자세를 보여주려 함이 아니라, 독자가 "그리스도를 더 닮아가고 … 그리스도의 크신 사랑을 깊이 깨닫기를" 바라는 바울의 간절한 열망을 나타낸다. 저자는 바울의 기도 장면으로, 바울이 기도하는 핵심 내용 자체를 강조하고자 한다. πατήρ(*patēr*, '아버지', 3:14)와 πατριά(*patria*, '가족', 3:15)로 언어유희는 어떤가? 2:19(바울이 3:14에서 "이러한 이유로"라고 언급한 바를 기억하라), 곧 하나님의 권속을 언급하는 본문을 고려하면, 같은 소리로 익살은 하나님의 가족이라는 이미지를 더욱 도드라지게 한다. 바울은 하나님 아버지의 이름 아래, 하나님 아버지께 속한 거룩한 가족인 우리가 "그리스도를 더욱 닮아가고, 그리스도의 놀라운 사랑을 깨닫도록" 간절히 겸손하게 열정적

---

48 이것은 사실 필자 강의를 듣는 학생이 설교했던 내용 중 일부이다.

으로 기도하고 있다. 언어유희 그리고 본문에 쓴 특별한 표현들은 그 자체로 흥미를 끌려 함이 아니라, 저자가 하려는 **실행**(페리코페 신학)을 효과적으로 드러내려고 쓴다. 의사가 환자를 정확히 진단할 때 모든 증상을 종합적으로 고려하듯, 설교자 역시 본문에 있는 모든 요소를 페리코페 신학과 연결하여 일관성을 이루도록 해야 한다. 만일 본문에서 관찰한 요소들을 페리코페 신학과 연결하지 못한다면, 그 본문에 대한 신학적 해석을 제대로 못 했다고 할 수 있다.

본문에서 발견한 몇몇 요소와 단서가 신학적 핵심/효과에 도움을 주더라도, 시간 제약이 있는 설교에서 이들을 모두 언급하기는 불가능하다. 본문의 핵심 메시지와 관련된 부분이라 하더라도 상대적으로 덜 중요한 요소는 과감히 생략해야 하기에, 필자는 아래 에베소서 3:14~21을 주석할 때 바울의 기도 자세나 '아버지/가족'이라는 단어의 언어유희를 언급하지 않았다. 물론 이러한 요소들도 본문이 전달하는 신학에 나름대로 이바지하지만, 설교 목적에서는 상대적으로 중요성이 덜하다고 판단했기 때문이다. 주석이나 연구 작업에서는 다양한 분석을 다루지만, 설교에서는 실제로 필요한 부분만을 선별하여 전달해야 한다.[49] 설교자는 주어진 설교 시간에 무엇을 포함하고 무엇을 제외할지 지혜롭게 판단해야 한다. 기억하라, 단순함이 **언제나** 가장 강력하다(simplicity always wins).

---

[49] 필자가 쓴 전문 주석에는 이와 같은 다양한 관찰과 분석이 많지만, 실제 설교에서는 그중 극히 일부분만 사용한다.

에베소서 그리고 야곱 이야기[50]

6. 에베소서 3:14~21

이 페리코페는 2:11~22 페리코페에 이어지는 내용이고 이 둘 사이에 3:1~13 페리코페는 이른바 '여담(digression)'으로 끼어있다. 바울은 에베소서 2장 마지막에서, 믿는 이들이 거룩한 성전, 곧 하나님의 거처로 새롭게 지어졌다고 선언한다(2:20~22). 이제 본문은 성도들이 어떻게 하나님의 "성전"이자 "거룩한 처소"로서 살아가야 하는지를 구체적으로 설명한다.

바울은 "하나님 능력의 역사"로 하나님의 거대한 계획에 참여해서(3:7), 이제 하나님께서 독자를 "능력으로 강건하게" 하시기를 간절히 기도한다(3:16). 다시 말해, 하나님께서는 에베소 성도가 우주를 향한 이 신성한 목적에 동참하기를 바라시며, 이 일을 하도록 그들에게 능력을 주신다.

믿는 자들을 위한 능력

그러나 그들은 어떻게 자기들 역할을 할 수 있는가? 페리코페 구조는 그리스도의 사랑에 초점을 맞추고 있다(C, D, C').[51]

---

[50] 앞서 언급했듯이, 필자는 여러분이 직접 연구할 기회를 제공하고 이 책 분량을 조절하려고 일부 본문은 주석하지 않고 신학적 초점만 제시한다. 자세한 주석 내용은 http://www.homiletix.com/preaching2019/commentaries에서 확인할 수 있다. 이 본문에 관한 더 자세한 해설은 Kuruvilla, *Ephesians*, 99~112, 113~32; Kuruvilla, *Genesis*, 355~67, 368~82를 참조하라.

[51] John Paul Heil, *Ephesians: Empowerment to Walk in Love for the Unity of All in Christ*, Studies in Biblical Literature 13 (Atlanta: SBL, 2007), 25~26를 수정함.

A 모든(πᾶς, pas) 가족(3:14~15)
  B 능력(δύναμις, dynamis)으로 강건해짐(3:16)
    C 그리스도께서 거하시도록; 사랑에 뿌리내리고 터를 잡은(3:17)
      D 넓이와 길이와 높이와 깊이(3:18)
    C' 그리스도의 사랑(3:19)
  B' 능력을 발휘하시는(δύναμαι, dynamai) 분께; 그 능력(δύναμις, dynamis)을 따라(3:20)
A' 모든(πᾶς, pas) 세대에게(3:21)

이 본문에는 목적절이 세 개다.
- "하나님께서 … 주시기를(that he may grant)"(3:16)
- "너희가 … 할 수 있도록(that you might be able)"(3:18)
- "너희가 … 충만하게 되기를(that you may be filled)"(3:19)

각 목적절은 앞 내용에 기반해 점진적으로 발전한다. 성령을 통한 능력 부여로 그리스도께서 우리 안에 거하심(3:16~17; 이는 칭의 순간 일회적으로 발생하지 않고, 성화 과정에서 그리스도께서 신자 안에 계속하여 내주하고 형성됨을 의미한다)은, 공동체에서 그리스도의 사랑을 더욱 깊이 이해하게 하고, 그 사랑의 크기를 실제로 경험하게 한다. 따라서 본문에는 신자들이 서로 적극적으로 사랑하라는 명령적 요소가 담겨있다. 이러한 사랑을 이해하고 표현함은, 결국 교회가 하나님의 충만함으로 채워지는 결과를 낳으며, 그 결과 하나님께 영광을 돌리고, 교회가 본래 의도한 하나님의 성전, 곧 거룩한 처소가 되게 한다(3:21; 2:20~22). 구약에서 성막과 성전이 완성되고 하나님의 영광이 그곳을 채워졌듯이(출 25~31; 35~40; 40:34~35; 왕상 5~9; 8:10~11), 신약에서도 마찬가지이다(엡 2:19~22; 3:16~19). 이 페리코페는 하나님의 백성이 그리스도의 다차원적인 사랑을 경험하고 표현할 때만 하나님의 충만함과 영광이 이 새로운 성전인 교회에 나타난다고 분명히 함의한다.

> 믿는 자들이 **성령으로 능력을 받아 그리스도께서 그들 안에 거하시며**, 그 결과로 그들이 그리스도의 사랑을 깊이 깨닫고 나타내게 하신다.

이 페리코페 핵심은 믿는 자들이 성령의 능력과 믿음으로 그리스도를 점점 더 닮아감, (곧 그리스도께서 그들 안에 거하심)이다. 그 결과, 그들은 공동체에서 그리스도의 헤아릴 수 없는 사랑의 크기를 깨닫는다. 그리스도의 형상을 닮아갈수록 공동체에서 나타나는 이 사랑은 더욱 깊어지고 풍성해진다. 이 과정을 거쳐 성도는 점차 하나님의 성전, 곧 하나님의 충만하심이 거하는 거룩한 처소가 된다. 그리고 이를 통해 하나님은 그리스도의 몸 된 교회를 통해 영광을 받으신다.

> 하나님께서는 당신 능력을 성령을 통해 성도에게 부여하셔서 그리스도께서 그들 안에 거하게 하시고, 그들이 그리스도의 사랑을 깊이 이해하고 표현하도록 하시며, **결국 성령이 거하시는 처소, 곧 하나님의 충만한 성전으로 삼으신다**.

더 간단히 표현할 수 있다.

> **믿는 자들은 성령으로 믿음 안에서 점점 더 그리스도를 닮아가며, 공동체에서 그리스도의 헤아릴 수 없는 사랑을 깨달아 그들 안에 거하시는 하나님께 영광을 돌린다.**

다음은 이 페리코페의 설교 지도인데, 계시와 연관성의 하위 이동을 포함한다. (지면 한계로 간략하게 설명한다.)

I. 하나님의 목표—그리스도를 닮아가기

    A. 계시—그리스도를 닮아가는 과정은 아버지(3:14~16a), 성령(3:16b), 아들(3:17a)의 역사이다.

    B. 연관성—그리스도를 닮지 **않은** 모습 [그리스도를 닮지 **않은** 모습으로 사는 구체적 예시—이기심, 자기중심적 태도; 예화][52]

II. 하나님의 방법—그리스도의 사랑

    A. 계시—그리스도의 사랑을 경험하고 나타냄은 공동체에서만 가능하다(3:17b~19a)

    B. 연관성—그리스도를 닮지 않은 이기심은 결국 사랑의 결핍으로 이어진다 [예화]

III. 하나님의 목적—공동체에서 하나님께 영광을 돌림

    A. 계시—그리스도를 닮아가며 그리스도의 사랑을 표현할 때, 공동체는 그리스도의 충만으로 채워지고 하나님께 영광을 돌린다(3:19b~21)

    B. 연관성—그리스도를 닮지 않고 사랑이 없으면 하나님께 영광을 돌릴 수 없다. 외부 사람은 신자들 삶에서 그리스도의 충만을 보지 못한다. [예화]

IV. **그리스도처럼 사랑함으로써 그리스도를 닮자!**[53]

---

52 이 설교 지도의 모든 연관성 하위 이동은 부정적인 것, 곧 우리가 본문의 신학과 일치하지 않을 때 삶이 어떻게 보이는지(이기심, 사랑 없음, 하나님께 영광을 돌리지 않음)를 다룬다.

53 이 장에 있는 설교 지도에 관한 구체적, 인상적, 단일한 적용은 여러분이 직접 생각하기를 바란다.

7. 에베소서 4:1~16

지도자와 성도가 그리스도의 은사를 이기심 없이 사랑으로 사용할 때, 공동체는 평화롭게 하나 됨을 이루며 그리스도의 몸은 머리이신 그리스도의 성숙한 분량까지 자란다.

여기에 설교 지도를 제안한다.

I. 그리스도—몸의 머리[54]

    A. 계시—평화로운 연합이라는 하나님의 목적(4:1~6);[55] 은사를 주시는 분이자 몸의 머리이신 그리스도께서 이 연합을 이루신다(4:7~10)

    B. 연관성—몸에 연합 부족 [구체적인 예시]

II. 지도자—몸의 조력자

    A. 계시—은사를 받은 지도자는 성도를 준비하게 하고 돕는 자로서(4:11~12a), 몸을 성숙하게 한다(4:13~14)

    B. 연관성—몸이 미성숙할 때 나타나는 위험 [예화]

III. 성도—몸을 세우는 건축자

    A. 계시—성도는 은사를 받아서 몸을 섬기고 세우는 사역자로서 (4:12b, 16), 사랑으로 몸이 그리스도를 향해 자라게 한다(4:15~16)

    B. 연관성—영적 은사를 간략히 설명 (롬 13장; 고전 13장; 벧전 4장)[56]

---

[54] 필자는 여기서 은사를 주시는 머리(그리스도), 은사를 받은 조력자(지도자), 은사를 받은 건축자(성도) 역할을 나타내는 설교 지도를 만들었다.

[55] '하나님의 목표—평화로운 연합'은 별도 이동으로 나눌 수도 있겠지만, 단순성과 명료성을 확보하려고 그리스도의 역할과 결합하여 I.A에 포함했다.

IV. 몸을 세우는 자들이여, 이제 일어나 일하자!

6. 창세기 29:31~30:24

야곱은 이제 두 자매 레아와 라헬과 결혼한 상태이다. 레아는 남편에게 사랑받지 못했지만, 그녀 태는 열려 있었고 빠른 속도로 연달아 네 아들을 낳았다(창 29:30~35a). 레아는 야곱에게 말하지 않고 하나님께 말하면서, 간절한 마음으로 각 아들의 이름을 지었다. 그녀는 아들을 낳을 때마다 남편 야곱의 마음이 자기에게로 향하기를 애타게 바랐다. 하지만 야곱은 아무런 반응도 하지 않았다. 그는 레아의 임신 과정에서 아무런 역할도 하지 않는 듯하며, 심지어 자기 자식들 이름을 짓는 일조차 관심을 보이지 않는다!

사랑받지 못하는 레아의 처절한 슬픔과 아픔 [이야기 세부 묘사][57]

또 하나 중요한 점, 곧 레아가 그 후로 출산을 멈추었다는 점을 주목해야 한다(29:35b; 30:9). 본문은 그 이유를 밝히지 않는다. 그녀 나이가 문제일 가능성은 작다. 이후로 세 자녀를 더 낳을 만큼 아주 건강했기 때문이다(30:17~21). 물론 하나님께서 주권적으로 레아의 태를 닫으셨을 가능성도 있지만, 본문은 이에 관해서도 명확히 암시하지 않는다. (이유는 그 이후 이야기에서 밝혀진다.)

사랑받지 못한 레아의 고통은 **결국 임신이 중단되는 데서 절정에 이른다.** [내러티브 세부 묘사]

---

[56] 이 페리코페에서는 (지도자/조력자 은사를 제외하면) 개별적 영적 은사를 구체적으로 다루지 않기에, 영적 은사에 관한 간략한 보충 설명(excursus)이 필요할 수 있다.

[57] 내러티브 세부 사항은 본문의 구체적 상황에 한정되므로, 본문 상황을 초월하여 일반화할 수 있는 의미에서 '신학적' 요소는 아니다.

레아는 야곱에게 사랑받지 못해도 태가 열려 연이어 아이를 낳자, 라헬은 야곱에게서 사랑받아도 태가 닫힌 상태라 라헬은 질투심에 휩싸인다(30:1). 그녀는 협박, 조종, 독점, 거래, 지배 등 온갖 수단을 동원하여 자기가 바라는 바를 얻으려는 오만한 태도를 보인다. 라헬은 복을 바라지만 그 복이 어떻게 임하는지 전혀 이해하지 못한 채 하나님께 구하는 대신, 야곱에게 격분하며 자기가 아이를 낳게 해달라고 요구한다(30:1~2). 그럼에도 상황이 달라지지 않자, 라헬은 자기 하녀 빌하를 야곱에게 첩으로 주어서 대신 아이를 낳게 하려 한다(30:3~4). 그녀는 다른 여인의 몸을 빌려서라도 복을 얻으려고 필사적으로 행동했다. 하지만 레아도 이에 맞서 자기 하녀 실바를 야곱에게 첩으로 주며 대응한다(30:9~13). 결국, 라헬이 쓴 전략은 성공하지 못한다.

그러던 중 레아의 맏아들 르우벤이 당시 최음제로 알려진 합환채를 가지고 오자, 라헬은 다시 한번 거래를 시도한다. 합환채와 야곱을 맞바꿨다(30:14~16). 라헬은 합환채를 얻었고, 레아는 야곱을 얻었다. 바로 여기서 우리는 레아가 아이를 낳지 못했던 이유를 안다. 라헬이 야곱과 레아의 동침을 막았다(30:15). 자기가 아이를 낳을 수 없다면, 레아도 더는 아이를 가지지 못하게 하겠다는 의도였다. 그러나 라헬의 모든 술수에도 불구하고 그녀는 여전히 아이를 낳지 못한다.

> 레아가 사랑받지 못한 데다 임신 중단으로 절정에 이른다. **라헬 역시 임신이라는 복을 억지로 얻으려고 짜증을 내고, 첩을 내세우고, 최음제를 사용하며, 레아가 야곱과 동침하지 못하도록 방해하는 등 온갖 술수를 부리지만, 그 모든 노력은 헛될 뿐이다** [이야기 세부 묘사]. **라헬은 필사적으로 하나님의 복을 받으려고 시도하지만, 그 태도와 방법은 오히려 문제이다.**

놀랍게도 라헬과 야곱의 하룻밤 거래(30:15) 이후, 레아는 한 번도 아니고 세 번이나 임신해 출산한다(30:17, 19, 21). 도대체 어떻게 된 일일까? 레아가 야곱과 만나려고 추가로 합환채를 사용했을까? 30:14~16 이후 합환채를 언급하지 않고, 라헬에게도 아무 효과가 없었던 점을 고려할 때 그 가능성은 희박하다. 레아가 라헬 몰래 야곱을 만났을까? 이 역시 가능성이 작다. 지금까지 라헬의 감시를 피해 간 적이 전혀 없었기 때문이다. 그렇다면 라헬이 하룻밤 거래를 잊었을까? 그것도 가능하지 않다. 레아가 아이 다섯 명을 낳았으나 자기는 한 명도 낳지 못한 상황을 어떻게 잊을 수 있겠는가? 결국 남는 유일한 설명은 라헬이 포기했다는 이유일 테다. 질투심도, 짜증도, 첩도, 방해도, 최음제도 아무 소용이 없었다. 라헬은 마침내 모든 계략과 조종을 내려놓고 포기했다.

그러므로 우리가 그런 결론을 내리자마자 다음 생각이 듦은 당연하다. "**그다음에** 하나님이 라헬을 생각하신지라. 그녀 소원을 들으시고"(30:22)라는 말씀이 나온다. **라헬이 모든 것을 내려놓고** 처음으로 하나님께 간절히 구했을 때 ("그녀 소원을 **들으시고**"), 하나님께서 그녀를 기억하시고 응답하셨다. 우리는 이를 통해 하나님의 복을 받는 올바른 자세는 고집스럽게 빼앗으려 하거나 강압적이고 조종하는 태도가 아니라, 모든 것을 내려놓고 겸손하게 하나님께 의지하는 자세임을 배운다.

> 라헬은 임신이라는 복을 받으려고 짜증을 내고, 첩을 들이고, 최음제를 사용하며, 레아와 야곱의 관계를 방해하는 등 모든 노력을 기울였지만 모두 헛된 일이었다. 결국, 모든 시도가 실패로 돌아가자, **그녀는 모든 것을 포기하고 하나님께 간구했고, 그제야 임신한다**[내러티브 세부 묘사]. **하나님 축복을 경험하는 데 바람직한 자세는 복종이다.**

라헬이 마음을 바꾸자, 야곱도 비로소 정신을 차린다. 광란과도 같은 임신과 출산의 혼란에서 그 역시 라헬과 마찬가지로 무력감에 빠졌다. 야곱은 하나님의 축복을 경험하려면, 과거에 자신이 형편없이 대했던 형과 부모와 해결되지 않은 문제를 반드시 바로잡아야 한다는 사실을 깨닫는다. 야곱 또한 라헬처럼, 계략과 조종과 속임수로는 결코 원하는 바를 얻을 수 없음을 깨달았다. 결국, 그는 모든 잘못을 인정하고 오직 하나님께만 의지하기로 결단한다. 야곱이 "내 고향 내 땅으로 돌아가게 해 달라"라고 삼촌 라반에게 요청하는 말(30:25)에서 우리는 하나님의 복을 받는 데 올바른 태도가 속임수나 조종이 아니라, 하나님께 온전히 의존함임을 확인할 수 있다.

> 라헬은 임신이라는 복을 받고자 짜증을 내고, 첩을 들이고, 최음제를 사용하고, 레아가 야곱과 관계를 맺는 일을 방해하는 등 온갖 수단을 동원했지만, 모두 헛된 일이었다. 결국, 모든 시도가 실패하자 그녀는 모든 것을 내려놓고 하나님께 기도했고, 그제야 임신한다. **라헬이 요셉을 낳을 때, 야곱 역시 하나님의 축복을 경험하는 바른 태도를 깨닫고, 과거 잘못을 바로잡고자 고향으로 돌아갈 계획을 세운다.** [내러티브 세부 묘사로 하나님께 복을 받는 올바른 자세를 제시]

이 장황한 진술을 내러티브 세부 사항을 제외하고서 간결한 신학적 초점으로 표현하면 다음과 같다.

> **교만하며 자기 뜻대로 하려는 태도는 하나님의 복을 누리지 못하게 하지만, 하나님께 신실하게 의존할 때 복을 경험할 수 있다.**

여기에 설교 지도를 제안한다.

I. 하나님의 복을 경험하지 못하는 방법
    A. 계시—믿음 없는 교만, 곧 잘못된 태도(질투, 29:31~30:1a); 잘못된 호소(협박, 30:1b~2); 잘못된 행동(조종과 책략, 30:3~13); 잘못된 대안(합환채, 30:14~15); 잘못된 계략(속임수, 29:35; 30:9, 15)[58]

B. 연관성—우리가 취하는 잘못된 태도, 호소, 행동, 대안, 계략은 무엇인가? [예화]

 II. 하나님의 복을 경험하는 방법

   A. 계시—신실한 의존(30:16~24; 레아가 다시 세 자녀를 낳음은 라헬의 항복, 하나님께 기도함, 그에 따른 응답인 임신을 암시한다)

   B. 연관성—우리는 종종 막다른 길에 이르러서야 교만한 태도의 잘못을 깨닫는다

 III. 내려놓으라, 그리고 하나님께서 축복하시게 하라!

7. 창세기 30:25~31:16

하나님께서는 당신 자녀가 불리한 환경에서도 책임을 다해 일할 때 주권적으로 역사하셔서 그들을 축복하신다.

설교 지도이다.

 I. 하나님의 주권

   A. 계시—하나님의 뜻에 따라 야곱이 떠남(30:25~26, 29~33; 31:3); 라반이 속임수를 씀(30:28, 35~36); 하나님께서 역사하시는 손길(30:30, 43; 31:5, 7, 9, 11~13)

   B. 연관성—고난과 혼란에서, 우리는 하나님이 정말 일하시는지를 의심하지만[예화], 하나님께서는 우리가 깨닫지 못할 때도 일하고 계신다.

---

58 네, 필자가 두운법(alliteration), 곧 '잘못된(wrong)'을 지나치게 사용한다!

II. 인간의 책임

　　A. 계시—야곱이 정당한 품삯을 청구(30:29~31, 32~33); 일하겠다고 결단(30:31, 33); 성실히 일함(30:25~42);[59] 순종(31:3~16)

　　B. 연관성—힘든 시기에는, 주어진 책임을 다하지 않고 소홀히 하기 쉽다.[60]

III. **하나님을 위해, 하나님과 함께 일하라!**

---

[59] 설교에서, 설교자는 다소 복잡한 이야기를 반드시 요약해야 한다.

[60] 이 연관성 하위 이동으로 적용이 명확해진다. 설교자인 여러분도 하나님을 위해 그리고 하나님과 함께 수고하시라.

설교 사상을 예화로 그린다 6
Illustrating Ideas

> 예술적 의미(artistic import)는, 언어적 의미(verbal meaning)와 달리, 오직 보일 뿐이다. … 따라서 예술 비평에서는 흔히 이런 질문들, 곧 예술가는 무엇에 관해 논평하며, 무엇을 말하고, 또 어떻게 말하고 있는가 등을 질문한다. 내 생각에 이 질문들은 잘못됐다. 예술가는 무언가를 '말하지' 않으며, 심지어 감정의 본질에 관해서조차 말하지 않는다. 그는 그저 '보여주기(showing)' 한다.[1]

지금까지 설교 여정을 잠시 돌아보자.

- 1장 「설교 여정을 갖춘다」—우리는 먼저 설교를 위한 장기 계획을 세웠고, 성경 한 권을 선택하여 페리코페 단위로 나누었으며, 각 본문을 예비 탐구했다.
- 2장 「페리코페에서 신학을 알아낸다」—각 페리코페 신학(pericopal theology)을 찾아내서 신학적 초점(Theological Focus)으로 표현했다.
- 3장 「페리코페 신학에서 적용을 걷는다」—각 페리코페와 그 신학에

---

[1] Susanne K. Langer, *Feeling and Form: A Theory of Art* (New York: Charles Scribner's Sons, 1953), 379, 394.

서 구체적, 인상적, 단일한 적용을 끌어냈다.
- 4장 「설교 이동 지도를 긷는다」―설교 지도를 만들었다.
- 5장 「설교 이동에 생동감을 더한다」―계시와 연관성으로 이동에 생동감을 덧붙였다.

이제 사상을 설명하는 여정으로 나아가겠다.

예화 역할(Functions of Illustrations)

예화는 본질적으로 네 가지 역할을 하는데, 곧 명확하게 하고(clarify), 설득하고(convince), 구체화하며(concretize), 마음을 사로잡는(captivate) 역할을 한다.[2]

명확하게 하는 역할(Illustrations Clarify)

예화의 가장 중요한 역할은 설교에서 설명해야 할 내용을 청중에게 더욱 명확하게 전달하는 일이다. 찰스 스펄전(Charles Spurgeon)은 이것을 탁월하게 표현했다.

> 교훈 설교가 청중을 깨우치지 못할 때가 종종 있는데, 그럴 때 우리는 창문을 열어 비유(analogy)라는 산뜻한 빛이 들어오게 함으로써, 청중이 우리가 말하는 의미를 보게 할 수 있다. … 노아에게 그리고 모든 의로운 설교자에게, 지혜는 "너는 방주에 창문을 내라."라고 명령한다. 여러분이 아무리 공들여 정의하고 설명해도, 청중은 여전히 어둠 속에서 헤맬 수 있다. 하지만 완벽하게 들어맞는 은유(metaphor)는 그 의미를 놀라울 정도로 명료하게 한다.[3]

---

[2] 비슷하게 나누는 내용은, Timothy S. Warren, "Supporting Materials," in *PM103 Class Notes* (Dallas: Dallas Theological Seminary, 2003), 106을 참조하라.

[3] Charles Haddon Spurgeon, *Lectures to My Students*, rev. ed. (Grand Rapids: Zondervan, 1954), 349 ∥ 『스펄전 설교론』, 원광연 옮김 (고양: 크리

스펄전이 예화를 창문에 비유함은 매우 적절하다(그 자체로 예화다). 동사 '예를 들며 설명하다(illustrate)'는 라틴어 *lústrâre*에서 유래했는데, 그 뜻은 '밝게 하다(to make bright)'이다. 예화는 설교에 빛과 광채를 더한다. 필자는 에베소서 1:1~14를 설교하면서, 하나님의 계획이 즉흥적이거나 변덕스럽지 않고 오히려 신중하며 의도적이라고 설명했다. 하나님께서 우리 인간과 달리 당신이 무엇을 하고 있는지 정확히 알고 계신다. 그리고서 두 가지 예화를 들었다. 하나는 인간이 매년 얼마나 많은 결정을 하는지에 관한 '사실(*factoid*)'이고, 다른 하나는 필자가 내린 잘못된 결정에 관한 '일화(*anecdote*)'였다. 이러한 예화로, 인간이 끊임없이 결정의 오류를 범하지만, 하나님께서는 언제나 완벽하게 결정하시고 행동하신다는 사실을 명확히 했다.4 이처럼 예화는 명확성을 더한다.

설득하는 역할(Illustrations Convince)

앞서 언급한 예화에서, 필자는 명확성을 더하는 동시에 청중을 암묵적으로 설득하고 있었다. 먼저 통계를 제시하고, 그다음으로 필자가 실제로 저지른 어리석은 일화를 제시함으로, 청중을 비롯한 모든 사람이 결정을 내릴 때 자주 실수를 저지르는 존재임을 이해하게 했다. 이처럼 명확성과 설득력은 서로 연결돼 있으며, 한 가지가 다른 한 가지를 도와준다. 특히 청중과 가까운 사람이나 청중 중 한 사람의 실제 이야기를 사용할 때, 청중은 "그래, 우리는 모두 그렇지. 나도 그런 적 있어! 이건 정말 사실이야!"라고 확신한다. 이렇듯 예화는 설득력을 높인다.

구체화하는 역할(Illustrations Concretize)

예화가 구체화하는 역할은 명확하게 하는 역할 그리고 설득하는 역할과 완전히 나뉘지 않지만, 특히 사물을 실제적이고 가시적이며 피부에 와 닿게 만드는 데 탁월한 역할을 한다. 사진이나 그림 한 장이 천 마

스챤다이제스트, 2009), 552~53.

4 해당 설교를 간략히 설명한 설교 원고는 〈부록 3〉을 참조하라.

디 말보다 더 가치 있듯이, 예화에도 단순한 말 이상의 가치가 있다. 예화의 구체화 역할은 설교 전반에 걸쳐 지속적으로 이루어질 수 있고 또 그래야 하지만, 특히 적용 단계에서는 아주 중요하다. 적용 단계에서 예화는 단지 청중이 무엇을 해야 하는지 명확히 하고 그것이 적절함을 설득하는 역할(이것은 적용의 '보여주기' 국면과 관련이 있다; 3장 참조)을 넘어, 구체적이며 현실적인 응답을 눈에 보이듯 생생하게 시각화하는 데 핵심 역할을 한다. 예컨대 적용 진술 자체가 이미 충분히 구체적일 수 있다. 가령, 내가 에베소서 1:1~14를 본문으로 한 설교에서 제시한 적용(적용의 '말하기[tell]' 부분)처럼 말이다. "적어도 일주일에 한 번씩, 여러분 삶에 역사하시는 하나님을 찬양하십시오." 그러나 이러한 적용 진술은 예화를 사용할 때 훨씬 더 생생하고 구체적으로 다가온다. 곧, 자기가 실천하는 계획을 자세히 이야기하거나, 다른 사람이 이 적용을 실천한 실제 사례를 청중에게 보여주면, 적용의 의미가 더욱 명확해진다. 이는 청중에게 적용을 실행하는 실제 모습을 눈앞에 그려주기 때문이다.

마음을 사로잡는 역할(Illustrations Captivate)

예화가 하는 넷째 역할은 바로 청중의 주의를 사로잡고, 또한 계속 집중하게 함이다. 대화할 때는 보통 분당 단어를 140~180개 쓴다. 하지만 한 연구에 따르면, 청중은 분당 약 425개 단어를 쓴 빠른 말을 들을 때도 일반 대화를 충분히 이해할 수 있다고 한다.[5] 곧, 우리가 말하는 속도와 청중이 그것을 이해하는 속도 사이에는 상당한 차이가 존재한다는 뜻이다. 청중은 우리가 설교를 전달하는 것보다 약 3배 정도 더 빠르게 그 내용을 이해할 수 있다. 바로 이 시간적 간격이 청중의 주의를 다른 곳으로 흩어놓을 만한 충분한 틈을 만든다. 더군다나 일반 청중의 주의 집중 시간이 매우 짧다는 점, 회중의 마음을 짓누르는 다양한 삶의 걱정과 관심사, 주일 점심 생각, 손쉽게 사용할 수 있는 스

---

[5] Arthur Wingfield, "Cognitive Factors in Auditory Performance: Context, Speed of Processing, and Constraints of Memory," *Journal of the American Academy of Audiology* 7 (1996): 175~82.

마트폰의 존재, 넓은 공간에 많은 사람이 모였을 때 산만함 등까지 더하면, 설교 중간중간에 청중이 정신적으로 우리 설교자를 떠날 수 있는 조건은 거의 완벽하다.

한 연구에 따르면, 강의를 듣는 학생들의 심박수는 강의 시작부터 끝까지(약 75분 동안) 계속해서 낮아진다고 한다. 하지만 중간에 5분간 쉬거나 활동의 변화를 주면, 심박수는 원래 수준으로 회복한다고 한다. 이렇듯 예화는 흐트러진 주의를 다시 사로잡는다.6 이것이 예화가 하는 넷째 역할, 곧 다소 간접적인 역할인 주의를 사로잡는 역할이다. 예화는 설교 중간중간에 청중에게 숨 쉴 여유와 쉴 곳을 제공한다. 마치 음식에 살짝 넣는 향신료처럼, 설교자의 말에 미묘한 변화를 줘서 청중의 마음을 다시 끌어당긴다. 예화를 넣으면 설교를 더 쉽게 들을 수 있을 뿐 아니라, 자연스럽게 떨어지기 마련인 청중의 주의력과 심박수를 다시 회복시키는 데도 효과적이다. 성경에 선례가 있긴 하지만, 필자는 바울처럼 한밤중까지 설교하는 일(행 20:7~8)을 추천하지 않는다. 바울의 긴 설교는 듣고 있던 한 사람에게는 치명적인 결과가 들이닥쳤다(20:9). 그런데 놀랍게도, 이 재난에도, 바울은 새벽까지 설교를 멈추지 않았다(20:10~11). 청중을 지루하게 함은, 죄는 아니더라도 죄에 근접한 심각한 문제이다. 해돈 로빈슨(Haddon W. Robinson)은 이렇게 말했다. "나는 논리를 이유로 믿음 잃을 뻔한 적이 없다. 오히려 지루한 설교로 믿음을 잃을 뻔한 적은 있다. 우리는 '지루함'이라는 치명적인 독가스를 과소평가하는 경향이 있다. 그것은 의사소통만 망치는 게 아니라 생명과 희망마저 죽인다."7 청중이 에너지를 소진하게 하지 말고, 예화로 그들 마음을 사로잡아라.

---

6 Donald Bligh, *What's the Use of Lectures?* 5th ed. (Exeter, UK: Intellect, 1998), 57~59.

7 David W. Henderson, *Culture Shift: Communicating God's Truth to Our Changing World* (Grand Rapids: Baker, 1998), 19에서 재인용 ∥ 『세상을 따라잡는 복음—급변하는 세상 문화 속에 어떻게 복음을 전할까?』, 임종원 옮김 (서울: 예영커뮤니케이션, 2003), 21.

예화와 감정(Illustrations and Emotions)

예화는 이성을 자극하기보다는 감정을 자극하는 방식으로 작동한다. 고대인은 이런 기능을 가리켜 '현존(presence)'이라고 불렀다. 기원전 4세기에 아리스토텔레스(Aristotle)는 연설가에게 "실제로 존재하는 것을 언어로 '눈앞에 생생히 보여주라'"라고 권고한 바 있다.8 1세기 로마 수사학자 퀸틸리아누스(Quintilian)는 '현존' 개념을 다음과 같이 설명하며 아리스토텔레스의 생각을 뒷받침했다. "존재하지 않는 사물의 이미지를, 마치 우리가 실제로 눈앞에서 보고 손으로 만질 수 있듯이 마음에 생생히 그려주는 것이다."9 퀸틸리아누스에 따르면, 연설은 단지 "귀에 들리는 것"에 머물러서는 안 되고, "마음의 눈앞에 생생히 펼쳐져야 한다."10 이처럼 현존으로 청중 마음을 사로잡는 일은 언제나 감정을 수반한다.

> 물론 "도시가 함락되었다(the city was stormed)"라는 짧은 표현에도 재난의 모든 상황이 함축적으로 담겨있다. 하지만 이렇게 간단한 한마디로는 결코 사람의 마음을 깊이 파고들지(*penetrat*, penetrate) 못한다. 이 짧은 표현에 숨긴 모든 것을 생생하게 펼쳐 보인다면, 불길이 집과 신전을 집어삼키는 모습, 천장이 무너지는 굉음, 무수한 비명이 하나로 합쳐진 절규, 앞도 보지 못하고 달아나는 이들, 사랑하는 사람과 마지막 포옹으로 매달리는 이들, 아이들과 여성들의 처절한 울부짖음, 비극의 날까지 살아남아 그 참상을 목격해야 했던 노인들의 모습이 드러날 터이다. 그리고 약탈자들이 세속적이

---

8 Aristotle, *Art of Rhetoric*, tr. J. H. Freese, Loeb Classical Library 193 (Cambridge, MA: Harvard University Press, 1926), 399, 405 (3.10.1410b; 3.11.1411b) ∥ 『아리스토텔레스의 수사학』, 이종오 옮김 (서울: 한국외국어대학교출판부 지식출판원, 2015), 299, 320.

9 Quintilian, *Orator's Education*, vol. III: Books 6~9, ed. and tr. Donald A. Russell, Loeb Classical Library 126 (Cambridge, MA: Harvard University Press, 2002), 59~61 (6.2.29~30).

10 Quintilian, *Orator's Education*, 375~77 (8.3.62).

고 신성한 것을 가리지 않고 재산을 빼앗고, 전리품을 챙겨 돌아가고 다시 더 가져가려고 광란에 빠져들고, 포로들이 쇠사슬에 묶여 끌려가며, 아이를 놓지 않으려고 필사적으로 저항하는 어머니의 모습과, 더 많은 약탈물을 차지하려고 서로 싸우는 승자들의 모습이 펼쳐질 것이다. 다시 말하지만, "도시가 함락되었다"라는 간단한 한 마디가 이 모든 것을 담고 있더라도, 그 모든 세부를 생생하게 그려내지 않으면 사람들 감정에 온전히 다가가지 못한다.11

퀸틸리아누스는 "마치 우리가 사건 현장에 직접 와 있는 듯한 감정이 자연스럽게 따른다"라고 결론을 내렸다.12

앞서 언급했듯이, 신경과학자는 **화자**(speaker)가 어떤 일을 경험할 때, **화자**가 그 경험을 회상하여 이야기할 때, 그리고 **청자**(listener)가 그 이야기를 들을 때, 이 세 가지 서로 다른 상황에서도 뇌의 같은 영역이 활성화한다는 사실을 밝혀냈다.13 화자와 청자 사이에 이런 공감이 일

---

11 Quintilian, *Orator's Education*, 379 (8.36.70).

12 Quintilian, *Orator's Education*, 61 (6.2.32).

13 Greg J. Stephens, Lauren J. Silbert, and Uri Hasson. "Speaker-Listener Neural Coupling Underlies Successful Communication," *Proceedings of the National Academy of Sciences* 107 (2010); Asieh Zadbood et al., "How We Transit Memories to Other Brains: Constructing Shared Neural Representations via Communication." *Cerebral Cortex* 27 (2017): 4988~5000. 이 연구는 아직 초기 단계이지만, 영장류에게 거울 뉴런(mirror neurons)이 존재한다는 사실은 큰 관심을 불러일으켰다. 운동 뉴런(motor neurons)은 사람이 어떤 행동을 수행할 때 활성화하는데, 그중 일부는 타인이 하는 비슷한 행동을 보기만 해도 활성화한다고 한다. 감각 신경에도 거울 뉴런의 하위 집합이 있는 듯하다. 예를 들어, 어떤 사람이 직접 촉각 자극을 받을 때뿐 아니라 다른 사람이 촉각 자극을 받는 것을 볼 때도 이 뉴런이 활성화한다. 이러한 거울 운동 뉴런과 거울 감각 뉴런은 각각 모방(imitation)과 공감(empathy)에 큰 영향을 미친다. 특히 거울 감각 뉴런은 화자의 말을 듣는 청중의 정서적 반응, 특히 청중이 예화에 보이는 공감적 반응을 설명하는 데 큰 도움일 수 있다. Giacomo Rizzolatti, "The Mirror Neuron System and Its Function in Humans," *Anatomy and Embryology* 210 (2005): 419~21을 참조하라.

어날 때 감정은 결정적 역할을 한다. 예화가 지닌 힘은 바로 청중을 이성뿐 아니라 감정으로도 매료함으로, 명확하게 전달하고, 설득력을 높이고, 내용을 구체화하며, 마음을 사로잡는 효과를 극대화한다.

다니엘 골먼(Daniel Goleman)은 자기 베스트셀러에서 말했다. "기존 패러다임은 감정에 휘둘리지 않는 이성을 이상으로 여겼다. 그러나 새로운 패러다임은 우리에게 머리와 마음을 조화시키라고 촉구한다."14 인지 심리학은 우리 의사 결정이 우리가 생각하기보다 훨씬 더 깊고 강력하게 감정의 영향을 받는다고 점점 더 분명하게 제시한다.15 감정은 인간 존재를 규정하는 핵심 요소다. 이것은 특히 적용을 목표로 하는 설교자들이 깊이 새겨야 할 중요한 부분이다. "청중의 모든 영역, 곧 지성, 정서, 의지에까지 이르지 않는다면, 우리는 동기를 부여하는 일은 커녕 제대로 소통조차 할 수 없다. 설교 행위가 총체적으로 이루어지려면 반드시 감정과 인지가 함께 어우러져야 한다."16 아리스토텔레스는 연설을 통해 청중을 설득하는 세 가지 주요 수단 가운데 하나가 파토스(πάθος, pathos), 곧 화자의 열정과 청중에게서 불러일으키는 감정이라고 말했다.17 "파토스는 어떻게 하면 청중이 연설 내용에 관심을 가지고 행동으로 옮기도록 감정을 움직일 수 있는지에 주목하는 설득 수단이다. 파토스가 효과적으로 작동하면, 청중은 **무의식적으로**(unconsciously) 자기를 설득하는 경향이 있다."18

---

14 Daniel Goleman, *Emotional Intelligence: Why It Can Matter More Than IQ* (New York: Bantam, 1995), 29.

15 예를 들어, Antoine Bechara et al., "Deciding Advantageously before Knowing the Advantageous Strategy," *Science* 275 (1997): 1294을 보라.

16 Ronald E. Sleeth, *God's Word and Our Words: Basic Homiletics* (Atlanta: John Knox, 1986), 69.

17 Aristotle, *Art of Rhetoric* (1.2.1356a) ‖『아리스토텔레스의 수사학』, 22~23.

18 Lucy Lind Hogan and Robert Reid, *Connecting with the Congregation: Rhetoric and the Art of Preaching* (Nashville: Abingdon, 1999), 78~79(강조는 원본에 있음). 물론, 청중이 어떤 문제에 진심으로 관심을 두게 하려면, 우선 설교자 자신이 그 문제에 진심으로 관심을 둬야 한다. 설교자가 자신이 말하는

6. 설교 사상을 예화로 그린다

우리 설교자는 양 떼의 보호자, 곧 그들 목자이자 목회자로서 청중을 통합적 존재(integral humans)로 통전적으로 다뤄야 한다. 인간은 몸을 떠난 뇌도 아니고, 여기저기 휩쓸려 다니는 감정 덩어리도 아니다. 우리가 전하는 메시지를 듣는 사람 안에서 이성과 감정이 서로 긴밀히 연결돼 있음을 인정하고 존중해야 한다. 성령의 능력으로 하나님의 말씀으로 삶의 변화를 일으키려면 청중의 이성과 감정 모두를 움직여 그들 의지를 깨워야 한다. 예화는 이렇게 이성과 감정이 하나로 연결되어 마음이 움직이도록 돕는 데 중요한 역할을 한다.

이쯤에서 설교자가 청중의 감정에 호소함이 일종의 조종(manipulation)이 아닌가 하는 의문이 들 수도 있다. 물론, 말에는 힘이 있고 목회자에게는 권위가 있기에, 청중을 조종할 가능성은 언제나 있다. 그러나 겉으로 합리적이고 이성적인 숫자나 논리도 정직하지 않은 방식으로 제시하면 얼마든지 사람을 조종할 수 있음을 잊지 말아야 한다. 마크 트웨인(Mark Twain)은 벤저민 디즈레일리(Benjamin Disraeli, 실제로는 그가 한 말이 아님)를 인용하며 이렇게 말했다. "세상에는 세 가지 거짓말이 있다. 그냥 거짓말, 새빨간 거짓말, 그리고 통계(lies, damned lies, and statistics)."[19] 이것이야말로 설교자가 무엇보다 먼저 하나님의 마음에 합한 영적인 사람이어야 하는 이유이다. 그렇지 않으면 그는 단지 선동가에 불과하고, 신뢰할 수도 없다. 설교자는 말의 힘과 자기에게 주어진 직분의 권위를 대단히 신중하게 다뤄야 한다. 야고보가 "내 형제[·자매]들아, 너희는 선생 된 우리가 더 큰 심판을 받을 줄 알고 선생이 많

내용에 얼마나 관심을 두고 있고, 얼마나 염려하며, 얼마나 열정을 품고 있는지가 설교 현장에서 생생하게 드러나야 한다. "내가 보기에, 청중의 감정을 불러일으키는 문제의 핵심은 설교자 자신이 먼저 그 감정에 깊이 감동하는 것이다."(Quintilian, *Orator's Education*, 59 [6.2.26]).

19 Mark Twain, "Chapters from My Autobiography: XX," *North American Review* 185 (July 1907): 471. 평균 수입처럼 단순한 통계조차도 오해하게 할 수 있다. 예를 들어, 우리 중 10명이 하루에 100달러씩 벌고 다른 2명이 하루에 1,000달러씩 번다면, 평균 수입인 250달러라는 숫자는 현실을 제대로 반영하지 못하는 왜곡된 값이다.

이 되지 말라"(약 3:1)라고 경고하는 이유도 바로 여기에 있다.

요약하면, 청중을 하나님의 백성으로 존중함은 그들 이성과 감정을 모두 소중히 여긴다는 뜻이다. 감정이 동반하지 않으면, 습관이 되지 않는다. 습관이 되지 않으면, 성향이 자리 잡지 않는다. 성향이 자리 잡지 않으면, 성품이 길러지지 않는다. 성품이 길러지지 않으면, 성령의 능력으로 그리스도를 닮은 모습으로 성장하는 일도 절대 이루어지지 않는다.

이 모든 원리는 설교에서 예화뿐 아니라 다른 모든 요소에도 적용된다. 우리 설교자는 예화를 선택할 때 더욱 신중해야 한다. 모든 예화가 설교를 명확하게 하고, 설득력을 높이고, 메시지를 구체화하며, 청중의 주의를 사로잡지는 않는다. 청중의 이성뿐 아니라 감정까지도 깊이 움직일 수 있는 예화를 엄선해야 한다.

예화 유형(Types of Illustrations)

다음은 설교자가 예화에 흔히 사용하는 유형이다.

이야기(Narration)

흔히 '예화(illustrations)'라는 용어를 들으면 여러 종류, 형태, 색깔을 가진 이야기하기(narration)가 떠오른다. 예화로 효과가 있는 내러티브는 사람과 그들 성공에 관해 이야기하며, 청중과 밀접하게 연관돼야 한다 (예를 들어, 청중이 큰 어려움 없이 연관 지을 수 있는 이야기). 실제로 있었던 일을 이야기할 수도 있고 허구를 이야기할 수도 있다. 다음 예화는 필자가 사실인지 허구인지 확실히 알 수 없어, 흔히 사용하는 "다음과 같은 이야기가 전해진다"라는 표현을 붙였다.

러시아 한 황제가 어느 날 궁궐 정원을 산책하다가 작은 잡초밭 앞에 서 있는 보초병을 발견한 이야기가 전해진다. 황제가 그에게 왜 거기 서 있는지 물었다. 그 보초병은 몰랐다. 다만 경비대장이 그곳을 지키라고 명령했을 뿐이라고 대답했다. 황제는 궁금해서 보좌관을 보내 경비대장에게 이유를 물었는데, 경비대장은 규정상 늘 그 자리에 보초병이 있어야 한다고 대답했다.

황제는 호기심이 더 생겨 그 이유를 곧바로 조사하라고 명령했다. 궁궐에 있는 누구도 그곳에 보초병이 없었던 때를 기억하지 못했고, 무엇을 지키는지조차 몰랐다.

마침내 기록 보관소가 열렸고, 오랜 조사 끝에 그 궁금증이 풀렸다. 기록에 따르면, 100년도 더 전에 예카테리나 대제(Catherine the Great)가 그곳에 장미 덤불을 심었고, 아무도 밟지 못하도록 보초병을 배치했다는 사실이 밝혀졌다.

예카테리나 대제는 오래전에 죽었다. 장미 덤불도 오래전에 사라졌다. 그러나 명령은 명령이어서, 100년 넘게 장미 덤불이 있던 자리에는 병사들이 무엇을 지키는지도 모르는 채 여전히 서 있었다.

소설과 비유 그리고 가상 상황 모두 예화로 사용할 수 있다. 이것들은 대개 다음과 같은 식으로 시작한다. "밤에 여러분이 사고 현장에 도착했다고 가정합시다. …" 또는 "여러분이 신부의 아버지라고 합시다. …" 등이다.[20] 한 가지 주의할 점이 있다. 이야기가 사실이 아니라면, 실제 일어난 일이거나 자신이 겪은 일이듯이 말하지 말아야 한다.[21]

때때로 내러티브에 등장하는 인물의 역할을 맡아 본문을 생생하게 전달하며, 그 핵심 메시지를 아주 도드라지게 하는 방법, 곧 이야기하기 양식도 좋다. 예를 들어, 야곱에게 속은 에서의 격한 감정을 강조하려고(창 26:34~28:9; 이 책 3장 해설을 참조하라), 필자는 먼저 창세기 27:41을 읽었다. "에서가 야곱에게 원한을 품고 … 마음속으로 말했다.

---

[20] Robert G. Delnay, *Fire in Your Pulpit* (Schaumburg, IL: Regular Baptist Press, 1990), 63를 고침.

[21] 필자가 가르쳤던 한 학생 설교자가 있었다. 그는 설교 중에 자기 불륜 문제로 아내와 다투는 장면을 예화로 말했다. 청중인 우리는 그 학생이 결혼했다는 사실을 알고 있었기에, 그들 결혼 생활을 걱정하느라 더는 설교에 집중할 수가 없었다. 설교 후 피드백 시간에, 그 학생은 지어낸 이야기였다고 했다.

'아버지의 장례를 치를 날이 가까웠다. 그때 내가 동생 야곱을 죽이리라.'" 그런 다음, 에서 목소리를 빌려 이렇게 덧붙였다. "내가 그 녀석을 죽여버릴 테다. 반드시 끝장낼 거야. 두고 보자." 창세기 32:1~32를 설교할 때도 비슷한 방식을 사용했다(이 책 7장을 참조하라). 필자는 창세기 32:28을 읽었다. "그분(하나님)께서 말씀하셨다. '네 이름을 더는 야곱이라 부르지 않고 이스라엘이라 부르겠다. 네가 하나님과 사람들과 겨루어 이겼기 때문이다.'" 그러고서 다음 말을 불쑥했다.

> 이제 더는 발뒤꿈치를 붙잡지 않아도, 더는 꿈을 가로채지 않아도, 더는 지푸라기를 움켜쥐지 않아도, 더는 바람을 좇지도 않아도 된다. 더는 '야곱'이 아니다. 더는 무엇인가를 붙잡으려고 애쓰지 말라. 지금부터는 '이스라엘'이다. 이스라엘, "하나님께서 싸우신다"라는 뜻이다. 너는 더 이상 발뒤꿈치를 붙잡지 않아도 된다. 발뒤꿈치를 붙잡을 **필요조차** 없다. 왜냐고? 이제 하나님께서 너를 위해 싸우시기 때문이다.
>
> **내가 너를 대신해 싸우겠다. 이제 너는 더는 직접 싸우지 않아도 된다. 무언가를 얻으려고 더는 애쓰지 않아도 된다. 무언가를 붙잡으려고 더는 달려가지 않아도 된다. 이제 내가 너를 위해 싸우겠다, 이스라엘아.**
>
> "이스라엘"—하나님이 너를 위해 싸우신다.

필자는 위 **굵게** 강조한 부분을 하나님의 목소리로 연기했을 뿐만 아니라, 절묘하게 "너"라는 표현을 써서 하나님의 백성인 청중을 야곱과 동일시하려고 했다. 하나님께서 야곱에게 말씀하시는 걸까, 아니면 청중에게 말씀하시는 걸까? 둘 다이다! 때로는 이런 방식, 곧 역할극이 장황한 설명보다 본문의 요점을 훨씬 더 선명하게 드러낸다.

이야기하기를 사용할 때는 러시아 황제 시대에 일어난 일보다 현대 사건과 쟁점이 일반적으로 더 흥미롭고 매력적이다. 하지만 꼭 그렇지는 않다. 과도한 역사적 세부 사항에 빠지지 않는다면, 오래된 이야기도 얼마든지 매력적으로 흘러갈 수 있다. 모두가 "오래오래 행복하게 살았습니다."로 끝나는 성공 이야기도 인기가 있지만, 항상 그렇지는 않다. 비극이라도 명확한 메시지를 전달한다면 피할 이유가 없다. 테드(TED)의 소유자이자 대단히 인기 있는 TED Talks의 큐레이터인 크리스 앤더슨(Chris Anderson)은 말했다. "실패, 어색함, 불행, 위험, 혹은 재난 이야기는 진솔하게 전달할 때, 청중의 관심이 단순한 흥미를 넘어 깊은 몰입으로 전환하는 순간을 만든다. 청중은 [화자의] 감정을 공유하기 시작한다."22 물론 한 편의 설교에서 사용하는 이야기들은 다양할수록 좋다.

고백(Confession)

고백은 이야기 형태일 테지만, 직접 경험한 개인 이야기이다. 여러분은 일어난 일을 봤고, 이제 그 일을 생생하게 묘사하여 청중도 그것을 보게 한다. 고백에는 또 다른 장점이 있는데, 그 사건을 다시 이야기할 때 더 편안하고 자신만만하다는 점이다. 여러분이 잘 아는 여러분 삶의 일부이기 때문이다. 에베소서 1:1~14를 설교할 때 말한 당황스러운 사건, 곧 고백이 있는데 이미 말한 적이 있다: "며칠 전 나는 랜드리 피트니스 센터(the Landry Fitness Center)에 가는 길이었어요. 평소 습관대로 나가는 길에 껌 한 개를 집어 들었어요. 운동 가방과 열쇠, 휴대폰을 챙기면서 껌 포장을 뜯고 껌은 쓰레기통에 버리고, 포장지를 입에 넣었어요. 종이 치고는 꽤 맛있더라고요! 여러분이 이런 경험을 해본 적이 없다면, 내 나이가 될 때까지 기다려 보세요. 곧 겪습니다. 우리가 내리는 결정이란 게 이렇습니다. 참 어리석죠!"

고백(물론 꼭 고백적일 필요는 없으며 개인적 일화는 모두 이 범주에 속한다)은 위에서 예로 든 필자 이야기처럼 고백하는 사람의 어리석음이나 약점을 드러낼 때 가장 효과적이다. 청중은 설교자가 이야기하는 사건

---

22 Chris Anderson, *TED Talks: The Official TED Guide to Public Speaking* (New York: Houghton Mifflin Harcourt, 2016), 60 ‖ 『테드 토크—TED 공식 프레젠테이션 가이드』, 박준형 옮김 (파주: 21세기북스, 2016), 76~77[?].

의 피해자나 희생양일 때 더 귀를 기울인다. 설교에 고백이나 개인 경험을 넣으면, 설교자의 약점이 드러나면서 설교자를 더 인간적으로 보이게 한다. 결국 설교자와 청중은 같은 영적 여정을 걷고 있으며, 그 누구도 목적지에 '도착한' 사람은 없기 때문이다. 우리는 모두 연약하며 똑같이 하나님의 은혜가 필요하다. 그러므로 절제한 자기 노출은 전혀 문제가 되지 않는다. 하지만, 지나치게 자기 치부(dirty laundry)를 드러내지는 말아야 한다. 그렇게 하면 신뢰를 잃고 하나님의 메시지가 청중에게 제대로 전달되지 않을 수도 있다. 또한 자기 개, 취미, 가족 등 개인사를 너무 자주 언급하지 않도록 주의하라. 금방 싫증을 낸다.23

이 두 가지 갈래, 곧 '이야기하기'와 '고백하기'로 여러분은 주로 이야기하는 셈이다. 이야기하기는 예술, 곧 말로 그림을 그리는 예술이다. 그림을 잘 그릴수록 청중은 여러분 말에 더 깊이 빠져든다.

> 청중은 이야기, 예화, 개인 간증 등등과 같은 예시에 비해 통계 데이터와 같은 직접 증거에 훨씬 격하게 반론을 제기한다. 다시 말해, 직접적이고 논리적인 설득은 청중을 증거에 대한 판사나 비평가 자리에 두기에 오히려 설득력을 약하게 하지만, 이야기는 청중을 몰입적인 경험에(into) 자연스럽게 끌어들임으로써 그들이 설득에 저항할 가능성을 크게 낮춘다.24

청중의 상상력은 설교에서 활용할 수 있는 최고 소품(prop)이다(소품에 관한 자세한 내용은 아래를 참조하라). 말로 그린 그림으로 청중의 상상력을 자극하라. 이러한 몰입 경험은 청중이 자연스럽게 이야기에 빠져들게 하며, 예화로 설명하려는 내용에 저항을 줄인다.

---

23 참고로, [사람들의] 사생활은 공개하지 말라. 특히 청중이 여러분이 말하는 이야기와 관련 있는 인물을 개인적으로 알고 있다면, 그에 이야기를 말하기 전에 허락을 받아야 한다.

24 Gary S. Selby, *Not with Wisdom of Words: Nonrational Persuasion in the New Testament* (Grand Rapids: Eerdmans, 2016), 128~29.

여러분이 말하는 모든 이야기에는 긴장감—긴박감, 흥미, 위험, 호기심, 의아함—이 있어야 한다. 그림을 그릴 때 세밀한 붓 터치를 놓치지 않듯, 이야기에 생생함을 더하는 세부 요소를 빠뜨리지 말라. 그렇다고 해서 불필요한 세부 사항을 지나치게 늘어놓아 청중을 지치게 만들거나, 오히려 그들 주의를 엉뚱한 곳으로 돌려 예화의 목적을 흐리게 하는 실수는 피해야 한다. 또한 명확한 결말, 곧 이야기를 깔끔하게 마무리하는 해결책도 꼭 필요하다. 이야기 끝에 청중을 혼란스럽게 방치하는 일은, 특히 그 이야기로 의도하지 않은 의문이 생겼다면 더욱 피해야 한다.25 전문 이야기꾼이나 공연 코미디언(stand-up comedian)이 어떤 이야기를 선택하고, 어떻게 이야기를 전개하는지 주의 깊게 살펴보기를 적극 추천한다(유머에 관한 내용은 다시 살피겠다). 초보 설교자라면 강단에 서기 전에 일대일 대화나 비공식 자리에서 자기 스토리텔링 기술을 해보는 것도 좋은 방법이다.

열거(Enumeration)

열거란 통계나 숫자를 예화로 활용하는 방법이다. 그러나 통계는 부주의하거나 생각 없이 사용하면, 청중을 금방 지루하게 할 수 있음을 기억해야 한다. 그러므로 통계는 항상 간결하고 명료해야 한다. 소수점 이하 자릿수를 지나치게 사용하는 대신, 적절히 반올림하거나 퍼센트를 활용함이 좋다. 청중이 숫자를 꼭 기억해야 한다면, 반드시 반복하여 말해야 한다. 아주 잘 만든 열거를 예시한다. "정확한 순서로 배열된 20개 아미노산으로 구성된 단백질을 한번 생각해 봅시다. 이 단백질이 순전히 우연으로, 아미노산이 무작위로 결합하여 형성될 확률은 무려 100경(1,000,000,000,000,000,000)분의 1이다. 실질적으로 이것이 어떤 상황이냐 하면, 뉴욕주 전체를 100원짜리 동전으로 30미터 높이로 가득 채운 다음, 동전 하나만 빨간색으로 칠해 거기다 던져 넣고서, 눈을 가

---

25 때로 이야기 중간에서 잠시 멈추었다가, 설교 후반부에 마저 풀어나갈 수도 있다(7장 「설교 서론과 결론을 가꾼다」를 참조하라). 그러나 그러한 기법은 자기가 무엇을, 왜, 어떻게 하는지를 확실히 파악하기 전까지는 시도하지 않는 편이 좋다.

린 채로 단번에 그 빨간 동전을 골라내는 것과 같습니다." 이 분수의 분모는 상상조차 할 수 없을 만큼 '0'으로 가득한 엄청난 숫자이다. 그러나 이 불가능해 보이는 확률은 즉시 그림으로 시각화되었다. 일종의 '예화 속 예화'라 할 수 있다. 이렇게 놀라운 숫자는 사람들의 주의를 즉각 사로잡지만, 이것을 눈에 보이거나 만질 수 있는 구체적 대상(뉴욕 주를 가득 메운 동전)에 연결하면 훨씬 더 강력한 효과를 발휘한다.

이 동전 예화는 수십 년 동안 내 설교와 함께했지만, 이제는 그 출처가 어디였는지 기억나지도 않는다.[26] 여러분이 예화를 수집할 때는 이런 실수를 반복하지 않도록 반드시 출처를 적어둬야 한다(자세한 내용은 아래를 참조하라). 좋은 예화를 발견했다고 해서 무턱대고 베끼지 말고, 어디에서 찾았는지, 누가 말했는지 분명히 적어두어야 한다. 나중에 그 메모가, 특히 누군가가 당신이 제시한 숫자에 의문을 제기할 때 큰 도움이 될 것이다. 또한 인터넷에서 아무나 제시한 숫자를 비판 없이 받아들여서는 안 된다. 변별력을 가지고 출처가 의심스러운 자료는 사용하지 말라. 데이터의 정확성, 혹은 최소한 출처의 신뢰성을 반드시 확인하라. 다음 몇 개는 이런 부류의 열거이다.

- 매일 환경미화원의 5%가 일하다가 다칩니다.[27]
- 99%면 충분할까요? 99%라면 매년 의료사고로 4천 명이 사망하고,[28] 정전이 매일 14분 이상 발생한다는 뜻입니다. 아니요, 99%로는 충분하지 않습니다.
- 2분마다, 18세 미만 아동이 범죄로 체포됩니다.[29] 5세 미만 아동이

---

[26] 필자는 그것이 수학적으로 타당한지도 계산한 적도 없다.

[27] 필자가 지어낸 이야기이다. 그럴듯하게 들리지만, 사실, 환경미화원이 일하다 다치는 일에 관한 정확한 자료는 필자에게는 없다. (제발, 통계를 지어내지 말라.)

[28] M. A. Makary, and M. Daniel, "Medical Error—The Third Leading Cause of Death in the US," *British Medical Journal* 353 (2016): i2139에 따르면, 매년 약 40만 명이 의료사고로 사망한다.

[29] 미국 법무부는 2016년에 856,130명의 청소년이 체포됐다고 보고했다. https://www.ojjdp.gov/ojstatbb/crime/qa05101.asp; 2018년 5월 1일에 접속.

12시간마다 살해당합니다.30

- 태양이 오렌지 크기(직경 약 9cm)라면, 지구는 약 9미터 떨어진 데서는 모래알 크기입니다. 같은 비율로 환산하면, 가장 가까운 별인 프록시마 센타우리(Proxima Centauri)는 무려 2,400킬로미터나 떨어져 있습니다! 실제로 580조 마일에 달하는 은하수의 지름을 '태양-오렌지' 비율로 환산하면 약 6천만 킬로미터나 떨어져 있습니다. 이 축소된 규모로 봐도 그 수치는 상상을 초월합니다.31

인용(Quotation)

인용은 개념을 설명하거나 요점을 강조하는 데 효과적으로 자주 쓰인다. 윌리엄 셰익스피어, 윈스턴 처칠, 척 스윈돌과 같은 자주 등장하는 익숙한 인물보다는 앤 랜더스(Ann Landers), 요기 베라(Yogi Berra), 랜디 트래비스(Randi Travis)처럼 의외 인물을 인용하는 편이 청중의 관심을 끄는 데 훨씬 효과가 있다.32 역사적이거나 문학적 인용보다는 현대적이고 실제 삶과 가까운 인용이 더 유용하다. 물론 역사적 인용도 강렬한 연관성과 적합성이 있는 경우라면 예외이다. 다시 말해, 셰익스피어나 처칠보다는 척 스윈돌이 더 낫다는 말이다.

인용문의 출처와 정확성을 확인하기는 상당히 번거로운 일이다. 다른 사람의 말을 더 자극적이고 매력적으로 만들려고 끼어든 오류의 양은 상상 이상으로 많다. 예를 들어, 존 케네스 갤브레이스(John Kenneth Galbraith)가 한 유명한 말로 자주 인용하는, "다른 모든 것이 실패하면,

---

30 https://webappa.cdc.gov/sasweb/ncipc/mortrate.html에서 이 통계와 관련된 미국 질병통제센터의 표를 확인할 수 있다. 2016년 5월 1일에 접속.

31 이 예화는 실제 천체의 크기와 거리에서 계산만 하면 만들 수 있다.

32 "How Can I Miss You When You Won't Go Away"(Dan Licks)나 "If the Phone Doesn't Ring, It's Me"(Jimmy Buffet)와 같은 컨트리 음악 노래 제목은 적절하게 인용할 수 있다. 직접 하나 만들어 보라. "They May Put Me in Prison, but They Can't Stop My Face from Breaking Out"은 피부과 의사에게 가슴 아픈 의미가 담겨있지만, 실제 노래는 아닌 듯하다. 실제는 아니어야 한다.

불멸은 언제나 엄청난 오류로 보장될 수 있다"라는 표현은 사실 그가 말한 적이 없다. 그가 실제로 쓴 표현은 "다른 모든 것이 실패하면, 불멸은 언제나 적당한 오류로 보장될 수 있다"인데, 이는 흔히 잘못 인용되는 변형된 표현보다 인상적이지 않다.33 마크 트웨인이나 아브라함 링컨이 한 재치 있는 표현이라고 알려진 인용도 수없이 많다. 이런 인용을 사용할 때는 주의를 기울여야 한다. 정확하지 않다면 "아마 [인용된 사람의 이름]이 언젠가 이렇게 말했다고 전해지는데 …"라고 말하는 편이 더 안전하다.34 누가 말했는지 모르겠다면, "어느 철학자가 이렇게 말했다고 합니다. …" 또는 "누군가 내게 이런 말을 한 적이 있는데 …"라는 식으로 말하기를 바란다.35

예증(Exemplification)

예증은 전달하려는 개념을 예로 드는 모든 종류 예화이다. 여기에 **정의**(definition)도 들어간다. 사전이나 어원사전을 찾아보거나,36 창의적인 정의를 직접 만들 수도 있다. 예컨대, "비싸다(expensive)는 말은 '너에게 돌아오지 않는다'는 뜻이다"처럼 말이다. 또는 아이들에게 어떤 개념을 정의하라고 하면, 보통 재미있거나 눈이 번쩍 뜨이는, 또는 둘 다를 아우르는 결과가 나온다.37

---

33 John Kenneth Galbraith, *Money: Whence It Came, Where It Went* (Princeton: Princeton University Press, 2017), 204.

34 괜찮은 사이트는 https://quoteinvestigator.com이다.

35 인용할 때 "따옴표 … 따옴표 닫음"이라고 말하지 말라. "설명하겠습니다" 또는 "여기 보여드릴 이야기가 있습니다"와 같은 서두도 마찬가지이다. 설교 중에 어디에서 발견했는지, 누가 언제 출판했는지, 몇 페이지에 있는지 등등 각주를 제공할 필요도 없다. 하지만 여러분은 인용한 모든 내용의 출처를 알고 있어야 한다. 나중에 누군가가 물어보면, 출처를 알려줄 수 있어야 한다. 표절에 관한 필자 견해는 8장 「설교 원고를 숨 쉬는 언어로 빚는다」를 참조하라.

36 좋은 사이트는 https://www.etymonline.com/이다.

37 필자는 어떤 아이가 'resuscitation(소생)'이라는 단어를 읽으려고 열심히 노력하다가 결국 'rescutation(구조 + 소생 합성어처럼 들리는 단어)'이라고 읽었다

예증에는 **유비**(analogies)가 있다. "설교자는 축구공과 같다"(혹은 소화전과 같다. 응급 상황에는 유용하지만, 일상에서는 온갖 수모를 당한다). "[무엇]은 성배(Holy Grail)와 같다" 등 창의력을 발휘하면 그 가능성은 무궁무진하다.

만화(cartoons)를 예증으로 사용할 수 있지만, 말로 묘사해야 한다. 개인적으로는 눈으로 보는 만화보다, 이렇게 말로 묘사하는 만화가 대중 연설에서는 훨씬 효과적이라고 생각한다. 말로 전달하면, 만화의 전개 속도와 순서를 직접 조절할 수 있기 때문이다. 핵심 대사(punch line)는 전적으로 여러분이 전달하므로, 모든 청중이 동시에 듣고 이해할 수 있다. 예를 들어, 이런 이야기가 있다. "난파선 생존자 두 명이 작은 열대 섬에 있다. 한 사람이 해안가로 떠내려온 병 하나를 들고 쪽지를 꺼내 보더니 동료에게 말한다. '자네 동창회에서 온 거야.'"38

목록(lists)은 좋은 예증 수단이다. "미국인이 대중 연설을 가장 두려워한다는 사실을 아십니까? 죽음은 7위에 불과하고, 그 사이에는 고소공포증, 곤충과 벌레, 재정 문제, 깊은 물, 질병 등이 있습니다."39 실패한 예측을 목록으로 만들어도 효과가 있다. 예를 들어, 무성 영화가 한창 유행이던 1925년, 워너 브라더스의 해리 워너(Harry Warner)는 영상

는 이야기를 들었다. 이 기막힌 '정의'를 설교에서 한 번 사용한 적이 있다. 인터넷에는 아이들의 재밌는 말만 전문적으로 모아 놓은 사이트들이 있는데, 그런 이야기들이 사실인지 누가 알겠는가? 굳이 알 필요도 없다. 적절히 사용하면 된다. 단, 설교당 하나 정도만 사용하고, 자주 써지는 말라. 일곱 살짜리 케니가 사랑과 결혼에 관해 "그런 걸 생각하면 머리가 아파요. 전 그냥 어린이예요. 그런 골치 아픈 일은 필요 없어요."라고 말했다고 한다. 필자도 마찬가지다.

38 Malcolm Kushner, *Public Speaking for Dummies* (Foster City, CA: IDG, 1999), 330에서 발췌함. 곧, "도망칠 수는 있어도, 숨을 수는 없다!"를 뜻한다.

39 하지만 이것은 더는 사실이 아닌 듯하다. 추세가 바뀌었다. 바뀐 추세는 여기를 보라, "America's Top Fears 2017", Chapman University, 2017년 10월 11일, https://blogs.chapman.edu/wilkinson/2017/10/11/americas-top. 그래서 이제 필자는 케케묵은 자료로 수년 동안 설교 수업 학생들에게 거짓말했음을 알았다! 하지만 http://listverse.com/은 각종 목록을 위한 유용한 웹사이트이다.

과 음성을 동기화하는 최신 기술을 개발했다는 소식에 이렇게 말했다고 한다. "도대체 누가 배우들이 말하는 걸 듣고 싶어 하겠어?"40

여러분의 관심을 끄는 것이면 무엇이든 예증으로 사용할 수 있다. 필자는 **편지**(letters)를 예증으로 활용한 적도 있고, 한때 사람들의 속기 쉬운 성향을 설명하려고 흔히 말하는 "나이지리아 사기" 이-메일을 예로 든 적도 있다(실제로는 그런 이-메일 중 극히 일부만 나이지리아에서 발송한다고 한다).

마지막으로, 나는 어떤 개념을 생생하게 설명하려고 괄호 부분을 추가하며 **본문을 틀리게 읽기도 한다**. 예를 들면, "무릇 그리스도 예수 안에서 경건하게 살고자 하는 자는 [때때로, 가끔, 드물게, 거의] 박해를 받으리라"(딤후 3:12). 혹은 "남편들아, [경건하고, 부유하고, 아름답고, 순종적이고, 복종적이고, 사랑스러운] 아내를 사랑하라"(엡 5:25)처럼 말이다. 창의성을 마음껏 발휘하라!

시각화(Visualization)

시각화란 흔히 말하는 '소품(props)'을 사용하는 방법이다. 여기에는 인쇄물, 프로젝터 슬라이드, 오디오, 비디오, 물리적 사물 등과 같은 설명 수단이 있다. 성경은 "듣는 귀와 보는 눈은 둘 다 여호와께서 지으셨느니라"(잠 20:12)라고 말하지만, 필자 경향을 솔직히 밝히면, (여러분의 말 외에) 귀로 듣는 것과 (여러분의 인격과 본문 외에) 눈으로 보는 다른 수단을 쓰지 않는 편이 낫다고 생각한다. '소품(props)'은 괜히 그렇게 불리지 않는다. 소품은 화자를 '받쳐주는(prop)' 버팀목 역할을 한다. 우리가 명확하지 않을 때 더 명확하게 하거나, 우리가 흔들릴 때 우리를 지탱한다고 한다. 이것이 완전히 나쁘지는 않다. 하지만 문제는, 설교자가 시각 자료에 기대는 순간, 거의 예외 없이 말로 명확하게 그림을 그리는 기술, 곧 '구술 명확성(oral clarity)'이라는 귀중한 능력을

---

40 Jack L. Warner, and Dean Jennings, *My First Hundred Years in Hollywood* (New York: Random House, 1965), 168.

잃어버린다는 점이다. 초보 설교자이든 숙련 설교자이든, 또는 그 사이 모든 설교자가 숙달해야 할 기술은, 말 그 자체로 명확하게 전달하는 능력이다. 그런데 놀랍게도, 일단 그 기술을 터득하고 나면 스스로 이렇게 질문한다. "왜 소품과 시각 자료가 내게 필요했지?" 시각 자료는 다루는 내용이 너무 복잡하여 자료가 없으면 청중이 본문의 핵심을 전혀 이해하지 못할 때만 쓴다. 그러나 나는 20년 넘게 설교하면서, 아직 시각 자료 없이는 설명할 수 없는 본문을 만난 적이 없다.

아라비아 속담에 따르면 좋은 연설은 "귀를 눈으로 바꾼다."라고 한다. 실제로 유아가 이야기를 들을 때, 뇌에서 시각적 이미지를 만드는 부위가 활성화한다는 사실이 밝혀졌다.[41] 이 연구에서 수석 저자는 자기들 연구를 이렇게 논평했다. "유아가 이야기를 들으며 이야기 내용을 머릿속으로 그릴 수 있게 하는 뇌 영역을 발달시켰기에, 훗날 더 뛰어난 독자가 되도록 돕는다. … 하지만 우리가 그들에게 이야기의 비디오를 보여준다면, 그들 상상력이 작동할 기회를 빼앗는 일이 아닐까요? 이야기를 직접 상상할 필요가 없이, 이미 만들어진 내용을 그냥 받아들이니까요."[42] 토마스 롱(Thomas G. Long)이 한 말은 옳다. "설교자는 청중을 말로 시각적 수단으로는 쉽게 닿을 수 없는 상상의 세계로 데려갈 수 있음을 기억해야 한다."[43]

---

[41] John S. Hutton et al., "Home Reading Environment and Brain Activation in Preschool Children Listening to Stories," *Pediatrics* 136 (2015): 467~78.

[42] Perri Klass, "Bedtime Stories for Young Brains," *New York Times*, August 17, 2015에서 인용함.

[43] Thomas G. Long, *The Witness of Preaching*, 3rd ed (Louisville: Westminster John Knox, 2016), 275~76 ‖ 『증언 설교』, 3판, 이우제·황의무 옮김 (서울: 기독교문서선교회, 2019), 444. 다양한 학습 스타일이 존재하며, 이에 맞춰 다양한 매체를 교육에 사용해야 한다는 생각은 근거가 없는 신화로 밝혀졌다. Harold Pashler et al., "Learning Styles: Concepts and Evidence." *Psychological Science in the Public Interest* 9, no. 3 (2008): 117에서는 "교육계에서 학습 스타일 접근법이 엄청난 인기를 얻고 있음에도, 그것의 실질적인 효용성에 관한 믿을 만한 증거가 없다는 사실은 놀랍고 충격적이다"라고 결론지었다. Laura Pomerance et al., *Learning about Learning: What Every New Teacher Needs to Know* (New York:

슬라이드와 영상 클립 등 화려한 볼거리가 많아질수록, 설교자 역할은 작아지는 게 사실이다. 또한, 야심 차게 준비한 전자 장비일수록 설교할 때 고장 날 위험도 커진다. 게다가 수준 높은 시각 자료를 제작하고 관리하려면, 시간과 비용을 들여 일하는 기술 전문가와 디자인 전문가팀도 있어야 한다.44 설교자의 음성과 성경 본문 외에 다른 미디어를 사용할 때 생기는 오류는, 상당히 많으며 안타깝게도 자주 일어난다. 예를 들어, 특정 시각 자료를 사용하는 뚜렷한 목적의 부재, 화면과 모니터·조명과 음향의 지나친 사용, 장비나 기술 문제, 운영자의 미숙함, 허술한 디자인, 저작권 침해 등이다. 이러한 약한 고리 중 하나라도 끊어질 가능성이 있다면, 머피 법칙처럼 설교 도중에 반드시 끊어지고 만다. 그 결과, 청중은 산만해져서 설교자와 화면 (또는 다른 무엇)을 오가며 여러 개 동시적이고 분리된 인지 흐름에서 길을 잃는다. 필자는 '목사요 목자요 영적 지도자인 여러분이' 설교 사역에서 필수적인 역할을 맡고 있으며, 청중의 주의가 여러분과 여러분이 설교하는 본문에서 벗어나지 않도록 해야 한다고 믿는다.45 하나님의 백성과 하나님의 설

National Council on Teacher Quality, 2016), 13에서는 학습 스타일 이론을 "허구 (debunked)"라고 표현했다. Daniel T. Willingham et al., "The Scientific Status of Learning Styles Theories," *Teaching of Psychology* 42, no. 3 (2015): 266 에서는 "교육자의 시간과 에너지를 학습에 더 실질적으로 도움을 주는 다른 이론에 투자함이 더 낫다"라고 제안한다. 마찬가지로 설교자의 시간과 에너지도 더 생산적인 데 써야 한다.

44 Ron Hoff, *"I Can See You Naked"*, rev. ed. (Kansas City, MO: Andrews and McMeel, 1992), 142를 참조하라.

45 특히 동영상의 경우, 직접 제작하지 않는 한 청중이 보는 내용을 완벽하게 통제하기 어렵다. 특정 영화의 한 장면은 청중의 마음을 영화 속 다른 장면이나 그 배우가 출연한 다른 영화로 옮겨 놓을 수 있다. 이러면 청중은 금방 여러분과 여러분 설교에서 멀어진다. 그렇다고 빌려온 동영상을 편집하는 작업은 세심한 노력이 필요하고 시간이 오래 걸릴 뿐만 아니라, 보통 어색하고 부자연스럽게 잘리게 마련이다. 적절한 영상이 시중에 있더라도 그것이 정말 설교와 맞는지 검토하는 데 시간이 오래 걸린다. 어떤 경우든 철저히 관리하지 않은 시각 자료는 여러분이 의도한 방향으로 청중을 이끌기가 어렵다. C. S. Lewis, *God in the Dock: Essays on Theology and Ethics*, ed. Walter Hooper (Grand

교자 사이에는 특별한 연결이 존재하며, 이 연결은 성령께서 강화하시는 것으로서 시각 자료나 다른 그 어떤 것으로도 방해받거나 끊겨서는 안 된다.

필자 활용 실제(My Personal Practice)

필자는 시각 자료를 거의 사용하지 않는데, 그 필요성을 거의 느끼지 못하기 때문이다. 가장 흔한 형태의 시각 자료인 인쇄물과 슬라이드는 내가 설교하는 교회가 그것에 익숙하고 또 기대할 때만 사용한다. 드물게 사용하는 경우라도 가능한 한 적게 사용한다. 필자가 출석하는 교회에는 그래픽 디자이너가 있어서 슬라이드를 제작할 때 어려움을 많이 줄인다. 슬라이드 배경은 해당 설교 시리즈의 교회 스타일에 맞춰서 만들어 전달되고, 필자는 나머지 작업만 한다. 필자가 사용하는 슬라이드는 시리즈나 설교 제목을 쓴 한 장, 설교 이동의 한 단어 표지를 쓴 몇 장(인쇄물 빈칸 채우기 용도, 아래 참조), 필자가 설교하는 페리코페 외에 있는 성경 구절을 쓴 몇몇 장(아주 가끔), 이따금 본문 구조나 표현에서 중요한 세부 사항을 쓴 한 장으로 제한된다(필자는 교차 대구나 히브리어·헬라어를 보여준 적이 있다).46 필자는 또한 슬라이드 인쇄본(페이지당 6

Rapids: Eerdmans, 2014), 291 ‖ 『피고석의 하나님』, 홍종락 옮김 (서울: 홍성사, 2011), 358에서 글쓰기에 관해 말했는데, 그가 한 말은 말하기에도 그대로 적용된다. "때때로 글쓰기란 양 떼를 길로 몰고 가는 일과 비슷하다고 생각한다. 왼쪽이나 오른쪽 문이 열려 있으면 독자는 반드시 그 문으로 들어가려 한다." 그러니 그 문들을 미리 자물쇠로 꼭 잠그라!

46 몇 가지 추가 팁이 있다. PowerPoint(권장) 또는 Keynote 사용하기; 16:9 비율 슬라이드 레이아웃 사용하기; 설교당 슬라이드 수는 12장 이하로 제한하기; 자기만의 배경 텍스처를 만들기 (또는 누군가에게 도움받기); 어두운 배경에 밝은 색상 텍스트 사용하기(미색[off-white]이 가장 좋고, 다양한 색상은 피하라); 적당한 굵기의 30~40포인트 글꼴 사용하기; 세리프 폰트(예: Constantia, Minion Pro)와 산세리프 폰트(예: Calibri, Candara, Gotham)를 절제하며 조화롭게 혼합 사용하기; 밑줄은 피하고, 이탤릭체와 굵은 글씨는 꼭 필요할 때만 쓰기; 텍스트 가독성을 높이는 목적 외에는 그림자 효과 사용하지 않기; 텍스트 애니메이션은 쓰지 않기; 글머리 기호(bullets)는 전혀 사용하지 말기(글머리 기

개 슬라이드)을 미리 준비해서 담당자에게 건넨다. 각 슬라이드에는 화면 전환에 참고할 간단한 지침을 적는다. 설교 도중에는 필자가 다음 슬라이드를 요청한다(나는 설교하면서 직접 슬라이드를 조작하지 않는 편을 선호하는데, 그만큼 신경 쓸 일이 줄기 때문이다). 필자가 섬기는 교회의 영상 담당자들은 필자의 이러한 독특한 방식을 잘 이해하고 있어서 우리는 좋은 팀워크를 이루고 있다.

특히 초보자의 경우, 차분하고 명료하게 구상해서 예술적 감각으로 디자인한 슬라이드를 만들려면 시간이 꽤 걸린다. 저화질의 클립아트, 무지갯빛 색상 범벅, 폰트의 난립, 온통 대문자로 뒤덮인 텍스트의 폭주, 수많은 기이한 화면 전환 효과가 가득한 흔한 OEM 템플릿은 절대로 사용하지 말라. 슬라이드가 정말 필요하다면, **전문가에게 도움을 받는 게 좋다.** 전문가의 도움을 받으려면 돈은 말할 것도 없고 더 많은 시간, 협의, 노력, 의견 교환이 필요하다. 복잡한 시각적 기교를 다루면서 설교 예행연습에 시간을 보냄은 그리 바람직하지 않다. 필자 의견을 묻는다면, 이점보다는 손해가 너무 크다. 차라리 설교 본문과 적용을 더 깊이 연구하고 기도하고 묵상하는 데 시간을 쓰는 것이 낫다.

필자는 슬라이드보다는 인쇄물을 더 자주 사용한다. 청중이 무언가를 적는 습관이 있다면 필기할 인쇄물을 주는 편이 더 좋다. 하지만 내가 인쇄물을 제공하는 주요 이유는 필기를 돕고자 함이 아니라, 필자가 설교하는 본문을 제공하려 함이다. 필자가 원어 성경을 번역하여 주의를 환기하고 싶은 단어나 언어유희, 본문의 중요한 요소들을 강조 표시한다(그림 6.1의 본보기 인쇄물에서 이탤릭체와 밑줄 친 단어 참조). 필자는 설교 이동 표지에 종종 빈칸을 두어 청중이 채우게 한다. 주로 두운을 활용한 단어이며(파워포인트를 사용할 경우, 적절한 순간에 슬라이드에도 해당 단어가 표시된다), 두운을 맞추기는 필자에게는 순수한 재미이다. 같은

호는 『대부』에나 어울린다. 어떤 일이 있어도 피하라); 슬라이드에 오디오와 비디오를 넣지 않기; 프레젠테이션 파일 사본을 클라우드나 USB에 미리 준비하기; 슬라이드와 함께 설교를 충분히 연습하기. 무엇보다도 단순함이 늘 승리한다는 사실을 절대 잊지 말라.

글자로 시작하는 단어 서너 개를 찾는 제약에서 창의적 도전을 즐긴다. 청중도 다음에 등장할 단어가 'P'로 시작하는 무슨 단어일지 추측하려고 설교자보다 한발 앞서 간다(그림 6.1에서 오른쪽 번호 목록 참조). 이렇게 하면 청중은 최소한 설교 내내 집중력을 유지한다.[47]

〈그림 6.1〉

GOD'S GRAND DESIGN

Ephesians 1:1~14

Translation ⓒ Abe Kuruvilla 2015

1. Paul, an apostle of Christ Jesus, by the will of God, to the saints who are in Ephesus and believers in Christ Jesus.

2. Grace to you and peace from God our Father and the Lord Jesus Christ

3. Blessed [be] the God and Father of *our* Lord Jesus Christ, who has blessed *us* with every spiritual blessing, in the heavenlies, in Christ,

   | 1. God's P |

4. because He chose *us* in Him before the foundation of the world, that we may be holy and blameless before Him; in love

5. He predestined *us* for adoption as children,

---

[47] 에베소서 1:1~14을 본문으로 한 주석을 포함한 설교 원고는 〈부록 3〉를 참조하라. 몇 가지 추가 팁이 있다. 교회에서 사용하는 페이지 또는 주보의 크기를 고려하여 가능한 한 큰 글꼴을 사용하라. 또한 인쇄물에 설교자의 연락처를 명시하라. 마지막으로 디자인과 복사 및 배포에 관해서는 주변 사람에게 도움을 받아라.

through Jesus Christ, unto himself, according to the good pleasure of His will,

6. for the praise of the glory of His grace [with] which He engraced *us* in the Beloved.

7. in whom [Christ] *we have* redemption through His blood, the forgiveness of trespasses, according to the riches of His grace

8a which He lavished on *us*;

8b with all wisdom and insight

1. Man's P

9 He made known to *us* the mystery of His will, according to His good pleasure that He purposed in Him

10 for the administration of the fullness of times, the consummation of all things in Christ—the things in the heavens and the things on the earth in Him;

11 in whom also *we have been claimed* [by God] as an inheritance, having been predestined according to the counsel of His will,

12 that *we*, who hoped beforehand in Christ, may be for the praise of His glory;

13 in whom also *you*, hearing the word of truth, the gospel of *your* salvation—in whom also believing, you *were sealed* with the Holy Spirit of promise

1. Our P

14 (who is the pledge of *our* inheritance) until the redemption of [God's own] possession, for the praise of His glory.

인쇄물은 시각 자료로서 비교적 문제없는 방식 중 하나이지만, 컵에서 입술까지 거리에도 많은 실수가 있듯이 인쇄물에도 예상치 못한 문제가 있을 수 있다. 예를 들어 부실한 디자인(그래픽 감각이 뛰어난 사람에게 도움을 꼭 받아라),48 부적절하게 만들어진 복사본(복사기 오작동, 주보 크기에 맞추려고 인쇄물 크기를 무리하게 조정, 참석자 수를 잘못 헤아려서 복사본이 부족해지는 경우, 의사소통 실수—주일 아침 교회 행정 담당자로부터 "인쇄물이 뭐라고요?"라는 말을 들었을 때 등)이 있다. 그런데도 인쇄물은 비교적 안전한 형태의 시각 자료이다.49

예화 사용하기(Using Illustrations)

예화를 사용할 때 염두에 둬야 할 최우선 기본 사항은, "여러분 청중을 알라"이다.50 청중 대부분에게 최대 효과를 줄 수 있도록 예화를 조정한다. 또한 노인, 젊은이, 다양한 민족 등 청중의 다양한 계층에 적합하게 예화를 폭넓게 써야 한다. 모든 사람이 스포츠를 좋아하지는 않으며, 크리켓은 미국 대부분 지역의 일반 교회 신자들에게는 생소한 스포츠이다(안타깝게도!). 전투와 전쟁에 관한 예화는 많은 사람에게 잔인함을

---

48 우리 교회 그래픽 디자이너가 필자 원고를 예쁘게 다듬고, 교회 주보 규격에 맞춰 서식을 만들어 준다. 설교 시리즈에 맞는 로고를 추가하고(필자 슬라이드의 디자인과 일치하도록), QR 코드(교회 웹사이트의 설교 영상 링크)를 삽입한 다음 색지에 인쇄하는 등 작업을 한다. 하지만 필자가 직접 만든 인쇄물(그림 6.1 참고)만으로도 충분하다. 다른 교회에서도 이 양식을 자주 사용했으며, 일반적인 Letter 용지에 흑백으로 인쇄하고 복사하여 사용했다.

49 내가 임시 설교자로 섬겼던 한 교회에서는 참석한 아이들을 위해 "말씀을 붙잡아라(Catch the Word)"라는 별도 인쇄물을 만들어 주었다. 거기에는 성경 구절 한두 개와 몇 가지 핵심 단어들을 적어 놓고, 필자가 설교 중에 그 단어를 말할 때마다 아이들이 동그라미를 치게 했다.

50 이 원칙은 설교에서 모든 영역에 적용되지만, 특히 '연관성 하위 이동(relevance submoves)'과 '적용 이동(application move)'에 속하는 예화에서는 더욱 그렇다. 이 책 3장에서 언급한 바와 같이, 필자가 에버노트(Evernote)를 사용한 예화를 적용으로 제시했을 때, 기술에 익숙하지 않은 어느 노부부는 필자가 말한 내용을 전혀 이해하지 못했다.

느끼게 하거나 거부감을 줄 수 있다. 모두가 영화 애호가도 아니다. 또한 청중이 결혼 여부나, 자녀가 있는 사람의 숫자 등도 고려할 요소이다. 그리고 청중의 성별 구성에도 민감해야 한다. 설교 청중의 적어도 60퍼센트 이상이 여성이다. 이러한 청중 문제 중 다수는 이미 5장 「설교 이동에 생동감을 더한다」에서 살폈다.

일반적으로, 설교에서 이동마다 예화는 하나면 충분하다. 실제로 예화를 지나치게 많이 사용하면, 청중을 혼란스럽게 하고 설교에 주어진 소중한 시간을 낭비할 위험이 있다. **이**(this) 예화를 왜 사용하는지, 왜 **여기에**(here) 사용하는지를 명확히 파악해야 한다. 예화는 신중하게 계획하고 전략적으로 배치해야 한다.

예화 자체는 간결해서, 단어를 최소한으로 사용하고 정교한 구조로 예화가 표현하는 요점을 명확하게 전달해야 한다. 청중의 주의를 흐트러뜨리거나 핵심을 흐리는 불필요한 세부 사항을 추가하지 말고, 답할 의도가 없는 불필요한 질문을 일으킬 수 있는 이야기도 하지 않는다. 영상이나 오디오 클립과 달리, 여러분은 사용하는 언어적 예화를 완벽하게 통제할 수 있다. 예화를 최대한 긴밀하게 유지해서, 청중이 여러분이 바라는 내용만 듣도록 하고, 그 이상도 이하도 듣지 않게 해야 한다. 다시 말해, 예화는 적절하고, 연관성이 있으며, 유용해야 한다. 올림픽 좌우명이 운동 경기에서 "더 빨리, 더 높이, 더 힘차게"를 요구한다면, 필자는 설교에서 예화는 "더 적게, 더 선명하게, 더 짧게(Fewer, Sharper, Briefer)" 사용하라고 권장한다. 그리고 예화를 철저히 준비하라. 데이비드 G. 버트릭(David G. Buttrick)이 말한 조언은 참으로 지혜롭다.

> 오늘날 많은 설교자는 예화를 미리 써 놓지 않는다. 원고에는 목록 형태로만 적어두고, 실제 설교 때 즉흥적으로 이야기하는 경우가 흔하다. 그 결과, 설교자는 이야기꾼으로서 지나치게 열정에 빠져들거나, 불필요하게 이야기를 길게 늘어놓거나, 무관한 발언을 끼워 넣는 실수를 한다. 예화에 덧붙여진 쓸데없는 군더더기는 설교 이해를 방해하고, 부수적 발언은 예화의 일관성을 무너뜨린다. … 미

리 철저히 준비하는 습관을 들이면, 부주의한 즉흥성 때문에 예화의 효과를 망치는 경향을 줄일 수 있다.[51]

멜로드라마적 연출, 선정적 행동, 지나친 쇼맨십에는 분명한 위험이 따른다. 몇 년 전 플로리다주 잭슨빌에 있는 리빙웨이 크리스천 펠로우십 인터내셔널 교회(Livingway Christian Fellowship Church International)의 청소년 사역자였던 멜빈 너스(Melvyn Nurse, 당시 35세)는 죄의 위험성을 러시안 룰렛(Russian roulette)에 비유하여 설명하려 했다. 그는 청년부 250명과 그들 부모, 그리고 자기 아내와 자녀들이 지켜보는 앞에서 권총에 공포탄을 넣고 실린더를 돌린 후 자기 머리에 총을 겨누고 방아쇠를 당겼다. 그는 그 자리에서 사망했다![52]

같은 맥락에서, 자기가 왜 그런 일을 하는지 분명한 이유가 있고 그것이 적절하다고 확신하지 않는 한, 설교 중 농담이나 속임수, 장난스러운 게임과 같은 경솔한 행동을 하지 말아야 한다. 그러한 시도를 성공적으로 할 수 있는 사람은 거의 없다. 몇 년 전, 필자가 다녔던 한 교회에서 드린, 어느 주일 예배의 전반부가 매우 인상적이었다. 감동적인 간증, 신중하게 선택된 찬양, 열정적이고 간절한 기도가 어우러져 매우 깊은 감동이 있었다. 그런데 이어서 설교자가 강단에 올랐다. 그는 청중에게 갑자기 자리에서 일어나 옆 사람을 만지게 하거나 몇 가지 가벼운 동작을 시키는 바보스러운 게임으로 설교를 시작했다. 정확히 무슨 행동을 시켰는지는 잊었지만, 이것만은 기억난다. 그 일로 예배 전체 분위기가 완전히 깨졌고, 예배 초반부에 높은 영적 분위기는 순식간에 바람 빠진 풍선처럼 가라앉아 버렸다. 물론 설교에 유머를 절대

---

[51] David G. Buttrick, *Homiletic: Moves and Structures* (Philadelphia: Fortress, 1987), 147.

[52] 공포탄도 근거리에서는 사람을 죽일 수 있다. 이 예화(Nurse에 관한 것)는 시각 자료가 어떻게 여러분에게 악영향을 미칠 수 있는지 보여준다. "Minister Fatally Shoots Himself during Sermon," Los Angeles Times, 1998년 10월 4일, http://articles.latimes.com/1998/oct/04/local/me-29125 참조.

사용하지 말라는 뜻은 아니다(이에 관해서는 아래에서 더 살피겠다). 하지만 우리는 예화를 사용할 때 청중의 특성과 문화를 존중하고, 예배 흐름과 분위기를 고려하여 적절하게 조율해야 한다. 어떤 예화는 무의미할 수 있다. 어떤 예화는 반대로 너무 강렬하거나 충격적이어서 청중이 거기에 사로잡혀 설교 흐름을 놓치게 하기도 한다. 홀로코스트 생존자이자 노벨상 수상자 엘리 위젤(Elie Wiesel)은 나치 강제 수용소에서 어른 두 명과 한 아이가 무기를 숨겼다는 혐의로 교수형 처했고, 모든 수감자가 줄을 서서 그 끔찍한 광경을 지켜봐야 했던 이야기를 들려준 적이 있다. 나도 과거에 이 이야기를 설교 예화로 사용한 적이 있지만, 그 이야기 마지막 문장만큼은 생략하곤 했다. 위젤은 이야기를 이렇게 마무리했다. "그날 밤 수프에서는 시체 냄새가 났다."[53] 필자 생각에 그 표현은 너무 자극적이고 강렬하다.

말할 필요도 없겠지만, 특히 개인 이야기나 고백으로 특정인 이름을 은근히 드러내거나, 자랑하거나, 과시하는 방식으로 예화를 사용하는 일은 삼가야 한다. 그렇게 하면 청중의 신뢰와 호감을 잃을 뿐이며, 설교자에게는 그 어떤 것보다 치명적인 손실일 수 있다.[54]

또한 성경의 한 부분에 나오는 이야기를 다른 부분의 설교에서 예화로 사용하기는 피하는 게 가장 좋다. 물론, 신약 성경 저자들이 구약 성경을 이런 방식으로 자주 사용했으며, 예수님께서도 마가복음 2:23~28에서 다윗의 예를 들어 왕국 생활의 새로움을 설명하셨다는 점을 인정한다. 그러나 그 당시 청중이 익숙한 이야기는 오직 성경 전통

---

[53] Elie Wiesel, *Night* tr. Marion Wiesel (New York: Hill and Wang, 2006), 65. 설교 서론에서 필자가 말한 예화는 이 책 7장을 참조하라.

[54] 또한, 자기 취미나 개인적인 불만을 설교에 끌어들이지 않아야 한다. 주의하지 않으면, 그것들이 설교 본래 목적을 흐리고 망칠 수도 있다. 여러분이 강한 의견을 가지고 있는 문제들―여기서 말하는 내용은 교리 문제가 아니다―은 되도록 피하거나 절제한 방식으로 다루어야 한다. 마찬가지로, 자기가 인생의 위기를 겪고 있다면, 그 문제가 무엇이든 설교에 스며들지 않도록 주의해야 한다. 그렇지 않으면, 설교자가 양 떼의 필요를 돌보는 일보다 자기감정에 휘둘릴 위험이 있다.

과 조상들의 이야기뿐이었다. 그 시대는 오늘날보다 훨씬 문해율이 낮고, 미디어에 노출되지 않은 환경이었다. 신문, 인터넷, TV, 영화, 그리고 기타 현대 엔터테인먼트나 정보 매체가 존재하지 않았던 시기였다. 공통으로 공유할 수 있는 지식 기반이 따로 없었기에, 성경 저자들은 필연적으로 구약 성경에서 자료를 끌어와야 했다.55 따라서 성경 저자들이 성경적 예시를 사용함은 합리적이며 적절한 일이었다. 그러나 성경을 기록하는 **방식**(methods) 자체가 영감을 받지는 않았다. 영감을 받은 것은 그러한 기록 과정을 거쳐서 나온 **본문**(text) 그 자체뿐이다. 그러므로 설교자가 성경 저자들의 예화 사용 방식, 해석 방법, 수사학적 구조, 또는 그들이 사용한 언어를 그대로 모방할 필요는 없다.56

그러므로 필자는 성경을 예화집처럼 사용하는 일에 경고한다. 첫째, 성경 이야기 자체가 가장 효과적인 예화는 아니다. 오늘날 성경 이해력이 낮은 상황에서, 성경의 다른 부분에 나오는 순결에 관한 명령을 (부정적인 사례로) 설명하려고 다윗과 밧세바의 이야기를 사용한다면, 결국 다윗이 누구인지, 밧세바가 누구인지 등을 설명하는 데 소중한 시간을 허비해야 한다.57 간통에 대한 예화를 찾는다면, Ashley Madison(간통 조사 사이트)이나 Tinder(친구 찾기 사이트)가 더 적절할 수 있다. 둘째, 예화로 사용하려고 가져온 성경 이야기는 대개 설교하는 성경 문단의 신학과 직접 관련이 없고, 고유한 신학적 중심 메시지를 가지고 있

---

55 신약 성경 저자들은 가끔 비정경적 문헌을 인용하기도 했다. 그러나 오늘날 어느 설교자도 이러한 고대 문헌에서 예화를 찾으려고 하지는 않는다. 예를 들면, 야살의 책(아마도 딤후 3:8), 에녹서(아마도 벧후 2:4; 3:13; 유 4, 6, 13~15), 라오디게아인에게 보낸 서신(골 4:16), 모세의 승천(딤후 3:8; 유 9), 이사야의 순교(히 11:37), 크레타의 에피메네데스 작품(딛 1:12) 등이 있다.

56 Abraham Kuruvilla, *Privilege the Text!: A Theological Hermeneutic for Preaching* (Chicago: Moody, 2013), 246~48 ∥ 『본문의 특권!—설교를 위한 신학적 해석학』, 이승진 옮김 (서울: 기독교문서선교회, 2023), 408~12을 참조하라.

57 마찬가지로, 영화나 최신 영화 동향에 관한 난해한 암시를 사용할 경우, 그 의미를 설명하느라 소중한 시간을 허비할 수도 있다. 모든 사람이 최신 영화를 본 것도 아니고, 최신 책을 읽은 것도 아니며, 복잡한 용어나 전문 용어에 익숙하지도 않기 때문이다.

다. 사실, 사무엘하 11~12장에서 다윗과 밧세바 이야기의 신학은 간통(또는 살인)과 직접 관련이 없다.58

한 번 더 강조하는데, '한 본문(one text)', '한 설교(one sermon)', '한 적용(one application)'이라는 원칙을 붙잡아야 한다. 다른 성경 구절을 예화로 사용하든 또는 보충 자료로 활용하든, 본문에 덧붙이지 말고 오직 '한 **본문**'만을 설교해야 한다.59 한 설교에 자기가 아는 조직신학과 성경신학의 모든 지식을 쏟아붓거나 설교를 여러 방향으로 전개하려 하지 말고, 설교할 때마다 '한 본문'에 있는 핵심 메시지만을 중심으로 '한 **설교**'를 해야 한다. 그리고 '한 **적용**'만을 전달해야 한다(이 책 3장에서 단일한 적용[singular application]을 살핀 바 있다).

예화 찾기 및 정리(Finding and Organizing Illustrations)

4장에서 간편한 설교 지도(canned sermon maps)의 장단점을 언급했다. 그렇다면 예화집에서 얻을 수 있는 간편한 예화(canned illustrations)는 어떨까? 문제는 예화집 대부분에는 가치 없는 내용이 많아, 그중에서 유용한 예화를 골라내기는 매우 번거로운 일이다. 그렇긴 하지만, 필자는 여러 주요 예화집을 샅샅이 뒤진 적이 있고, 그 과정에서 어느 정도 유익을 얻었다.60

---

58 Kuruvilla, *Privilege the Text!*, 118~27, 146~48 ‖ 『본문의 특권!』, 195~209, 241~44을 참조하라.

59 5장 「설교 이동에 생동감을 더한다」에서 논의를 참조하라.

60 예화집 중 좀 더 나은 것들로는 Craig Brian Larson and Leadership Journal, *750 Engaging Illustrations for Preachers, Teachers, and Writers* (Grand Rapids: Baker Books, 2007); Tony Evans, *Tony Evans' Book of Illustrations* (Chicago: Moody, 2009); Charles Swindoll, *Swindoll's Ultimate Book of Illustrations & Quotes* (Nashville: Thomas Nelson, 1998) 등이다. 유용한 웹사이트도 있다.
- 인용문—http://www.quotationspage.com/search.php3;
- 농담—http://www.rd.com/jokes/;
- 통계—(google 검색으로도) https://www.usa.gov/statistics.

하지만 눈, 귀, 마음을 열어두면, 삶을 관찰하는 가운데 자연스럽게 예화를 발견할 수 있다. 우리는 보통 우리에게 일어나는 흥미로운 일들을 쉽게 잊어버리는 경향이 있다. 그러지 말자! 그것들을 기록하자—비유적으로든 문자적으로든(문자적 부분에 관해서는 아래에서 살피겠다). 삶을 관찰하는 과정에는 폭넓은 독서도 포함된다. 합리적인 한도에서 다양한 책을 읽고, 예화로 활용할 만한 자료가 있는지 항상 주의를 기울이자.61 신학 서적이나 뉴스만 읽는 데 국한하지 말자. 즐겁게 읽자. 소설, 블로그, 피부과, 크리켓—또는 여러분이 흥미를 느끼는 무엇이든 자유롭게 읽자. 시야를 넓히고, 관심사를 확장하자. 취미를 개발하자. 또한, 회중의 관심사와 취미에도 관심을 가지자. 그들에게 배움을 요청하고, 열심히 배우며, 잘 기억하자.

인터넷에는 읽고 싶지만 당장 시간을 내어 읽을 수 없는 기사가 많다. 얼마 전, 필자는 바쁜 일상과 짧아진 집중력에 휘둘리지 않기로 결심했다. 너무 길어서 읽지 않음(TL; DR) 상태로 방치한, 흥미로울 법한 에세이들이 쌓여가고 있었기 때문이다. 그래서 다음 방법을 시도했다(그리고 여러분도 시도하기를 바란다). 필자는 https://www.instapaper.com에 계정을 만들고, iPad에 Instapaper 앱을 설치한 뒤, Chrome 브라우저에 Instapaper 확장 프로그램을 추가했다(이 기능은 다양한 플랫폼에서 사용할 수 있다). 인터넷에서 읽고 싶지만 당장 시간이 없는 기사를 발견하면, Instapaper 확장 프로그램을 클릭하여 해당 기사를 Instapaper 계정에 저장한다. 그러면 이 기사가 iPad와 동기화되며, 모든 광고가 제거된

- 특정 글자들 또는 특정 글자로 시작하거나 끝나는 단어— https://www.onelook.com/. 이 온라인 사전은 좋은 친구이다.
- 운율이 맞는 단어—https://www.rhyzone.com/. 또는 "탐욕/자만에 관한 예화"와 같은 특정 검색을 시도할 수도 있다.

61 다음에서 발행하는 편집물을 구독하라고 강력히 추천한다.
- *Christianity Today*에서 발행하는 소식지— (https://www.christianitytoday.org/myaccount/?page=newsletters)
- Micah Mattix (http://www.prufrocknews.com/)
- the Chronicle of Higher Education (https://www.aldaily.com/)

상태에서 텍스트만 깔끔하게 표시된다. 이후 헬스장에서 운동할 때, 태블릿을 통해 저장된 기사들을 읽을 수 있다. 필자는 보통 운동용 자전거를 타면서 Instapaper 컬렉션을 읽고 정리한다.[62] 인용문이나 단락을 복사해 나중에 찾아보고 저장할 수 있도록 자기에게 이-메일로 보내기도 할 수 있다. 또한 더 깊이 조사하고 싶은 기사들을 보관할 수도 있다. 그러면서 자전거도 타면서 칼로리도 태울 수 있다.

기억해야 할 세 단어는 "수집하라, 수집하라, 수집하라(collect, collect, collect)!"이다. 어디에서든, 누구에게서든, 어떤 방법으로든, 언제든 예화를 가능한 한 많이 수집하라.[63] 다시 한번 강조하지만, 인터넷을 서핑할 때든, 항공사 잡지를 훑어볼 때든, 다른 설교자의 설교를 들을 때든, 항상 예화를 찾으려 해야 한다. 그러나 예화를 찾는 것만으로는 충분하지 않다. 그것들을 의미 있는 방식으로 반드시 정리도 해야 한다.

예화를 수집하는 첫 단계 중 하나는 예화 데이터베이스를 만드는 일이다. 너무 늦기 전에 지금 시작하라. 설교학을 공부하는 학생이라면, 학교에 다닐 때가 시작하기에 가장 좋은 시기다. 필자는 Microsoft Office Suite에 포함된 데이터베이스 프로그램인 Access를 수십 년 동안 활용하고 있다. 하지만 이 Suite (또는 단독으로 구매하는 데이터베이스 프로그램)는 꽤 큰 비용이 든다. 물론 이를 가치 있는 투자라고 생각할 수도 있지만, 훨씬 효과적이면서도 무료인 몇 가지 대안을 제안하고자 한다. Evernote(https://evernote.com/)를 아직 사용해 보지 않았다면, 지금이 익숙하기에 좋은 기회. 이 앱은 다양한 플랫폼(iOS, Android, Windows, MacOS)에서 사용할 수 있다. 가장 쉽게 설명하면, 디지털 노

---

[62] Instapaper가 태블릿과 동기화하면 온라인에 접속하지 않아도 해당 기사에 접근할 수 있으므로 장거리 비행, 기차 여행 및 자동차 여행 중에도 유용하게 사용할 수 있다. (유사한 앱은 Pocket: https://getpocket.com/이다.)

[63] 어떤 연사는 예화를 구걸하고, 빌리고, 심지어 훔치라고 권하며, 그 마지막 방법을 이렇게 합리화한다. 마크 베일리(Mark L. Bailey), 2008년에 필자와 대화에서, "우리는 모두 다른 도둑에게서 훔치는 도둑이다"라고 했는데, 이 말에 반대하지 않는다.

트 세트라고 할 수 있다. 원하는 주제에 맞춰 개별 노트를 만들고, 필요한 자료를 정리할 수 있다.64 이제 예화 노트에 관해 이야기해 보자. 이 노트에는 다양한 예화를 한 페이지에 하나씩 정리하고, 원하는 대로 태그를 지정한다. 모든 요소와 태그는 모든 노트에서 검색할 수 있다. 또한, 스마트폰에서 사진을 업로드할 수도 있는데, Evernote는 광학 문자 인식(OCR) 엔진을 사용하여 사진에 있는 단어까지 검색해 처리한다. 이 앱을 스마트폰과 컴퓨터에 저장하기를 바란다. (앞서 언급했듯이 기본 버전은 무료지만, 두 개 이상 장치에서 사용하려면 유료로 업그레이드해야 한다.)65 이 멀티 디바이스 시스템의 장점은, 지정한 장치 중 하나에서 Evernote에 새 노트를 입력하면, 클라우드를 통해 다른 모든 장치의 앱과 자동으로 동기화한다는 점이다. 곧, 휴대폰 하나만 있으면 모든 예화를 주머니에 넣고 다닐 수 있다.66

이제, 이 모든 예화를 어떻게 분류해야 하는가? 이상적인 방법은 어떤 데이터베이스를 사용하든, 각 예화에 태그를 여러 개 지정하는 일이다—주제, 사용한 날짜와 장소, 어느 본문의 어느 설교에 사용 등을 포함해서 말이다. 하지만 솔직히 말하면, 필자가 쓰는 실제 방식은 이상적인 방법과는 거리가 멀다. 필자는 주제별 태그 지정이 효과적이지 않다고 생각한다. 태그 지정하기, 곧 분류하는 과정에서 예화가 특정 주제(또는 여러 개의 태그가 있을 때 몇 가지 주제)에만 갇히는 경우가 많았기 때문이다. 오히려 특정 설교를 염두에 두고 예화 모음을 훑어보다가

---

64 필자는 여러 이상한 노트를 가지고 있는데, 그중에는 내가 좋아하는 치즈를 정리하는 노트도 있다. 새로운 치즈를 발견하면, 라벨 사진을 찍어 '치즈' 노트에 저장한다.

65 한 달에 60MB 이상 업로드하거나 10만 개 이상의 항목('노트') 또는 250개 이상 노트를 가지려면 비용을 지급해야 한다. 월별 또는 연간 지급 가능한 다양한 등급으로 업그레이드할 수 있다.

66 Evernote보다 더 간소한 또 다른 데이터베이스도 있다.
- Bear(http://www.bear-writer.com/)—다중 플랫폼을 지원하며 장치 간에 동기화할 수 있다.
- Microsoft의 OneNote(https://www.onenote.com)이다.

생각지도 못한 방식으로 예화를 활용할 수 있는 경우가 아주 잦았다. 하지만 데이터베이스에 예화를 추가할 때는 그런 가능성을 전혀 예상하지 못했다. 다시 말해, 특정 태그로만 검색하면, 오래된 예화를 새로운 방식으로 활용할 기회를 놓칠 수 있다. 그리고 그런 일이 너무 자주 일어났다. 결국, 필자는 대부분 예화에 태그 지정하는 일을 포기했다.

그러나 이 방법에는 또 다른 난제가 있다—필요할 때 적절한 예화를 찾기가 어렵다는 점이다. 필자는 설교를 준비할 때마다 데이터베이스에 있는 모든 예화를 하나하나 살펴보는 수고로운 방식을 택한다. 듣기만 해도 힘겨운 작업이라 생각하겠지만, 실제로는 생각보다 오래 걸리지 않는다. 이 과정을 반복해 온 덕분에, 현재 데이터베이스에 저장된 6천 개 예화를 꽤 잘 알고 있어서 빠르게 훑어볼 수 있기 때문이다. 그렇다고 해도, 이 작업에는 몇 시간이 걸리며, 가장 효율적인 방법이 아님은 인정한다. 그렇지만 나에게는 더 나은 대안이 없다. 만약 주제별 태그 지정이 효과가 있다면, 반드시 범주(category)를 만들어 태그를 적용하자. (그리고 그 비법을 나에게도 알려주길 바란다!) 물론, 특정 예화가 피부과와 관련이 있고, 그 안에 '피부'라는 단어가 있다는 사실을 기억한다면, 해당 단어를 검색해 원하는 예화를 빠르게 찾을 수 있다. 아마도 데이터베이스의 가장 강력한 기능은 태그뿐만 아니라 예화 본문에서도 특정 키워드를 검색할 수 있다는 점이다. 결론은 이것이다—수집하라, 수집하라, 수집하라!

유머 사용하기(Using Humor)

설교자가 교회에서 공식 코미디언이어서는 안 되지만, 설교에서 유머를 신중하게 사용함은 여러 가지 이유로 적극 권장한다. 예를 들면,

- 잠재적인 긴장을 완화한다.
- 청중의 방어적 태세를 허문다.
- 유머가 아니면 다루기 어려운 금기 주제에 자연스럽게 접근할 수 있도록 돕는다.
- 설교자가 자기 인간적 모습을 보인다.

- 자기를 지나치게 심각하게 여기지 않게 한다.
- 설교하는 순간을 기쁨과 축하의 자리로 만든다.
- 함께 웃음으로써 청중에게 공동체 의식을 심어준다.
- 심지어 설교자의 신뢰도를 높이는 데도 이바지할 수 있다.

그렇다고 여기서 가벼운 농담이나 경박한 태도를 장려하지 않는다. 결국, 하나님과 그분 피조물 사이 관계라는 심오하며 진지한 주제를 다루기 때문이다. 하지만 유쾌함은 항상 추구해야 할 가치이다. 잠언은 이를 잘 표현한다. "마음의 즐거움은 좋은 약이지만, 심령의 근심은 뼈를 마르게 한다"(잠언 17:22). 곧, 여러분은 청중을 웃기려고 설교하는 게 아니라, 유머 감각을 지닌 따뜻한 사람임을 보일 수 있어야 한다. 특히, 이러한 유머 감각은 예화에서 자연스럽게 드러남이 가장 효과적이다.

이야기를 효과적으로 전달하기, 대사를 말할 시간 맞추기, 어떤 표정을 지어야 할지, 어떤 몸짓을 사용할지, 핵심 대사를 어떻게 전달할지, 그리고 대화체로 자연스럽게 말하는 방법 등을 익혀야 한다. 유머를 잘 활용하려면, 이러한 요소들을 배워야 한다. 이미 언급했듯이, 즉석 공연 코미디를 직접 봄으로 이러한 기술을 익히기는 좋은 방법이다. 다만, 언어와 위험한 농담에는 주의해야 한다. 항상 기억하라―설교에 사용하는 모든 유머는 적절해야 한다.

- 외설적 발언 금지,
- 모욕적 언어 금지,
- 빈정거림 금지,
- 타인의 종교, 민족, 성별, 인종, 국가, 정치적 견해, 또는 심지어 머리 색깔까지도 헐뜯는 말은 절대 하지 않는다.

"청중을 웃기자, 그렇다고 당황하게는 하지 말자!"[67] 기독교 지도자는 절대로 타인을 비하하거나 경멸하는 말을 해서는 안 된다. 청중이 불쾌감을 느끼면, 단지 설교의 나머지에 관심을 잃을뿐더러 마침내 여러분

---

[67] Anderson, *TED Talks*, 63 ∥ 『테드 토크』, 80.

의 전체 사역에서 멀어질 수도 있다. 유머일 뿐인데 라고 여기지 말고, 다른 사람이 모욕감을 느낄 수 있는 발언은 절대 하지 말라. 오래된 대중 연설의 격언이 이를 잘 말한다. "의심스러우면, 아예 빼라!"68

그러나 사람을 깎아내리는 유머에는 한 가지 예외가 있다—그 대상이 바로 자기 자신일 때이다. 자기 비하는 가장 안전하고 효과적인 유머 방식이다. 필자는 과거에 여러 차례 청중을 웃겼지만, 껌과 포장지 경험을 이야기했을 때만큼 큰 웃음을 얻었던 적은 없다.69 여러분의 실수와 황당한 경험은 청중과 친밀감을 형성하는 데 큰 역할을 한다.

또한, 한 줄짜리(One-liners) 농담도 유용하다. 짧은 시간에 전달할 수 있고, 재치와 말장난, 영리한 표현 덕분에 매력적이기 때문이다. 물론, 그중 일부는 사람들이 미소를 짓기는커녕 찡그리며 신음하거나 눈을 굴리게 만들기도 한다. 하지만 이런 농담조차 나쁘지 않다. 오히려 청중은 여러분과 어설픈 유머 시도 자체에 웃을 테니까—이것이 바로 자기를 비하하는 유머의 효과다!70

동시에, 한 농담에서 다른 농담으로, 또는 한 예화에서 또 다른 예화로 계속해서 건너뛰지 마라. 설교가 모두 농담과 이야기 연속으로만 이

---

68 "내가 이런 말을 하면 어머니는 뭐라고 하실까?" 또는 "내 농담이 지역 신문 1면에 실린다면 어떤 일이 벌어질까?" 이렇게 스스로에게 질문하라. 목회 사역에는 이미 불이 날 만한 요소들이 충분하다. 설교자가 거기에 기름을 부을 필요는 없다. 특히, 확신이 서지 않는 유머 (그리고 필요한 경우 예화)는 신뢰할 수 있는 한두 사람에게 먼저 보여주고 검토받는 것이 좋다.

69 이 고백이 담긴, 주석을 단 설교 원고는 〈부록 3〉을 참고하라. 필자는 사무엘상 17장 설교에서 피부과 의사라는 내 직업을 가볍게 꼬집은 적이 있다. 사무엘상 17:42에서 다윗은 "얼굴이 불그레한 젊은이"라고 묘사된다. 나는 여기에 덧붙여, "곧, 그는 피부과 의사가 꿈이었다."라고 말했다. 여러분도 자기 삶을 한번 들여다보라. 화장실이 넘친 적이 있는가? 지붕에서 떨어진 적이 있는가? 그런 경험이 있다면, 당신은 복이 있는 사람이다!

70 Stephen J. Bramer, *The Bible Reader's Joke Book* (N.p.: CreateSpace, 2014)에는 한 줄 농담을 포함하여 2천 개 이상 유머 항목이 성경의 책, 장, 절별로 잘 정리되어 있다. Kushner, *Public Speaking for Dummies*, 315~48에는 대중 연설에서 유머를 사용하는 유용한 비결을 제시한다.

루어진 설교를 들어본 적이 있다. 분위기는 시끌벅적하고 즐거웠을지 모르지만, 정작 본문에서 전달하려던 핵심 메시지는 전혀 기억나지 않는 경우가 많다. 또한, 어떤 농담이든 때때로 반응이 기대만큼 나오지 않을 수 있다. 하지만 걱정할 필요 없다. 다시 말하거나 설명하려고 애쓰지 말고, 그냥 자연스럽게 계속 진행하라. 그리고 실수로부터 배우라.71 어떤 경우든, 유머가 성공하든 실패하든 그 유머로 전달하려던 요점을 명확하게 밝혀라. 청중은 적어도 그것을 이해하고 평가하기 마련이다. 그리고 곧바로 다음 단계로 넘어가라.

---

71 특히 외국에서 다문화 사역할 때나 미국 소수 민족 교회에서 이런 일이 필자에게 여러 번 일어났다.

에베소서 그리고 야곱 이야기

8. 에베소서 4:17~32[72]

믿는 이는, 더는 방탕하게 살지 않고, 연합을 유지하며 서로 세우는 활동에 참여함으로 드러나는 하나님의 형상으로 신성하게 새로워진다.

다음에서는 몇몇 예화를 추가한 설교 지도를 제안한다.

I. 과거—불신자의 생활 방식

  A. 계시—완악한 마음에 뿌리를 둔 방탕한 삶(4:17~19)

  B. 연관성—신자들이 어떻게 그리고 왜 그렇게 타락한 생활 방식으로 퇴행하는가? [예화][73]

    1. 예화(이야기하기)—루 디나르도(Lou Dinarde), 자기가 누릴 수 있는 삶을 살지 않는 사람의 사례

      여러 해 동안, 샌프란시스코 노스 비치(North Beach)에서 떠도는 한 부랑자에 관한 소문이 도심지 노숙자들 사이에서 퍼졌다. 그가 필요한 모든 돈을 은행에 저금하고서도 여전히 거리에서 노숙한다는 소문이었다. 소문은 사실이었다. 그 부랑자가 루 디나르도였는데, 나이는 68세였다.

---

[72] http://www.homiletix.com/preaching2019/commentaries에서 이 페리코페에 관한 간략한 주석을 참조하라. 확장한 길잡이는 Kuruvilla, *Ephesians*, 133~49를 참조하라.

[73] 물론 구원을 잃는다는 의미는 아니다. 그러나 바울이 에베소 교인들에게 한 권면은 신자도 타락할 가능성이 있음을 암시한다.

디나르도는 노숙자이며, 종종 배수로나 거리에서 잠을 잔다. 그러나 그는 현금이 부족하지 않다. 그는 한때 약 70만 달러에 달했던 신탁 기금을 가지고 있으며, 현재도 매달 2,500달러를 인출하고, 추가로 사회보장 수당(Social Security)으로 500달러를 받는다. 이 돈은 1992년에 어머니가 세상을 떠난 후, 그녀 자산이 매각되어 신탁 기금이 조성되면서 그에게 들어오기 시작했다.

그가 술을 끊지 못해서 문제였다. 그는 30년 전, 목수로서 경력을 포기하고 거리 생활을 선택했다. "나는 부자지만, 여기서 지내는 게 좋다. 나는 집에서 자지 않는다." 디나르도는 지난여름, 아시시의 성자 프란시스(St. Francis of Assisi) 기념교회 앞에서 보드카를 홀짝이며 중얼거렸다. "당신은 나를 강제로 바꿀 수 없다."[74]

II. 현재―신자들의 새로운 지위
  A. 계시―모범자이신 그리스도 안에서 배우고, 듣고, 가르침을 받는 것(엡 4:20~21)과 그리스도를 닮아가는 신자의 지속적 갱신(엡 4:22~24)
  B. 연관성―배우고, 듣고, 가르침 받은 바를 삶에 적용함이 중요하다
    1. 예화(예증)―느리고 꾸준한 과정인, 그리스도를 닮아가는 성장, 이는 마치 매주 여러 차례 의사를 방문함과 같다.

여러분이 이번 주에 피부과 전문의인 나를 찾아왔다고 하자. 나는 건조한 피부를 관리하는 방법을 알려준다. 그 다음 주에 오면, 햇볕 아래에서 피부를 보호하는 방법을

---

[74] Kevin Fagan, "S.F. Man Is Homeless—by Choice," SFGate, 2004년 1월 2일, https://www.sfgate.com/bayarea/article/S-F-man-is-homeless-by-choice-He-has-a-2833486.php를 수정함. 이러한 이야기는 반드시 적절한 결론으로 마무리해야 한다. 예를 들어, "많은 신자가 디나르도 씨와 같다"라고 말하고서, 청중에게 그 의미와 적용을 설명하는 방식으로 마무리함이 중요하다.

조언할 수 있다. 그다음 주에는 사마귀 관리에 관한 사항을 권장할 수도 있다. 그 후에는 머리카락 관리 방법, 그리고 다음에는 손톱 관리 방법에 관한 요령을 제공할 것이다. (참고로, 피부, 머리카락, 손톱은 모두 피부과 전문의의 영역이다.) 이러한 권장 사항을 꾸준히 따르면, 매주 피부 좋아지고 완벽한 피부를 갖추는 과정에 들어선다.

몇 주 동안 나를 찾아온 후, 여러분은 심장 전문의를 찾아가기로 할 수도 있다. 첫 주에는 혈압을 조절하는 방법을 배우고, 그다음 주에는 운동 요법 유지 방법에 관해 조언을 듣는다. 또 다른 주에는 식이요법과 처방된 스타틴(statin)을 활용한 콜레스테롤 조절 방법을 배운다. 이렇게 주마다 새로운 조언을 받으며, 완벽한 심혈관 건강을 챙긴다. 그 후 여러분은 내분비 전문의, 위장병 전문의, 그리고 신장병 전문의를 차례로 찾아갈 수도 있다. 요컨대, 천천히 그리고 꾸준히 건강해지는 과정이다.

그리스도 안에서 배우고, 듣고, 가르침을 받는 신자의 삶도 마찬가지다. 우리는 배우고, 듣고, 가르침을 받는 바를 삶에서 실천하면서, 느리고 꾸준하게 그리스도의 형상을 닮아간다.

III. 미래—신자들의 생활 방식
　A. 계시—성령을 슬프시게 하는 일, 곧 악한 말(엡 4:25~27, 29, 31~32), 악한 행위(엡 4:28), 악한 생각(엡 4:31~32) 등을 버려야 한다(엡 4:30)
　B. 연관성[75]

IV. **성령을 기쁘시게 하라!**

---

[75] 이 연관성 하위 이동은 생략할 수도 있다. 왜냐하면 다음 적용에서 성령을 기쁘시게 하는 실질적인 방법을 다룰 가능성이 크기 때문이다.

8. 창세기 31:17~55[76]

하나님의 뜻에 거함은 (전혀 예상치 못한) 위험으로부터의 보호를 보장하며, 이는 감사함으로 인정해야 할 복이다.[77]

---

[76] http://www.homiletix.com/preaching2019/commentaries에서 이 페리코페에 관한 간략한 주석을 참조하라. 확장한 길잡이는 Kuruvilla, *Genesis*, 383~93을 참조하라.

[77] 초점 분할(Focus Splitting)로 만든 이동에 관한 적절한 예화를 생각하라.

설교 서론과 결론을 가꾼다 7
Crafting Introductions and Conclusions

승객은 비행기가 부드럽게 이륙하기를 바란다. 땅콩을 먹으며 탄산음료를 마시고 잡지를 뒤적이면서 목적지까지 편안히 가기를 바란다. 통로가 좁은 자리에 끝없이 앉아 있거나 급하게 고도를 올리거나 비행기가 하늘에서 흔들리는 일을 겪거나 구토 봉투 사용을 바라지 않는다. … 이와 같은 원칙이 설교 서론에도 똑같이 적용된다. … 결론은 곧 착륙이다. 승객, 곧 청중은 갑작스럽거나 덜컹거리는 착륙을 바라지 않는다. 엉뚱한 장소에 착륙은 더더욱 싫어한다. 무엇보다 중요하게는, 그들은 여러분이 착륙하기를 **간절히** 바란다.1

지금까지 본문을 살펴서 페리코페 신학을 알아냈고, 적용을 길었고, 설교 지도를 기웠고, 본문 이동에 생동감을 더했고, 적합한 예화를 찾았다. 이제 설교에 덧붙일 마지막 요소는 바로 서론과 결론인데, (살펴보겠지만, 여기에도 예화가 필요하다). 설교 본론을 완성하고서 서론과 결론을 작성함이 합리적이다. 본문을 준비하지 않았다면, 무엇을 어떻게 소개하고 무엇으로 결론을 맺어야 할지 알 수 없기 때문이다.

---

1 Malcolm Kushner, *Public Speaking for Dummies* (Foster City, CA: IDG, 1999), 119, 140.

앞서 인용한 비행기 여행 은유는 매우 적절하다. 설교에서 본론이 비행이라면, 서론은 이륙이며 결론은 착륙이다. 이륙인 서론과 착륙인 결론은 전체 설교 분량의 약 25퍼센트를 차지한다.

설교

서론(Introduction)	15%
본론(Body)	75%
결론(conclusion)	10%

설교에서 이 두 가지 요소, 곧 서론과 결론은 매우 중요하다. 이들은 각각 설교자가 청중에게 남기는 첫인상과 마지막 인상이기 때문이다.

서론 구성 요소(Elements of the Introduction)

승객은 어떤 사건·사고도 없이 편안한 비행 여행을 즐기고자 한다. 그러려면 우선 부드럽게 이륙해야 해야 한다. 비행기가 불안하게 이륙하면 승객은 조종사를 신뢰하지 않고, 남은 비행 동안 계속 불안해하며 "또 어떤 일이 일어날지 모른다"라고 걱정한다. 설교도 마찬가지다. 서론은 전체 설교의 분위기를 결정하고 청중이 들을 준비를 하도록 이끈다. 설교자가 청중 앞에 선 순간부터 처음 약 3분 동안, 청중의 집중력은 자연스럽게 최고조에 이른다. 바로 이 순간, 청중은 설교자를 평가한다. 또한 설교자가 청중의 기대감을 설정하는 때도 이 순간이다. 청중은 이 짧은 시간에 설교 끝까지 설교자와 함께할지를 결정한다. 그러므로 서론은 청중에게 강력한 첫인상과 함께 오래 기억에 남는 인상을 심어줄 최고 기회다.

서론을 효과적으로 구성하는 요소는 다섯 가지이다. 각 요소의 첫 글자를 모으면 INTRO이다.[2]

---

[2] 서론 구성 요소에는 아라비아 숫자를 사용이 일반적이다. (설교 본론의 이

1. Image(이미지)
2. Need(필요)
3. Topic(주제)
4. Reference(참조)
5. Organization(구성)

이제 하나씩 살펴보자.

이미지(Image)

이미지는 흔히 '갈고리(hook)'라고 불린다. 설교자는 오프닝 이미지를 사용하여 청중의 관심을 낚아채야 한다. 모든 사람은 자기만의 걱정, 관심사, 고민을 안고 설교를 들으러 온다. 설교자는 자기 목소리와 단어를 사용하여 청중의 귀를 단숨에 사로잡아서, 설교자가 말하기 시작한 내용이 강렬하고 연관성이 높으며 흥미롭고 매력적이어서 듣지 않을 수 없게 만들어야 한다. 이렇게 하려면, 감정을 일으키고 긴장감을 조성하며 관심을 집중시키는 오프닝 이미지가 필요하다.[3] 본질적으로 이미지는 설교로 들어가는 관문이며, 다소 무관심한 청중을 이미지 요소에 이어지는 요소인 필요(Need)와 연결한다. 이미지는 대개 다음 갈래로 나눌 수 있다. 참신함(novelty), 활동성(activity), 근접성(proximity), 차이(disparity), 불안(anxiety), 유쾌함(jollity)이다.[4]

동단계에 로마 숫자를 사용함과는 다르다).

[3] 그리고 약간의 강렬함을 더하라! Chris Anderson, *TED Talks: The Official TED Guide to Public Speaking* (New York: Houghton Mifflin Harcourt, 2016), 157, 160∥『테드 토크—TED 공식 프레젠테이션 가이드』, 박준형 옮김 (파주: 21세기북스, 2016), 223~26에서는 서론에서 반드시 "극적 긴장감을 주고(drama)", "청중의 호기심(curiosity)을 자극하라"라고 조언한다.

[4] 물론 이 갈래들은 엄격히 구분되지 않으며, 어떤 이미지는 둘 이상의 갈래에 속하거나 다른 갈래와 겹칠 수도 있다. 필요하면 갈래를 더할 수도 있다.

참신함(Novelty)

놀라운 진술이나 통계, 특이한 발견, 인상적인 예측 등 참신한 요소가 훌륭한 이미지를 만든다. 심지어 오래된 아이디어라도 새로운 옷을 입히면 좋은 이미지가 될 수 있다. 얼마 전, 라디오에서 한 유명한 기독교 설교자(이름은 밝히지 않겠다)가 다음 말을 해서 들은 적이 있다. "오늘날 살아있는 세계 인구 대다수, 곧 60억에서 70억 명은 예수 그리스도를 모르고 지옥에 떨어질 운명입니다(damned). [잠시 침묵] 그런데 여러분 대부분은 지금 영원히 잃어버릴 수십억 명보다 제가 사용한 단어에 더 신경 쓰고 있을 겁니다!" 설교자가 사용한 그 여섯 글자(damned)는 묵음 처리되지 않았다. 물론 필자는 설교에서 욕설 사용을 추천하지는 않지만, 이 설교자는 확실히 필자의 관심을 붙잡았다.

필자가 시각 자료(소품)를 사용한 드문 사례가 하나 있다. 특정 시계를 손목에 차고 앞에 앉아 있는 사람을 단상으로 불러 시계를 살펴보고 제조사를 말해 달라고 부탁했다. 그 사람은 정확히 "롤렉스(Rolex)"라고 말했다. 나는 그를 자리로 돌려보내고 계속해서 말했다. "롤렉스! 들으셨나요? 롤렉스입니다! 꽤 멋지죠? 제네바에서 온 스위스제, 부자와 여피족, 성공한 사람을 위한 시계죠. 제가 마치 신들의 총애를 받는 사람 같지 않나요? 가격이요? 글쎄요… 저처럼 성공한 설교자라면 그만한 가치가 있겠죠." 필자는 이런 자기 자랑을 계속하고서, 잠시 멈추고 고백했다. "여러분이 저를 강단에서 쫓아내고 장로님들께 문자를 보내기 전에, 제 '롤렉스'에 관해 몇 가지 더 말씀드리겠습니다. 이 시계는 7달러 99센트에 샀습니다. 한 번도 작동한 적이 없습니다. 하지만 하루 두 번은 정확히 맞습니다! 그리고 밑을 자세히 보면 '대만산(Made in Taiwan)'이라고 적혀있죠. 롤렉스라고요? 전혀 아닙니다! 겉으로는 멀쩡해 보이지만, 사실은 죽은 시계입니다."

위 이미지는 요한계시록 3:1~6에 나오는 사데 교회에 보낸, 그리스도의 편지에 관한 설교 서론에 사용했다. 요한계시록 3:1은 "내가 네 행위를 아는데, 네가 살았다는 이름은 가졌으나 죽은 자로다"라고 말한다. 참신한 이미지에는 무한한 가능성이 있다. 얼마 전, 필자 강의를 수강하는 한 학생은 "실패했습니다! 우리는 실패했습니다! 그것도 비참하게 실패했습니다!"라는 말로 설교를 시작했다. 그 말은 즉각 우리 귀를 사로잡았다. 그녀는 자신과 남편이 참여한 교회 개척 사역이 결국 실패로 끝난 경험을 이어서 설명했다. 또한, "그거 알고 계셨나요? …"로 시작하는 서론도 항상 흥미를 끈다. "~하는 5가지 방법", "상위 10가지…" 등 목록도 보통 흥미롭다. 독특한 이야기(내러티브 형식 예화) 역시 효과적이다.

활동성(Activity)

생생하게 표현함으로 움직임을 느끼게 하는 역동적인 이미지는 무엇이든 청중의 관심을 끌기 마련이다. 이야기는 활동성이 돋보이는 대표적인 이미지다. 이야기는 사건이 일어나며 역동적이기 때문이다. 사람들의 주의를 끄는 가장 강력한 문장 중 하나는 바로 "옛날 옛적에…"일 것이다. 이 고전적 도입부의 현대적 표현은 "대략 [일주일/한 달/일 년] 전쯤…"일 수 있다. 이야기를 전달하거나 사건을 생생히 묘사하는 것만큼 청중을 매혹하는 방법은 없다. 우리는 모두 이야기로 살아가고 있으며, 다른 이들의 이야기, 특히 개인 이야기에 쉽게 매료된다. 역사 웹사이트에서 "역사 속 오늘" 일어난 흥미로운 사건이나 유명인의 생사 정보를 찾아보기도 좋은 방법이다. 서론에 잘 어울리는 역사적 사실이 있으면, 적극적으로 활용해도 좋다.5

근접성(Proximity)

청중의 관심을 끄는 소재는 일반적으로 그들과 가까운 것, 관련된 것, 그리고 익숙한 것이다. 예를 들어 지역 사회에서 일어난 사건, 지역 신문에서 본 흥미로운 이야기, 청중이 알고 있는 인물과의 대화 등일

---

5 다음 사이트를 활용하자.
- http://www.history.com/this-day-in-history
- http://www.historynet.com/today-in-history
- https://www.timeanddate.com/on-this-day/

수 있다. 청중의 삶과 가까운 이야기는 언제나 관심을 끌며 효과적인 이미지이다. 여러분 청중을 잘 알아야 한다.

채플 담당 목사 빌(Chaplain Bill)은 오랫동안 달라스신학대학원에서 사랑받았다. 그는 학교 행사 대부분에서 트럼펫 연주로 음악과 예배를 인도하곤 했다. 필자는 그가 은퇴하기 전에 창세기 22장의 '시험' 이야기를 다룬 설교의 서론 이미지에서 그를 등장하게 할 기회를 가졌다. 이때 사용한 이미지에서 텍사스가 최고라는 유명한 농담을 변형했다.

한 남성이 달라스에 있는 한 교회에 가서 교인이 되고 싶다고 말했다. 설교자가 "좋습니다. 하지만 간단한 성경 시험을 먼저 통과하셔야 합니다. 예수님이 어디서 태어나셨죠?"라고 물었다.

그 남성은 조심스럽게 대답했다. "롱뷰(Longview) 아닌가요?"

"뭐라고요? 죄송하지만, 당신은 우리 교회에 가입할 수 없습니다"라고 목사는 깜짝 놀라며 말했다.

그래서 그 남성은 마을에 있는 다른 교회를 찾아가 다시 가입 의사를 밝혔다. 그 교회의 목사도 "우리는 당신을 기꺼이 환영합니다만, 성경 시험을 하나 통과해야 합니다. 예수님은 어디서 태어나셨습니까?"라고 물었다.

이번에는 그 남성이 자신 있게 말했다. "타일러(Tyler)죠!"

목사는 "타일러라고요? 다른 교회를 알아보세요. 우리 교회에 가입은 안 됩니다."라고 소리쳤다.

마침내 그 남성은 그레이스성경교회(Grace Bible Church)에 이르렀고, 그곳에서 목회하던 채플 담당 목사 빌(Chaplain Bill)을 만났다. … 아마 200년쯤 전 일이었던 것 같다! 빌 목사가 물었다. "그레이스교회에 가입하고 싶다고요?" "우리는 두 팔 벌려 큰 트럼펫 소리로 환영합니다!"

그 남성은 "그럼 이번에는 성경 시험을 먼저 치르지 않아도 되는 건가요?"라고 물었다. 선량한 목사 빌은 "물론이죠. 필요 없습니다."라고 대답했다. "아, 다행이네요. 그럼, 제가 **당신께** 하나 물어봐도 될까요? 예수님이 어디서 태어나셨죠?"

빌 목사는 "그거야 쉽죠."라고 대답했다. "팔레스타인(Palestine)에서 태어나셨습니다." 그 남성은 신음하며 "팔레스타인이요?"라고 말했다. "텍사스 동부 어딘가라고 생각했는데 맞았네요!"

물론 이 농담을 제대로 이해하려면 텍사스의 몇몇 마을 이름과 지리적 위치를 알아야 한다. (그리고 채플 담당 목사 빌과 그의 트럼펫 연주도 알면 더 좋다). 위 이야기에서 언급한 세 도시(롱뷰, 타일러, 팔레스타인)는 모두 텍사스 동부에 있다. (팔레스타인은 실제로 존재하는 마을이며 인구는 18,712명이다). 따라서 이 이야기는 매사추세츠주 워터타운(Watertown, Massachusetts) 같은 곳에서는 통하지 않는다. 청중이 공감할 만한 지역과 가까운 이야기이어야 효과가 있다는 말이다.6

차이(Disparity)

여기서 '차이'란 갈등, 불일치, 당혹감, 곧 앞뒤가 맞지 않거나 어딘가 모순이 있다는 말이다. 다음은 한 예다.

그는 미국 역사상 가장 뛰어난 천재였다. 그는 겨우 18개월에 『뉴욕타임스』를 읽기 시작했다. 세 살 때 아버지께서 그에게 헬라어 알파벳을 가르쳐 주시자, 곧바로 시인 호머의 작품을 헬라어로 읽기 시작했다. 동시에 그는 독학으로 라틴어 읽기를 깨쳤다. 다섯 살 때 그는 해부학 논문을 썼고, 여섯 살 때는 이미 일곱 개 언어를 유창하게 구사했다. 일곱 살에 하버드대학교 의과대학의 해부학 시험에 합격했으며, 여덟 살에 MIT의 입학시험을 통과했고, 아홉 살에는 하버드대학교 입학시험마저 통과했다. 하지만 하버드대학교는 그가 너무 어리다고 판단해 입학을 허락하지 않았고, 결국 그는 열

---

6 물론 이것은 실제 이야기가 아니다. 청중은 당연히 지어낸 이 이야기라고 쉽게 알아챘기에, 굳이 필자가 그것을 미리 밝힐 필요가 없었다.

한 살까지 기다려야 했다! 그는 16세에 이미 시간강사로 강의하며 하버드대학교를 졸업했다. 그의 IQ는 250에서 300 사이였다. 참고로 아인슈타인의 IQ는 겨우(?) 200에 불과했다. 이 천재의 이름은 윌리엄 사이디스(William Sidis)였다.

필자는 이쯤에서 잠시 말을 멈추고, 청중 얼굴에 떠오른 멍한 표정들을 천천히 음미한다.

놀랍지 않은가? 그토록 뛰어난 지능을 가진 인물인데도 우리는 그를 들어본 적조차 없다니 말이다. 그는 하루, 정확히 24시간이면 어떤 언어든 정복할 수 있을 정도로 천재였다! 그는 1944년, 겨우 46세 나이로 세상을 떠났다. 그때 그는 무엇을 하고 있었을까? 그는 뉴욕에 있는 한 작은 회사에서 잡다한 업무를 처리하는 하급 사무원으로 일하고 있었다. 사이디스는 사소한 일에만 몰두하며, 책임지는 일을 거부하고, 주어진 좋은 기회와 높은 연봉까지 마다하면서 평생을 보냈다. 결국 그는 아무도 모르게, 누구의 기억에도 남지 않은 채 세상을 떠났다. 시작은 위대했지만, 마무리는 초라했다![7]

이 이미지를 사용한 설교에서 주인공은 이스라엘의 지도자 갈렙이었다. 그는 사이디스와 달리 시작도 좋았고 마무리 역시 강렬했던 인물이다.

불안(Anxiety)

불안 이미지는 긴장감이나 두려움, 또는 도전을 내포하며, 듣는 이 마음을 불편하게 만든다. 감정적으로 강력한 효과를 지니기에, 청중의 성향과 상황을 잘 고려하여 신중하게 활용해야 한다. 6장 「설교 사상을 예화로 그린다」에서 언급한 불안을 유발하는 이미지를 다시 살펴보자.

---

[7] 이는 실제로 있었던 이야기이다. 그가 궁금하면 구글에서 검색해 보라!

7. 설교 서론과 결론을 가꾼다   305

엘리 위젤(Elie Wiesel)은 유대인 홀로코스트의 참상과 잔혹 행위를 고발한 저술로 노벨 평화상을 받았는데, 그가 열여섯 살에 나치에 의해 수용소에 갇혔다. 그는 부헨발트(Buchenwald)와 아우슈비츠(Auschwitz) 강제 수용소에서 차마 입에 담을 수 없는 끔찍한 공포를 견뎌냈다. 그중 한 사건이 그의 기억에 영원히 각인됐다. 두 명의 어른과 열두 살쯤 되어 보이는 한 아이가 수용소 내부에 무기를 숨겼다는 이유로 붙잡혔고, 그들은 즉시 사형 선고를 받았다.

그 소년의 얼굴은 다른 수감자들의 야위고 일그러진 얼굴과는 너무나 달리, 섬세하고 아름다웠다. 위젤은 그 얼굴을 가리켜 "슬픔을 품은 천사의 얼굴"이라고 했다. 친위대(SS)는 세 개의 교수대를 설치했고, 세 명은 각자 의자 위에 올라섰다. 친위대가 그들 목에 올가미를 걸었다. 나머지 모든 수감자는 끔찍한 장면을 지켜보도록 강제로 줄을 서야 했다. 어른 두 명은 "자유 만세!"라고 외쳤지만, 소년은 아무 말도 하지 않았다. 그때 고통으로 가득한 관중들 사이에서 절규 같은 외침이 터져 나왔다. "하나님은 어디 **계십니까**? 하나님은 지금 어디 **계십니까**?"

의자가 쓰러트리자, 그들 몸이 심하게 꿈틀거렸고 이내 밧줄에 축 늘어진 채 흔들렸다. 참혹한 광경이었다. 두 어른은 몇 초 만에 숨이 끊어졌지만, 세 번째 밧줄은 여전히 가볍게 떨리고 있었다. 아이는 너무나 가벼워서 즉시 죽지 않았다. 결국 소년이 숨을 거두기까지는 약 30분이나 걸렸다.

위젤은 말했다. "내 뒤쪽에서 아까 그 남자의 목소리가 다시 들려왔습니다. '**지금** 하나님은 어디 계신단 말입니까?'"[8]

이는 불안을 극대화하는 도발적인 이미지다. (필자는 이 이미지를 마가복음 4:35~41, 예수님께서 폭풍을 잠재우신 사건을 다룬 설교의 서

---

[8] Elie Wiesel, *Night* tr. Marion Wiesel (New York: Hill and Wang, 2006), 63~65을 수정함.

론에 사용했다. 서론의 나머지 내용은 아래에서 다루겠다.)

유쾌함(Jollity)

유쾌함,9 곧 유머가 담긴 이미지는 매우 효과적일 수 있다. 하지만 유머가 설교나 서론 전체를 좌우하거나 압도하게 해서는 안 된다. 유머는 늘 통제해야 하고, 절제한 범위에서 사용해야 한다. 내가 채플 담당 목사 빌에 관해서 농담한 것도, 적어도 우리 텍사스 사람에게는 가벼운 웃음과 친밀감을 주려 함이었다. 6장에서 다뤘던 유머 사용 지침을 기억하기 바란다. 그 모든 원칙은 여기에서도 똑같이 적용된다. (서론에 이미지 사용은 결국 특정 목적을 이루려는 한 예화라는 점을 기억하라.)10 꼭 코믹한 방식으로 웃기지 않아도 좋다. 가벼운 웃음을 자아낼 수 있는 유머 감각을 보여주는 정도면 충분하다. 예를 들어, 요기 베라(Yogi Berra)의 명언, 앤 랜더스(Ann Landers)의 편지, 마크 트웨인(Mark Twain)의 풍자, 또는 유머가 담긴 일화나 개인적인 이야기 등으로 그런 유머 감각을 자연스럽게 드러낼 수 있다.

필요(Need)

서론의 둘째 요소는 '필요'이다. 흔히 설교자가 간과하기 쉬운 이 요소는 설교 서두에서부터 분명히 설정해야 한다. 필요는 무관심한 청중이 던질 법한 가상 질문, 곧 "도대체 내가 왜 앞으로 30분 동안 이 본문으

---

9 네, jollity는 실제로 있는 단어이고, 여러분이 생각하는 그 의미—유쾌함 또는 즐거움—이다. 두운(alliteration)과 음운(assonance)을 맞추는 데 지나치게 몰두한 나머지, 설명해야 할 단어까지 사용한다. 여러분도 만약 두운이나 음운을 맞추느라 설교의 핵심이나 제목 등을 청중에게 일일이 설명해야 한다면, 이미 지나쳤다는 신호입니다. 그럼에도 필자는 어쨌든 그런 단어들을 사용하는데, 특정 언어 제약에서 적절한 단어를 찾는 지적 즐거움을 좋아하기 때문입니다.

10 6장에서 살핀 예화의 모든 유형은 서론에도 그대로 쓸 수 있다. 곧, 이야기(narration), 고백(confession), 열거(enumeration), 인용(quotation), 예증(exemplification), 드물긴 하지만 시각 자료(visualization)까지도 모두 서론에 사용해도 효과가 크다.

로 하는 설교를 들어야 합니까?"라는 질문에 대답한다. 설교자는 이 질문에 이렇게 답변한다. "그 이유는 여러분이 이 본문 말씀으로 도움을 얻을 상황에 있거나, 앞으로 곧 그런 상황을 만날 수도 있기 때문입니다." 어떤 의미에서 설교자는 청중의 마음에 이미 깊이 자리 잡고 있을 무관심의 관성을 적극적으로 극복하고 있다. 해리 에머슨 포스딕(Harry Emerson Fosdick)은 다음과 같이 지적하며 안타까워했다. "오직 설교자만이 사람들이 교회에 올 때 성경 속 여부스 족속에게 무슨 일이 일어났는지를 간절히 알고 싶어 한다고 여전히 생각하고 있다."11 청중은 절대 그렇지 않다. 오히려 설교자가 청중을 적극적으로 설교 속으로 끌어들여야 하며, 바로 그것을 서론의 '필요'라는 요소가 담당하는 역할이다.

"내가 이 설교에서 과연 무엇을 얻을 수 있을까?"라는 청중의 암묵적 질문에 대답함이 소비주의적 사고방식에 영합하는 일이라고 생각할 수도 있다. 하지만 전혀 그렇지 않다. 성경은 우리 삶에 유익하며, 우리 주님이자 구세주이신 예수 그리스도의 형상을 닮아가는 데 없어서는 안 될 필수적인 요소이다(골 1:28~29; 딤후 3:16~17). 그러므로 성경의 모든 페리코페(pericope), 그리고 더 나아가 그 페리코페 신학을 분별하는 모든 설교는 하나님의 모든 자녀에게 꼭 **필요하다**. 이 단계에서 설교자는 주어진 성경 문단이 가진 필요성을 구체적이고도 명확하게 드러내야 한다. 예를 들어, 앞서 언급한 채플 담당 목사 빌의 유쾌한 이미지를 사용하고서, 필자는 다음과 같은 필요성을 제시했다. "우리의 인생은 시험으로 가득 차 있습니다. 우리는 그 시험을 잘 통과하고자 합니다. 특히 하나님께서 주시는 시험이라면 더욱 그렇습니다."

내가 여기서 의도적으로 "바란다(want)"라고 표현함에 주목하라. 아마도 "바란다"는 "필요하다(need)"보다 더 적절한 묘사이다.12 설교자는 청중이 설교를 듣고 싶어 하게 해야 한다. 그러나 종종 이러한 원함이

---

11 11 Harry Emerson Fosdick, "What Is the Matter with Preaching?" *Harper's Magazine* 157 (July 1928): 135.

12 하지만 "바란다(want)"라고 하면 INTRO라는 머리글자를 어떻게 맞출 수 있었겠는가?

나 필요는 곧바로 느끼지 않을 수도 있다. 이때 설교자는 청중이 느끼게 해야 하며, 이것은 앞서 제시한 이미지 사용으로 효과적으로 이룰 수 있다. 필자는 마가복음 4:35~41 설교에서 엘리 위젤이 겪은 끔찍한 일을 소개하고서, 이렇게 말했다.

> 저는 여러분이 살면서 그런 혐오스러운 악과 잔혹함을 목격하는 일이 절대 없기를 바랍니다. 그러나 여러분 중에도 인생 어느 순간, 똑같은 질문한 경험이 있지 않습니까? '하나님, 당신은 어디 계십니까?' 내 삶이 무너지고, 어디에서도 도움의 손길이 보이지 않을 때, 심지어 하나님조차 보이지 않는다고 느껴질 때 말입니다. 청구서는 밀려오는데 은행 계좌는 비어 있습니다. 사랑하는 사람이 병원에서 불길한 전화를 받습니다. 엑스레이, 유방 촬영 결과 … 암이라고 합니다! 직장 상사가 여러분을 사무실로 부릅니다. 감원이 있을 예정이며, 그 명단에 여러분 이름도 있다고 합니다. 그 모든 것이 단지 시간문제일 뿐입니다. 우리는 누구나 이런저런 방식으로 고통을 겪습니다."

사람들은 자기에게 재난이 닥칠 수 있다고 생각하지 않았을지도 모른다. 그래서 필자는 그들 주의를 그곳으로 끌어내어, '필요를 느끼게' 했다. 다시 말해, 청중이 전혀 의식하지 못하고 있던 **필요**를 이제는 그들이 절실하게 바라는 바로 바꿨다. "맞습니다. 우리에게도 비극에서 홀로 남겨졌다고 느끼는 순간이 찾아올 수 있습니다. 바로 그 순간 우리는 어떻게 해야 할지를 알**고자 합니다**."

윌리엄 사이디스의 이야기—차이, 시작은 강렬했으나 마무리는 초라한—이후에, 필자는 다음 말을 했다. "기독교인의 삶에서도 중요한 것은 경주를 어떻게 시작하느냐만이 아닙니다. 어떻게 끝까지 마무리하는지도 매우 중요합니다. 지금부터 10년, 20년, 30년 후에 우리는 그리스도인으로서 과연 어떤 모습일까요?" 필자가 명시적으로 표현하지는 않았지만, 시작이 아무리 강렬했어도 끝까지 강렬하게 마무리하지 **못할** 가능성이 있음을 청중에게 암시적으로 드러냈다. 여기에는 "우리는 모두 강렬하게 마무리**하고 싶다**"라는 암묵적 필요가 담겨 있다. 물론 이것을 전부 표현할 필요는 없다. 당시 달라스신학대학원 채플에서 설교할 때, 청중 대부분이 신학교에 입학하기까지 이미 많은 희생을 치렀기에 인상 깊은 마무리를 바란다고 예상했다. 그리고 마무리를 잘하지 못한 한 인물의 이야기로, 그들이 마음 깊이 그 필요를 절실히 느끼게 했다. "맞습니다. 사이디스와는 달리 **나만큼은** 인상 깊게 마무리하고 싶습니다!"

한편으로는 구체적이어야 하지만, 다른 한편으로는 서론에서 필요(욕구)를 지나치게 자세히 드러내지 않도록 주의해야 한다. 설교 본문에서 다룰 내용을 서론 단계에서 모두 드러내어 긴장감과 호기심을 잃게 해서는 안 된다. 카드를 미리 보여주지 않은 채 가슴에 품고 있어야 한다. 성경 페리코페의 핵심이나 설교가 나아가는 방향은 매우 일반적인 방식으로만 제시해야 한다. 이것은 매우 섬세한 균형 감각이 필요한 일이며, 오직 경험을 통해서만 잘할 수 있다. 삶의 대부분 영역이 그렇듯이, 이것도 깊이 생각하고 숙고하면서 자주 연습할수록 더 능숙해진다.

결국 서론에서 제시하는 필요는 연관성이 설교에 들어오는 첫 지점이다. 5장 「설교 이동에 생동감을 더한다」의 〈그림 5.1〉에 '필요(need)'를 추가하여 아래 〈그림 7.1〉로 만들 수 있다.

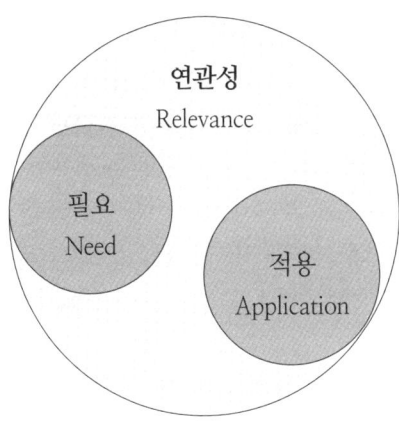

〈그림 7.1〉

필요(need)는 적용과 마찬가지로 설교 연관성을 이루는 필수 요소이다. 이 지점에서 설교자는 청중이 실제로 살아가는 삶의 자리, 곧 그들 희로애락과 일상의 고단함 속으로 들어가 공감함으로 그들과 연결해야 한다. 바로 그렇게 해야만 청중을 설교로 끌어들일 수 있다. 해리 에머슨 포스딕이 한 말이 옳다. 필요를 제기함은 "선정적이지 않으면서도 청중 마음에 진정한 흥미와 감동을 불러일으키는 유일한 방법"이다.13

영어에서는 흔히 '필요하다(need)'와 '해야 한다(should)'를 혼동하는 경향이 있다. 짐 데이비스(Jim Davis)가 그린 『가필드(*Garfield*)』 만화의 한 장면이 떠오른다. 뚱뚱하고 게으른 고양이 가필드가 주인인 존 아버클(Jon Arbuckle)에게 훈계를 듣는다. "너는 살을 뺄 필요가 있어(You need to lose weight)." 그러자 이 재치 넘치는 고양이는 앞발을 들어 항의하며 이렇게 말한다. "정정합니다. 살은 **빼야 하고**(I *should* lose weight), 쿠키는 **필요하죠**(I *need* cookies)."14라고 대답한다. 영어에서 '필요하다(need)'라는 표현은 '해야 한다(should)'를 정중히 대체하는 용도로 종종 쓰인다. 이것은 듣는 사람에게 마치 명령이나 강압처럼 들릴 수 있는 표현을 부드럽게 한다. 예를 들어, 필자가 강의 첫날 학생에게 "여러분은 과제를 제시간에 제출할 필요가 있습니다(You need to turn in …)"라고 말한다고 하자. 사실, 이는 학생이 정말로 원하는 필요(need/want)가 아니다. "여러분은 과제를 제시간에 제출**해야 합니다**(You *should* turn in…)"를 뜻함에 가깝다. 하지만 수강생이 실제로 바라는 필요는 좋은 성적 받기이다. 그러므로 필자가 요구 사항을 더 정확하게 표현하면 다음과 같다. "좋은 성적을 **받고 싶다면**, 과제를 제때 제출**해야 합니다**(You *should* turn in your assignments on time if you *need* [want] a good grade)." 이 모든 것을 통해 알 수 있는 바는, '필요하다(need)'는 '해야 한다(should)'와 절대 같지 않다는 사실이다. '해야 한다(should)'는 객관적인 것으로, 다른 사람이 부과한다. 그러나 '필요하다

---

13 Fosdick, "What Is the Matter with Preaching?" 138.

14 Jim Davis, "You Need to Lose Weight," Garfield, 2018년 5월 1일 접속, https://garfield.dale.ro/garfield-2008-january-21.html.

(need)'는 주관적이어서, 스스로가 느끼고(feel), 바라고(want), 간절히 바란다(desire), (또는 설교자가 말로 그렇게 느끼고 바라게 **만들어야 한다**).

주제(Topic)

서론에 있어야 할 셋째 요소는 주제, 곧 설교에서 다룰 내용이다. 주제는 설교자가 앞서 제기한 필요(need)에 매우 일반적이며 포괄적인 방식으로 대답하는 역할을 한다. 그러므로 필요와 주제는 긴밀하게 연결되어 있으며, 사실상 이 둘은 '필요 + 주제'라는 하나의 통합된 서론의 요소로 이해할 수 있다.

예를 들어, (마가복음 4:35~41 설교) 서론에서 엘리 위젤의 이야기를 하고서 제시한 주제는 이렇다. "여러분은 어떻게 하시겠습니까? 어디로 가야 합니까? 그런 재난과 고통이 닥쳤을 때 어떻게 견뎌낼 수 있을까요? 정말로 여러분은 견딜 수 있습니까?" 필자는 주제를 "이 설교는 여러분에게 무엇을 해야 할지, 어디로 가야 할지, 어떻게 견뎌야 할지 알립니다"라는 메시지를 암시하는 일련의 질문으로 표현했다. 다시 말해, 주제는 삶의 재난과 고통을 어떻게 헤쳐 나갈 것인지이다. 이 시점에서 필자는 청중에게 대처할 방법의 구체적인 내용을 모두 드러내지 않았음에 주목해야 한다. 오히려 설교 전체에서, 특별히 적용 부분에서 그것을 점차 구체화하여 발전시켰다. 하지만 서론에서는 이 주제가 이미 제기한 필요(욕구)에 충분히 대답한다고 약속했다. 청중은 지금 고통스러운 상황에 있거나 언젠가 그런 상황에 부닥칠 텐데, 그런 상황에서 "무엇을 해야 할지, 어디로 가야 할지, 어떻게 견딜 수 있을지" 절실히 알고 싶어 했다(필요). 이 본문에 관한 이 설교는 바로 그런 위기에 효과적으로 대처할 수 있는 중요한 방법 (혹은 몇 가지 방법)을 제공하는 내용(주제)이었다. 앞 예시에서 보았듯이, 필자는 대체로 주제를 하나 이상의 질문 형태로 제시하는 편이다.

윌리엄 사이디스 이야기로 시작한 설교에서 필요 + 주제는 다음과 같이 제시했다. (주제는 아래에서 강조한 질문이다.) "그리스도인 삶에서도 경주를 어떻게 시작하는지 못지않게 어떻게 마무리하는지도 중요합니다. 우리는 과연 어떻게 마무리할까요? 10년, 20년, 30년 후에 우리는 그리스도인으로서 어떤 모습일까요? **어떻게 강렬하게 마무리할 수 있을까요?**" 설교 주제는 청중이 어떻게 하면 강렬하게 마무리할 수 있는지였다. 필자는 서론에서 이 설교가 다룰 내용을 개략적으로 소개했지만, 구체적인 내용을 미리 드러내지는 않았다.

이제 성경 본문과 그 외 여러 자료에서 나온 '필요 + 주제'의 예시를 몇 가지 더 들어보겠는데, 그중 일부는 우리가 앞서 접했다.

잠언 12:25

> 근심이 사람 마음에 있으면 그것을 짓누르지만,
> 좋은 말은 마음을 즐겁게 한다.

- 신학적 초점—"근심은 짓누르지만, 격려는 일으켜 세운다."15

설교 본문을 '문제—해결—적용' 구조로 구성하기로 했다고 하자.

I. 문제—근심은 사람을 짓누른다(12:25a).
II. 해결—격려는 사람을 일으켜 세운다(12:25b).
III. 적용—**격려하는 사람이 되라!**16

이제 스스로에게 질문해 보자. "청중은 왜 이 설교를 들어야 하는가?" 분명한 이유는 우리 주변에 불안과 근심으로 힘들어하는 사람이 많고, 우리는 그들을 섬기고 싶기 때문이다(필요). 그렇다면 우리는 그들에게 어떻게 다가갈 수 있을까(주제)? 다시 말해, 이 설교는 주변 사

---

15 여기서 '짓누른다(depress/down)'와 '북돋는다(uplift)'라는 표현을 사용함은 히브리어 언어유희를 영어에서도 도드라지게 하려는 시도이다. 12:25a는 히브리어 יַשְׁחֶנָּה(yashkhennah, '마음을 짓누르다')이고, 12:25b는 יְשַׂמְּחֶנָּה(yesammekhennah, '마음을 기쁘게 하다', 또는 여기서 필자가 번역한 대로 '북돋아 주다')이다.

16 적용은 필자가 제시한 것보다 더 구체적으로 제시하기를 바란다.

람들을 섬기려 하고 그들 걱정과 근심을 덜어 주려는 사람을 위해 준비했다. 구체적인 대답은 설교 뒷부분에서 페리코페 신학을 파악하고 구체적인 적용을 끌어내는 과정을 거쳐 점차 자세히 드러난다.

여기서 자연스럽고, 매끄럽게, 이음매가 드러나지 않게 '필요'에 연결하는 이미지는 무엇일까? 아마 지역 사회에서 실제로 일어난 불안이나, 깊은 고통을 겪다가 결국 우울증에 빠져버린 한 사람의 이야기가 적합하겠다. 이러한 이미지를 사용하면, 곧바로 청중 마음에 절실한 필요를 느낀다.

잠언 10:25

> 폭풍이 지나가면 악인은 없어져도,
>   의인은 영원한 기초를 가진다.

- 신학적 초점—"불신자는 하나님의 심판을 받지만, 신자는 심판을 벗어나 하나님과 관계에서 영원토록 견고히 세워진다."

여기에서는 설교 본론에 일련의 이동을 제안했고, '문제—해결—적용' 구조를 사용했다.

I. 문제—불신자는 하나님의 심판을 피하지 못한다(10:25a)
II. 해결—신자는 하나님의 심판을 벗어나 하나님과 영원히 견고히 선다(10:25b)
III. 적용(믿는 이)—**믿지 않는 친구와 이웃에게 이 사실을 전하라!**

청중이 이 본문의 설교를 들어야 하는 이유는 무엇일까? 그들이 가진 배려심과 믿지 않는 이웃에 대한 염려는, 그들 이웃이 하나님의 영원한 심판을 피하도록 도우려는 간절한 마음으로 이어지기 때문이다(필요). 이 설교는 그들이 실제로 어떻게 도울 수 있는지 그 방법을 알려 준다(주제). 여기서 주목할 점은 서론에서 필요 부분이 본론에서 첫째 이동, 곧 I. 문제—불신자는 하나님의 심판을 피하지 못한다—에서도 다르다는 점이다. 그래서 서론(필요)에서 **그리고** 본론 첫째 이동(I. 문제)에서 아주 비슷한 내용을 말한다. 이런 식으로 같은 내용을 그저 반복하지 않도록 표현을 신중하게 조정해야 한다.17 이러한 복잡성은 필요를 조금씩 조정하는 방법으로 해결할 수가 있다. 예를 들면,

- "하나님의 자녀로서 우리는 주변 사람에게 친절과 도움을 베풀며, 은혜와 긍휼의 마음으로 다가가고 싶습니다." (하나님의 은혜를 전하는 통로로서 이웃에게 도움을 주려는 우리 욕구 또는 필요)
- "오늘 우리는 어떻게 하면 우리 이웃들에게 가장 큰 도움을 줄 수 있을지 살펴보겠습니다." (주제)

이렇게 하면 본론에서 I. 문제, 곧 하나님의 심판 문제나 그것이 불신자에게 초래할 결과에 관해서는 아직 아무런 정보도 드러내지 않는다. 따라서 이처럼 필요 + 주제를 본문의 구체적인 내용에서 한 걸음 물러난 일반적인 수준으로 조정하면, 본론에서 동일한 내용을 반복하는 지루함을 피하면서 청중의 관심과 긴장감을 계속 유지할 수 있다.

이러한 '필요 + 주제'에 어울릴 만한 이미지가 무엇일지 잠시 생각해 보자. 예를 들어, 그리스도인이 주변 사람에게 친절을 베풀거나 누군가를 따뜻하게 돕는 장면을 보여주는 이미지는 적합할 수 있다. 그러나 신자가 직접 전도하는 이미지는 적절하지 않을 수 있다. 그것은 설교의 적용 부분을 미리 노출하는 결과를 초래할 수 있기 때문이다. 또 다른 가능성은 다음 이미지를 사용함이다.

[이미지—참신함] 고대 힌두교 전통에도 '황금률(Golden Rule)'과 비슷한 가르침이 있다. 기원전 5세기 그리스의 이소크라테스도 이것을 말했다. 조로아스터교도 이 가르침을 전했다. 심지어 기원후 1세기 로마 철학자 세네카도 비슷한 가르침을 남겼다. 하지만 가장 널리 알려진 형태는 역시 성경이다. 예수님은 말씀하셨다. "네 이웃을 네 몸과 같이 사랑하라."

---

17 이것은 또한 이 잠언 본문에 '문제—해결—적용'이라는 간편한 설교 지도(canned map)가 적절하지 않다는 신호일 수도 있다.

[필요] 그리스도인이라면 누구나 두 가지 큰 계명 중 하나인 이 말씀에 순종하고자 한다. 우리는 주변 사람에게 도움을 주고 친절하며, 은혜로우며 긍휼을 베푸는 사람이고자 한다.

[주제] 그러면 구체적으로 어떻게 해야 할까? 이 계명에 순종하는 방법은 여러 가지이겠지만, 오늘 우리는 특별히 이웃에게 가장 큰 도움과 유익을 주는 한 가지 탁월한 방법을 살펴보고자 한다.

이제 여러분도 짐작했겠지만, 하나의 목표에 도달하는 길은 수없이 많다. 창의력을 발휘하자. 여러분 양 떼를 진정으로 염려하라. 생각하고, 다시 생각하고, 또다시 생각하라. 아니, 거기서 멈추지 말고 한 번 더 생각하라.[18] 그리고 이 모든 과정에서 지혜와 창의적인 아이디어, 그리고 예상치 못한 영감의 우연한 순간들을 달라고 끊임없이 기도하라.[19]

이솝, 「여우와 까마귀」(Aesop's "The Fox and the Crow")

이 이야기의 '신학적 초점'을 기억하자.

- 신학적 초점—"자만 떨다 아첨에 속지 않아야 손실을 막을 수 있다."

다음은 4장에서 우리가 만든 설교 지도다.

I. 태도(Attitude)—아첨에 쉽게 넘어가는 교만 [까마귀가 아첨에 속아 넘어감; 아첨에 취약하게 하는 흔한 약점인 자만심]

II. 결과(Aftermath)[20]—교만은 손실을 초래한다 [까마귀가 치른 손실;

---

[18] 예를 들어, 4중 사고(quadruple think; 5장 「설교 이동에 생동감을 더하다」를 참조하라).

[19] 내가 말한 '우연(accidents)'이란, 샤워를 하다가, 잡지를 넘기다가, 러닝머신 위를 달리다가 갑자기 머릿속에 번쩍 떠오르는 아이디어를 의미한다. 이런 '우연한 영감'들이 필자와 필자 설교—내 청중은 더 말할 것도 없다!—를 얼마나 여러 번 살려냈는지 모른다. 물론 이는 단지 설교 서론뿐 아니라, 설교 모든 부분에 해당하는 이야기다. 사실, 인생 전체를 통틀어 볼 때, 하나님의 섭리를 절대적으로 의지하는 습관 들이기는 그 어떤 노력보다 가치 있는 일이다.

교만으로 아첨에 넘어간 결과]

III. 적용(Application)—**교만하지 말라**(완전히 속아 아첨에 넘어가지 말라)!

여기에서 필요는 우리가 한 모든 일에 당연히 자부심을 가진다. 하지만 자만심은 종종 위험한 결과를 초래하며, 그런 불쾌한 결과는 피하고 싶습니다."이다. 그리고 여기에서 주제는 "오늘 우리는 그것을 피하는 한 가지 방법을 알아보겠습니다."이다. 그런데 이렇게 구체적인 필요와 주제를 제시하면, 적용—**자만하지 말라!**—이 즉시 드러나서 설교 긴장감이 떨어졌기에, 청중은 더는 설교를 들으려 하지 않는다. 따라서 필요를 일반 수준 이상으로 높여야 한다. 곧, "인생은 복잡한 문제와 위험, 예상치 못한 실수와 손실로 가득하며, 우리는 모두 이 모든 것을 피하고자 합니다(필요)." "어떻게 하면 이 문제들을 피할 수 있을까요(주제)?" 설교 서론에 써야 할 이미지는 자만심으로 몰락하는 사례가 좋지 않은데 (설교에 관심이 사라졌기에), 오히려 삶의 다양한 복잡성이나 예상치 못한 위험, 실수 또는 손실의 사례가 좋으며 (그래도 원인은 미리 밝히지 않는다). 가능하면 **원인이 자만심임을 처음부터 드러내지 않고** 암시만 해 두었다가, **다음에 본론 II 부분**—손실 초래 부분—에서 이를 명확히 드러내면서 서론 이야기를 완성할 수 있다.

잠언 15:8

> 악인의 제사는 여호와께 가증하지만,
> 　의인의 기도는 그분께 기쁨이다.

- 신학적 초점—"하나님은 악인의 예배에 역겨워하시지만, 정직한 자의 예배에 기뻐하신다."

---

20 필자도 좀 억지스러움을 잘 안다. 사실, 진짜로 쓰고 싶었던 단어는 이전 지도에서 썼던 것처럼 '손실(Loss)' 또는 '결과(Consequence)'였다. 하지만 이번에는 꼭 두운을 맞추고 싶었고, A로 시작하는 단어 중에서는 Aftermath보다 더 괜찮은 것을 찾을 수가 없었다.

다음은 설교 지도이다.

I. 악인의 예배를 역겨워하시는 하나님(15:8a)
II. 정직한 자의 예배를 기뻐하시는 하나님(15:8b)
III. 적용—**하나님을 기쁘시게 하라!**

필요(need)—"하나님의 자녀인 우리는 하늘 아버지를 기쁘시게 하고자 합니다."—는, 도드라지게 드러난다. 물론 이 필요를 필자가 했듯이 짧은 문장 하나로 제한하지 않아도 좋고, 오히려 청중의 마음에 공감대를 형성하며 이 맥락으로 더욱 깊이 나아갈 수 있고, 또 그래야 한다. 여기서 주제는 "그렇다면 어떻게 하나님을 기쁘시게 할 수 있을까요? 오늘 우리는 아버지를 기쁘시게 하는 가장 중요한 방법 하나를 살펴보겠습니다"이다.

이 이미지는 자기 아내를 기쁘게 하려는 남편 이야기에 (또는 그 반대)에, 또는 자기 자녀를 기쁘게 하려는 부모 이야기에 (또는 그 반대에)도 적절하다.21 이미지의 가능성은 여러분 창의력만큼 무한히 열려 있다. 기쁘게 하려는 사람이 기뻐할 사람을 위해 더 적극적이며 필사적으로 노력할수록 이미지는 더욱 강력해진다. "우리가 이 땅에서 사랑하는 사람을 위해서도 그렇게까지 할 수 있다면, 하물며 우리를 먼저 사랑하신 하늘 아버지를 위해서는 얼마나 더 기꺼이 해야 할까요?" 이것이 바로 필요인데, 우리가 하나님 아버지를 크게 기쁘시게 해드리고 싶다는 강렬한 마음을 암시적으로 선언한다.

참조(Reference)

서론에 있어야 할 넷째 요소는 간단히 말할 수 있다. '참조'는 청중이 성경에서 찾을 수 있도록 설교 본문을 정확히 안내하기이다. 청중이 본

---

21 자녀가 부모를 기쁘게 하려는 이미지는 특히 적절한 예화이다. 이 이미지는 설교의 필요에 자연스럽게 이어진다. "우리 역시 우리 아버지이신 하나님을 기쁘시게 하고자 합니다."

문을 확실히 기억하고 쉽게 찾을 수 있도록 적어도 세 번 이상, 각각 조금씩 다른 방식으로 본문을 알려주는 게 좋다. 예를 들어, 에베소서 1:1~14이 설교 본문이면, 다음과 같이 말할 수 있다. "오늘 본문인 에베소서 1:1~14에서 몇 가지 답을 찾을 수 있겠습니다. 에베소서 1:1~14은 아주 풍성한 내용을 담고 있습니다. 하지만 오늘 우리는 하나님께서 하시는 일, 하나님의 위대한 계획과 목적에 초점을 맞추겠습니다. 다시 한번, 에베소서 1:1~14입니다." 이렇게 본문을 반복해서 말하면, 청중이 성경에서 본문을 찾을 충분한 시간을 갖는다. 또한 청중이 모두 같은 번역본을 보는 경우, 본문 쪽수를 미리 알려줘도 좋다. 이렇게 하면 성경을 잘 모르는 청중이 느낄 당혹감이나 민망함을 최소화할 수 있으며, 본문을 찾는 데 걸리는 시간도 절약할 수 있다. 본문 맥락에 관한 간략한 설명이나, 설교 시리즈 중 오늘 본문의 위치와 같은 간단한 언급이 필요하다면, 바로 이때가 가장 좋다. 청중이 성경을 펴고 본문을 찾으며 마음을 준비하는 바로 이때, 자연스럽게 언급하면 효과가 크다.

필자는 여기서 설교 본문 페리코페를 처음부터 끝까지 모두 읽으라고 권장하지 않는다. 물론 앞서 우리가 살펴본 잠언 구절처럼 짧은 한두 구절이라면 다 읽어도 좋다. 하지만 에베소서 본문이나 야곱 이야기처럼 긴 페리코페 전체를 이때 읽기에는 너무 많은 시간이 든다. 게다가 어차피 설교 본론에서 그 페리코페 대부분을 충분히 다루기 때문이다. 오히려 설교자는 청중이 본문을 **설교자 자신**이 의도한 방식대로 경험하도록 안내하는 일이 가장 바람직하지, 어떤 설명도 없이 본문을 처음부터 끝까지 그대로 읽어버리면 청중은 본문을 미리 스스로 해석하고 나름의 결론을 내려버릴 수도 있다는 것이다. 설교자는 마치 박물관의 길잡이(curator)나 해설자(docent)처럼, 설교 중에 청중을 본문으로 인도하여 생생하고 의미 있는 경험을 할 수 있도록 안내해야 한다.

필자는 성경을 공개 낭독하기 자체를 반대하지 않는다(딤전 4:13). 오히려, 성서 말씀—하나님의 백성을 위한 하나님의 말씀—을 단순히 듣기 자체로도 의미가 있으며, 성경 낭독은 모든 예배의 중요한 요소이어야 한다. 하지만 앞서 말한 이유로, 읽기는 설교에서 분리하여 예배 가운데 별도 순서로 두는 게 좋다. 실제로 본문을 읽는 사람이 반드시 설교자가 아니어도 좋다. 필자는 마가복음의 이야기 본문을 등장인물의 역할을 맡은 여러 사람들이 함께 소리 내어 낭독하게 한 적도 있다. 이런 형태로 성경 낭독은 찬양이나 헌금송, 또는 다른 순서와 함께 설교와 분리하여 배치함이 현명하다.22 설교는 온전히 설교로 남겨두라.

구성(Organization)

서론 구성요소는 설교 본문에서 '이동(moves)'을 몇 개로 구성할지 정하는 일이다. 본문 내용을 미리 자세하게 드러내지 않도록 주의해야 한다. 각 이동의 핵심어(구)를 말하는 정도면 충분하다(4장 「설교 이동 지도를 깁는다」를 참조하라). 잠언 10:25와 12:25에는 이미 문제, 해결, 적용 등 표지를 달았기에, 서론에서 본론 구성에 관해 다음 말을 할 수 있다. "오늘 우리는 먼저 '문제'를 살펴보고, 다음으로 '해결책'을 살펴본 후, 마지막으로 '적용'을 함께 보겠습니다." 이 정도만 제시해도 충분하다.23 잠언 21:16을 본문으로 하는 설교에서는 다음처럼 창의적으로 구성 요소를 제시할 수 있다. "먼저 '길 잃기(straying)'을 살펴보고, 그다음 '죽음에 이름(slaying)'을 살펴본 뒤, 마지막으로 '머물기(staying)'를 함께 보겠습니다." 청중은 이 표지 세 개가 각 이동 입구 표지판이라는 사실을 자연스럽게 이해한다. 마찬가지로, 앞서 우리가 살펴본 이솝 우화, 「여우와 까마귀」를 활용한 설교에서는 다음과 같이 말할 수 있다. "먼저 '태도(attitude)'를 살피고, 그다음에는 '결과(aftermath)'를 살피고서, 마지막으로 '적용(application)'을 찾겠습니다." 잠언 15:8 설교에

---

22 또는 본문 자체를 읽는 대신, 설교 페리코페의 핵심 취지와 어느 정도 연관성이 있는 시편이나 성경의 한 장 또는 일부 구절을 낭독하도록 선택할 수도 있다.

23 잠언 12:25 설교에서 창의력을 발휘하여 이렇게 표현할 수 있다. "오늘 우리는 먼저 '마음을 가라앉히기'를 보고, 그다음에 '마음을 끌어올리기'를 살핀 다음, 마지막으로 적용을 함께 살피겠습니다." 이렇게 말하면, 본문 내용을 미리 노출하지 않으면서도 청중의 호기심을 자극할 수 있다. 청중은 "도대체 설교자가 마음을 가라앉히고 끌어올리기로 무엇을 말하려는 걸까?"라고 궁금해하며 설교에 귀를 기울인다.

서는 "하나님께서 혐오하심(God's disgust)", "하나님께서 기뻐하심(God's delight)" "적용" 등 간결한 표현이 서론 구성 요소 역할을 하며, 설교 본론에 이동이 세 개라고 알린다.24

앞서 말한 대로, 서론에서 제시한 이러한 구성 핵심 어구(organization keywords/phrases)는 청중이 설교 중간중간에 주의를 기울이게 하는 중요한 단서 역할을 한다. 설교 본론에서 특정 이동으로 넘어갈 때, 이 핵심 어구를 입구 표지만(entry signpost)으로 분명하게 사용하면(5장 「설교 이동에 생동감을 더한다」를 참조하라), 청중은 설교가 어느 지점에 와 있는지를 쉽게 파악한다. 청중은 설교 본론에 등장하는 표지판을 서론에서 들었던 구성 핵심 어구와 연결하면서, 설교가 지금 어디쯤 진행하는지 직관적으로 안다. 이를 통해 청중은 설교를 듣는 중에 자연스러운 기쁨과 안정감을 경험하고, 그 결과 설교의 구두 명료성(oral clarity)은 눈에 띄게 높아진다.

이제, 엘리 위젤의 이야기(이미지)로 시작한 마가복음 4:35~41 설교의 서론에서 참조와 구성을 제시한 예를 살펴보자.

> 지금 우리는 마가복음 4:35~41에 기록된 매우 유명한 사건, 곧 예수님께서 풍랑을 잠재우신 사건에 주목하고자 합니다. 제자들은 절망적인 위기에 처해 있었습니다. 재앙이 바로 눈앞에 닥쳐왔고, 죽음이 그들 얼굴을 똑바로 응시하고 있었습니다. 마가복음 4:35~41입니다.
>
> 이 본문에서 우리는 다음 세 가지 질문에 대답을 찾을 수 있습니다. 첫째, 하나님은 그때 어디에 **계셨습니까**(Where was God)? 곧,

---

24 나는 설교를 단 하나 이동(one-B shape)으로 구성하려고 노력하기에, 종종 굳이 구성 요소를 넣지 않는 경우가 많다(4장 참조). 이렇게 본문이 단 하나 이동으로 구성한 설교는 따로 구성 요소를 언급할 필요가 없기 때문이다(〈부록 3〉에 실린 에베소서 1:1~14 설교의 주석 달린 원고를 참조하라). 실제로 필자 설교의 대부분은 마지막 적용을 제외하면 설교 본론에 단 하나 이동만 있다. 물론, 이 부분은 여러분 각자 설교 스타일이나 설교자 고유한 목소리에 맞게 자유롭게 조정하고 수정할 수 있으며, 그렇게 해야만 한다.

제자들은 이 사건이 일어나기 전에 예수 그리스도에 관하여 이미 무엇을 보았습니까? 둘째, 하나님은 지금 어디에 **계십니까**(Where is God)? 곧, 제자들은 풍랑에 휩싸인 바로 그 순간에 무엇을 보지 못했습니까? 셋째, 하나님은 앞으로 어디에 **계실까요**(Where will God be)? 곧, 우리 인생에 혼란과 고통과 공포가 닥칠 때, 우리는 무엇을 볼까요? 마가복음 4:35~41입니다.[25]

서론 구성 요소 묶기(Putting the INTRO Together)

설교 준비에서 서론을 작성하기 시작할 때쯤이면, 적용을 포함해 이미 설교 본론을 충분히 준비했다고 생각한다. 서론 작성에 들어가기로 했다면, 가장 먼저 필요(need)와 주제(topic)를 생각해야 한다. 그다음은 필요로 자연스럽게 흘러 들어갈 수 있는 이미지(image)를 고려한다. 설교 본론을 이미 완성했으므로, 참조(reference)와 구성(organization)은 바로 활용할 수 있는 상태이다.

서론의 요소를 다시 한번 간략히 요약하면 다음과 같다.

- 이미지(Image) 말—"이 설교를 들을 준비를 하십시오."
- 필요(Need) 말—"이는 여러분이 이 설교를 들어야 하는 이유입니다."
- 주제(Topic) 말—"이는 여러분이 들을 내용입니다."
- 참조(Reference) 말—"이 내용은 이 성경 본문에서 나왔습니다."
- 구성(Organization) 말—"이 설교는 여러분께서 들으실 전개 방식입니다."

기본적으로, 서론이 설교자와 청중 사이에 의사소통 계약이라고 이해해야 한다. 서론에서 설교자는 청중의 관심을 사로잡고, 이 설교가 왜 중요한지를 알려주며, 설교로 무엇을 전달할지, 어느 성경 본문을 근거

---

[25] 필자는 설교 본문 위치를 세 번 제시했다. 두 번은 참조(reference) 요소에서, 한 번은 구성(organization) 요소 바로 뒤에서 제시했다. 또한 셋째 이동 표지는 실제로 적용(application)이었지만, 그 표지는 도드라지게 드러내지는 않았다.

로 설교할지, 그리고 어떤 방식으로 설교를 전개할지를 분명히 약속한다.[26] 또는 토마스 G. 롱(Thomas G. Long)이 말했듯이, 서론은 "명시적이든 암묵적이든 청중과 맺은 약속"이다. 서론은 청중이 설교자가 꼭 지켜주기를 바라는 '언약'이며, 설교자가 충실히 이행하기를 바라는 '서약'이어야 한다. 이러한 약속을 기반으로, "청중은 설교를 여는 말에서 앞으로 나올 설교 내용을 미리 짐작한다. 따라서 청중은 설교를 단지 듣기만 하지 않고, 서론에서 기대한 대로 설교에(for) 귀를 기울인다."[27] 그러나 앞서 언급했듯이, 설교자는 자기 카드를 가슴 품에 감추듯이 전략적으로 설교를 전개해야 한다. 다시 말해, "모든 것을 처음부터 다 드러내지 말아야 하는데, 바람직하지 않기 때문이다. 설교 시작에서 청중에게 정말로 필요한 내용은 전체 설교를 축약한 개요가 아니라, 청중이 설교를 따라갈 수 있도록 제시하는 믿음직한 방향이다. … 약속함은 그 약속이 정확히 어떤 방식으로 이루어질지 전부 드러내지 않은 채로도, 분명히 도달할 미래를 가리킴이다."[28]

아래는 에베소서 3:1~13을 본문으로 필자가 설교한 서론이다. 읽으면서 서론을 이루는 각 요소(이미지, 필요, 주제, 참조, 구성)가 무엇인지 찾아보기를 바란다.

> 얼마 전, 한 프랑스 관광객이 뉴욕에서 매우 특이한 일을 겪었습니다. 파리 출신 카린 곰보(Karine Gombeau)는 뉴욕에서 유명한 '리틀 이탈리아(Little Italy)' 거리를 지나고 있었습니다. 점심으로 먹다 남은 피자를 포장해 호텔로 돌아가던 중, 그녀는 쓰레기통을 뒤지는 한 남성을 봤습니다. 곰보 씨는 그때 상황을 이렇게 설명했습니다.

---

[26] J. Randall Nichols, *Building the Word: The Dynamics of Communication and Preaching* (San Francisco: Harper & Row, 1980), 101.

[27] Thomas G. Long, *The Witness of Preaching*, 3rd ed. (Louisville: Westminster John Knox, 2016), 201~02(강조는 원저자가 함) ∥『증언 설교』, 3판, 이우제·황의무 옮김 (서울: 기독교문서선교회, 2019), 327~28.

[28] Long, *The Witness of Preaching*, 202~03 ∥『증언 설교』, 328~29.

"그 남자는 정말 힘든 시간을 보내고 있는 것 같았어요. 저는 손에 먹을 것을 가지고 있었기에, 그 사람이 쓰레기통을 뒤지느니 차라리 내가 가지고 있는 피자를 주는 편이 낫겠다고 생각했죠. 그래서 저는 그 노숙자에게 먹다 남은 피자를 주었습니다."

그런데 그는 노숙자가 아니었습니다. 그녀는 자기도 모르게 영화 촬영 현장에 들어와 있었습니다. 촬영 중이던 영화는 「타임 아웃 오브 마인드(*Time Out of Mind*)」(2014)였고, 쓰레기통을 뒤지며 노숙자 역할을 연기한 분은 할리우드 스타 리처드 기어(Richard Gere, 65세)였습니다. 네, 곰보 씨는 자기도 모르게 반쯤 먹은 피자를 1억 달러 이상 재산가이자 유명 배우 리처드 기어에게 건넸습니다.

에베소서 1장에서 소개하는, 하나님의 영광스러운 계획—그리스도 안에서 만물을 완성하려 하시는 하나님의 위대한 목적—에 우리가 참여하면서, 과연 **우리**(we)가 하나님을 위해 해드릴 수 있는 일이 무엇일까요? 하나님을 위해 무언가를 실천함은 마치 **우리**(we)가 온 우주 창조주께 우리가 먹다 남긴 피자를 드리는 일과 같습니다. 우리가 과연 무엇을 드릴 수 있을까요? 작고 하찮고 무가치한 **우리**(we)가 과연 하나님을 위해 할 수 있는 일이 있기는 한가요?29 우리는 이미 에베소서 1장에서 하나님께서 우리를 당신의 영광스럽고 웅대한 계획에 참여하게 하셨음을 살폈습니다. 그런데, 하나님께서 우리를 사용하신다니요? 조금 이상하지 않습니까?

오늘 에베소서 3:1~13 설교에서, 하나님께서 왜 우리를 사용하고자 하시는지, 또 어떻게 우리를 사용하실 계획인지라는 이 낯설고 이상한 문제를 풀어 보려 합니다. 더 나아가, 그렇다면 우리는 어떻게 반응해야 하는지도 함께 생각해 보겠습니다. 자, 이제 에베소서 3:1~13 말씀으로 들어가겠습니다.30 먼저 패러독스(paradox,

---

29 여기서 필자는 청중이 하나님을 위해 무언가를 하고자 하는 마음이 있지만, 스스로 작고 초라하며 별다른 의미가 없다고 느끼고 있음을 암시한다.

30 필자는 부드럽고 자연스럽게 전개하려고 주제와 본문을 섞어 사용했고, 본문 구절을 세 차례 반복해서 언급하며 동시에 설교 구성요소도 명확히 제시

역설)을 살피겠고, 다음으로 패러다임(paradigm)을 발견하고, 마지막으로 적용(application)을 생각하겠습니다. 이제 본문으로 들어가 보겠습니다. 에베소서 3:1~13입니다.

서론에 앞서(The Pre-introduction)

설교 본론에 들어가기에 앞서서, 곧 서론의 이미지 첫 문장으로 설교를 본격적으로 시작하기 전에, 강단에서 청중에게 하고 싶은 말이 여러 가지 있을 수 있다. 예를 들어, 일상 인사말을 해야 할 수도 있다.

- "여러분, 좋은 아침입니다, 이 자리에 설 수 있어 기쁩니다."
- "저를 이 자리에 초대해 주신 분들께 진심으로 감사드립니다."
- "카우보이팀이 또 지다니, 정말 믿을 수가 없습니다!"
- "찬양팀 찬양이 정말 멋지지 않습니까?"

이러한 공개적이며 친근한 소통은 설교자가 매번 청중과 사회적 관계를 맺는 데 반드시 거쳐야 할 중요한 과정이다.31 여러분은 청중을 향해 친절하고 따뜻한 마음으로 그들 안부를 묻고 그들을 칭찬하며 말문을 열어야 한다. 이러한 여는 말뿐 아니라, 밝은 표정, 열린 자세, 친근한 말투, 따뜻한 손짓으로도 그렇게 해야 한다. 바로 이 순간이 설교자와 청중이 서로 친밀한 유대감을 형성하는 소중한 시간이다. 여러분이 초청 설교자라면, 이때 아는 사람들—여러분을 초대한 목회자나 회중 가운데 있는 친구, 또는 예배 전에 커피 판매기 옆에서 대화를 나눈 사람—의 이름을 자연스럽게 언급하면 좋다. 여러분이 정기적으로 강단에 서는 설교자라면, 이때가 진행 중인 설교 시리즈에 관해 간략히 언급하거나, 준비된 인쇄물을 꺼내도록 안내할 수 있는 좋은 타이밍이다. 이 모든 과정

했다. 이처럼 서론의 한 요소가 다른 요소와 자연스럽게 섞이고 어우러지는 방식은 얼마든지 가능하고 바람직하다.

31 물론 목회자로서 설교자는 강단 밖에서도, 그리고 일상 목회 현장에서도 성도와 자주 개인적이며 **긴밀한** 관계를 유지해야 한다.

에서, 여러분이 강단에 오르기 직전까지 이루어졌던 예배의 흐름과 청중의 정서를 존중하며, 자연스럽게 설교의 자리로 들어갈 수 있도록 하라.32 또 한 가지 주의할 점이 있다. 설교를 시작하기 전에 남은 시간이 얼마나 되는지 절대 묻지 말라. 설교 제한 시간은 미리 결정해야 한다. 그리고 어떠한 문제에 관해서도 미리 사과하지 말라. 여러분이 말하지 않는 한, 청중은 문제를 알아채지 못할 가능성이 크기 때문이다. 또한 설교를 제대로 준비하지 못했다고 고백하지 말라. 설령 그것이 사실일지라도 함구하라. 잘 준비하지 않은 설교는 결국 드러나게 마련이다. 그리고 설교 원고가 이미 다른 곳에서 사용한 원고라고도 말하지 말라. 모든 청중은 자기들이 특별하게 여겨지길 바라기 때문이다.

이와 같은 모든 말은 설교 서론 이전에 여는 말이다. 물론 이런 사교적 여는 말을 하면 좋다. 다만 짧고 간결하게 하라. 그리고 성경 낭독과 마찬가지로, 이러한 사전 소개는 실제 설교와 명확하게 구분해야 한다. 그 구분은 간단하다. 예비 소개를 마치고 곧바로 기도하고서, 설교를 시작함으로 구분한다.33 "아멘!"이라는 말로 기도를 마치고서, 설교의 첫 단어가 곧바로 서론의 이미지로 이어지게 한다.

여는 말에는 한 가지 요소가 더 있다. 청중에게 잘 알려지지 않았고 정기적으로 설교하지 않는 경우 (또는 필자처럼 이 교회 저 교회를 방문하며 설교하는 경우), 청중에게 설교자 자신을 알려야 한다. 설교자

---

32 앞선 장에서, 설교자가 설교 도입부에 어리석은 게임을 사용하는 바람에 그때까지 진기한 예배 분위기를 망가뜨린 사례를 언급한 적이 있다. 이는 청중의 깊은 감정을 사소하게 만들어버리는 무감각하고 부적절한 행동이었다. 같은 맥락에서, 만약 그 주에 지역적으로나 국가적으로 혹은 세계적으로 중대한 사건이 발생했다면, 설교 본문에서 더 자세히 다루지 않더라도 최소한 그 사건을 언급하고 짚어주는 편이 좋다. 사건의 심각성 정도에 따라 설교 직전에 그 사건을 위한 기도를 드리거나, 예배 다른 부분에서 별도 목회적 기도를 드림도 적절한 방법이다.

33 또는 여는 말은 강단 앞에 서서 하고, 설교는 강단 뒤로 가서 본격적으로 시작할 수도 있다. 또는 여는 말과 설교 사이에 잠시 의미심장한 침묵(pregnant pause)을 둠도 좋은 방법이다.

신뢰도는 청중이 설교를 받아들이게 하는 데 큰 요소이다. 신뢰감을 형성하기 가장 좋은 시기는 설교 직전이 아니다. 그리고 그 일하기 가장 좋은 사람은 설교자 자신이 아니다. 가장 이상적인 방법은 설교하기 전 주일에 주보나 교회 소식지에 여러분을 소개하는 글을 미리 싣게 함이 가장 좋다. 그리고 설교 직전에 그 교회의 담임목사나 예배 인도자 또는 그날 행사를 담당자가 그 소개를 간략하게 요약하여 다시 한번 청중에게 전달하면 효과가 크다. 이렇게 하면 설교자의 신뢰성을 자연스럽게 높일 수 있다.[34] 말할 필요도 없는데, 스스로 자랑하지 말라. "다른 사람이 너를 칭찬하게 하고 네 입으로는 하지 말며, 외인이 너를 칭찬하게 하고 네 입술로는 하지 말라"(잠언 27:2). 불행하게도 마땅히 받아야 할 지지를 받지 못하는 상황에서, 허풍이나 자기 자랑으로 상황을 만회하려 하지 말라. 여러분이 누구이며 그날 왜 설교하는지에 관한 몇 마디면 충분하다. 성령, 그분 본문, 여러분의 설교가 스스로 말하게 하라.

서론에서 피해야 할 일(Things to Avoid in the Introduction)

서론에서 **하지 말아야** 할 몇 가지 사항이 있다. 다음 일을 하지 말라.

- 전달하지 않을 내용을 약속하거나 기대하게 하지 말라(이른바 '미끼 바꿔치기[bait and switch]'). 필요 + 주제는 한 방향으로 가는데 정작 설교가 전혀 다른 방향으로 가면, 결과적으로 처음 약속한 내용은 전혀 제공하지 못하고 만다.
- "시작하기 전에 …"라는 표현을 쓰지 말라. 시작하기 전에 하고 싶은 말은 모두 여는 말 부분에서만 하라. 그리고 여는 말을 해야 한다면, 반드시 설교와 구분하라. (이미 언급했듯이, 예비 소개하고서 설교 서론 전에 기도함이 가장 적합한 방법이다.)
- 누군가를 조롱하거나 모욕하는 유머, 부적절한 일화, 빈정거림을 사용하지 말라. 그 대상의 친척이나 가족이 청중일지도 모른다. 또

---

[34] 필자를 설교자로 초청하는 교회에서는 보통 약력을 요청하기에, 언제든지 보낼 수 있게 간략한 형태로 준비해 두고 있다.

한 지역의 특정 인물이나 장소, 시설을 비하하는 말도 삼가라. 사실상 누구를 험담해서는 안 된다. 성별, 나이, 인종, 민족을 차별하지 않도록 특별히 주의하라. 정치 이야기는 더더욱 안 된다.

- 길게 늘어지거나 속도감 없는 이미지를 사용하지 말라. 힘차게 시작하라. 청중은 여러분이 설교할 준비를 이미 마쳤다고(비행) 알고 있다. 더는 설교 소개를 계속하지 말라. (이는 비행기가 활주로에서 너무 오래 머물러 있는 것과 같다.) 신속하게 본문으로 넘어가라(이륙). 기억하라, 서론은 전체 설교의 15% 정도가 적당하다.
- 장비 고장 없이 시작하도록 하라. 마이크, 조명, 그 밖에 필요한 장비를 미리 점검하고, 예행연습도 하라.
- 말을 더듬거나 실수하지 말라. 서론은 철저하게 준비하고 익혀 두라. 한 단어 한 단어까지 완벽하게 암기하는 게 좋다. 설교의 어느 부분을 암기하고자 한다면, 서론을 암기하는 게 매우 좋은 선택이다. (결론도 마찬가지이다.) 서론은 설교자에게 가장 큰 긴장감을 주는 순간일 수 있으므로, 이 부분을 철저히 준비할수록 큰 도움이 된다. 또한 서론을 잘 숙지하면, 청중과 충분히 눈을 마주치며 소통할 수가 있다. 서론을 잘 처리하면 청중은 설교자를 신뢰하고, 설교자가 혹시 실수하지 않을까 걱정하는 대신 설교 메시지에 더 집중한다.

결론(The Conclusion)

여러분은 이미 성공적으로 이륙했고, 순조롭게 비행하여, 목적지에 거의 도착했다. 이제 남은 일은 비행기를 안전하고 부드럽게 착륙하는 일이다. 설교에서는 결론이 바로 이 역할을 맡는다. 결론은 청중이 세상으로 나아가 하나님께 들은 말씀과 본문에서 경험한 진리를 삶에서 실제로 실천하도록 준비하게 하는 시간이다. 결론 길이는 설교 전체의 약 10% 정도가 적절하다.

설교	
서론(Introduction)	15%
본론(Body)	75%
결론(conclusion)	10%

우리가 설교 지도를 살핀 방식(참조. 4장 「설교 이동 지도를 깁는다」)에서는 적용이 설교 본론의 마지막 단계이다. 곧, 청중은 적용 이동 이전에 설교 본론 이동들에서 본문의 핵심 취지(페리코페 신학)를 분별한다. 그리고서 그리스도의 형상을 닮아가는 방향으로 한 걸음 더 나아갈 수 있게 하는 적절한 적용을 끌어낸다. 이것으로 설교 본론을 마무리한다. 여러분이 구체적·인상적·단일한 적용을 제시하고, 그것을 잘 전개해 어떻게 실천해야 하는지 충분히 말하고 보여줬다면(참조. 3장 「페리코페 신학에서 적용을 깁는다」), 결론에서 더는 많은 내용을 덧붙이려 하지 않는다. 열정을 강력히 유지하고, 요구 수준을 높게 유지하며, 추진력을 강하게 유지하고, 힘 있는 어조로 마무리해야 한다. 그럼에도 결론은 서론보다 더 간결하고 단순해야 한다. 결론이 단순해야 하고 적용 바로 다음에 (일반적으로) 자리하기에, 결론은 다소 융통성 있게 조정하고 변경할 수 있다. 특히 어떻게 적용 이동을 매끄럽게 이어가며 맞출지에 따라 그렇다.

서론이 청중에게 첫인상을 보일 기회였다면, 결론은 강한 인상을 남길 마지막 기회다. 다시 말해서, 설교라는 비행기가 부드럽게 착륙하게 해야 한다. 승객은 거칠고 난폭한 착륙을 오래도록 기억하지, 그전까지 완벽한 비행은 모두 잊는다. 반드시 착륙해야 한다. (계속 공중에 떠 있어서는 안 된다). 그러나 착륙할 때는 세심히 신경 써서 안전하게 잘 착륙해야 한다.35

---

35 Kushner, *Public Speaking for Dummies*, 141를 수정함.

어떤 종류 강연이든 결론에는 표준 요소가 흔히 세 개이다. 1) 지금까지 들은 내용을 간결히 요약, 2) 강연이 촉구하는 행동을 생생하게 그려주는 감동적인 묘사(이미지), 3) 들은 내용을 삶에 적용하여 변화를 이루도록 촉구하는 최종 도전 등이다.

설교에서 요약은 본론에서 들은 내용을 간추린 핵심 요약(*précis*)—(일반적으로 본론 각 이동(move)을 표현한 핵심 어구로 이루어지며 결론에서는 이를 한두 문장으로 확장해 전달할 수도 있다)—이다.36 이미지는 청중이 마지막 요소인 도전을 받아들이게 하는 강렬하고 감정적인 예시로서, 서론에서 필요성을 제기했던 이미지를 다시 떠올리게 한다. 도전은 적용을 강조하며 행동을 촉구하고, 헌신을 결단하게 하며, 삶의 현장으로 나아가 말씀대로 실천하도록 힘 있게 권면한다.

결론

요약	본론의 이동들 요약(적용 포함)
이미지	강렬하고 인상적인 예화
도전	적용을 간략히 재진술하며 실행을 촉구

다음은 적용 이동에 포함할 두 가지 요소이다(참조. 3장 「페리코페 신학에서 적용을 긷는다」).

적용

말하기	해야 할 일을 말하라
보여주기	누군가가 해야 할 일을 보여주라

---

36 기본적으로 이것은 서론에서 제시한 구성 요소와 같지만, 좀 더 구체적인 내용을 포함한다. 서론에서 구성이 설교 내용 '미리보기(preview)'라면, 결론에서 요약은 설교 내용 '되돌아보기(postview)'이다.

적용 이동에서 '보여주기(show)'와 결론에서 '이미지(image)'에는 차이점이 있다. 적용 이동에서 '보여주기'는 누군가(설교자 자신 또는 타인)가 적용을 실제로 수행하는 과정을 구체적으로 묘사함인데, 이는 청중이 그 적용을 어떻게 실천할 수 있을지 구체적인 절차를 머릿속에 그릴 수 있게 도와주는, 주로 설명적인 방식이다. 하지만 결론에서 '이미지'는 더욱 강력하고 정서적 공감을 일으키는 예화로, 청중에게 깊은 인상을 주고 자연스럽게 도전으로 이어지게 고안한다. 도전은 이에 못지않게 영향력 있고 열정을 일으키며 적용을 향해 나아가도록 촉구하는 권고이다(아래 예를 참조하라).37

적용 이동 다음에 결론을 배열하는 일반 구성은, 이 두 부분을 어떻게 함께 설계할지를 섬세히 조정하게 한다. 필자는 효율성과 효과를 극대화하려고 적용 이동과 결론을 하나의 통합 단위, 곧 '적용 + 결론'으로 결합하는 방식을 더 좋아한다. 이런 방식으로 적용과 결론을 결합할 때, 주로 하는 수정 작업은 결론에서 요약 부분을 생략하는 일이다. 설교 본문의 핵심을 적용 바로 다음에 언급하면, 다소 기계적이고 흐름을 끊는다고 느껴졌기 때문이다. 오히려 적용 이동을 결론의 이미지에 곧바로 연결할 때 더 강력한 감정적 효과를 낼 수 있다.38 이렇게 '적용 + 결론' 단위는 적용에서 말하기와 보여주기가 결론에서 이미지와 도전

---

37 다시 강조하지만, 결론의 이미지는 서론의 이미지와 비슷하다. 두 이미지 모두 강렬한 인상을 주면서도 그다음 요소(결론에서는 '도전', 서론에서는 '필요')로 매끄럽게 이어지는 예화라는 점에서 비슷하다. 한 이야기를 적절히 두 부분으로 나눌 수 있다면, 서론 이미지에서 그 이야기의 전반부를 말하고, 결론 이미지에서 그 이야기의 후반부를 마무리하는 방식도 효과가 좋을 수 있다. 물론 모든 설교에서 이런 방식을 반복하지는 말라. 청중이 그렇게 예측할 수 있어서는 절대 안 된다. 약간의 예측 불가능성은 삶과 설교 모두에 신선함과 재미를 더한다.

38 필자가 추구하는 '단 하나 이동으로 전개하는 설교(One-B Sermon)'에서, 본론과 명확히 나뉘는 이동이 없기에 결론에서 요약함은 큰 의미가 없다. 결론에서 요약하려면, 서론에서 이미 제시한 설교의 구성 요소(설교 이동들 미리보기)를 조금 더 확장해서 다시 설명하는 편이 좋다. 앞에서 언급했듯이, 이렇게 하면 결론에서 설교 내용 되돌아보기를 충분히 할 수 있다.

으로 연이어질 때 훨씬 더 자연스럽고 매끄럽게 어우러진다. 필자가 실제로 활용하는 방식은 다음과 같다.

적용 + 결론

말하기	해야 할 일을 말하라
보여주기	누군가의 실제 행동을 자세히 보여주라
이미지 그리기	강렬하고 인상적인 예화로 생생히 그려주라
도전하기	적용을 간략히 재진술해서 실천하도록 도전하라

적용 + 결론을 결합해 구성하는 데는 상당한 자유가 있다. 그러므로 여러분에게 있는 재량과 탁월한 설교·목회 감각을 적극 활용하라. 예를 들어, 적용에서 '말하기(Tell)'가 매우 명확하고 구체적이면, '보여주기(Show)'를 굳이 많이 말할 필요가 없다. 때로 필자는 시간이 부족하거나 적절한 예화를 찾지 못할 때, '이미지'를 생략하기도 한다. 이미지는 적용 + 결론에서 가능한 한 생생하고 강력하며 깊은 정서적 울림(pathos)을 주는 가장 완벽한 예화에 필요한 요소이기 때문이다. 한편 설교 다음에 주의 만찬(The Lord's Supper)이나 헌금 시간이 이어질 때―특히 의도적으로 예배 순서상 이들을 설교 다음에 배치했다면―필자는 감정적으로 강력한 이미지를 생략한다. 이는 설교 다음에 이어지는 순서가 이미지 역할을 대신하리라고 기대하기 때문이다. 예배에서 설교 다음에 순서들이 주제와 분위기 면에서 설교의 적용과 결론 부분과 긴밀히 연결될 때는 더욱 그러하다.39

---

39 필자는 다른 설교에서 결론의 도전을 생략하고 그것을 축도에 통합하기도 했다. (방문 설교자로서 그렇게 할 수 있도록 허락받았고, 설교 다음에 또는 설교에 이어지는 찬양 다음에 곧바로 축도하는 경우였다). 곧, 다양한 시도를 자유롭게 하되, 항상 설교가 부드럽고 매끄럽게 이어지고, 힘과 설득력이 넘치도

이제 적용 + 결론의 몇 가지 예를 들겠다.40

잠언 5:15

말하기(Tell)

이제 우리 집에서 남의 눈치를 볼 것도 없이 마음껏 욕망을 채울 수가 있습니다. 아무도 모릅니다! 내가 허락하지 않는 한, 다른 사람은 제 성적 순결을 확인하거나 감시할 수가 전혀 없습니다. 그렇기에 제가 스스로 책임져야 합니다. 이제 우리가 해야 할 일이 있습니다. 바로 책임 있는 동역자를 세우는 일입니다. 여러분의 삶에서 신뢰할 수 있으며 여러분에게 불편한 질문도 기꺼이 던져줄 수 있는 동성(同性)의 사람 한두 명을 찾아보십시오.

보여주기(Show)

제게는 아주 신뢰하는 친구가 한 명 있습니다. 저는 그 친구에게 제 컴퓨터의 인터넷 검색 기록을 언제든지 확인할 수 있는 권한을 줬습니다. 게다가 제가 사용하는 노트북은 달라스신학대학원의 소유여서, 제 인터넷 활동은 인터넷 공급업체 말고도 사이버 공간 어딘가에 고스란히 남아있을 겁니다. 기관장(Big Brother)이 일거수일투족을 감시하지 않더라도, 마음만 먹으면 얼마든지 제 기록을 확인할 수 있겠죠. 이것만으로도 저는 책임감을 충분히 느낍니다. 여러분, 우리도 이런 책임 관계를 맺고 삶에서 욕망을 제거합시다.

록 구성해야 한다는 점을 기억해야 한다. 결론 구성에 관한 더 자세한 예시와 설명은 주석이 달린 설교 원고 〈부록 3〉과 〈부록 4〉를 참고하면 좋다.

40 신학적 초점(Theological Focus)은 여러분이 스스로 찾아보도록 맡기겠지만, 필자는 이 설교에서 성적 영역에서 개인적 순결, 특히 정욕을 멀리해야 한다고 강조하는 방향으로 메시지를 구성했다.

이미지 그리기(Image)

"이 황소가 나를 죽였어." 이 말은 스페인이 자랑하던 가장 뛰어난 투우사 중 한 명인 호세 '이요' 쿠베로(José "Yiyo" Cubero)가 의식을 잃은 채 죽기 직전 남긴 마지막 말입니다. 그는 당시 겨우 스물한 살이었는데, 화려한 성적을 거두고 있었습니다. 그러나 1985년 어느 투우 경기에서 치명적인 실수를 했습니다. 마지막 칼을 피 흘리며 혼미한 황소에게 깊숙이 찌르자, 황소가 그 자리에서 푹 쓰러졌습니다. 싸움이 끝났다고 확신한 호세는 관중의 박수에 답하려고 등을 돌렸습니다. 그런데 황소는 아직 죽지 않았습니다. 갑자기 일어나서 그 사실을 전혀 모르는 투우사에게 돌진했고, 그 뿔은 호세의 등을 꿰뚫고 심장을 관통했습니다.

우리가 죄의 욕망이 죽었다고 여기는 바로 그 순간, 죄는 다시 일어나 우리 뒤에서 달려들어 칼로 찌릅니다. 그러므로 우리는 죄악된 육신이 우리보다 먼저 죽었다고 여기며 한순간이라도 방심해서는 절대 안 됩니다.[41]

도전하기(Challenge)

삶에서 욕망을 끊임없이 제거하는 일을 **결코**(never) 소홀히 하지 마십시오. 서로 책임지십시오. 바로 지금, 이 자리에서 우리는 계속해서 책임을 나누기로 결단합시다. 하나님의 은혜가 우리 모두를 강하게 하시고 굳건히 세워주시기를 바랍니다.

---

41 이 투우사 예화는 부주의와 방심이 가져오는 비극적이며 치명적인 결과(부정적 이미지)를 그린다. 필자가 이 이야기를 선택한 이유는 극적 전개, 강력한 정서적 울림, 그리고 설교 마지막 도전에 설득력과 힘을 더해주기 때문이었다.

에베소서 3:1~13 (적용 + 결론)

말하기(Tell)

우리가 실천했으면 하는 바를 말씀드리겠습니다. 분명히 우리는 모두 지금 고통과 절망 가운데 있는 신자 한두 명쯤은 알고 있다고 생각합니다. 에베소서 3:1~13에서 바울이 우리에게 했듯이, 이제 우리가 그들에게 격려자가 됩시다.[42]

보여주기(Show)

이번 주에 우리가 실천했으면 하는 바를 말씀드립니다. 지금 격동의 시간을 겪고 있는 한두 사람에게 전화나 편지, 이-메일, 문자 메시지로 격려하는 말을 전하십시오. "**여러분 삶은 하나님께, 그리고 그분 계획에서 매우 소중합니다. 힘내십시오.**" 사역을 계속 이어 갈 수 있도록 도울 간단한 메시지 한 줄이면 충분합니다.

만약 여러분 자신이 지금 어두운 시기를 보내고 계신다면, 바울이 우리에게 하는 말을 꼭 귀 기울여 들으시기를 바랍니다. "**여러분 삶은 하나님께, 그리고 그분 계획에 매우 소중합니다. 힘내십시오.**" 혹시 여러분이 저처럼 **우리가** 하나님을 위해 도대체 무엇을 할 수 있겠느냐고 고민하고 계신다면, 다시 한번 말씀드리겠습니다. "**여러분 삶은 하나님께, 그리고 그분 계획에 매우 소중합니다. 힘내십시오.**"

이미지 그리기(Image)

윌리엄 캐리(William Carey)가 영국에서 제화공 수습생 생활한 이야기로 마무리하겠습니다. 그는 복음을 전파하려는 열정을 실현하

---

[42] 이 문단에 관한 주석은 이 책 4장을 참조하라.

고자 세계 최초 선교단체인 침례교선교회(The Baptist Missionary Society)를 세웠습니다. 그 첫 모임에서 지상 대명령을 설교했습니다. 해외 이교도 사회를 향한 마음을 품자고 간절히 촉구하자, 그 자리에서 그는 이런 말을 들었습니다. "젊은이, 앉으시오. 하나님께서 이교도를 개종시키고 싶다면, 자네나 내 도움 없이도 그 일을 이루실 것이오." 다행히도 그는 이 말을 무시했습니다. 그 반대에도, 포기하지 않고 끝까지 버텼습니다.

1793년, 윌리엄 캐리는 아내와 어린 자녀 네 명을 데리고 인도로 떠났습니다. 그의 아버지는 "저 애는 미쳤다!"라고 소리쳤습니다. 인도에 도착한 지 두 달 만에, 빚더미에 올랐습니다. 다섯 살짜리 아들 피터가 죽었고, 아내는 정신 질환을 앓았습니다. 처음 7년 사역에도 개종자는 단 한 명도 없었습니다. 그래도 계속 버텼습니다!

여러 언어로 성경을 번역하는 일에 몰두하던 어느 날, 갑자기 화재가 발생하여 인쇄소 전체가 불타버렸습니다. 그가 작성한 모든 원고, 노트, 활자들, 수년간 쌓아온 모든 노력이 한순간에 재로 변해버렸습니다. 그러나 그는 처음부터 다시 시작해야 했습니다. 그러면서 끝까지 버텼습니다!

긴 이야기를 짧게 줄여, 윌리엄 캐리 선교사님이 포기하지 않고 끈까지 버틴 결과를 잠시 말씀드리겠습니다. 동양 언어로 번역한 최초 성경을 출판했습니다. 그는 혼자 힘으로 무려 29개 언어로 성경을 번역했습니다. 최초 중국어 성경을 인쇄했고, 신학교를 인도 땅에 세웠는데 오늘날까지도 존재합니다. 이 모든 일이 2세기도 더 전에, 그에게는 너무나도 낯설었던 이국땅에서 이뤄졌습니다.

혹시 여러분이 그를 보면서 '우리와는 비교할 수도 없는 특별한 은사와 천부적인 재능을 타고난 뛰어난 영웅'이라는 인상을 받을까 봐, 캐리 선교사님이 친척에게 한 말을 마지막으로 소개하겠습니다. "제가 죽고 난 뒤 누군가 제 삶을 기록할 가치가 있다고 생각한다면, 그 정확성을 평가할 수 있는 기준을 하나 말씀드리겠습니다. 그가 저를 그저 '꾸준한 노력가(plodder)'라고 표현했다면, 정확하게 저를 묘사한 것입니다. 그 이상 표현은 모두 과장입니다. 제가 가진 유일한 힘은 꾸준히 노력하는 힘입니다."[43]

도전하기(Challenge)

사랑하는 성도 여러분, 우리는 한 걸음씩 꾸준히 걸어가야 합니다. 포기하지 마십시오. 끝까지 사역을 감당하십시오! **여러분 삶은 하나님께 그리고 그분 계획에서 너무나도 소중하니, 여러분 환경과 상황이 어떠하든, 힘내십시오!**

설교 준비 초기 단계에서는 적용 이동과 결론을 나눠서 생각해야 한다. 그러고서 그것들을 '적용 + 결론'이라는 한 통합 단위로 묶는 작업을 한다. 처음부터 적용을 본론의 필수 이동(integral move)으로 여겨야만, 적용을 설교 후반부에서 간략한 후기나 부록 정도로 축소하지 않고 충분히 말하고 보여주는 방식으로 전개할 수가 있다. 적용을 이런 식으로 중요하게 다루지 않으면, 시간이 지나면서 여러분 자신뿐 아니라 청중 역시 적용을 설교의 다른 부분보다 중요하지 않게 여긴다. 그래서 적용은 의미 없는 전통주의에 의례적인 인사로, 또는 잘 구성한 설교에 덧붙여진 율법적이며 도덕적인 잔소리 정도로 전락하고 만다. 이러한 점을 경고했으니, 이제 결론을 준비할 때는 적용과 결론이 매끄럽게 한 통합 단위로 흐를 수 있도록 신경을 써서 준비하라고 권면한다. 무엇보다도 여러분 상식, 창의성, 목회적 감각을 발휘하여 '적용 + 결론'이라는 단일한 단위를 자유롭고도 신중하게 설계하고 구성하기를 바란다.

요약하면, 결론은 설교의 다른 어떤 부분보다도 여러분 자신의 독특한 설교 방식과 개성을 가장 잘 드러낼 수 있는 유연한 부분이다. 그러므로 결론의 세부 요소들을 얼마만큼 정확히 섞고 배분할지에 지나치게 걱정하지 않아도 좋다.

---

[43] Eustace Carey, *Memoir of William Carey, D.D.* (London: Jackson and Walford, 1836), 623. (물론 설교에서는 이렇게 각주를 달 필요가 없다.)

결론에서 피해야 할 일(Things to Avoid in the Conclusion)

서론에서처럼, 결론에서도 하지 말아야 할 주의 사항 몇 가지가 있다. 다음 일은 결론에서 절대로 **하지 말라.**

- 적용을 설교 결론에 덧붙이는 단순한 부록처럼 다루지 말라. (이미 앞서 언급했다.) 적용이 결론 바로 곁에 있기에 '적용 + 결론'이라는 한 통합 단위로 여길 수 있지만, 설교를 준비할 때는 반드시 적용을 별도의 독립된 요소로 여기고 충분히 개발해야 한다. 적용 부분을 충실히 준비하고서 결론을 다듬는 단계에 이르러서야, 적용과 결론을 통합하는 방식을 생각한다.

- 결론에 새로운 내용을 끼워 넣지 말라. 결론은 설교 본론에서 깜빡 잊고 말하지 못한 멋진 이야기를 추가하거나, 본문에서 실수로 빠뜨린 설교의 이동을 몰래 끼워 넣는 자리가 아니다. 혹시라도 잊어버린 내용이 있다고 마지막 순간에 고백하며 청중에게 급히 던지지 말라. 그런 내용은 과감히 내려놓고 넘어가라. 지나간 것은 지나간 대로 둬야 한다.

- 결론에서 비인격적이어서는 안 된다. 반드시 청중과 연결되고, 연관성 있게 마무리해야 한다. 앞서 살폈듯이, 서론, (특히 서론의 필수 요소)는 청중과 특별하고 구체적인 연관성을 맺어주는 역할을 한다(그림 7.1 참조). 결론 역시 마찬가지이며, 특히 결론의 도전은 더욱 그러해야 한다(그림 7.2 참조). 결론은 반드시 여러분 양 떼에게 직접 건네는 메시지이어야 한다.

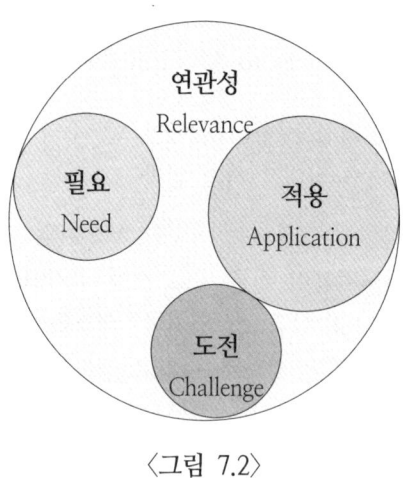

〈그림 7.2〉

- 청중과 눈 맞추기를 놓치지 말라. 결론은 청중이 설교에서 듣는 마지막 말이며, "이제 나가서 행하십시오!"라고 최종적으로 촉구하는 순간이다. 따라서 결론 부분에서는 눈으로 청중과 강하게 소통이 무엇보다 중요하다. 서론과 마찬가지로, 결론도 최고 효과를 내려고 암기하여 청중과 눈을 마주치며 전달해야 더 좋다.
- 에너지를 잃지 말라. 오히려 강렬함을 끝까지 유지해야 한다. 결론에서 횡설수설하거나, 방향을 잃고 헤매거나, 한가하게 수다를 떨거나, 흐름과 중심을 놓쳐서는 절대 안 된다.
- 극적 이미지를 지나치게 사용하여 과장하지 말라. 지나치게 강렬한 이미지를 사용하면, 청중은 설교 전체 내용을 잊고 그 이미지 하나만 기억하기도 한다.
- 갑자기 멈추지 말라. 결론은 부드럽고 매끄럽게 마무리해야 한다. 설교를 갑자기 멈추는 일은 비행기가 버뮤다 삼각지대(Bermuda Triangle)으로 사라지는 일과 같다.44 사라진 비행기가 어떻게 되었는지 모르지만, 설교자가 설교를 갑자기 중단하면 어떤 일이 벌어지는지는 명확히 알고 있다. 설교는 그대로 추락해서 불타고 만

---

44 Kushner, *Public Speaking for Dummies*, 146에서 관찰한 바와 같다.

다! 그러니 제대로 "안녕"이라고 마무리 짓는 법을 배워야 한다.
- 결론을 건너뛰지 말라. 설교를 제대로 마무리하려면, 결론 (또는 적용 + 결론)이 꼭 있어야 한다. 결론은 단 하나만 있어야 한다. "결론적으로" 또는 "마지막으로"라는 말을 두 번 이상 반복한다면, 이미 문제가 생겼다.
- "감사합니다"라고 말하지 말라. (헌금이나 투표를 요청하는 자리가 아니라면 말이다.) 그렇게 말하면 설교의 강력한 마무리를 약하게 할 뿐이다. 다만 간절한 기도는 설교를 마치는 매우 좋은 방법이며, 적용을 실천할 수 있도록 성령께서 도우시기를 간구하며 끝맺음도 좋다.
- 끝없이 계속하지 말라. 반드시 비행기가 착륙하게 해야 한다! 청중이 여러분의 설교가 끝남을 아쉬워하게 하라. 코미디언 조지 번스(George Burns)가 다음 말을 했다고 한다. "좋은 설교의 비밀은 훌륭한 시작과 훌륭한 결말에 있는데, 이 둘은 가능한 한 가까이 둬야 한다."[45] 서론을 늦게 시작하면 안 되듯이, 결론도 늦게 마쳐서는 안 된다. 반드시 할당한 시간을 지켜야 하며, 사실상 주어진 시간보다 조금 더 일찍 끝낼수록 더 낫다.
- 서론에서 약속한 내용과 다른 내용으로 결론짓지 말라. 앞서 '미끼 바꿔치기(bait and switch)'라고 이름한 방식이기 때문이다.
- 어떤 일에도 사과하지 마라. 아주 명백한 실수가 아니라면, 여러분만 인지하거나 신경 쓰는 문제로 청중의 주의를 흐트러뜨리지 말라.

---

[45] 필자는 이 말을 어딘가에서 인용했지만, 그 출처를 찾을 수가 없다. 번스가 실제로 그런 말을 하지 않았을 수도 있다.

에베소서 그리고 야곱 이야기[46]

9. 에베소서 5:1~20

하나님을 본받고 그리스도의 이타적인 사랑을 따르는 삶을 살려면, 성적 부도덕을 버리고 지혜롭고 예배하는 삶의 방식을 선택해야 합니다.

9. 창세기 32:1~32

하나님께서 당신 자녀를 위해 싸워주신다는 사실을 기억할 때, 그분 자녀인 우리는 확신과 담대함으로 삶을 살아갑니다.

이 페리코페에 관한 서론 그리고 적용 + 결론을 포함한 설교 지도를 제안한다.

서론(Introduction)

사람들은 만족과 행복, 이른바 '복'을 얻으려고 믿기 어려울 정도로 이상한 일까지도 저지릅니다. 몇 년 전, 미국 애리조나주 어류수렵국

---

46 이 페리코페에 관한 간략한 해설은 http://www.homiletix.com/preaching 2019/commentaries를 참조하라. 확장한 길잡이는 Kuruvilla, *Ephesians*, 150~66과 Kuruvilla, *Genesis*, 394~406을 참조하라.

(Arizona Department of Fish and Game)의 비밀 요원이 몇몇 사람을 체포했는데, 그 이유가 놀랍게도 '두꺼비 핥기(toad licking)' 때문이었습니다. 네, 잘 들으셨습니다! 두꺼비 핥기였습니다! 체포된 사람들은 콜로라도강 두꺼비(Colorado River toad, Bufo alvarius)를 가지고 있었는데, 이 두꺼비는 자신을 잡아먹으려는 포식자를 막으려고 피부에 유백색 물질을 분비합니다. 문제는 이 물질에 강력한 환각 효과를 내는 성분이 있다는 점입니다. 애리조나주 법률에서는, 이 물질을 환각제로 분류하는데, 독성이 있어 매우 위험하기 때문입니다. 그런데도 마약에 중독된 사람들은 이 두꺼비를 직접 핥아서 황홀감을 얻으려 했습니다![47]

두꺼비 핥기라니! 바로 거기에 행복의 비결이 있습니다! 행복해지고 싶으면 가서 두꺼비라도 핥으십시오! 사람들은 행복과 복을 얻으려고 정말이지 별짓을 다 합니다.

그런데 두꺼비와 개구리를 핥으면 정말 행복할까요? 무엇이 행복하게 할까요? 어떻게 해야 진정한 행복과 복을 찾을 수 **있을까요**?

사실 우리가 정말로 찾으려는 것이 바로 이것 아닌가요? 이것이 우리 마음 깊은 곳에서 갈망하는 것이 아닙니까? 바로 행복의 추구 말입니다. 미국 헌법에도 "행복을 추구할 권리"를 명시합니다. 그렇다면 과연 행복은 어디에서 얻을 수 있을까요? 명예, 권력, 돈을 많이 가지면 행복할까요? 더 좋은 차나 더 큰 집을 가지면 행복할까요? 뛰어난 운동 능력, 멋진 외모, 좋은 학벌, 완벽한 건강, 이상적인 배우자가 행복하게 할까요? 아니면 좋은 직장, 높은 지위, 명성으로 행복을 얻을 수 있을까요?

오늘 우리는 창세기 32:1~32에 있는 야곱 이야기에서 우리가 그토록 갈망하며 찾고 있는 진정한 복을 어떻게 얻을 수 있는지 살펴보겠습니다. 이 이야기는 족장 야곱의 삶을 다루는 이야기 중에서도 후반부에

---

[47] Craig Brian Larson and Leadership Journal, *750 Engaging Illustrations for Preachers, Teachers, and Writers* (Grand Rapids: Baker Books, 2007), 404를 수정함.

있습니다. 지금 야곱은 가나안으로 다시 돌아오고 있고, 그의 형 에서가 야곱의 일행을 만나려고 다가오는 상황입니다. 이것이 바로 창세기 32장이 펼치는 장면입니다. 그런데 이 이야기의 강력한 흐름을 제대로 이해하려면, 먼저 여기까지 야곱이 살아온 삶을 잠시 요약해야 합니다. 우리는 먼저 '야곱, 자수성가한 사람'의 삶을 돌아보겠습니다. 그리고 하나님께서 이 고집스럽고 자기중심적인 인물을 어떻게 다루시고 변화시키시는지, 곧 '이스라엘, 하나님께서 다시 빚은 사람'을 만납니다. 마지막으로, 우리 자신에게 주어지는 적용, 곧 우리가 어떻게 하나님의 복을 받을 수 있는지를 살펴보겠습니다.

본문(Body)

I. 야곱, 자수성가한 사람[48]

    A. 계시—지금까지 야곱의 삶을 요약 (형을 속임, 26:34~28:9; 자신도 속음, 29:1~30; 지금 형 에서를 달래려는 계획, 32:1~8, 13~21; 야곱의 간절한 기도, 32:9~12)

    B. 연관성—자기를 신뢰하고, 자기 힘과 노력으로 복을 얻으려는 우리 본성 [사례/예화]

II. 이스라엘, 하나님께서 다시 빚은 사람

    A. 계시—복의 진정한 근원인 하나님과 씨름하는 야곱(32:24~26), 하나님께서 야곱의 이름을 바꾸심(32:27~32)

    B. 연관성—하나님의 복만이 우리를 만족시키고, 채우며, 참된 기쁨을 준다. 그 외 다른 어떤 것으로도 절대 충분하지 않다.

III. **하나님께서 나를 위해 싸우시니, 오직 하나님만 붙들라!**

---

[48] 야곱의 생애를 첫째 이동으로 요약함은, 지금까지 야곱의 모습과 하나님이 참되고 유일한 복의 근원임을 깨달은 이후에 그에게 일어난 성품 (그리고 몸)의 변화를 더욱 분명하게 대조하여 드러내려 함이다.

적용 + 결론(Application + Conclusion)

우리가 무엇을 해야 합니까? 하나님만 붙드십시오!

우리가 추구하고, 투쟁하고, 자기 힘으로 무언가를 이루려는 노력을 이제 그만 내려놓읍시다. 결국, 그 모든 것은 우리에게 진정한 만족과 기쁨을 주지 못합니다. 하나님만이—하나님 한 분만이 충분하고, 충분하고도 남습니다. 하나님께 전적으로 의존하십시오.

그래서 저는 오늘 우리가 조금은 특별한 일을 함께하고자 합니다. 그렇습니다, 특별한 일입니다! 저는 고대 교회에 있었던 한 오랜 관습을 잠시 빌려오려고 합니다. 그러나 단지 흉내를 내기가 아니라, 그 관습의 본래 의미를 되찾아 보자는 겁니다.

그 관습이란 초대 교회에서 시작한 '십자 성호 긋기'입니다. 이 관습은 하나님께서[오른손의 세 손가락을 펴 보이며] 하늘에서 내려오셔서[이마 중앙에서 가슴 중앙으로 곧바로 내리며] 나를 어두운 나라에서[왼쪽 어깨를 가리키며] 빛의 나라로 옮기셨다는 것[왼쪽 어깨에서 오른쪽 어깨 쪽으로 수평으로 움직이며]을 기억하게 하는 표시였습니다. 이 십자 성호 긋기를 매일 해서 습관 들이기를 바랍니다. 그런데 우리는 이렇게 하면서 큰 소리로 이렇게 고백했으면 좋겠습니다. "하나님께서 나를 위해 싸우신다!"

매일 아침 침대에 누운 채로 한번 해보십시오. "**하나님께서 나를 위해 싸우신다!**" 이 간단한 행동은 **하나님만 붙들어야** 하는 이유가 그분께서 **나를 위해 싸우시기 때문이라**는 사실을 생생하게 기억하게 합니다. "**하나님께서 나를 위해 싸우십니다!** 그분께서 나를 사랑하셔서 당신을 내어주셨습니다." [십자 성호를 긋는다] "**하나님께서 나를 위해 싸우십니다!** 그분 사랑이 나를 붙들고, 그분 은혜가 나를 충분케 하며, 그분 임재가 나를 둘러싸고 있습니다." [다시 십자 성호를 긋는다] "**하나님께서 나를 위해 싸우십니다!**"

이스라엘 백성이 하나님께서 자기들을 위해 싸우신 사실을 기억하는 특별한 관습을 가졌듯이, 우리도 하나님이 나를 위해 싸우신다는 사실을 기억하려고 십자 성호를 긋습니다. [십자 성호를 그으며] **"하나님께서 나를 위해 싸우신다!"**

1992년 바르셀로나 올림픽 육상 경기에서는 많은 사람의 가슴을 울리는 감동적인 순간이 있었습니다. 영국의 육상 선수 데릭 레드먼드(Derek Redmond)는 평생 400미터 경기에서 금메달을 따는 꿈을 키워왔습니다. 바르셀로나에서 열린 준결승전에서 출발 총성이 울렸을 때, 그의 꿈은 눈앞에 다가와 있었습니다. 인생 최고 질주를 펼치며 마지막 바퀴에 진입한 순간, 결승선이 눈에 들어왔습니다. 그런데 갑자기 그의 다리 뒤편에 날카로운 통증이 느껴졌습니다. 그는 오른쪽 허벅지 근육이 찢어져 트랙에 얼굴을 박으며 쓰러지고 말았습니다. 의료진이 다가왔지만, 데릭은 이를 악물고 다시 일어났습니다. 나중에 그는 그때 일을 이렇게 회상했습니다. "그건 그저 본능이었습니다." 그는 미친 듯이, 절뚝거리며 완주하려고 달리기 시작했습니다. 바로 그때였습니다. 관중석에서 티셔츠를 입은 한 건장한 남성이 보안요원을 뚫고 트랙으로 뛰어들어 데릭을 껴안았습니다.

그는 바로 데릭의 아버지, 짐 레드먼드(Jim Redmond)였습니다. 아버지가 울고 있는 아들에게 말했습니다. "꼭 이럴 필요는 없다."

그러나 데릭은 고집을 꺾지 않았습니다. "아니요, 저는 꼭 끝내야 해요."

그러자 아버지가 말했습니다. "그래, 알겠다. 그러면 우리가 함께 끝내자."

그리고 그들은 함께 달렸습니다. 보안요원이 길을 막으려 했지만, 아버지는 아들을 붙든 채 트랙을 걸으며 결승선까지 함께 나아갔습니다. 데릭은 아버지의 어깨에 머리를 묻고 눈물을 흘렸고, 관중은 그 모습을 멍하니 바라보다 자리에서 일어나 박수를 보내며 눈물을 흘렸습니다.

그날 데릭은 금메달을 목에 걸지 못했지만, 대신 놀라운 기억을 얻었습니다. 바로 고통에서 아파하는 아들을 위해 편안한 관중석을 박차고 내려와 그와 함께 달려준 아버지의 사랑입니다.49

우리 하나님이 그러하십니다. 그분께서는 하늘의 편안함을 뒤로하고 이 땅에 오셔서 우리를 위해 죽으셨습니다. 여러분은 그 하나님께만 매달리십시오. 그분은 여러분을 위해 싸우십니다. 그분은 여러분을 포기하지 않고 끝까지 인도하십니다. 그분은 여러분을 축복하십니다. 오직 하나님, 하나님만이 그렇게 하실 수 있습니다. 그 어디에도 이런 사랑은 없습니다.

그러므로 야곱처럼, 하나님께만 매달리십시오. [십자 성호를 그으며] "하나님께서 나를 위해 싸우십니다!"

---

49 Wayne Rice, *Hot Illustrations for Youth Talks: 100 Attention-Getting Stories, Parables, and Anecdotes* (Grand Rapids: Zondervan, 1994), 93~94를 고침.

설교 원고를 숨 쉬는 언어로 빚는다 8
Producing Manuscripts

훌륭한 연사는 대개 연설을 마치고서야 서로 다른 연설이 네 개였다고 깨닫는다. 준비한 연설, 전달한 연설, 언론이 그가 전달했다고 기억하는 연설, 집으로 돌아오는 길에 이렇게 전달해야 했는데 하고 아쉬워하는 연설이다.[1]

우리는 지금까지 아주 많은 내용을 살폈다. 여기서 잠시 멈추고, 설교를 준비할 때 따라야 할 여정을 시간순으로 정리하겠다. 다시 말해, 설교를 준비할 때 어떤 순서로 단계를 밟아야 하는지, 전체 흐름을 한눈에 짚어보겠다.[2] 아래 순서는 필자가 설교를 준비할 때 따르는 방식

---

[1] Dale Carnegie, *How to Develop Self-Confidence and Influence People by Public Speaking* (New York: Pocket Books, 1991), 48 ‖ 『한마디 말로 천냥 빚을 갚는다』, 손풍삼 편역 (서울: 고려원, 1993), 미확인―10쪽에 따르면, 이 책은 완역본이 아니라 부분 편역본이다.

[2] 필자는 여러분 삶이 잘 정돈돼 있으며, 우리 주 예수 그리스도를 따르는 제자의 길에서 영성이 계속 자란다고 가정한다. 또한 여러분의 설교 준비 모든 단계와 여러분이 맡는 모든 사역의 영역이 기도로 흠뻑 적셔져 있음도 당연히 전제한다. 그러므로 아래에 나열하는 순서에는 이 두 가지 요소를 따로 말하지는 않는다. 이것들은 모든 설교자가 기본적으로 갖춰야 하는 삶의 모습이기 때문이다.

이며, 이 책에 실린 각 장의 흐름과 정확히 일치한다.

1. 설교 여정을 연다(Getting Ready)
2. 페리코페에서 신학을 알아낸다(Discerning Theology)
3. 페리코페 신학에서 적용을 긷는다(Deriving Application)
4. 설교 이동 지도를 깁는다(Creating Maps)
5. 설교 이동에 생동감을 더한다(Fleshing Moves)
6. 설교 사상을 예화로 그린다(Illustrating Ideas)
7. 설교 서론3과 결론4을 가꾼다(Crafting Introductions and Conclusions)
8. 설교 원고를 숨 쉬는 언어로 빚는다(Producing Manuscripts)
9. 설교 전달로 말씀 형상을 새긴다(Delivering Sermons)

설교 준비 모든 과정에 걸쳐, 필자는 여러분에게 꾸준히 글쓰기를 권장했는데, 설교 여정 열기, 페리코페에서 신학 알아내기, 페리코페 신학에서 적용 긷기, 설교 이동 깁기, 설교 이동에 생동감 더하기, 설교 사상 그리기, 서론과 결론 가꾸기에서 글쓰기 하라고 독려했다. 이 시점에서 여러분 설교는 의심할 여지 없이 완성도가 높은 글 형태일 테다. 이 장에서는 그 내용을 다듬어서 설교 원고를 완성하는 일을 살피겠다.

왜 설교 원고를 작성해야 하는가(Why Produce a Manuscript)?

필자가 설교 원고 작성을 강력히 권하는 데에는 몇 가지 이유가 있

---

3 다음은 여러분이 서론을 준비할 때 따르는 순서이지, 이 순서대로 작성하라는 말은 아니다.
  A. 필요(Need) + 주제(Topic)
  B. 이미지(Image)
  C. 참조(Reference)와 구성(Organization)

4 적용 + 결론을 통합한 실체로 다음 순서에 따라 구성할 수 있다.
  A. 말하기(Tell)
  B. 보여주기(Show)
  C. 이미지 그리기(Image)
  D. 도전하기(Challenge)

다. 설교 원고 작성은 설교 준비 과정에서 반드시 거쳐야 할 중요한 단계이며, 설교자 자신에게도 더없이 유익한 훈련이기 때문이다.5

정확하게 전달해야 하기에(Precision)

여러분은 말할 **내용**(what)을 이미 알고 있겠지만, 글쓰기는 그 내용을 가장 효율적이고 언어적으로 간결한 방식으로 말하는 **방법**(how)을 알도록 돕는다. 모호한 표현을 쓰거나, 주제를 벗어나거나, 엉뚱한 이야기를 늘어놓거나, 샛길로 빠지는 설교를 바라는 설교자는 없다. 설교자는 자기 설교가 정한 궤도를 따라 정확하게 나아가기를 바란다. 설교할 내용을 글로 기록하는 작업은 정확성과 정밀성을 높이는 데 매우 귀중한 과정이다. 이 점에서 프랜시스 베이컨(Francis Bacon)이 한 말은 특히 적절하다. "독서는 사람을 풍성하게 하고, 말하기는 사람을 민첩하게 하며, 글쓰기는 사람을 정확하게 한다."6 정확함과 단순함을 추구하며 글을 써야, 여러분 설교는 명료하고 날카로우며, 세련되면서도 품격 있고, 아름답고 간결한 형태를 갖춘다.7

설교 시간을 지켜야 하기에(Timing)

경험이 쌓이면 원고에 쓴 단어 수만 확인해도 실제 설교 시간을 가늠할 수 있다. 필자는 원고에 사용한 단어 수만 알면, 실제 설교 시간

---

5 이 장 뒷부분에서는 설교를 **전달**할 때 원고를 사용하는 문제를 살피겠다. 하지만 여기서는 설교를 **준비**할 때 유용한 도구로 활용하는 방법에 집중해 살피겠다.

6 Francis Bacon, *Selected Writings*, ed. Hugh G. Dick (New York: Random House, 1955), 128~29.

7 물론, 위에서 말한 정확성과 완벽함은 어디까지나 이상적이다. 현실에서 완벽한 사람은 없다. 오히려 하나님의 능력은 "[우리의] 약한 데서 온전하여" 진다(고후 12:9). 사실, 불완전함 그 자체가 때로는 아름다울 수 있다. 일본 전통 미학인 "와비사비(wabi-sabi)"는 바로 이런 통찰을 보여준다. Leonard Koren, *Wabi-Sabi for Artists, Designers, Poets, and Philosophers*, (Point Reyes, CA: Imperfect Publishing, 2008), 7에 따르면, 와비사비는 "불완전하고, 일시적이며, 미완성인 것들에서 발견하는 아름다움"을 의미한다.

이 얼마 일지 보통 2분 이내 오차로 가늠한다. 물론 분당 전달할 수 있는 단어 수는 설교자마다 다르다.[8] 설교자 자기 설교 전달 속도를 정확히 파악하는 일은 경험으로 알 수 있는데, (매번 설교 원고를 준비하면서 단어 수를 확인하고, 실제 설교할 때마다 시간을 측정하면 자연스럽게 알 수 있다). 어떤 경우에도 설교 시간은 철저히 지켜야 한다.[9] 특히 예배처럼 여러 순서가 있는 큰 규모 행사에서는 정해진 시간을 정확히 지켜주기를 기대하는 사람들이 많다. 주어진 시간을 지키지 않으면, 준비한 여러 순서가 방해를 받고 주일 아침의 다양한 참여자들에게 불편을 끼친다. 찬양팀은 그 자리에서 곡을 조정해야 하고, 유아 돌봄 담당자는 산만한 아이들을 더 오래 돌봐야 한다. 주차 안내원들은 1부 예배가 2부 예배 시작 시간과 너무 가까워지면서 혼란을 겪을 수도 있다. 물론 라디오나 TV 생방송이라면, 시간 여유를 전혀 주지 않는다. 그러므로 청중이 놀랄 만큼 몇 분씩이나 일찍 끝내면 좋다. 모두가 여러분에게 감사하리라. 18세기 후반과 19세기 초반, 목사이자 신학자 나다니엘 에몬스(Nathaniel Emmons)는 재치 있게 말했다. "싫증 나게 하지 말고 갈망하게 하자(Better leave the people longing than loathing)."[10] 그렇다, 길고 지루한 설교보다 짧고 달콤한 설교가 훨씬 낫다! 설교 원고 작성은 바로 이런 목표를 이루는 데 크게 유익하다.

잘 알아듣게 전달해야 하기에(Hearability)

설교 가독성(readability)과 가청성(hearability)은 아주 다르다. 설교 원고는 눈이 아니라 귀로 향하게, 곧 읽히기보다는 들리게 써야 한다. (이 내용은 더 자세히 살피겠다). 이 말이 처음에는 역설적으로 들리겠지만,

---

[8] 필자가 전달하는 속도는 분당 약 125단어이다. 설교자 긴장, 청중이 유머에 보인 반응 등을 고려하여 조정한다.

[9] 필자가 설교하는 곳에서는 설교 시간은 평균 35~40분이다.

[10] Josiah H. Gilbert, *Dictionary of Burning Words of Brilliant Writers* (New York: Wilbur B. Ketcham, 1895), 484. 또한 어느 "옛 철학자"는 "연설이 불멸의 가치를 지니는 데는 반드시 영원을 채우지 않아야 한다"라고 했다.

설교 원고 작성은 듣기 쉬운 표현을 선택하게 하는 데 큰 도움이다. 많은 워드 프로세서 프로그램에는 글의 스타일과 난이도를 평가하는 도구가 내장돼 있다. 여러분이 설교 원고를 초등학교 고학년(6~8학년)이 읽기에 적절한 수준으로 작성한다면, 그 글은 실제로 전달할 때 어린이부터 성인까지 모든 청중이 듣고 이해하기 쉬운 설교일 수 있다.11

설교 준비를 효과적으로 하게 하기에(Preparation)

원고 작성의 큰 장점 중 하나는 설교 준비의 과정과 흐름을 크게 개선해 준다는 점이다. 원고는 여러분이 설교를 준비하며 걸어온 길에 남긴 생각 발자국(snapshot)이다. 하루나 이틀 후에 다시 원고로 돌아왔을 때, 여러분은 중단했던 지점부터 쉽게 이어갈 수 있다. 중간에 두는 이런 냉각 시간은 생각을 더욱 명확히 정리할 수 있게 한다. 이틀 전에는 명확하다고 생각한 내용이 오늘은 그렇지 않을 수 있다. 여러분은 단락 하나를 과감히 삭제하거나, 예화의 위치를 바꾸거나, 적용을 아예 다른 방향으로 수정하는 등 내용과 스타일을 자유롭게 재구성할 수 있다. 매

---

11 Microsoft Word를 사용하는 경우, 가독성 통계(Readability Statistics) 옵션을 활성화하고서 설교 원고에 맞춤법 및 문법 검사를 실행하는 것이 좋다. 검사를 마치면 원고 가독성 수치를 플레쉬 읽기 용이성 척도(Flesch Reading Ease scale) 또는 플레쉬-킨케이드 학년 수준 테스트(Flesch-Kincaid Grade Level test)로 확인할 수 있다. 이 두 가지 평가는 기본적으로 가독성(readability)을 측정하는 도구이다. 따라서 설교의 가청성(hearability)을 염두에 두고 싶다면, 척도의 수치가 최대한 6.0~7.0 이하이게 목표로 삼아야 한다. 이 정도 수준이면 청중이 귀로 듣고 쉽게 이해할 수 있는 설교로 준비했다고 할 수 있다. Mac 사용자와 PC 사용자에게 더 구체적인 지침은 아래 링크를 참고하라.
• Mac 사용자용,
https://support.office.com/en-us/article/determine-the-reading-level-of-a-document-in-word-for-mac-acec642a-f4e5-44ee-bb08-d47fb381bb94
• PC 사용자용,
https://support.office.com/en-us/article/Test-your-document-s-readability-85b4969e-e80a-4777-8dd3-f7fc3c8b3fd2
이 링크와 그 밖의 본서에 수록된 모든 링크는 다음 사이트에서 다시 확인할 수 있다. http://www.homiletix.com/preaching2019/links

번의 준비 과정을 거칠 때마다 여러분 원고는 더욱 발전한다.

또한, 원고는 설교 예행 연습할 때도 매우 유용하다. 원고를 기반으로 설교 내용을 내면화할 수 있으며, 실제 예행연습 하면서 필요할 때마다 원고를 다시 검토하고 수정할 수 있다. 원고는 더 많은 예화나 더 나은 전환이 필요한 지점이 어디인지 분명히 보여주며, 불필요한 반복이나 내용을 정확하게 파악하는 데 도움을 준다. 원고의 단어와 내용을 다듬고 수정하는 과정 자체가 여러분의 사고를 명료하고 세련되게 한다.

묵힌 설교를 다시 발견하게 하기에(Reuse)

한번 잘 작성하여 저장한 원고는 몇 년이 지나서 다시 설교할 기회가 생겼을 때 매우 유용하게 활용할 수 있다. 새로운 시대 상황과 청중의 요구에 따라 필요한 부분만 조금씩 수정하면 충분히 다시 사용할 수 있다. 물론 설교의 핵심, 특히 계시 하위 이동(revelation submoves)은 변하지 않는다. 이미 여러분이 심혈을 기울여 만든 소중한 열매가 있으니, 이를 다시 꺼내 쓰지 않을 이유가 있겠는가?

그러니 모든 것을 고려할 때, 반드시 원고를 **작성하라!** 25년이 넘도록 설교 사역을 한 필자도 지금까지 설교마다 꼬박꼬박 원고를 작성한다.

잘 들리는 설교 원고 쓰기(Writing for the Ear)

설교 원고를 쓸 때는, 최종적으로 눈으로 읽기에 좋은 글이 아니라, 귀에 잘 들리는 글로 써야 함이 중요하다는 사실을 반드시 기억해야 한다. 엄밀히 말하면, 이 최종 결과물은 필사본(manuscript), 곧 '손(*manus*, 라틴어)으로 쓴 글'이라고 부르기보다는, **오라스크립트**(orascript), 곧 '입(*os*)으로 말하는 글'이라고 부름이 더 적합하다.[12] 신학교에서 학생들과 목회자들은 각주(footnote)와 투라비안(Turabian) 양식으로 엄격하게 구

---

[12] David L. Larsen, *Telling the Old, Old Story: The Art of Narrative Preaching* (Grand Rapids: Kregel, 1995), 135에서 제안한 대로.

성된 학술 논문을 써내야 하는 훈련을 견뎠는데, 이러한 과정에서 그들은 교수나 평가자들이 '읽기 위한' 장황하고 논증적이며 복잡한 글쓰기 스타일에 익숙해져 있어서, 이들이 그러한 학술적 글쓰기 습관을 '듣기 위한' 설교 글쓰기 스타일로 바꾸는 데 매우 큰 어려움을 겪는다. 설교는 청중의 귀와 마음에 쉽게 전달되고 공감되는 말이어야 하는데, 신학생은 이 전환 과정에서 종종 어려움을 겪는다.13 다음과 같이 작문의 뿌리 깊은 습관들, 곧 학교에서 배운 규칙은 과감히 버려야 한다.

> 불완전한 문장. 절대 안 된다. 무조건 완전해야 한다. 끝나지 않고 계속 늘어지는 문장, 절대 안 되는데 선생님께서 감점하신다. 축약해서 쓰지 말라. 부정사를 분리해 쓰기는 절대 좋은 생각이 아니다. 문장을 전치사로 끝내지 말아야 한다. '그리고(and)'로 문장을 시작하지 말라. "했던 얘기 또 꺼내고, 같은 말 다시 하고 … 청중을 제발 괴롭히지 말라!14

그러나 우리는 말할 때 그런 규칙들을 절대로 따르지 않는다. 우리는 그저 입을 열고 하고 싶은 말을 이것저것 자유롭게 꺼내 놓으며, 더는 할 말이 없을 때까지 말하는 엔진을 계속 작동시킬 뿐이다. 이때 문장 부호나 들여쓰기, 글꼴이나 대문자, 굵은 글씨나 기울임체 같은 형식은 전혀 중요하지 않다. 그것이 바로 말(speech)이다. 설교 원고도 바로 그런 식으로 써야 한다. 언제나 그렇게 해야 한다. 실제로 말하듯이 써야 한다. 왜냐하면 설교가 전해지는 방식은 바로 말, 곧 구어 전달이기 때문이다. 우리는 설교를 **말하지**(speak), 읽지 않는다.

그러므로 설교 원고는 그저 눈으로 읽히게 쓰지 말고, **귀에 착착 담기게** 써야 한다. 헨리 그레이디 데이비스(Henry Grady Davis)가 말했듯

---

13 물론 필자는 존경받는 Kate L. Turabian과 그녀 저서, 곧 *Manual for Writers of Research Papers, Theses, and Dissertations*를 참조한다.

14 G. Robert Jacks, *Just Say the Word! Writing for the Ear* (Grand Rapids: Eerdmans, 1996), 2.

이, "진지한 작가와 시인, 그리고 설교자는 단순히 눈이 아니라 귀를 위해 글을 써야 한다. … 글을 쓸 때 스스로 언어를 귀 기울여 듣는 훈련을 꾸준히 해야 하며, 마침내 그것이 자기 본성처럼 익숙해져야 한다. 마치 청력을 잃은 베토벤이 자기 내면의 귀로 듣는 음악을 작곡했듯이, 설교자도 내면의 귀로 듣는 언어 음악을 써야 한다."[15] 귀로 듣는 설교, 곧 잘 들리는 글쓰기에 익숙해지는 한 가지 방법이 있다. 조금 번거롭긴 하지만, 먼저 설교를 녹음기나 스마트폰에 대고 실제로 말한 뒤, 그 내용을 다시 글로 받아 적는 방법이다. 이렇게 하면 처음부터 말하는 느낌을 담은 **오라스크립트**를 작성하고, 원고를 다듬고 개선하는 작업을 수월하게 할 수 있다. 자크 바르준(Jacques Barzun)이 한 조언은 더 나은 글쓰기, 곧 눈으로 읽는 글을 쓸 때 충고지만, 귀로 듣는 글을 더 잘 쓰고자 하는 설교자에게도 큰 도움을 주는 귀중한 통찰이다.

> 좋은 책을 많이 읽는 일은 절대 생략할 수 없는 과정이다. 좋은 글을 읽어야, 단어를 가장 효과적으로 사용하는 방법, 다양한 말맛을 풍성히 담는 방법, 그리고 어떤 장치 (또는 장치 부재)로 독자를 매끄럽게 이끌거나 혼란스럽게 만드는지를 발견할 수 있기 때문이다. 글의 생동감과 즐거움이 오직 글의 주제에 달려 있다고 생각할 수도 있겠지만, 절대 그렇지 않다. 글의 생동감과 독서의 즐거움은 오히려 글의 어조(tone), 리듬(rhythm), 문장 구조(sentence structure), 단어 선택(selection), 구성(organization) 등에 달려 있다. 이 모든 요소가 **어우러져** 독자의 이해를 돕고, 읽는 이에게 기쁨을 준다.[16]

다음은 눈으로 읽는 설교가 아니라, 귀에 잘 들리는 설교 원고를 쓰는 지침 몇 가지이다.

- 직접 말하라. 1인칭 및 2인칭 대명사를 거리낌 없이 사용하고, 생생하며 극적 직접화법을 적극 활용하라.

---

[15] Henry Grady Davis, *Design for Preaching* (Philadelphia: Fortress, 1958), 268.
[16] Jacques Barzun, *Simple and Direct*, 4th ed. (New York: Quill, 2001), 9~10.

- 반복하라. '반복(repetition—같은 말을 똑같은 단어로 다시 말하기)'과, '새로 진술(restatement—같은 말을 다른 단어로 바꿔 말하기)'을 모두 적극 활용하라. 이 두 가지는 설교에서 자주 활용할 가치가 있다. 반드시 반복해야 하는 내용이 있고, 새로운 진술로 다시 강조해야 하는 내용도 있다. 특히 중요한 핵심 진술, 중심 개념, 설교 표지판(signposts), 적용 핵심 문구, 서론에서 제시한 본문 참조와 설교의 구성요소 등을 반복하기 그리고 새로 재진술하기는 매우 중요하다.
- 축약형을 사용하라. 말을 "하지 마세요", "할 수 없습니다", "그건" 등은 자유롭게 사용할 수 있으며, 줄임표(전달하려는 열정으로, 한 문장의 중간에 멈추고 새로운 문장으로 시작하는 경우)와 연속 문장(앞서 언급한 열정으로 여러 문장을 '그리고'로 연결하는 경우—강력한 수사학적 효과가 있음)도 사용할 수 있다. 물론 어떤 기법도 과용하거나 지나치게 사용하지 말라. 설탕 자체가 좋아도 과도하면 건강에 해롭듯이, 설교에서도 과유불급이다.
- 문법을 어겨도 허용하라. 다만 원칙으로서가 아니라, 청중에게 특별한 효과를 주려는 경우 그리고 자연스럽게 생겨나는 경우에만 제한적으로 허용하라. 문장 일부만 이야기하는 불완전한 문장이나, 전치사로 끝나는 문장, 접속사("그리고", "하지만", "왜냐하면" 등)로 시작하는 문장, 비표준 표현들도 적절한 상황에서는 쓸 수 있다.[17]
- 청중과 여러분 수준에 맞는 단어를 사용하라. 어려운 단어나 거창한 표현으로 청중을 감동하게 하려 말라. 예컨대, 링컨의 유명한 게티즈버그 연설(Gettysburg Address, Alexander Bliss 버전, 1863년)은 총 278단어 중 무려 222단어가 5글자 이하 쉬운 단어였다.[18] 하지

---

[17] 일반적으로 이러한 언어는 여러분을 "학문 없는 평범한 사람"(행 4:13)처럼 보이게 할 뿐만 아니라, 불분명하고 모호하게 한다. 물론 좋은 사도들처럼 됨이 잘못은 아니지만, 여러분과 청중 사이에 장애물이 생기지 않게 함이 중요하다. 초등학교에서 배운 문법 규칙을 어기라. 그러나 효과를 내려고 의도적으로, 그리고 가끔만 그렇게 해야 한다.

[18] http://www.abrahamlincolnonline.org/lincoln/speeches/gettysburg.htm,

만 동시에 기억해야 할 점이 있다. 설교가 대화체 독백이긴 하지만, 가장 가까운 친구와 나누는 개인 대화보다는 한 단계 **더 높은** 수준의 세련미와 예술성, 그리고 예의를 갖춘 '고상한 대화체 독백(elevated conversational monologue)'이라는 사실이다. 그러므로 설교 원고는 품격 있는 글로 다듬어야 한다. 초고를 작성하고서 다시 읽어보고 두 번째 (그리고 세 번째, 네 번째, …) 읽을 때는 더욱 신중하고 세심하게 단어를 선택하라. 결국 모든 일에서 그러하듯이 설교에서도 균형을 추구해야 한다. 다시 말해, 친근한 대화체의 편안함과 설교 품위 사이에서 적절한 조화를 이룸이 중요하다.

- 능동태를 사용하라. 능동태가 수동태보다 훨씬 더 강력하며 효과가 있다. 원고를 읽으면서 수동태를 찾아서 적극적으로 제거하라.
- 동사를 사용하라. 일반적으로 동사 사용이 명사 남용보다 훨씬 낫다. 특히 '되다(to be)' 형태를 최소화하거나 가능하면 완전히 제거하도록 노력하라.
- 불필요한 군더더기 표현을 과감히 삭제하라. 예컨대 "제가 기억하기로는 …", "이것은 제게 이런 생각이 떠오르게 합니다. …", "한 예를 들겠습니다…", "인용 시작 … 인용 끝", 지나친 완곡어법, 매우, 상당히, 정말로, 진정으로 등과 같은 모호한 부사들, 전문 용어나 '~주의(any kind of -ism)' 같은 표현, "많이", "괜찮아요", "좋아요"와 같은 애매한 표현들, 그리고 말할 때 흔히 사용하는 "음", "어…" 등 습관적 표현은 모두 제거하라.
- 수식어에 의존하는 습관을 줄이라. 유진 L. 로우리가 다음 내용으로 아주 잘 설명한다.

나는 영어 작문 수업을 들으면서 '묘사적(descriptive)'이란 표현이 형용사와 부사를 많이 사용함을 뜻한다고 생각했다. 하지만 실제로 **수식어**(modifier)를 많이 사용하면 그 말 그대로 문장을 '수정하거나

참조. 2018년 5월 1일 접속.

(modify)' 단지 형태를 살짝 바꾸는 정도의 역할만 한다. 문제는, 대부분의 사람은 약간 수정 정도로는 크게 영향을 받지 않는다는 점이다. 우리가 진정으로 영향을 받는 것은 완전히 새롭고 강렬한 이미지다. 그러한 강렬한 이미지를 전달하려면, 강력한 명사와 동사의 힘이 필요하다. 문장에 수식어가 지나치게 많으면, 복잡하고 어지러워져서 전달하려는 메시지의 힘을 약하게 하고, 오히려 문장 자체나 화자에게 지나치게 관심을 두게 한다.19

- 수사적 질문을 적극 사용하라. 수사적 질문은 청중의 사고를 자극하여 설교를 더욱 친근한 대화체로 만든다.
- 진부한 표현을 과감히 뿌리 뽑아라. 진부한 표현은 너무 익숙해서 더는 마음에 울림을 주지 못한다. 가끔 사용하면 신선한 자극을 줄 수도 있지만, 지나치게 자주 사용하면 아무런 가치도 전달하지 못하고 오히려 설교의 깊이를 떨어뜨릴 뿐이다.20
- 문장 길이에 변화를 주라. 짧은 문장은 명료하지만, 짧은 문장과 긴 문장이 적절히 조화를 이루는 설교가 훨씬 듣기에 좋다.21
- 지나치게 열거하지 말라. 설교 한 부분에서 "첫째, 둘째, 셋째, …"로 순서를 나열한 뒤, 다음 부분에서 다시 "첫째, 둘째, 셋째, …"

---

19 Eugene L. Lowry, *How to Preach a Parable: Designs for Narrative Sermons* (Nashville: Abingdon, 1989), 163 ‖ 『설교자여, 준비된 스토리텔러가 돼라』, 이주엽 옮김(서울: 요단출판사, 1999), 253.

20 http://www.clichelist.net/를 참조하라.

21 다음은 필자가 설교에서 사용한 가장 긴 문장인데, 효과를 내려고 기술적으로 사용했다. "우리는 남은 생애 동안 시스티나 성당(Sistine Chapel)의 파리처럼 살면서 설탕물을 빨고, 더 큰 집을 짓고, 더 좋은 옷을 사고, 사회적 사다리를 타고 올라가고, 큰 교회와 큰 사역을 세우고, 큰 책을 쓰고, 명성과 부을 찾는 데 시간을 보내고 싶습니까, 아니면 세상을 바꾸고 싶습니까, 아니, 세상이 아니라 온 우주를 바꾸고 싶습니까, 하나님의 웅장한 디자인, 그분의 영광스러운 모힘, 그분의 위대한 계획에 동참하면서요?" 영어 단어 75개 구성한 이 문장은 효과가 좋았다. 필요하다면 규칙을 깨라. (이 문장이 있는 설교의 주석이 달린 원고는 〈부록 3〉를 참조하라.)

하는 식으로 새로운 순서를 반복적으로 나열하지 말라. 이렇게 연속적으로 숫자나 목록이 이어지면 청중이 내용을 정확히 기억하거나 따라가기 어렵다. 글로 읽는 독자는 들여쓰기나 숫자 표기로 쉽게 따라갈 수 있지만, 청중은 듣는 음성만으로 복잡한 번호 나열을 정확히 기억하기 어렵기 때문이다.

- 설교에 대화를 만들고, 때로는 역할을 맡아 연기하라. "뭐라고요? 제가 역할을 맡아 연기를 하라고요? 저 같은 사람이요? 그것도 설교 시간에? 도대체 왜요?" 이런 식으로 상상하며 대화 상대자와 짧은 대화를 나누는 방식은 설교에 생기와 현실감을 불어넣을 수 있다.

- 이야기를 역사적 현재 시제로 표현하라. 예를 들어, "야곱이 밤에 하나님과 씨름합니다. 새벽이 다가오자, 하나님께서 야곱의 엉덩이 뼈를 기적적으로 삐게 하십니다. 그렇게 싸움은 끝납니다. 이 사건 이후, 야곱은 평생 절뚝거리며 걸어갑니다. 이제 그는 자기를 위해 스스로 싸우지 않습니다. 하나님께서 자기를 대신하여 싸우신다는 '이스라엘'의 의미를 알았기 때문입니다." 이런 표현 방식을 사용하면 이야기의 현장감과 생생함이 살아난다. 예화나 이야기를 전달할 때도 똑같이 적용하라.

- 여러 어휘 도구를 적극 활용하라. 좋은 사전이나 유의어 사전, 때로 운율 사전도 설교 언어 표현력을 높이는 데 크게 유익하다.

- 수사학의 다양한 기법을 적절히 활용하면, 훨씬 더 강력하고 인상 깊게 설교할 수 있다.
    - 과장법, "내가 사는 달라스 시내에서 이 북달라스 교회까지 오는 길은 마치 오클라호마까지 운전하는 것과 같습니다."
    - 암시, "다윗아, 가서 눈처럼 흰 털을 가진 양들을 돌봐라."
    - 의인화, "곰이 무릎을 꿇고 기도를 드립니다."
    - 두운법, "블랙홀(black holes)에서 오소리(badger)까지, 성운(nebulas)에서 나이팅게일(nightingales)까지."
    - 은유, "결론은 착륙이다."

- 비유, "우주에서 인간 운명은 불타는 통나무 위 개미 떼와 같다."
- 수사적 질문, "하나님의 위대한 설계에 참여하여 온 우주를 바꾸고 싶지 않습니까?"
- 세 가지 법칙: "움직이고 파라. 움직이고 파라. 움직이고 파라."
- 반복법, "하나님께 불충, 말씀에 불충, 사람들에 불충, 세상에 불충."
- 대조법, "사람이 계획할지라도, 하나님께서 이루신다"(잠 16:9)
- 기타[22]

- 두운법과 언어유희는 적게 사용하라. 필자도 이런 표현을 좋아하지만, 지나치게 사용하지 말며 의도해서 자주 사용할 때는 청중에게 그것이 단순히 재미와 도전을 목적으로 한다고 분명히 알려라. 같은 청중에게 자주 설교하는 경우라면, 가끔 이런 익살스러운 유머를 곁들이면 청중도 흥미롭게 여기며 적극 참여하여 이미 사용한 단어들과 어울리는 표현을 제안하기도 한다.

- 히브리어나 헬라어는 연구실에 두라. 본문의 신학적 의미를 전달하는 데 꼭 필요하며 그것 없이는 청중이 이해할 수 없는 경우가 아니라면, 설교 강단에서는 사용하지 말아야 한다.

- 언어 사용에 주의하라. 남성 중심 용어나 차별 용어는 쓰지 말라. 2인칭 대명사('여러분')을 지나치게 반복하지 말고, 가능하면 1인칭 복수 대명사('우리')를 적극 활용하라. 설교자 우리 역시 완벽한 존재가 아니며, 양 떼와 마찬가지로 은혜로 구원된 연약한 인간으로서 예수님을 따르고 은혜로 거룩해지고 있기 때문이다.

- 존재하지 않는 청중을 대상으로 하더라도 대화체로 가볍고 편안한 느낌을 주는 블로그 글쓰기를 시작하라. 이 습관은 신학교와 목회자가 익숙한 딱딱하고 학술적인 작문 스타일에서 벗어나 자연스러운 설교 글쓰기를 익히는 데 크게 유익하다.[23]

---

22 Malcolm Kushner, *Public Speaking for Dummies* (Foster City, CA: IDG, 1999), 164~70. 또는 수사적 장치에 관한 괜찮은 작문 교과서를 참조하라.

- 원고를 소리 내어 읽거나 스스로 읽는 소리를 녹음하여 듣고서, 설교가 청중에게 실제로 어떻게 들릴지 직접 확인하라.
- 자기 목소리를 찾아 독특한 스타일로 계발하라. 특히 좋은 문학 작품을 읽을 때는 눈을 크게 뜨고 집중해서 읽고, 좋은 설교나 강연을 들을 때는 귀를 활짝 열어 그 내용을 흡수하라. 세심히 주의를 기울이고, 느낀 점을 기록하라. 어휘력을 풍성히 키우고, 은유와 비유를 다양하게 늘려가라. 이미지로 사고하고, 말의 감정적 영향을 가늠하라. 설교 중 적절한 순간에 침묵과 여백을 효과적으로 활용하라. 무엇보다 자기 자신이 돼라.

이 모든 과정은 자연스럽게 다음 질문으로 이어진다. 바로, "설교를 실제로 전달할 때 어떻게 계획을 세워야 하는가?"이다.

설교 전달 유형(Types of Sermons)

설교를 전달하는 방법에는 적어도 네 가지, 곧 즉흥 설교, 암기 설교, 즉석 설교, 원고 설교 등이 있다.

즉흥 설교(The Impromptu Sermon)

즉흥 설교는 미리 준비하지 않은 채 현장에서 즉흥적으로 전달하는 설교이다. 완전히 즉흥적이며, 예고 없이 모임이나 경건회를 인도해야 할 때 하는 설교와 비슷하다. 이런 일이 목회 현장에서 드물다고 생각하지 말라. 실제로 자주 발생한다! 여러분이 신학교를 다니고 있거나 졸업했다면, 앞으로 사역 형태나 직업적 성향과 관계없이 하나님의 백성 가운데 지도자로 여겨진다. 여러분이 지도자라면, 위기나 어려움, 축하나 기쁨의 순간마다 사람들은 지혜, 위로, 조언을 듣고자 여러분을

---

23 필자가 쓴 글 대부분은 대상이 학계이므로, 모두 현학적 내용이다. 그러나 일요일마다 600단어 분량 대화체 내용을 10년 넘게 http://www.homiletix.com 에 게시하면서, 적어도 블로그와 설교 원고를 쓸 때는 공식 글쓰기 스타일에서 벗어나 더 비공식 스타일로 글을 쓰고 있다.

바라볼 테다. 설교 예정자가 갑자기 취소한 때도 마찬가지다. 그런 결정적인 순간에 바로 여러분이 설교자로 나서야 할 수도 있다. 그때 무엇을 하겠는가? 이미 설교한 적 있는 원고가 몇 편 준비되어 있다면, 그것 중 상황에 맞는 설교를 골라 그 자리에서 조금 고쳐서 사용하라. 준비가 충분하지 않다면 30분 정도 생각할 (기도할!) 시간을 요청하고서, 잠언 한 구절을 선택하고 간편한 설교 지도(canned map)를 활용하여 시작하라. 아무리 말재주가 뛰어나더라도, 갑자기 요청을 받으면 말과 생각이 제대로 떠오르지 않을 수 있으며, 설교 흐름이 어색하거나 논리가 뒤엉키기도 한다. 생각을 정리하고, 적절한 예화를 준비하고, 논리적 문제들을 해결할 충분한 시간이 없기 때문이다. 하지만 이런 상황에서는 선택의 여지가 없다. 죽기 아니면 살기다!

그런데도 정기적으로 즉석 설교하기는 절대 권장하지 않는다. 즉석 설교는 어쩔 수 없는 상황을 대비해 비상 수단으로 챙겨두라. 하나님의 백성은 잘 준비한 설교를 들을 자격이 있다. 또한 하나님의 말씀은 충분한 생각과 연구, 깊은 기도를 거쳐 더 신중하게 전달해야 한다.

암기 설교(The Memorized Sermon)

암기한 설교는 말 그대로 한 마디 한 마디를 외워서 전달하는 설교이다. 이렇게 설교하는 여러 이유가 있을 수 있다. 자신감 부족, 원고를 사용하면 아마추어처럼 보일까 봐, (또는 교수님이 수업에서 원고 사용을 금지하시기에), 설교하는 언어에 익숙하지 않아서 등이 그 이유일 수 있다.[24]

암기한 설교의 장점은 아마도 말을 더듬지 않고, 무엇을 말할지 지나치게 고민할 필요가 없다는 점이다. (물론, 다음에 나올 내용을 기억하려 애쓰는 데 정신이 팔릴 수도 있다). 또한 청중과 지속적이고 끊임없는 눈 맞춤을 유지할 수 있어 소통에 유리하다(9장 「설교 전달로 말씀 형

---

[24] 필자는 설교 수업에서 유학생들에게서 이렇게 암기하여 설교하는 모습을 본다. 그들은 모국어로 생각하고 영어로 설교하는데, 어떻게 하는지 도무지 모르겠다. 그들 모두에게 경의를 표한다!

상을 새긴다」를 참조하라). 하지만 예측할 수 있는 위험은, 요즘 말로 멘탈이 나가거나 머릿속이 하얘져(mental blocks) 중요한 내용을 잊어버리는 상황이다. 이럴 때 당황하고, 흐름을 다시 이어가려면 원고를 다시 들여다봐야 한다. 암기해 전달하는 설교는 종종 마음속으로 본문을 읽듯이, 경직되고 유연하지 않은 스타일로 전달하기 쉽다. (이 문제는 원고 설교에서도 똑같다. 다음에 살피겠다.) 종합하면, 암기하는 데 드는 시간에 비해 얻는 이점이 턱없이 적으므로, (나이가 들면 시간은 더 걸린다). 필자는 암기 설교를 자주 사용하지 말라고 권장한다.

그러나 설교 **지도**(sermon map)는 외우라고 권하는데, 외워서 즉흥 설교를 할 수 있기 때문이다(아래를 참조하라). 또한, 서론과 결론을 암기도 좋은 방법이다. 설교의 시작과 끝은 청중과 최대한 교감하려는 시점이기에, 암기한 서론과 결론은 그 교감을 유지하는 데 유익할 수 있다. 또한 사용할 통계나 인용문, 심지어는 정확히 계획한 대로 전달해야 할 예화도 암기하면 좋다.

즉석 설교(The Extemporaneous Sermon)

'그 자리에서(extempore)'라는 말은 "거의 또는 전혀 준비나 사전 생각 없이 말하거나 수행하기"를 뜻하지만, 여기서 말하는 즉석 설교는 그와 다르다. 충분히 준비하고, 철저하게 원고를 작성했으며, 자주 연습도 했다. 설교를 오랫동안 잘 준비했지만, 설교 원고를 암기하지는 않았다. 이제 여러분은 설교 지도(이상적으로는 한 장 분량)만 들고 강단에 선다.[25] 그 설교 지도를 바탕으로 설교를 전달하며, 설교 원고에 있는 정확한 단어나 (구조만 가지고) 연습 단계에서 사용한 표현을 사용하지 않으므로 신선하고 대부분 자발적인 단어로 설교를 전달한다. 따라서

---

[25] 설교 지도에 포함할 세부 사항의 양은 여러분 선택에 달려 있다. 너무 많은 내용을 추가하면 구조가 원고처럼 되므로 한 장으로 제한해야 한다. 한 장짜리 지도가 왜 필요한지 의문이 들 수 있다. 이 골격을 암기하고서 설교하면서 살을 붙여도 좋지만, 구조가 눈앞에 있든 마음에 있든 설교는 항상 즉석 설교이어야 한다.

예행연습 반복 **그리고** 최종 반복(실제 설교)에서 매번 같은 설교 지도를 바탕으로 하므로 구조는 같고 아이디어는 매번 같은 순서로 진행하지만, 표현은 필연적으로 달라질 수밖에 없다. 이러한 즉석 전달은 설교에 신선함과 매력을 더한다. 대화하듯 들리고 자발적으로 보이며 힘들이지 않은 듯해서, 청중의 참여와 몰입을 촉진할 수 있다. 또한 설교를 암기하기보다 노력이 덜 들지만, 참조할 수 있는 설교 지도라는 '탈출구'가 있어 자신감을 키운다. 이것은 대부분 설교 교사가 가장 추천하는 설교 유형이며, 필자도 동료 교수들과 함께 이 방법을 지지한다.

그러나 필자는 이 방식으로 하지 않는다. 필자는 영어와 그 어휘의 폭과 깊이를 사랑한다. 그래서 대중 연설에서 단어 사용이 매우 까다롭다. 설교가 **고상한** 대화(elevated conversation)라는 점을 기억해야 한다. 즉석 설교가 필연적으로 덜 다듬은 형태라서, 선호하지 않는다. 너무 자주, 그런 설교는 수다스러운 어조가 되어 중요한 문제를 사소하게 만들고 청중의 주의를 산만하게 한다. 필자는 설교에서 항상 계획한 대로 정확히 말하기를 더 좋아한다. 즉석 설교는 다루기 힘들고 실수하기 쉬워, 단어를 찾으려 애쓰며 어색한 혼란에 빠진다는 사실을 알았다. 모든 사람이 같은 방식으로 또는 같은 유창함으로 자기 어휘를 떠올릴 수가 없다.26 만약 그걸 쉽게 그리고 여유 있게 할 수 있다면, 대단한 능력일 테다. 필자로서는, 설교 지도만으로 거기서 단어, 구, 문장, 단락을 구사하기가 항상 힘들었다. 그래서 그 방법을 오래전에 포기했고, 대신 거의 전적으로 원고 설교에 의존한다.

---

26 심리 언어학은 단어가 소리, 첫 글자, 마지막 음소, 의미 영역, 연관성 등 다양한 방식으로 마음에 저장된다고 설명한다. 그리고 정신적 회상은 사람마다 다르게 작동하는데, 오류 가능성과 이 비밀스러운 과정을 풀어내려고 도전하는 수많은 병리학이 있다. Gerry T. M. Altmann, *The Ascent of Babel: An Exploration of Language, Mind, and Understanding* (New York: Oxford University Press, 1997), 그리고 William J. M. Levelt, "Accessing Words in Speech Production: Stages, Processes and Representations," *Cognition* 42 (1992): 1~22를 참고하라. 뼛속 깊이 내성적인 성격으로 항상 군중 앞에서 긴장하고 제2 언어로 설교하는 필자로서는 (비록 필자가 입양한 제2 언어로 생각하고 꿈꾸지만), 그렇게 자발적이며 즉석에서 정확한 단어를 떠올리기가 절대 쉽지 않다.

원고 설교(The Manuscripted Sermon)

원고 없이 전달하는 설교는 꽤 인상 깊다. 마치 안전망도 없는 높은 데서 외줄타기와 같다! 새로운 걸작을 만들어서 청중의 입이 쩍 벌어지게 하고 싶다면, 그런 위험은 감수할 가치가 있다. 그러나 설교자는 성경과 그 저자를 섬기는 일이지, 누구를 현혹하는 일이 아니다. 설교자 임무는 예술 작품을 만드는 것이 아니라, 성경이라는 작품을 큐레이팅하여 청중이 본문을 충분히 경험할 수 있도록 돕는 일이다. 성경의 큐레이터와 심부름꾼은 인상적이지 않아야 하며, 오직 임무를 성실히 수행하도록 부름을 받았다. 그러므로 필자는 설교 원고가 있어야 하며, 원고 없이 설교하는 방식을 고대 수사학과 그리 멀지 않은 대각성 시대의 유물이라고 생각한다. 그 당시 조지 횟필드(George Whitefield)는 원고도 없이 순회 설교에서 강력한 힘을 발휘했다. 다음은 어니스트 보만(Ernest G. Bormann)이 18세기 미국 설교 관행에 관해 한 말이다.

> 원고 없이 하는 즉석 연설(extemporaneous speech)이 찬사를 받았는데, 그 이유는 하나님의 영감을 받는 길을 열었고, 서면 설교보다 더 자연스럽고 덜 학문적이며, 비실용적이지 않았기 때문이었다. 하나님의 부르심을 받았으나 충분히 교육받지 않은 채 설교하는 목사는 설교문을 작성해 설교하기보다는 훨씬 더 쉽게 즉흥적으로 설교할 수 있었다. 중요한 의미에서, 내러티브 자료와 즉석 연설을 강조함으로 설교자의 덕목으로 영감을 높였으나, 학식을 낮추는 결과를 낳았다.[27]

그러한 즉석 전달은 매우 극적이어서 특히 횟필드가 원고 없이 전달한 똑같은 설교는 반복할수록 더욱 세련되어 찬사를 받았는데, 조나단 에드워즈(Jonathan Edwards)도 횟필드의 즉흥성을 모방하기 시작했으며, 19세기 후반에는 찰스 피니(Charles Finney)도 그랬다.[28] 피니는 심지어

---

[27] Ernest G. Bormann, *The Force of Fantasy: Restoring the American Dream* (Carbondale: Southern Illinois University Press, 1985), 166.

"우리가 원고를 버리기 전에는 복음의 **완전한 의미**(full meaning)를 결코 잡을 수 없다"라고 선언하기까지 했다.[29]

원고 없이 전달하는 설교에 장점이 있겠으나, (필자는 반대하는 의견을 괄호에 제시하겠다.)

- 성령의 자발적인 인도. (그러나 설교 원고가 성령의 주권적 역사를 방해할 수 있을까? 설교자는 설교 준비하면서 성령의 자발적인 인도를 받을 수 있지 않을까?)
- 믿음의 행위. (이 주장을 확대하다간, 아예 설교를 준비하지 말아야 할 수도 있다. 믿음과 추측 사이에는 항상 미세한 경계가 존재한다. 원고를 보면서 설교하기도 성령을 의존하며, 이는 다른 어떤 설교 전달 방식 못지않게 신뢰 행위일 수 있다. 설교 원고가 있든 없든, 하나님께서 자기 미약한 노력을 사용하시리라고 믿는다.)
- 청중에 집중하고, 청중에게 유익하게 하겠다는 부담으로 말할 수 있는 능력. (진정으로 청중에게 집중은 설교 준비와 작성 과정에서 이루어져야 한다. 신중하고 사려 깊으며 기도하는 마음으로 이루어져야 한다. 19세기 미국의 목사이자 작가인 필립스 브룩스[Phillips Brooks]가 한 말을 인용하겠다.)

설교에 관한 진정한 질문은, 설교를 청중에게 전달할 때 즉흥적인지 아닌지가 아니라, 설교를 준비하는 과정에서 담론이 여러분 마음과 정신에서 신선하게 솟아난 적이 있는지이다. … 설교에 관한 근본적인 질문은 설교가 과연 청중을 이해하고 그들과 깊이 공감하고 있는지이다. 그러하다면 설교는 열정적이고 개인적이며 따뜻할 수밖에 없다. 그러나 그렇지 않다면 설교는 감정이 없고 추상적이

---

[28] Bormann, *The Force of Fantasy*, 84.

[29] Charles Grandison Finney, *Revivals of Religion* (New York: Leavitt, Lord, 1835), 202(원문에 강조됨) ‖ 『찰스 피니의 부흥론』, 김원주 옮김 (서울: 생명의말씀사, 1998), 259.

며 차갑기만 할 테다. 하지만 중요한 사실은, 청중을 깊이 인식함은 설교자 목양실에서도 충분히 생겨날 수 있다는 점이다. 목양실에서 그런 인식이 생겨났다면, 그 설교에는 마치 수많은 청중이 눈앞에 있는 강단에서 즉석으로 만들어졌을 때 얻을 수 있는 것과 똑같은 열정과 생명력이 있다. 나는 모든 진지한 설교자가 설교 원고를 작성할 때, 실제로 설교를 전달할 때보다 더 큰 흥분을 느끼고, 진리를 사람들에게 보내려는 뜨거운 열정으로 더욱 불타오르는 경우가 많다고 생각한다. 그리고 놀랍게도, 설교를 쓸 때 그러한 열정의 불이 실제로 그 설교에 존재한다면, 그 불꽃은 원고에 머물러 있다가 설교를 청중에게 전달할 때 다시금 생생하게 타오를 테다.[30]

- 위기 상황에 적응력. (설교자는 설교를 전달하기 몇 주 전부터 이미 청중과 상황을 잘 파악하고 있어야 한다. 강단에서 설교하는 바로 그 순간에, 청중에 관한 새로운 정보나 상황을 얼마나 정확히 파악할 수 있겠는가? 물론 설교 도중에 청중이 지루해하거나 이해하지 못하는 모습을 발견한다면, 잠시 설교 원고에서 벗어나 임기응변을 발휘해야 할 수도 있다. 그러나 진정한 설교자는 평소에 청중을 너무나 잘 알고 사랑하기에, 설교 중간에 급히 내용을 수정할 필요가 없도록 준비한다. 이것이 바로 설교와 목회를 분리해서는 안 되는 또 하나의 이유이다.)

- 설교에서 진정성. (설교 원고를 보면서 설교하면 진정성이 없다고 말하는 이유를 도대체 모르겠다. 설교를 진심으로 준비했다면, 그 설교에는 어떤 가식, 위선, 기교가 없지 않은가? 도대체 그들은 '진정성(authenticity)'이라는 단어를 어떤 의미로 사용하는지가 궁금하다. 우리가 깨지고 상처 입은 죄인이라는, 있는 그대로 모습 자

---

[30] Phillips Brooks, *Lectures on Preaching: Delivered before the Divinity School of Yale College in January and February 1877* (New York: E. P. Dutton, 1877), 172~73 ‖ 『설교론 특강』, 서문강 옮김 (고양: 크리스챤다이제스트, 2001), 164.

체가 우리 삶과 사역의 목표이어야 하지 않는가? **진정한** 진정성—중복적으로 들리겠지만—이란, **하나님**께서 우리에게 기대하시는 됨됨이로 살아가는 모습이다. 우리는 있는 그대로 모습에서는 모두 진정하지 못하다. 오직 우리가 그리스도를 닮아갈 때만 **진정으로** '진정성 있는' 존재가 된다. 마이클 거슨[Michael Gerson]은 조지 W. 부시 대통령의 연설문 작성자이었는데, 그는 통치와 연설의 진정성에 관해 말한 내용은 목회와 설교에도 매우 적절하다.)

> 통치는 단순한 재능이 아니라 일종의 숙련된 기술이다. 여기에는 아이디어와 우선순위를 신중하게 가려내고 정리하는 일을 해야 한다. 글쓰기 훈련—아이디어를 명료하게 표현하고 적절한 순서로 정돈하기—은 통치 행위에 필수이다. 수사학에서 즉흥적으로 말하기는 대개 조잡하고 자기 만족적인 행동이다. 스스로는 자기 목소리에서 모차르트 음악이 들린다고 생각하는 정치인들이 많지만, 정작 다른 사람들 귀에는 다듬어지지 않은 심벌즈와 카주(kazoo) 소리로 들린다. 깊이 생각하거나 미리 준비하지 않고 떠오르는 대로 말하는 지도자가 더 '진정성 있는' 것이 아니라, 오히려 더 천박하다. 더 '진짜'가 아니라, 더 절제하지 않았다.[31]

- 청중에 더 많이 참여(engagement). (이 말에는 어느 정도 일리가 있지만, 설교 시간에 설교 원고를 어떻게 활용하느냐에 따라 그 효과는 달라질 수 있다(아래를 참조하라). 사실 '눈 맞춤(eye contact)' 효과는 종종 과장되곤 한다. 설교에서 도대체 얼마나 많은 눈 맞춤이 필요한 걸까? 어차피 설교의 모든 순간마다 청중 한 사람 한 사람과 눈을 맞추기는 불가능하다. 전설적인 이야기꾼 개리슨 케일러(Garrison Keillor)는 설교자를 다음 말로 묘사했다. "목사님들.

---

[31] Michael Gerson, "Obama Speeches Gain from Teleprompter," Washington Post, March 27, 2009.

대부분 40대 남성, 허리둘레는 조금 두툼하고, 머리 윗부분은 가늘어졌으며, 귀 주변은 부풀어 오른 듯한 헤어스타일. 물고기 모양 메달을 달고, 터틀넥 스웨터에 흙색 계통의 옷을 입고 허쉬 퍼피(Hush Puppies)를 신었다. 하지만 옷차림보다도 그들을 돋보이게 만드는 것은, 지나치리만큼 열정적인 눈 맞춤이었다."[32] 우리는 청중과 진정으로 소통하는 방법이 눈 맞춤만이 아니라는 사실을 기억해야 한다. 청중과 소통은 설교자의 열정, 설교 내용의 힘, 삶과 연관성, 적절한 예화 사용 등 예배하는 교회 상황에서 더 다양한 요소로 이루어진다. 게다가 눈 맞춤이 갖는 의미와 가치는 문화에 따라 다르게 받아들여질 수도 있다.)[33]

하지만 원고 설교에는 장점도 상당히 많다.

- 충분한 준비와 기도로 빚은 설교. 설교자는 설교 내용을 형태부터 문장 하나하나까지 깊은 기도와 신중한 고민으로 빚는다. 그렇게 공들여 준비한 내용은 설교 전달 과정에서 그대로 살아 있다. 원고 설교는 표현의 간결함과 정확성을 최대한 높이며, 본문에 있는 힘과 감성(pathos) 그리고 특정 청중의 실제 필요에 맞게 섬세하게 조율된다.
- 설교 품격을 유지할 수 있는 통제력. 설교자는 원고를 통해 다른 방식의 설교에서는 얻을 수 없는 세밀한 통제력을 얻는다. 이를 통해 자기 인격과 열정을 무작정 쏟아붓지 않고, 절제한 방식으로 설교에 깊이 녹여낼 수 있다.

---

[32] Garrison Keillor, "Pontoon Boat," in *Life among the Lutherans*, ed. Holly Harden (Minneapolis: Augsburg, 2010), 17~18.

[33] 설교하는 데 teleprompter를 사용해 본 적이 없다. 비디오 팟캐스트 한두 개를 위해 iPad 버전을 사용한 적은 있지만, 텔레프롬프터에서는 원고에 표시하거나 마지막 순간에 수정하기가 어렵다. 또한 전자 기기에 익숙하지 않으면 자연스럽지 않게 보일 수 있다. 텍스트 스크롤을 누가 제어할 것인가? 자동 속도 설정은 설교자의 음성 속도 변화와 맞지 않는다. 스마트폰으로 직접 제어하면 오히려 복잡하고, 다른 사람이 제어하면 문제가 생길 위험이 있다. 기술에 너무 의존하면 불편함이 커지므로 이 방식은 피하는 게 좋다.

- 선포하는 본문을 겸허히 존중. 하나님의 백성을 위해 하나님의 말씀을 선포하는 일은 설교자에게 깊은 겸손을 요구한다. 설교자는 본문의 '심부름꾼' 또는 '조산사'이다. 설교자는 위대한 작품을 창조하는 예술가가 아니라, 하나님께서 이미 빚으신 작품(본문)을 신실하게 큐레이팅하는 사람이다. 설교자가 큐레이션을 더욱 신중하게 계획하고 준비할수록, 청중은 본문 + 신학이 담고 있는 힘과 감성을 저자가 원래 의도한 대로 온전히 경험할 수 있다.
- 청중과 충분한 교감과 소통. 설교자가 설교 원고를 가지고 설교하더라도 청중과 깊이 소통하기는 얼마든지 가능하다. 다만 강단에 오르기 전에 이루어진 준비와 연구가 매우 철저하고 충분했기에, 막판에 즉흥적인 수정이 필요하지 않기를 기대한다. 원고 설교는 즉흥적이고 피상적인 평가에 의존하지 않고, 미리 이루어진 치밀한 청중 분석과 깊은 사전 이해를 바탕으로 진행한다.
- 기도. 무엇을 말할지 미리 정확히 알고 있다면, 그 내용을 더 구체적이고 집중적으로 기도할 수 있다.
- 머릿속이 하얘지거나 중요한 이동을 잊어버릴 위험이 없음.
- 더 큰 자신감. 물론 원고 설교가 설교자의 실패에 대한 두려움을 완전히 없애 주지는 않지만, 그 두려움의 강도는 현저히 줄여준다. 자신감은 설교 전달의 모든 면에 매우 긍정적인 영향을 끼친다. 설교자가 긴장을 덜 할수록 더 많이 미소 짓고, 이러한 편안함과 안정감은 청중과 소통을 더 깊고 원활하게 한다.[34] 이처럼 설교자의 자신감을 청중도 느낀다. 청중은 설교자의 자신감을 즉시 알아

---

[34] 이는 마치 GPS 장치를 켜놓고 운전할 때 얻는 자신감과 비슷하다. 필자는 최근에 조카와 함께 뉴질랜드 북섬과 남섬을 자동차로 여행했다. 여행하는 내내 우리와 함께했던 것은 몸은 없지만 친절한 목소리를 가진 GPS 속 여성뿐이었다. 우리는 심지어 익숙하지 않은 도로에서 왼쪽으로 운전하는 낯선 경험을 하고 있었는데, 물론 왼쪽은 "올바른" 쪽이 아니라 "잘못된" 쪽이다! 그런데도 GPS 덕분에 우리는 전혀 불안하지 않았고, 완전한 자신감을 느끼며 낯설고 구불구불한 도로에서도 자유롭고 즐거운 마음으로 뉴질랜드의 아름다운 풍경을 만끽할 수 있었다.

차리며, 그를 더욱 신뢰할 수 있는 사람으로 여긴다. 결국 청중은 설교자가 실수할까 염려하지 않고 긴장을 풀고 설교 내용 자체에 깊이 몰입한다.

- 옆길로 빠지지 않음. 필자는 설교 원고를 앞에 놓고도 설교 도중 가끔 즉흥적으로 말한 적이 있다. 하지만 결과적으로 원고를 정확히 따랐을 때 설교를 얼마나 명확하고 긴밀하게 전달했는지 경험으로 깨달았다. 또한, 설교 원고에 없다고 생각하여 즉석에서 아이디어를 덧붙인 적도 있었다. 속으로는 이렇게 생각했다. "어, 이 생각을 원고에 적어두지 않은 것 같은데 … 여기서 그냥 이야기해야겠다." 그런데 몇 분 뒤, 원고 뒷부분에서 내가 방금 즉흥적으로 말했던 바로 그 내용이 훨씬 더 좋은 표현으로, 훨씬 더 적절한 맥락에 이미 적혀있음을 발견했다. 서두른 나머지, 미리 준비한 좋은 내용을 즉석에서 덜 매끄럽게 표현했다.

- 시간 관리 수월. 이미 언급했듯이, 경험이 쌓이면 설교 원고에 쓴 단어 수만 보고도 설교 시간이 얼마나 걸릴지 정확히 예측할 수 있다. 강단에서 정해진 시간을 엄격히 지킴은 청중뿐 아니라 무대 위 그리고 아래에서 수고하는 이들과 음향 담당자 등 예배와 행사에 참여하는 모든 사람을 존중하는 일이다.

그렇긴 하지만, 원고 설교도 **제대로 하지 못하면** 두 가지 단점이 있음을 솔직히 인정해야 한다. 첫째, 원고를 작성할 때 청중의 귀에 들리는 방식을 특별히 고려해야 한다. 다른 설교 방법과 달리, 원고 설교는 설교자가 쓴 문장 그대로 청중에게 들리기 때문이다. 한 전문가는 이렇게 말한다. "원고를 보고 읽는 것 같지 않은 설교자는 아마도 훌륭한 글쓰기 실력을 갖춘 사람일 테다. 그들은 사람들이 어떻게 말하는지, 미묘한 말맞은 어떤지, 문장을 어떻게 구성해야 자연스럽게 들리는지 알고 있다. … 하지만 이는 타고난 재능이 아니라, 끊임없는 연습과 반복을 통해서만 얻을 수 있다."[35] 잘 들리게 쓰기 외에도, (강단에서 설

---

35 Rich Bellis, "Let Your Favorite Podcast Hosts Fix Your Public Speaking

교 원고를) 듣는 이가 잘 들을 수 있도록 **읽어야** 한다. 종종 설교 원고를 읽을 때, 독자는 딱딱하고 단조로운 어조를 채택하는데, 이는 마치 읽기를 배우는 초보자처럼 기계적으로 조정된 로봇 같은 읽기 방식이다. 목소리는 한참 올라갔다가 내려가고, 또 올라갔다 내려가기를 반복한다. 멈춤도 없고, 휴식도 없으며, 설교의 감정을 잘 드러내지도 않는다. 이런 방식은 청중을 금방 지루하게 하고 인위적으로 느껴진다. 그러므로 원고 설교를 잘하려면, 잘 읽을 수 있어야 하고, 이는 많은 연습과 경험으로 할 수 있다.

둘째, 설교 원고를 들고 강단에 서면, 그 원고가 자신도 모르게 설교자의 눈을 원고에 붙잡아 두는 마법 같은 자력을 발산한다. 설교자의 눈은 계속 거기에 머물러 있어서, 청중에게는 설교자의 머리 윗부분만 보인다. 이것이 여러분 모습이라면, 어떤 대가를 치르더라도 원고 설교를 해서는 안 된다. 이 모습은 청중과 연결을 완전히 차단하고 청중과 설교자 사이에 정서적 거리를 두기 때문이다. 그러나 이 문제에 해결책이 없지는 않다. 해결책은 다음과 같다. 원고를 볼 때는 절대 말하지 않고, 청중을 볼 때만 말하라. 다시 말해, 아래를 내려다보면서 원고의 작은 단락을 정신적으로 순간 포착(mental snapshot)하고, 고개를 들어 청중한 사람과 눈을 맞추고, '순간 포착한 메시지'를 대화식으로 전달하라. 그런 다음 아래를 보고 다음 부분의 메시지를 순간 포착하고, 위를 보고 다른 사람과 시선을 연결하여 전달하는 방식을 반복하라.36

영국 총리 윈스턴 처칠(Winston Churchill)은 2차 세계 대전 중 나치의 공격으로 혼란에 빠진 국가를 연설로 결집했고, 1953년 노벨 문학상을 받았다. 인용문에는 "고귀한 인간 가치를 옹호하는 그의 훌륭한 연

Problems," *Fast Company*, July/August 2017를 인용하면서, WNYC Studio의 "Note to Self" 진행자 마누쉬 조모로디(Manoush Zomorodi)가 한 말이다.

36 메모나 원고에 묶이면 무대나 연단을 자유롭게 돌아다니지 못할 수 있다. 그것은 원고에 적힌 얼마나 큰 덩어리를 단일 스냅숏(single snapshot)으로 머리에 담을 수 있느냐에 달려 있다. 하지만 필자는 단지 돌아다니려고 돌아다녀야 한다고 확신한 적이 없다(9장 「설교 전달로 말씀 형상을 새긴다」를 참조하라).

설"37이라는 내용이 부분적으로 포함돼 있다. 사실, 그는 원고 연설가였다!38 의심할 여지 없이, 그러한 전달에는 상당한 기술이 필요하다. 그러한 수준으로 성공하게 하는 세 단어는 연습, 연습, 연습이다! 예행연습에서 원고를 소리 내어 읽으면 소리가 어떻게 들리는지 익숙해지므로 실제로 설교할 때 원고를 자주 내려다볼 필요가 없다. 요컨대, 필자는 원고 설교를 추천하지만, 현학적으로 들리지 않고 청중과 소통을 유지하며 대화식으로 설교를 전달할 수 있는 경우에만 권장한다. 이를 달성하려면 노력해야 하고, 경험상 그만한 가치가 있다고 확신한다.

다음은 원고 사용에 관한 몇 가지 실제 요령이며, 그중 일부는 이미 다뤘다.

- 주요 사상/개념이 한 면 하단에서 다른 면 상단으로 이어지지 않도록 하라. 면이 바뀌어 연속성이 끊어지면 집중력이 떨어질 수 있다.
- 말하듯이 읽어라. 그러려면 먼저 말하듯이 써야 한다.
- 원고에 표시하라. 적어도 설교를 배우는 초기에는 몸동작, 멈춤 등 신호를 스스로에게 주라. 처칠의 경우, "그의 연설은 즉흥적인 느낌을 주고, 원고에는 무대 지시('멈추고 단어를 더듬음' 및 "말을 더듬고 자신을 수정함')가 포함돼 있기에, 그의 연설은 매번 극적이고 생동감 넘치는 행사이다."39라는 말이 있다.
- 원고에 익숙해지고, **매우** 익숙해지라. 그렇게 하면 원고에 불가피하게 파묻히는 일을 막을 수 있다.
- 원고를 이따금 보라. 원고가 여러분 앞에 있다는 사실을 청중이 모르게 하려 함이 아니라, 메모에 의존하다가 청중과 소통을 방해하지 않게 하려 함이다. 원고가 없는 척할 필요도 없고, 있다는 사실

---

37 https://www.nobelprize.org/nobel_prizes/literature/laureates/1953/, 참조. 2018년 5월 1일 접속.

38 William Manchester, *The Last Lion: Winston Spencer Churchill Alone, 1932~1940* (New York: Bantam, 1988), 34.

39 Manchester, *Last Lion*, 34.

을 알릴 필요도 없다. 사람들은 항상 내가 강단에 iPad를 가지고 올라가는 모습을 본다. 나는 그것을 대수롭지 않게 여기며, 사용하는 동안에는 주의를 끌지 않는다.
- 눈을 맞춰라. 원고에서 벗어나라.
- 설교 내내 열정, 연관성, 예화, 몸동작 등으로 청중과 적극 소통하라.
- 문장이 끝날 때 청중을 바라보라. 필자는 첫째 문장을 다 말하기도 전에 다음 문장을 준비하려고 아래를 내려다보는 경우가 종종 있다. 그렇게 하지 말라. 문장이나 생각 끝에서 청중과 눈을 마주침은 여러분이 말하는 내용의 중요성을 강조하는 뜻이다.
- 연단, 강대상, 보면대 등을 사용하여 원고를 놓아둬라.
- 성경 구절을 포함하여 전해야 할 모든 것을 원고의 적절한 위치에 포함하라. 그러면 원고 (이상적으로는 태블릿; 아래 참조)만 가지고 강단에 올라간다.
- 자기에게 맞는 시스템을 찾아라. 자주 연습하라. 자주 사용하라. 편안하게 미세 조정하라. 완전히 익히라.

설교 원고 작성에 사용하는 도구와 방법
(Materials and Methods for Producing a Sermon Manuscript)

다음은 필자가 원고 설교를 어떻게 준비하는지, 곧 어떤 도구를 사용하며 그것들을 어떻게 활용하는지에 관한 자세한 설명이다.[40]

자료(Materials)

- Mac의 Microsoft Word
- 손 (그리고 눈)에 맞는 크기의 iPad 또는 동급 태블릿과 스타일러스[41]

---

[40] 여기서 필자는 필자에게 유용한 자료와 익숙한 순서를 살핀다. 여러분의 장비와 스타일에 맞게 맞추기를 바란다. 또한 기술 측면에서 필자가 추천하는 방법은 이 글을 쓰는 시점에 최신 정보라는 점도 유의하라.

- iOS 시스템과 함께 제공하는 표준 앱인 iBooks
- 9.99달러의 가치가 있는 iOS 앱인 iAnnotate(Android 및 Window에서도 유사한 앱을 찾을 수 있다.)42
- Dropbox 계정43

방법(Methods)

컴퓨터로 원고를 완성하면(원고 설교를 하든 안 하든 원고 준비는 필수적이라는 점을 다시 강조한다), 문서를 태블릿에 적합한 페이지 크기로 설정한다. 기기의 모든 공간을 활용하는 적절한 크기를 찾는 데는 여러 차례 시행착오 할 수 있다.44 8.5 x 11 레터 사이즈 (혹은 A4 사이즈) 문서를 태블릿의 더 작은 화면으로 봐야 한다는 점을 기억하라. 이를 보완하고 눈이 편하게 하려면 문서 글꼴을 키워야 한다.45 문서 크기 설정에 만족하면 pdf로 변환하여 Dropbox 폴더에 저장한다. 이제

---

41 필자는 9.7인치 iPad Pro(Apple)와 Apple 펜슬을 사용한다. (후자는 저렴하고 좋은 옵션이 많이 있다. https://www.amazon.com/Friendly-Swede-Micro-Knit-Universal-Capacitive/dp/B071H7BFGN%3Fref%3Dast_p_ep 참조). iPad Pro는 10.5인치, 12.9인치 모델도 있다. 이것들은 너무 커서 다루기 불편하다고 생각한다. 9.7인치 화면을 가진 다른 버전의 iPad도 있으며, 그 정도면 충분하다. 더 작은 것은 추천하지 않는다. 어쨌든 요즘 같은 시대에는 메모 카드나 종이를 원고에 사용하지 말고 태블릿에 투자하는 것이 좋다. 편리함이 비용을 능가한다!

42 https://www.iannotate.com참조.

43 https://www.dropbox.com 참조. 유료 Dropbox Plus(연간 99달러, 1TB 클라우드 용량 포함)는 합리적인 가격이다. 노트북/데스크톱에 Dropbox용 폴더를 지정하라. 그리고 태블릿에도 무료 앱을 저장하라. 다른 옵션으로는 Apple의 iCloud, Amazon Cloud Drive, Google Drive가 있다.

44 필자는 8.5 x 11이 충분함을 알았다. iPad 전체 화면을 활용하려고 상단 및 하단 여백을 0.2인치로, 왼쪽 및 오른쪽 여백을 0.3인치로 조정한다.

45 기본 글꼴 크기는 11포인트(serif font)이고, iPad용으로 문서를 변환할 때는 16포인트로 크기를 늘린다. 모든 일러스트레이션은 다른 글꼴(sans serif)로 페이지에 윤곽선이 있는 텍스트 상자에 배치하여 눈에 잘 띄도록 한다.

iPad로 이동한다. 전원을 켜고 iAnnotate를 연다. 앱에 Dropbox 폴더에 액세스할 수 있는 권한을 부여한 다음, 앱에서 설교 원고 pdf를 연다. iAnnotate에는 스타일러스를 사용하여 원고를 마크업하는 데 사용할 여러 주석 도구가 있다. 필자는 일반적으로 다양한 펜 색상을 사용하여 밑줄을 긋고 주석을 달고 몇 가지 형광펜 색상을 사용하여 단어, 구, 문장을 강조한다. 이러한 색상에 특정 코드는 없다. 필자 의도는 설교의 일부가 눈에 띄도록 하여 설교하는 동안 특정 단어, 섹션, 문장에 쉽게 눈이 가게 하려 함이다. 설교 중간에 원고에서 위치를 잃고 싶지 않다. 마크업에 만족하면 주석을 병합한 후 문서를 저장한다.[46] 여전히 pdf인 문서는 원래와 동일한 Dropbox 폴더에 자동으로 저장되며, 병합된 상태를 나타내는 새 이름이 지정된다.

그런 다음, iPad에서 Dropbox를 열고 주석이 달린 (그리고 병합된) 설교 원고 pdf가 있는 폴더로 이동한다. Dropbox 내에서 해당 폴더를 열고 iBooks로 내보내기 옵션을 선택한다. iBooks가 열리고 마크업된 원고 pdf가 열린다.[47] 이렇게 설교에 사용할 준비를 마쳤다.

하지만 설교하기 전에 태블릿에서 주의해야 할 몇 가지 중요한 사항을 염두에 둬야 한다.

- 디바이스 배터리 충전량을 확인하여 80% 이상인지 확인한다.
- 화면 밝기를 적절한 수준, 아마도 평소보다 약간 더 밝게 조정한다.
- 화면 방향을 세로 모드로 잠금 한다.
- 자동 잠금 기능을 '없음'으로 설정한다. (그렇지 않으면 화면이 검게 변하여 장치를 잠금 해제하려면 암호, 지문 또는 얼굴 ID 입력해야 할 수도 있다).

---

46 복잡하게 들리지만, iAnnotate에는 버튼 하나만 누르면 자동으로 수행하는 매크로가 있기 때문에 병합은 실제로 쉽다.

47 오른쪽에서 왼쪽으로 밀어서 페이지를 넘기는 것이 iAnnotate보다 iBooks에서 더 잘 작동한다. 설교할 때는 왼쪽에서 오른쪽으로 밀어서 페이지를 넘기는 것이 좋다. 위에서 아래로 스크롤하기는 너무 부정확하고 길을 잃기 쉽다.

- 태블릿을 비행기 모드로 설정한다. (그래야 설교 중간에 성가신 알림을 받지 않는다.)
- 모든 소리를 끈다. (위와 같은 이유로.)
- "방해 금지(Do Not Disturb)" 모드를 켠다(만약을 대비해서).
- iBooks를 제외한 모든 앱을 종료한다. 태블릿에서 완전하고 절대적인 침묵을 유지하며, 어떤 방해도 용납하지 않는다.

이 모든 것을 자유롭게 실험하고 수정하거나, 여러분과 여러분의 설교 방식에 맞는 전혀 다른 방식으로 운영해도 좋다. 필자가 제공한 세부 사항을 참고해서 여러분만의 생각으로 사용 방법을 찾기를 바란다.

단순함이 항상 이긴다(Simplicity Always Wins)

설교의 모든 부분, 특히 원고 작업을 할 때 기억해야 할 한 가지가 더 있다. 바로 단순함이 항상 승리한다는 점이다. 성경, 신학, 역사, 헬라어, 히브리어를 수년간 공부한 우리 설교자는 '지식의 저주(curse of knowledge)'라는 심각한 고통을 겪고 있다. 청중보다 너무 많이 알고 있다. 그리고 이 문제는 매우 유익하지 않은 방식으로 나타난다. 우리는 설교 때마다 우리가 아는 모든 것을 되풀이하고 싶어 한다.

1990년대에 잘 알려진 연구를 소개한다. 이 연구는 박사 과정 연구자가 했으며, 태퍼(tapper)와 청중이 참여한 실험이었다. 태퍼는 청중이 잘 아는 노래 리듬으로 테이블에 두드렸다(예. "생일 축하합니다", "별이 빛나는 깃발" 등). 청중은 두드리는 리듬만 듣고 무슨 노래인지 맞힌다. 태퍼는 청중이 노래를 맞출 확률이 50%라고 예상했지만, 단지 2.5%에 그쳤다.[48] 예상과 결과 사이에 이렇게 큰 차이가 나는 이유는 무엇일까? 태퍼들은 너무 많이 알고 있었다. 그들은 머릿속에서 노래를 들으며, 모든 사람 혹은 적어도 두 명 중 한 명은 그 곡을 알아들으리라고

---

[48] Elizabeth Louise Newton, "The Rocky Road from Actions to Intentions," PhD diss., Stanford University, 1990.

생각했다. 그들은 자기들이 아는 것을 누군가가 모른다고 상상할 수 없었다. 그러나 청중은 태퍼의 의도를 전혀 알지 못했다. 그들 중 40명 중 39명은 그저 아무런 의미 없는 리듬을 들었을 뿐이었다. "우리 지식이 우리를 '저주'했다. 그리고 우리는 청중의 마음 상태를 제대로 재현할 수 없기에, 우리 지식을 다른 사람들과 공유하기가 어려워진다."[49] 지식의 저주는 설교자에게 위험하다. "단순함"이라는 알약을 삼켜 그 고통을 치유하라.

처방(R)—단순함(SIMPLICITY). 설교 준비 시, 매시간 한 알씩 복용. 평생 사역을 위한 리필 제공. 대체 약품 없음.

스티븐 핑커(Stephen Pinker)가 잘 말했다. "이해할 수 없는 글을 쓰는 주된 원인은, 자기가 아는 내용을 다른 사람이 모른다면 어떨지 상상하기 어렵기 때문이다."[50] 설교 준비에서 단순함에 주의를 기울일 때 중요한 과제는 주석서와 자기 연구에서 무엇을 제외할지 결정하는 일이다.[51] 이것만으로도 우리에게 닥친 지식의 저주라는 악영향을 대부분 제거할 수 있다.

설교 제목에 관해서는 세 마디로 말할 수 있다. "제목은 까마득히 잊어라(forget about it)!" 그것이 여러분이 알아야 할 전부이다. 필자는 설교에 완벽한 제목을 붙여야 한다고 느껴본 적이 거의 없다. 만약 눈길을 끌게 함이 목표라면, 그렇게 해도 좋다. 한 번은, 마가복음 7장을 본문으로 설교를 준비하면서 예정된 설교에 제목을 붙여달라고 컨퍼런스 주최 측이 요청해서 「개와 악마」라는 제목을 달았다. 마가복음 7장에

---

[49] Chip, Heath and Dan Heath, *Made to Stick: Why Some Ideas Survive and Others Die* (New York: Random House, 2007), 20 ‖ ‖ 『스틱!』, 개정증보판, 안진환·박슬라 옮김 (서울: 웅진윙스, 2010), 39.

[50] Stephen Pinker, *The Sense of Style: The Thinking Person's Guide to Writing in the 21st Century* (New York: Penguin, 2015), 57.

[51] 필자가 쓴 주석과 관련해 말하면, 페리코페 신학에 관한 단서의 내용 중 15~20% 이상을 설교의 계시 하위 단계에 나타나도록 하면 안 된다.

개와 악마를 언급한 사실 외에는 본문이나 설교와 아무 관련이 없는 제목이었다. 그 제목이 엄청난 군중을 끌어모았을까? 글쎄, 그렇지 않았을 테다. 설교 후, 아무도 나에게 왜 그런 제목을 붙였는지 묻지 않았다. 가장 중요한 점은, 여러분이 연속 설교(lectio continua)하기를 바란다는 것이다. 그런 경우, 제목은 훨씬 덜 중요하다.

표절(Plagiarism)

토마스 G. 롱(Thomas G. Long)은, 요즘 "설교에서 발생하는 작은 절도 범죄의 물결"이 인다고 탄식했다.[52] 그는 다른 사람의 설교 자료를 빌려 자기 설교에 통합하거나 자기 설교처럼 사용한다고 말한다. 인터넷에 광범위한 접근, 사용할 수 있는 수많은 설교 팟캐스트, 설교 판매 사이트 확산 등으로, 많은 설교자가 다가오는 주일 (또는 설교가 필요한 경우)을 위해 자료를 구매, 대여, 도용하려는 유혹을 받는다. 설교 전체를 그대로, 설교 구조 또는 그 일부, 특정 문장 또는 구절, 하나 이상의 예화 또는 적용만 가져오기도 한다. 채택 범위와 규모의 가능성은 거의 무한하다. 수강생 중 한 명이 수업 시간에 필자가 불과 1년 전에 설교했던 같은 본문에 관한 설교에서 **내 말** 수백 단어(전체 설교 구조는 말할 것도 없고)를 그대로 가져와 설교한 적이 있다. 정말 대단한 배짱이다! 그것을 듣기란, 유체 이탈이었다.[53]

표절을 간단히 정의할 수 있는데, 자료를 빌려 쓰면서도 출처를 밝히지 않으면 표절이다![54] 물론, 그 과정에서 저작권을 침해하지 않아야 한다.[55]

---

[52] Thomas G. Long, "Stolen Goods: Tempted to Plagiarize," *Christian Century* 124, no. 8 (2007): 18.

[53] 교수인 필자는 그 설교로 A+를 받았으나, 그 학생은 F를 받았다.

[54] 라틴어 *plagiárius*, '납치범' 또는 '표절자'에서 유래; *plagium*, '납치'에서 유래; *plaga*, '그물'에서 유래.

[55] 이러한 요소를 상업적으로 사용하지 않는 한, 저작권을 위반하는 경우는 드물다. 감리교회 재정 및 행정 총회에서 제공하는 유용한 정보지, "Copyright Compliance for Local Churches"를 다음 사이트에서 확인한다.

표절은 … 글 쓰는 이가 상식을 벗어난 자료를 빌리면서도 해당 자료에 [자기가] **빚졌음을 표시하지 않은 채** 자기 것이 아닌 자료를 가져올 때마다 발생한다. 도용은 내용—적절한 문서 형식으로 **출처를 밝히지 않고** 가져온 아이디어나 정보—, 또는 언어적 표현—**출처를 밝히지 않고** 가져온 표현이나 어구—와 관련될 수 있다.56

표절 정의와는 별개로, 차용이 설교자에게 '심각한 위반'에 해당하는 지를 평가하는 척도는 유기(desertion)와 기만(deception)이다. 차용이 이러한 범주 중 하나 (또는 둘 다)에 해당하면, 그 행위는 기술적으로 표절인지 관계없이 실제로 '설교 절도'이거나 적어도 비난받아야 한다.57

유기(Desertion)

설교자가 양 떼의 목자로서, 하나님 백성의 목회자로서, 그들 영적 형성 책임자로서 지위를 버렸기에 다른 사람의 설교를 빌려야 한다면, 빌린 사실을 인정하든 인정하지 않든 심각한 문제의 원인이다. 설교자가 게으르고 비겁한 자기 탈선 때문에, 곧 열심히 설교 준비하지 않았고, 시간을 충분히 배분하지 않았고, 너무 게으르고, 무단이탈 (또는 직무 태만에 변명)으로, 다른 사람의 설교를 이용하려 든다. 마르틴 루터(Martin Luther)가 한 말에 귀 기울이자.

---

http://s3.amazonaws.com/Website_GCFA/reports/legal/documents/Copyright_Compliance_for_Local_Chuches_2015.pdf, 2018년 5월 1일에 접속.

56 *Student Handbook 2016~18* (Dallas: Dallas Theological Seminary).

57 이 두 가지 범주, 유기와 기만은 모두 의도적 차용을 다룬다. 또한 의도하지 않은 차용 형태, 곧 부주의한 연구와 출처를 표시하지 않은 작성으로 인한 것 또는 해당 출처 자료와 장기적인 상호작용으로 그 아이디어와 단어가 자기 정신에 암묵적으로 흡수돼 다른 사람의 자료를 전체 또는 부분적으로 무심코 사용하는 비의도적인 경우도 있다. 이 또한 표절의 범주에 속하는데, 자료 출처를 밝히지 않았기 때문이다. 그러나 여기에서는 이러한 부주의한 차용에 관해서는 다루지 않겠다. 다른 사람의 자료를 다룰 때 세심한 주의를 기울여 의도하지 않게 무의식적으로 자기 작업에 통합되는 일이 없게 해야 한다.

몇몇 게으른 목사와 설교자가 있는데, 그들은 자기에게 착하지 않은 이들, 곧 자기 설교를 이 [주석들] 그리고 다른 좋은 책들에서 얻으려는 이들이다. 그들은 [이 책들 때문에] 성서를 읽을 필요도 없다는 듯이, 기도하지 않고, 공부하지 않으며, 읽지 않고, 심지어 성서도 묵상하지 않는다. … 그들은 이해하지도 않은 채 반복하는 법을 배우는 앵무새나 갈까마귀일 뿐이다.[58]

설교자 직무 유기로 차용은 출처를 밝히든 밝히지 않든 변명할 여지가 없다. 곧, 빌린 내용이 표절에 해당하지 않더라도 게으름은 용납할 수 없다. 설교자 직무 유기는 자료 출처를 인정하는 정직성과 관계없이 그 자체로 유죄이다.

기만(Deception)

다음에 할 설교를 준비할 시간이 부족**할 수 있다**는 점을 먼저 인정한다. 그러나 그것이 직무 유기로 비롯해서 안 된다. 여러분이 최선을 다해 성실히 일했다 하더라도, 다양한 목회적 긴급 상황이 여러분 시간을 지배할 수 있다. 양육과 돌봄의 책임들이 여러분 일정을 방해하고, 그래서 설교 준비에 필요한 시간과 에너지를 할애하지 못할 수 있다.[59] 아니면 여러분이 지쳐서 탈진 상태일 수도 있다. 어쩌면 설교 준비에 자기가 생각했던 것만큼 능숙하지 않을 수도 있다. 연구를 도와줄 직원이 없거나, 책을 구할 수 없거나, 교회가 작은 마을에 있어 필요한 자료에 접근하기 어려울 수도 있다.[60] 또는 즉시 해결할 수 없는 다른 어

---

[58] Martin Luther, "Preface to Johann Spangenberg," in *Luther's Works*, Vol. 60: Prefaces II, ed. Christopher Boyd Brown, tr. Mickey L. Mattox (St. Louis: Concordia, 2011), 285.

[59] 물론, 1장 「설교 여정을 갖춘다」에서 논의했듯이, 미리 계획하라고 강력히 추천한다. 이러한 계획이 준비를 완벽하게 하지는 않더라도, 준비 시간을 방해하는 예상치 못한 누수, (비상사태 같은 상황)에 직면할 가능성은 상당히 줄인다.

[60] 일주일에 한 번 30분 분량의 설교를, 분당 125단어의 속도로 1년에 최소

려움에 직면했을 수도 있다. 그럴 때 어떻게 해야 할까? 여러분은 양 떼의 필요를, 최선을 다해 충족시키고 싶어 한다. 이 상황에서 다른 사람의 말, 구절, 삽화, 구조, 또는 전체 설교가 자기 자료보다 훨씬 더 효과적임을 안다. 결국, "해 아래에 새것이 없다"(전 1:9)라는 말처럼.61 거의 80만 명의 교인을 가진 세계 최대 교회인 대한민국 서울 여의도 순복음교회의 조용기(David Yonggi Cho) 목사는 어떻게 설교를 작성하느냐고 질문받았을 때, 그는 이렇게 대답했다. "솔직히 말해서, 저는 여의도교회에서 사역하는 동안 한 번도 독창적인 메시지를 전한 적이 없습니다. 매주 저는 빌리 그레이엄(Billy Graham)이나 달라스제일침례교회의 W. A. 크리스웰(W. A. Criswell)의 메시지를 그대로 전합니다. 저는 예배 설교 때마다 홈런을 쳐야 합니다. 저는 완전히 독창적인 메시지를 전할 제 능력을 믿지 못합니다."62 루터가 게으름(직무 유기)를 이유로 빚어진 자료 빌려오기를 비난했어도, 이러한 이유에서는 용인하는 듯하다. "마르틴 [루터] 박사가 성 바울의 로마서처럼 좋은 서신을 쓸 수 없거나 성 아우구스티누스처럼 설교를 잘할 수 없다면, 책을 펴고 성 바울이나 성 아우구스티누스에게서 한 조각을 구걸하고 그들 설교 패턴을 따름이 그에게 영광스러운 일이다."63

40주 동안 전하는 설교자는 매년 150,000단어를 써야 한다. 대부분 박사 학위 논문은 단어를 그만큼 쓰지 않으며, 그 논문을 작성하는 데는 몇 년간의 피, 땀, 눈물이 들어가지만, 그 작업은 평생 한 번만 하면 된다. 그러나 설교자는 평생 지속적으로 설교하려면 반드시 글을 써야 한다는 부담을 지고 있다는 점에서 그 압박은 상상할 수 없이 크다.

61 그러나 특정 페리코페에 관한 설교를 다른 곳에서 구할 수 있더라도, 적어도 가까운 미래에는 이 책에서 제시하는 독특한 해석학적 및 수사학적 접근 방식을 따르는 설교 기준을 충족할 가능성이 거의 없다. 반면, 주제별 설교는 연속 설교(*lectio continua*)에서 요구하는 집중적 신학적 주해는 하지 않은 채, 여러 본문을 선별해 설교(*lectio selecta*)하는 방식이기에, 가져다 쓰기가 더 쉽다. 설교집에서 연속 설교의 예는 거의 찾아볼 수가 없다.

62 Steve Sjogren, "Don't Be Original, Be Effective!" Pastors.com, 2006. http://web.archive.org/web/20060318020013/http://www.pastors.com/article.asp?ArtID=9230에서 인용함.

필자는, 그러한 상황에서는 다른 사람의 설교 자료를 빌려서 원하는 대로 쓰되, 기만하는 행위만은 하지 말아야 한다고 생각한다.[64] 아우구스티누스도 이에 동의할 테다. "실제로 훌륭한 연설을 할 수 있어도, 설교 구성하는 데 어려움을 겪는 사람이 있다. 그가 다른 사람의 잘 구성한 말을 웅변과 지혜를 가져와 암기해서 청중에게 전달한다고 해서, 그들이 그릇된 일을 하는 건 아니다."[65] 다시 말해, 위에 언급한 절박한 상황에서는 자유롭게 빌려오더라도, 그 출처를 반드시 밝히라는 말이다. 밝히지 않으면, 그 차용은 속임수이며 표절이다. 그렇다. 누가는 사도행전 2:44에서 "믿는 사람이 다 함께 있어 모든 물건을 서로 통용하고"라고 관찰했는데, "모든 물건"에 설교도 포함했는지는 의문이다.

속임수 차용에 해결책은 명확하다. 곧, 출처를 인정함이다. 그러나 출처를 어떻게 인정할지 문제는 그리 간단하지 않다. 물론 설교 중에 각주 삽입, 곧 매끄럽게 전달할 내용에 어색하게 각주를 삽입하고 싶지는 않을 테다. 게다가 모든 차용이 동일한 수준의 출처 인정을 요구하는지 문제도 있다. 분명히 모호한 부분이 있지만, 핵심은 '**속이지 말라**'는 말이다. 사소해 보이는 차용이라도 인용이라고 밝혀야 할지 고민한다면, 진실되게 그 중복을 말하면 어떤 일이 일어날지 자문하라. 회중이 신경

---

63 Martin Luther, "Psalm 101," in *Luther's Works*, Vol. 13: Selected Psalms II, ed. Jaroslav Pelikan, tr. Alfred von Rohr Sauer (St. Louis: Concordia, 1956), 162.

64 필자는 빌린 설교가 회중에게 적합하지 않다는 주장에 동의하지 않는다. 빌린 설교가 회중에게 적합하지 않다는 주장은 설교 전체를 채택하고 청취자를 고려하지 않고 그대로 사용하는 경우에만 해당한다. 바라건대, 그런 종류의 도용은 거의 일어나지 않기를 바란다. 빌린 설교는 현재 청중에게 유익하도록 수정, 조정, 미세 조정할 수 있다. 예화는 말할 것도 없고, 적용도 변경할 수 있다. 차용을 위장하려 함이 아니라, 청중에게 맞추려고 어구와 구조를 수정할 수도 있다. 이러한 모든 재구성은 다른 사람의 작품을 차용자의 특정 청중에게 맞도록 조정하는 수단이다.

65 Augustine, *On Christian Teaching*, tr. R. P. H. Green (Oxford: Oxford University Press, 1997), 144 (4.29.62) ||『그리스도교 교양』, 개정판, 성염 역주 (칠곡: 분도출판사, 2011), 483.

을 쓸 것 같다면, 그것은 설교자와 회중 사이에 암묵적 신뢰 관계가 깨졌음을 나타내는 신호일 수 있다.[66] 또는 출처를 밝히지 않고 차용한 설교의 저자가 설교하는 날 예배에 참석한다고 상상해 보자. 그럴 경우, 당황스러울 것인가? 그렇다면 출처를 인용해야 한다. 무엇보다, 차용을 할 때는 교회의 지도부, 곧 장로들, 이사회, 여러분 상급자가 그 결정 과정에 참여하게 함이 중요하다. 이러한 설교 채택은 공동 책임을 지는 협력적 접근으로 만들어야 한다. 책임감은 중요하며, 이러한 문제에 집단적 의견을 수렴함으로써 얻을 수 있는 지혜는 그 가치가 크다.

다음은 설교 차용의 빚을 인정하는(acknowledging sermonic debt) 몇 가지 방법인데, 여러 방법을 결합해 사용할 수도 있다.[67]

- 설교를 시작할 때, 빌려온 내용이라고 공식적으로 말하기
- 설교하면서 빌려온 내용이라고 눈에 거슬리지 않게 말하기
  - "저는 …에게 이 유용한 통찰력을 빚졌습니다."
  - "…에 관해 명확하게 설명한 …에게 감사드립니다."
  - "저는 …을 최근에 읽었습니다/한 번 들었습니다."
  - "한 성경학자가 …라고 말했듯이"
  - "동료 교수가 …에 관한 이 이야기를 했습니다."
  - "저는 … 에게서 중요한 교훈을 배웠습니다."
  - "여러분 모두가 …을 읽어보시길 바랍니다. 거기서 제가 …을 찾았습니다."
  - "한 작가가 …라고 저에게 말하며 모든 것을 명확하게 했습니다."
- 잊혔거나 출처를 알 수 없는 차용을 인정하기
  - "옛 철학자가 한때 관찰했듯이 …"
  - "저는 …라고 들었습니다."

---

[66] Long, "Stolen Goods," 20~21.

[67] 다른 사람의 설교에서 더 많이 빌려올수록, 그만큼 더 자세히 인정해야 한다. 만약 청중에게 빌린 정도를 제대로 알리지 않는다면, 그것도 속임수이다.

- "제가 어딘가에서 읽었듯이 …"
- 예배 게시판이나 설교 인쇄물에 빌린 내용 알리기
- 게시판이나 인쇄물에 출처 목록 한꺼번에 기재하기
- "이 설교 준비에 다음 자료가 도움이 되었습니다."
- 개별 출처를 게시판이나 인쇄물 각주로 알리기
- 목사-설교자가 운영하는 블로그에 알리기[68]

관련 모든 당사자가 받아들일 수 있는 차용의 종류와 정도에 관해 장로회나 이사회와 합의함이 현명하다. 이러한 포괄적인 진술은 설교자의 계약서에 포함할 수도 있다. 요약하면, 책임을 이행하라, 직무 유기 하지 말라! 공개하라, 속이지 마라!

그렇다고 하더라도, 여러분이 의무를 다하고 출처를 공개하더라도, 필자는 또 다른 이유로 설교를 (부분적으로라도) 빌리지 말라고 권고한다. 설교자로서 경력이 많지 않을 때 자신감이 부족할 수 있지만, 설교를 빌리는 습관이 들면 설교를 창조하고 전달하는 능력에 자신감을 느끼지 못한다. 또한, 설교 능력에서 배우고 성장하는 과정에 부정적인 영향을 끼칠 수 있다. 차용의 위험은, 그것이 습관이 돼서 매번 조금씩 자신감을 갉아먹다가, 결국 직무 유기와 기만이라는 늪에 빠진다. 이는 시간문제일 뿐이다. 그러니 초기에 그 싹을 잘라버리라.[69]

---

[68] 블로그가 교회 웹사이트와 연결돼 마땅히 받아야 할 관심을 받을 수 있기를 바란다. '광범위하게 인용'과 '적당한 인용'으로 나눠서 설교 시리즈의 시작 부분에 그 출처를 게시할 수도 있다. '최소한 인용'은 여러분 (그리고 여러분 양심)이 어떻게 처리할지에 따라 밝히기를 바란다.

[69] 주석 그리고 비설교적 자료에서 빌려옴은 또 다른 문제다. 그것들로부터 많은 아이디어를 빌릴 가능성은 거의 없다. 게다가, 그 자료들은 본문의 의미— 말하는 내용 그리고 본문으로 하려는 **실행**(doing)을 파악하는 데 도움을 준다. (이것들은 반드시 설교 자료를 제공하지는 않는다). 따라서 이러한 자료에서 아이디어를 빌리는 기준은 덜 엄격하다. 필자 주석에 관해서, 독자에게 하는 기본 조언은 다음과 같다. 모든 자료를 철저히 소화하고, 페리코페 신학에 관한 필자 타당성을 신중하게 평가하라. 필자가 내린 결론에 동의한다면, 학문적인 글을

에베소서 그리고 야곱 이야기

다음은 에베소서와 야곱 이야기의 나머지 페리코페 신학적 초점이다.[70]

10. 에베소서 5:21~33

성령 충만은 신자들의 상호 복종에서 그리고 그리스도-교회 관계를 본받는 남편-아내 관계에서 나타난다.

---

11. 에베소서 6:1~9

모두가 하나님을 섬기듯이, 자녀는 부모에게 순종하고 부모는 자녀를 온유하게 가르치며, 종은 주인에게 성실하게 순종하고 주인은 종을 똑같이 대우함으로, 하나 됨을 이뤄서 보상을 약속받는다.

구어체 설교 목적으로 변형하여(듣기 좋게 원고를 디자인한 후) 설교에 자유롭게 사용할 수 있다. 또한, 필자가 제안한 설교 지도 중 하나를 채택할 수도 있지만, 간편한 설교 지도는 구체적인 내용이나 적용을 많이 제공하지 않으므로, 이를 스스로 구체화하고 적용해야 한다. 다시 말해, 청사진과 도구, '엔지니어링' 아이디어는 자유롭게 가져다 쓰되, 자기 집을 지으라. 직무 유기하지 말라! 물론, 빌린 부분을 어떻게 인정할지는 스스로 결정해야 한다. 속이지 말라! 예화나 창의적인 적용에 관해서, 필자는 앞서 언급한 현명한 사람의 말을 따른다. "우리는 모두 도둑이고, 다른 도둑에게서 훔치는 도둑이다." 마음껏 하라!

[70] 이 페리코페의 간략한 주석은 http://www.homiletix.com/preaching2019/commentaries에서 확인할 수 있다. 확장은 큐레이션은 Kuruvilla, *Ephesians*, 167~68, 184~200, 201~19와 Kuruvilla, *Genesis*, 407~15, 416~30, 431~44를 참조하라. 자료를 훑어보기 전에, 먼저 신학을 스스로 분별하려고 최선을 다하라.

12. 에베소서 6:10~24

초자연적인 적에 승리는 하나님의 갑옷(하나님께 헌신과 의존)으로 주어지는 신적 능력과 성령에 이끌린 기도로 거둔다.

10. 창세기 33:1~20

하나님을 믿는 믿음은 용서를 구하고 그것을 확장함으로써, 다른 사람들과 관계뿐만 아니라 하나님과 관계도 회복함으로 나타난다.

11. 창세기 34:1~31

하나님의 복을 누리려면, 세상의 악에 맞서 도덕적 기준을 책임감 있게 지켜야 한다.

12. 창세기 35:1~36:43

과거에 이뤄진, 하나님의 축복은 하나님을 예배하게 촉진하고, 이는 다시 미래에 하나님의 축복을 이어가며 순환한다.

설교 전달로 말씀 형상을 새긴다
Delivering Sermons

9

시인은 자기를 보라고 요구하지 않고, 오히려 "저것을 보라"라고 말하며 손가락으로 가리키는 사람이다. 그 손가락이 가리키는 대로 따라갈수록, 그를 덜 바라볼 수 있다. … 시인을 구경거리로 삼지 말고, 오히려 안경으로 삼아야 한다.[1]

1741년 7월 8일, 미국 최고 신학자 조나단 에드워즈(Jonathan Edwards)는 37세였는데, 코네티컷주 엔필드의 강단에 서서 차분하고 침착한 어조로 읽기 시작했다. "오늘 저녁, 제가 설교할 본문은 신명기 32:35입니다. '그들 발은 조만간 미끄러진다.'" 그리고 그는 그 설교에서 전능하신 분, 곧 천지 만물의 주님께서 진노하신다고 선포하기 시작했는데, 그의 말은 엔필드(Enfield)라는 작은 마을을 넘어, 뉴잉글랜드(New England) 전역을 흔들어 놓았다. 이렇게 대각성 운동이 일어났다!

죄인이 지옥에 떨어지지 않도록 막고 있는 것은 오직 하나님의 뜻뿐입니다. … 하나님께서 우리를, 불에 던질 수 있는 벌레처럼 지옥

---

[1] C. S. Lewis, and E. M. Tillyard, *The Personal Heresy in Criticism* (London: Oxford University Press, 1939), 11~12.

구덩이 위에 들고 계십니다. 하나님께서 여러분을 싫어하시며 진노하시고, 그분 진노는 불처럼 타오릅니다. 하나님께서 여러분을 불에 던질 존재로만 보시며, 그분 눈은 너무 순수하여 그러한 여러분을 그저 보시기만 하지 않습니다. 그분 눈에는 여러분이 가장 혐오스러운 독사보다 더 가증스럽게 보입니다. … 그러나 여러분이 지금, 이 순간 지옥에 떨어지지 않는 이유는 오직 하나님의 손길이 여러분을 붙들고 계시기 때문입니다.

에드워즈가 계속 설교하자, 그 앞에 빽빽하게 앉은 청중은 신음, 눈물, 비명으로 떨기 시작했다. 그는 몇 번이나 설교를 멈추고 청중에게 조용히 해달라고 요청했고, 그때야 설교를 계속할 수 있었다. "하나님의 진노는 그들을 향해 불타고, 그들 저주는 잠들지 않습니다. 구덩이가 이미 준비됐고, 불을 지폈으며, 용광로는 이미 달궈져 그들을 맞을 준비를 마쳤습니다. 불꽃은 지금 맹렬하게 타오르며 빛납니다. 번쩍이는 공의로운 칼은 그들 위에 놓여 있고, 구덩이는 그들 아래에서 입을 벌리고 있습니다." 그때 사람들은 자리에서 일어나 바닥에 엎드리기 시작했다. "아, 죄인이여! 여러분이 처한 무서운 위험을 생각하십시오. 그것은 진노의 큰 용광로, 넓고 끝없는 구덩이, 진노의 불로 가득 찬 구덩이입니다. 그 구덩이는 지옥에서 많은 저주받은 자들에게 임한 진노처럼, 여러분을 향해 도발되고 분노하는 하나님의 손에 의해 붙들려 있습니다. 여러분은 가느다란 실에 매달려 있고, 그 실을 둘러싼 하나님의 진노 불꽃이 언제든지 그것을 그을리고 불태울 준비가 돼 있습니다." 사람들은 발이 미끄러지지 않도록 방에 있는 기둥을 붙잡았고, 설교자가 설교를 마쳤어도 그들 울음소리는 계속 이어졌다.

에드워즈의 설교 「진노하신 하나님의 손에 있는 죄인들」은 종종 전형적인 '불과 유황' 설교로 여긴다. 많은 사람은 이 신학자가 열정적으로 설교하며, 시골 사람들의 감정을 자극하고, 격렬하게 몸짓하며 떨고 있는 회중에게 정죄하는 말을 내뱉는 모습을 쉽사리 상상하곤 한다. 하지만 그 이미지와 실제는 상당히 다르다. 183cm의 신장에 엄숙한 모습으로 높은 강단에 서서, 에드워즈는 7천 단어가 적힌 작은 글씨 설교 원고 전체를 몸을 구부려가며 **읽었다**(read). 그는 격정적 진술을 단조로운 한 시간 동안 전달했으며, 가끔 돌아서 뒷벽을 아무런 표정도 짓지 않은 채 한참 바라봤다.[2]

여러분, 우리에게 희망이 있다! 오늘날 우리 설교가 저명한 설교자들의 불타는 설교로 평가받는 시대에, 우리에게는 여전히 희망이 있다! 그 희망은, 바로 성경의 각 페리코페를 기반으로 하나님의 말씀과 하나님의 목적을 설교할 때 저자이신 성령의 임재로 축복받는다는 사실에 있다. 설교자는 절대 혼자가 아니다. 장 칼뱅(John Calvin)이 말했듯이, "말씀 설교에는 두 명의 사역자가 있는데, 각각은 다른 직분자이다. 외적[인간] 사역자는 음성으로 말씀을 전파하며, 그 사역은 외적이고 세속적이며, 오류를 지닐 수 있다. 그러나 성령, 곧 내적[신적] 사역자는 그분 비밀스러운 능력으로, 한 믿음으로 그리스도와 연합하려는 사람 모든 사람의 마음에서 역사하신다."[3]

성령께서 듣는 사람들의 삶에서 역사하신다고 누가 평가할 수 있을까? 하나님의 말씀이 선포될 때, 그 말씀은 헛되이 돌아가지 않는다(사 55:11). 바울은 "나는 심었고 아볼로는 물을 줬으나, 오직 하나님께서 자라나게 하셨다"라고 선언한다(고전 3:6). 물론 이 말은 우리가 부지런하고 책임감 있게 최선을 다해 설교에 힘쓰지 않아도 좋다는 뜻이 아니다. 바울은 **심었고** 아볼로는 **물을 줬다**. 그것도 하나님께서 우리에게 맡기신 청지기 직을 충실히 수행하는 한 부분이다. 따라서 신학을 찾아내

---

[2] 필자는 Charles Colson and Ellen Vaughn, *Being the Body* (Nashville: Thomas Nelson, 2003), 95~97에 있는 에드워즈의 설교에 상상력을 풍부하게 담아 자유롭게 빌렸으며 (일부는 약간 수정하거나 통합하여 사용함). 또한 Jonathan Edwards, "Sinners in the Hands of an Angry God. A Sermon Preached at Enfield, July 8th, 1741," ed. Reiner Smolinski. Electronic Texts in American Studies 54, http://digitalcommons.unl.edu/etas/54도 함께 참고했다.

[3] John Calvin, *Summary of Doctrine concerning the Ministry of the Word and the Sacraments*, in Theological Treatises, ed. J. K. S. Reid, Library of Christian Classics 22 (Philadelphia: Westminster, 1954), 173 (article 5).

고, 적용을 긷고, 설교 지도를 깁고, 설교 이동에 생동감을 더하며, 설교 사상을 예화로 그리고, 설교 서론과 결론을 가꾸고, 원고를 숨 쉬는 설교 언어로 빚고, 이제는 최종 결과물인 설교를 말씀의 형상으로 잘 전달하려고 노력해야 한다. 이 장에서는 실제 단어와 내용을 제외하고서, 설교 전달에서 여러 측면, 곧 설교 소통에서 모든 측면을 살핀다.4

"[기원전 4세기 전설적인 그리스 웅변가] 데모스테네스(Demosthenes)에게 연설에서 가장 중요한 것이 무엇이냐고 물었을 때, 그는 전달을 가장 중요하게 여겼고, 그들이 묻기를 멈출 때까지 둘째도 셋째도 전달이라고 했다. 그러므로 우리는 그가 전달을 연설에 필요한 첫째 능력일 뿐만 아니라 유일한 능력으로 여겼다고 가정할 수 있다."5 데모스테네스는 혀 짧은 소리를 없애려고 입에 조약돌을 넣고 발음 연습을 할 정도로 전달의 중요성에 헌신했다.6 그렇다면 우리는 하나님의 백성에게 하나님의 말씀을 설교하는 데 얼마나 더 큰 책임감을 느껴야 하겠는가! 전달은 매우 중요하며, 고대 수사학자들 시대부터 그 중요성이 알려졌다. 로마 작가이자 치안 판사인 플리니우스 소(Pliny the Younger, 61~113 CE)는 "우리는 항상 말로 하는 것이 훨씬 더 효과적이라고 듣는다. 글이 아무리 요점을 잘 전달하더라도, 전달과 표현 그리고 화자의 외모와 몸짓으로 전달되는 것은 마음에 깊이 새겨진다."라고 말했다.7

---

4 '전달(Delivery)'은 라틴어 *de* + *liberâre*, 곧 '해방하다'에서 유래한다. 전달한 연설은 화자가 청중을 위해 해방하고 방출하는 연설이다. 그러므로 전달은 바로 이 해방이 어떻게 이뤄지는지를 다룬다.

5 Quintilian, *The Orator's Education, Vol. V: Books 11~12*, ed. and tr. Donald A. Russell, Loeb Classical Library 494 (Cambridge, MA: Harvard University Press, 2002), 87, 89 (11.3.6).

6 Plutarch, *Lives, Volume VII: Demosthenes and Cicero. Alexander and Caesar*, tr. Bernadotte Perrin, Loeb Classical Library 99 (Cambridge, MA: Harvard University Press, 1919), 27 (11.1).

7 Pliny the Younger, "To Maecilius Nepos," in *Letters, Vol. I: Books 1~7*, tr. Betty Radice, Loeb Classical Library 55 (Cambridge, MA: Harvard University Press, 1969), 87, 89 (2.3.9~10).

1960년대 후반에 앨버트 메라비안(Albert Mehrabian)가 한 연구는 전달에 관해 글을 쓰는 사람들 사이에서 권위가 있었는데, 그 연구는 연사/연설에 관한 청취자의 긍정적 감정을 나타내는 7%-38%-55% 법칙을 제시했다. 이 법칙에 따르면, 언어 호감도 7% + 음성 호감도 38% + 얼굴 호감도 55%로 구성한다.8 다시 말해, 청중이 연설에 호감을 느끼는 93%는 비언어적이며 내용과 관련 없는 의사소통에 달려 있다. 그러므로 동기 부여의 사역에 종사하는 우리 설교자는 전달을 진지하게 받아들**여야 한다**. 또한 우리가 하나님의 말씀을 통해 하나님의 백성이 하나님의 아들 형상을 닮아가도록 돕는 사역을 하면서, 우리는 죄를 짓지 않는 한 설교를 잘 전달하려고 무엇이든 할 준비를 해야 한다.9 "내가 여러 사람에게 여러 모습이 됨은 아무쪼록 몇 사람이라도 구원하고자 함이니"(고전 9:22). 그러므로 우리는 효과적인 의사소통을 방해하는 모든 장애물을 제거하려고 힘써야 한다.

그러나 메시지가 청중의 필요에 가까울수록 또는 본문의 취지와 힘에 맞는 절실한 필요를 더 잘 만들수록, 비언어적 의사소통의 중요성이 더 줄어든다는 점을 설교자는 기억해야 한다. 예를 들어, 여러분이 의학 연구자로서 유방암 치료법을 발견하여 노벨 의학상을 받았고 유방암 환자 무리에게 연설한다면, 여러분은 지구상에서 가장 지루한 연설가일 수 있고 전달이 전혀 인상적이지 않더라도 청중은 절박한 필요가 있고 여러분이 그 필요에 대한 답을 가지고 있다고 인식하기에 그들은 여러분의 모든 말에 귀를 기울일 수밖에 없다. 물론, 여러분이 전달에 있어 현명하고 설득력 있는 방식으로 소통하면 효과가 더욱 향상되겠지만, 생명을 구하는 치료법에 관한 청중의 필요/욕구 강도와 여러분이 그 치료법을 제공할 수 있다는 기대감은 전달 기술의 필요성을 크게 줄인다.

---

8 Albert Mehrabian, "Inference of Attitudes from Nonverbal Communication in Two Channels," *Journal of Consulting Psychology* 31, no. 3 (1967): 248~52; Albert Mehrabian, *Silent Messages* (Belmont, CA: Wadsworth, 1971), 43~44.

9 이것은 물론 설교 전달에만 중요하지 않다. 우리는 설교의 모든 측면과 아울러 사실 우리 삶의 모든 영역에서 하나님께서 바라시는 바를 잘하려고 노력해야 한다.

그렇긴 하지만, 비언어적 의사소통(전달)이 화자의 신뢰도와 청중의 설득력에 미치는 영향이 상당하다는 점은 의심할 여지가 없다. 청중은 의사소통의 이러한 비언어적 측면을 신뢰하는 경향이 있다. 왜냐하면 그런 자발적인 신호는 화자가 계획하거나 프로그래밍하지 않기에, 위조하거나 조작하기 어렵다고 여기기 때문이다.

전달의 기본 원칙은 자연스러운 자기 자신이 되기, 곧 하나님의 도움으로 가능한 최상으로 자기가 됨이다. 다른 사람이 되려고 하거나, 자기가 되고 싶은 사람이 되려고 하지 말라. 자연스러움은 자신감을 불러일으키고, 청중은 여러분이 확신에 차 있으며 편안하게 설교하는 모습을 느끼기 마련이다. 그 결과, 청중은 여러분을 잊고 여러분이 말하는 내용에 집중해서 본문을 온전한 힘으로 경험할 테다. 따라서 전달은 거의 투명하게 이루어져야 하며, 전달 자체가 주의를 끌지 않아야 한다. 잘 전달되면 그 자체로 눈에 띄지 않는다. 그러나 **형편없는** 전달은 청중의 시선을 끌고 청중이 본문의 핵심을 파악하는 데 방햇거리이다. 하나님의 백성이 하나님의 말씀을 경험하고 실제로 하나님을 경험하는 일을 막는 어떤 것도 없어야 한다. 메시지는 여러분의 것이 아니라 하나님의 것이고, 전달자는 여러분이 아니라 하나님의 영이시며, 백성은 여러분의 백성이 아니라 하나님의 백성이다. 설교는 결코 우리 설교자에 관한 것이 아니다!

설교 전달 요소(Elements of Delivery)

설교 전달은 실제 단어와 내용은 물론이고, 설교 전달의 모든 국면을 다룬다. 전달에서 주요 요소는 근접학(proxemics, 공간 활용), 운동학(kinesics, 움직임 적절성), 안과학(ophthalmics, 눈과 표정), 발성학(vocalics, 목소리 조절), 외모 관리(extrinsics, 외재적 요소)를 포함한다.[10]

---

[10] Duane Litfin, *Public Speaking: A Handbook for Christians*, 2nd ed. (Grand Rapids: Baker, 1992), 314~30에서 언급한 일부 갈래를 수정하고 확장했다.

근접학(Proxemics)

근접학은 화자가 의사소통하는 데 주변 공간을 어떻게 활용하는지를 다룬다. 최대한 효과를 얻으려면, 청중과 가깝게 위치함이 중요하다. 앞쪽에 빈자리가 있다면, 청중이 앞으로 오게 한다. 가능하다면, 줄 또는 리본, 테이프 등 가능한 모든 수단을 써 뒷줄 몇 개를 차단하고, 모든 사람이 앞쪽에 앉도록 안내한다.[11] 경험법칙에 따르면, 청중의 수가 30명 미만이면 반원형 좌석 배치를 사용하고, 30~60명이면 이중 반원을 사용하며, 60명이 넘으면 교실 식으로 배열한다.

빈자리가 없도록 하면 좋다. 모든 사람을 함께 모은다. 그렇게 하면 청중이 서로 더 가까워지며, 통일된 집단으로서 청중의 에너지가 증가한다. 그들은 더 크게 웃고, 더 열정적으로 반응하며, 더 자유롭게 응답한다. 이는 사람들이 꽉 찬 공간에서 각 개인이 서로 분리된 개별적인 사람이 아니라, 하나의 유기체처럼 행동하고 서로에게 영향을 주는 경향이 있기 때문이다.

거리처럼, 높이도 필요하지 않게 설교자와 청중을 나눌 수가 있다. 설교자가 높은 데 있으면, 청중은 설교자가 자기를 내려다본다고 느낄 수 있다. 반면에 원형극장(Amphitheaters)은 좌석 대부분이 무대보다 높은 데 있기에 이러한 문제를 피할 수 있다.

크고 화려한 강대상은 설교자와 회중 사이에 공간을 가로막아 방햇거리일 수 있다. 건물과 시설에 따라 방햇거리를 치우기가 어려울 수도 있겠지만, 일반적으로 말하면 설교자와 청중 사이에 놓인 가구가 적을수록 좋다. 필요한 것은 노트, 태블릿, 성경을 놓을 자리가 전부다.[12] 간

---

[11] Scott Berkun, *Confessions of a Public Speaker* (Sebastopol, ON: O'Reilly, 2009), 49 ∥ 『명연사 · 명연설 · 명강의—청중을 사로잡는 명연설의 비결』, 이해영 옮김 (의왕: 에이콘출판, 2011), 73을 참조하라. 뒷자리에 앉은 사람들을 앞자리로 오게 하는 쉬운 방법이 있다. 청중에게 더 많은 운동이 필요한 사람은 손을 들라고 한다. 그러면 대부분은 손을 든다. 그런 다음 앞으로 나오게 한다. 일어서서 모르는 사람과 악수하고서 한 줄 앞으로 이동하라고 부탁할 수도 있다.

단한 보면대이면 충분한데, 눈에 띄지 않는 특성이 큰 장점이기 때문이다. 아크릴로 만들어 투명한 튼튼한 강대상도 괜찮다. 다만, 태블릿을 놓을 자리는 없애지 않는 게 좋다. 필자는 팔을 자유롭게 움직여 몸짓하기를 좋아하기에, 노트를 놓을 자리가 있어야 한다.

운동학(Kinesics)

운동학은 의사소통에서 몸짓 언어(body language)를 다룬다. 실제로 설교자로서 여러분의 신체 언어는 강단에 발을 들여놓고 설교의 첫 마디를 말하기 전에도 중요하다. 여러분의 행동, 태도, 자세는 설교 전, 설교 중, 설교 후에 의사소통하고 있으며, 사람들은 주의 깊게 여러분을 지켜보고 있다.13 말할 필요도 없이, 이러한 기본적인 사항들은 기억할 가치가 있다. 위엄 있게 똑바로 앉고, 예배나 (설교 전에 진행하는 순서)에 적극 참여하는 모습을 보이며, 목적을 가지고 빠르게 강단으로 걸어가라(그 자리에 있어 기쁘지 않은가?). 고개를 높이 들고, 발은 약간 벌리고 팔은 자연스럽게 몸짓할 준비를 한 채 똑바로 서라. 몸을 앞으로 기울이고 (그러나 강단에 기대거나 붙잡지 말고), 몇몇 청중의 눈을 마주치고, 잠시 멈추어 몇 초 동안 여유를 두며 미소를 지어라. 이렇게 하면, 여러분이 하나님의 백성에게 하나님의 말씀을 전할 준비를 마쳤고, 그 일을 열망하며, 이 특권을 기쁘게 생각한다는 메시지를 청중에게 전한 셈이다. 또한, 청중은 자리에 앉아 준비하며, 여러분—목사, 설

---

12 필자는 iPad만 가지고 다닌다. 필자 원고에는 내가 읽으려는 성경 구절 모두가 포함돼 있다. 물, 기침약, 스톱워치, 또는 다른 어떤 것도 강단에 가져가지 않는다. 설교자에게 보이는 곳에 디지털시계나 타이머가 있으면 유용하지만, 신중하게 원고를 작성하면 설교 시간도 가늠하기에 굳이 필요하지 않다.

13 이러한 목회자의 존재감은 집을 떠나 교회에 도착하고, 교회에 들어가 다른 사람들과 교류할 때 시작한다. 그것은 예배에 참여하고, 설교하며, 기도하고, 성찬을 나누고, 축도를 하고, 더 많은 사람들과 교제하며, 교회를 떠나 집에 도달할 때까지 이어진다. 설교자의 머리와 마음에서 일어나는 모든 것까지 포함해, 설교자의 삶 전체가 중요하다. 공적이든 사적이든 언제나 하나님과 동행하는 데 주의를 기울여라.

교자, 장로, 부모, 영적 지도자, 또는 멘토—에게 전적으로 관심을 쏟는다. 그런 다음, 그때부터 설교를 시작하라. 설교할 때는 극적인 감각을 살려라. 특히 회중 예배 상황에서 강력한 힘을 발휘하기 때문이다.

주변 무대를 편안하게 효과적으로 그리고 자연스럽게 활용해야 한다. 좌우로 움직이는 모든 움직임은 목적이 있어야 하며, "왜 이런 방식으로 움직이는가?"라는 질문에 충분히 답할 수 있어야 한다.14 주기적으로 강단 뒤에서 나가거나, 강단을 옆으로 옮겨서 청중과 사이에 강단이 직접적으로 놓이지 않게 함도 좋은 방법이다. 회중이 큰 호를 그리며 앉아 있다면, 양쪽 끝에 있는 청중과 더 잘 소통하려면 움직이는 것이 바람직하다.15 그러나 사자가 우리에서 예측할 수 있는 패턴으로 앞뒤로 왔다 갔다 하듯이, 무의미하게 바닥을 서성거리지는 않아야 한다. 발뒤꿈치를 흔들거나 앞뒤로 흔들리거나 까딱거리는 것, 발을 구르거나 하는 모든 리듬감 있는 동작은 피하라. 이러한 쓸데없는 움직임은 여러분과 청중 모두를 지치게 할 뿐이다. 넘치는 에너지가 있다면, 그것을 발끝이 아니라 상체, 팔, 목소리에 집중하라. 다양하게 움직여야 좋다.16

습관적 몸짓(mannerism)은 새내기 설교자 때부터 인식하고서 피해야 한다. 특정 행동을 금기하지는 않지만, 단추, 머리카락, 열쇠, 동전, 안경 등을 만지작거리기와 같은 반복적이며 습관적인 행동은 주의를 산만하게 한다. 설교 사역 초기 단계에서는 비디오로 자신을 보고 (소리를 끈 상태에서) 자기 동작을 비평함도 크게 유익하다. 손으로 무엇을 해야 할지 모르겠다면 (적어도 설교를 시작할 때는) 옆에 늘어뜨리라. 엄지손가락 끝

---

14 청중 대부분은 깊이감이 부족하기에, 설교자가 무대에서 앞뒤로 움직임에 큰 효과를 느끼지 못한다.

15 그러나 이 움직임조차도 전적으로 필요하지 않을 수 있다. 한가운데 위치에서 편안하게 몸을 돌려 양쪽에 앉은 사람들을 볼 수 있으며, 반드시 그들에게로 걸어갈 필요는 없다.

16 필자는 이미 설교의 다양한 단계를 무대의 특정 지점에서 전달할 수 있다고 제안했다. 이 경우 움직임은 설교를 물리적이고 명시적인 방식으로 구성하는 데 도움이 된다.

과 집게손가락 끝을 가볍게 맞대면 접촉감과 안정감을 느낄 수 있다.[17] 손가락을 모아 배 앞에서 마름모꼴(Merkel rhombus)로 만드는 동작은 안정감과 집중을 전달하는 효과적인 방법이며, 손으로 첨탑 모양을 만들어 강단 위에 올려놓는 동작도 적절하다.[18] 이러한 중립적인 손 위치는 다른 동작을 하려는 발판 역할을 하며, 설교할 때는 자동으로 자연스럽게 움직이게 한다. 그러나 손을 주머니에 넣거나 두 손을 깍지 낀 채 강대상에 매달리면, 이러한 자세는 설교 나머지 시간 동안까지 그대로 있는 경향이 있다. 따라서 여러분은 몸짓할 팔 하나 또는 두 개를 잃는다.

그렇다면 몸짓은 어떻게 해야 할까? 일반적으로 몸짓은 자연스러워야 바람직하다. 그러나 몇 가지 유의할 점이 있다.

- 여러분 성격에서 흘러나오고, 여러분이 느끼는 바를 자연스럽게 표현해 몸짓하라. 뻣뻣하거나, 드문드문하거나, 반복적이지 않아야 한다.
- 청중이 많을수록 더 넓게 몸짓한다. 손, 팔, 어깨를 사용하라. 배꼽 앞 30리터 들이 작은 상자(가상의 것)에 고립된 자의식적인 작은 움직임은 피하라.
- 대담하고, 자신감 있고, 권위 있게 몸짓한다. 어정쩡하거나 애매모호하게 몸짓하지 말라. 그리고 온몸을 한 단위로 사용하여 전달하고자 하는 메시지를 강화하라.
- 몸짓을 다양하게 하라. 가만히 있는 것도 유효한 '몸짓'이다. 무대 주위를 움직이면 청중은 여러분 몸 전체에 집중하고, 몸짓을 하면 상체를 확대해서 본다. 가만히 서 있으면 얼굴에 집중하고, 얼굴이 비교적 움직이지 않으면 눈과 입에 집중한다. 곧, 여러분의 몸, 가슴, 얼굴 또는 눈과 입에 청중의 주의를 집중시키는 기술을 사용하여, 어느 정도는 청중의 주의를 조절하고, 그들이 보는 시선을 조정할 수 있다.

---

[17] Ron Hoff, *"I Can See You Naked"*, rev. ed. (Kansas City, MO: Andrews and McMeel, 1992), 64.

[18] https://en.wikipedia.org/wiki/Merkel-Raute 참조.

- 몸짓을 신중하게 수행하라. 설교 원고를 작성할 때 때때로 할 몸짓을 미리 적어둬도 좋다(예: 원스턴 처칠처럼). 실제로 초기에는 몸짓을 구체적으로 적어둠도 유익하다. 거울 앞에서 몸짓을 연습해 보라. 익숙해지면 이 모든 것이 자연스러워진다.
- 문화적 금기 사항을 피하라. (예: 개인을 가리키기, 주먹을 쥐기 등)
- 숫자는 손가락으로, 크기는 팔을 벌리거나 모음으로, 중요성은 오른손을 가슴에 대는 것으로, 통일성이나 유사성은 손을 모으는 것으로, 좋다는 것은 엄지손가락을 치켜드는 것으로 표시하라.
- 설교에 등장하는 사람이나 사물의 그룹을 무대 왼쪽이나 오른쪽에 배치하여 청중이 별개의 물리적 위치에서 별개의 그룹을 추적할 수 있도록 하라. 이는 성경 이야기나 이야기가 있는 예화에서 특히 중요하다. 예를 들어, 설교에서 예수님은 무대 왼쪽에, 제자들은 무대 오른쪽에 배치하면 좋다. 이렇게 하면 청중이 등장인물의 위치를 파악하고 보는 데에 도움이 되며, 내러티브 흐름 (및 설교 이동)을 명확하게 한다.
- "우리", "당신과 나"를 의미하는 포괄적이고 포용적인 몸짓으로 회중이 참여하게 한다.
- 시간을 적절하게 표시하라. 대부분 문화권(그을 왼쪽에서 오른쪽으로 쓰는 문화권)에서는 과거가 왼쪽에 있고 미래가 오른쪽에 있다. 청중을 마주할 때 이는 당연히 반대이다. 설교할 때 과거는 오른쪽(청중의 왼쪽)에 있고, 미래(천국 포함)는 왼쪽(청중의 오른쪽)에 있다. 곧, "히브리어 쓰기 방향으로 설교하라."

안구학(Ophthalmics)

눈빛 언어는 전달에서 눈과 표정을 말한다.

많은 문화권에서 눈을 마주침은 청중 참여의 중요한 요소이며, 화자의 신뢰도를 높여 더 믿을 수 있게 한다. "청중과 정기적으로 눈을 마주치라. 청중에게 따뜻한 미소를 보내고 실제 모습을 보이라. 스스로 모습을 숨김없이 드러내면, 청중은 연설자를 신뢰하고, 사랑한다. 그 순간, 생각 공유를 허라면서 마음의 문을 연다."19

대부분의 신학교 설교학 커리큘럼에서 눈 맞춤을 지나치게 강조하기에, 필자는 이를 완화해야 한다고 생각하지만(8장 「설교 원고를 숨 쉬는 언어로 빚는다」를 참조하라), 눈으로 청중과 소통이 중요함은 부인할 수 없다. 다음은 눈으로 소통하는 몇 가지 요령이다.

- 설교할 자리에 서면, 첫 문장으로 곧바로 시작하지 말라. 몇 초 동안 한두 명과 눈을 마주치고 고개를 끄덕이고 미소를 지으라.
- 눈 맞추기에 문화적 차이를 인식하라. 서구 문화에서는 눈을 마주침은 일반적으로 신뢰도를 높인다. 문화와 설교자의 성격에 따라 허용되는 눈 맞춤 빈도와 지속 시간도 다를 수 있다.
- 청중을 구역으로 나누고 구역에서 구역으로 나눠서 보라. 특정 구역을 응시할 때마다 해당 구역에서 한 개인, (매번 다른 사람)을 선택하여 눈을 마주치라.
- 뒷줄, 발코니, 성가대석 등에 있는 청중도 잊지 말고 눈길을 주라.
- 고개와 눈을 이리저리 빠르게 움직이지 말고, 선택한 사람의 눈을 잠시 응시한 후 다른 데로 옮겨라. 이를 잘하려면 연습해야 한다. 좋은 방법의 하나는 식료품 계산대 직원, 헬스장 안내 직원, 사무실 행정 보조원, 담장 너머 이웃, 자녀 등과 일대일 상호작용을 할 때 의도적으로 눈을 잠깐, 그러나 부담스럽지 않게 자연스럽게 마주침이다.
- 특히 설교 원고를 사용하는 경우, 문장이나 생각이 끝날 때 눈을 떼지 말라. 설교 원고가 있으면 다음 문장을 찾느라 앞만 보고 달리기가 쉽다.
- 설교를 충분히 숙지하여 가능한 한 오랫동안 눈 맞춤을 유지할 수 있도록 하라. 설교 원고를 미리 읽고서는 아래를 내려다보며 말하

---

19 Chris Anderson, *TED Talks: The Official TED Guide to Public Speaking* (New York: Houghton Mifflin Harcourt, 2016), 50 ‖ 『테드 토크—TED 공식 프레젠테이션 가이드』, 박준형 옮김 (파주: 21세기북스, 2016), 75.

지 말고, 고개를 들고 누군가와 눈을 마주쳤을 때만 말하도록 노력하라(8장 「설교 원고를 숨 쉬는 언어로 빚는다」를 참조하라).
- 청중과 가까울수록 눈 맞춤과 표정이 더 중요함을 기억하라.

여러분 얼굴은 설교 도구로 중요하기에, 음악가가 악기를 다루듯이 자기 얼굴에 익숙해지고 얼굴 사용을 연습하라. 다음은 몇 가지 요령이다.
- 정상적이며 편안한 표정을 유지하라. 유쾌한 표정은 여러분을 인간적이고, 친근하며, 매력적으로 보이게 하고, 신뢰도와 설득력을 높인다.
- 현재 말하는 내용과 일치해서 표정을 지어라.
- 미소를 지어라. 적어도 미소라는 단어를 생각하라. 그것만으로도 얼굴이 편안해지고 눈이 반짝반짝 빛난다. "인간은 다른 사람의 눈을 보고 그 사람을 아는 정교한 능력이 있다. 우리는 무의식적으로 누군가의 얼굴에서 눈 근육의 아주 작은 움직임을 감지하고 그것을 사용하여 그들이 어떻게 느끼는지 뿐만 아니라 우리가 그들을 신뢰할 수 있는지를 판단할 수 있다. … 그러한 신뢰를 쌓는 가장 좋은 도구가 또 있을까? 그렇다, 미소이다. 자연스러운 미소이다."[20] 거울 앞에서 미소 지으면서 눈을 보면 이것이 어떻게 작동하는지 알 수 있다. 과학자들은 타인의 표정을 관찰하는 것과 관찰자 자기 얼굴에 그러한 표정을 반영하는 것 사이에 무의식적으로 강한 연관성이 있음을 밝혀냈다. 이 과정에서 거울 운동 뉴런(mirror motor neurons)이 역할을 한다. 이 신경 세포 뉴런은 다른 사람이 특정 행동을 하는 것을 볼 때, 그 행동을 마치 자기가 하는 것처럼 뇌에서 반응하게 한다(6장 「설교 사상을 예화로 그린다」를 참조하라). 실제로 미소를 관찰할 때 반응하는 뇌 영역과 미소 지을 때 반응하는 뇌 영역이 상당히 겹친다.[21] 다른 사람이 미소

---

[20] Chris Anderson, *TED Talks: The Official TED Guide to Public Speaking* (New York: Houghton Mifflin Harcourt, 2016), 49 ‖ 『테드 토크—TED 공식 프레젠테이션 가이드』, 박준형 옮김 (파주: 21세기북스, 2016), 74.

[21] Andreas Hennenlotter et al., "A Common Neural Basis for Receptive and

짓는 모습을 보면, 자연스럽게 여러분도 덩달아 미소 짓는다. 곧, 여러분 미소는 다른 사람들도 화답하게 하여 모든 사람을 기분 좋은 마음 상태, 마음을 열고, 신뢰하고, 여러분의 생각에 동의할 수 있게 한다.

- 설득에 도움을 주지 않는 표정은 피하라. (여러분을 녹화한 비디오를 보면 이런 표정이 드러날 텐데), 곧 치켜올린 눈썹, 가늘게 뜬 눈, 꽉 다문 턱, 벌어진 콧구멍, 날카로운 시선, 지속적인 찡그림, 무의미한 미소 등은 모두 설득을 방해할 수 있다.
- 거울 앞에서 미소를 자연스럽고 진정성 있게 짓는 법을 익혀라.

발성학(Vocalics)

발성학은 목소리를 다루지만, 단순히 발화한 단어 그 이상을 포함한다. 이를 비언어 언어(paralanguage)라고도 하는데, 언어와 함께 이루어지는 의사소통의 한 형태이다. 사실, 비언어 언어는 설교의 단어와 내용에 추가된 또 다른 의사소통의 차원이다. 곧, 단어를 하나도 추가하지 않고도 의사소통의 시간을 두 배로 늘릴 수 있다고 생각하면 된다. 이미 준비한 단어를 말하는 **방법**이 발성학의 본질이다.

사람의 목소리에는 여러 가지 요소와 특성이 존재한다. 음량, 음정, 속도, 음색, 어조, 운율(예를 들어, 진술과 질문을 구별하는 데 도움이 되는 목소리의 억양) 등이다. 여기서는 그중 일부를 다루겠지만, 이러한 모든 발성 요소에서 중요한 것은 바로 '다양성(variety)'이다.

청자가 낭독자나 화자에게 불쾌하게 반응할 때, 화자를 종종 '모노톤(monotone)'이라고 잘못 분류한다. 사실, 진정한 모노톤보다 일정한 속도로 말하는 사람이 훨씬 더 많다. 너무 일정한 속도로 읽기는 거의 모든 사람이 겪는 문제일 수 있다. 느리고 꾸준한 속도는 가장 흔

Expressive Communication of Pleasant Facial Affect," *NeuroImage* 26 (2005): 589.

한 구술 해석 문제 중 하나이다. 자연스러운 말은 그러한 읽기 방식에 비해 훨씬 불규칙하다. 폭발적인 시작, 갑작스러운 멈춤, 엉뚱한 방향으로 빠져들기, 급격한 질주, 중간중간에 느리게 말하는 부분들이 자연스러운 말의 특징이며, 이는 그 자체로 불규칙하게 진행한다. 그 리듬은 끝없이 흥미롭고, 내용을 듣기 좋은 단위로 잘 나누어 전달하는 중요한 역할을 한다. 때로는 예상치 못한 데서 멈춤은 청취자의 주의를 끌고, 전달된 내용을 잘 소화할 시간을 준다.22

"다양성"은 진정으로 "삶의 양념이다. 삶에 모든 풍미를 더한다."23 이 표현은 설교에서도 중요한 의미가 있다. 이러한 목소리의 다양성과 생동감은 설교자의 감정을 반영한다. 여러분이 본문과 그 핵심 내용에 대한 열정을 자연스럽게, 그리고 목소리로도 드러내야 한다. 이는 강단에 오르기 전에 그 열정이 여러분을 사로잡아야 함을 의미하며, 본문의 잉크가 설교자의 피로 변해야 함을 뜻한다.24 자연스럽게 표현하려면, 여러분 자신이 전하고자 하는 본문의 취지와 힘, 그리고 감동을 먼저 경험해야 한다.

많은 사람은 열정에 관한 이야기가 설교를 인위적으로 만든다고 생각할 수도 있다. 그러나 스콧 버쿤(Scott Berkun)은 "나는 여러분이 가짜가 되어야 한다고 제안하지 않는다. 게임쇼 진행자나 치어리더처럼 행동하지 말라. 대신, 열정적이고 관심이 많으며, 온전히 존재하는 '여러분 자신'이 돼라."라고 말한다.25 이는 정확한 말이다. '열정적'은, 본문

---

22 Jana Childers, *Performing the Word: Preaching as Theatre* (Nashville: Abingdon, 1998), 93~94.

23 William Cowper, "The Timepiece," in "The Task," 2:606~7. 그 양념은 또한 설교문을 쓸 때, 들리도록 그 단어에 통합해야 한다.

24 "Turning Ink into Blood"는 Charles L. Bartow, *God's Human Speech: A Practical Theology of Proclamation* (Grand Rapids: Eerdmans, 1997), 53~94의 장 제목이다.

25 Berkun, *Confessions of a Public Speaker*, 89 ‖ 『명연사 · 명연설 · 명강의』, 129.

을 경험하면서 이미 여러분에게 불러일으켜진 열정을 자연스럽게 표현한다는 말이다. 그렇게 본문을 경험하게 할 때, 성령의 능력으로 청중에게도 같은 열정이 일어날 수 있다. 열정과 역동성은 신뢰를 쌓고, 청중의 관심을 끌어내는 데 큰 역할을 한다. 그 대가로 청중은 경청하고, 웃고, 울며 더욱 잘 반응한다.26 그만큼 얻을 것이 크므로, 청중의 마음을 감동하려고 여러분 열정을 대담하고 부끄러움 없이 드러내라. "그것은 약간의 통제를 잃는 위험까지도 감수한다는 뜻이다—흥분의 폭풍을 일으키고자 하는 열망으로."27 '열정적'은, 진정한 자신을 드러내고, 자기 감정 그리고 영혼까지 드러내기에, 여러분은 취약해질 수도 있다. 이제 여러분은 단순한 전달자가 아니다. 여러분의 메시지에는 여러분의 일부, 곧 본문을 경험하고 본문이 묘사하는, 하나님과 하나님의 백성에 대한 여러분의 열정이 담겨 있다.

따라서 다시 말하지만, 여러분의 목소리는 그 열정을 나타내는 중요한 수단이다. 이 중요한 도구를 활용하기 위한 몇 가지 비결이 있다.

- 발성학의 모든 요소는 항상 다양해야 한다. 중요한 내용을 다른 어조, 속도, 성량으로 반복하고 다시 말함이 항상 유익하다.
- 강조하려고 속도를 늦추거나 말하는 내용의 감정에 따라 속도를 높여야 한다면, 자유롭게 그렇게 하라. 그러나 주의해야 할 점이 있다. 감정이 고조되면 음성 속도가 빨라지기 쉽고, 속도가 빨라지면 발음이 흐려질 수 있다. 목표해야 할 절대 속도는 없다. 그것은 평소 말하는 속도, 전달할 내용, 여러분 성격, 그리고 청중에 따라 다르다. 평소에 속사포처럼 말하는 스타일이면, 아이디어를 전달하는 속도가 단어를 내뱉는 속도와 일치하는가를 확인해야 한다. 여전히 빠른 발음을 유지할 수 있지만, 같은 속도로 아이디어에서 아이디어로 넘어가지 않도록 내용을 반복하고 다시 말하라. 설교의 아우

---

26 기원전 1세기에 로마 시인 호라시우스(Horace)는, "나를 울게 하려면 당신 자신이 먼저 [울어야] 한다"라고 말했다(Ars Poetica 102~3, 필자 번역).

27 Hoff, *"I Can See You Naked,"* 90.

토반에서 질주하듯 빠르게 말을 이어가더라도, 여러분이 전한 메시지가 청중에게 스며들 수 있도록 시간과 공간을 줘야 한다. 분당 전달하는 아이디어의 속도를 늦추더라도, 분당 전달하는 단어의 속도까지 늦추지는 않아도 좋다. (물론 그것도 유익할 수 있다.)

- 앰프를 잘 활용하여 소리를 크게 줄이거나 키우면서, 심지어 속삭이는 소리로도 들릴 수 있게 하라. 소리를 크게 했다가 작게 하거나 그 반대로 조절하기를 두려워하지 말라. 이는 매우 큰 효과를 낼 수 있다. 다만, 문장 끝에서 음량이 자연스럽게 줄어드는 습관은 피하라. (필자도 이 습관을 고치려고 여전히 노력한다.)
- 마이크 사용에 익숙해지라. 휴대용 마이크는 피하라. 그것은 당신의 팔다리라는 중요한 표현 도구를 제한한다. 고정형 마이크는 괜찮지만, 청중의 다른 부분을 바라보려고 몸을 돌릴 때 마이크에 대고 말하고 있는지 확인하라. 고정형 마이크는 일정 거리에서만 사용할 수 있다. 옷에 클립으로 고정하거나 볼에 붙이는 무선 마이크가 가장 적합하다. 이 경우, 배터리 팩으로 연결된 선은 겉옷 안에 숨겨라.
- 설교 전에 목소리를 워밍업하라. 설교하기 전에 찬송할 때는 적당한 크기로 불러 성대에 무리가 가지 않도록 하라. 따뜻한 음료, (되도록 카페인 없는 것)를 마시는 것도 도움이 된다.
- 발음을 명확하게 하라. 자음을 일부러 조금 과장해서 발음해야 대중 연설에 적합하며, 특히 대부분의 청중에게 익숙하지 않은 억양일 때는 더욱 중요하다.
- 특정 단어를 강조하기가 얼마나 중요한지 인식하라. "I never said she stole my purse"라는 문장을 매번 다른 단어에 강조를 두고 일곱 번 말하라. 그렇게 하면 일곱 가지 다른 의미를 전달한다.[28]
- 자주 사용하는 상투적인 단어와 표현("이것은 …에 관한 것이다", "그래서 이제 …", "여기서 우리는 …을 봅니다", "OK", "좋아요", "그래서", "네" 등)을 식별하고, 이들 사용을 최소화하라.

---

[28] Childers, *Performing the Word*, 85.

- 적절하게 멈추기를 잊지 말고, 그동안 청중과 눈 맞춤을 유지하라. 멈춤은 방금 말한 내용을 강조하고 청중이 그것을 충분히 흡수할 수 있게 한다. 또한, 짧은 침묵을 두려워하지 마라. 청중은 다음 말을 기다리지, 주의를 딴 데로 돌리지 않는다. 멈춤은 단계 간 전환에 효과가 매우 크다.
- 음성화된 구두점(vocalized punctuation)이나 언어화된 멈춤(verbalized pause)—음, 아, 어—을 피하라. 신체적 경련이 주의를 산만하게 하듯, 과도한 음성적 경련도 청중의 집중을 방해한다. 사소한 소리로 멈춤을 채우려 하지 말고, 오히려 침묵을 활용하는 편이 훨씬 효과가 크다.
- 리듬을 연습하라. 여기에는 템포와 속도 **그리고** 실제 소리를 포함하는데, 이 모두는 산문을 시의 영역으로 그리고 시를 노래의 영역으로 옮긴다. 단어를 선택할 때는 소리가 어떻게 들리는지 고려함이 중요하며, 구호 또는 표어—"나에게는 꿈이 있다!"—를 반복해도 중요한 역할을 한다. 두운법, 유음, 음절 분할, 병행법 모두 이 범주에 속한다.
- 음높이를 다양화하라. 대부분의 발성학 요소와 마찬가지로, 음높이의 다양성은 필수이다. 너무 높은 음역이나 (낮은 음역에만) 머물지 않도록 주의하라. 자연스럽게 평소 대화하는 음높이를 유지하되, 발음의 선명도, 목소리의 투사, 그리고 듣기 편안함을 위해 음높이를 한 단계 높여보라.
- 여러분의 목소리 음색이 중립적인지, 지나치게 울리는지, 호흡량이 많은지, 콧소리가 나는지, 거칠지는 않은지를 확인하라. 목소리의 선명함은 청중이 가장 잘 이해하도록 하는 데 매우 중요하다.[29]

소소한 발성 문제는 스스로 교정할 수 있다. (신뢰할 수 있는 사람들

---

[29] Toastmasters International에서 음성 품질에 관해 발행한 유용한 책자는 https://www.toastmasters.org/~/media/B7D5C3F93FC3439589BCBF5DBF521132.ashx에서 확인할 수 있다.

에게 도움과 피드백을 받을 수도 있다.) 론 호프(Ron Hoff)는 "하루나 이틀을 자기 목소리와 함께 보내라"라고 제안한다. 운전할 때, 승강기에서, 점심을 먹으면서, 사무실에 앉아 있을 때, 운동을 할 때 등 아무 주제나 이야기하면서 자기 목소리를 녹음하라고 권장한다. 하루가 끝난 후, 그 녹음을 들어보라. 어떻게 들리는가?

> 이 방법으로 자기가 어떤 발음을 자주 하는지, 어떤 상황에서 목소리가 어떻게 변하는지 더 잘 알 수 있다. 예를 들어, 놀라거나 자의식이 생길 때 웃는지, 긴장을 풀면 목소리가 낮아지는지, 특정 단어 앞에서 잠깐 멈추는지 알 수 있다. 또한 생각을 자유롭게 흐르게 하면 말이 더 자연스럽게 나온다는 사실도 발견할 수 있다. 결국, 말을 좋아하고, 내 목소리가 그렇게 나쁘지 않다고 깨닫는다.[30]

위의 발성학 비결을 바탕으로, 녹음에서 개선하고 싶은 한 가지를 선택하고, 그 부분을 다음 날부터 반복적으로 연습하라. 원하는 만큼 며칠 동안 계속해서 연습을 이어가라. 예를 들어, 음성의 속도나 음높이를 조절하거나, 발음의 선명도를 높이는 데 집중할 수 있다. 만약 발음 문제나 언어적 장애가 있다면, 언어 병리학자나 보컬 코치에게 도움을 받으면 큰 도움을 받을 수 있다. 이 전문가들은 발음 문제를 개선하고 발성 훈련으로 목소리 질을 높이는 데 큰 도움을 줄 수 있다.[31]

외재학(Extrinsics)

외재적 요소는 외모와 외관, 곧 어떻게 보이는지에 관한 요소이다. 하나님께서는 한때 선지자에게 "내가 보는 것은 사람과 같지 아니하니, 사람은 외모를 보거니와 나 여호와는 중심을 보느니라"라고 말씀하셨다

---

[30] Hoff, *"I Can See You Naked,"* 122.

[31] 필자는 텍사스 보이스 센터(Texas Voice Center, 휴스턴에 있는 이비인후과 전문의가 운영)에서 제공하는 다음 인쇄물이 음성 관리에 유용함을 알았다. http://www.texasvoicecenter.com/advice.html.

(삼상 16:7). 이 구절을 인용하는 이유는, 하나님은 내면을 보시지만, 인간은 여전히 외적 요소에 의존하여 판단한다는 점을 강조하려 함이다. 청중이 여러분의 마음을 헤아리려고 노력할 수 있지만, 결국 그들은 여러분의 외적 모습만 볼 수 있다. 그러므로 여러분 외모가 그들이 하나님의 말씀을 온전히 경험하는 데 방햇거리이어서는 안 된다. 성경의 본문과 그 안에 담긴 하나님의 음성을 가로막는 **어떠한 장애물도 없어야 한다**. 외적 요소의 핵심은 간단하다. 겉모습이 적절하고 깔끔하게 보이게 하라. 설교자 자신이 주목받을 이유가 없어야 한다. 다시 말하자면, "내가 여러 사람에게 여러 모습이 됨은 몇 사람이라도 구원하려 함이라"라는 말씀처럼(고전 9:22), 하나님의 말씀을 전달하는 데 방햇거리 요소는 무엇이든 피하고, 죄를 짓지 않는 한 그 경험을 도우려고 최선을 다해 노력해야 한다.

다음은 외적 요소에 관한 몇 가지 비결이다.

- 단정하게 보여라. 아인슈타인(Einstein)이나 호킹(Hawking)이 아니라면, 빗질하지 않은 머리카락, 흐트러진 옷차림, 허름하고 소홀한 모습 등은 신뢰를 떨어뜨릴 수 있다. 청중은 여러분이 자기들을 위해 깔끔하게 차려입을 만큼 신경을 쓰지 않았다고 느낀다. 옷차림과 몸단장은 여러분의 인격을 반영하며, 또한 청중에 대한 여러분 태도를 나타냄을 명심하라. 청중을 존중하고 그 존중함을 드러내야 한다. 옷을 잘 차려입고, 단정한 모습으로 나타나라. 모든 것이 의사소통의 일부다.
- 보수적 옷차림을 선택하라. 구두는 깨끗이 닦고, 옷은 다림질하며, 재킷을 입었다면 단추를 채워라.
- 가능하면 청중처럼 옷을 입어라. "나는 여러분 중 한 명이다"라는 분위기를 유지함이 중요하다. 경험상 참석자의 30% 정도와 비슷하게 옷 입기가 좋은 기준이다. 참석자들이 어떤 복장을 할지 확실하지 않다면, 차려입는 편이 낫다. 한 번은 나비넥타이와 재킷을 입고 연설 행사에 참석했는데, 다른 사람들은 모두 청바지를 입고

있었다. 그때는 간단하게 재킷과 나비넥타이를 벗어 해결할 수 있었다. 그러나 만약 내가 청바지를 입고 다른 사람들이 정장을 입었다면, 상황은 훨씬 복잡했을 테다. 복장 규정을 미리 알 수 있다면, 따르는 게 좋다. 그러면 많은 불편을 피할 수 있다.

- 적절한 신발을 신으라. 필자는 구두, 운동화, 로퍼(loafer) 등 다양한 신발을 양말과 함께 혹은 양말 없이 신은 적이 있다. 해변에서 슬리퍼를 신고 설교한 적도 있고, 캠프에서는 맨발로 설교한 적도 있다. 무엇이든 상황에 맞게 적절하게 하라.
- 자신감을 주는 옷을 입어라. 그 자신감은 자연스럽게 투영되어 청중에게 전달된다. 자신감이 있으면, 여러분은 청중과 더 편안하게 대화할 수 있고, 청중도 여러분의 말을 듣는 데 편안함을 느낀다.
- 유행하는 극단적인 스타일은 피하라. 새로운 것이든 오래된 것이든 지나치게 유행을 따르지 말라. 알렉산더 포프(Alexander Pope)는 "새로운 것을 시도하는 첫 번째 사람이 되지 말고, 오래된 것을 버리는 마지막 사람도 되지 말라"라고 옳은 말을 했다.[32]
- 예배를 생중계하거나 녹화하면, 밝은 흰색이나 짙은 검은색 옷을 피하면 좋다. 작은 무늬가 있는 옷은 렌즈로 볼 때는 이상한 착시 효과를 일으킬 수도 있다. 설교자가 서는 배경을 미리 파악했다면, 배경과 조화롭게 보일 수 있는 옷을 선택하라.
- 청중의 주의를 산만하게 할 요소는 모두 피하라. 펜, 마커, 열쇠, 휴대폰 등으로 가득 찬 불룩한 주머니, 주의를 끄는 장신구, 동전, 팔찌, 목걸이 등 소리가 날 물건, 그리고 지갑 등이다. 강단에서 이런 것들은 필요하지 않다. 다른 곳에 안전하게 보관하라.
- 휴대전화를 가지고 다니지 말라. 가지고 다닌다면, 설교나 기도 중에 전화가 울릴 확률이 높다. 진동 모드로 설정하고 다른 소지품과 함께 다른 곳에 두라.

---

[32] Alexander Pope, *An Essay on Criticism*, Poetry Foundation, October 13, 2009, 2.133. https://www.poetryfoundation.org/articles/69379/an-essay-on-criticism.

- 앞서 언급했듯이, 마이크 선은 잘 보이지 않게 숨겨라.
- "존재감"을 가지고 자기를 표현하라. 이는 단순한 모습이 아니라, 활기차고 목적의식 있게 걷고, 자신감 있게 몸짓하고, 힘이 넘치는 말투로 청중을 배려하는 태도 등이다. 청중의 상황과 환경에 민감하고, 긍정적이고 준비한 모습으로 다가가라. 이 모든 요소는 청중이 설교자를 신뢰하게 하고, 설교를 전달하기 전에 이미 앞으로 펼쳐질 일을 기대하게 한다.

예행연습(Rehearsing)

이 책에서 설교 준비 과정을 자세히 살폈다. 이제 설교할 준비를 거의 마쳤다. 그렇다면 완성한 설교를 예행연습 함은 어떤 의미가 있을까? 예행연습은 자신감을 쌓는 데 그치지 않고, 설교 완성도를 높이는 중요한 과정이다.

> 설교를 큰 소리 내어 연습하는 주된 목적은 … 자신이 청중 역할을 하게 하려 함이다. 실제로 설교를 소리 내어 말할 때, 설교자 자신이 첫 번째 청중이다. 이처럼 설교를 미리 소리 내어 들으면, 메모나 원고를 읽는 것만으로는 알 수 없는 설교의 리듬, 흐름, 그리고 본질적인 타이밍을 알아차린다. 예를 들어, 종이 위에서 보기 좋은 문장이 말로 하면 복잡하게 들림을 깨닫는다. 또한, 설교를 소리 내어 말하면서 우리는 청중이 생각할 시간을 가질 수 있도록 멈춤이 필요한 부분, 설교의 특정 부분이 효과적으로 전달되게 하려고 말하는 속도를 조절해야 하는 지점을 찾아낸다.[33]

요즘, 필자는 소리 내어 예행연습을 많이 하지 않는다. 가끔은 예화나 타이밍과 속도가 중요한 부분만을 큰 소리로 연습하기는 하지만, 음

---

[33] Thomas G. Long, *The Witness of Preaching*, 3rd ed. (Louisville: Westminster John Knox, 2016), 268~69 ∥ 『증언 설교』, 3판, 이우제 · 황의무 옮김 (서울: 기독교문서선교회, 2019), 432~33.

악가 대부분이 악보를 꼼꼼히 살펴보며 음악을 '듣듯이', 조용히 원고를 읽으면서 마음속으로 말하는 내용을 '듣기'만으로 충분하다. 그러나 새내기 설교자라면 음성 예행연습이 매우 유익할 수 있다. 또한 몇몇 신뢰할 수 있는 친구들 앞에서 연습함도 큰 도움일 수 있다. 실제 장소에서 예행연습을 진행하여 실제 상황을 시뮬레이션하는 방법도 고려할 만하다. 그러고서 그들에게서 피드백을 경청하고, 그것을 마음에 새겨 설교 준비에 반영하고 변하겠다고 결심한다.

또한 설교 예행연습 하는 모습을 녹화하고서, 그 녹음한 소리를 듣거나 영상을 시청해도 좋다. 이를 통해 말하는 속도, 음량, 틀에 박힌 수법, 열정 유무, 아이디어 흐름 등에서 문제점을 발견할 수 있다. 이것은 꽤 충격적일 수 있으니, 주의하기를 바란다. 오랫동안 설교했지만, 필자는 여전히 비디오에서 내 모습을 보고 듣기가 민망하고 견딜 수 없다.

하지만 기회가 있을 때마다, 초대받는 곳이라면 어디에서든지, 자주 설교할 수 있음은 그 어느 일과 비교할 수 없이 중요하다.34 그렇게 하면 설교는 향상되고, 자신감은 높아지며, 하나님의 백성을 위해 여러분을 사용하시려는 하나님을 믿음도 더욱 굳건해진다. 또한, 이전에 설교한 내용을 반복해도 전혀 문제가 되지 않음을 기억하라. 이렇게 시간을 보낼수록 설교는 더욱 좋아진다.

최선을 다해 노력하고 철저히 예행연습을 해도, 설교의 마지막 단계인 실제 설교에서는 인간적인 약점으로 여러 가지 문제가 발생할 수 있다. 그러므로 대안(backup plan)을 계획하고, 그런 문제들에 대응책을 미리 준비하고 연습함이 중요하다.

- **긴장한 나머지 실수.** "앗, 다시 해보겠습니다", "죄송합니다, 이제 영어로 해보겠습니다" 등.

---

34 여기에는 (필자 경험을 바탕으로) 요양원, 홈스쿨 행사, 야외 전도 모임, 장례식, 유학생 가정 모임, 의대생 경건회, 노인 여성 점심 성경 공부 등에서 설교하기도 포함한다. 선택적으로 고를 수 있는 상황이 아니다! 이러한 경험은 여러분이 자기 자리를 찾고, 고유한 목소리를 발견하는 데 크게 유익하다.

- **기술적 오류**. "좋아요, 그 문제를 해결하는 동안 이 설교/시리즈를 전달하는 이유를 말씀드리겠습니다", "지난주에 다뤘던 내용을 잠시 복습하겠습니다", "좋아요, 해결하는 데 몇 분 더 걸릴 테니 잠시 시간을 채워 보겠습니다. 헌금 시간을 다시 갖죠." 또는 음악 팀에게 찬양을 부탁할 수 있는데 (그들은 기뻐하리라), 즉석에서 누군가를 인터뷰할 수 있는데 (좋은 코미디일 수 있다), 또는 기도 제목을 받아서 그들을 위해 기도할 수도 있다.
- **방해**. 누군가의 전화벨 소리가 울려 설교자와 청중 모두의 리듬이 깨졌을 때, 필자는 이 방식을 시도 한 적이 있다. "혹시 엄마 전화면, 몇 분 후에 다시 전화하겠다고 전해 주세요." 한 번은 교회에서 야유를 받은 적이 있다. 그 사람이 한 말을 듣지 못했지만, 그 의견에 정중하게 감사하며 계속 설교를 진행했다. 그런 일이 발생하면 동정심을 가지고, 절대 분노를 표출하지 말고, 논쟁에 휘말리지 말며, 비꼬지 말라. 필요하다면 그 사람에게 나중에 따로 이야기를 나누자고 요청할 수도 있다.
- **기타 재앙**. 설교를 하기로 예정된 날에 문제가 생길 수도 있으니, 알려야 할 사람들의 휴대전화 번호를 미리 확보해 두라. 나는 주일 아침에 타이어가 펑크 나거나, 집에 물이 많이 새는 일이 두 번 있었다. 두 경우 모두 설교하기 불과 몇 시간 전에 일어났다. 그때마다 대처할 사람들에게 상황을 알리고, 내가 늦을 수도 있으니 대처 방안을 찾으라고도 말했다. 또한, 그때마다 신뢰할 수 있는 친구들에게 연락해 어떤 식으로든 도움을 받을 수 있었다. 일이 어긋날 수 있으면 어긋나니, 준비해야 한다.[35]

그런데 iPad, 메모, 성경, 절대적으로 의존하는 모든 부속품은 단 한 순간도 시야에서 벗어나게 두지 마라. 물건은 자주 사라지기 마련이다.

---

[35] 문제가 생기기도 한다. 예를 들어, 토요일 밤 이웃집에서는 파티를 열었고, 필자가 항의해도 드럼을 밤새도록 치는 상황. 결국 새벽 3시 30분에 경찰에 신고해야 했다. 그 주일 아침, 나는 한 시간도 자지 못한 채 설교했다. 그 후, 나는 이사했다.

한 번은, 필자가 설교하기 몇 분 전에 인쇄한 메모가 들어 있는 성경을 찾을 수 없어서 당황한 적이 있다. 다행히 성경은 극장식 좌석 뒤로 떨어져 있었다. 또 다른 경우엔 예배 사이에 강대상 위에 iPad를 놓고 갔는데, 셋업 팀원 중 한 명이 그것도 모르고 강대상을 무대 밖으로 옮기고 있었다. 그때 iPad는 높이 날아오르더니 내 심장과 함께 쿵 소리를 내며 바닥으로 떨어졌다. (다행히 iPad는 잘 작동했고, 내 심장도!)

긴장감(Nervousness)

설교 예행연습으로 긴장감을 줄일 수 있지만, 완전히 없애지는 못한다. 긴장감은 모든 종류의 대중 연설에서 피할 수 없으며, "유일한 확실한 치료법"은 "무덤에 들어가기"라는 말처럼, 죽음 말고는 해결할 방법이 없다고 할 수 있다.36 마크 트웨인(Mark Twain)은 한때 "연사는 두 종류인데, 긴장하는 연사와 거짓말하는 연사이다"라고 (아마 실제로) 말했다고 한다.37 문제는 그 피할 수 없는 불안함을 도리어 유익한 도구로 바꿀 수 있느냐이다.

언론인 에드워드 R. 머로우(Edward R. Murrow) (또는 월터 크롱카이트[Walter Cronkite], 아니면 지그 지글러[Zig Ziglar]?)는 "최고 연사는 두려워할 만큼 충분히 알고 있다. … 프로와 초보자의 유일한 차이점은 프로는 나비가 대형을 이루어 날도록 훈련했다는 점이다."라고 보도했

---

36 Deane A. Kemper, *Effective Preaching: A Manual for Students and Pastors* (Philadelphia: Westminster, 1985), 124.

37 대중 앞에서 말하기가 왜 이리 두려울까? 대중의 예리한 시선 앞에 자주 서는 우리는 그들에게서 존경, 지지, 갈채를 받으려는 인간적 기대가 큰데, 이러한 욕망을 완전히 없애기는 거의 불가능하다. 그러므로 실패할까 봐 두려운 나머지 긴장한다. 그러나 성경을 설교하는 설교자는 자기 명예와 사회적 평가를 높이는 일을 맡아서는 안 되며, 특히 하나님의 말씀을 전하는 과정에서 그렇게 해서는 안 된다. 평판은 하나님께 맡겨야 한다. 그렇지만 우리는 인간이고, 사회적 존재이며, 죄성이 있는 존재이기에, 설교라는 공개적인 행위에서 자아에 초점을 맞추면 불안과 긴장을 초래한다. 그러므로 우리는 항상 올바른 영적 태도를 가지고 끊임없이 노력해야 한다.

다.38 나비과 동물은 제 할 일을 하도록 내버려두고, 필자는 내 몸 안에 분출할 아드레날린을 예상하고 이를 환영하며 포용하도록 하겠다. 필자는 그 흥분을 기대하고 심지어 즐길 수도 있었다. 그것은 능력을 키우고, 멋진 긴장감을 주며, 의욕을 북돋우고, 활동적이고 역동적이며 열정적인 설교자로 자라게 한다.39 하지만 아드레날린이 너무 많으면, 특히 이미 카페인으로 강화한 상태라면, 불안감을 느낄 수 있다. 전문가들은 과도하게 분출한 아드레날린을 배출하는 게 좋다고 말한다. 신체 활동으로 아드레날린을 더 잘 배출할 수 있다. 예를 들어, 산책하거나, 화장실이나 개인 공간에서 윗몸 일으키기를 하거나, 다른 체조를 한다. (단, 정성스레 고른 멋진 옷에 주름이 생기거나 땀나지 않도록 주의해야 한다.) 목을 마사지하거나, 심호흡하라. 나는 이 중 어느 것도 해본 적이 없음을 고백한다. 대신 예배 전에 커피 한 잔을 들고 돌아다니며40 사람들과 이런저런 이야기를 나누며 긴장을 풀곤 한다. 예배 중에는 나 자신을 잊고, 손발을 사용하며 온몸으로 찬양을 즐기며 예배한다.41 그리고 기도하고, 기도하고, 기도한다!

어쨌든 두려움이 좋은 동기 부여이다. 어리석게 보이는 일을 두려워하기보다는, 형편없는 설교로 하나님께 불복종하고, 그분 말씀에 불복종하고, 그분 백성에게 불복종하며, 그분 세상에 불복종하지 않도록 두려워하는 게 더 가치 있다. 두려움은 여러분 관심을 집중하게 하고, 설교를 열심히 준비하게 동기를 부여하며, 설교의 모든 과정에서 하나님께 전적으로 의존하게 한다.

---

38 출처를 찾으려고 제아무리 노력했어도 찾을 수가 없었던 인용문 중 하나이다.

39 Vikram S. Chib, Ryo Adachi, and John P. O'Doherty, "Neural Substrates of Social Facilitation Effects on Incentive-Based Performance," *Social Cognitive and Affective Neuroscience* 13 (2018): 391~403에 따르면, 청중의 존재가 기술 기반 작업의 수행력을 높인다. 타인의 평가를 받을 가능성은 수행자의 성취동기를 증가시키는 데 이바지한다.

40 하지만 한 잔을 다 마시지는 않고, 그저 따뜻하게 한 모금 정도만 마신다.

41 자기 감정을 표현할 수 있을 만큼 힘차게 찬양하라. 그렇게 하면 횡격막이 늘어나고 호흡하기가 좋아진다.

긴장은 매우 당연하니, 드러나지 않게 해야 한다. 눈에 띄게 긴장한 설교자는 오히려 청중을 불안하게 해서, 설교자가 제대로 설교할 수 있을지를 확신하지 못하게 한다. 청중이 여러분의 소심함과 두려움을 감지하면 여러분이 신경 쇠약으로 쓰러질까 봐 걱정한다. 지나치게 두려워하는 모습을 감춤으로, 청중이 두려워하지 않게 한다. 안절부절―(심호흡을 하라), 입 마름―(물을 마시라), 땀 흘림―(발한 억제제 및 속옷이 도움이 되나, 손수건은 아니다), 손 떨림―(성경이나 태블릿이나 메모를 손에 들지 말라) 등. 미소만 지어도 신경이 진정하고 상대방을 편안하게 한다. 그러나 아무리 노력해도 결국에는 자신감 부족과 불안감이 설교 중에 어떤 식으로든 드러날 테고, 청중은 예리하게 알아차린다. 그러나 그것은 나름대로 청중에게 사랑스럽게 보일 수도 있다.

설교는 필자도 가장 두려워하는 일이다. 필자는 위험이 싫어서, 롤러코스터, 번지 점프, 관람차도 타지 않는다. 그러나 설교는 여전히 가장 큰 두려움이자 가장 큰 기쁨이다. 하나님께 쓰임을 얼마나 큰 특권인가!

설교 전·후 일상(Pre- and Post-sermon Routines)

(필자가 지역 교회에서 주일 예배에서 설교한다고 할 때) 설교 전달 전(앞날과 그날) 그리고 설교 전달 후 일상을 요약해서 말하겠다. 물론 이는 필자 관행이다. 여러분 자신의 상황, 제약 조건, 능력에 따라 자기 일상을 개발하도록 격려하려고 여기에 공유한다.

설교 전 일상(Pre-sermon Routines)

필자는 특히 토요일에는 늦게 일어나는 편이다. 토요일 아침 일상은 다른 날들 비슷하다. 커피 한 잔을 마시고(아침을 거르는 편이다), 성경을 읽고 기도하며 하루를 시작한다. 토요일은 빨래하는 날이다. (헬스장에 가는 것 빼고) 하루 종일 외출하지 않으며, 다른 사람들과 교류는 최대한 피하려 한다.42 혹여 있을 사교 활동에서는 다른 사람이 파티의 주인공임에 만족한다. 목소리를 쉬게 하고, 다른 글쓰기 작업을 진행할 수도 있다. 책을 읽지만, 설교 관련 자료는 읽지 않는다. 크리켓 경기를 중계하면 시청하는데, (전 세계 어딘가에는 항상 크리켓 경기가 있다. 하나님께 감사!). 음악을 듣고, 남은 음식을 먹는다.43 주일날 입을 옷을 고른다.

따라서 설교하기 전 토요일은 일부러 느리게 지내고, 특히 침묵과 고독이라는 금욕의 징표가 있다. 나는 이것저것 생각에 잠긴다. 하루 종일 다음 날 설교를 들을 사람들, 예배팀, 예배에서 일어나는 모든 일을 위해 기도한다.44 설교하기 전날은 항상 여유롭게 보낸다. 론 호프(Ron Hoff)의 표현을 빌리면, "아주 자연스럽게 미끄러진다(gliding)."

여러분은 발표 전날 밤 7시 조금 넘은 시간, 혼자 앉아 있다. 발표까지 깨어 있는 시간이 약 6시간 남았다. **무엇을 할 것인가?**

여러분은 신경계를 "자연스럽게 작동하는 상태(fluid drive)"로 둔다. 지금부터는 아주 **편하게 보낸다**(glide). 생명을 위협하는 상황이 아니면, 어떤 급박한 재난이나 '위기'도 조용히 제쳐둔다. … 오로지 발표에만 그리고 발표할 생각만 하기로 예약한 상태다.

조용한 사람과 함께 저녁을 먹는다. 멋지게, 그러나 조용히. 업무 이야기는 하지 않고, 혼자라면 그냥 **자연스럽게 미끄러지듯**(glide) ….

자기 이미지를 긍정적으로 그린다. … 예기치 않은 일이 일어날 가능성을 최소화한다. 자기가 할 말을 듣고, 또 자기가 어떻게 보일지를 그려본다. 그리고 이미 이 환경에 익숙하지 않은가? …

전날 밤은 발표할 준비를 하는 시간이다. 대규모 변화를 시도하는 시간이 아니다.

적당한 시간에 잠자리에 든다. … 밤 11시, 불을 끄고 잠을 청한

---

42 공인된 독신자로 고독을 즐기는 이에게 그리 어려운 제한이 아니다.

43 딱히 새로운 일이 없는 독신 생활의 또 다른 한 면이다.

44 그러나 설교 준비에서 토요일 저녁까지 미뤄두는 한 가지 일이 있는데, 그것은 소파에 누워 설교 원고에 표시하는 일이다(iAnnotate를 써서 iPad에, 8장 「설교 원고를 숨 쉬는 언어로 빚는다」를 참조하라).

다. 잘 자라. 여러분은 훌륭하게 해내리라.45

언급했듯이, 필자는 격식 있는 아침 식사를 좋아하지 않지만, 설교하는 아침에는 맛있는 요구르트(독신 남성에게 필수 음식)를 먹는다. 또한 수분을 충분히 섭취하지만, 화장실에 자주 가야 할 정도로 마시지는 않는다.

필자는 항상 설교할 장소나 교회에 일찍 도착한다. 그러면 더 여유롭게 준비할 수 있다. 기회가 있으면 무대에 올라가 설교할 자리에서 전체 모습을 살피며, 시각적으로 익숙해지려고 한다. 필요한 기술 장비가 제대로 작동하는지, 강단이 적합한 높이(설교자 대부분에게 팔꿈치 높이가 적당하다)로 잘 설치돼 있는지 확인한다. 마이크를 착용하고 소리를 점검한다. 현장 스피커에서 자기 목소리를 듣는 데 익숙해짐도 유익하다.

막판 스트레스를 줄이려고, 예배 전에 교회 건물의 복도와 통로를 돌아다니면서 아는 사람을 만나고 모르는 사람과 친해지며 농담을 주고받고 웃음을 나눈다. 이는 호흡을 안정시키고 긴장을 푸는 데 유익하며, 강단에 올라가기 전에 더 인간적이며 신뢰감 있게 한다. 또한 장로 중 한 명 이상이나 예배팀과 함께 몇 분간 기도할 시간을 마련한다. 사람들이 나를 위해 기도함은 스트레스 해소하는 또 다른 좋은 방법이다.

설교 후 일상(Post-sermon Routines)

설교 후에는 칭찬에 도취하거나 비난에 낙담하지 않도록 하라. 이 두 가지는 분명히 여러분에게 다가온다. 청중 반응이 중요해도, 설교자로서 우리 궁극적인 소명은 우리를 부르신 하나님께 충성함이다. "사람이 마땅히 우리를 그리스도의 일꾼이요, 하나님의 비밀을 맡은 자로 여길지어다. 그리고 맡은 자들에게 구할 것은 충성이니라"(고전 4:1~2). 바울은 "하나님께 옳게 여기심을 입어 복음을 위탁받은" 사람으로서 자기 목표가 "사람을 기쁘게 하려 함이 아니라, 우리 마음을 감찰하시는 하나님을 기쁘시게 하려 함"이라고 분명히 밝혔다(살전 2:4).

---

45 Hoff, "I Can See You Naked," 66~67(강조는 원저자가 함).

설교자 대부분이 느끼는 대로, 설교는 필자에게도 육체적, 정신적, 감정적으로 큰 부담이다. 예배 후 점심은 보통 친구들과 함께하는데, 그들과는 필자가 원하는 대로 말할 수가 있다. 말이 많거나 침묵하거나, 목소리를 높이거나 생각에 잠기거나, 설교에 관해 이야기하는 일은 거의 없다. 그들이 질문하지 않는 한, 대부분 같은 사람들과 함께하는 시간이기 때문이다. 설교를 마치고서, 에너지 높은 상태에서 벗어나는 시간이다.

곧바로 다시 혼자서 회복하는 시간을 갖는다. 체육관에 가서 온수 욕조에 몸을 담그고(일요일 표준 일상), 40분 정도 낮잠을 자면 다시 활력을 찾는다. 다른 일을 병행하고 있어서 월요일에 쉴 여유가 없기에, 일요일 저녁은 다음 날 활동(진료와 수업)을 준비하는 데 사용한다. 다만 평소 자는 시간인 자정보다는 조금 일찍 잠자리에 든다.

주중에 시간을 내어 필자가 전달한 설교를 청중 시각에서 듣거나 본다. 그들은 내 설교를 어떻게 들었고, 어떻게 보았을까? 설교하는 열정, 전달한 편안함과 공감대, 친근함, 신뢰성, 자신감 정도를 평가한다. 때때로는 소리를 꺼놓고 필자 자신을 보는 것만으로도 많은 것을 알 수 있다. 신뢰하는 사람(배우자, 자녀, 부모, 장로, 교수)에게 피드백 받기는 매우 귀중한 일이다. 다음번에 그 본문을 설교할 때 다르게 하고 싶은 점이 있다면, 그것을 어딘가에, 보통 그 설교 원고에 기록해 둔다. 이제 결론을 말한다. 준비하고, 준비하고, 준비하라! 연습하고, 연습하고, 연습하라! 기도하고, 기도하고, 기도하라! 그분 말씀을 설교함으로써 그분께 영광을 돌리며 그분 백성을 세우는 우리 노력을, 하나님께서 축복하시기를 기도한다. 당신 나라가 임하소서!

설교 여정을 되돌아본다

Conclusion

Cujus vita fulgor, ejus verba tonitrua.
삶이 번개인 이가 하는 말은 천둥이다.[1]

기원전 4세기, 아리스토텔레스는 대중 연설에 관해 심오한 통찰을 제공했다. "연설로 제공하는 증거 [설득]은 세 가지 종류이다. 첫째는 연사의 도덕적 성품[ἦθος, *ethos*]에 의존하며, 둘째는 청자를 특정한 감정 상태[πάθος, *pathos*]로 이끌기에 의존하고, 셋째는 연설 자체[λόγος, *logos*]에 의존한다."[2] 몇 세기 후, 바울은 이러한 사상을 반영한 듯하다. "우리의 복음은 말[λόγος, *logos*]로만 너희에게 전해지지 않았고, 능력과 성령과 큰 확신[πάθος, *pathos*]으로 너희에게 전해졌으며, 우리가 너희를 위하여 어떤 사람이었는지[ἦθος, *ethos*], 너희가 아는 바와 같이"(살전 1:5).

이 책에서는 설교의 로고스(내용)을 다루었고, 그보다 덜 중요하게라도 파토스(화자의 열정 그리고 청자에게 불러일으키는 열정)을 살폈다. 그러

---

[1] 중세 속담.

[2] Aristotle, *Art of Rhetoric*, tr. J. H. Freese, Loeb Classical Library 193 (Cambridge, MA: Harvard University Press, 1926), 17 (1.2.1356a) ‖ 『아리스토텔레스의 수사학』, 이종오 옮김 (서울: 한국외국어대학교출판부 지식출판원, 2015), 22.

나 아리스토텔레스는 에토스에 관해 말한다. "연설자의 가치[선함/덕성]가 그의 설득력에 전혀 이바지하지 않는 것이 아니다. 오히려 도덕적 성품[ἦθος, ēthos]이 가장 효과적인 설득 수단이다."[3] 다시 말해, 양 떼에게 영향을 미치는 일에서 목사-설교자의 인격은 지금까지 9개 장에서 살핀 모든 내용만큼이나, 아니 그 이상으로 중요하다. 그리스도인에게 인격은 곧 영성과 하나님과 동행을 뜻한다. 아우구스티누스는 이렇게 선언했다. "우리가 순종하며 경청하기를 바라는 이들에게, 어떤 웅장한 스타일보다 더 중요한 것은 바로 **말하는 이의 삶**이다."[4] 따라서 에베소의 목사이자 설교자인 디모데는 "말과 행실과 사랑과 믿음과 정결에 있어 믿는 자들에게 본이 되라"(딤전 4:12)라는 권면을 받았다.

그러나 매일 하나님과 동행하는 영성(spirituality) 본보기를 보임과 더불어, 목사이자 설교자는 어떻게 "영적으로" **설교할** 수 있을까? 설교나 다른 사역을 "성령으로" 수행함은 무엇을 말하며, 그 무엇을 포함하는가?

수십 년 전 신학교에서 수강한 수업 중 하나는 예배 인도 과목이었다. 그 수업에서는 학생들이 5~6명씩 한 조로 나뉘어, 매일 한 조가 수업 시작 전에 10분간 예배를 주관하도록 배정받았다. 우리 조 차례가 다가오자, 우리는 몇 날 며칠을 모여서 계획을 세웠다. "Jake가 이 노래로 우리를 인도하고, 1분 36초 동안 첫 절을 부른 후, 반 전체를 일으켜 세운다. 그다음, Matt가 1분 42초 동안 교독하고, 우리 모두 앉은 뒤 Joe가 기도한다. 그러면 3분 18초가 되고, 그 후에는 두 번째 절을 1분 36초 동안 부른다." 우리가 이렇게 꼼꼼히 계획을 세우는데, 동료 신학생 John이 갑자기 외쳤다. "잠깐만, 잠깐만, 우리는 너무 많이 계획하고 있어. 성령께서 역사하실 여지를 남겨야 해!"

그 이후로 필자는 계속 궁금했다. 성령께서 일하시도록 여지를 남김은 내가 덜 일한다는 뜻일까? 성령께서 설교를 사용하시게 함은 설교

---

[3] Aristotle, *Art of Rhetoric* 17 (1.2.1356a) ‖ 『아리스토텔레스의 수사학』, 22.

[4] Augustine, *On Christian Teaching* 142 (4.27.59) ‖ 『그리스도교 교양』, 개정판, 성염 역주 (칠곡: 분도출판사, 2011), 477(강조는 필자가 함).

준비, 신학 찾아내기, 적용 긷기, 설교 지도 깁기, 설교 이동 구체화, 설교 사상 설명, 서론과 결론 작성, 원고 작성, 설교 전달 등에 힘을 덜 쓴다는 말일까? 우리 모든 계획과 준비에도, 하나님께서 원하실 때 언제든지, 어떻게든지 당신을 나타내시고 행하실 수 있는 주권과 능력을 말할까? 필자는 우리가 할 수 있는 한 최선을 다해서 설교 계획하기, 설교 준비하기, 신학 찾기, 적용 긷기, 구조 깁기, 설교 이동 구체화하기, 설교 사상 설명하기, 원고 쓰기, 서론과 결론 다듬기, 설교 전달하기 등으로 성령께서 일하시도록 신뢰해야 한다고 여러분 모두 동의한다고 확신한다. 곧, 인간의 책임과 하나님의 주권이 어우러짐이다. 그렇다면, 그것은 설교자가 직접 하는 일과 무엇이 다를까? 우리는 어떻게 "성령으로" 설교하면서 하나님과 관계에서 우리 책임을 이행할 수 있을까? 이 문제를 또 다른 시각으로 살피면, 영적 설교자와 비영적 설교자를 구별하는 차이점은 무엇일까(판단자가 전지전능하다고 가정한다면)?

필자는 이 문제를 몇 년 동안 깊이 생각한 끝에, 영적인 설교자와 영적이지 않은 설교자를 구별하는 최소한 일곱 가지 요소를 정리했다.

1. Purpose(목적). 영적 설교자가 지향하는 목적은 명확하다. 그것은 성경을 설교하여 하나님의 백성을 그리스도의 형상에 맞게 변화시킴으로써 하나님께 영광을 돌리는 일이다. 하지만 영적이지 않은 설교자는 다른 목적, 예를 들어 이기적인 목표를 추구하려 한다.[5]
2. Purity(순결). 의심할 여지 없이, 영적 설교자의 삶은 강단에 서기 전부터 경건함을 드러낸다. 하지만 영적이지 않은 설교자는 경건의 흔

---

[5] '목적'에서 필수 부분은 양 떼를 향한 설교자의 부담이며, 이는 사랑에서 비롯한다. 여러분은 한 가지 방식으로 들었겠지만, 필자는 여러분에게 이렇게 말한다. "사랑은 수많은 설교적 죄를 덮는다(Love covers a multitude of homiletical sins)." 청중과 관계는 그들을 돌보는 목자로서 여러분 말이 더 멀리까지 전달하게 한다. 여러분이 최고 설교자가 아닐지라도. Abraham Kuruvilla, "Preaching Is Pastoral," *A Vision for Preaching: Understanding the Heart of Pastoral Ministry* (Grand Rapids: Baker Academic, 2015), 31~49 ∥ 『설교의 비전—목회 사역의 심장을 이해하기』, 곽철호·김석근 옮김 (이천: 성서침례대학원대학교 출판부, 2018/2025[3쇄수정]), 59~84를 참조하라.

적을 거의 보이지 않는다.

3. Pray(기도). 영적 설교자는 설교 준비부터 전달까지 모든 과정을 기도로 온전히 감싼다. (설교자가 순결한 삶을 살지 못했다면, 기도로 모든 드러난 죄를 고백해야 한다.) 하지만 영적이지 않은 설교자는 기도에 관심을 두지 않는다.

4. Presence(임재). 하나님의 백성이 예배하려고 모인 상황에서 설교하는 영적 설교자는 찬송, 기도, 간증, 헌금, 예식은 물론, 하나님의 백성을 교화하려고 페리코페마다 제시하는 그리스도의 형상을 설교함으로 그리스도의 임재를 느낀다. 설교자는 공동체 예배에서, 특히 하나님의 말씀을 설교하는 동안 그리스도의 임재를 의도적으로 그리고 의식적으로 고양한다. 반면, 영적이지 않은 설교자는 하나님의 임재를 전혀 인식하지 못한다.

5. Power(능력). 하나님과 동행하는 영적인 설교자는 인간의 연약함, 허약함, 무능력을 온전히 인식하기에, 하나님의 능력, 도움, 지지에 전적으로 의존한다. 결국, 이는 하나님의 백성이 **하나님의** 성령 능력으로 **하나님의** 아들 형상을 닮아가도록 설명하는 **하나님의** 말씀이다. 영적 설교자는 설교에서 하나님 능력의 필요성을 절실히 인식한다.6 영적이지 않은 설교자는 그러한 능력이 설교 사역에 필요하다고 생각하지 않으며, 오직 자기 힘으로만 설교하려고 한다.

6. Product(결과). 능력이 하나님에게서 비롯했다면, 결과도 하나님께 속한다. 하나님께서 설교 결과를 주관하시기 때문이다. 하지만 영적이지 않은 설교자는 공로 대부분을 자기에게 돌리려 한다. 그러나 그런 일이 있어서는 절대 안 된다!

---

6 설교자가 먼저 성경 본문에서 그리고 성경 본문으로 성령의 신성한 능력을 경험해야 함은 의심의 여지가 없다. Gordon D. Fee, *Listening to the Spirit in the Text* (Grand Rapids: Eerdmans, 2000), 7 ‖ 『성령이 들려주시는 하나님의 말씀』, 조원봉 옮김 (서울: 좋은 씨앗, 2003), 18에서는 목회자들에게 "전문가"가 되는 "큰 위험", 곧 "본문을 분석하고 하나님에 **관해** 이야기하지만, 하나님**께** 열정의 불이 서서히 식는" 경향을 경고한다. "… 성경 본문이 자기 영혼을 사로잡거나 소유하지 않으면, 듣는 사람에게 아무런 도움도 주지 않는다."(강조는 원저자가 함.)

7. **Praise(찬양).** 능력이 하나님에게서 비롯했으며 결과도 하나님께 속한다면, 찬양도 당연히 하나님께 돌아가야 한다. 영적 설교자는 준비에서부터 전달까지, 설교에서 하나님께서 이루실 일 (그리고 이미 이루신 일)로 하나님께 감사드린다. 그러나 영적이지 않은 설교자에게서는 그런 감사한 마음을 찾을 수 없다.

궁극적으로, 하나님을 신뢰하며 하나님께 헌신하는 내적 태도—확고한 목적(Purpose), 타협하지 않는 순결(Purity), 끊임없는 기도(Prayer), 하나님 임재 인식(Presence), 하나님 능력(Power) 의지, 하나님의 결과(Product) 인식, 지속적 찬양(Praise)—이 바로 영성의 시금석이어야 한다.7 설교자의 영성 성숙은 설교자 평생에 걸친 목표이자 끊임없는 노력이어야 한다. 하나님께서 우리가 성령으로 설교하게 하시며, 그분께 기쁨이 되는 삶을 살게 하시고, 그분 아들의 이름에 합당한 삶을 살도록 도와주시기를 바란다.

따라서 목회 사역, 특히 설교 사역과 관련하여, 그것은 하나님의 사명에 따라 하나님과 동역함(partnering)이다. 그래서 (우리가 살폈듯이) 히브리서 13:20~21은 말한다. "이제 평강의 하나님께서 … 모든 선한 일에 너희를 온전하게 하셔서, 당신 뜻을 행하게 하시고[ποιέω, *poieō* = 우리가 함], 당신께 기쁜 일을 예수 그리스도로 [그분께서] 우리 안에서 [ποιέω, *poieō* = 하나님께서 하심] 이루게 하시기를 원하노라. 영광이 그에게 세세 무궁토록 있을지어다. 아멘." 우리가 일함**과** 하나님께서 일하심. 우리가 일하**며** 하나님께서도 일하신다! 얼마나 놀라운 신비인가!

양 떼를 먹이는 일은 우리 설교자에게 주어진 놀라운 특권이다. 그 사명은 엄숙하며, 그 책임은 막중하다. 17세기 프랑스 신학자 프랑수아 페넬롱(François Fénelon)은 이렇게 촉구했다. "오 목사들이여, 아버지가 돼라. 아니, 그것만으로는 부족하다. 어머니가 되어, 산통을 겪으며 아기

---

7 이 목록에 다른 요소를 자유롭게 추가해도 좋다. 그런데 모두 P로 시작하게 하라. 또한 Kuruvilla, *A Vision for Preaching*, 167~85 ‖ 『설교의 비전』, 245~70을 참조하라.

를 낳아라. [청중] 마음에 예수 그리스도의 형상이 온전히 이루어지도록, 그 형성을 완성하려고 모든 노력을 다해 다시 한번 산고를 겪어라!"8

이런 맥락에서, 바비큐 요리 거장 아론 프랭클린(Aaron Franklin)을 애호하는 이가 그 거장(pitmaster)에 관해 다음 말을 했다.

> 내가 그 거장을 가장 존경하는 점, 그리고 그가 가진 가장 큰 자산이자 성공의 비결은, 매일 몇 시간씩 줄을 서서 그의 음식을 기다리는 고객에게 그가 보이는 절대적이며 전적인 헌신이다. 편안하게 맥주를 마시며 연기가 자욱한 월계관에서 쉴 수도 있어도 그리하지 않고, 프랭클린 바비큐에서 식사하는 모든 사람이 행복하며 만족하도록 하고자 끊임없이 힘쓰는 헌신은, 경외심을 불러일으킨다. 압도적으로 인기 있는 레스토랑을 운영하고 용접 작업을 하며 책을 쓰고 텔레비전 쇼를 촬영하면서도, 여전히 고객이 기대하는 맛에 부응하려고 최선을 다한다.9

삼위일체 하나님께서 설교자, 하나님의 양 떼를 사랑하는 이, 하나님의 말씀 길잡이인 여러분을, 여러분 설교를, **그리고** 하나님께서 여러분에게 돌보도록 맡기신 백성을 축복하시길 기도한다.

---

8 François Fénelon, "Éloquence et Critique," in *Pages Choisies des Grands Écrivains* (Paris: Librairie Armand Colin, 1911), 115.

9 Jordon Mackay, "Coauthor's Note," in *Franklin Barbecue: A Meat-Smoking Manifesto*, Aaron Franklin and Jordon Mackay (Berkeley: Ten Speed, 2015), viii–ix.

빅 아이디어 대 신학적 초점
Big Idea versus Theological Focus*   부록 1

해돈 W. 로빈슨(Haddon W. Robinson)은 복음주의 설교 이론과 실제에 굳건한 토대를 세운 학자로서, 역작 『강해설교』(1980)에서 '빅 아이디어(/중심 사상, Big Idea)'이라는 개념과 용어를 주장했다. 이 책은 여러 차례 개정돼(엮은이 덧붙임. 2001년 개정2판, 2014년 개정3판, 2025년 현재 확장4판) 전 세계 복음주의 진영 신학교에서 설교학 교과서로 널리 쓰인다. 로빈슨에 따르면, 강해 설교(expository preaching)란 "여러 사상이 지지하는 **단 하나 지배 사상**(a single dominant idea)을 설명하기, 해석하기, 적용하기"이다.[1] 본질적으로 '빅 아이디어'는 주제(subject)와 보충 설명(complement)으로 구성한 한 명제(a proposition)이다.[2] 여러 용어가

---

* 이 부록은 Abraham Kuruvilla, "Time to Kill the Big Idea? A Fresh Look at Preaching," *Journal of the Evangelical Theological Society* 61, no. 4 (2018): 825~46를 수정한 것이며, http://homiletix.com/kill-the-big-idea/에서 참고할 수 있다.

[1] Haddon W. Robinson, *Biblical Preaching: The Development and Delivery of Expository Messages* (Grand Rapids: Baker, 1980), 33(강조는 필자가 함)‖『강해설교』, 박영호 옮김 (서울: 기독교문서선교회, 1983), 37. 이제부터는 3rd ed.(2014)을 인용한다. *엮은이 덧붙임. Haddon W. Robinson, Scott Wenig, and Torrey Robinson, *Biblical Preaching: The Development and Delivery of Expository Messages*, 4th Edition (Grand Rapids: Baker Academic, 2025)‖『강해설교(가제)』, 확장4판 (이천: 성서침례대학원대학교출판부, 출판 예정).

쓰이다가 결국 빅 아이디어라는 개념어가 자리 잡았고, 지난 40년도 넘게 복음주의 설교에 큰 영향을 끼쳤다.

빅 아이디어 우려(Concerns with the Big Idea)

필자는 빅 아이디어를 우려하는데, 이는 지지자들이 전제하는 바, 곧 모든 본문에는 본질적 진리가 숨겨져 있고, 이를 명제적 형태의 '빅 아이디어'로 뽑아낼 수 있으며(본문을 증류하기), 그렇게 뽑아낸 '빅 아이디어'를 청중에게 설교로 전달해야 함(증류한 결과를 설교하기)에서 비롯한다.

본문을 증류하기(Distilling the Text)

빅 아이디어는 해당 성경 페리코페에서 축약하는 방식으로 뽑아낸다. 로빈슨도 다음 말을 한다. "그러므로 한 사상은 삶을 증류한 것으로 여길 수 있다. 삶의 다양한 구체적인 요소들에서 공통점을 뽑아내서 그것들을 서로 연결 짓는다."[3] 티모시 워렌(Timothy S. Warren)은 본문에서 이러한 빅 아이디어를 뽑아내는 방식이 "본문에 담긴 구체적 맥락을 제거하고, [본문에 나타난] 특정한 행동을 일반화한다"라고 지적한다. 이렇게 본문을 증류하여 얻어낸 핵심은 이른바 "시대를 초월하고 문화적 맥락을 넘어서는 신학적 명제"이다.[4] 그랜트 오스본(Grant R. Osborne)에 따르면, 본문에서 설교로 나아가는 핵심 단계는 "본문에 내재한 신학적 명제를 찾아내기"이다.[5] 그러므로 이런 해석자들에게, 문화적 문제(cultural issue)는 본문에 '개입하여(intrude)' 그 뒤에 있는 원리를 방해하

---

[2] Robinson, *Biblical Preaching*, 3rd ed., 22.

[3] Robinson, *Biblical Preaching*, 3rd ed., 20.

[4] Timothy S. Warren, "The Theological Process in Sermon Preparation," *Bibliotheca Sacra* 156 (1999): 342, 346.

[5] Grant R. Osborne, *Hermeneutical Spiral: A Comprehensive Introduction to Biblical Interpretation*, 2nd ed. (Downers Grove, Ill.: InterVarsity Press, 2006), 440(엮은이 덧붙임. 2nd ed.으로 바꿈) ∥『성경해석학 총론』, 개정판, 임요한 역 (서울: 부흥과개혁사, 2017), 621.

는 요소이다. 그들에게는 "원리들이 … 수반하는 문화적 요소들보다 우선해야 한다."6 이렇게 본문에서 불순물을 걷어내면, 빅 아이디어라는 순도 높은 금만 남고, 설교자는 이것을 설교한다. 프레드 크래독(Fred B. Craddock)이 표현하는 바에 따르면, "설교자는 물을 끓여 수분은 모두 날려버리고, 컵 바닥에 남은 찌꺼기(stain)로 설교하는 셈이다."7

그렇다면 하나님께서 성경의 대부분을 명제 형태가 아닌 방식으로 주신 지혜에 의구심이 든다. 하나님께서 복잡한 이야기, 난해한 예언들, 감성적인 시 등과 같은 방식을 선택하시지 않고 시대를 초월한 '빅 아이디어'을 깔끔하게 정리한 항목 형태로만 제시하셨다면, 하나님 당신과 그분 백성에게 더 유익했을지도 모른다. 이러한 형태 본문들은 단지 "본문 뒤에 있는 원리를 설명하거나 적용하려는 사례나 예시"에 지나지 않기 때문이다. 전통적 복음주의 설교학에서 이러한 빅 아이디어 접근법은, 본문에서 뽑아낸 것—커피 얼룩 (또는 금덩이에 있는 금), 곧 본문을 축약한 빅 아이디어—을 얻고 나면, 본문 자체는 버리는 듯하다. 좋게 말하면 순진한 방법이나, 나쁘게 말하면 매우 위험한 방법이다. 본문은 그 자체로 신학이라, 그 어떤 형태로도 바꿔서는 안 된다. 본문을 이런 식으로 증류해버리면, 본디 의미와 힘 그리고 감성적 호소(pathos) 등 아주 중요한 부분을 잃는다. 이러한 "손실(lossy)"8을 초래한 축약은, (사람의) 사진, (음악 작품의) 주제, (스포츠 경기의) 최종

---

6 Walter C. Kaiser, "A Principlizing Model," in *Four Views on Moving beyond the Bible to Theology*, ed. Gary T. Meadors (Grand Rapids: Zondervan, 2009), 21 ‖ 「1장 원리화 모델」, 『성경 어떻게 적용할 것인가—성경 적용에 대한 네 가지 관점』, 게리 메더스 편집, 윤석인 옮김 (서울: 부흥과개혁사, 2011), 28.

7 Fred B. Craddock, *Preaching* (Nashville: Abingdon, 1985), 123 ‖ 『크래독의 설교 레슨—귀납적 설교의 위대한 멘토』, 이우제 옮김 (서울: 대서, 2007), 190.

8 '손실(lossy)'이라는 용어는 주로 디지털 오디오 파일 포맷인 MP3를 설명할 때 사용된다. 이는 원본 데이터를 거의 그대로 유지한 CD 품질의 '무손실(lossless)' 방식과 달리, 파일 크기를 대폭 줄이려고 원본 데이터의 상당 부분을 삭제하고 압축하는 방식을 말한다.

점수에 지나지 않는다. 결국 이러한 모든 축약 형태는 실제(real thing) 그 자체를 절대 대신하지 못한다. 그러므로 우리는 **본문**(text) 그 자체를 설교해야지, 본문의 축약도 명제도 교리도 다른 어떤 것도 설교할 대상이 아니다. 우리는 본문만을 설교해야 한다.9

결국, 이 모든 논의가 말하고자 하는 바는 이렇다. 본문은 독자가 **들여다볼**(look through) 수 있어서 본문 뒤에 숨긴 어떤 빅 아이디어를 찾아낼 수 있는 **투명 유리창**(plain glass)이 아니다. 오히려 본문에는 언어, 구조, 형식 등 미묘한 말맛이 있어, 독자가 **바라봐**(look at)야 하는 **색 유리창**(stained-glass)이다.10 이러한 색 유리창은 장인이 세심하게 설계해서, 유리, 색감, 납, 구리 등 창문을 구성하는 모든 요소가 특정한 경험을 만들도록 꼼꼼하게 제작한다. 본문도 마찬가지다. 그러므로 해석자는 본문을 자세히 살펴서, 본문에 숨긴 어떤 알맹이(kernel)를 발견하려 하지 말고, 본문으로서 본문에 있는 취지(thrust)와 의의(force, 신학[theology])를 전체적으로 그리고 전체로 경험하게 하는 특권을 부여해야 한다. 이는 다른 어떤 형태로도 바꾸거나 축약할 수 없다.

증류 결과물 설교하기(Preaching the Distillate)

빅 아이디어 지지자에게, 이는 본문에서 뽑아낸 사상이자, 청중이 그 설교를 듣고서 붙잡아 집으로 가져가 자기 것으로 삼아야 할 주요 메시지다. 다시 말해, 설교에서 증류 결과물 그 자체를 설교해야 한다고 생각한다. 로빈슨은 "회중이 기억해야 할 내용은 바로 빅 아이디어이다"라

---

9 필자는 2장 「페리코페에서 신학을 알아낸다」에서 본문과 그 신학, (곧 본문의 저자가 하려는 **실행**[doing])은 서로 나눌 수 없으며, 신학이 본문을 감독한다고(supervening) 분명히 말했다. 그러므로 필자는 이 둘을 통합한 실체를 '본문 + 신학'이라고 부른다.

10 이 은유는 Sidney Greidanus, *The Modern Preacher and the Ancient Text: Interpreting and Preaching Biblical Literature* (Grand Rapids: Eerdmans, 1988), 196 ‖ 『성경 해석과 성경적 설교 (중)』, 김영철 옮김 (서울: 여수룬, 1992), 374에서 가져왔다.

고 주장한다. 곧, 기억해야 할 것은 본문 자체도 설교 자체도 적용 자체도 아니라, 빅 아이디어라는 말이다. "설교의 다른 모든 요소는 흔히 공사장의 임시 발판과 같다. 그것들도 중요하지만, 가장 중요한 것은 청중이 한 사상을 붙잡음이거나, 그 한 사상이 그들을 붙잡음이다."11

빅 아이디어를 지지하는 거의 모든 이는 설교를 본문에서 증류한 빅 아이디어를 확장해 전달하는 일로 이해한다. 로빈슨은 다시 이렇게 강조한다. "빅 아이디어의 한 가지 목적은 설교를 이 빅 아이디어를 중심으로 구성하려 함이다. 모든 것이 빅 아이디어를 향해 나아가거나, 그 빅 아이디어에서부터 확장해야 한다. 결국 빅 아이디어를 청중 마음에 깊이 새겨 넣음이 목표다."12 빅 아이디어는 설교의 구조와 형태부터 적용에 이르기까지 모든 요소를 지배한다. 존 스토트(John R. W. Stott)는 빅 아이디어를 찾는 과정을 추천하고서는 설교자에게 다음과 같이 권고한다. "여러분 자료가 그 지배 사상(dominant thought)을 돕도록 배열하라. … 이제 자료를 다듬어 형태를 갖추어야 하는데, 특별히 지배 사상을 가장 잘 돕는 형태를 갖춰야 한다."13 빅 아이디어가 왕이다. 다른 모든 요소는, 자기에 맞서는 대상—본문, 설교자, 설교, 청중—을 줄 세우는 이 군주를 섬긴다! 마찬가지로 티모시 워렌은 말한다. "성경적 설교자는 하나님의 말씀에 담긴, 시대를 초월한 진리를 인식하고 제시한 다음, 그 진리를 청중에게 연결해야 한다."14 오스본 역시 같은 주장

---

11 Haddon W. Robinson, "Better Big Ideas: Five Qualities of the Strongest Preaching Ideas," in *The Art and Craft of Biblical Preaching: A Comprehensive Resource for Today's Communicators*, eds. Haddon W. Robinson and Craig Brian Larson (Grand Rapids: Zondervan, 2005), 353 ‖ 「더 좋은 빅 아이디어를 찾으려면?」, 『성경적인 설교와 설교자』, 전의우 외 옮김 (서울: 두란노서원, 2006), 540.

12 Robinson, "Better Big Ideas," 353, 357.

13 John R. W. Stott, *Between Two Worlds: The Art of Preaching in the Twentieth Century* (Grand Rapids: Eerdmans, 1982), 224, 228 ‖ 『현대교회와 설교—성경적 강해설교와 현대인의 삶』, 정성구 옮김 (서울: 생명의 샘, 2010), 342, 348.

14 Timothy S. Warren, "A Paradigm for Preaching," *Bibliotheca Sacra* 148 (1991): 463.

을 한다. "본문의 세부 사항들이나 설교의 주요 요점들은 사실상 이 논제 진술(theses statement) [Big Idea]의 여러 측면을 실제로 전개한다. 주요 요점마다 더 큰 전체를 이루는 한 부분인데, 마치 파이 조각과 같다."15 **그것이 빅 아이디어이다!** 설교의 나머지 부분은 모두 이 주요 주제에 관한 반복적 변주, 곧 주제를 꾸미고 장식하는 장식품에 불과하며 파이 위에 얹힌 생크림 같은 것이다. 그러나 토마스 롱(Thomas G. Long)은 다음 말로 경고한다. "설교는 본문이 가진 온전한 능력을 충실하게 담아내야 한다. 메인 아이디어(main idea)만을 나르는 설교자는 너무나 가볍게 여행하고 있다."16 정말 그렇다!

전통적 복음주의 설교학은 페리코페를 한 빅 아이디어로 축약하고서(본문 증류하기) 그 축약한 결과물을 설교하는데(증류 결과물 설교하기), 본문 근거, 실생활 예화, 실천적 적용 등을 동원해 이를 지지한다. 그러나 이는 언어가 어떻게 작용하는지, 본문이 어떻게 기능하는지, 그리고 설교가 무엇을 하는지를 오해함에서 비롯된다. 플래너리 오코너(Flannery O'Connor)는 예리하게 지적했다. "전체 이야기가 바로 의미인데, 이야기는 하나의 경험이지 추상이 아니기 때문이다."17 마찬가지로, 장르와 관계없이 전체로서 각 페리코페(본문 + 신학)는 경험하도록 의도한 '의미이다'이다. 본문을 증류하여 그 증류물을 설교하는 방식으로는 절대 충분하지 않다.

신학적 초점(Theological Focus)

그렇다고 해서 필자는 본문 축약하기 그 자체를 반대하지는 않는다. 설교학에서 축약은 특정·제한 범위에서는 유용하게 쓸 수 있다. 이 책

---

15 Osborne, *Hermeneutical Spiral*, 2ed., 456 ‖『성경해석학 총론』, 개정판, 644.

16 Thomas G. Long, *The Witness of Preaching*, 3rd ed. (Louisville: Westminster John Knox, 2016), 116 ‖『증언 설교』, 3판, 이우제·황의무 옮김 (서울: 기독교문서선교회, 2019), 198. (엮은이 덧붙임. 아쉽게도,『증언 설교』에서는 "너무나 가볍게 여행한다"를 옮기지 않음.)

17 Flannery O'Connor, *Mystery and Manners*, eds. Sally and Robert Fitzgerald (New York: Farrar, Straus & Giroux, 1957), 73.

에서는 페리코페 신학(pericopal theology)으로 축약한 내용을 신학적 초점(Theological Focus)이라고 부른다. 이 신학적 초점도 빅 아이디어처럼 본문을 축약한 것이지만, 그렇다고 빅 아이디어와 같지 않다. 오히려 도출 과정, 구조, 기능, 맥락 등에서 빅 아이디어와는 다른 종류이다.

- **도출 과정**(Derivation). 신학적 초점은 저자가 본문으로 하려는 **실행**(What the author is **doing**), 곧 페리코페 신학(pericopal theology)과 본문 화용론(pragmatics)을 축약한 것이다. 하지만, 빅 아이디어는 저자가 본문에서 말하는 내용, 곧 본문의 의미론(semantics)을 증류한 결과물이다. 빅 아이디어를 추출하는 과정에서는 대개 페리코페 신학을 분별하려는 시도는 하지 않는데, 기본 해석학이 본문을 미학적 가치를 지닌 비담화 예술 품(non-discursive objet d'art)으로 여기지 않고, 오로지 검증을 위한 담화적(discursive) 대상으로만 여기기 때문이다(〈부록 2〉 참조).

- **구조**(Structure). 신학적 초점은 특정한 형식을 갖추도록 요구하지 않는다. 짧은 어구로 표현할 수도 있고, 어구들의 조합일 수도 있으며, 길이가 긴 하나의 문장이나 한 단락으로 구성할 수도 있다. 설교자를 돕는다면 어느 형태라도 가능하다. 결국 신학적 초점은 피레코페 신학을 위한 한 핵심어이자 이를 지칭하는 제목이나 편의적인 요약이기 때문이다. 하지만 빅 아이디어는 일반적으로 명제 형태로 구성해야 하며, 주제와 보충 설명을 갖춰야 한다.

- **기능**(Function). 설교 준비자가 본문을 이해하는 데 신학적 초점이 처음에 필요했을까? 물론 아니다. 본문이 하려는 **실행**을 설교자가 충분히 파악하고서야, 축약할 수가 있다. 본문 신학을 찾아내고서, 다 표현할 수 없는 신학적 내용을 '손실'을 감수하면서 축약은, 그 페리코페 신학을 나타내는 표지(label) 역할, 곧 나침반 바늘이 늘 북쪽을 가리키듯이, 설교자가 나아갈 방향을 빠르게 생각하게 하는 역할을 한다. 3장 「페리코페 신학에서 적용을 깁는다」에서, 신학적 초점이 여러 가능한 적용을 생각하는 출발점 역할을 한다고 살폈다.[18] 그리고 4장 「설교 이동 지도를 깁는다」에서 살폈듯이,

신학적 초점은 설교 지도를 만드는 데 유익한데, 그 여러 부분이 설교 이동을 나타내는 데 편리한 표지를 이루기 때문이다. 그러나 신학적 초점은 본문 자체를 대신하여 '본문 + 신학'의 온전한 경험을 청중에게 전달하는 수단일 수 없으며, 그래서도 안 된다. 하지만 빅 아이디어는 본문의 가장 중요한 핵심이자 본문을 증류하여 얻은 겉보기에는 적절하고 손실이 없는 대체물로 여긴다. 암묵적으로, 본문 자체(껍질)는 불필요하고, 그 본문에서 편리하게 추출한 빅 아이디어만 남는다. 그래서 청중이 설교에서 붙잡길 기대하는 바는 이 빅 아이디어이라는 알맹이다. 설교의 나머지 부분은 단순히 이 명제를 확장하여 설명하고, 증명하며, 적용하는 작업—곧, 증류 결과물 설교하기에 불과하다.

- **맥락**(Context). 신학적 초점의 맥락은 본문과 나뉘지 않고 얽혀 있는 페리코페 신학, 곧 본문 + 신학에 관한 **시연**(demonstration)으로서 설교 개념이다. 설교자는 본문의 시녀/산파에 불과하며 설교는 본문의 큐레이션에 불과하므로, 그래서 청중은 그 신적 저자/인간 저자가 의도한 대로 본문 + 신학을 경험할 수 있다. 하지만 빅 아이디어의 맥락은 새롭고 독립한 창작물인 설교라는 개념에 기반하는데, (본문을 기반으로 하지만, 설교자의 새로운 창작물이며 본문과는 구별되는 실체이다). 그리고 이런 설교는 본문의 빅 아이디어를 설명하고, 증명하며, 적용하는 **논증**(argument) 형태로 구성된다.

요약하면, 필자는 설교가 앞서 언급한 제한적이며 특정한 역할을 하게 하려면 빅 아이디어가 아니라 신학적 초점을 써야 한다고 강력히 권한다. 이 두 가지 개념 사이에는 중대한 차이가 있음을 분명히 알아야 한다.

---

18 적용(application)도 일종의 축약이라고 할 수 있다. 같은 적용이라도 여러 페리코페 신학에 들어맞을 수 있기 때문이다. 이것이 바로 축약 형태인 신학적 초점이 적용을 끌어내는 과정에서 유용한 이유다. 실제로 본문의 화용론(pragmatics), 곧 문단 신학에서 얻는 신학적 초점이 본문의 의미론(semantics)에서 얻는 빅 아이디어보다 이러한 역할을 하는 데 더 적합하다.

설교—논증 대 시연
Preaching—Argumentation versus Demonstration* 부록 2

고전 수사학자의 흐름을 따라, 설교는 설교자가 청중에게 영향을 주고 설득하려는 논증(argument)으로 여겨지기 시작했다. 종교개혁 시기에 설교를 논증으로 이해하는 방식은 필수였고, 당시 교리 논쟁과도 완벽히 맞아떨어졌다. 이후 그러한 교리적 논쟁은 점차 수그러들었지만, 논증을 기반으로 한 설교 방식은 그 이후 개신교 설교에 표준으로 자리 잡았다. 영향력 있는 설교학자 존 브로더스(John A. Broadus)는 이러한 흐름에 있었던 인물로서, "설교와 모든 공적 연설은 대부분 논증으로 이루어져야 한다"라고 주장했다.1 그다음 설교자 세대들은 이 학자를 따라서, 논증으로 설교한다는 개념을 지지했다.

종교개혁기에 교리 논쟁뿐만 아니라, 17세기 후반과 18세기에 과학 발전도 설교가 명제(proposition), 곧 빅 아이디어(/중심 사상, Big Idea)을

---

* 이 부록은 Abraham Kuruvilla, "Time to Kill the Big Idea? A Fresh Look at Preaching," *Journal of the Evangelical Theological Society* 61, no. 4 (2018): 825~46를 수정한 것이며, http://homiletix.com/kill-the-big-idea/ 에서 참고할 수 있다.

1 John A. Broadus, *A Treatise on the Preparation and Delivery of Sermons*, 2nd ed. (Philadelphia: Smith, English, 1871), iv~v.

논증하는 형태로 더욱 굳어지게 촉구했다. 데이비드 버트릭(David G. Buttrick)은 이러한 방식을 과학적 절차 '흉내 내기(parody)'라고 지적했다.2 성경 본문은 과학적 연구 대상처럼 잘게 썰고 자르고 나누고 가루로 만들어, 빅 아이디어를 만들고, 그것을 설득력 있는 논증로 설교했다(본문 증류하기와 증류 결과물 설교하기, 〈부록 1〉을 참조하라). 윌리엄 H. 윌리몬(William H. Willimon)은 빅 아이디어를 설교의 통제 장치로 사용할 때 발생하는 위험성을 인정했다. "이 방식의 위험은 내가 본문을 거기서 추출한 일반적·추상적 개념—예컨대, '탕자의 비유에 숨긴 진정한 의미'—으로 취급하게 함이다. 그러면 나는 메시지 그 자체**인**(is) 이야기를 설교하지 않고 그 메시지에 **관한**(about) 개념을 설교한다. 결국 내 회중은 이야기 **자체**(the story)를 경험하지 못하고 이야기에 관한 개념을 들을 뿐이다."3 그렇다면, 대안은 무엇인가?

우선 주목할 것은 설교가 새로운 형태의 수사학으로, 고대 수사학자에게는 알려지지 않았다는 점이다. 구약에서도 거룩한 본문을 강해하지만, 설교는 회당과 초대 교회의 예배에서 비로소 두각을 나타내며 완전히 새로운 의사소통 장르로 발전했다. 사도행전 13:15~41에서 바울이 한 설교는 λόγος παρακλήσεως(logos paraklēseōs, 권면하는 말, 13:15)로 불리는데, 여기서 한 패턴을 확인할 수 있는데, 곧 성서 인용/참조가 행동을 촉구하는 권면으로 마무리하는 패턴이다.4 이와 같이 **영감받은** 본문을 사용하여 적용을 끌어내는 의사소통은 매우 독특한 형태이다.

---

2 David G. Buttrick, "Interpretation and Preaching," *Interpretation* 35 (1981): 47.

3 William H. Willimon, *A Guide to Preaching and Leading Worship* (Philadelphia: Westminster, 1984), 68(강조는 원저자가 함) ‖ 『예배와 설교 클리닉』, 김운규 옮김 (서울: 한들출판사, 2014), 126.

4 이러한 패턴은 히브리서에도 있다. 히브리서 13:22은 이 서신을 λόγου τῆς παρακλήσεως(logou tēs paraklēseōs, 권면하는 말)이라 한다. 이런 패턴은 초기 기독교 다른 문헌에서도 있다.

주마다 본문을 존중하며 마주함으로 새로운 수사 상황(rhetorical occasion)의 무대를 설정했는데, 이는 성스럽지만 종종 낯설기까지 한, 성경 본문의 의의(significance)를 헬레니즘 도시라는 사회 세계에 몸담고 있으면서도 그 세계에 완전히 속하지는 않은 공동체를 위해 실현하는 필요성으로 정의했다. 필자는 새로운 수사 양식을 권면(παράκλησις, paraclesis)이라 제안하는데, 비전통 환경에 있는 공동체를 위해 전통 말씀을 실현하는 양식이다. 권면은 고전 연설 양식과 친화성이 분명히 있으며, 이를 정기적으로 실천한 이는 대개 고전 수사학 전통의 영향을 받았다. 그러나 필자는 권면이 고대 수사학 전통에서 새롭게 탄생한 독특한 형태이자 변형된 형태라고 여긴다.[5]

고전 수사학은 주제가 없는 연설을 생각지도 않았다. 주제 담화(topical discourses)는 중요하며 연관성 있는 특정 주제를 늘 다뤘으며 본문에 의지하지 않고 명제(빅 아이디어)를 강조해서 전달됐다. 그러나 설교는 독특하다. 설교는 규범적 본문(normative text)을 바탕으로 한다는 점에서, 다른 모든 형태의 공적 연설과는 구별되는 구두 소통 양식이다. 그리고 새로운 수사학적 형태는 설교학에도 새로운 접근법을 요구한다.

설교를 기존 소통 방식과는 다른 형태로 여겨야 하는 중요한 이유가 본문에 기초한 설교라는 점 외에, 또 하나 있다. 설교는 저자가 말하는 내용(의미론, semantics)으로 어떤 **실행**(화용론, pragmatics)을 한다고 여기는 해석 토대에 세워지는데, 이는 **본문 앞에 펼치는 세계**(the world in front of the text), 곧 하나님께서 바라시는 이상적 세계를 투사(projecting)하고, 하나님의 백성이 그 세계에 머물며 본문이 제시하는 부르심(문단 신학, pericopal theology; 2장 참조)에 따라 살도록 초청한다. 본문을 의미론적(과학적)으로 분석하면 오직 저자가 말하는 내용(saying)만 파악할 수 있

---

[5] Harold W. Attridge, "Paraenesis in a Homily (λόγος παρακλήσεως): The Possible Location of, and Socialization in, the 'Epistle to the Hebrews,'" in *Paraenesis: Act and Form*, eds. Leo G. Perdue and John G. Gammie, *Semeia* 50 (Atlanta: Scholars Press, 1990), 217.

다. 이를 넘어 화용론 (예술적) 분석까지 해야만, 저자가 하려는 **실행**(doing)을 파악할 수 있다.6 다시 말해, 설교하려고 본문을 분석할 때는 의미론 **그리고** 화용론, 곧 과학 **그리고** 예술을 반드시 고려해야 한다. 그림, 사진, 시를 생각해 보라. 우리가 이런 것들을 경험하고 그것들이 전달하고자 하는 바를 포착하는 데는 빅 아이디어 또는 심지어 말조차 필요하지 않다.7 본문도 마찬가지인데, 담화적(discursive)인 성격(말하는 내용을 과학적으로 분석하게 함)이 있으며, 또한 동시에 비담화적(nondiscursive) 성격(예술적 요소—하려는 **실행** 포함)도 있다. 바로 이런 이유에서, 본문에서 저자가 하려는 **실행**을 무시한 채 본문을 증류하는 일이 문제이다. 곧 이런 일은 본문이 지닌 의미, 감정, 힘, 정서적 울림을 심각하게 손실하는 결과를 초래한다. 다시 말하지만, 성경과 같은 정경적(canonical) 본문은 과학적 대상(저자가 말하는 내용[sayings]을 해독해야 하는 대상)**이며** 예술적 대상(저자가 하려는 **실행**을 추론해야 하는 대상)이다. 이러한 특성은 설교를 아주 다르게 이해하도록 요구한다. 왜냐하면 "예술적 의미(artistic import)는 언어적 의미(verbal meaning)와 달리, 오직 드러날 수밖에 없다. … [예술가는] 무언가를 말하지 않는다. … **보여준다**(showing)."8 다시 말해, 설교자가 본문을 경험한 바는 회중과 온전히

---

6 의미론(semantics)과 화용론(pragmatics)의 차이, 그리고 과학적 코드 모델(code-model)과 예술적 추론 과정(inferential process)에 따른 해석 방식의 차이에 관한 더 자세한 논의는 Abraham Kuruvilla, "'What Is the Author *Doing* with What He Is *Saying*?' Pragmatics and Preaching—An Appeal!" *Journal of the Evangelical Theological Society* 60 (2017): 557~80를 참조하라. 이 논문과 이에 대한 반론 그리고 재반론은 http://www.homiletix.com/KuruvillaJETS2017 에서 확인할 수 있다.

7 이는 춤, 연극, 음악, 영화 등 다른 예술 형식에도 마찬가지이다. 사실 우리 삶의 대부분은 빅 아이디어 없이 이루어진다. 우리는 요한복음 3:16을 어떻게 경험하는가? 한 명제로 경험하는가? 누군가 「나 같은 죄인 살리신(Amazing Grace)」의 모든 노랫말을 한 중심 사상으로 압축할 수 있겠는가? 워싱턴 DC의 홀로코스트 박물관을 방문했다고 생각해 보자. 거기서 보고, 듣고, 경험한 내용을 주제(subject)와 보충 설명(complement)으로 요약할 수 있는가? 배우자는 어떤가? 당신이 사랑하는 사람을 한 빅 아이디어로 증류할 수 있는가?

8 Susanne K. Langer, *Feeling and Form: A Theory of Art* (New York:

그리고 충실하게 공유하는데, 논증(argumentation)이 아니라 오직 **시연**(demonstration)으로만 그렇게 한다.9

헨리 미첼(Henry H. Mitchell)은 "대부분 주요 설교가 따분한 이유는 설교를 예술이 아니라 논증으로—상징(symbol)이 아니라 삼단논법(syllogism)—으로 이해하기 때문이다"라고 말한 바 있다.10 오히려 성경은 빅 아이디어를 논증하라고 요구하지 않고, 그 경험을 드러내라고 요구한다. 설교자는 본문이 하려는 **실행**(doing)을 드러냄으로, 청중에 **본문 앞에 펼치는 세계**, 곧 하나님의 이상적 세계—그 페리코페 신학—을 만나 본문을 경험하게 돕는다. 그렇게 함으로써, 그들 삶은 하나님 저자(Author)의 능력으로 바뀐다. 바로 이러한 해석학이 이 책의 토대이다. 설교자가 감당할 가장 중요한 임무는 청중이 본문 + 신학—하나님 저자/인간 저자의 의제(agenda)—을 풍성하게 그리고 온전하게 경험하도록 돕는 일이다.11 다시 말해, 설교자는 자신이 본문을 연구할 때 (빅 아이디어 없이) 본문 그 자체를 경험했듯이, 청중도 똑같이 본문을 만나고 경험하게 해야 한다. 따라서 강단에서 설교자는 저자가 하려는 **행동**—페리코페 신학—을 청중에게 묘사해 청중이 본문 + 신학을 경험하게 할 목적으로 본문을 창의적으로 주해한 내용을 전달해야 한다.

필자는 설교를 미술관에서 큐레이터(curator)가 관람객을 안내하여 여러 그림을 감상하게 하는 일에 빗대어 말하고자 한다. 이 비유에 따르면, 페리코페마다 그림 한 편이며, 설교자는 큐레이터이고, 설교는 본문-그림(text-picture)과 그 취지를 회중, 곧 갤러리 관람객에게 길잡이한

Charles Scribner's Sons, 1953), 379, 394(강조는 원저자가 함).

9 그렇다고 해서 설교에서 개념이나 논증을 전혀 사용하지 말라는 뜻은 아니다. 단지 빅 아이디어 추출과 그 논증(본문 추출하기 그리고 추출한 결과물 설교하기) 만으로는 청중이 성경을 경험하게 하는 데 충분하다는 견해에 반대한다.

10 Henry H. Mitchell, "Preaching on the Patriarchs," in *Biblical Preaching: An Expositor's Treasury*, ed. James W. Cox (Philadelphia: Westminster, 1983), 37.

11 신학은 본문과 통합한 상태라 나뉠 수 없는데, 이는 마음이 뇌와 통합해 나뉠 수 없음과 같다. 그래서 본문 + 신학은 통합한 실체라서 나뉘지 않는다.

다. 설교자는 새로운 개념을 만들어 내거나, 오래된 개념을 새로운 모습으로 바꾸거나, 그와 비슷한 다른 일을 하지 않는다. 오히려 설교자는, 하나님의 말씀과 그 말씀이 주어진, 하나님의 백성 사이에 서서, 청중이 설교로 전달되는 성경 본문의 신학을 온전히 경험하도록 돕는 기본 역할을 한다. 유진 L. 로우리(Eugene L. Lowry)는 설교에 관한 대화 중에 친구가 한 말을 인용한다. "나는 내 자신을 무대 뒤에서 커튼을 잡는 무대 담당자(stagehand)로 여긴다. 사람들이—때로는, 어쩌면—신성한 연극을 잠깐이라도 엿볼 수 있도록 제가 커튼을 충분히 열어젖힐 수만 있다면 말이야. … 우리가 이 커튼을 더 잘 열 수 있는 방법을 알 수만 있다면 좋겠다."12 바로 그것이다! 커튼을 열어 본문을 드러내는 일, 이것이 바로 설교자/무대 담당자가 맡은 역할이다. 토마스 롱(Thomas G. Long)이 말했듯이, 설교자는 본문의 '증인(witness)'이다. "본문에서 설교로 이동은 바라봄에서 증명함으로, 바라다봄에서 말함으로, 들음에서 말함으로, 인식함에서 증거함으로, **증인**에서 **증언**으로(from being a witness to bearing witness) 이동이다."13 동사 '증언하다(to witness)'는 설교자의 이중 책임과 정확히 맞아떨어지는 두 가지 의미를 뜻한다. 첫째, '증언하다'는 무엇인가를 보기/경험하기, 곧 무언가를 받아들임을 뜻한다. 둘째, '증언하다'는 자기가 본 바/경험한 바에 관해 다른 사람에게 말하기, 곧 내어줌을 뜻한다. 그러므로 설교자는 본문과 그 **실행의**(of doings)) 개인 증인인 동시에 본문과 그 실행에(to) 공적 증인, 곧 "본문을 보고 경험한 바에 관한 진리를 보고 경험하고 말하는 사람"이다.14 우리 설교자는, 성경이라는 신성한 기록의 하녀로서, 성경

---

12 Eugene L. Lowry, *The Sermon: Dancing the Edge of Mystery* (Nashville: Abingdon, 1997), 52 ‖ 『신비의 가장자리에서 춤추는 설교』, 주승중 옮김 (서울: 예배와 설교 아카데미, 2008), 76.

13 Thomas G. Long, *The Witness of Preaching*, 3rd ed. (Louisville: Westminster John Knox, 2016), 114(엮은이 덧붙임. 100을 114로 바꿈) ‖ 『증언 설교』, 3판, 이우제·황의무 옮김 (서울: 기독교문서선교회, 2019), 195(강조는 원저자가 함).

14 Thomas G. Long, "The Distance We Have Traveled: Changing Trends in Preaching," in *A Reader on Preaching: Making Connections*, eds. David

본문의 산파로서, 본문을 신중히 전달하는 큐레이터이자 증인으로서, 하나님 저자/인간 저자가 의도한 그대로 본문을 청중이 경험하기를 바란다. 그렇지 않다면, 우리 빅 아이디어와 논증으로, 그들은 이미 씹어서 소화까지 한 음식, 곧 본문이 말하는 내용을 축약하고 증류한 것만 먹는데, 거기에는 본문이 가진 **실행**의 힘과 정서적 울림은 없다.

17세기에 과학자이자 신학자 블레즈 파스칼(Blaise Pascal)가 한 말은 옳았다. "사람들은 다른 사람 마음에서 나온 이유보다 스스로 발견한 이유에 더 잘 설득된다."15 이 목표를 이루는 데, 설교자는 그림(본문)을 그리고 그 취지/의미(신학)을 지시하는 그 단서를 전시 관리해서, 미술관 관람객(회중)이 화가(하나님 저자/인간 저자)가 의도한 대로 그것을 경험하게 하는 단서 지시자이다.16 그러면 본문은 청중의 것, 그 요구는 그들 것, 그들 삶에 요구는 그들 경험이 된다. 곧, 하나님의 말씀은 하나님의 백성을 위한 말씀이다!

Day, Jeff Astley, and Leslie J. Francis (Aldershot, UK: Ashgate, 2005), 16. 미국 국토안보부(The US Department of Homeland Security)의 캠페인 문구도 같은 맥락에서 이해할 수 있다. "무언가를 보았다면, 말하라(If you see something, say something)." (https://www.dhs.gov/see-something-say-something, 2018년 5월 1일에 접속.)

15 Blaise Pascal, *Pascal's Pensées*, tr. W. F. Trotter (New York: E. P. Dutton, 1958), 4 (1.10) ∥ 『팡세』, 하동훈 옮김 (서울: 문예출판사, 2009), 12 (1.10).

16 또는 Long, *The Witness of Preaching*, 193 ∥ 『증언 설교』, 313~14에서 말한 대로, 설교자는 달걀을 나눠 주고 청중이 스스로 오믈렛을 만든다. (엮은이 덧붙임. 참고로, Long은 '나눠주기'와 '받아들이기'를 빗대어 말한다.)

설교 원고 설명—에베소서 1:1~14
Annotated Sermon Manuscript—Ephesians 1:1~14[1]

부록 3

[이미지]

몇 년 전, 이탈리아 밀라노에서 한 서커스 행렬이 흥겹게 거리를 지나가고 있었다. 그런데 갑자기 코끼리 한 마리가 대열에서 벗어나 교회로 들어갔다. (이탈리아에서는 교회 문이 크고, 여름에는 종종 활짝 열어두곤 한다.)

예화—이야기하기
서론 이미지—부조화

어찌 이런 상황이! 아무튼 우리 친구 '점보(Jumbo)'는 중앙 통로를 따라 천천히 걸어가더니, 큰 소리를 내고, 깜짝 놀란 회중을 바라보며, 코를 한 번 휘두르고는 다시 행렬로 돌아갔다.

---

[1] 이 설교의 한 버전은 달라스신학대학원 채플에서 전했다. 그 설교는 http://homiletix.com/preaching-resources/abes-videos/gods-grand-plan/에서 시청할 수 있다. 이 원고의 들여쓰기와 줄 바꿈은 필자가 실제 설교에서 사용한 원고를 반영했으며(이 책 페이지 크기에 맞춰 조금 조정함. *엮은이 덧붙임. 한국어판에서는 편집상 이유로 '표지[label]'를 본문과 어우러지는 데 둠), 이는 구절 배열, 운율, 리듬을 고려하고, 또한 필자 시선을 빠르게 잡아주기 위한 목적으로 구성했다. 물론, 설교 원고는 iAnnotate를 활용하여 여러 색상으로 광범위하게 표시했다(8장 참조).

[필요]

우리가 이 신실한 코끼리와 비슷하지는 않았는지를 생각한다.
매주 교회로 휘청거리며 들어와, 몇 마디 소리를 내고, 주위 성도를 둘러보고서,
   다시 나가 삶의 행렬로 돌아간다.
      교회에 코끼리! 사역에서 코끼리!
         신학교에서 코끼리!
수업 출석. 가끔 채플 참석. 좋은 성적 받기.
   설교 몇 편하기. 몇 차례 상담하기.
   찬양 몇 곡 부르기.
우리 중 많은 이가 그렇게 생활한다고 생각한다.
   우리가 무엇을 하는지도 모르고,
      또는 이 모든 일이 무엇에 관한 일인지도 모른 채.

[주제]

우리는 그리스도인으로서 여기에서 무엇을 위해 존재하는가? 하나님은 무엇을(What) 이루시는가?
   그분은 왜(Why) 우리를 창조하시고 구속하셨는가,
      그리고 이 모든 것은 어디로(Where) 가는가?

[본문 참조]

이 질문들에 몇몇 답은 오늘 본문, 에베소서 1:3~14에서 찾을 수 있다고 생각한다.

에베소서 1:3~14에는 정말 많은 내용이 있다.
하지만 우리는 하나님께서 이루시는 일에—
　이 모든 것이 말하는 내용, 곧 하나님의 위대한 계획에—
　　그분 목적에 초점을 맞춘다. 에베소서 1:3~14.

[구성]

먼저, 하나님의 위대한 계획을 살피고,
　그다음에는 인간의 영광스러운 자리를,
　마지막으로는 적용을 살피겠다.
　　그래서 하나님의 위대한 계획, 인간의 영광스러운 자리, 적용.

> 이 설교를 전할 때는, 단 하나 이동으로 전개하는 설교를 만들려고 구성요소를 생략했다(4장 참조).

I. 하나님의 위대한 계획

　A. [계시] 하나님의 위대한 계획, 만물을 그리스도 안에서 완성

바울은 에베소서 시작을
　1:1~2에서 표준 인사말로 하고,
　1:3~14에는 우리가 살필 본문이다.
1:3~14은 한 문장으로 긴데,
　신약성서에서 가장 긴 문장으로,
헬라어 단어는 무려 202개이다. 202 단어! 절(clause)이 이어지고, 또 이어지고, 또다시 이어진다.
　…기생충(tapeworm) 한 마리만큼이나 길다!
이 길고 긴 문장에서 첫마디는 "찬송합니다"이다.

> [입구 표지판 1.]
> 이 설교를 전달할 때는, 단 하나 이동으로 전개하는 설교를 만들려고 구성요소를 생략했다(4장 참조).

그래서 사실, 1:3~14 전체는 찬송인데, 표준 유대 방식이다.

"하나님은 … 분이시니, 찬송합니다." 이는 모두 하나님에 관한 내용이며, 하나님께서 찬송 받으실 이유이다.

여러분이 이 본문을 주의 깊게 살피면, 하나님의 주권적 활동을 분명히 강조한다.

전환―진술

엡 1:5 그분께서는 당신 기쁜 뜻을 따라 우리를 … 아들로 입양하려고 예정하셨다.

이 구절에 강조 부분은 읽을 때 강조했다.

엡 1:9 그분께서는 목적하신 그 기쁨에 따라 당신 뜻의 신비를 우리에게 알리셨다.

엡 1:11 모든 일을 당신 뜻의 의도에 따라 이루시는 분의 목적에 따라 예정하셨다.

뜻, 목적, 계획, 기쁨, 예정.

하나님께서 하시는 일은 무엇이든, 그 일에는 의도가 있다.

하나님은 변덕스럽거나 즉흥적이지 않다.

하나님께서는 당신이 하시는 일을 정확히 아신다.

컬럼비아대학 연구자 쉬나 아이엥거(Sheena Iyengar)에 따르면, 보통 사람은 하루 평균 70번 정도 선택한다. 이는 1년에 2만 5천 번이 넘게 선택하는 셈이다.

예화―예증

여러분이 70년을 산다면, 평생 50만 번 이상이나 선택한다. 이렇게 우리가 50만 번 이상이나 선택해서, 오늘 여러분, 지금 여러분을 만들었다. 그런데 별로 듣고 싶지 않은 이야기겠지만, 우리 선택과 결정 중 상당수는 매우 불완전하고, 실수투성이다.

얼마 전, 나는 랜드리(Landry)로 가고 있었다. 습관처럼 외출하면서 껌 하나를 집어 들었다. 헬스 가방, 자동차 열쇠, 휴대전화 등을 챙기면서 껌을 포장지에서 꺼냈다. 그러고는 껌은 쓰레기통에 던져 넣고, 포장지를 조심스럽게 입에 넣었다. 종잇조각치고는 맛이 나쁘지 않았다.

예화―고백
Landry = Baylor Tom Landry Fitness Center (텍사스주 달라스에 소재). 달라스신학대학원 공동체는 한때 우리 이사회 이사였던 유명한 풋볼

혹시 여러분이 이런 경험을 하지 않았다면, 조금 더 나이 들어 보라. 반드시 그런 날이 온다. 우리 선택은 이렇게나 엉망진창이다. 우리는 도무지 정신이 없다.

| 코치 톰 랜드리의 이름을 붙인 이 시설에서 특혜를 누린다. |

하나님은 절대 그렇게 하시지 않는다. 사실, 그분 계획은
    오래전에 세웠다.

엡 1:4 그분께서는 창세 전에 그분 안에서 우리를 선택하셨다.

이것은 하나님이 즉흥적으로, 충동적으로, 혹은 엉뚱하게,
    마지막 순간에 꾸며낸 계획이 아니다.
하나님의 위대한 계획은 진행 중이다—
    당신 **뜻**, 당신 **목적**,
        당신 **의도**, 당신 **기쁨**으로 이뤄진다.
        그리고 이 모든 것은 "세상이 창조되기 전부터" 시작됐다.

하나님의 목적, 곧 그분의 이 위대한 계획은
    무엇인가?
    1:9~10로 가자.

| 전환—질문 |

    엡 1:9~10 … 모든 지혜와 통찰력으로, 그분께서는 당신 뜻의 신비를 우리에게 알리셨는데, … 때가 찬 경륜을 위하여

하나님께서 관리하시고, 운영하시며, 정리하시고, 정돈하심은,
    바로 "때가 충만함"—종말 때, 마지막 날들,
        만물의 궁극적 끝이다.
    곧 만물이 향하는 곳,
        만물이 가는 곳,
        만물이 끝나는 곳.

그렇다면 하나님은 그 모든 일의 끝을 어떻게 관리하시고, 정돈하고, 배열하고, 질서 있게 세우시는가?

| 전환—질문 |

　　엡 1:10 그리스도 안에서 만물—그분으로 하늘에 있는 것과 땅에 있는 것이 모두 완성 [통일] …

"그리스도 안에서 만물의 완성"—
　　하나님께서는 만물을 새롭게 하시고, 고치시며, 재정비하셔서 그리스도와 맞추신다.

B. [연관성] 하나님의 위대한 계획은 세상 만물을 바로 세운다

지금, 우리 세상은 망가지고, 무너지고, 혼란스러운 상태다.
　　조율하지 않은 채 연주하는 오케스트라처럼, 소음만 낸다.
　　　　폭력, 물질만능주의
　　　　성 정체성 위기, 인종 정체성 위기,
　　　　　권력 투쟁, 핵 위협,
　　　　　　결혼 생활 파탄,
　　　　　　　가정 파탄,
　　　　　　　　사회 파탄 …
　　　　　　어디나 혼돈 그 자체이다.
그러나 언젠가 … 하나님의 위대한 계획에 따라, 모든 것이
　　그리스도 안에서 통합하고, 어우러지고, 맞춰진다.
만물이 그분을 중심으로 모인다—**만물이 완성된다.**

온 우주, 곧 "하늘에 있는 것이나 땅에 있는 모든 것"—

| 그리스도 안에서 만물 통일은, 'I. A. 계시'에서 |

부록 3. 설교 원고 설명—에베소서 1:1~14

블랙홀(black holes)에서 오소리(badger)까지,
성운(nebulas)에서 나이팅게일(nightingales)까지
우주 힘(transgalactic forces)에서 분자 힘
    (intermolecular forces)까지,
행성(planets)에서 감자(potatoes)까지—
만물—만물!—은,
    다스려지고, 자리를 잡고, 어우러져—
그리스도 안에서 완성된다.
    이분은 만물을 통일하게 하시는 대리자이시다.

> 소개했고, 여기서는 세상에 있는 구체적 요소들(블랙홀과 오소리, 성운과 나이팅게일 등, 또한 아래에서 언급될 질병과 위험, 불의와 불평등 등)과 연관 지었다

이것이 바로 하나님이 세우신 위대한 계획인데, 이것이야말로 창조의 끝(omega), 종착점, 절정이다!
    만물은, 어디에서든지 이 영광스러운 결말로 간다.
        곧, 그리스도 안에서 만물 통일!

그리스도 밖에는 질병과 위험,
    불의와 불평등,
        절망과 차별, 고통과 박해,
            혼돈과 재난, 재난과 고통이다.

그러나 **그리스도 안에서는**, 모든 것이 해결되고, 치유되고, 새롭게 개혁되며, 회복되고 갱신된다.
그리스도 안에서 만물이 바로잡히고,
    오직 한 주님, 예수 그리스도의 통치로 조화를 이룬다.
그리스도 안에서 모든 것이 온전히,
    오직 한 주님, 예수 그리스도 안에서 변화된다.
그리고 **그리스도 안에서** 만물이,

하나님께서 의도하신 목적을 이루어,
한 주님, 예수 그리스도의 탁월하심 아래서 완성된다.

이것이 온 우주 만물이 나아가는 방향이다.

   이는 하나님의 목적이다.

[출구 표지판 1.]

      하나님의 위대하며 영광스러운 목적.

      그리스도 안에서 만물 완성.

하나님의 위대한 목적이 드러났다.

   종말은 시작했다. 시계가 똑딱거리기 시작했다.

      그 일에, "와우!"라고 소릴 칠뿐이다.

이 모든 일이 과연 우리 삶과 무슨 관련이 있을까?

전환—질문

   아주 중요한 질문이다. 이를 위해 이 부분 처음으로 돌아가자.

II. 인간의 영광스러운 자리

   A. [계시] 하나님께서 당신 백성을 축복하셔서, 그들을 당신 위대한 계획으로 구속하신다

이 본문이 하나님 그리고 그분 위대한 계획,

[입구 표지판 2.]
필자는 이 표지판을 생략했다.

   모든 것을 그리스도 안에서 완성하시려 함에 초점을 맞추고 있지만,

      여기서 반복하는 1인칭 복수 대명사와 2인칭 복수 대명사 그리고 동사는,

         결정적으로 중요한 사실을 드러낸다.

주의 깊게 살피겠는가?

> **엡 1:3** 하나님이시며, **우리** 주님 예수 그리스도의 아버지를 찬양하는데, 그분께서 우리를 축복하셨기 …
>
> **엡 1:4** 그분께서 창세 전에 그분 안에서 **우리를** 선택하셨기에, **우리가** 거룩하며 흠이 없게 하시려 …
>
> **엡 1:5** 그분께서는 자녀로 입양하시려고 **우리를** 예정하셨다.
>
> **엡 1:6** 그분께서 사랑하시는 분 안에서 **우리에게** 은혜를 베푸신 당신 은혜의 영광을 찬송하도록
>
> **엡 1:7~8a** 그분께서 **우리에게** 베푸신 은혜의 풍성함을 따라 그분 피로 구속, 곧 죄 사함을 **우리가 받았다**.
>
> **엡 1:9** 그분께서 당신 뜻의 신비를 **우리에게** 알리셨다.
>
> **엡 1:11 우리는** [하나님에 의해서] 유업으로 **주장됐다**.
>
> **엡 1:12 우리가**, 그리스도 안에서 미리 희망한 사람이라, 그분 영광을 찬송하게 하려 함이다.
>
> **엡 1:13 여러분도** 그분 안에서 진리의 말씀, 곧 **여러분** 구원의 복음을 듣고—그분 안에서 또한 믿어, **여러분은** 약속의 성령으로 **도장 찍혔다**.
>
> **엡 1:14 우리** 유업의 보증 …

전환—진술

이 구절에 강조 부분은 읽을 때 강조했다.

'우리의', '우리', '우리에게/를', '여러분 모두'. 하나님의 위대한 계획은 우리를 포함한다.

하나님의 우주에 대한 계획은 교회를 포함한다.

이 구절은 우리에게서 동떨어진 추상이 아니다.

하나님은 실제로 우리, 곧 당신 백성을 그 위대한 계획으로 부르셔서, 그리스도 안에서 모든 일을 완성하신다.

우리는 하나님의 위대한 계획에 한 부분이다! 그분께서 우리를 당신 위대한 계획에 한 부분으로 선택하셨다.

참으로 영광스러운 특권이다!

B. [연관성] 하나님께서 우리를 끌어들이심, 곧 축복은 우리가 삶에서 충만하심을 발견하는 방법이다.

여러분, 주목하자! 하나님의 목적에서 우리 자리는 축복이다.

> 전환—표현 어구

하나님의 위대한 계획에 참여는 축복이다.

1:3을 보라.

엡 1:3 하나님이시며, 우리 주님 예수 그리스도의 아버지를 찬양하는데, **그 분께서 우리를 축복하셨기 때문이다.**

하나님께서 우리를 당신 위대한 계획으로 부르시는 축복으로,

그리스도 안에서 모든 일을 완성하시고자 하신다.

다른 누구에게도 이 특권은 없다. 다른 이에게도 다른 것에도 없다.

행성에게도 없고, 식물에게도 없다. 땅에게도, 물에게도, 바람에게도, 불에게도 없다.

동물에게도, 심지어 천사들에게도 없다—믿는 이가 참여하는 정도로 도무지 참여할 수가 없다.

하나님 목적에서 우리 자리는 축복—특권이며 영예—이다.

그리고 여러분은 무엇을 아는가? 우리가 성취할 수 있는 유일한 방법— **유일한 방법**—은, 하나님의 위대한 계획에 우리 자리를 가짐이다.

다른 어떤 것도 기쁘지 않다. 다른 어떤 것도 만족스럽지 않다. 다른 어떤 것도 이루지 못한다.

하나님의 영광스러운 목적에

의식적으로 참여하지 않으면,

> 우리에게는 목적이 있을 수 없고,

>> 우리 참된 자리를 절대 찾지 못한다.

몇 해 전, 플로리다주 한 경주장에서 있었던 일이다. 대규모 사냥개 경주(greyhound race)가 시작하려는 시간이었다. 날렵하고 아름다운 개들이 자기 우리에서 웅크린 채 출발 신호를 기다리고 있었고, 내기하는 관중은 판돈을 걸었다. 출발 신호가 떨어졌고, 인조털을 한 기계 토끼가 트랙을 질주하기 시작했고, 개들은 일제히 쏜살같이 달려 나갔다. 그런데 모형 토끼가 첫째 곡선부에서 시스템 전기 문제로 갑자기 멈추더니 폭발하면서 불길에 휩싸였다—휙! 남은 것이라곤 전선 끝에서 연기만 내뿜는 까맣게 타버린 잔해뿐이었다.

　먹이가 사라지자, 당황한 개들은 어떻게 해야 할지 몰랐다. 뉴스 보도에 따르면, 몇 마리는 어리둥절한 채로 멈춰 서서 그 자리에 엎드려 숨을 헐떡이고 있었다. 그러나 여전히 아직 흥분 상태인 두 마리는 계속 달리다가 결국 벽에 부딪혀 갈비뼈가 부러졌다. 또 한 마리는 자기 꼬리를 정신없이 빙빙 돌며 쫓았고, 나머지 개들은 관중석을 향해 미친 듯이 짖어댔다. 단 한 마리도 경주를 제대로 마치지 못했다.

[예화—이야기하기]

우리에게 목표가 없으면,

> 희망도 없고 열매도 없고 가치도 없다.

>> 교회로 들어온 코끼리 점보처럼.

그러나 우리—우리에는 목표가 **있다**—우리 자신을 하나님의 목적에 맞추는 일이 있다—

> 그리스도 안에서 우주에 있는 만물을 완성하시려는 하나님의 위대한 계획이 있다.

자, 이 구절, 곧 4절 마지막 부분을 보자.

엡 1:4~5 사랑으로, 그분께서는 우리를 자녀

[전환—진술]

삼기로 예정하셨다 …

하나님께서 우리를 당신의 위대하며 영광스러운 계획에 참여하게 하시는 축복은 사랑으로 선택인데,
  이는 우리가 일부분으로 참여할 가장 위대한 일이기 때문이다.
    이렇게 우리를 사랑하셨고 당신 계획에 참여하도록 축복하셨는데,
      그리스도를 통해 우리를 구원하심으로 하셨다.

> 여기와 아래에서, 필자는 연관성 하위 이동에서 계시를 분명히 살핀다. 설교 흐름을 자연스럽게 하려고, 특히 단 하나 이동으로 전개하는 설교에서, 규칙을 깰 수도 있다. 하지만 연관성도 없이 계시를 너무 길게 다뤄서는 안 된다는 원칙을 늘 기억해야 하는데, 이는 초점 나누기 전략에 주요 원리이다(4장 참조).

    엡 1:7~8 그분께서 우리에게 베푸신 은혜의 풍성함을 따라, 그분 피로 구속, 곧 죄 사함을 우리가 받았다.

구원돼 그분 위대한 계획,
  곧 그리스도 안에서 만물을 완성하시려는 그분 영광스러운 목적에 일부가 됐다.
    참으로 놀랍다!

어니스트 헤밍웨이는 이렇게 말했다고 한다. "인생이란 잔혹한 속임수, 무(無)에서 시작해 다시 무(無)로 돌아가는 짧은 여정일 뿐이다. 인생 모든 일에 어떤 해결책도 없다. 우주에서 인간 운명이란 불타는 통나무를 기어다니는 개미 떼와 같다."

> 예화—인용하기
> 이는 정확한 주요 자료를 알 수가 없는 인용 중 하나라서 "말했다고 한다"라고 표현한다.

여러분도 이렇게 느끼면, 이 본문을 다시 한번 주의 깊게 바라보라.
  인생은 결코 구제할 수 없는 허무가 **아니다.**

하나님은 우주에 분명한 목적을 가지고 계셨으며,
    옛적에, 우리를 당신 자녀로 선택하셔서,
        사랑으로, 그리고 기쁨으로,
            당신 영광스러운 목적의 일부분으로 삼아
                그리스도 안에서 모든 일을 완성하려 하셨다.

하나님의 목적에 내 자리가 있음을 깨닫는 기쁨보다 더 큰 기쁨은 없다.
이것보다 더 짜릿하고,
    더 흥분되고, 더 가슴 뛰는 일은 없다.
세상의 어떤 감격도,
    하나님께서 우리를 이 우주적 기쁨에 참여하게 하심과는 비교할 수 없다.

여러 해 동안 신자로 지냈을 테지만,
    여태껏 그렇게 누리지 못했다면,
        하나님의 위대한 계획에
            의식적으로 참여하려고 준비하라.

우리가 하나님의 계획에 참여하지 않는다면, 우리는 시스티나 성당(the Sistine Chapel)에 있는 미켈란젤로의 걸작 위를 기어다니는 파리와 같다. 맞다, 우리 파리도 빛과 어두운색, 그리고 매끄러우며 거친 데를 느끼지만, 프레스코 작품 주위를 기어다니면서도 예술가 작품의 영광을 전혀 모른 채, 곧 그 위대한 계획을 모른 채, 그분 영광스러운 계획에서 하나님과 함께하는 진정한 성취, 진정한 만족, 그리고 진정한 기쁨을 완전히 놓친다.

예화—예증
이 예화의 마지막 문장은 영어 단어가 무려 60개이다!

에베소서 나머지 부분은 우리 책임을 설명하는데,
    우리가 하나님의 위대한 계획에 참여할

하나님께서 우리를 택하심이 복인지를 설명

때 책임을,
> 1:4에서는 간략히 말한다.

> **엡 1:4** 하나님께서 창세 전에 그리스도 안에서 우리를 택하심은, 우리가 그분 앞에서 거룩하고 흠이 없게 하려 하심이다.

> 하려고 이 '연관성' 단락에서 다시 '계시'로 돌아갔다(여기와 아래에서).

우리 책임, 하나님의 위대한 계획에 택해진 우리가 감당할 책임은,
> 바로 "거룩하며 흠 없이" 됨이다.

하나님께서는 이 문제에 매우 진지하시다.
하나님께서 우리를 살피시는 방법을 주목하자,
> 이 "거룩하며 흠 없는" 백성.

> **전환—진술**
> 필자가 사용하는 전환의 대부분은 본문을 가리키는 진술 표현이다.

> **엡 1:11** 우리는 [하나님에 의해] 유업으로 주장됐다.

누구도 어떤 것도 이런 식으로
> 하나님의 '유업'이라고 표현하지 않는다.
> > 믿는 자들만이,
> > > 바로 하나님의 유업이자 소유로 불린다.

이 얼마나 고귀한 지위인가! 우리 인간에게 이런 지위라니! 정말이지 놀랍다!

그런데 이것이 다가 아니라,
> 하나님께서는 믿는 이의 영광스러운 특권을
> 보증으로 보장하시는데—어떤 단서 조항도 없이—우리는 하나님의 소유가 **된다**.
> > 이 약속은 이뤄지겠고, 이뤄졌다고,
> > > 1:13~14에서 말한다.

엡 1:13~14 너희가 약속의 성령—(우리 유업의 보증이시다)—으로 인침을 받았다.

성령으로 인침은,
    우리가 하나님의 소유임을 보증한다.
    그분 신분이 우리에게 찍혔다, 곧 우리는 그분 소유이다. 경이롭다!

이 영광스럽고 위대한 진리를 표현할 말이 없다.
    생각하니, "놀랍다", "숨 막힌다", "상상할 수 없다", "경이롭다"라고 이미 표현했다.

어떤 말로도 이 장엄함을,
    그리스도 안에서 우주적 완성이라는
        하나님의 위대한 계획에 참여를 표현할 수가 없다.
    정말이지, 표현할 말이 없다.
        바울도 마찬가지였다.

바울은 202개 단어로 표현하다 숨이 차서
    14절에 이르러서야 마침표를 찍는다.

따라서 가장 긴 문장은,
    신약성경에서—
        하나님의 영광스러운 계획에 장엄하게 걸맞게—마침표를 찍는다.

이 얼마나 놀라운 일인가! 하나님의 위대한 계획 그리고—
    경이로운 일 중 경이로운 일!—
    하나님께서 즐겁고 기쁘게 우리를 당신 목적에 참여하게 하셨다.

그분과 함께하겠는가?

수십 년 전, 애플(Apple)이 창업하고서 위기에 맞
닥뜨렸을 때, 젊은 회장 스티브 잡스(Steve Jobs) | 예화—이야기하기
는 실리콘밸리에서 뉴욕까지 날아갔다. 목적은 단
하나, 곧 당시 펩시콜라 CEO 존 스컬리(John Sculley)를 영입해서 난관에 봉착
한 회사를 경영하도록 설득하고자 함이었다.

    두 사람이 맨해튼 스카이라인이 내려다보이는, 스컬리의 펜트하우스 사무실에서 이야기를 나눌 때, 펩시 경영자는 잡스의 제안을 거절하기 시작했습니다.

    그때, 스티브 잡스는 존 스컬리에게 도전했다. "남은 인생을 설탕물이나 팔면서 보내겠습니까, 아니면 세상을 바꾸는 일에 동참하겠습니까?"

하나님께서 우리에게 도전하신다.
우리는 남은 인생을 이렇게 보내고 싶은가?
   그저 설탕물이나 팔며,
     더 큰 집을 지으며, 더 좋은 옷을 사며,
       사회적 성공 사다리를 오르며,
     더 큰 교회를 지으며, 더 크게 사역하며,
       큰 책을 쓰며, 부와 명성을 누리며—
         시스티나 성당에 기어다니는 파리 떼처럼 살며— 또는 …

> 이는 또 하나 긴 문장—영어 76개 단어 (바울이 한 표현만큼 길지 않음)—이나, 필자가 느끼고 전달하려는 감정은 잘 표현했다.

우리는 세상을 바꿔야 하지 않겠는가—아니,
   세상이 아니라—
우리는 온 우주를 바꿔야 하지 않겠는가—
     우리가 하나님의 위대한 계획에 참여함으로,
       그분 영광스러운 모험, 그분 위대한 기획에 참여로?

바로 이것이 우리가 만들어진 이유다.
   하나님의 목적이며,
     이제 **우리** 목적이다.
      여러분은 참여하겠는가?

> 여러분은 필자가 이어지는 적용 이동으로 펌프질함을 알 수 있다.

바로 여기 에베소서 1장에서 시작하겠는데,
    하나님이 하시는 일이 장엄함—
    그리스도 안에서 만물을 완성하기,
    우리를 당신 장엄한 계획에 당신 동역자로 참여하게 하심을 앎으로 시작한다.

[출구 표지판 1., 2.]

이래서 하나님은 당연히 찬송 받으실 분이시다.
    엡 1:3 하나님이시며, 우리 주님 예수 그리스도의 아버지를 찬양하는데, **그분께서 우리를 축복하셨기 때문이다.**

III. 적용 + 결론

여러분도 잘 알듯이, 우리는 이 일을,
    곧 하나님을 찬송 받으실 분이라 부르기—
    찬송 받으시기에 합당하신 유일한 분이라고 부르기를 더 많이 해야 한다.
        특히 에베소서 1:3~14에 비추어 볼 때
            하나님의 위대한 계획은 그리스도 안에서 만물을 완성함이다.

[입구 표지판 3.]
필자는 적용 이동에서 입구 표지판은 생략했는데, 이 설교의 한 이동으로 전개에서 매끄럽게 전환하려 함이었다.

우리는 하나님이 찬송 받으실 분이라고 말하는 **습관**을 들여야 한다.
    적어도 일주일에 한 번은.

적용 + 결론—말하기

이는 내가 하려는 일인데, 곧 주일마다
    다른 신자들 또는 가족과 밥을 먹는다면,
    모든 사람을 식탁으로 초대해서
        함께 하나님을 찬양하겠는데,

적용 + 결론—보여주기

"하나님께서 … 하셨으니, 찬양합니다"라고 하겠다.
그분 위대한 계획에 그분을 찬양하자,
  그분 영광스러운 계획이 이번 주에 우리 삶을 이끄신
  한 방식에 찬양하자.

여러분이 하나님을 찬양할 때, 초점은
  하나님께서 하시는 위대한 일에 둬야지
  우리 어려움을 해결하게 도우셨음에 두지 말아야 하는데,
    컴퓨터 고장과 자동차 고장,
      피부 문제와 담석증,
        나쁜 날씨와 좋지 않은 성적
        사소한 문제 등.

그렇다, 하나님께서 하시는 큰 일을 생각하라,
  그 일에 여러분이 참여함도.
일주일 내내 그 일만 생각하라,
  여러분 눈과 귀를 열어서
  하나님께서 당신 위대한 계획으로 하시는 일을 보고 들으며
    여러분 삶에서—
    그리고 그 일을 주일 점심 식사할 때,
      "하나님께서 … 하셨으니, 찬양합니다"라고 간증한다.

자, 그러면 실제로 오늘 오후에 연습하자.
  예배 후 점심 식사 자리에서
    누군가와 함께 앉아 축복하심을 간증하자,
      "하나님께서 … 하셨으니, 찬양합니다."
    오늘 아침, 이곳에 와서 설교할 준비를 하면서도, 사실 설교할 마음이 들지 않

았다. 지난 몇 달 동안 진료실에서 여러 큰 문제로 정말 힘든 시간을 보냈는데도 (여전히 해결하지 못하고 있다). 그 와중에 하루하루 더 쇠약해지는 아흔 살 부모님을 보살펴야 했다. 솔직히, 설교하고 싶지 않았다. 반복해서 드는 생각이고, 날마다 사역할 기분도 아니다.

적용 + 결론—이미지 예화—고백하기

그런데 문득 이런 생각이 들었다. "나는 준비되지 않았고, 감당할 힘도 없지만, 하나님은 여전히 일하시니, 설령 설교자가 실패해도 하나님께서는 당신 백성을 절대 실패하게 하시지 않는다."

그래서 오늘, 내가 점심 식사 자리에서 나눌 감사는 이것이다. "하나님께서 당신 백성이 실패하게 하시지 않으시니, 찬양합니다. 절대 그리하시지 않습니다." 하나님께서 저를—저를, 껌과 포장지도 구분하지 못하는 사람도 사용하심을 생각한다. 정말 놀랍다! 하나님, 찬양합니다!

이번 한 주 동안 여러분 삶에서 하나님께서
   하시는 크고 놀라운 일을 찾아보라.
    그리고 그분 위대한 계획,
      곧 온 우주 만물을 그리스도 안에서 완성하시는 계획에 하나님을 찬양하라. 곧 … 그리고 아주 곧.
        하나님께서 … 하시니, 찬양합니다."

적용 + 결론—도전하기

필자는 적용 + 결론 이동에서, 적어도 여섯 차례나 "하나님께서 … 찬양합니다"라고 반복했다.

설교 원고 설명—창세기 26:1~33
Annotated Sermon Manuscript—Genesis 26:1~33[1]

부록 **4**

[이미지]

옛날에 한 사냥꾼이 있었다. 그는 곰을 사냥하러 나섰다. 곰을 찾아 숲을 헤매다, 가파르고 험준한 언덕에 이르렀다. 그는 조심스럽게 언덕을 오르기 시작했고, 마침내 바위가 튀어나온 마지막 지점을 붙

예화—이야기하기
서론 이미지—유쾌함

잡고 몸을 끌어올리는 순간, 커다란 곰이 바로 코앞에 나타났다. 곰은 맹렬히 포효했다. 사냥꾼은 겁에 질려 균형을 잃고 언덕 아래로 굴러떨어졌으나, 곰은 여전히 가까이 있었다. 굴러떨어질 때, 사냥꾼은 손에 쥐고 있던 총을 놓쳐버렸다. 그리고 굴러떨어진 데서 정신을 차리고 보니, 다리가 부러졌다. 삶은 이렇게 엉망진창일 때가 많다!

도무지 도망칠 수가 없어서, 그 사냥꾼—평소에 신앙심이라고 거의 없었는데

---

[1] 이 설교의 한 버전은 달라스신학대학원 채플에서 전했다. 이 원고에서 들여쓰기와 줄 나누기는 필자가 설교에서 사용한 원본을 반영한 형태이다. 이는 문장의 구절 구조, 운율(prosody), 리듬 등을 조정하고, 잘 보이게 하려고 정리했다. (iAnnotate를 활용해서 색깔로 설명도 유익했다. 8장을 참고하라.) 이 설교 영상은 http://homiletix.com/preaching-resources/abes-videos/isaac-confident-in-god/ 에서 볼 수 있다. *엮은이 덧붙임. 한국어판에서는 편집상 이유로 '표지[label]'를 본문과 어우러지는 데 둔다.

(사실, 그는 주일 아침에도 사냥을 나설 정도였으니)—은 다급히 기도했다. "하나님, 이 곰을 크리스천으로 만들어 주신다면 제 남은 인생을 어떻게 하시더라도 저는 기뻐하겠습니다. 달라스신학대학원에도 등록하겠습니다. 제발, 이 곰을 크리스천으로 만들어 주세요!"

곰은 사냥꾼에게서 서너 걸음밖에 떨어지지 않은 곳에서 멈춰서더니, 고개를 갸웃하며 하늘을 올려다보고서, 무릎을 꿇고 큰 소리로 기도하기 시작했다. "주님, 제가 이제 먹을 이 양식을 축복하소서. 아멘."

[필요]

여러분에게 말했듯이, 인생은 엉망진창일 수 있다.

심지어 크리스천들조차 우리를 힘들게 한다.

혹시 그런 상황을 겪어본 적 있는가?

모든 사람이 여러분을 적대하고, 적대감에 둘러싸인 상황을.

몇 년 전, 나는 한 교회에서 장로로 섬겼는데, 그 교회에는 '한 마리 용(dragon)'이 있었다. 세상에, 밀턴(Milton)은 정말 입에서 불을 뿜어내듯 말을 퍼부었다. 그의 할아버지와 삼촌들이 그 교회를 세웠고, 실제로 60년 전에 예배당을 직접 지었다. 그러니 밀턴이 어떤 사람인지 알겠지. 그런 사람들은 교회를 자기 소유인 줄 안다.

> **예화—이야기하기**
> 그렇다, 필자는 서론에 예화를 하나 추가해서, 실제 이야기를 (일부 세부 사항을 수정하여) 설교 전체에 걸쳐 이어가고자 했다.

그런데 이 아이는 무슨 이유에서인지, 늘 분노와 적개심에 사로잡혀 있었고, 거의 혼자 교회를 분열시킬 뻔했다. 진짜 용이나 다름없었다. 어떤 것에도 만족하지 않았다. 예배 스타일도 마음에 들지 않았고, 노숙인 돕는 사역도 못마땅했다. 어린이부 담당 목사도 싫었고 (결국 그 목사는 사임했다), 담임 목사도 마음에 들지 않았다. 그리고 내가 장로가 되자, 나까지도 못마땅해했다. 밀턴은 정말 최악의 용이었다!

밀턴 같은 용은 어디에나 있다.

아직 만난 적이 없어도, **앞으로** 마주친다.

어쩌면 지금 여러분 삶에 그런 적대감을 경험하고 있을 수 있다.

[주제]

여러분은 그런 반대와 적대감에
　어떻게 대응할 것인가?

[본문 참조]

여러분이 창세기 26장에서 이삭 생애에 잘 알려지지 않은 두 사건에
　관심을 기울이기를 바란다.
　　이 두 사건에서, 우리는 그러한 적대감과 반대를 어떻게 다룰 지를
　　　배울 수 있다.
창세기 26장에는 이삭 이야기가 두 개인데,
　동전 양면과 같은 이야기이다.
　　한쪽은 부정적이고, 다른 한쪽은 긍정적이다.

[구성]

그러나 창세기 26장에 나오는 동전의 양면과
　같은 이야기는,
　　우리에게 단 하나의 메시지를 세 단계로
　　　가르치는데,
　　　　곧, '용들과 맞서는 법—세 단계!'이다.

> 필자는 설교 구성 요소를 최소한으로 했다. 굳이 확장할 이유가 없다고 판단했기 때문이다.

I. 하나님께서 보장하신다

　A. [계시] 두려워서 속이는 짓은 하나님께서 약속하신 복을 믿지
　　　않는다는 표시이다.

이 이야기는 사실 과거 회상(flashback)으로,
　　이삭이 자녀를 갖기 전에 사건이다.

　　창 26:1 일찍이 아브라함 때, 그 땅에 흉년이
　　　든 적이 있는데, 이삭 때에도 그 땅
　　　에 흉년이 들었다.

[입구 표지판 1.]
입구 표지판을 여기 그리고 다른 이동 앞에서 생략해서, 설교가 더 매끄럽게 이어지게 했다.

상황이 암울해서, 하나님께서는 이삭에게
　　블레셋 땅에 머물라고 권하셨다.
　　하나님께서 말씀하신다.

　　창 26:3~4 네가 이 땅에서 살아라, 그러면 내가 너와 함께하겠으며 너를 축
　　　복하겠는데, 너와 네 자손에게 내가 이 모든 땅을 주겠고, 내가
　　　네 아버지 아브라함에게 한 약속을 확증하겠다. 나는 네 자손을
　　　하늘의 별처럼 많게 하겠고, 그들에게 이 모든 땅을 주겠다. 이
　　　세상 모든 민족이 네 자손으로 복을 받게 하겠다.

이는 아주 뚜렷한 약속인데,
　　맹세로 확증했기 때문이다.
　　기근 상황에서, 하나님께서 선언하셨는데,
　　　이삭은 안전하리라.
　　　이삭은 절대적으로, 틀림없이 확신했는데,
　　　　하나님께서는 당신 약속을 지키신다고.

다시 창세기 26:3~4를 살피자.
　　무슨 단어가 계속 반복하는가?

　　창 26:3~4 … 너와 네 자손에게 내가 이 모든
　　　땅을 주겠다. … 네 **자손**이 하늘의
　　　별처럼 많아지게 하겠고, **네 자손에**

이 구절에 강조한 단어는 읽을 때 강조해 읽었다.

게 이 땅을 모두 주겠다. 이 세상 모든 민족이 네 **자손**으로 복을 받
게 하겠다.

무슨 단어가 반복하는가?

    네 번이나 반복하는 단어는 '자손', '자손', '자손', '자손'이다.

        잠시 단어 '자손'을 기억해 두자.

        곧바로 다시 살피겠다.

자, 이제 이야기가 조금 복잡해진다. 이삭은 이제 블레셋 땅에 있다.

    창 26:7 그곳 남자들이 그의 아내에 관해 묻자, 이삭은 "그는 나의 누이요"라고 대답했는데, "그곳 남자들이 리브가 외모가 매력적이어서 그 때문에 나를 죽이지 않게 하려고" [생각하며], "그는 내 아내요"라고 말하기가 무서웠다.

목숨이 위협을 받자, 이삭은 완전히 무너져

    그는 속임수를 쓰기에 이르렀고,

        심지어 아내의 안전까지 위험에 빠뜨렸다.

    창 26:8~9 이삭이 그곳에 자리를 잡고 산 지 꽤 오래된 어느 날, 블레셋 왕 아비멜렉은, 이삭이 자기 아내 리브가를 애무하는 모습을 우연히 창으로 봤다. 아비멜렉은 이삭을 불러들여서 "그녀는 틀림없이 당신의 아내인데, 어쩌려고 당신은 '그녀는 내 누이이다'라고 말하였소?"라고 나무랐다. 이삭은 그에게 "'그녀 때문에 죽지는 말자'라고 [내가] 생각했기 때문이다"라고 대답했다.

이삭은 완전히 두려움에 사로잡혔다. 두려웠다. 죽을까 봐 두려웠다.

    자기 목숨이 위태로울까 봐 두려웠다.

그래서 이제 여기서 묻는다.

    이삭이 두려워함은 바람직했는가? 정말 그런가?

전환—질문

창세기 26:3~4에 반복하는 단어를 기억하는가?
'자손'—무려 네 번이다.
기억하는가?
그렇다면, 하나님께서 이삭에게 자녀를 약속하셨다면—
단어 '자손'을 네 차례 언급했다—
도대체 어떻게 이삭이 죽을 수 있겠는가,
자손이 단 한 명도 없이?
(기억하라, 이 모든 일은 이삭이 자녀를 갖기 **전에** 일어났다.)

여기서 가장 근본적인 문제는 이삭이,
자기 목숨이 두려워서,
하나님과 그분 약속을 실제로 신뢰하지 않았다는 점이다.
두려웠다. 겁에 질렸다. 믿음이 없었다.
그리고 두려움에 사로잡혀, 이삭은 거짓말을 했고,
그래서 아내의 안전까지 위태롭게 만들었다.
그분 축복이, 아니, 자기 목숨을 잃을지 두려워서,
이삭은 하나님의 약속을 잊었다.

여러분은 무엇이 두려운가, 크리스천이여?   전환—질문
너무 두려워한 나머지,
하나님의 약속을 잊지는 않았는가?

B. [연관성] 우리도 두려울 때는 하나님께서 우리에게 하신 약속을 믿지 않는다.

솔직히 말해, 우리 주위에는 두렵게 하는 일들이 많다.
재정 불확실성, 건강 악화,

암울한 미래,
　　사역 난관,
　　　　갈등 관계 …
세상 소리가 너무 커서
　　우리는 주님 음성을 못 듣고 있지는 않은가?

항상 우리와 함께하시겠다고 약속하신
　　그분 음성을?

　　히 13:5 내가 절대로 너를 버리지 않겠고, 너를 떠나지도 않겠다. | 필자는 설교에 다른 본문 가져오기를 좋아하지 않지만, 이 설교에서는 하나님께서 이 세대에 믿는 이에게 하신 약속을 말하려고 예외로 했다.

우리에게 약속하신 음성,
　　당신 은혜이면 충분하다는 그 음성을?

　　고후 12:9 내 은혜가 네게 충분하다.

그분 사랑의 음성,
　　그 어떤 것도 우리를 그 사랑에서 끊을 수 없다는 음성을?

　　롬 8:38~39 죽음도, 생명도, 천사들도, 권세자들도, 현재 일도, 장래 일도, 능력도, 높음도, 깊음도, 그 어떤 피조물도 … 우리를 우리 주 그리스도 예수 안에 있는 하나님의 사랑에서 끊을 수 없다.

　　C. [적용] 하나님의 약속을 기억하라!

자, 용들과 맞서는 첫 번째 단계다. | 이는 필자에게 조금 특이하다. 비-적용 이동이 세
　　1. 하나님의 약속을 기억하라!

용들이 내뱉는 무시무시한 소음을
  하나님의 확실한 음성으로 덮어라.

두려워 말라, 하나님의 자녀여, 하나님은 우리 편이시라,
  당신 약속을 지킨다.
    1. 하나님의 약속을 기억하라!

그 약속을 마음에 새겨라. 암송하라.
  깊이 묵상하라.
    1. 하나님의 약속을 기억하라!

앞서 세 구절 말씀이 충분한 시작이지만,
  그와 같은 약속들은 무수히 많다.
    1. 하나님의 약속을 기억하라!

> 개이지만, 세 가지 적용을 찾아내 각 이동에 하나씩 배열했다. (곧, 이동에 적용 하위 이동을 뒀다.) 그리고 이들 적용 하위 이동에는, 여기와 아래에서, 적용을 말하기만 했지 보여주기는 하지 않았다. 매우 명확하다고 생각했기 때문이다.

이제 다시 이야기로 돌아가자.
  감사하게도, 이삭과 리브가는 좋은 결말을 맞이했다.

> 전환—진술

창 26:11~14a 아비멜렉은 모든 백성에게 "이 남자와 그 아내를 건드리는 사람은 사형에 처한다"라고 경고했다. 이삭이 그 땅에서 농사를 지어서, 그해에 백 배나 수확했다. 야훼께서 그를 축복하셔서, 그는 부자가 됐고, 재산이 점점 늘어서, 큰 부자가 됐다. 그가 양 떼와 소 떼, 많은 종을 거느렸다.

이삭은 부자가 됐고, 더 부유해졌으며,
  마침내 가장 부유했다.
  하나님께서 당신 약속에 신실하시며, 이삭을 축복하셨는데,

> [출구 표지판 1.]
> 세 개 이동이 각각 적용 하위 이동으로 끝나

이삭이 그 약속을 믿지 않았어도 말이다.

이것이 이삭 이야기에서 동전 한 면, 곧 부정 측면이다.

그러나 다른 한 면—

긍정 측면도 있다.

기에, 여기와 다른 곳에서도 출구 표지판을 생략하기로 했다.
전환—진술

II. 세상은 시기한다.

A. [계시] 대적을 보복하지 않음은 하나님의 약속을 믿는다는 증거이다.

창 26:14 그가 양 떼와 소 떼, 그리고 많은 종을 거느리자, 블레셋 사람들이 그를 시기했다.

[입구 표지판 2.] 이 입구 표지판을 생략했다.
전환—진술

시기하는 세상이 이삭에게 저지른 짓을 보라.

창 26:15 그래서 그들은 이삭의 아버지 아브라함 때에 아브라함의 종들이 판 모든 우물을 막고, 흙으로 메워 버렸다.

블레셋 사람들이 그 우물들을 메워 버렸다.

그래서 이삭은 무엇을 했는가? 그는 다른 데다 우물을 판다.

창 26:9~10 이삭의 종들이 그랄 평원에서 우물을 파다가 물이 솟아나는 샘을 찾았고, 그랄 지방 목자들이 "우리 샘이다!"라고 주장하며 이삭의 목자들과 다퉜다.

블레셋 사람이 이 우물도 차지하려고 싸웠다.

그래서 … 이삭은 또 다른 곳으로 갔다.

창 26:21 이삭의 종들이 또 다른 우물을 팠는데, 그랄 지방 목자들이 또 시비를 걸었다.

블레셋 사람들이 세 번째 우물까지 막아서며 대적했다.
그래서 … 이삭은 다시 자리를 옮겼다.

창 26:22 이삭이 거기에서 옮겨서, 또 다른 우물을 팠다.

이삭이 우물을 파서 물을 찾을 때마다, 시기하는 블레셋 사람들이 그의 우물을 공격했다. 끊임없이.
이것은 지속적이고, 계속 이어지는, 멈출 줄 모르는 적대 행위로,
그를 몰아내려는 노골적인 시도였다.
중동 지역에서,
물이 없이는 살아남을 수가 없다.
블레셋 사람들은 이삭을 완전히 제거하려고 했다.

그는 아무 잘못도 하지 않았다. 그저 하나님의 말씀에 순종하며, 자기 일만 할 뿐이었다.
그런데 쾅, 쾅, 또다시 쾅,
블레셋 사람들은 이삭을 몰아내려고 혈안이었다.
그는 아무런 잘못도 하지 않았다.
죄짓지 않고, 자기 일만 하며, 누구에게도 해를 끼치지 않았다.
그런데도 이런 일을 겪는다.

B. [연관성] 우리도 부당하게 억압을 받을 때면, 보복하려는 유혹을 받는다.

이삭은 아무런 예고도 없이 닥친 일에 휘말려 버린 칩피(Chippie) 앵무새와 같았다. 맥스 루카도가 들려준, 내가 가장 좋아하는 이야기 중 하나에서, 한순간 칩피는 우리 안에서 평온하게 앉아 노래를 부르고 있었다. 그런데 다음 순간, 그의 삶은 영원히 바뀌고 말았다.

모든 문제는 주인이 칩피의 우리를 청소하기로 결심하면서 시작했다. 그녀는 진공청소기 노즐을 우리 안에 넣고, 바닥에 떨어진 씨앗과 깃털을 빨아들이기 시작했다. 그러던 그때, 전화벨이 울렸다. 반사적으로 그녀는 전화를 받으려고 몸을 돌렸다. 그리고 "여보세요"라고 말하기도 전에—쏙—휙!! 칩피가 진공청소기에 빨려 들어가고 말았다.

예화—이야기하기

Max Lucado, *In the Eye of the Storm: Jesus Knows How You Feel* (Nashville: Thomas Nelson, 2012), xi-xii를 고침 ‖ 『거친 세상에서 실패하거든』, 채경석 옮김 (서울: 좋은씨앗, 2004), 10~11.

그녀는 숨을 헐떡였고, 전화를 떨어뜨렸고, 급히 진공청소기를 껐다. 가슴이 철렁 내려앉은 채, 서둘러 청소기 먼지봉투를 열었다. 그 안에 칩피가 있었다—살아 있긴 했지만, 완전히 정신이 나간 채, 새까만 먼지를 뒤집어쓰고 있었다.

그녀는 칩피를 들고 욕실로 달려가서 수도꼭지를 최대한 세게 틀고, 차가운 물줄기 아래 칩피를 놓고서 고압으로 씻겼다.

그러고서는, 좋은 주인이라면 누구나 할 법한 일을 했다. 곧, 헤어드라이어로 물에 젖어 축 늘어져 떨고 있는 이 작은 불쌍한 새에게 뜨거운 바람을 쏘아댔다.

그 이후로, 칩피는 더는 노래를 부르지 않는다.

여러분도 그런 상황에 있는가?

여러분도 아무런 잘못도 없이 고난을 겪느라 노래를 잃지는 않았는가? 준비하라, 사탄의 세상은 여러분에게 모든 것을 퍼부을 테다.

용들과 모두가.

반드시 명심하라, 원수의 치명적인 화살이 여러분을 정조준할 테고,

전력으로 쏠 테니.

아마도, 특히 사역하는 자들에게—여기 이는 우리 모두에게.

우리는 어떻게 반응할 텐가? 이삭은 어떻게 반응했는가?

전환—질문

블레셋 사람들이 우물을 메꾼다. 그는 다른 데로 간다.

블레셋 사람들이 둘째 우물을 두고 싸움을 건다. 그는 다른 데로 간다.

블레셋 사람들이 셋째 우물도 가로막는다.

그는 다른 데로 간다.

가서 우물을 판다. 가서 우물을 판다. 가서 우물을 판다.

정말이지 놀랍다!

이삭이 하지 **않은** 일 때에.

그는 싸우지 않는다. 그는 손톱만큼도 저항하지 않는다.

어찌 그럴 수 있을까?

전환—질문

다시 …로 돌아가자

> **창 26:12~14** 그리고 야훼께서 그를 축복하셔서, 그는 부자가 됐고, 재산이 점점 늘어서 아주 큰 부자가 됐다. 그가 양 떼와 소 떼 그리고 많은 종을 거느렸다.

다음 구절도 …

> **창 26:16** 아비멜렉이 이삭에게 "우리에게서 떠나가시오, 이제 당신은 우리보다 훨씬 강하기 때문이오."라고 말했다.

보라, 이삭은 평범한 지주가 아니었다.

이 사람은 거대한 기업, 기관이었다.

아브라함, 곧 그의 아버지에게는 집에서 훈련한 군인 318명이 있었고,
　그들은 전쟁에서 이겼다.

이삭도 만만한 인물이 아니다—
　'큰 가문' 그리고 '강한 힘'으로 표현하니 보라.

이삭은 아비멜렉의 부하들을 충분히 쫓아낼 수 있었을 테고,
　그래서 그들이 더는 자기 우물을 파괴하지 못하게 할 수 있었다.
　그들 코를 납작하게 할 수도,
　그들을 응징할 수도,
　완전히 제압하고 단숨에 굴복시킬 수도 있었다.

그러나 이삭은 무엇을 했는가?
　다른 데로 가서 파고, 다른 데로 가서 파고, 다른 데로 가서 판다.
　위협하지 않는다. 무기를 장전하지도 않는다.
　　칼을 쓰지도 않는다.
　　그저 … 다른 데로 가서 파고, 다른 데로 가서 파고, 다른 데로 가서 팔 뿐이다.

앞선 이야기, 창세기 26장의 첫째 측면에서,
　우리는 두려움에 떠는 한 남자를 보았다.
　여기서는 무슨 일이 일어났는가? 둘째 측면에서,
　　그는 조용하고, 침착하며, 평온하다.
　　다른 데로 가서 파고, 다른 데로 가서 파고, 다른 데로 가서 판다.

여러분도 알듯이, 첫째 측면 다음, 이삭은 그분에게 교훈을 얻었다.
그는 하나님께서 일하심을 경험했다. 이제는 하나님의 약속을 신뢰한다.
　다툼도, 충돌도, 대립도 없다.

C. [적용] 보복하지 말라!

자, 이제 용들과 맞서는 둘째 단계다.

2. 보복하지 말라!

끊임없이 이어지는 악의적 적대 상황에서,
   우리 안에 하나님을 신뢰함을 어떻게 드러낼까?

2. 보복하지 말라!

우리 대적을 대하는 태도와 방식은
   평온함으로 표시되는가?
     아니면 할퀴고, 아우성치고, 불평하고, 신경을 곤두세우며, 충돌하고, 정면으로 맞서는가?

내가 그 교회의 장로가 됐을 때, 밀턴은 내게 불을 내뿜었다. 나는 그를 교회에서 내보내는 데 전적으로 찬성했다.

> 예화—이야기하기

시편 3편에서 다윗은 하나님께 간구했다. "여호와여, 주께서 내 모든 원수의 뺨을 치시고, 그들 이를 부러뜨리소서!" 몇 달 동안 밀턴을 겪고 나니, 솔직히 말해, 이 구절이 자주 떠올랐다. "주님, 저 사람 좀 어떻게 해주세요!"

아니, 그는 아무 이유 없이 가엾고 억울한 나를 공격했다. 내가 거기로 이사 오기 전에 벌어진 일들까지 내 탓으로 돌리면서 말이다. 자존심과 자기-의에서 비롯한 분노가 나를 지배했다. 언제나 보복은 언제나 우리 자아와 깊이 연결되어 있다.

감히 그가? 감히 누가 내 우물을 건드릴 수 있단 말인가?

> 필자가 여기서는 역할극을 조금 했다.

적대 상황에
  우리 태도는 어떠해야 하는가?"
  2. 보복하지 말라!

이삭의 삶에서 그 결과는?

| [출구 표지판 2.] |
| 이 설교에서 생략함 |

| 전환—질문 |

III. 이삭은 맡긴다.

  A. [계시] 대적과 화해는 하나님의 약속을 믿는다는 증거이다.

  창 26:28~29 그들[아비멜렉과 신하들]이 대답했다. "우리는 야훼께서 당신과 함께하심을 똑똑히 봤습니다. 그래서 우리는, '자 우리 사이에—당신과 우리 사이에— 조약을 맺읍시다. 우리는 당신과 조약을 맺겠으니, 당신은 우리를 해치지 마십시오. …지금 당신 야훼에게 받은 복을 누리고 있습니다'라고 말합니다."

| [입구 표지판 3.] |
| 이 설교에서는 생략함 |

정말 놀랍지 않은가? 심지어 믿지 않는 세상조차도,
  크리스천이 복을 받았다는 사실을 인정한다.
그리고 하나님을 신뢰한 이삭은,
  오히려 너그러운 우정을 표현하며 응답한다.

  창 26:30~31 그리고 이삭은 그들을 맞아서 잔치를 베풀고, 그들과 함께 먹고 마셨다. 그들은 다음날 아침에 일찍 일어나서 … 그들이 평안한 마음으로 돌아갔다.

이삭은 하나님을 온전히 신뢰했기에,
  자기 대적자들에게조차 먹거리를 베풀 수 있다.

B. [적용] 은혜로 화해하라!

자, 용들과 맞서는 셋째 단계다.

   3. 은혜로 화해하라!

여러분, 이는 배우기도 실천하기도 어려운 교훈이다.

뭐라고? 나를 억압하는 사람을 친절하게 대하라고?

   그러면 내 권리는 어쩌고?

      그러면 누가 나를 보살펴주나?

> 설교 전개를 고려해, 여기에는 계시 하위 이동를 별도로 포함하지 않았다. 적용 하위 이동이 효과적으로 대신했다.

> (여기 그리고 아래 강조 부분을) 역할극을 했다.

결국, 핵심은 이것이다.

   여러분은 하나님께서 여러분을 돌보신다고 믿는가?

      우리는 우리 자신을 하나님의 손에 맡기는가?

   오직 그때에만 우리 자아를 내려놓고,

      하나님께서 상황을 다스리시도록 맡길 수 있다.

         오직 하나님을 신뢰할 때만. 이삭이 그랬던 것처럼

   하나님의 약속을 기억하며! 보복을 멈추며! 은혜로 화해하며!

내가 지금 말씀을 전하는 동안,

   여러분의 삶에서 '용'과 같았던 대적이나 적대적인 사람의 이름이 떠오르면,

      그렇다면, 이 순간 결단하라.

   하나님의 약속을 기억하며! 보복을 멈추며! 은혜로 화해하리라!

그 사람이 여러분을 힘들게 하는가?

   압박이 점점 커지는가?

      그 사람과 마주치거나 함께 있기도 두려운가?

하나님께 맡긴 채, 기억하라, 보복하지 말라, 화해하라.

오늘, 오늘 밤, 내일, 혹은 이번 주에 그들에게 전화하라.

또는 이-메일을 보내거나, 만나자고 약속하라.

그들이 받아들이지 않을 수도 있다.

여러분이 내미는 화해 손길을 거절할 수도 있다.

그러나 하나님께서는 우리가 맡기기를 바라신다, (이삭처럼).

하나님의 약속을 기억하며! 보복하지 않으며! 은혜로 화해하며!

각 이동에 적용 하위 이동을 제시했기에, '적용 + 결론'을 요약, 이미지, 도전 등으로 구성한 간결한 결론을 선택했다.

나는 교회에서 밀턴과 관계 문제에서 이 부분을 놓고 힘겨웠다. 이는 내게 결코 쉬운 일이 아니었다. **나를 공격하는 사람에게 은혜를 베풀라고? 얼마나 이상일 일인가? 얼마나 본능에 거스르는 일인가?**

결론—요약

그러나 교회 장로회는 정확히 그렇게 했다. 지도부는 밀턴과 (그의 아내 비키)에게 아주 평온하고 관대한 태도로 다가가, 그들에게 염려하는 바를 조심스럽게 전했다. 그리고 평화를 유지하려고, 나에게는 그 만남에 참석하지 않도록 요청했다. 혹시라도 실수로 왼손 훅이라도 날릴까 봐 말이다. 지도부는 강압적인 방식으로 행동하지 않기로 했다. 그들은 하나님께서 일하시도록 신뢰하기로 했다. 그리고 나를 그 자리에 참석하지 않게 했다.

결론—이미지 예화—이야기하기

밀턴은 이를 좋게 받아들이지 않았다. 그와 비키는 씩씩거리며 교회를 떠났고, 소송을 걸겠다는 식으로 애매하게 위협했다. 나는 다른 사람들에게 말했다. "이제 끝났다. 다시는 그를 볼 일 없을 거야 … 차라리 잘된 일이야." 하지만 내가 틀렸다.

얼마 전, 내가 그 도시를 떠난 지 몇 년이 지난 후, 한 장로에게서 이-메일이 왔다. 그 이-메일에는 이렇게 적혀있었다. "에이브, 당신이 흥미로워할 소식이 있습니다. 밀턴과 비키가 교회로 돌아왔어요. 그리고 당신이 우리와 함께 기뻐할 거라 믿어요[!] 밀트가 이제 완전히 달라졌거든요. 지난 주일에 그는 교회 앞에서 공식적으로 사과했습니다."

나는 깜짝 놀랐다!

   밀턴이 이 교훈을 터득했다.

   그러나 더 큰 교훈을 배운 사람은 틀림없이 바로 나였다—

      내가 해야 했을 일은 바로 …

      하나님의 약속을 기억하라!

      보복을 멈춰라!

      은혜로 화해하라!

우리 하나님은 신뢰할 만한 분이시다.

   기억하라! 멈추라! 화해하라!

결론—도전하기

참고 자료

Altmann, Gerry T. M. *The Ascent of Babel: An Exploration of Language, Mind, and Understanding*. New York: Oxford University Press, 1997.

Anderson, Chris. *TED Talks: The Official TED Guide to Public Speaking*. New York: Houghton Mifflin Harcourt, 2016 ǁ 『테드 토크—TED 공식 프레젠테이션 가이드』. 박준형 옮김. 파주: 21세기북스, 2016.

Anelli, Melissa, and Emerson Spartz. "The Leaky Cauldron and Mugglenet Interview Joanne Kathleen Rowling: Part Three." The Leaky Cauldron, July 16, 2005. http://www.accio-quote.org/articles/2005/0705-tlc_mugglenet-anelli-3.htm.

The Ante-Nicene Fathers. 10 vols. Edited by Alexander Roberts and James Donaldson. Edinburgh: T&T Clark, 1869.

Aristotle. *Art of Rhetoric*. Translated by J. H. Freese. Loeb Classical Library 193. Cambridge, MA: Harvard University Press, 1926 ǁ 『아리스토텔레스의 수사학』. 이종오 옮김. 서울: 한국외국어대학교출판부 지식출판원, 2015.

Attridge, Harold W. "Paraenesis in a Homily (λόγος παρακλήσεως): The Possible Location of, and Socialization in, the 'Epistle to the Hebrews.'" In *Paraenesis: Act and Form*, edited by Leo G. Perdue and John G. Gammie, 211~26. Semeia 50. Atlanta: Scholars Press, 1990.

Augustine. *On Christian Teaching*. Translated by R. P. H. Green. Oxford: Oxford University Press, 1997 ǁ 참조. 『그리스도교 교양』. 개정판. 성염 역주. 칠곡: 분도출판사, 2011.

Bacon, Francis. *Selected Writings*. Edited by Hugh G. Dick. New York: Random House, 1955.

Barth, Karl. *Dogmatics in Outline*. London: SCM, 1966 ‖ 『(칼 바르트) 교의학 개요』. 신경수 옮김. 고양: 크리스챤다이제스트, 2001.

Barth, Karl. "Preface to the Second Edition." In *The Epistle to the Romans, 2~15*. 6th ed. Translated by Edwyn C. Hoskyns. London: Oxford University Press, 1933 ‖ 참조. 『로마서』. 손성현 옮김. 신준호 감수. 서울: 복 있는 사람, 2017.

Bartow, Charles L. *God's Human Speech: A Practical Theology of Proclamation*. Grand Rapids: Eerdmans, 1997.

Barzun, Jacques. *Simple and Direct*. 4th ed. New York: Quill, 2001.

Bechara, Antoine, Hanna Damasio, Daniel Tranel, and Antonio R. Damasio. "Deciding Advantageously before Knowing the Advantageous Strategy." *Science* 275 (1997): 1293~95.

Bellis, Rich. "Let Your Favorite Podcast Hosts Fix Your Public Speaking Problems." Fast Company, July/August 2017. https://www.fastcompany.com/40452672/let-your-favorite-podcast-hosts-fix-your-public-speaking-problems.

Berkun, Scott. *Confessions of a Public Speaker*. Sebastopol, ON: O'Reilly, 2009 ‖ 『명연사·명연설·명강의—청중을 사로잡는 명연설의 비결』. 이해영 옮김. 의왕: 에이콘출판, 2011.

Bligh, Donald. *What's the Use of Lectures?* 5th ed. Exeter, UK: Intellect, 1998.

Boice, James Montgomery. *Romans*. 4 vols. Grand Rapids: Baker, 1992~95 ‖ 『로마서 1, 2, 3, 4』. 김덕천 옮김. 서울: 줄과 추, 1997~98.

Bonhoeffer, Dietrich. *The Cost of Discipleship*. Rev. ed. Translated by R. H. Fuller. New York: Macmillan, 1963 ‖ 『현대인을 위한 제자도의 대가』. 최예자·백요한 옮김. 서울: 프리셉트, 2021.

Bormann, Ernest G. *The Force of Fantasy: Restoring the American Dream*. Carbondale: Southern Illinois University Press, 1985.

Bramer, Stephen J. *The Bible Reader's Joke Book*. N.p.: CreateSpace, 2014.

Broadus, John A. *A Treatise on the Preparation and Delivery of Sermons*. 2nd ed. Philadelphia: Smith, English, 1871.

Brooks, Phillips. *Lectures on Preaching: Delivered before the Divinity School of Yale College in January and February 1877*. New York: E. P. Dutton, 1877 ‖ 『설교론 특강』. 서문강 옮김. 고양: 크리스챤다이제스트, 2001.

Buechner, Frederick. *Telling the Truth: The Gospel as Tragedy, Comedy, and Fairy Tale*. New York: Harper & Row, 1977 ‖ 『설교란?—진실을 말하는 것』. 이봉우 옮김. 칠곡: 분도출판사, 1986.

Buttrick, David G. *A Captive Voice: The Liberation of Preaching*. Louisville: Westminster John Knox, 1994.

Buttrick, David G. *Homiletic: Moves and Structures*. Philadelphia: Fortress, 1987.

Buttrick, David G. "Interpretation and Preaching." *Interpretation* 35 (1981): 46~58.

Calvin, John. *Summary of Doctrine concerning the Ministry of the Word and the Sacraments*. In Theological Treatises, edited by J. K. S. Reid, 170~77. Library of Christian Classics 22. Philadelphia: Westminster, 1954.

Carey, Eustace. *Memoir of William Carey, D.D.* London: Jackson and Walford, 1836.

Carnegie, Dale. *How to Develop Self-Confidence and Influence People by Public Speaking*. New York: Pocket Books, 1991 ‖ 『한마디 말로 천냥 빚을 갚는다』. 손풍삼 편역. 서울: 고려원, 1993.

Carter, Terry G., J. Scott Duvall, and J. Daniel Hays. *Preaching God's Word: A Hands-On Approach to Preparing, Developing, and Delivering the Sermon*. Grand Rapids: Zondervan, 2005 ‖ 『성경설교—설교를 준비하고 작성하고 전달하는 실제적 지침서』. 김창훈 옮김. 서울: 한국성서유니온선교회, 2009.

Cash, Johnny. *Man in White*. New York: Harper & Row, 1986.

Cash, Johnny. "No Earthly Good." In the album *The Rambler*. Produced by

Charlie Bragg, Jack Routh, and Johnny Cash. New York: Columbia, 1977.

Chapell, Bryan. *Christ-Centered Preaching: Redeeming the Expository Sermon*. 2nd ed. Grand Rapids: Baker Books, 2005 ‖ 『그리스도 중심의 설교』. 엄성옥 옮김. 서울: 은성출판사, 2016.

Chib, Vikram S., Ryo Adachi, and John P. O'Doherty. "Neural Substrates of Social Facilitation Effects on Incentive-Based Performance." *Social Cognitive and Affective Neuroscience* 13 (2018): 391~403.

Childers, Jana. *Performing the Word: Preaching as Theatre*. Nashville: Abingdon, 1998.

Colson, Charles, and Ellen Vaughn. *Being the Body*. Nashville: Thomas Nelson, 2003.

Cowper, William. "The Timepiece." In "The Task," book 2. https://ebooks.adelaide.edu.au/c/cowper/william/task/book2.html.

Craddock, Fred B. *As One without Authority*. Nashville: Abingdon, 1979 ‖ 『권위 없는 자처럼—귀납적 설교의 이론과 실제』. 김운용 옮김. 서울: 예배와설교 아카데미, 2003.

_____. *Preaching*. Nashville: Abingdon, 1985 ‖ 『크래독의 설교 레슨—귀납적 설교의 위대한 멘토』. 이우제 옮김. 서울: 대서, 2007.

Davis, Henry Grady. *Design for Preaching*. Philadelphia: Fortress, 1958.

Delnay, Robert G. *Fire in Your Pulpit*. Schaumburg, IL: Regular Baptist Press, 1990.

Edwards, Jonathan. "Part III: Showing, in Many Instances, Wherein the Subjects, or Zealous Promoters, of This Work, Have Been Injuriously Blamed." In *The Works of Jonathan Edwards*, A. M., 1:390~97. Revised by Edward Hickman. London: William Ball, 1839.

Edwards, Jonathan. "Sinners in the Hands of an Angry God. A Sermon Preached at Enfield, July 8th, 1741." Edited by Reiner Smolinski. Electronic Texts in American Studies 54. http://digitalcommons.unl.edu/etas/54.

Eidam, Klaus. *The True Life of Johann Sebastian Bach*. Translated by Hoyt Rogers. New York: Basic Books, 2001.

Evans, Tony. *Tony Evans' Book of Illustrations*. Chicago: Moody, 2009.

Fee, Gordon D. *Listening to the Spirit in the Text*. Grand Rapids: Eerdmans, 2000 ‖ 『성령이 들려주시는 하나님의 말씀』. 조원봉 옮김. 서울: 좋은 씨앗, 2003.

Fénelon, François. "Éloquence et Critique." In *Pages Choisies des Grands Écrivains*, 97~123. Paris: Librairie Armand Colin, 1911.

Finney, Charles Grandison. *Revivals of Religion*. New York: Leavitt, Lord, 1835 ‖ 『찰스 피니의 부흥론』. 김원주 옮김. 서울: 생명의말씀사, 1998.

Fosdick, Harry Emerson. "What Is the Matter with Preaching?" *Harper's Magazine* 157 (July 1928): 133~41.

Franklin, Aaron, and Jordon Mackay. *Franklin Barbecue: A Meat-Smoking Manifesto*. Berkeley: Ten Speed, 2015.

Galbraith, John Kenneth. *Money: Whence It Came, Where It Went*. Princeton: Princeton University Press, 2017.

Galli, Mark, and Craig Brian Larson. *Preaching That Connects: Using the Techniques of Journalists to Add Impact to Your Sermons*. Grand Rapids: Zondervan, 1994.

General Council on Finance and Administration of the Methodist Church. "Copyright Compliance for Local Churches." 2015. http://s3.amazonawscom/Website_GCFA/reports/legal/documents/Copyright_Compliance_for_Local_Chuches_2015.pdf.

Gerson, Michael. "Obama Speeches Gain from Teleprompter." *Washington Post*, March 27, 2009. http://www.washingtonpost.com/wp-dyn/content/article/2009/03/26/AR2009032603114.html?hpid=opinionsbox1.

Gilbert, Josiah H. *Dictionary of Burning Words of Brilliant Writers*. New York: Wilbur B. Ketcham, 1895.

Goleman, Daniel. *Emotional Intelligence: Why It Can Matter More Than IQ*. New York: Bantam, 1995.

Greidanus, Sidney. *The Modern Preacher and the Ancient Text: Interpreting and Preaching Biblical Literature*. Grand Rapids: Eerdmans, 1988 ‖ 『성경 해석과 성경적 설교 (상), (중), (하)』. 김영철 옮김. 서울: 여수룬, 1992~99.

Heath, Chip, and Dan Heath. *Made to Stick: Why Some Ideas Survive and Others Die*. New York: Random House, 2007 ‖ 『스틱!』. 개정 증보판. 안진환·박슬라 옮김. 서울: 웅진윙스, 2010.

_____. *Switch: How to Change Things When Change Is Hard*. New York: Broadway, 2010 ‖ 『스위치—손쉽게 극적인 변화를 이끌어내는 행동 설계의 힘』. 안진환 옮김, 서울: 웅진씽크빅, 2010.

Heil, John Paul. *Ephesians: Empowerment to Walk in Love for the Unity of All in Christ*. Studies in Biblical Literature 13. Atlanta: SBL, 2007.

Henderson, David W. *Culture Shift: Communicating God's Truth to Our Changing World*. Grand Rapids: Baker, 1998 ‖ 『세상을 따라잡는 복음—급변하는 세상 문화 속에 어떻게 복음을 전할까?』. 임종원 옮김. 서울: 예영커뮤니케이션, 2003.

Hennenlotter, Andreas, Ulrike Schroeder, Peter Erhard, Florian Castrop, Bernhard Haslinger, Daniela Stoecker, Klaus W. Lange, and Andres O. Ceballos-Baumann. "A Common Neural Basis for Receptive and Expressive Communication of Pleasant Facial Affect." *NeuroImage* 26 (2005): 581~91.

Hoehner, Harold. *Ephesians: An Exegetical Commentary*. Grand Rapids: Baker Academic, 2002.

Hoff, Ron. *"I Can See You Naked."* Rev. ed. Kansas City, MO: Andrews and McMeel, 1992.

Hogan, Lucy Lind, and Robert Reid. *Connecting with the Congregation: Rhetoric and the Art of Preaching*. Nashville: Abingdon, 1999.

Humbert of Romans. "Treatise on Preaching." In *Opera: De Vita Regulari*. Vol. II, 373–484. Rome: Befani, 1889.

Hutton, John S., Tzipi Horowitz-Kraus, Alan L. Mendelsohn, Tom DeWitt, and Scott K. Holland. "Home Reading Environment and Brain Activation in Preschool Children Listening to Stories." *Pediatrics* 136 (2015): 467~78.

Jacks, G. Robert. *Just Say the Word! Writing for the Ear*. Grand Rapids: Eerdmans, 1996.

Jeter, Jeremiah Bell. *The Recollections of a Long Life*. Richmond: Religious Herald, 1891.

Kaiser, Walter C. "A Principlizing Model." In *Four Views on Moving beyond the Bible to Theology*, edited by Gary T. Meadors, 19~50. Grand Rapids: Zondervan, 2009 ‖ 「1장 원리화 모델」. 『성경 어떻게 적용할 것인가—성경 적용에 대한 네 가지 관점』, 23~69. 게리 메더스 편집. 윤석인 옮김. 서울: 부흥과개혁사, 2011.

Kaiser, Walter C. *Toward an Exegetical Theology: Biblical Exegesis for Preaching and Teaching*. Grand Rapids: Baker, 1981 ‖ 『(구문론적 분석) 새로운 주경신학 연구』. 김의원 옮김. 서울: 양서각, 1988.

Kaufman, Gordon D. *An Essay on Theological Method*. 3rd ed. Atlanta: American Academy of Religion, 1995.

Keillor, Garrison. "Pontoon Boat." In *Life among the Lutherans*, 15~20. Edited by Holly Harden. Minneapolis: Augsburg, 2010.

Kelley, Tom, and Jonathan Littman. *The Art of Innovation: Lessons in Creativity from IDEO, America's Leading Design Firm*. New York: Random House, 2001.

Kemper, Deane A. *Effective Preaching: A Manual for Students and Pastors*. Philadelphia: Westminster, 1985.

Klass, Perri. "Bedtime Stories for Young Brains." *New York Times*, August 17, 2015.

https://well.blogs.nytimes.com/2015/08/17/bedtime-stories-for-young-brains/?_r=0.

Koren, Leonard. *Wabi-Sabi for Artists, Designers, Poets, and Philosophers*. Point Reyes, CA: Imperfect Publishing, 2008.

Kuruvilla, Abraham. "Applicational Preaching." *Bibliotheca Sacra* 173 (2016): 387~400.

_____. "Christiconic Interpretation." *Bibliotheca Sacra* 173 (2016): 131~46.

_____. "Pericopal Theology." *Bibliotheca Sacra* 173 (2016): 3~17.

_____. "Theological Exegesis." *Bibliotheca Sacra* 173 (2016): 259~72.

_____. "'What Is the Author *Doing* with What He Is *Saying*?' Pragmatics and Preaching—An Appeal!" *Journal of the Evangelical Theological Society* 60 (2017): 557~80. Also available at http://www.homiletix.com/KuruvillaJETS2017.

_____. "Christiconic View" (and responses to other contributors). In *Homiletics and Hermeneutics: Four Views on Preaching Today*, edited by Scott M. Gibson and Matthew D. Kim, 43~70 (30~34, 111~12, 150~53). Grand Rapids: Baker Academic, 2018.

_____. "Time to Kill the Big Idea? A Fresh Look at Preaching." *Journal of the Evangelical Theological Society* 61, no. 4 (2018): 825~46. Also available at http://homiletix.com/kill-the-big-idea.

_____. *Text to Praxis: Hermeneutics and Homiletics in Dialogue*. The Library of New Testament Studies. London: T&T Clark, 2009.

_____. *Mark: A Theological Commentary for Preachers*. Eugene, OR: Cascade: 2012 ‖ 『마가복음』. 설교자를 위한 신학적 주석. 박광진 옮김. 서울: 디모데, 2022.

_____. *Privilege the Text! A Theological Hermeneutic for Preaching*. Chicago: Moody, 2013 ‖ 『본문의 특권!—설교를 위한 신학적 해석학』. 이승진 옮김. 서울: 기독교문서선교회, 2023.

_____. *Genesis: A Theological Commentary for Preachers*. Eugene, OR: Resource, 2014.

_____. *A Vision for Preaching: Understanding the Heart of Pastoral Ministry*. Grand Rapids: Baker Academic, 2015 ‖ 『설교의 비전—목회 사역의 심장을 이해하기』. 곽철호 · 김석근 옮김. 이천: 성서침례대학원대학교출판부, 2018/2025[3쇄수정].

_____. *Ephesians: A Theological Commentary for Preachers*. Eugene, OR: Cascade, 2015.

_____. *Judges: A Theological Commentary for Preachers*. Eugene, OR: Cascade, 2017.

_____. *1 and 2 Timothy: A Theological Commentary for Preachers*. Eugene, OR: Cascade: 2021.

_____. *Psalms: A Theological Commentary for Preachers*. Eugene, OR: Cascade: 2024.

_____. *From Glory to Glory: An Unnatural History of Sanctification*. London: Apollos, 2025.

Kushner, Malcolm. *Public Speaking for Dummies*. Foster City, CA: IDG, 1999.

Langer, Susanne K. *Feeling and Form: A Theory of Art*. New York: Charles Scribner's Sons, 1953.

Larsen, David L. *Telling the Old, Old Story: The Art of Narrative Preaching*. Grand Rapids: Kregel, 1995.

Larson, Craig Brian, and Leadership Journal. *750 Engaging Illustrations for Preachers, Teachers, and Writers*. Grand Rapids: Baker Books, 2007.

Levelt, William J. M. "Accessing Words in Speech Production: Stages, Processes and Representations." *Cognition* 42 (1992): 1~22.

Lewis, C. S. *God in the Dock: Essays on Theology and Ethics*. Edited by Walter Hooper. Grand Rapids: Eerdmans, 2014 ‖ 『피고석의 하나님』.

홍종락 옮김. 서울: 홍성사, 2011.

Lewis, C. S., and E. M. Tillyard. *The Personal Heresy in Criticism*. London: Oxford University Press, 1939.

Litfin, Duane. *Public Speaking: A Handbook for Christians*. 2nd ed. Grand Rapids: Baker, 1992.

Long, Thomas G. "The Distance We Have Traveled: Changing Trends in Preaching." In *A Reader on Preaching: Making Connections*, edited by David Day, Jeff Astley, and Leslie J. Francis, 11~16. Aldershot, UK: Ashgate, 2005.

_____. "Stolen Goods: Tempted to Plagiarize." *Christian Century* 124, no. 8 (2007): 18~21.

_____. "The Use of Scripture in Contemporary Preaching." *Interpretation* 44 (1990): 341~52.

_____. *The Witness of Preaching*. 3rd ed. Louisville: Westminster John Knox, 2016 ‖ 『증언 설교』. 3판. 이우제·황의무 옮김. 서울: 기독교문서선교회, 2019.

Lowry, Eugene L. *Doing Time in the Pulpit*. Nashville: Abingdon, 1985.

_____. *How to Preach a Parable: Designs for Narrative Sermons*. Nashville: Abingdon, 1989 ‖ 『설교자여, 준비된 스토리텔러가 돼라』. 이주엽 옮김. 서울: 요단출판사, 1999.

_____. *The Sermon: Dancing the Edge of Mystery*. Nashville: Abingdon, 1997 ‖ 『신비의 가장자리에서 춤추는 설교』. 주승중 옮김. 서울: 예배와 설교 아카데미, 2008.

Lucado, Max. *In the Eye of the Storm: Jesus Knows How You Feel*. Nashville: Thomas Nelson, 2012 ‖ 『거친 세상에서 실패하거든』. 채경석 옮김. 서울: 좋은씨앗, 2004.

Luther, Martin. "Preface to Johann Spangenberg." In *Luther's Works*, Vol. 60: Prefaces II, edited by Christopher Boyd Brown, 281~85. Translated by Mickey L. Mattox. St. Louis: Concordia, 2011.

Luther, Martin. "Psalm 101." In *Luther's Works*, Vol. 13: Selected Psalms II, edited by Jaroslav Pelikan, 143~224. Translated by Alfred von Rohr Sauer. St. Louis: Concordia, 1956.

MacArthur, John F. "Frequently Asked Questions about Expository Preaching." In *Rediscovering Expository Preaching*, edited by John F. MacArthur, Richard L. Mayhue, and Robert L. Thomas, 334~49. Dallas: Word, 1992 ‖ 「강해설교에 관한 질문」, 『강해 설교의 재발견』, 460~80. 김동완 옮김. 서울: 생명의 말씀사, 1993.

Mackay, Jordon. "Coauthor's Note." In *Franklin Barbecue: A Meat-Smoking Manifesto*, by Aaron Franklin and Jordon Mackay, viii-ix. Berkeley: Ten Speed, 2015.

Makary, M. A., and M. Daniel. "Medical Error—The Third Leading Cause of Death in the US." *British Medical Journal* 353 (2016): i2139.

Manchester, William. *The Last Lion: Winston Spencer Churchill Alone, 1932~1940*. New York: Bantam, 1988.

Marshall, John. *McCulloch v. Maryland*. 17 U.S. 316 (1819).

Mathews, Alice P. *Preaching That Speaks to Women*. Grand Rapids: Baker Academic, 2003 ‖ 『여성을 위한 설교』. 장혜영 옮김. 서울: 새물결플러스, 2016.

Medawar, Peter B. *Induction and Intuition in Scientific Thought*. Philadelphia: American Philosophical Society, 1969.

Mehrabian, Albert. "Inference of Attitudes from Nonverbal Communication in Two Channels." *Journal of Consulting Psychology* 31, no. 3 (1967): 248~52.

Mehrabian, Albert. *Silent Messages*. Belmont, CA: Wadsworth, 1971.

Mitchell, Henry H. *Black Preaching: The Recovery of a Powerful Art*. Nashville: Abingdon, 1990.

Mitchell, Henry H. "Preaching on the Patriarchs." In *Biblical Preaching: An Expositor's Treasury*, edited by James W. Cox, 36~52. Philadelphia:

Westminster, 1983.

Moberly, R. W. L. *The Bible, Theology, and Faith: A Study of Abraham and Jesus*. Cambridge: Cambridge University Press, 2000.

Newton, Elizabeth Louise. "The Rocky Road from Actions to Intentions." PhD diss., Stanford University, 1990.

Nichols, J. Randall. *Building the Word: The Dynamics of Communication and Preaching*. San Francisco: Harper & Row, 1980.

O'Connor, Flannery. *Mystery and Manners*. Edited by Sally and Robert Fitzgerald. New York: Farrar, Straus & Giroux, 1957.

Olford, Stephen F., and David L. Olford. *Anointed Expository Preaching*. Nashville: Broadman & Holman, 1998.

Osborne, Grant R. *Hermeneutical Spiral: A Comprehensive Introduction to Biblical Interpretation*. 2nd ed. Downers Grove, Ill.: InterVarsity Press, 2006 ‖ 『성경해석학 총론』. 개정판. 임요한 역. 서울: 부흥과개혁사, 2017. (엮은이 덧붙임. 2nd ed. ‖ 개정판으로 바꿈.)

Pascal, Blaise. *Pascal's Pensées*. Translated by W. F. Trotter. New York: E. P. Dutton, 1958 ‖ 『팡세』. 하동훈 옮김. 서울: 문예출판사, 2009.

Pashler, Harold, Mark McDaniel, Doug Rohrer, and Robert Bjork. "Learning Styles: Concepts and Evidence." *Psychological Science in the Public Interest* 9, no. 3 (2008): 105~19.

Philo. *The Works of Philo Judaeus*. Translated by C. D. Yonge. London: Henry G. Bohn, 1855.

Pinker, Stephen. *The Sense of Style: The Thinking Person's Guide to Writing in the 21st Century*. New York: Penguin, 2015.

Plato. *Euthyphro. Apology. Crito. Phaedo. Phaedrus*. Translated by Harold North Fowler. Loeb Classical Library 36. Cambridge, MA: Harvard University Press, 1914.

Pliny the Younger. "To Maecilius Nepos." In *Letters, Vol. I: Books 1~7*,

85~98. Translated by Betty Radice. Loeb Classical Library 55. Cambridge, MA: Harvard University Press, 1969.

Plutarch. *Lives, Volume VII: Demosthenes and Cicero. Alexander and Caesar*. Translated by Bernadotte Perrin. Loeb Classical Library 99. Cambridge, MA: Harvard University Press, 1919.

Pomerance, Laura, Julie Greenberg, and Kate Walsh. *Learning about Learning: What Every New Teacher Needs to Know*. New York: National Council on Teacher Quality, 2016.

Pope, Alexander. *An Essay on Criticism*. Poetry Foundation, October 13, 2009. https://www.poetryfoundation.org/articles/69379/an-essay-on-criticism.

Quintilian. *The Orator's Education, Vol. I: Books 1~2*. Edited and translated by Donald A. Russell. Loeb Classical Library 124. Cambridge, MA: Harvard University Press, 2002 ‖ 『스피치교육─변론법 수업』. 전영우 옮김. 서울: 민지사, 2014.

Quintilian. *The Orator's Education, Vol. III: Books 6~9*. Edited and translated by Donald A. Russell. Loeb Classical Library 126. Cambridge, MA: Harvard University Press, 2002.

Quintilian. *The Orator's Education, Vol. V: Books 11~12*. Edited and translated by Donald A. Russell. Loeb Classical Library 494. Cambridge, MA: Harvard University Press, 2002.

Rice, Wayne. *Hot Illustrations for Youth Talks: 100 Attention-Getting Stories, Parables, and Anecdotes*. Grand Rapids: Zondervan, 1994.

Ricoeur, Paul. *Hermeneutics and the Human Sciences: Essays on Language, Action and Interpretation*. Edited and translated by John B. Thompson. Cambridge: Cambridge University Press, 1981 ‖ 『해석학과 인문사회과학 ─언어, 행동, 그리고 해석에 관한 논고』. 윤철호 옮김. 서울: 서광사, 2003.

Rizzolatti, Giacomo. "The Mirror Neuron System and Its Function in Humans." *Anatomy and Embryology* 210 (2005): 419~21.

Robert of Basevorn. *The Form of Preaching*. Translated by Leopold Krul. In *Three Medieval Rhetorical Arts*, edited by James J. Murphy, 109~216. Berkeley: University of California Press, 1971.

Robinson, Haddon W. *Biblical Preaching: The Development and Delivery of Expository Messages*. Grand Rapids: Baker, 1980.

_____. "Better Big Ideas: Five Qualities of the Strongest Preaching Ideas." In *The Art and Craft of Biblical Preaching: A Comprehensive Resource for Today's Communicators*, edited by Haddon W. Robinson and Craig Brian Larson, 353~57. Grand Rapids: Zondervan, 2005 ‖ 「더 좋은 빅 아이디어를 찾으려면?」. 『성경적인 설교와 설교자』, 539~47. 전의우 외 옮김. 서울: 두란노서원, 2006.

_____. *Biblical Preaching: The Development and Delivery of Expository Messages*. 3rd ed. Grand Rapids: Baker Academic, 2014.

Robinson, Haddon W., Scott Wenig, and Torrey Robinson. *Biblical Preaching: The Development and Delivery of Expository Messages*. 4th Edition. Grand Rapids: Baker Academic, 2025 ‖ 『해돈 로빈슨 강해설교』. 확장4판. 이천: 성서침례대학원대학교출판부, 2025(예정).

Rummage, Stephen Nelson. *Planning Your Preaching: A Step-by-Step Guide for Developing a One-Year Preaching Calendar*. Grand Rapids: Kregel, 2002.

Schreiner, Thomas R. *Paul, Apostle of God's Glory in Christ: A Pauline Theology*. Downers Grove, IL: InterVarsity, 2001.

Selby, Gary S. *Not with Wisdom of Words: Nonrational Persuasion in the New Testament*. Grand Rapids: Eerdmans, 2016.

Shakespeare, William. The Merchant of Venice. http://shakespeare.mit.edu/merchant/full.html.

Sjogren, Steve. "Don't Be Original, Be Effective!" Pastors.com, 2006. http://web.archive.org/web/20060318020013/http://www.pastors.com/article.asp?ArtID=9230.

Sleeth, Ronald E. *God's Word and Our Words: Basic Homiletics*. Atlanta: John Knox, 1986.

Smith, James K. A. *Desiring the Kingdom: Worship, Worldview, and Cultural Formation*. Cultural Liturgies 1. Grand Rapids: Baker Academic, 2009 ‖ 『하나님 나라를 욕망하라—예배·세계관·문화적 형성』. 박세혁 옮김. 서울: 한국기독학생회출판부, 2016.

Spurgeon, Charles Haddon. *Lectures to My Students*. Rev. ed. Grand Rapids: Zondervan, 1954 ‖ 『스펄전 설교론』. 원광연 옮김. 고양: 크리스챤다이제스트, 2009.

Stephens, Greg J., Lauren J. Silbert, and Uri Hasson. "Speaker-Listener Neural Coupling Underlies Successful Communication." *Proceedings of the National Academy of Sciences* 107 (2010): 14, 425~30.

Stewart-Sykes, Alistair. *From Prophecy to Preaching: A Search for the Origins of the Christian Homily*. Supplement to Vigiliae Christianae 59. Leiden: Brill, 2001.

Stott, John R. W. *Between Two Worlds: The Art of Preaching in the Twentieth Century*. Grand Rapids: Eerdmans, 1982 ‖ 『현대교회와 설교—성경적 강해설교와 현대인의 삶』. 정성구 옮김. 서울: 생명의 샘, 2010.

Student Handbook 2016~18. Dallas: Dallas Theological Seminary.

Sunukjian, Donald R. *Invitation to Biblical Preaching: Proclaiming Truth with Clarity and Relevance*. Grand Rapids: Kregel, 2007 ‖ 『성경적 설교의 초대』. 채경락 옮김. 서울: 기독교문서선교회, 2009.

Swindoll, Charles. *Swindoll's Ultimate Book of Illustrations & Quotes*. Nashville: Thomas Nelson, 1998.

Thoreau, Henry D. *Walden: A Fully Annotated Edition*. Edited by Jeffrey S. Cramer. New Haven: Yale University Press, 2004 ‖ 『월든』. 강승영 옮김. 서울: 이레, 1993 ‖ 『월든』. 박현석 옮김. 서울: 동해출판, 2005.

Turabian, Kate L. *A Manual for Writers of Research Papers, Theses, and Dissertations*. 9th ed. Chicago: University of Chicago Press, 2018.

Twain, Mark. "Chapters from My Autobiography: XX." *North American Review* 185 (July 1907): 465~74.

Vanhoozer, Kevin J. "Putting on Christ: Spiritual Formation and the Drama of Discipleship." *Journal of Spiritual Formation & Soul Care* 8, no. 2 (2015): 147~71.

Warner, Jack L., and Dean Jennings. *My First Hundred Years in Hollywood*. New York: Random House, 1965.

Warren, Max. Crowded *Canvas: Some Experiences of a Life-Time*. Kent, UK: Hodder & Stoughton, 1974.

Warren, Timothy S. "Definition, Purpose, and Process." In *PM103 Class Notes, 1~38*. Dallas: Dallas Theological Seminary, 2003.

Warren, Timothy S. "The Developmental Questions (DQs I & II)." In *PM103 Class Notes, 80~86*. Dallas: Dallas Theological Seminary, 2003.

Warren, Timothy S. "A Paradigm for Preaching." *Bibliotheca Sacra* 148 (1991): 463~86.

Warren, Timothy S. "Purpose, Proposition, and Structures." In *PM103 Class Notes, 93~105*. Dallas: Dallas Theological Seminary, 2003.

Warren, Timothy S. "Supporting Materials." In *PM103 Class Notes, 106~10*. Dallas: Dallas Theological Seminary, 2003.

Warren, Timothy S. "The Theological Process in Sermon Preparation." *Bibliotheca Sacra* 156 (1999): 336~56.

Warren, Timothy S. "Topical Expository Preaching." In *PM201 Class Notes, 1~25*. Dallas: Dallas Theological Seminary, 2006.

Watson, Duane F. "Why We Need Socio-Rhetorical Commentary and What It Might Look Like." In *Rhetorical Criticism and the Bible*, edited by Stanley E. Porter and Dennis L. Stamps, 129~57. Journal for the Study of the New Testament Supplement Series 195. Sheffield: Sheffield Academic Press, 2002.

Wegeler, Franz, and Ferdinand Ries. *Biographische Notizen über Ludwig van Beethoven*. 2nd ed. Leipzig: Schuster and Loeffler, 1906.

Wiesel, Elie. *Night*. Translated by Marion Wiesel. New York: Hill and Wang, 2006.

Willimon, William H. *A Guide to Preaching and Leading Worship*. Philadelphia: Westminster, 1984 ‖ 『예배와 설교 클리닉』. 김운규 옮김. 서울: 한들출판사, 2014.

Willingham, Daniel T., Elizabeth M. Hughes, and David G. Dobolyi. "The Scientific Status of Learning Styles Theories." *Teaching of Psychology* 42, no. 3 (2015): 266~71.

Wingfield, Arthur. "Cognitive Factors in Auditory Performance: Context, Speed of Processing, and Constraints of Memory." *Journal of the American Academy of Audiology* 7 (1996): 175~82.

Wooden, John, and Steve Jamison. *Wooden: A Lifetime of Observations and Reflections on and off the Court*. New York: McGraw-Hill, 1997 ‖ 『(존 우든의) 부드러운 것보다 강한 것은 없다』. 최의창 옮김. 서울: 대한미디어, 2001.

Wright, N. T. *After You Believe: Why Christian Character Matters*. New York: HarperOne, 2012 ‖ 『그리스도인의 미덕—사후에 천국 가는 것만이 그리스도인의 지상과제인가? 회심한 후에도 성품은 왜 중요한가?』. 홍병룡 옮김. 서울: 포이에마, 2010.

Zadbood, Asieh, Janice Chen, Yuan Chang Leong, Kenneth A. Norman, and Uri Hasson. "How We Transit Memories to Other Brains: Constructing Shared Neural Representations via Communication." *Cerebral Cortex* 27 (2017): 4988~5000.

찾아보기

※ 엮은이 덧붙임.
- 올림말은 '주제'와 '사람 이름'으로 나눴으며, '사람 이름'은 로마자 알파벳 순으로 한다.
- 쪽수 범위는 흔글 상호 참조 기능에 따라 백 단위도 쓴다.

4중 사고(quadruple think) 226~227

7%-38%-55% 법칙 … 391

「진노하신 하나님의 손에 있는 죄인들」 "Sinners in the Hands of an Angry God" (Edwards) 387~389

『가필드』 *Garfield* … 310

ㄱ

개요(outline) … 172, 210

결론(conclusions)
    야곱 이야기 343~345, 474, 476
    에베소서 … 455, 457
    결론과 적용 … 328, 329~336, 455, 457
    결론에서 요약 … 329~329, 475
    결론에서 이미지(image) … 330
    결론에서 피해야 할 일 337~339

고백(confession) … 265~266

교화 설교(edifying preaching) … 40

구원(salvation) … 41, 67

그리스도 형상 닮기(Christlikeness) … 37, 39, 82, 125~126, 154~157, 158. '예수 그리스도'를 보라.

그리스도께 순응(conformity). '그리스도 형상 닮기'를 보라.

근접학(proxemics) … 393~394

기록(notes) … 57~59, 86, 364~368, 370~371

ㄴ

논증(argument) … 435

ㄷ

다윗(David) … 283

도해(diagramming) … 89

디나(Dinah) … 74

디모데(Timothy) … 229, 418

ㄹ

라반(Laban) … 73

라헬(Rachel) … 73, 246, 248

레아(Leah) … 73, 246, 248

로고스 λόγος logos … 417

르우벤(Reuben) … 247

리브가(Rebekah) … 72, 121, 166

ㅁ

말하는 내용(saying) 85~86, 91, 102

모세(Moses) … 126

미국신학도서관협회(ATLA) … 51

ㅂ

바울 (사도) Paul (apostle) … 38, 67, 90, 117, 126, 229, 238~240, 241, 257, 389, 417, 432

발성학(vocalics) … 400~405

밧세바(Bathsheba) … 283~284

배경 자료 … 52

버전 관리(versioning) … 58

번호 붙이기(numbering) 180, 230

병행 구절(parallelism) … 183

복음 전도 설교(evangelistic preaching) … 39~40

복음(gospel) … 39

본문 비평(textual criticism) … 52

본문(text)

  본문에 관한 질문 … 85~86

  본문 앞에 펼치는 세계(world in front of the text) … 80, 433

  빅 아이디어(Big Idea) 423~429

  선택 … 41

  저자 … 41~42, 433

  하나 대 여럿 … 223

  본문과 수사학(rhetoric) … 433

  본문과 신학, '본문 + 신학' … 82~84, 103~104, 173

  본문과 청중 … 41~42, 207

  빅 아이디어(Big Idea) … 85, 170~170, 172, 423~430, 431~432

ㅅ

사랑(love) … 69

사무엘(Samuel) … 78

사무엘상 78, 131, 134, 135, 141

사울(Saul) … 78

삼대지 설교(three-point sermon) 169

서론(introductions)

  서론 구성 요소(INTRO) 298, 321

    이미지(Images) … 299~306, 330, 439, 459

    필요(Need) … 306~311, 312, 313, 317, 440

    주제(Topic) … 311~317

    참조(Reference) … 188~89

    구성(Organization) … 319~321

  근접성(proximity) … 301~303

  서론과 활동성(activity) … 301

  서론에 불안(anxiety) … 304~306

  서론에 앞서(pre-introduction) … 324~326

  서론에서 피할 일 … 326~327

  이미지의 유쾌함(jollity) 306, 459

  이미지의 참신함(novelty) 300~301

  차이(disparity) … 303~304

석의(exegesis) … 8, 10, 91~92. '해석(interpretation)'과 '해석학(hermeneutics)'도 보라.

찾아보기

설교 구성하기(shaping of sermons)
  ··· 171
설교 목적 ··· 177
설교 시간 배분 비율(ratios, sermon)
  ··· 171, 175~175
설교 시간(time of sermon) ··· 171
설교 이동(sermon moves)
  계시(revelation) ··· 225
  다중 이동으로(multi-B preaching)
    ··· 199~201
  단일 이동으로(one-B preaching)
    ··· 197~201
  비율(ratios) ··· 173~177
  생동감 더한다(Fleshing moves) 205
  신학 ··· 175
  연관성(relevance) 205~208, 225
  예화(illustrations) ··· 280, 442,
    449, 450, 454
  위치 바꾸기(movement) 232~233
  적용 ··· 177, 232~235, 330, 457
  전환(transitions) ··· 229~230,
    233, 442, 443, 449, 452, 463,
    467, 470, 473
  표지판(signposts) 232, 233, 234,
    320, 441, 446, 462, 466, 473
  '설교 지도(mapping)'도 보라.
설교 임무(tasks of preaching) ···
  171~174
설교 전달(sermon delivery)
  7%-38%-55% 법칙 ··· 391

근접학(proxemics) 393~394
긴장감(nervousness) 411~413
눈 맞춤(eye contact) ··· 398
두려움(fear) ··· 411~413
마이크 403, 415
몸짓(gestures) ··· 396~397
미소 짓기(smiling) ··· 399~400
발성학(vocalics) ··· 400~405
방해 문제(breakdowns) 409~411
복장(dress) ··· 406~407
비언어(nonverbal) 요소 390~392
손(hands) ··· 395
쉼(gliding) ··· 414~415
습관적 몸짓(mannerisms) ··· 395
안구학(ophthalmics) ··· 397~399
얼굴(face) 399~400
열정(passion) ··· 401~402
예행연습(rehearsing) ··· 408~409
외재 요소(extrinsics) ··· 405~408
요소 ··· 392
운동학(kinesics) ··· 394~397
움직임(movement) ··· 394~397
유형, 즉석 설교(extemporaneous
  sermons) ··· 362~363
유형, 즉흥 설교(impromptu
  sermons) ··· 360~361
음성 속도(speed, vocal) 402~403
음성(voice) ··· 400, 402~405

일상, 설교하고서 … 415~416
일상, 설교하기 앞서서 413~415
설교 전달과 관련하여 '의사소통(communication)'도 보라.
설교 준비(sermon preparation)
  기도 … 56, 347
  날마다(day by day) … 62~64
  단기(short-term) 61~64
  마무리 … 61~63
  설교 원고(manuscript) 352, 368
  순서(sequence) … 347~348
  시간(hours) … 63
  시간(time) … 54~55
  신학적 초점(Theological Focus) 120
  장기(long-term) … 54~61
  저자가 하려는 실행(authorial doing) … 92~94
  주(weeks) … 57~63, 63, 66, 84
설교 중재자(sermon mediator) … 84
설교 지도(mapping)
  간편한 설교 지도(mapping canned) … 183~189, 192
  계시(revelation) … 206, 207, 208~211
  말하기—실행—적용 … 187~189
  문제—해결—적용 … 183~187, 192, 214~216, 218, 312, 313, 319~321
  설교 이동(moves of sermon) … 173~177

설교 지도와 개요(outlining) 117
설교 지도와 신학적 초점(Theological Focus) … 190, 193~195
암기 설교(memorized sermon) 362
야곱 이야기 … 203, 246~251
에베소서 … 203, 243~246
연관성(relevance) … 211~218
즉석 설교(extemporaneous sermon) … 362
지침(guidelines) 180~181
초점 분할(Focus Splitting) … 189, 190~192, 193, 238
'설교 이동(sermon moves)'도 보라.
설교 책무(responsibility of preaching) … 37~38
설교. '설교 전달(sermon delivery)'을 보라.
성경(Scripture) … 81, 83, 127~128, 318, 425, 432
성경 번역본(Bible translation) … 53
성경 봉독(reading Scripture) 318
성령(Holy Spirit) … 158, 389, 418~419
세계, 본문 앞에 펼치는(world in front of the text) … 80~81, 99, 435
소프트웨어 프로그램(software programs) … 50.
  '컴퓨터(computers)'도 보라.
수사학(rhetoric) … 431, 433

찾아보기

슬라이드(slides) … 275~277
시각화(visualization) … 272~275
시연(demonstration) … 435
신경과학(neuroscience) … 259
신학(theology)
  석의(exegesis) … 47, 91~92
  신학과 본문 … 82~85, 90, 102~103, 173
  신학과 본문 앞에 펼치는 세계(world in front of the text) 80
  신학과 설교 이동(sermon moves) … 177, 178
  신학과 설교 준비 … 59~61
  신학과 성경 … 83
  신학과 적용 … 83, 127~129, 149~149, 173
  신학과 청중 … 207~209
  에베소서 … 109~113, 116~120
  창세기 … 113~116
  페리코페 신학 … 79~82, 106~108, 430
  '저자가 하려는 실행(authorial doing)'도 보라.
신학적 초점(Theological Focus)
  Bach 바흐 … 106
  구조(structure) 429
  긷기/도출(derivation) … 429
  길이(length) … 106
  문맥(context) … 430
  사무엘상 … 103, 103
  신학적 초점과 본문 앞에 펼치는 세계(world in front of the text) 99
  신학적 초점과 빅 아이디어(Big Idea) … 428, 430
  신학적 초점과 설교 준비 … 120
  신학적 초점과 신학 … 106, 109
  신학적 초점과 저자가 하려는 실행(authorial doing) 98, 428
  신학적 초점과 적용 … 129~131, 146, 429
  신학적 초점과 초점 분할(Focus Splitting) … 190, 193~195
  야곱 이야기 116, 166, 249, 386
  에베소서 … 113, 116~120, 163, 195~197, 239, 386
  역할(function) … 429
  한 문장으로 … 101
  한계(limitations) … 103
실행(doing)은 '**저자**(author)' 범주를 보라.
쓰기(writing) … 348, 352~354

ㅇ

아이패드 iPad … 375
안구학(ophthalmics) … 397~399
야곱 Jacob … 71~75, 166, 246, 247, 263~264
야곱 이야기(Jacob Story)
  결론 … 343~345, 475, 476
  목적 … 71

서론 … 340~342
설교 원고 간략한 설명 459~476
설교 지도(mapping) … 203~204, 246~251
신학 … 113~116
신학적 초점 116, 166, 249, 386
연속 설교(lectio continua) … 42
예화 … 459, 460, 469, 472
적용 … 164~167, 345~345
전환(transitions) … 463, 467, 470, 473
질문 … 90
페리코페 72~75, 113, 115, 121
표지판 462, 466, 467, 473, 462
언어, 성경(languages, biblical) … 48~51, 89
에베소서 5:18 술 취함(drunkenness) … 142~144

에베소서 설교
결론 … 455, 457
계시 하위 이동(revelation submove) … 208~211
서론 … 439
설교 원고 설명 … 439~457
설교 지도 … 202~203, 243~246
신학적 초점 … 113, 116~120, 163, 195~197, 385
연속 설교(lectio continua) … 42
예화 … 292~293, 439, 442, 449, 450, 454

적용 … 160~164, 455, 457
전환 … 442, 443, 444, 446, 449, 452
질문 … 86~88
페리코페 … 67~70
표지판 … 441, 446, 455
에베소서 저자 실행(authorial doing) … 92~94

에베소서
목적 … 66
신학 … 109~113, 116~120
저자 문제(authorship) … 89
에서(Esau) … 74, 114~116, 165, 263~264
에토스 ἦθος ēthos … 417~418
역할 모델(role models) … 102
연관성(relevance) … 205~208, 212~218, 225, 227~228, 309
연속 설교, 시리즈 설교(lectio continua, sermon series) … 41~43, 55, 220
열거(enumeration) … 267~269
영성(spirituality) … 418~419
예수 그리스도 … 69, 81~82. '그리스도 형상 닮기(Christlikeness)'도 보라.
예증(exemplification) … 270~272
예화(illustrations)
간편한 예화 … 284
데이터베이스(database)에 286~288

모으기 ··· 284~287
분류하기(categorizing) ··· 287
성서에서 ··· 282~284
슬라이드(slides) ··· 274~277
시각화(visualization) 272~275
역할 ··· 254
　구체화하기(concretize) 254~255
　마음을 사로잡기(captivate) 254~257
　명확하게 하기(clarify) ··· 254
　확신하기(convince) ··· 254
예화와 감정(emotion) ··· 258~260
예화와 이동(moves) ··· 280
예화와 청중 ··· 279
위험성(dangers) ··· 281~283
유머(humor) ··· 288~289
유형(types) ··· 262
유형, 고백(confession) 265~266
유형, 열거(enumeration) 267~269
유형, 예증(exemplification) ··· 270~272
유형, 이야기(narration) 262~265, 459, 460, 469, 472, 475
유형, 인용(quotation) ··· 269~270
이야기하기(storytelling) ··· 266~267
인쇄물(handouts) ··· 276~279
오컴의 면도날(Ockham's razor) 107
외재학(extrinsics) ··· 405~408
운동학(kinesics) ··· 394~397

원고 설교(manuscript, sermon)
　가청성(hearability) ··· 350, 352~360, 370
　눈 맞춤(eye contact) ··· 371
　다시 설교(reuse of) ··· 352
　단순성(simplicity) ··· 376~377
　단점 ··· 370~371
　도구(materials) ··· 373
　방법(methods) ··· 373~375
　설교 유형 ··· 360
　시간 지키기(timing) 349
　실제 요령 ··· 372~373
　쓰기(writing) ··· 348, 351~354
　암기 설교(memorizing) 361~362
　원고 없이 설교 ··· 364~365
　장점 ··· 368~370
　정확성(precision) ··· 349~350
　준비 ··· 352
　즉석 설교(extemporaneous sermons) ··· 362~363
　즉흥 설교(impromptu sermons) ··· 360~361
　표절(plagiarism) ··· 378~384
유머(humor) ··· 288~289
은혜 선물(grace gifts) ··· 69
의사소통(communication)
　'전달', '설교'를 보라.
　공간 ··· 393
　비언어 언어(paralanguage) ···

400~401
비언어적(nonverbal) ··· 392
새로운 접근 ··· 172~172
설교 ··· 38, 225, 270~71
설교 전달 ··· 391
의사소통과 서론 ··· 321
의사소통에서 몸짓 언어(body language) ··· 394
의사소통으로 저자가 하려는 실행 ··· 79~80
이삭(Isaac) ··· 72, 121~123, 164~166, 237
이솝 우화 ······ 101~101, 192, 216~216, 315~316
이야기 하기(storytelling) ··· 266~267
이야기(narration) ··· 262~265, 459, 460, 469, 472, 475
인쇄물(handouts) ··· 276~279
인용(quotation) ··· 269~270
일상(routines) ··· 413~416
일정(calendars) ··· 55

ㅈ
자료(resources).
  '주석(commentaries)'을 보라.
잠언(Proverbs) ··· 98, 100, 214
저자(author)
  '말하는 내용—하려는 실행—적용' ··· 187~189
  저자가 말하는 내용(saying) ··· 85~86, 91, 100

저자가 하려는 실행(doing) ··· 59, 78~80, 84, 90, 92~98, 100~103, 106, 130, 221~222, 429, 433~434. '페리코페 신학'도 보라.
저자와 본문 ··· 41~44
저자와 신학적 초점 ··· 428
저자와 적용 ··· 129
저자와 청중 ··· 41~42
저자와 페리코페 ··· 45~47
적용(application)
  간편한 설교 지도
    '문제—해결—적용'을 보라 ··· 183ff.; '말하는 내용—하려는 실행—적용'을 보라.
  개인적 ··· 136~139
  구체적 ··· 133~144
  긷기 ··· 125, 130
  다양성 ··· 149
  단일한(singular) ··· 148~151, 152
  명령법으로 ··· 152
  사무엘상 ··· 131, 134, 135
  야곱 이야기 ··· 164~167, 343~345
  어떻게 세 차례 ··· 139~141
  에베소서 ··· 160~164, 455~457
  유형 ··· 132, 133
  의례적 ··· 155
  의의(significance) ··· 141~144
  인상적 ··· 144~147

적용 이동(move), 설교에서 …
147~148, 176, 232~235, 330

적용과 결론 … 327, 329~336,
455, 457

적용과 교화 설교(edifying preaching)
40

적용과 변화 … 133~136

적용과 복음 전도 설교(evangelistic
preaching) … 39

적용과 성경 … 127~130

적용과 습관 … 154~155

적용과 신학 … 83, 127~129,
149~149, 173

적용과 신학적 초점 … 129~131,
146, 429

적용과 연대 관계 … 152~153

적용과 저자 실행(authorial *doing*)
130

적용과 청중 132~133, 136~137

적용과 하나님 … 127

적용과 하나님의 율법 …
127~130

적용의 역사 … 126~128

준비 … 60

표어(slogan) … 146

전통적 설교(traditional preaching) …
171, 178

점검 목록 … 92~94

주석 … 45~48, 52, 59, 89~90, 384

주제 설교(topical preaching) … 41,
219, 223

중요한 내용(significance) … 89~90,
238

증인(witness) … 436

진정성(authenticity) … 366

진주 목걸이 pearl necklace … 43

ㅊ

창세기. '야곱 이야기(Jacob Story)'를
보라.

청중(audience)

감정 … 261

알기 … 136~137, 229

연합한 몸으로서(as a unified
body) … 228~228

적응 … 224, 366

참여 … 366~367, 397

청중과 동영상(videos) … 274

청중과 본문 … 41~44, 207~209

청중과 설교 원고 작성 365~367

청중과 설교자 임무 … 433~437

청중과 신뢰감(credibility) … 326

청중과 신학 … 207~209

청중과 연관성(relevance) … 213,
225, 227~228

청중과 예화 … 279

청중과 저자 … 41~42

청중과 적용 … 132

청중과 표지판(signposting) … 233

청중에게 눈 맞춤 … 398

청중에게 복음 선포 설교 … 39

청중을 교화하는 설교 … 40

청중을 위한 기도 … 229

초점 분할(Focus Splitting) …
189~192, 193, 238

ㅋ

컴퓨터 … 58, 374~376

큐레이터(curator)인 설교자 … 83,
96, 170, 178~179, 105, 272,
273

ㅍ

파토스 πάθος pathos … 260, 417

페리코페 신학(pericopal theology) …
79~82, 106~108, 125, 430.
'저자가 하려는 실행(authorial
doing)'도 보라.

페리코페(pericope)

구약 성경 … 220

길잡이(curation of) … 50, 435

삶을 형성(transforming) 125~126

신학 … 81~82, 106~108, 429

야곱 이야기 72~75, 113, 115, 121

에베소서 … 67~70

정의 … 39, 42~45

페리코페 사이 일관성
(interpericopal coherence) 106~107

페리코페를 벗어난 구절 참조
(extra-pericopal references) 219~224

페리코페에서 일관성(intrapericopal
coherence) … 106

페리코페와 하나님의 계명 156~157

표절(plagiarism) … 378~384

표지(labels) … 97, 103, 109, 180,
210~211, 213

ㅎ

하나님 말씀(word of God) 37~38

하나님(God)

그분 목적 … 66~69, 109~113

나를 위해 싸우심 342~344

저자로서 하시려는 실행(Authorial
doing) … 221~222

축복 … 110~115, 121~123

하나님과 관계 … 156

하나님과 동역(partnering) … 421

하나님과 동행 … 95

하나님과 야곱 … 72~75

하나님과 적대 세력(hostile powers)
… 118~120

하나님과 적용 … 127

하나님과 책임 … 156

하나님께 순종 … 156~159

하나님을 신뢰하기 … 123

하나님의 능력 … 67, 69,
117~120, 158

하나님의 백성 … 67, 109~112

하나님의 약속 … 121, 123

학습 스타일(learning styles) … 273

해석(interpretation) … 79~80, 82.
'석의(exegesis)',

찾아보기

'해석학(hermeneutics)'도 보라.
해석학(hermeneutics) … 46, 432~437. '석의(exegesis)', '해석(interpretation)'도 보라.
헬라어(Greek) … 48~51, 89
히브리어(Hebrew) … 48~51, 89

Dropbox … 374
Evernote … 287
iAnnotate … 374, 375
Instapaper … 285
Teleprompter … 368

Anderson, Chris 앤더슨, 크리스 265
Aristotle 아리스토텔레스 … 258, 260, 417
Augustine 아우구스티누스 381, 417
Bach, Johann Sebastian 바흐, 요한 세바스찬 … 104~106
Bacon, Francis 베이컨, 프랜시스 349
Barth, Karl 바르트, 칼 … 45
Barzun, Jacques 바르준, 자크 354
Berkun, Scott 버쿤, 스콧 … 401
Bernard of Clairvaux 클레르보의 베르나르드 … 169
Boice, James Montgomery 보이스, 제임스 몽고메리 … 55
Bormann, Ernest G. 보만, 어니스트 G. … 364
Broadus, John A. 브로더스, 존 A. 431

Brooks, Phillips 브룩스, 필립스 365
Buttrick, David G. 버트릭, 데이비드 G. … 280~281, 432

Calvin, John 칼뱅, 장 … 389
Cash, Johnny 캐시, 조니 … 47
Cho, David Yonggi 데이빗 조용기 381
Churchill, Winston 처칠, 윈스턴 371
Craddock, Fred B. 크래독, 프레드 B. … 425

Davis, Henry Grady 데이비스, 헨리 그레이디 … 353
Demosthenes 데모스테네스 … 390

Edwards, Jonathan 에드워드, 조나단 … 364, 387~389
Emmons, Nathaniel 에몬스, 나다니엘 … 349

Fee, Gordon D. 피, 고든 D. … 420
Fénelon, François 페넬롱, 프랑수아 … 421
Finney, Charles 피니, 찰스 … 364
Franklin, Aaron 프랭클린, 아론 422
Fosdick, Harry Emerson 포스딕, 해리 에머슨 … 226, 307, 310

Galbraith, John Kenneth 갤브레이스, 존 케네스 … 269
Gerson, Michael 거슨, 마이클 367
Goleman, Daniel 골먼, 다니엘 260

Heath, Chip 히스, 치프 … 134
Heath, Dan 히스, 단 … 134
Hoff, Ron 호프, 론 … 405, 414

Justin Martyr 저스틴 마터 … 127

Kaiser, Walter 카이저, 월터 … 41

Long, Thomas G. 롱, 토마스 G. … 178, 273, 322, 378, 428, 436
Lowry, Eugene L. 로우리, 유진 L. … 207, 357
Luther, Martin 루터, 마틴 … 379, 381

MacArthur, John F. 맥아더, 존 F. … 55
Mehrabian, Albert 메라비안, 앨버트 … 237
Mitchell, Henry H. 미첼, 헨리 H. … 238, 435
Murrow, Edward R. 머로우, 에드워드 R. … 411

Nurse, Melvyn 너스, 멜빈 … 281

O'Connor, Flannery 오코너, 플래너리 … 428
Osborne, Grant R. 오스본, 그랜트 R. … 424, 427

Pascal, Blaise 파스칼, 블레즈 … 437
Philo 필론 … 127
Pinker, Stephen 핑커, 스티븐 … 377
Pliny the Younger 플리니우스 소 390
Pope, Alexander 알렉산더 포프 407

Quintilian 퀸틸리아누스 … 258~259

Ricoeur, Paul 리쾨르, 폴 … 80
Robert of Basevorn 베이스본의 로베르트 … 169
Robinson, Haddon W. 로빈슨, 해돈 W. … 85, 423, 424, 427

Sidis, William 사이디스, 윌리엄 … 304, 308, 311
Spurgeon, Charles 스펄전, 찰스 … 254
Stott, John R. W. 스토트, 존 R. W. … 427

Tertullian 테르툴리아누스 … 127
Twain, Mark 트웨인, 마크 261, 411

Warner, Harry 워너, 해리 … 271
Warren, Max 워렌, 맥스 … 226
Warren, Timothy S. 워렌, 티모시 S. … 424, 427
Whitefield, George 휫필드, 조지 … 364~364
Wiesel, Elie 위젤, 엘리 … 282, 308, 311, 320
Willimon, William H. 윌리몬, 윌리엄 H. … 432
Wooden, John 우든, 존 … 154
Wright, N. T. 라이트, N. T. … 156

Zander, Benjamin 잰더, 벤자민 … 197~198